明治大学社会科学研究所叢書

スウェーデン近代会計の動向

スウェーデン型混合経済の台頭・形成期におけるその役割

大野文子 著
Ohno Fumiko

東京 白桃書房 神田

まえがき

　本書は，時期的にスウェーデン型混合経済の台頭・形成期においてこの国の私的企業の会計が果した役割を考察するために，筆者がこれまで公表してきたスウェーデンの企業会計の生成・発達に関する論稿の中より，この経済体制の特徴に照らして重要と思われる論稿を選択し，場合によっては完全な書替え或いは部分的な若干の修正と加筆をすることによって一先ず体系的に纏めた上で，新たに補章を追加した研究書である。

　筆者がこの領域の研究を開始したのは，「高福祉・高負担」の「豊かな国」といわれてきたこの国の総体としての経済・政治・社会に関する情報に接するたびに，「高福祉・高負担」を支える個別経済主体とりわけ私的企業とその下での会計問題に対する素朴な関心と興味からであった。それは，いわゆる高度成長なるものの「果実」を手にすることができず，平凡な生活者として「豊かさ」の実感の全くない筆者の，「豊かな国」に対する一種の羨望感と微妙に絡み合っていた。こうして開始した研究が，この国の会計史研究となり，しかも「高福祉・高負担」のスウェーデン型混合経済の台頭・形成期に企業会計が全体として果した役割というような問題に論点を絞って，研究の成果をどんなに拙くとも著作として纏め上げることなど，当時，予想さえしていなかった。当時の関心と興味とは，完全にこの国の現代企業と現代会計上の問題にあったのである。

　この国は，経済・政治・社会の様々な局面で過去も現在も一つの実験国家として注目されるとしても，ヨーロッパの最北に位置した人口僅か800万人程度の小国の私的企業とそこでの会計問題が，地理的条件も文化的背景も異なり，相互理解のための歴史的な交流も浅いわが国では，学術的な研究対象と成り得る余地は殆どなかった。更に少なくともこの国と伝統的に交流の深

i

い欧米諸国においてさえこの国の私的企業とそこでの会計問題が，時折，学術的な研究対象となることがあっても，それは，この国の特殊な会計処理の自国への適用可能性を探った特殊研究としての意味しかなく，それらの問題の底流にあるスウェーデンの経済・政治・社会に対する歴史認識と哲学を踏まえて，この国の企業会計の過去と現在の全体像との関わりで考察するような性格のものでもなかった。筆者にとってこの領域の研究を着手することは，今になって思うと，未開の不毛の原野に踏込むことにも似ていた。

その頃，学校法人明治大学が筆者に提供された在外研究期間は，絶好の機会となった。在外研究の直接的な目的が，この国の現代企業とそこでの会計問題の大まかな動向を知ることにあったとしても，筆者は，当時，この国の私的企業の生成・発展の過程もそれに随伴して台頭・形成されてきた企業会計の歴史についても余りにも無知過ぎて，そうした状況の下でこの国の現代企業とそこでの会計問題の研究を開始すれば，どんなに良くても，結局は，スカンディナヴィア諸国を除く欧米諸国の研究者たちと同様な轍を踏むことになることに気づいたのは，在外研究受入先の「ストックホルム大学」企業経済学部の研究室を拠点に，図書館利用を開始してから間もなくのことであった。何とも，恥ずかしい話である。研究は，この国の企業会計の生成・発展の問題に焦点を移すか，研究それ自体を断念するかの選択に迫られ，少なからず困惑した。

こうした筆者の困惑に対して，在外研究期間中，身元引受人として公私にわたって様々な助言と援助を下さり，研究資料収集のために多面にわたりご尽力を頂いた「ストックホルム大学」企業経済学部の Prof. John Skår，現地で同教授を介して既知の間柄となり，帰国後，機会をみては関連の文献の複写・新著を送付して下さった「ストックホルム商科大学」の Prof. Lars A Samuelson 及び優れた歴史認識を基礎として文献考証を大切にされ，筆者が折々直面する問題の所在を敏感に察知されて適宜適切な文献を贈って下さった「ウップサラ大学」の新鋭の Prof. Eva Wallensted，その他の現地の教育・研究者の多大なご援助は，筆者にとっては「砂漠の中のオアシス」

であった。加えて京都大学の故・岡部利良先生及び当時九州大学に奉職されておられた津守常弘先生からは，両大学所蔵の貴重なスウェーデン語文献に直接当たる機会を提供して頂き，不足している資料の間隙を埋めることができた。

　蒐集した諸文献は，英語・ドイツ語の若干の文献を除いて，殆ど，スウェーデン語であった。スウェーデン語−日本語のまともな辞書もなく，筆者が学んだ英語・ドイツ語・フランス語も，所詮，筆者の母国語ではない上，これらの外国語に対する力量の無さで，スウェーデン語−外国語の辞書を利用しても語感が摑めず，しかも歴史研究となれば，資料は古語も含む。資料は，筆者が在外研究の数年前から片手間に学習してきたスウェーデン語の読解力では，到底，読破できるような代物ではなかった。筆者に長期にわたってスウェーデン語の懇切・丁寧な指導をして下さったのは，有限会社「北欧語サーヴィス」の社長・中村一先生であった。スウェーデンの諸大学のこの領域における教育・研究者の方々との出逢い，中村一先生の語学指導，そして京都大学及び九州大学に奉職されておられた岡部・津守両先生の温かなご援助がなければ，研究の持続は，断念せざるを得なかったと思われる。

　こうした「幸運」の上に，自分にとってしか意味のないような研究成果を，2002年3月，どこかに焦点を絞り学位請求論文として纏め上げ，著作として公表することを直接お勧め下さったのは，明治大学商学部教授の森川八洲男先生及び明治大学名誉教授森章先生他，商学研究科の諸先生方であった。何事にも躊躇しがちで見切りの悪い筆者にとっては，時間が有限であることを何時も意識していながら，森川先生を中心とした諸先生方のお勧めが無ければ，学位請求論文を纏めることもそれを研究書として公表することも，完全に不可能であった。論文審査に当たっては，森川先生には主査を，日頃何かにつけてお世話を頂いている松本讓先生には副査を賜り，政経学部の尾崎和彦先生にはスウェーデン語文献の読解力の審査というお役をお引き受け頂いた。尾崎先生は，ウップサラ宗教哲学というような高度に思惟的な領域をご専門とされておられるのに，会計学というような実学的な色彩の強い領域の，

スウェーデン語読解力の審査を余りにも手抜きなくおやり下さったことに深い感銘を覚えた。たとえ職責とはいえ、お辛い職責であったと拝察申し上げる。これらのお世話を頂いた諸先生方に、改めて心より感謝の言葉を申し上げたい。

愚直で不器用な筆者が、筆者にとっては比較的短期間に論文を纏め、著作としての公表にこぎつけることができた一因は、有限会社「ベア・バレー」(パソコン・ソフト開発会社)の社長であり筆者の親しい友人でもある熊谷竜氏及びそのスタッフである木塚俊介氏の特殊技術指導による。これらの友人にも、深く感謝する。

長期にわたり、未開拓の基礎研究を自由に持続することを可能にして下さった学校法人明治大学及びこの著作に対する出版助成金の交付をお認め下さった明治大学社会科学研究所及びその所長他運営委員の諸先生方のご尽力にも謝意を申し上げたい。昨今の出版事情の中で、市場性の極度に低い本書の出版をお引き受け下さった白桃書房の社長・大矢栄一郎氏及び会長・大矢順一郎氏には、格段の感謝の意をお伝えしたい。なおまた同社編集部の平千枝子氏のご尽力にも感謝申し上げたい。

最後に、私事ながら、長期にわたるこの研究の行方を黙って見守ってきた夫・大野勝也にも、この場を借りて感謝の意を伝えたい。

本書は、未開拓の基礎研究であること及び筆者の浅学のために、幾つかの誤りを犯している可能性もあるであろう。ご指摘頂ければ幸甚である。加えて長期にわたる研究の成果を筆者にとっては比較的短期間で纏めなければならないという個人的な事情のために、最新の諸文献による再考証という作業も断念せざるを得なかった。筆者の怠慢としてお赦し頂きたいと思う。

「日暮れて道遠し」の感にも拘らず、この著作の執筆を通じて筆者に提起された様々の残った問題の解明に、「已の愚」を引きずりながら、時間の許す限り取り組みたいと思う。

2004年5月

大野　文子

目　次

まえがき

序　章 ……………………………………………………………………………… 1

第1章　スウェーデン型混合経済の台頭・形成の過程 ………… 7

　序 ……………………………………………………………………………… 7
　第1節　スウェーデン型混合経済の特徴 …………………………………… 8
　第2節　スウェーデンの近代的な資本主義的工業化過程
　　　　　（1870年代-1914年）：概観 …………………………………… 13
　　　1．農業改革の終了と全国的・統一的な市場圏の形成 …………………… 13
　　　2．近代的な資本主義的工業化過程の促進要因 …………………………… 16
　第3節　スウェーデン型混合経済の台頭・形成の過程：概観 ……… 32
　　　1．戦間期における経済の趨勢 ……………………………………………… 32
　　　2．1920年代：戦後不況とその脱出過程 ………………………………… 35
　　　3．1930年代：1929年世界恐慌の波及とその調整
　　　　　（スウェーデン型混合経済の台頭・形成） …………………… 47
　小　結 ……………………………………………………………………………… 68

第2章　スウェーデンの戦間期における近代的な会計学の
　　　　　教育・研究の動向 ……………………………………………… 71

　序 ……………………………………………………………………………… 71

v

第1節　初期高等商業教育・研究機関の台頭 …………………… 74
　第2節　「ストックホルム商科大学」の教育・研究の動向 ……… 80
　　1．「ストックホルム商科大学」の設立 ………………………… 80
　　2．「ストックホルム商科大学」の教育・研究の展開 ………… 85
　第3節　「イェーテボリー商科大学」の教育・研究の動向 ……… 103
　　1．「イェーテボリー商科大学」の設立 ………………………… 103
　　2．「イェーテボリー商科大学」の教育・研究の展開 ………… 108
　小　結 ……………………………………………………………… 111

第3章　O. Sillénの貸借対照表評価諸原則論
──貸借対照表評価実務擁護論── …………………… 135

　序 …………………………………………………………………… 135
　第1節　貸借対照表目的論 ……………………………………… 139
　第2節　損益概念論 ……………………………………………… 153
　第3節　貸借対照表評価諸原則の計上損益に対する規定的な関係論 161
　　1．貸借対照表評価の伝統的な原則とより新しい諸原則 …… 161
　　2．設例と検討 …………………………………………………… 162
　　3．貨幣価値の変動と評価問題 ………………………………… 187
　第4節　「景気調整の原則」論──スウェーデンの貸借対照表
　　　　　評価実務擁護論 ………………………………………… 196
　小　結 ……………………………………………………………… 213

第4章　近代スウェーデンにおける原価計算の標準化運動
　　　　　（1920-1930年代）
──戦間期におけるこの国の産業合理化運動の一環として── … 219

　序 …………………………………………………………………… 219

目次 | vii

第1節　H.R. Schultz の1923年提案より STF の1934年基礎
　　　　プランの形成に向けて ………………………………………222
　1．H.R. Schultz の1923年提案（原価計算の標準化問題の台頭）と
　　　当時の原価計算論の教育・研究の動向 ………………………222
　2．SIS の1928年提案とそれに対する反響 ………………………236
　3．SIS の1929年提案 ………………………………………………243
　4．SIS の1931年提案（「暫定的基準」） …………………………249
　5．STF の1934年基礎プランの形成 ………………………………252
第2節　STF の1934年基礎プラン：その主たる提案 ………………264
　1．STF の1934年基礎プランにおける原価計算上の基礎概念論 ……265
　2．STF の1934年基礎プランにおける資本利子原価算入論 …………274
　3．STF の1934年基礎プランにおける原価計算に対する
　　　価格変動の影響排除論 …………………………………………284
　4．STF の1934年基礎プランにおける原価計算に対する
　　　操業度の変動の影響排除論 ……………………………………296
　5．STF の1934年基礎プランにおける総原価計算と複式簿記
　　　機構との結合論 …………………………………………………306
小　結 ……………………………………………………………………321

第5章　Svenska Tändsticksfabriks AB の拡張政策と粉飾決算
　　　　──この国の近代会計開示制度の整備に向けて── …………325

序 …………………………………………………………………………325
第1節　I. Kreuger の拡張政策 …………………………………………328
　1．STAB の輪郭 ……………………………………………………328
　2．Kreuger Group の拡張過程 ……………………………………331
第2節　粉飾経理の発覚 …………………………………………………351
　1．流動性の危機と公表損益の実態からの乖離 …………………351

2．世界恐慌の到来とKreuger Groupの崩壊 ……………………354
　小　結 ……………………………………………………………368
　付録「マッチ帝国」 ……………………………………………374

第6章　スウェーデンにおける自由償却制度（1938-1955年）の意義 ……………………377

序 …………………………………………………………………377
第1節　スウェーデンにおける減価償却規定（1900-1945年）：概観 379
　　1．スウェーデンにおける減価償却概念の萌芽 …………………379
　　2．スウェーデンにおける私法上の減価償却規定の沿革
　　　　（1900-1945年）：概観 ………………………………………381
　　3．1920年代の減価償却実務の一端：「1クローネ勘定」と
　　　　秘密積立金の形成 ……………………………………………388
　　4．スウェーデンにおける減価償却に関する税務上の諸規定の沿革
　　　　（1910-1945年）：概観 ………………………………………392
第2節　「自由償却制度」の基本的な仕組みとその後の制限措置 …408
　　1．「自由償却制度」の基本的な仕組み …………………………408
　　2．帳簿償却制度への移行（「自由償却制度」に対する制限措置）……416
　　3．「自由減価償却制度」／「帳簿減価償却制度」と
　　　　「投資準備金制度」の適用事例の一端 ………………………425
　小　結 ……………………………………………………………435
　別図表 ……………………………………………………………439

第7章　スウェーデンにおける投資準備金制度（1938-1955年）の意義 ……………………445

序 …………………………………………………………………445

第1節　投資準備金制度の導入 ……………………………………………449
　　1．投資準備金に関する1938年の法令（K.F. om Investeringsfond
　　　　av år 1938) …………………………………………………………449
　　2．投資準備金に関する1947年の法令（K.F. om Investeringsfond
　　　　av år 1947) …………………………………………………………459
　　3．景気調整のための投資準備金に関する1955年の法令（K.F. om
　　　　Investeringsfonder för Konjunkturutjämning av år 1955) ………462
　第2節　「投資準備金制度」の基本的な仕組み：例示 ……………………470
　　1．投資準備金の設定 …………………………………………………471
　　2．投資準備金の取崩し ………………………………………………473
　　3．「投資準備金制度」の企業経済的な効果：若干の検討 ……………476
　小　　結 ……………………………………………………………………485
　付記事項 ……………………………………………………………………492
　　1．「投資税」(investeringsskatt) の骨子 …………………………………492
　　2．「棚卸資産簿価引下げ」（自由評価）の骨子 …………………………496

終　章 ……………………………………………………………………499

補　章　スウェーデンの戦間期における会計諸規定の動向
　　　　──特に1910年株式会社法及び1929年会計法におけるそれを中心として── …507

　序 ……………………………………………………………………………507
　第1節　1910年株式会社法前史概観：その1
　　　　──1848年株式会社法の意義：有限責任制の承認問題を中心として──
　　　　　　　　　　　　　　　　　　　　…………………………………514
　　1．実業界における有限責任思考の普及と「法律委員会」の見解 ……514
　　2．会計関連諸規定の発展に対する展望 ……………………………518
　　3．1848年株式会社法の実際的な適用状況と政府の対応 ……………519

第2節　1910年株式会社法前史概観：その2
　　　——1895年株式会社法の意義：準則主義の承認問題を中心として—— 528
　　1．許可主義の形骸化と「会社委員会」（1885年）の見解 528
　　2．最低資本金制を基軸とする資本（株式）の制度：概観 531
　　3．登記・公示制度の整備：概観 540
　　4．会社機関の整備：概観 542
第3節　1910年株式会社法：その骨子と会計諸規定の概要 550
　　1．1895年株式会社法の改正要求と「新会社委員会」（1905年設置）の見解 550
　　2．1910年株式会社法の構成 554
　　3．資本（株式）の制度：概観 556
　　4．会社の機関 569
　　5．年次会計 580
別　表：O. Sillénの会計士/コンサルタントとしての足跡 601
第4節　スウェーデンにおける1929年会計法 607
　　1．1929年会計法前史：債権者保護思考の台頭・形成 607
　　2．1929年会計法の制定の経緯 612
　　3．1929年会計法の会計関連法上の一般的な位置づけ 614
　　4．1929年会計法の概要 616
　　5．1929年会計法における「良き商人の慣習」の遵守と
　　　「慎重な原則」の意味 620
　小　結 635

主要参考文献
人　名　索　引
事　項　索　引

序章

　筆者が，北ヨーロッパの小国スウェーデンの会計問題に関心を寄せるようになったのは，時期的にはわが国の高度成長期（1950年代中葉頃より1970年代初頭の石油危機・通貨危機の到来まで）が終焉を告げる1970年代初頭頃であった。かの田中角栄の「日本列島改造論」の下で巨大企業を中心とした土地・株式・為替投機が蔓延し，高度成長期を通じて達成された生産性の向上による「果実」の一の部分は，勤労者階層には労働時間の短縮よりも名目所得の増加（賃上げによる消費の量的な拡大）という形で配分された。とはいえ名目所得の増加にも拘らず，平凡な生活者としての筆者には，「豊かさ」の実感は殆どなかった。高度成長期にわが国内外から北ヨーロッパの小国スウェーデンの経済社会と市民生活に関する様々な情報が流入してきた。これらの情報は，この国の「光と影」の両面よりこの国の実情を紹介・論評していた。この国が，「光」の部分の対極をなす「影」の部分として様々な社会的な病理を生起・内在しているとしても，高度成長期の終焉も間もない時期でさえ，筆者の生活は，高度成長の「光」の部分とは殆ど無縁に近く，ましてその「影」の部分に思いを寄せるゆとりはなかった。

　高度成長期にわが国に流入してきた現代スウェーデンの経済・政治・社会に関する情報の主流は，経済政策・社会政策・社会福祉など，概して富と所得の分配に関するものであり，それを可能にするための所得と富を創出する個別経済主体とりわけ私的企業の経営活動の実態とそこでの会計問題は，知るよしもなかった。本書の「まえがき」で触れたように，スウェーデンの個別経済主体としての現代スウェーデンの私的企業とそこでの会計問題についての関心は，このようにして生まれた。そしてこの興味と関心とは，やがて時間の経過と共に，研究の基底を支える明確な問題意識として育成・凝縮し

ていった。

　筆者が，このような問題意識より現代スウェーデンの私的企業の経営活動とそこでの主要な会計問題を探ろうとしたときに最初に直面した問題は，そもそもこの国の近代的な簿記・会計は，如何なる歴史的・経済的・社会的な条件の下で，どのようにして生成・発展し，現代的な問題を惹起してきたかという余りにも基本的な問題であった。このことは，筆者の最大の関心が，たとえスウェーデンの現代的な私的企業の経営活動とそこでの主要な会計問題の解明にあるとしても，それには，第一に，これらの問題をこの国の簿記・会計の歴史的な発展の過程或いはその脈絡の流れの中で解明するべきこと，第二に，この国の簿記・会計の歴史的な発展の過程をこの国のその時々の経済の発展動向との関連で把握するべきこと，第三に，それによってスウェーデンの現代的な私的企業の経営活動とそこでの主要な会計問題の歴史的な原点を明確にするべきこと，さもなければ，研究は，これまた，本書の「まえがき」で触れたように，スウェーデン或いは少なくとも北欧諸国を除く欧米諸国の研究者たちと同様な轍を踏み，その成果も，極めて皮相で矮小化されたものになるであろうという警鐘であった。そのため研究は，当初の興味と関心或いは問題意識を前提に，具体的な研究の主題を当初のそれより転じて，さしあたりこの国の近代的な会計前史として，この国への複式簿記の伝来事情・18世紀中葉より19世紀中葉における商業簿記の普及・同期間のスウェーデン工業簿記の発展・この国における近代会計関連法規の生成・発展の史的前提としてのこの国の株式会社の生成・発展に関する研究などから開始した。研究は，次いでこの国の近代的な資本主義的工業化過程が一先ず終了する20世紀初頭より第二次世界大戦の勃発までの，或いはより正確にいえば，第二次世界大戦後，様々な社会的な病理を内在させながらも「豊かな社会」の実現に導いたいわゆるスウェーデン型混合経済の台頭・形成期である戦間期におけるこの国の経済の発展動向を概観し，それを基礎にこの国の戦間期に登場・発顕した企業会計上の諸問題の中でも，本書の研究上の基本的な問題意識に沿ってスウェーデン型混合経済或いは今日いういわゆる古典

的なスウェーデン・モデルの台頭・形成期の一般的・基本的な特徴を最も直截・端的に表象していると思われる幾つかの会計問題を選択し，各々の問題が提起する問題の所在とその意味を考察することを媒介として，この国の戦間期における企業会計の大まかな全体像（動向）を把握することであった。そのような立場より筆者は，本論では，主として財務会計と管理会計の生成・発展の萌芽，一多国籍企業の粉飾決算の発覚を契機とする会計開示制度の整備問題或いは公認会計士監査制度の導入問題に対して与えた影響，私的企業の投資と雇用・資本蓄積の促進或いは景気調整を目的とした積極的な税務政策の問題など，補章では，狭義の意味での法的制度会計とりわけ株式会社法及び会計法上の会計諸規定の立法的な機能・役割の問題などを論じた。研究は，更にこの大まかな全体像の把握を前提として，この国の近代的な会計が，この国の混合経済の台頭・形成に対して果した機能・役割を考察することに向かった。これらの研究の過程を通じて明らかになったことは，二つの恐慌を含む戦間期に台頭・発顕した私的企業の経営活動とそこでの企業会計上の諸問題は，過去からの遺産を継承しつつ，この時期の産業界における時代の要請に応えて新しい内容を織り込み，やがて第二次世界大戦以後暫くして現代会計として展開していく途を用意していたということであった。換言すれば，戦間期に台頭・発顕したこの国の主要な会計問題が発展・展開・体系化されるのは，第二次世界大戦の終熄前後より1970年代初頭頃まで，それ以後この国の企業会計も，この国の対内的・対外的な環境的な諸要因によって，いわゆる現代的な会計への転換を求められてきた。本書で取り上げる問題は，この点でこの国の現代的な私的企業の経営活動とそこでの主要な会計問題の歴史的な原点として極めて重要であり，同時にその後この国の近代的な会計が発展し現代的な会計へと転換していく過程を考察するためにも，基本的な問題であると思われる。

　第1章以下で論及するように，近代スウェーデンにおける会計上の諸問題が，この国の関連の領域に関する先発大学「ストックホルム商科大学」（1909年設立）を中心とする単なる教育・研究上の問題に留まらず，この国

の経済・政治・社会の一般的な問題として人々の関心を引くようになったのは，戦間期とりわけ1929年にアメリカを起点として発生した世界恐慌がこの国にも波及した1930年代頃からであった。

この国の戦間期に俎上にのった主要な会計問題は，理論上の問題として提起されたものであれ実践上の問題として提起されたものであれ，何れも私的企業の会計実務の徹底した擁護論であった。この国の戦間期とりわけスウェーデン型混合経済或いは今日いういわゆるスウェーデン・モデルの台頭・形成期に，何故，このような私的企業の会計実務擁護論が台頭し，それが，スウェーデン型混合経済或いはスウェーデン・モデルの台頭・形成に対してどのような役割を果したか。

本書は，この問題の解明を目的とする。

わが国の経済は，1980年代の中度成長期（安定成長期）を経て1990年代には完全に低成長期に入った。しかも東西冷戦構造が氷解したこの20世紀末葉（1990年代）以後でさえ，この国の経済社会は，未だ将来への展望もそれを支える経済・政治・社会哲学もないまま，混迷している。これに対して北ヨーロッパの小国スウェーデンは，1960年代中葉以後から胎動し1970年代に入り顕在化した経済社会の低迷より脱して1990年代には構造改革に成功し，新しい型の経済成長への道を踏出した。この国は，同時に地球環境・ITに象徴される先端技術・福祉・地域経済など，様々な分野で持続可能な新しい成長モデルの形成・実験を開始した。この国のこうした経済・政治・社会の変動に呼応して，会計問題も，税制改革・国際会計基準への適応化・そのための国内会計諸法規の整備・環境会計・企業倫理と会計士の役割・会計関連諸団体の形成など，新しい問題に取り組みつつある。

これらの問題は，すべてこの研究の主題である戦間期におけるこの国の近代的な会計の生成・発展を基礎としつつ，この国の経済・政治・社会の変化に呼応した量的・質的変化として認識しうるであろう。

本書は，このような問題意識と目的の下に，具体的に第1章より第2章にわたって次のような問題を解明する。

第1章は，第2章以下で取り上げる諸問題の基礎的・前提的な研究としてスウェーデン型混合経済或いはいわゆる古典的なスウェーデン・モデルの抽象的・一般的な特徴を述べ，その台頭・形成の過程の歴史的な概要を明らかにする。第2章は，それを踏まえてこの国のこの時期に観られる近代的な会計学に関する教育・研究の動向を概観し，それが現実の実業界の要請を色濃く滲ませていたことを指摘する。第3章は，この国の近代的な会計学の始祖ともいうべき「ストックホルム商科大学」のO. Sillénによる，財務会計論の主要領域の一つである貸借対照表評価諸原則論に関する所説を素描し，それが如何に現実の企業会計実務擁護論であったかということを明らかにすると共に，この領域の研究が，やがてこの国の財務会計論の体系的な研究への道を用意する契機となったことに留意する。第4章は，1920年代初頭からのこの国の産業合理化運動の一環として開始・展開した原価計算の標準化問題の過程を辿り，それが，やがては標準原価計算や予算統制など伝統的な管理会計論の萌芽・形成の道を用意する契機になったことを指摘する。第5章は，今日でもI. Kreuger事件として著名なI. Kreugerの戦間期における拡張主義とそれによるKreuger Group（多国籍企業STAB：英名. The Swedish Match）の粉飾決算問題を概観し，この事件が，この国の近代会計開示制度の整備問題及びそれに随伴する公認会計士監査制度の導入問題に与えた影響について明らかにする。第6章及び第7章は，時の政権党であった社会民主労働党が，その経済・政治・社会哲学を前提に，税制の立場から，スウェーデン型混合経済の所得と富の創出を担う主要な個別経済主体としての私的企業の国際競争力の維持・強化と資本蓄積の促進を指向して導入した「自由償却制度」と不断に景気変動対抗的な経済構造の維持を標榜した「投資準備金制度」の基本的な仕組みを明らかにする。終章は，これらの問題の解明を通じて戦間期におけるこの国の近代会計が，総体としてスウェーデン型混合経済或いは古典的なスウェーデン・モデルの台頭・形成に対して果したその機能・役割を指摘すると共に，残された問題として今後究明するべき課題を提示する。

なお，補章は，本書の公刊に当たって，この国のこの時期における法的制度会計とりわけ1911年株式会社法の資本（株式）の制度の概観と会計諸規定の概要及びこの国の企業会計に関する「枠組法」(Rahmlag) と呼ばれる1929年会計法の諸規定の内容を素描し，本論との関係でその意義を考察する。

第1章

スウェーデン型混合経済の
台頭・形成の過程

序

　近代スウェーデンにおける会計上の諸問題が，「ストックホルム商科大学」（1909年設立）を中心とする単なる教育・研究上の問題に留まらず，この国の経済社会の一般的な関心を引くようになったのは，戦間期とりわけ1929年にアメリカを起点として発生した世界恐慌がこの国にも波及した1930年代頃からであった。この戦間期は，スウェーデン型混合経済或いは今日いういわゆるスウェーデン・モデルの台頭・形成期であった。

　この時期に俎上にのぼった幾つかの会計上の諸問題は，理論上の問題として提起されたものであれ実践上の問題として提起されたものであれ，何れも私的企業の会計実務の徹底した擁護論であった。この国の戦間期とりわけスウェーデン型混合経済或いは今日いういわゆるスウェーデン・モデルの台頭・形成期に，何故，このような擁護論が台頭し，それがスウェーデン型混合経済或いは今日いういわゆるスウェーデン・モデルの形成に対してどのような機能・役割を果したか。

　本章は，本書の目的に沿ってこの問題を明らかにする前提として，スウェーデン型混合経済或いは今日いういわゆるスウェーデン・モデルの台

頭・形成の過程を明らかにすることを主題とする。

　本章の第1節は，スウェーデン型混合経済の特徴を一瞥する。第2節は，このような経済の台頭・形成の前提となったスウェーデンの近代的な資本主義的工業化過程（1870年代-1914年）を概観する。第3節は，それを踏まえてこの国の戦間期に台頭・形成されてきたスウェーデン型混合経済の台頭・形成の過程を概観する。

　これによって，スウェーデン型混合経済の台頭・形成の過程は，その前提である近代的な資本主義的工業化過程も含めて1930年代まで，景気変動の波動を緩和しつつ一貫して経済の拡大基調を辿ってきたことが明らかとなるであろう。この拡大路線こそ，企業会計における企業擁護論の展開の前提であった。

第1節　スウェーデン型混合経済の特徴

　周知のように，アメリカのジャーナリスト M. Childs は，1936年にその著「スウェーデン：中道」（*Sweden: The Middle Way*, 1936, revised ed., 1961）において，スウェーデンを通念としての資本主義経済とも社会主義経済とも相違する「中道の途」を進む国として世界に紹介した。この著作それ自体は，直接的にはこの国の消費者協同組合運動が経済的・政治的・社会的に果す一定の役割に注目したものであり[1]，必ずしも混合経済・「機能的社会主義」即ち所有権の部分的・漸次的な分割による社会化としての中道経済への途[2]・福祉国家経済などに関する概念規定や本質或いは未来像を描いたものではなかった。それにも拘らずこの著作は，その出版以来国際的な反響を呼んだ。その理由は，第一次世界大戦の勃発を契機とする戦中・戦後インフレーションとその終熄と殆ど同時的に到来した長引く不況を背景として，自由放任の資本主義経済に対して一定程度の国家の介入が必要であるという認識が，戦後の新しい国際経済的・政治的な枠組みの下で徐々に台頭し[3]，1929年世界恐慌の勃発に伴って決定的に重視されるようになり，1930年代のスウェーデンの

政権党たる「スウェーデン社会民主労働党」(Sveriges Socialdemokratiska Arbetarparti：略称．SAP.)──同党はパルムのスウェーデン社会民主協会を前身として1889年に H. Branting（1860-1925年）を党首として結成，結成の比較的初期の段階で教条主義的なマルクス主義的な手法を放棄し，改良主義的で穏健な社会主義政党としての路線に転換[4]──が推進した不況と失業問題に対する対応の仕方に世界の目が向けられたからであった。

　M. Childs が，1930年代の不況と失業問題に対するスウェーデンの対応の仕方に注目し，それが世界的な反響を呼んだにも拘わらず，概して混合経済或いはスウェーデン型混合経済に関する概念規定やその内容は，当時，必ずしも明確な合意に達していたわけではなかった。その理由は，多分，こうした経済体制それ自体の形成の歴史が各国共に相対的に浅いことに加えて，各国が，国情に即した具体的で実行可能な制度改革や政策提言に力点をおくことによるものと思われる。混合経済或いは「スウェーデン型混合経済」(Sveriges blandekonomi) に関する概念規定が多様であるとしても，少なくともそれらに対する共通した認識は，およそ次のようなものであると思われる。

　それは，高度に発達した資本主義体制の下で推進した資本蓄積を基盤として成熟段階にまで到達している資本主義経済を基本的な枠組みとして，政策選択基準として国民的・社会的な利益と福祉を措定し，そのため国家・政府が，自由競争市場の不備を経済の計画化或いは経済政策によって補完する形をとり，自由放任の経済に一定の制約を，議会制民主主義或いは下からの民主主義的な討議と「合意形成を優先」[5]させながら，それを通じて加えていく形をとるということである。このような経済体制の維持を保障するのは，政治的・経済的・社会的な民主主義が高度に発展していることである[6]。スウェーデン型混合経済は，政治的・経済的・社会的な規模での民主的な合意形成に基づく普遍主義的な国民的・社会的な利益の追求と福祉の実現という目的を達成するために，国家・政府は，一方では経済的な財源の確保という視角より生産手段と富（財産）の私的所有・私的企業による利潤動機・自由競争の原理を基礎として，可及的に私的企業の生産性の増大と国際競争力の

強化のために，相当程度まで，例えば，経済・産業・私的企業などに関する各種の合理化過程の促進や，景気調整的な効果のある各種の政策によって資本蓄積とその拡大を推進する。国家・政府は，他方では私的企業が，制度的に生産性の増大と国際競争力の強化を保証されることを通じて獲得・蓄積した利潤を，国家的な再分配機構としての高率な課税や国民的な規模での普遍主義的な社会保障充実型の経済・財政政策を通じて，制度的・社会的に再分配し，それによって国民的・社会的な利益と福祉の実現を追求する。このような制度の基底を流れる思想の起源は，遠くはイギリスの J. Bentham (1748-1832年) の「道徳と立法の原理への序説」(*Introduction to the Principles of Morals and Legislation*, 1789) に代表される倫理思想・社会哲学である「最大多数の最大幸福」[7]にまで遡ることができる。それは，より直接的にはスウェーデンの19世紀中葉以後の社会改革運動に連動した自由主義者（後の自由党の母体）と共に，「スウェーデン労働組合総連合」(Landsorganisationen i Sverige：略称. LO.)——1899年にブルー・カラーの労働者の機能的・組織的な集団として結成——に支援されつつ展開してきた普選運動を通じて1914年選挙で社会民主労働党がおよそ1/3程度の議席を獲得，1920年には H. Branting (1860-1925年) を党首として初めて少数派単独政権の座に就いて以来，十余年にわたる目まぐるしい政権交替劇の坩堝の後，1932年に P. A. Hansson (1885-1946年) を党首として長期安定政権への機会を獲得した同党の指導者たちによる経済・政治・社会に対する思考であった。例えば，E. Wigforss (1889-1977年) によるスウェーデン社会主義のイデオロギー的基礎の構築，N. Karleby (1892-1926年) などによる市場経済の社会化の主張，G. Möller (1884-1970年) の著名な社会福祉政策，P.A. Hansson の国民の家 (folkshemmet) としての社会主義の標榜，A. Myrdal (1920-1986年) 及び G. Myrdal (1889-1997年) による平等と効率性の主張などであった[8]。この場合留意するべき点は，かの G. Myrdal がその名著の一つ「福祉国家を越えて」(*Beyond the Welfare State*, London, 1960) で示唆したように[9]，民主的な国民的な規模での社会的な福祉の追求は，国際的な規模での福祉の追求を前

提とすること，したがってまた国際的な規模での貧困と国際的な平和の希求への努力と貢献を不可避的な条件とすることである[10]。

このような社会民主労働党とそれを支援する LO 及び関連の経済学者たちによって推進されてきたこのような経済機構は，後の時代になってスウェーデン・モデルとして調査・研究の対象となった。ここにいうスウェーデン・モデルという言葉が含意するところは必ずしも一義的ではないが，その基軸は，1938年締結の「サルトシェーバーデン協定」（Saltsjöbadsavtalet）に象徴されている労使何れの側にとっても妥協的な協調路線とそのための賃金連帯政策であろう[11]。この路線の底流は，この国が後発資本主義国として遅れた近代的な資本主義的工業化過程の道を踏みだして以来持続してきた経済の発展・拡大への指向であった。

〈注〉

1) Childs, Marquis W., *Sweden : The Middle Way*, Yale University Press, New Haven and London, 1936, Chap. 1 and 11 ; Newman, Otto and de Zoya, Richard, *The Promise of the Third Way : Globalization and Social Justice*, Palgrave, New York, 2001, pp. 26-27.

2) Adler-Karlsson, Gunnar, *Functional Socialism : A Swedish Theory for Democratics Organisation* (*with additional Articles of* "Functional Capitalism Japan" *and* "A Method of Land Socialization"), English translated and published by Bokförlaget Prisma AB, 1967, グンナー・アドラー＝カールソン著／丸尾直美・永山康彦訳「機能的社会主義―中道経済への道―」ダイヤモンド社 1974年。

3) 第一次世界大戦後のアメリカ主導型の国際的・政治的・経済的な新しい一般的な枠組みやその下でのスウェーデンの景気動向の問題については，入江節次郎・高橋哲雄編「講座 西洋経済史 IV 大恐慌前後」同文舘 1980年；長岡新吉・石坂昭雄編著「一般経済史」ミネルヴァ書房 1983年；古川哲著「危機における資本主義の構造と産業循環」有斐閣 1972年；鶴田満彦著「独占資本主義分析論」有斐閣 1973年；Lundberg, Erik, *Business Cycles and Economic Policy* (Translated by J. Potter), George Allen & Unwin Ltd., London, 1957, エーリック・ルンドベルク著／吉野俊彦訳「景気変動と経済政策―経済統制か金融政策か―」至誠堂 1964年を特に参照した。

4) Tilton, Tim, *The Political Theory of Social Democracy : Through the Welfare State to Socialism*, Clarendon Press, Oxford, 1991 ; Misgeld, Klaus, Molin, Karl and Amark, Klaus (eds.), *Creating Social Democracy : A Century of the Social Democratic Labor Party in Sweden*, The Pennsylvania State University Press,

Pennsylvania, 1992 ; Olsen, Gregg M., *The Struggle for Economic Democracy in Sweden*, Avebury, Aldershot・Brookfield USA・Hong Kong・Shingapore・Sydney, 1992 ; Lewin, Leif, *Ideology and Strategy : A Century of Swedish Politics*, Cambridge University Press, Cambridge, New York, New Rocbella, Melbourne, Sydeny, 1985 etc. ; 大野文子稿「スウェーデンにおける近代会計学の形成―概観 (1900年より1945年まで)―」(2) 明治大学短期大学紀要 第59号 1996年3月, 119頁。

5) 岡沢憲芙著「スウェーデンを検証する」早稲田大学出版部 1993年, 27頁。この種の問題については同著者の「スウェーデンの挑戦」岩波新書 1991年;「スウェーデンは, いま」早稲田大学出版部 1987年;「スウェーデンの現代政治」東京大学出版会 1988年の他, スウェーデン社会研究所編「新版スウェーデンハンドブック」早稲田大学出版部 1992年;社会保障研究所編「スウェーデンの社会保障」社会保障研究所叢書19 東京大学出版会 1987年, 第5章;清水望著「北欧デモクラシーの政治機構 議会主義体制の形成と展開」成文堂 1974年などが参考となるであろう。

6) 武藤光朗編「福祉国家論〈北欧三国を巡って〉」社会思想社 1974年, 99-113頁。

7) 大野信三著「経済学史 上」創価大学通信教育部 創価大学出版会 1981年, 第7章第1節及び第9章第1節。

8) Tilton, Tim, *op. cit*., pp. 39-69, 70-86, 86-102, 103-124, 145-165.

9) Myrdal, Gunnar, *Beyond the Welfare State : Economic Planning in the Welfare States and its International Implications*, Yale University Press, 1960, G. ミュルダール著/北川一雄監訳「福祉国家を越えて」ダイヤモンド社 1970年, 第二部。この思想の伏線にあるのは, さしあたり *Economic Theory and Under-developed Regions*, Gerald Duckworth, London, 1952, G. ミュルダール著/小原敬二訳「経済理論と低開発地域」東洋経済新報社 1969年であり, より基本的には *The Political Element in the Development of Economic Theory*, (Original ed., 1930, Translated from the German by Paul Streeten), Routledge & K. Paul, London, 1961, *op. cit*., with a new introduction by Richard Swedberg, Transactions Publishers, New Brunswick and London, 1990, G. ミュルダール著/山田雄三・佐藤隆三訳「経済学説と政治的要素」春秋社 1967年と並んでノーベル賞受賞の対象となった *An American Dilemma : The Negro Problem and Modern Democracy*, Vol.I-II, Happer & Brothers, New York, 1962 及び *Asian Drama : An Inquiry into the Poverty of Nations*, Vol.I-III, Pantheon, New York, 1968 に流れる思想であろう。

10) 武藤光朗編 前掲書;丸尾直美著「スウェーデンの経済と福祉―現状と福祉国家の将来―」中央経済社 1992年;社会保障研究所編 前掲書, 第5章。

11) スウェーデン・モデルに関する文献は, この国内外を問わず豊富であるが, 特に Milner, Henry and Wadensjö, Eskil (eds.), *Gösta Rehn, the Swedish Model and Labour Market Policies : International and National Perspectives*, Ashgate, Aldershot・Burlington USA・Singapore・Sydney, 2001は, 1930年代の形成期からの論点を整理し, その現代的な展開を指向しているという点で最も適切である。また, Erikson, Robert/Hansen, Erik Jørgen/Ringen, Stein and Unsitalo, Hannu (eds.), *The*

Scandinavian Model : Welfare States and Welfare Research, M.E. Sharpe Inc., New York, 1987 とりわけその第一部は，北欧諸国全体としてのそれを歴史的に展望し，問題の所在を明らかにしているという点で有益である。

第2節　スウェーデンの近代的な資本主義的工業化過程（1870年代-1914年）：概観

1．農業改革の終了と全国的・統一的な市場圏の形成

　後発資本主義国としてのスウェーデンも，近代的な資本主義的工業化過程を遅くても1870年代初頭頃に本格的に開始し，第一次世界大戦の勃発までにほぼ完了した[1]。

　この国も，この過程を開始する前提としてそれに先行する封建的な土地所有制度に関する農業改革とそれと随伴或いは並行して進行する全国的・統一的な市場圏の形成を必要とした。ここではその委細に立ち入ることは避け，本章の目的に沿ってその結果のみを確認しておこう。

　この国の農業改革——時期的には1730年代頃より萌芽的に台頭し，1810年頃より本格的に開始・展開し，ほぼ1850年代に終了——は，最終的には土地所有制度をめぐるいわゆる「三分割制」の成立にはいたらず，多数の中小自営農の創出に終わった[2]。その主因は，政府主導型の囲込み運動の推進，この国の地理的・自然的条件によって統合・再分割された条地をめぐる土地売買取引の不活発性，農村地帯を中心とする人口増を吸収しうる工業発展の遅滞性など，一連の事情であった[3]。この国の農業改革が，多数の中小自営農の創出に終わったことは，この国の近代資本主義経済における比較的早い時期に農業部門の没落傾向が開始することに繋がっていった[4]。

　この国の農業部門の発展は，概して条地の統合・再分割による耕地の拡大を中心として進行した。農業技術の改良は，この国の農民層の社会的な構造に規定されて[5]，囲込み運動を主導した政府の意図に反して緩慢にしか進行しなかった。それでもこの国の農業は，1820年代にはほぼ自給体制を整え19

世紀中葉には一部の農産物の輸出（家畜用飼料の輸出）さえ可能となった[6]。農業技術革新が農民層に浸透したのは，19世紀中葉頃からであった[7]。この国の農業は，19世紀中葉（1850-1860年代）には明確に市場目当ての生産に転じた[8]。それを可能にした主要な条件は，局地的・地域的な市場圏の形成より統一的・全国的な市場圏の形成[9]に最終的に導いた初期工業とりわけ1730年代頃より萌芽的に台頭した農業改革の進行と共に自生的に生成・発展してきた多種・多様な農村工業であった[10]。

この国の資本主義的工業化過程は，非常に急速であった。この国の資本主義的工業化過程に関する伝統的な研究は，その理由を概してこの国の後進性に求め，かのロストウ流のtake-offの理論によって説明してきた[11]。そのため初期工業の研究も，概してこの国のブルジョア国家の形成期における重商主義政策によって国家の直接的な保護・育成の対象となった幼弱産業，絶対王政の時代より継承されてきた都市と農村の分離と相互の分業体制の確立という伝統的な産業政策に沿って都市のギルド規制を受けてきた手工業，大都市の貿易商と癒着またはその問屋制的な支配下にあった伝統的な輸出産業として存立してきた鉄工/鉄鋼業など，直接的にせよ間接的にせよ，何らかの点で特権を附与されてきた産業と初期独占の問題に傾注しがちであった[12]。とはいえこの国の資本主義的工業化が本格的に開始する時期には，それに先行してこれらの特権的な産業群とはその存立の基盤を異にする自生的な農村工業が一定程度まで発展していたことは，等閑視するべきではない[13]。この種の農村工業の大半は，例えば金属加工業の台頭・発展に象徴されるように，さしあたり主として農業世帯の副業的ないしは兼業的な家内工業として出発した。その後それは，一方では農業改革の遂行の過程と絡み合いながらマニュファクチュアへの転換を遂げつつ，やがて近代的な機械制工場の成立という近代化の道を辿った。それは，他方では農業改革の進行による農業の発展（農業生産性の上昇による農業収益性の増大）と先進資本主義諸国との競争によって，近代化を遂げることなく挫折していった。けれども何よりも先ず総体としての農村工業の自生的な展開は，近代化に成功した

ものであれ挫折したものであれ，資本主義的工業化過程に対して，例えば資本，労働手段と技術体系，労働力と工場組織，内外市場網など，様々な点で多大な遺産を残した。経済自由主義の国際的な潮流に呼応して，1840-50年代に本格化するこの国の経済自由主義の動向は，旧来の各種の産業規制を廃止・緩和した。それは，一方では，自生的な農村工業のより一層の展開とマニュファクチュアへの転換を促進した。それは，他方では，伝統的・特権的な輸出産業として大都市の貿易商との癒着ないしは半ばその問屋制的な支配のもとに存立してきた鉄工/鉄鋼業を中心とするその他の産業の改革にも影響を与えた。例えば，鉄工/鉄鋼業は，イギリス撹錬法の登場を契機に19世紀に入ってイギリス市場におけるスウェーデンの覇権が崩れると，旧来の生産方式と大都市の貿易商による問屋制的な支配を脱して，生産技術の近代化と流通機構を自ら掌握することによって国際競争力を回復する必要性に迫られた。そしてそれは，自生的な農村手工業におけるマニュファクチュアの展開，低迷する鉄工/鉄鋼業にさしあたり代替する輸出産業としての林業・製材業の発展と相俟って，統一的・全国的な市場圏の形成とその延長線にある貿易の拡大の道を用意していたのである[14]。

　この国の資本主義的工業化過程が開始するための前提条件としての農業改革の終了とその過程に随伴して進行した全国的・統一的な市場圏の形成期でさえ，この国は，さしあたり就業人口を指標とする限り依然として農業国であった。例えば，農業人口は，政府の土地調査官 J. Faggot が農業改革に関する最初の提案をした前後の時期の1750年には80％程度，近代的な資本主義的工業化過程が本格的に開始する1870年には70％程度であった[15]。農業改革の進行による就業人口の農業部門より工業部門への移動の緩慢さに加えて，農業部門の人口1人当たりの GNP の増加率もまた，工業部門のそれよりもはるかに低かった[16]。それでもこの国は，およそ19世紀中葉より総体としては近代的な資本主義的工業化過程（或いは産業の構造的な転換による経済の成長・拡張期）に入り，第一次世界大戦の勃発頃までにその過程を終了した[17]。それは，かの W. Sombart（1863-1941年）が，「高度資本主義」[18]と

命名しているような資本主義の発展段階に到達する過程であった。その指標の一つを就業人口に求めるとすれば、この過程が本格的に開始する1870年には農業部門71%，工・手工業部門20%，商・サービス部門 9 %，この過程の終了も近い1910年には農業部門49%，工・手工業部門26%，商・サービス部門25%[19]となっている。このような就業人口の構成比の変化に対して、総体としてのGNPの年次増加率は、産業構造の転換が開始して間もない1860-1890年には 2 %程度，1890年以後（1920年代及び1930年代の恐慌時も含めて）3.5%程度であり、とりわけ工業部門の増加率は、1891-1915年にかけて著しかった[20]。そしてそれは、農業部門の生産性の増大を上回る工業部門の生産性の増大によるものであった[21]。

　この国が、後発資本主義国として資本主義的工業化過程を本格的に開始する頃、先進資本主義諸国は、イギリス主導型の産業資本主義時代の最後で最大の1873年世界恐慌の勃発以後、およそ1900年までアメリカ及びドイツを主要舞台とした1882年及び1890年の世界恐慌の勃発によって牽引されたいわゆる「大不況期」に入っていた[22]。

　この「大不況期」は、資本主義の産業資本主義段階より独占資本主義段階への移行期であった。恐慌の勃発とそれに続く不況の長期化（産業循環の形態変化）[23]は、産業構造の重化学工業化による固定資本投資の大規模化と資本の回転期間の長期化を随伴し、資本の部門間移動による過剰資本の淘汰を困難にした。先進資本主義諸国の資本・企業は、対内的には利潤率の一般的な低落傾向を競争戦の回避によって阻むため、カルテル・トラスト・コンツェルンなど各種の形態の独占を形成し、対外的には、関税障壁・ダンピング・国際カルテル・資本輸出など国際競争戦の展開と植民地獲得及び世界市場の再分割闘争など、資本主義の独占段階への移行に伴う世界市場の再編に向かった[24]。

2．近代的な資本主義的工業化過程の促進要因

　後発資本主義国スウェーデンの資本主義的工業化過程それ自体もそれを推

進した諸要因も,たとえその過程がどんなに短期的であっても,基本的には先進資本主義諸国のそれと著しく乖離しているわけではなかった。ここではそれを前提とした上で,本章の目的に沿ってこの国の戦間期における経済動向とりわけスウェーデン型混合経済の台頭・形成期或いは今日いういわゆるスウェーデン・モデルの原型の構築という視角より重要な次の要因について一瞥したいと思う。即ち(1)国際的な需要或いは国際貿易の動向,(2)国内市場の拡大化傾向,(3)資本調達方式,(4)技術革新,(5)政府の役割或いは国内経済政策である[25]。

(1) 国際的な需要或いは国際貿易の動向(貿易立国への指向)

「スウェーデンの近代経済史を検討する場合,大勢の決定ないし条件付けに根本的に重要な二つの要因」即ち「一つは世界貿易の動向,……もう一つは国内経済政策」に注目するべきであるといわれるように[26],「原則として輸出の変化がいつも景気情勢の重要な転機となった」[27]。先進資本主義諸国の場合,資本主義的工業化過程の初期段階では消費財の生産の拡大が優先したのに対して,この国の場合,これらの諸国にとっての生産財(例えば,鉄工/鉄鋼品・鉄鉱石・製材など)の輸出の拡大が重要な役割を演じた[28]。これらの諸産業が輸出産業としてこの時期に存立・発展することが可能であった諸条件の中でも最も重要な条件は,第一に,輸出先での強力な競争相手の不在,第二に,先進資本主義諸国は,当時,1873年の世界恐慌を契機とする「大不況期」に入るまで概して好況であり,この好況を背景とする需要増による輸出価格の上昇であった。

これらの輸出産業のうち鉄工/鉄鋼業は,この国の資本主義的工業化過程が開始する以前よりこの国の特権的・伝統的な輸出産業として,西ヨーロッパ諸国との貿易ルートを確立しており,その時々の政府もまた,鉄工/鉄鋼業に対する輸出振興策として基礎的・効率的な産業基盤の育成に努めてきた[29]。とはいえ鉄工/鉄鋼業は,18世紀末葉より先進資本主義国の需要動向の変化(高品質で高額な鉄材に対する需要より低廉・大量の鉄材への需要)とそれに呼応する技術力格差を契機とする輸出価格の低落によって低迷期に

入った。この国の鉄工/鉄鋼業が輸出産業として発展するための重要な阻害要因の一つは，燃料問題の解決による大量・低廉な鉄材の生産という問題であり，この問題の最終的な解決は，20世紀初頭のエネルギー産業としての水力発電の開発・実用化まで俟たなければならなかった。そのためこの国の鉄工/鉄鋼業は，当面，木炭製鉄による高品質の可鍛性の銑鉄・棒鉄の生産を中心に輸出品を特化することによって販路の確保を求めた。この国の鉄工/鉄鋼業は，19世紀中葉以後末葉頃まで鉄の大規模な溶解のために中規模製鉄業者たちの合併を反復した[30]。

鉄工/鉄鋼業の低落傾向に対して一時的にせよ当時相殺的な効果をもったのは，賦存量の豊富な鉄鉱石それ自体の輸出の解禁であった[31]。

林業・製材業は，鉄工/鉄鋼業のように特権的・伝統的な輸出産業ではなかったが，19世紀中葉までに進展したノルウェーの沿岸森林地帯の乱伐による森林資源の枯渇に伴う国際的な需要に支えられて，この時期に輸出産業として急速に台頭・発展し，この国の近代的な資本主義的工業化過程で先導的な役割を果した[32]。林業・製材業は，既に19世紀中葉の経済自由主義の動向を背景とした森林伐採に対する重商主義的規制の緩和（1845年），技術革新による製材工場立地上の制約条件の克服，林業・製材業経営それ自体のもつ労働集約的な性格，林業・製材業労働者の非熟練的な性格（農業改革の過程或いはその結果として放出された顕在的・潜在的に貧困化の危機に晒されている大量な労働力の投入）など一連の条件によって，野心的で投機的な投資家たちの投資の対象となった。かれらの前身は，概して卸売商であったが，場合によっては小規模製材業者の自生的な共同体であった[33]。投資家たちの投機熱は，一時的に製材所の乱立を招き，1870年代には林業・製材業製品がこの国の全輸出高の50％を占めるような状況となった[34]。しかも注目するべきことは，この国の最初の労働争議が，1879年末にSundsvallの製材所で発生していたことである[35]。

とはいえ林業・製材業は，この国の森林資源の枯渇の危機が認識されるようになる19世紀末葉には，対内的には19世紀前半に導入された義務教育によ

る識字率の上昇と出版の自由に対する制度的な承認による出版物の増加，対外的にも同様の理由で惹起された紙・パルプに対する需要を背景に，紙・パルプ産業という近代的な輸出産業へと転換していった[36]。紙・パルプ産業は，その発展の過程で様々な化学・技術の発明・改良を随伴しつつ，その時々の内外需要に応えることによって景気変動の波にも不断に耐え，しかも後にはその他の化学工業の発展の道を用意したという点で，その波及効果は多大であった。

更におよそ20世紀への転換期にはこの国の海上輸送は，帆船より動力船への移行期に入り，海運・造船業も，新しい時代を迎えた[37]。

この国の特権的・伝統的な鉄工/鉄鋼業は，それ自体としては低迷より脱却できなかったが，20世紀に入って一応の近代化を遂げる過程で，多数の資本及び技術集約的な機械・電信及び電話など通信・その他の諸工業（例えば電気関連・自動車関連・医学及び化学関連の諸産業）の発展を随伴した[38]。その委細は別として，今日，世界でも著名なこの種の業界におけるスウェーデン系の多国籍企業の多くは，この時期或いは場合によってはもっと古い時期にその着手・設立の起源をもっており，技術・貿易立国としてのこの国の将来を予告するものであった[39]。

この国は，1870年代に新興産業としての林業・製材業の興隆を引金として本格的に近代的な資本主義的工業化過程に入り，50年足らずの間にその過程をほぼ終了した。この過程でこの国の諸産業は，国際的な需要と競争要因に触発されて，19世紀後半或いは70年代より，鉄工/鉄鋼業のような特権的・伝統的な輸出市場指向的な産業は，合併に，マーガリン/砂糖のような食品工業に代表される自生的な農村工業の発展とそれに媒介された全国的・統一的な市場圏の成立を基礎とする国内市場指向的な産業は，カルテルの形成に向かった[40]。このような独占化傾向に対する拮抗力として作用したのが，消費者協同組合（KF）の活動であった。何れにせよこの国の経済は，このような過程を通じて輸出市場の動向に適合的な特化した輸出品の生産を模索し，「高度に国際環境に非常に敏感に感応する」[41]体質を創りあげ，少なく

ても第一次世界大戦の勃発までに特化された輸出品の技術・貿易立国として国際市場の片隅に一定の地位を確保した。

(2) 国内市場の拡大化傾向

　農業改革の終了による農業生産性の増大は，農業部門の所得の増大となり，この所得の増大は，織物品のような消費財及び耕作機械のような資本財に対する需要の増大をもたらした[42]。一般に農業部門の生産性の増大は，農業部門より大量な労働力を釈放するといわれるが，この国の場合，このことは必ずしも当たらない。既述のように，就業人口の農業部門に占める比率は，19世紀後半より低落したが，副業的な生計手段をもった農業人口が絶対的に低落するのは，この国の近代的な資本主義的工業化過程の終了も近い1910年頃であった。既述のように，この国の就業別人口比は，近代的な資本主義的工業化過程が本格的に開始する1870年には，農業部門71％，工・手工業部門26％，商・サーヴィス部門9％，その終了も間近な1910年には，各々49％，26％，25％となっている[43]。19世紀における急速な人口増と大衆の窮乏化は，確かに，この時期より第一次世界大戦の勃発までアメリカへの大量な移民（100万程度）[44]を惹起し，1820-1840年代には農業日雇労働者の実質賃金は低落した。とはいえ農業生産性の増大による農業部門の相対的に上昇した収益性は，農業部門の所得の増大（農業賃金労働者の実質賃金の上昇も含む）をもたらし，それは，工業部門の発展とそれによる所得の増大と相俟ってまた国内市場向けの消費財産業及び生産財産業の急速な拡大に結合していった。

　この拡大過程は，早くも1870年代に開始していた[45]。この時期にとりわけ相当な拡大期に入ったのは，工学機械工業と消費財工業（例えば食品工業）であり，これらの産業は，何れも国内市場指向的であった。しかもこの時期に進展した鉄道網その他のインフラ整備は，レール・木材・工学機械製品などに対する国内需要を喚起した。もとより1870年代の鉄道整備のための国内市場向けの製品に対する需要増は，工学機械部門の全生産の10％程度に過ぎなかった[46]。

(3) 資本調達方式

　概して大半の後進資本主義諸国の近代的な資本主義的工業化過程の開始・進展の場合と同様に、この国でも産業基盤の整備・開発（例えば鉄道敷設・港湾及び河川の整備など）とそのための巨額な資本投資は、主として政府が担った[47]。この資本調達は、当時の先進資本主義諸国たるイギリス及びフランスからの政府借款によった。既に産業革命期を経過したか経過しつつあった先進資本主義諸国にとってこの国への資本貸付は、過剰資本の健全な捌け口であったこと、この国は、多数の中・小自営農の創出をもって終了した農業改革の後、近代的な資本主義的工業化過程の推進に本格的に着手するための胎動期ともいうべき1850年代でさえ、総人口の80％程度が農業人口より成り、しかもこの農業人口は、中・小自営農民を中心としてその周辺には貧民化したか潜在的に容易に貧民化しうる可能性を孕んだ農民層より構成されていたこと、更に伝統的・特権的な輸出産業であった鉄工/鉄鋼業は、18世紀末葉頃より内外的な諸条件によって国際的な競争力を喪失して以来19世紀に入っても低迷し続け、その他の産業部門も未だ殆ど農業副業的な家内制手工業として営まれ、伝統的・特権的な鉄工/鉄鋼業の地位に代替しうるような状況にはなかったこと、その他の理由で、この国が近代的な資本主義工業国として近い将来に存立していくために要請された産業の構造転換に必要な資本は、国家にとっても各産業部門の私的個別企業にとっても、絶対的に払底していた[48]。

　政府が産業基盤の整備のための資本を外国からの借款によって賄った結果として、私的諸産業部門とそれを構成する私的諸企業とは、この国が近代的な資本主義的工業化過程の推進に着手する以前にブルジョア国家の台頭・形成と共に、例えば、鉄工/鉄鋼業に代表されるような重商主義的な産業政策の下で特権的に保護・育成されてきた工業活動の流れに沿うものであれ、自生的な農村工業として生成・発展し、やがては局地的・地域的な市場圏の形成に導くようになる農村マニュファクチュアの流れに沿うものであれ、進取の気性と工夫・発明の才に富み、機会の到来を巧みに入手・利用しうる企業

家的な才能に恵まれた人々は，国家による産業基盤の整備を与件として受け取った。かれらは，様々な小規模起業に着手し，プロテスタント的な禁欲の倫理としての勤勉と節約による，さしあたりは小規模な自立的な資本蓄積（利潤の再投資）を基軸として，それでも不足する資本は，親族・友人・知人などからの個人的借入れや前近代的で問屋制の名残を留め，この国の経済史上いわゆる商社と呼ばれた輸出商からの，時には伝統的な手法による外国の商社からの信用によって賄いつつ[49]，既存の工業部門の近代化或いは新興工業部門の育成・発展を指向した。そして商社と呼ばれた輸出商の資金源は，時には既に整備されつつあったこの国の銀行から提供された[50]。

近代的な資本主義的工業化過程で競争と信用に媒介された近代的な資本の集中・集積運動の担い手として一般に登場する株式会社は，1848年株式会社法（1848 års aktiebolagslag）及び1895年株式会社法（1895 års aktiebolagslag）における全社員有限責任制と設立に関する準則主義の導入によって制度的に承認されていた。その後制定された1910年株式会社法（1910 års aktiebolagslag）は，1895年株式会社法の一層の近代化を図ったものであった[51]。とはいえこの時期のこの国における産業資本それ自体の動向は，概して非常に非集中的・分散的であり，産業資本が，資本調達を私的銀行に依存したとしても，それが，銀行資本と結合・癒着することも殆どなかった[52]。その主たる理由は，少なくても第一次世界大戦の勃発までこの国は，その輸出品を特化し，先進資本主義諸国で概して払底している商品（例えば，材木，紙・パルプ，鉄鉱石など）を提供することによって，国際競争を回避することができ，そのため特別に資本集約的な巨大企業の形成とそれによる規模の利益を手にする道を追求しなくてもよかったからである[53]。この国で産業資本の集中化が開始・進展するのは，第一次世界大戦後とりわけ戦間期の1920年代中葉頃ないし末葉頃より30年代中葉頃，そしてそれに呼応してこの国の銀行資本が産業資本に対してほぼ完全に支配的に君臨するようになるのは，第二次世界大戦後である[54]。

(4) 技術革新

この国が近代的な資本主義的工業化過程のために導入した技術革新は、当初は、必ずしも資本集約的・労働節約的で巨額な大規模設備投資を必要とするような性格のものではなかった。それらは、天賦の才としての科学技術的な独創性と工夫力に富んだスウェーデン自身が、単なる思いつきから発して幾度かの実験の成功或いは失敗した結果発明・開発し、完全な危険を覚悟して特許権を取得し実用化に踏み切ったものもあったし、既に先進資本主義諸国が先鞭をつけ、実用化されていたか或いは未だ実用化されていないものを、自国の技術水準と経済的・社会的条件に照らして適合・応用可能なように改良したものも存在した。そのため総体としてのその労働手段・技術の体系は、多面的で錯綜していた。そしてまたこの国の近代的な資本主義的工業化過程の本格的な開始期に先導的な基幹産業として一時期一定の役割を果した新興産業としての林業・製材業のような労働集約的な産業を別とすれば、技術革新が、自国の独自の発明・発見・実用化によるにせよ、他国の既存の技術の改良・応用・適用によるにせよ、この国が20世紀以後近代的な技術・貿易立国として存立していくために極めて重要な地位を占めていたという点と関連して、発明・開発・適用した諸技術の実用化（企業化）に着手した人々の前身が技術系の人々であることも稀ではなかった。それだけに個々の企業家は、多大な危険負担を負い、時としては個別企業の問題として採算の問題を処理できなかったし、時としては国際的な一時的な需給動向或いは景気変動の動向とそれに規定される国内経済状況を予測・想起することができず、創業後間もなく倒産に追い込まれることも少なくなかった。そしてまたかれらが、経済的・その他の理由で自らその実用化に踏み切ることができない場合、既存の、時としてはこの国の近代的な資本主義的工業化過程の開始期或いはその本格的な開始期よりはるか以前の時代に設立された諸企業が、特許権の購入或いは発明・適用者を雇用する形でその実用化を図った。新しい技術の導入は、様々な危険を随伴したが、それでもこの時期以後、発明・応用された諸技術の中でも第二次世界大戦の終了まで国際的にも国内的にも成功に繋がり、この国の経済学者も技術者も労働手段・技術体系上一般に重視している

表1-1　スウェーデン及びスウェーデン人による技術の発明・応用

1858—1946年

特許権申請	内　容	技術革新者名	開発企業名	開発年度
1858	steel process	H. Bessemer G.F. Göransson	Sandvikens Jernverk	1862
1864	dynamite	A. Nobel	Nytroglycerin	1864
1874	process for sulfate and cellulose	C.D. Ekmam	Bergviks Trämassefabrki (SCA)	1874
1876	desk telephone	L.M. Ericsson	L.M. Ericsson	1876
1878	cream separator	G. de Laval	Alfa Laval	1878
1880	adding machine	W. Odhner	Original-Odhner	1880
1882	electrical motor	J. Wenström	ASEA	1883
1883	steam turbine	G. de Laval	ASEA	1883
1885	craft paper process	A. Muntzing	Munskjö Mill	1885
1885	sulfate pulping process	C. Carlson	Many	1885
1887	watches	—	Facit-Halda	1887
1890	3-phase transfer of electric power	J. Wenström	ASEA	1891
1892	adjustable spanner	J.P. Johansson	Munktelles mekaniska verkstad (Baheo)	1892
1893	chlorine petrochlorine	O. Carlson	Månsbrofabrikerna (Kema Nobel)	1893
1896	typewriter	—	Facit-Halda	1896
1898	parafin stove	F.W. Lindqvist	Primus	1989
1900	industirial welding electrode	O. Kjellberg	ASEA	1900
1904	process for converting fluid milk into powder	M. Ekenberg	Many	1904
1904	accumulator	E.W. Jungner	Nife Jungner	1907
1904	acetylen gas	G. Dalén	AGA	1909
1907	ball-bearings	S.G. Wingquist	SKF	1907
1907	progressive tolerance measure	C.E. Johansson	AB.C.E. Johansson	1911
1909	electrical furnaces	—	Domnarverts Jernverk	1909
1918	spherical rollerbearings	N.A. Palmgren	SKF	1918
1918	conical rollerbearings	N.A. Palmgren	SKF	1918
1922	oven	G. Dalén	AGA	1930
1923	refrigerating system	B.C. von Platen C.G. Munters	Electrolux	1930
1926	locomtive with geared turbines	B. Ljungström	Stal-Laval	1926
1931	rollerbearrings in duble rows	S.G. Wingquist	SKF	1931
1940	xylocain	N. Löfgren	ASTRA	1948
1946	HUMI-KOOL	C.G. Munsters	Incentive	1946

以下略

出典：Christos Papakristodoulou, *Inventions, Innovations and Economic Growth in Sweden : An Appraisal of the Schumpeterian Theory*, Acta Universitatis Upsaliensis, Studia Oeconomica e Negotiorum 12, Uppsala 1987., pp. 80-83 より作成。

幾つかの代表的な技術革新と企業（但し IKEA のようなサービス部門のそれは除外）とは，この期間に登場した[55]。しかも注目するべき点は，二つの恐慌に挟まれた戦間期とりわけ1920年代における経済の構造転換は，恐慌・合理化・そのための技術革新という過程を媒介としており，技術革新とそれを基礎とした産業合理化運動の過程は，恐慌と不況を克服し国際競争力を強化するための手段であったことである。

(5) 国家と政治の役割

一般に一国の資本主義的工業化過程が遅滞するほど，その国の資本集中と中央集権化とは，この過程を既に開始しているか終了しつつある諸外国との競争圧力によってより一層組織的に推進され，国家の果す先導的な役割もそれだけ増大する。

とはいえこのことは，スウェーデンの場合必ずしも当たらない。その理由は様々であるが，ここでは本章の目的に沿ってスウェーデン型混合経済の形成という視角より，次の理由に注目したい。

第一は，この国の場合伝統的に封建制度が相対的に脆弱であったことである（農民層の身分的・政治的な自立性と地方自治の存在[56]）。この国は，近代経済社会の開幕に先行する絶対王政の時代に，高度に中央集権的に組織されたが，各種のギルド規制は，この国の地理的・自然的な諸条件とこの国内外の経済・政治・社会的な諸条件に規定されて，相対的に脆弱であった。第二に，この国の諸工業の発展は，資本主義的工業化過程の本格的な開始よりその終了まで（1870年代初頭頃まで），先進資本主義諸国が必要とする特化された生産財の輸出によって導かれてきたことから，地域的・資本的に分散的であった。第三に，この国は，18世紀以来の啓蒙主義的な思考の長期にわたる影響の下で，議会制度の育成・発展と自由貿易主義を基本的に指向しており，国家が経済に介入することを排除するという風土が傾向的に存在した。これらの結果としてこの国は，近代的な資本主義的工業化過程において国家の役割を基本的にいわゆる「夜警国家」に留めた筈である[57]。

とはいえこのことは，部分的にしか正当化できない。それは，既にこの国

が資本主義的工業化過程を本格的に開始する前後より，国際的な景気動向（さしあたりはイギリスを中心とした世界恐慌）に呼応して国家が経済過程に直接的に介入してきたからである。

　国際的な景気は，1873年恐慌の発生以来1890年代中葉までいわゆる「大不況期」に入り，1882年及び1890年には恐慌が再来した。1880年代初頭及び1880年代末葉の短期的な景気の安定期或いは好況期は，その例外であった。1873年世界恐慌は，急速に国際経済社会に登場してきたアメリカ及びドイツを舞台とし，先進資本主義国間の生産力の不均等発展が，顕在化した世界恐慌であった。世界恐慌からの回復策は，各国の経済事情によって必ずしも同一ではなく，カルテルの形成・企業集中などその手法は様々であった。とはいえ恐慌の勃発に伴う不況からの脱出は，傾向的に産業の合理化の推進・そのための新しい労働手段・技術体系（技術革新）の導入（例えば西ヨーロッパ諸国の場合内燃機関・自動車・ボールベアリング・電力などの導入）・産業の構造的転換という路線を辿った。

　スウェーデンの景気循環も，その上昇と後退という二つのより長期的な趨勢という点では概して先進資本主義諸国の一般的な動向に順応していた[58]。この国は，近代的な資本主義的工業化過程が本格的に進行中の1880年代には，全体としての成長率は低水準であったにも拘らず，輸出産業は拡大基調を辿った。このことは，この国のこの年代における経済問題が，景気循環上の合理化段階の一般的な特徴とされる状況（例えば，技術革新・合理化競争の精鋭化・一層の効率化の改善など）に呼応していたことを示唆する。1880年代には多数の部門で機械化・動力源としての蒸気エンジンの急速な普及・工場生産が飛躍的に前進した。更に交通手段の改良による長期輸送費の多大な引下げによって，販路の拡大を指向する企業が，地域社会密着型の企業に取って代り始めた。このような企業に対する対抗策は，所定の組織と技術水準の下で小売価格の引下げ（そのための賃金・その他のコスト引下げ努力）と企業自らの組織変更や技術革新（例えば，生産過程のより一層の自動化或いは機械化・低廉な輸送機関の利用など）による効率性の改善であった。既

述のように，1879年末のSundsvall地域の製材所の労働争議は，賃金引下げによる効率性の改善努力の「負」の結果を示す一例であった[59]。

　新しい型の産業の開発は，基本的には経済的破壊と呼ばれるような多数の技術革新の発生しかもその同時的発生から誘発される。この場合新しい型の産業の発生の時期とその発生の仕方に影響を与えるものは，高度に政治的な決定・制度的な改革・革命的な世界の諸事象である[60]。

　この国は，遅れた近代的な資本主義工業化過程を林業・製材業が，隣国ノルウェーの森林資源に対する枯渇による先進資本主義国に対する需要を贖うことによって先導されて，伝統的・特権的な産業であった鉄工/鉄鋼産業が，可鍛性の高品質の鉄工/鉄鋼品の生産に製品を特化することによって生き延びながら，やがては紙・パルプ産業の台頭，それに派生した各種の化学工業の発展，技術革新の進行による工学機械工業の発展などを通じて，1873年世界恐慌の勃発とそれ以後のいわゆる「大不況期」（1882年及び1890年恐慌の再来も含む）を乗り切り，同時にその過程で20世紀に入って開花する新しい産業の型を開発しつつ，第一次世界大戦の勃発までには特化された技術・貿易立国として世界の片隅にその地位を確保した。

　この国の国家は，近代的な資本主義的工業化過程が本格的に開始する少し前まで，基本的には「夜警国家」に留まり，国家が経済過程に介入するとしても，国際的な景気変動或いは世界恐慌に対する国内経済への影響をできるだけ緩和することを目的としたに過ぎなかった。この国の近代的な資本主義的工業化過程が開始する前後に到来した世界恐慌は，1857-1858年のそれであった。この国も，景気変動の循環的な法則に従ってそれに先立つ幾年間かにわたって初期工業活動の活発化，林産・製材品・鉄工/鉄鋼品の輸出の非常な増加傾向を示した。農業部門もまた，既述のように農業改革が多数の中小自営農の創出に終わり傾向的に低落する運命にあったとしても，さしあたり景気変動のリズムに従った。とはいえこの国も，既に1856年には過剰生産への危惧（貨幣の払底と貿易収支の悪化）に晒され，この国の景気は，先進資本主義諸国のそれと同様に，急速に後退していった。この国は，1857年秋

に最初の体験となった銀行破産を招来した。この国は，1868年冬季及び春季にもまた，停滞期を迎えた。とりわけ鉱山業・小売業・造船業の恐慌は長引いた。この恐慌は，世界的な過剰生産による世界市場からの飛び火であった[61]。1857-1858年恐慌は，経済の構造的な転換点を象徴した。しかも重要な点は，その政治的な結果であった。この国は，この恐慌の到来に伴って，Gripenstedt 及び Wallenberg 型の国民主義的な介入主義経済政策（銀行の失敗による国民的利益の侵害に対する国家による経済過程への介入政策）を創出した[62]。この国の政府は，1870年代末葉にも同一の政策をとった。このことは，経済自由主義の黄金時代でも，政府の経済過程への介入は，景気の後退期には重要であるという考えが発現していることを意味した。Gripenstedt 及び Wallenberg 型の国民主義的な介入主義経済政策は，景気の過熱に随伴した農産物価格の異常な騰貴，既に当時形成途上にあった上・中流階級と無産階級の利害の対立と上・中流階級による一時解雇，失業，広範な暴徒，ストライキなどに対する危惧感などの反映であった。

　この国が，近代的な資本主義的工業化過程を終了し，戦間期に国際的な潮流に従って計画・組織化された資本主義の形成に向かったとき，とりわけ1930年代になってこの国に特有なその現実的な方向性と内容を規定し，スウェーデン型混合経済の大枠を形成していく上で不可欠な役割を果すことになる二つの重要な主体即ち社会民主労働党の支持母体である LO（1898年設立）と「スウェーデン経営者連盟」（Svenska Arbetsgivarföreningen, 略称. SAF. 英名. The Swedish Employers Federation : 1902年形成）[63]もまた，1870年代以後のこの国の経済動向と絡み合いながら形成されていった。この二つの主体の形成は，後の1938年の第一次「サルトシェーバーデン協定」（合理化を含む労使協調路線）として結実していくという点で注目するべきである[64]。

〈注〉
 1) Magnusson, Lars, *An Economic History of Sweden*, Routledge Explorations in

Economic History, Routledge, London and New York, 2000, pp. 106-108 ; Montgomery, G. Arthur, *The Rise of Modern Industry in Sweden*, P.S. King & Son Ltd., London, 1939, Chap. 3 ; Koblik, Steven (ed.), *Sweden's Development from Poverty to Affluence 1750-1970*, University of Minnesota Press, Minneapolis, 1975, Chap. 4.

2) Magnusson, Lars, *op. cit.*, Chap. 1 ; Montgomery, G Arthur, *op. cit.*, pp. 1-9, 50-59 ; Koblik, Steven (ed.), *op. cit.*, Chap. 1. スウェーデンの農業改革は、国家主導型であり、この国の囲込み運動を提案したのは、政府の土地調査官 Jacob Faggot であった。かれは、1746年の著名なパンフレット "Svenska lantbruks hinder och hjälp" の発行を通じてその思考の普及に努めた。この国の農業改革の委細については、大野文子稿「18世紀中葉より19世紀中葉のスウェーデンにおける商業簿記の発展」(3) 明治大学短期大学紀要 第44号 1989年1月、51-65頁を参照。

3) この国の農業改革の基軸であった囲込み運動の動向については、特に、Heckscher, Eli F., *An Economic History of Sweden* (Translated by Göran Ohlin), Harvard University Press, Cambridge, Mass., 1954, pp. 154-162 ; Montgomery, G. Arthur, *The Rise of Modern Industry in Sweden*, P.S. King & Son Ltd., London, 1939, pp. 39, 47, 50-56, 157. ; Andersson, Ingvar, *A History of Sweden*, 2nd ed., Natur och Kultur, Stockholm, 1970, pp. 297-300 ; Scobbie, Irene, *Sweden, Nations of the Modern World*, Ernest Benn Ltd., London, 1972, p. 57. ; Nordstrom, Byron J. (ed.), *Dictionary of Scandinavian History*, Greenwood Press, Westport, Connecticut・London, England, 1986, pp. 164-168 ; 大野、[1989年1月]、前掲稿、51-71頁。

4) Magnusson, Lars, *op. cit.*, p. 107.

5) 大野、前掲稿、63頁。

6) Montgomery, G. Arthur, *op. cit.*, pp. 56-57.

7) 大野、前掲稿、63-64頁 ; Montgomery, G. Arthur, *op. cit.*, p. 58.

8) 大野、前掲稿、64及び72頁。

9) 局地的・地域的な市場圏の形成・中産的生産者層の台頭とその分解過程一般の問題については、特に大塚久雄・高橋幸八郎・松田智雄編「西洋経済史講座」全5巻 岩波書店 1960年；大塚久雄著「近代欧州経済史序説」大塚久雄著作集 第2巻 岩波書店 1969年；大塚久雄編「西洋経済史」第2版 経済学全集4 筑摩書房 1977年を参照。

10) Isacson, Maths and Magnusson, Lars, *Proto-Industrialisation in Scandinavia : Craft Skills in the Industrial Revolution*, Berg Publisher Ltd., New York, 1987.

11) Rostow, Walt Whitman, *The Stages of Economic Growth : A Non-Communist Manifesto*, The Cambridge University Press, London, 1959, W.W. ロストウ著／木村健康・久保まち子・村上泰亮共訳「経済成長の諸段階――一つの非共産主義宣言―」ダイヤモンド社 1961年（特に第2章）; Rostow, Walt Whitman, *The Process of Economic Growth*, Oxford University Press, 2 nd ed. (Enlarged), Clarendon Press, Oxford, 1960, W.W. ロストウ著／酒井正三郎・北川一雄訳「経済成長の過程」（増補版）東洋経済新報社 1965年（特に第4章）を参照。

12) 大野, 前掲稿, 48頁。
13) この国の自生的な農村工業の発展と特権的な産業の関係については, 特に上記のIsacson, Maths and Magnusson, Lars, *op. cit.* の他に, Magnusson, Lars, *op. cit.*, Chap. 2. を参照。
14) 非特権的な自生的な農村工業の台頭・形成・発展と農村マニュファクチュアへの転換及びそれを媒介とした局地的・地域的な市場圏より全国的・統一的な市場圏の形成の委細については, 大野, 前掲稿, 76-87頁を参照。
15) Montgomery, G. Arthur, *op. cit.*, p. 61.
16) Magnusson, Lars, *op. cit.*, p. 107.
17) *Ibid*.
18) 梶山力訳「ゾンバルト高度資本主義」第7版, 有斐閣 1949年, 4-5頁。
19) Larsson, Mats, *En ekonomisk historia 1850-1985*, Almqvist & Wiksell, Stockholm, 1991, s. 20. T. 2. ; 原輝史・工藤章編「現代ヨーロッパ経済史」有斐閣 1996年, 191頁。
20) Magnusson, Lars, *op. cit.*, p. 107.
21) *Ibid*., p. 109.
22) 荒井政治・竹丘敬温編「概説西洋経済史」有斐閣 1985年, 276頁。
23) 資本主義の独占段階における産業循環の形態変化の諸条件などの問題については, 古川哲著「危機における資本主義の構造と産業循環」有斐閣 1972年（特に第2・3章）を参照。
24) 木下悦二編「現代の世界経済 資本主義の運命」有斐閣 1981年, 21頁。
25) この国の近代的な資本主義的工業化過程を促進した諸推進力のうちでも, 伝統的な見解は, 概して生産の視点より輸出入貿易, 政府借款, 技術革新などを強調してきた。これに対して近年の新しい見解は, 例えば, 本章でもしばしば引き合いにだしているMagnusson, Lars, *An Economic History of Sweden*, Routledge Explorations in Economic History, Routledge, London and New York, 2000, p. 109. にみるように, 需要の視点よりこの過程を再考し, これらの諸要因を再検討しつつある。
26) Lundberg, Erik, *Business Cycles and Economic Policy* (Translated by J. Potter), George Allen & Unwin Ltd., London, 1957, p. 21, エーリック・ルンドベルク著/吉野俊彦訳「景気変動と経済政策—経済統制か金融政策か—」至誠堂 1964年, 4頁。
27) Lundberg, Erik, *op. cit.*, p. 22, 邦訳 22-23頁。
28) Jörberg, Lennart, "Några tillväxfaktorer i 1800-taltets svenska industriella utveckling", Rundström (red.), *Kring industialismens genombrott i sverige*, Stockholm, 1966, s. 22.
29) この国の鉄工/鉄鋼業の発展とそれに対する国家の政策については, 大野, ［1989年1月］, 前掲稿, 87-118頁を参照。
30) Gustavson, Carl G., *The Small Giant: Sweden Enters the Indsustiral Era*, Ohio University Press, Athens, Ohio, London, 1986, p. 226 ; Heckscher, Eli F., ［1954］』 *op. cit.*, pp. 216-224.

31) Gustavson, Carl G., *op. cit.*, Chap. 8.
32) この国の鉄工/鉄鋼業の発展と近代的な資本主義的工業化過程における先導的な役割については，大野，前掲稿，147-154頁を参照。
33) Scott, Lars and Urry, John, *The End of Organized Capitalism*, Polity Press, Cambridge, 1987, p. 31 and 157; Gustavson, Carl G., *op. cit.*, pp. 88-99; Rydén, Bengt, *Mergers in Swedish Industry : An Empirical Analysis of Corporate Mergers in Swedish Industry 1946-69*, Almqvist & Wiksell, Stockholm, 1972, pp. 6-7.
34) 大野文子稿「スウェーデンにおける近代会計学の形成―概観（1900年より1945年まで）―」(2) 明治大学短期大学紀要 第59号 1996年3月，85頁。
35) Magnusson, Lars, *op. cit.*, pp. 150-152.
36) Gustavson, Carl G., *op. cit.*, pp. 13, 49-52, 111, 121, 144, 149, 184, 199, 215-219, 243, 259, 300 etc.；機械新興協会経済研究所「スウェーデン　フィンランドの紙パ産業」1976年，124-131頁。
37) Gustavson, Carl G., *op. cit.*, pp. 98-100, 242-245; Andersson, Ingvar, *A History of Sweden*, 2nd ed., Natur och Kultur, Stockholm 1970, pp. 403-404.
38) Gustavson, Carl G., *op. cit.*, Chap. 16, pp. 257-277.
39) Hörnell, Erik and Vahlne, Jan-Erik, *Multinationals : The Swedish Case*, The Croom Helm, London & Sydney, 1986, Chap. 1.
40) Rydén, Bengt, *op. cit.*, pp. 6-14.
41) Magnusson, Lars, *op. cit.*, p. 11.
42) *Ibid.*, p. 111.
43) Larsson, Matz, *op. cit.*, s. 20. T. 20；原輝史・工藤章編　前掲書，191頁。
44) Magnusson, Lars, *op. cit.*, pp. 111-113.
45) *Ibid.*, p. 113.
46) Modig, H., *Järnvägens efterfrågan och den svenska industrin 1860-1914*, Ekonomiska historiska studier, Uppsala, 1971, s. 122.
47) Koblik, Steven (ed.), *op. cit.*, pp. 114-115.
48) 大野，［1996年3月］，前掲稿，86-87頁。
49) Scott, Lars and Urry, John, *op. cit.*, p. 31.
50) この国の銀行制度の発展については，大野，［1996年3月］，前掲稿，88-96頁を参照。この国の銀行制度の発展についてこの論文で利用した諸文献は記載省略。
51) この国の株式会社法の生成・発展の過程については，大野文子稿「スウェーデンにおける株式会社の発展―同国の会計関連法規定の生成の史的背景として―」(1)・(2)・(3) 明治大学短期大学紀要 第55号 1994年3月・第56号1995年2月・第57号 1995年3月を参照。この国の株式会社と株式会社法の生成・発展に関してこの論文で利用した諸文献は記載省略。
52) Scott, Lars and Urry, John, *op. cit.*, p. 32.
53) *Ibid.*, p. 34.

54) *Ibid*., p. 32 and p. 35.
55) この国の近代的な資本主義的工業化過程の推進要因としての技術革新の動向については，大野，[1996年3月]，前掲稿，97-101頁を参照。
56) スウェーデンの封建制度の脆弱性については，大野文子稿「スウェーデンへの複式簿記の伝来事情」(2) 明治大学短期大学紀要 第37号 1985年3月，31-34頁；大野，[1989年1月]，前掲稿を参照。この国の封建制の形成とその解体過程に関してこの論文で利用した諸文献の掲載は省略。
57) Scott, Lars and Urry, John, *op. cit*., p. 29.
58) Magnusson, Lars, *op. cit*., p. 146.
59) *Ibid*., pp. 150-152.
60) *Ibid*., p. 160.
61) *Ibid*., p. 141.
62) *Ibid*., p. 144.
63) Nordstrom, Byron J. (ed.), *op. cit*., pp. 579-580.
64) この問題の委細は，大野，[1996年3月]，前掲稿，101-119頁を参照。この問題に関してこの論文で利用した諸文献の掲載は省略。

第3節　スウェーデン型混合経済の台頭・形成の過程：概観

1．戦間期における経済の趨勢

　スウェーデンの戦間期（1918-1938年）も，二つの世界恐慌（1921-1922年及び1931-1933年）に媒介された経済の構造的な変動期であった[1]。それは，戦中・戦後のインフレーションの終熄と殆ど同時的に到来した戦後恐慌と長引く不況の下で，経済・産業・企業の徹底した合理化を推進した1920時代と，1929年世界恐慌の余波を契機として不況からの脱出のために「計画・組織化された資本主義経済」の構築に向けてギアの転換を図ることを余儀なくされた1930年代とに大別される。この二つの年代におけるこの国の経済発展の一般的な条件も現実的な条件も，基本的に相違しており，そこで採択された国家の諸政策も対照的であった。そのためこの二つの年代の歴史的な評価もまた，論者によって必ずしも同一ではない[2]。それは，この二つの年代について一定の評価を下そうとする場合その評価の基準を，この国の戦間期を

嚮導した諸要因の中でもより重視するべき要因が，1920年代の競争原理の貫徹か，1930年代の広範な社会政策かという問題に帰着するであろう[3]。それにも拘らずスウェーデンの戦間期における経済は，より長期的には少なくても総体として，(1)生産の拡大，(2)失業問題の深刻化，(3)物価の相対的な安定という傾向を辿った[4]。

(1) 生産の拡大

この国の戦間期は，1921-1922年及び1931-1933年の二つの恐慌と長引く不況期を含みながらも，総体として生産は拡大基調を辿った。生産の増加率は，年次平均4％，これに応じて雇用も増大したが，その増加率は，生産のそれよりも低く，生産性（ここでは労働時間当たりの生産高）の上昇は，年間平均2.5％程度であった[5]。1920年代における8時間労働制の導入及び賃金上昇と物価の下落による収益力への負担増は，対外競争要因に触発された経済・産業・企業の厳しい合理化を促進しつつ，輸出向け産業の直接的・間接的な拡大に導いた。この合理化は，1930年代における国内市場向けの新たな工場設備（コンクリート・建具・包装紙・既製服・メリヤス製品・缶詰・食料などのそれ）と交通手段の開発にみるような国内生産設備の拡大と同一効果をもっていた[6]。それでも依然として確立されていた既存の輸出市場は，一般的には経済発展に必要な条件の一つであった。

産業・経済の拡大基調の主たる直接的な担い手は，私的企業であった。私的企業の経済活動の活発化は，E. Dahménが産業の構造転換という概念によって説明しているように[7]，新生産方式と新製品の生産を中心とする技術革新的な新規事業活動の台頭と発展（その結果としての既存企業の倒産率の増大）と新規事業活動との競争要因に触発された既存企業の旺盛な企業家精神による高度な技術革新の推進を基軸としていた。そして私的企業の経済活動の活発化を可能にした主たる要因は，時と共にますます増大する国際市場への依存度，国内市場経済の漸次的な発展，幾つかの景気対抗的な経済政策であった[8]。だがまた戦間期に設立された新設企業は，傾向的に殆ど大規模企業には発展せず，中・小規模に留まった（例えば，1919年の既存企業の半

分——総労働人口の20％程度を雇用——は，1940年には倒産するか整理の対象となった。但し幾つかの企業は，後に何らかの形で再建)[9]。

(2) 失業の深刻化

戦間期には景気が最高潮に到達した時期でさえ，高水準の失業が執拗に持続した。労働組合統計によれば，失業率は，例えば，1928-1929年及び1937-1939年には平均10％以上であった（1946年以後3％)[10]。この失業率の一部が，季節的な失業を含むとしても，総じて戦間期における生産の拡大基調にも拘らず，雇用は，完全雇用には程遠く，とりわけ農業部門にはそれ以外の産業部門の労働力需要の停滞によってかなりの潜在的な失業が存在した。

戦間期は，より長期的には生産の拡大基調を辿ったにも拘らず，それが雇用の拡大に結びつくどころか，失業の深刻化を招いたのは何故か。

その理由は複合的であるが，失業問題の深刻化は，少なくても戦後恐慌（1921-1922年）とそれに続く不況期（1922-1924年）の到来・合理化・産業構造の転換という一連の過程[11]に随伴して開始し，1920年代末葉の世界大恐慌を引金として完全に崩壊していった金本位制と管理通貨制に象徴されるような資本主義経済それ自体の構造的な矛盾・市場の原理の自動調整機能の低落と崩壊の結果であったことは確かであろう。

(3) 物価の相対的な安定

戦間期の物価は，総体としては比較的安定していた。1920年代の不況期の物価の下落は，1930年代末における物価の漸騰と相殺された。生計費指数は，第二次世界大戦勃発前の1939年夏には，1924年（この国の金本位制への復帰の年）とほぼ同一水準（1920年平均の60％程度)，1929年と同一水準であった[12]。

戦間期の全体としてこのような趨勢にも拘らず，1920年代と1930年代とは，現象的にも本質的にも顕著に対照的な期間であった。

2．1920年代：戦後不況とその脱出過程
(1) 戦中・戦後インフレーション

第一次世界大戦（1914-1918年）は，直接的にはヨーロッパにおける二つの資本主義ブロック即ち先進資本主義国（イギリス・フランスブロック）と後発資本主義国（ドイツブロック）の間での世界の植民地の再分割をめぐる抗争であった。この戦争は，結果としてヨーロッパの凋落（とりわけ敗戦国ドイツと戦勝国イギリスの停滞）・その対極としてのアメリカの躍進（或いは資本主義諸国での指導力の増大）・ロシア革命とそれによる資本主義経済圏の空間的な縮小[13]などが象徴するように，列強欧米諸国間の旧来の力関係を崩壊し，新しい関係の構築を迫った。即ちそれは，1920年代の国際経済上の基本的な枠組みを形成する出発点となった。

スウェーデンは，第一次世界大戦の勃発に伴って，その他のスカンディナヴィア諸国と同様に，国際法学者 J. Hammarskjöld の戦時内閣（1914-1917年）の下で，いち早く中立維持を世界に向けて宣言することによって，直接的な戦禍に晒されることを回避した[14]。とはいえこの国もまた，戦争の威嚇より免れることはできず，第一次世界大戦中は，基本的にはその他のヨーロッパ諸国とほぼ同様の一般的な傾向を辿った[15]。

この国は，戦時中の前半期には，スカンディナヴィア協議会[16]の合意によって比較的安定した生産活動を続けることが可能であり，戦時ブームを享受した。とはいえこの国も，戦時中の後半期には，ドイツの無差別攻撃と大陸封鎖によってより直接的な影響を受けるようになった。その最大の影響の一つは，農業生産用の輸入資材（化学肥料と家畜飼料など）の払底による農業生産の低迷（食料不足）と燃料事情の悪化であった[17]。この戦時内閣は，中立維持と国民生活の経済的な安定を最優先課題として戦時経済統制を敷いた。このような状況の下で進展したのは，輸入代替品の開発，日常生活必需品の払底による価格騰貴，戦時利得の取得を狙った新・旧産業部門における投機的な投資活動の活発化，それらの結果としてのインフレーションの進行と実質賃金の低下であった。とりわけ留意するべき点は，経済界における

ブームへの期待感は強く，輸出市場が既に飽和状態であるにも拘らず，戦後インフレェーション利得の取得という予測の下に，備蓄のための投機的な生産を煽り，戦争末期（1918年秋）には異常な集中的なブームを創出したことであった[18]。

この戦時ブームの背景には，およそ戦争というものが及ぼす一般的な経済的効果が想定されていた。例えば，戦争は新しい型の産業の開発に導くが，戦時経済の下での政府規制は，これらの産業に対する計画的・優先的な強力な支援策となること[19]，軍事技術への巨大投資が，各種の技術革新を誘発し，それらが，平和産業への適用可能性を開発すること，人的資源と物的資源の組織的な適用などである[20]。とはいえこのことは，この国の場合必ずしも当たらない。確かにこの国の経済史家たちも，戦間期におけるこの国の経済動向について記述する場合，戦争を契機とする新しい型の産業開発の経済的な効果について一定の評価をし，新しい型の工業品の開発（例えば，自動車・ラジオ・アルミニュウム製品・人工繊維など）と新しい工場・生産組織（F.W. Taylorの科学的管理法やフォードシステム）の導入などをその事例としてあげる[21]。とはいえ新しい産業は，既に20世紀への転換期にその生成の起源をもっており，第一次世界大戦の終焉は，これらの産業の合理化を集中的に推進する契機となったに過ぎない[22]。新しい工場・生産組織も，19世紀末葉より20世紀初頭頃にアメリカで提唱され，実行に移されていたとしても，第2章で概観するように，スウェーデンでも，既に20世紀初頭にこの国の大学における教育・研究上の課題としても実業界における啓蒙活動としても問題視されていた。第一次世界大戦の終焉は，新しい型の産業と工場・生産組織に関する周知の知識を戦中・戦後インフレェーションの終焉[cf]と殆ど同時的に到来する戦後恐慌と長引く不況から脱出するための産業合理化運動の一環として新しく実用化したに過ぎない。

スウェーデンの戦時経済とそれに随伴した戦中・戦後インフレェーションの進展が，後の時代になって直面する様々な経済的・政治的・社会的な諸問題を惹起したにせよ，スウェーデン型混合経済の台頭・形成という点よりこ

こで留意しておきたいことは、この国は、戦時経済体制を通じて、資本の純輸入国より純輸出国に転じたことである[23]。

スウェーデンの工的企業は、第一次世界大戦前、小規模・分散的で非集中的であった。この国は、近代的な資本主義的工業化過程の推進に必要な資本を概して外国からの借款によって賄い、第一次世界大戦の勃発まで資本の純輸入国であった。資本借款に主要な役割を担った銀行それ自体もまた、概して非集中的であり、銀行の工的企業に対する支配力或いは工的企業との関係も希薄であった。とはいえこの国は、既に戦時中より海外投資を開始し、戦争直後の1918年には資本の純輸出国に転じていた。本書の第5章で明らかにするかのI. Kruegerの拡張政策も、この時期に既に戦争を利用して、マッチ国内独占体を形成しつつ、鉄鋼・パルプ・木材・建築不動産業などその事業活動を拡大・多角化して、アメリカ及びイギリスを舞台に大規模な海外投資を開始していた[24]。またこの国の近代的な資本主義的工業化過程における技術革新の進行を背景として台頭してきた幾つかの新興産業（例えば、ボールベアリングなど機械・電気工業）も国際市場に参入しつつあった。第一次世界大戦の勃発に前後するこの国の経済動向の委細は省略するが、この頃よりこの国の国際的な経済活動は、旧来からの商品輸出の他に諸外国の関税障壁を超えるために投資活動（資本輸出）とりわけ直接投資に向かい、この国の幾つかの株式会社は、既に国際的な名声を博するようになっていた[25]。もとよりこの時期の資本輸出は、官民何れのそれでも、綿密な意識的・計画的な政策と戦略の結果ではなかった。因みにいえば、この国の貿易収支も、戦時中の後半期におけるこの国の工業生産の一般的な低落と輸出入品の価格騰貴（場合によっては輸入品価格の、輸出品価格の騰貴を上回る騰貴）にも拘らず、戦時中の前半期からの、戦争の影響による輸入水準の相対的な下落（1913年基準で1918年にはその50％以下）[26]にしたがってまた消費水準の相対的な低下によって、総体的には黒字であった。この黒字は、当時、進行中の戦中インフレーションによる物価水準の一般的な上昇に伴う実質賃金の低下と一般的な消費水準の低下と相俟って、戦争によるいわゆる「強制的な

貯蓄」27)をもたらした。そしてこの「強制的な貯蓄」は，上記のような貿易外収支の黒字（直接投資のそれ）と相俟って，この国が近代的な資本主義的工業化過程の開始以来累積してきた多額の外国債務の弁済を可能にし，戦争終熄時にはこの国を過去の資本純輸入国より純輸出国へと転換させていたのであった。

cf. スウェーデンクローネは，戦争中に金価格に対して幾分上昇気味であったが，戦争終熄時には低下しており，物価は，概して上昇傾向にあった。もとよりこの傾向は，1937年とそれと同様に，世界的な現象であったが，対内的には戦後間もなく解除された物価統制と配給制，戦後直後の経済に特有な諸物資の払底，その他の諸条件，対外的にはアメリカ及びイギリスで進行していた一般的な物価変動（したがってまた為替相場の変動）のスウェーデンへの集中的な波及が，拍車をかけた。この国の物価水準は，1919年10月より1920年6月にかけて19%上昇した（1936年6月より1937年8月には16%上昇）。この戦中・戦後インフレーションは，生産と流通の各部門の需要を誘発し，在庫と発注との投機的な増加となった。けれども物価騰貴が終熄したとき，在庫を増加させる特別な理由がないために新規生産に対する需要の減少・在庫の過剰となり，その流動化が必要となり，物価は1921年まで下落した。1936年より1938年にも同様の傾向を辿った28)。

スウェーデンで戦中・戦後インフレーションが激化した1919年より1920年にかけて，政府及び政策策定関連者たちは，金融政策に関する活発な論議を展開した。その過程で国立銀行が到達した結論は，金融政策の目標を法律の規定に従って銀行券の兌換を再開し，クローネの旧平価を回復するということであった。そのため国立銀行は，発行銀行券の金準備高に応じて公定歩合を変更することに決め，1919年の半ばに公定歩合の引下げに踏み切った。それは，戦中・戦後インフレーションの波が次第に増大しつつある時期であった。1920年にはクローネの価値は，旧平価の価値をかなり下回っており，物価水準は，若干，割高気味となっていた。そのため国立銀行は，金融引締政策に転じて1920年3月に公定歩合を引き上げたが，この頃には既に戦中・戦後インフレーションは，かなり進行していた。国立銀行は，更に同年9月にも再度公定歩合を引き上げて（7%より7.5%へ引上げ），金融引締政策を一層強化した。時期的にはそれは，アメリカの景気の下降期とほぼ同時的であった。国立銀行のこのような金融引締政策は，戦中・戦後インフレーションの進行と終熄の過程とそれと殆ど同時的に到来した国際的な戦後恐慌という状況に対しては，殆ど奏効をおさめることなく失敗に終わり，戦後恐慌に続く不況過程（物価の下落と持続的な高水準の失業の発生）を長引かせる一因となった29)。

(2) 戦後恐慌の到来と不況の長期化

この国も，戦中・戦後インフレーション（とりわけ1919-1920年頃のそれ）

の終熄と殆ど同時的に戦後恐慌（1920-1921年）と長引く不況（1921-1924年）に見舞われた[30]。

　この戦後恐慌は，第一次世界大戦による主としてアメリカ（そして日本）を中心とした戦時ブームの直接的な結果であった。とはいえこの戦後恐慌は，従来の世界恐慌のように好況過程における過剰蓄積による不均衡を斉一的に均衡化させ，世界貿易経路の全てにわたる価格破壊や信用の清算を強制し，その後の上昇条件を世界的な規模で整備しうるような包括性をもたなかった。換言すれば，この恐慌は，戦時中に形成された構造的な不均衡を斉一的に発散できず，調整は，概して農産物や工業品の価格引下げ，失業の増大など，部分的・表面的に留まった[31]。恐慌によって最大の打撃を被った国は，敗戦国を別とすれば，イギリス（そして日本），生産面で相当の打撃を被ったとしても，戦後流出傾向の金を一挙に流入に転化し，一層の関税引上げなどによって，国際経済の均衡破壊とヨーロッパの復興を阻害したのは，アメリカであった。即ちこの恐慌は，戦後恐慌として過去の膨張への清算を戦勝国に強制したが，戦勝国と敗戦国，アメリカとヨーロッパとの間の不均衡，一部後進国における工業発展と先進ヨーロッパ諸国における工業発展の停滞など，様々な構造的な矛盾を根本的に解決することはできなかった。この恐慌も，もとより戦後の国際経済の構築の出発点となった。とはいえそれは，アメリカにおけるそれ以後の上昇への条件を強力に創出した。この恐慌を出発点とした1920年代の好況の実態は，アメリカの好況とその若干の波及に過ぎなかった。だがまたアメリカでさえも，内部的には造船・石炭・紡績・皮革・農産物などの生産部門の停滞を含みつつ，自動車・ラジオ・ミシンなどの耐久消費財部門，建築部門，石油及び石油関連部門を飛躍的に発展させたのであった。好況期のアメリカの失業率が，10％を上回り[23]，活況を呈した産業部門が，特定部門（輸出指向型の産業部門ではなくて，主として信用の拡大による需要の拡大が見込まれる最終消費財部門）のそれを中心としていたという点で，アメリカの発展もまた不均等発展であった。因みにいえば，この時期には，イギリスは，最も重要な工業部門（石炭・製鉄・造船・紡

績）が不況であった。1929年恐慌以前にドイツ・イギリス・日本・ポーランドは，いかなる意味でも好況が先行することはなかった。

中立国スウェーデンの戦後恐慌もまた，例外ではなかった。物価の急落（卸売物価指数は，1920-1922年には50％程度低落）[33]，景気の急激な下降と不況，工業生産高の低落（1920-1921年には25％程度低落）[34]，多数の企業の倒産或いは商業銀行主導型の合併の進展，失業の増大（失業が頂点に達した1922年初頭でその数16万強＝労働組合員の1/3程度）[34] など，一連の経済的危機に直面した。とりわけこの国の場合，最大の打撃を受けたのは，輸出指向的な生産に従事してきた製材業及び機械工業であった。これらの産業の輸出高は，1/3程度まで低落した[35]。この危機の深化に拍車をかけたのは，戦後恐慌期に政権の座にあった L. De Geer 及び O. von Sydow のとった経済政策とりわけ通貨政策であった[36]。

周知のように，第一次世界大戦後の変貌しつつある国際的な力関係を背景として資本主義諸国が，戦後経済の再建と経済秩序の構築のために最初に取り組むべき目標としたことは，戦時債権・債務の決済と賠償問題の決着と共に，戦後のアメリカ主導型の新しい国際経済的な枠組みの下で，戦前型の金本位制への復帰とそれを前提とした国際貿易・国際分業体制の回復であった。このような目標は，19世紀的市場経済のメカニズムが既に変質している戦後状況の下で，19世紀的市場経済のそれを前提とした金本位制の自動調整機能を期待したものであった。その限りこの自動調整機能の作用する余地は，著しく狭隘化していた。最初に金本位制に復帰したのは，アメリカ（1919年），続いてドイツ及びスウェーデン（1924年），イギリス（1925年），フランス（1928年）であった[37]。しかも再建金本位制は，ドルとポンドの二本建てである上，金貨本位制に復帰した国は，最大の戦勝国アメリカのみであり，その他の諸国は，金地本位制或いは金為替本位制であり，各国ごとに異なる経済的な利害と経済的な諸考量によって自国の経済の実勢と乖離した自国の通貨の過大評価或いは過小評価をした[cf]。1929年世界恐慌は，このようにして既に実質的に崩壊過程を開始していた再建金本位制を短期間に瓦解する筈で

あった[38]。

　こうした国際経済的な枠組みとそれに規定された通貨事情の下でスウェーデンの戦後恐慌期に政権の座にあった L. De Geer 及び O. von Sydow は，依然としてクローネの価値の旧平価の回復・金本位制への復帰・自由放任の経済思考を前提とする国際分業体制の復活・私的企業による雇用の拡大という「野望」[39]をいだき，デフレーション政策をとった。クローネの価値を旧平価に回復することは，当時，既に国際競争力を喪失していたこの国の経済の実勢と乖離したクローネの価値の過大評価にほかならなかった。その結果この国は，1920-1922年には「絶望的なデフレーション」[40]に見舞われた。それは，この国の経済・政治・社会に深刻な影響を与えた。

　この戦後恐慌と長引く不況の過程は，戦時利得の獲得を目的として着手された多数の新規の産業部門における事業活動の開始・既存の産業部門における投資活動の活発化・企業結合の進展など一連の過程が，戦後の国際経済情勢に関する余りにも不確実で非現実的な予測を基礎としていたということを白日の下に晒した[41]。新規の産業部門における事業活動は，大抵の場合，投機的な借入資本或いは株式を担保とする借入資本にその資本の源泉を依存したし，既存の産業部門における投資活動は，アメリカ市場主導型の低廉な商品の大量生産・大量販売という国際経済の潮流への適応能力を欠落しており，国際競争力の低下に繋がっていった。失業の発生と大衆の窮乏化もそれを背景とする労働運動の高揚と社会民主労働党の進出もまた，その産物であった。普選の導入の後最初に行われた選挙で健闘した社会民主労働党は，H. Brannting を党首として少数派内閣とはいえ初めて政権の座に就いた[42]。この内閣は，既存の失業救済制度を賃金引上げを求めて労使紛争中の失業者にも適用するか否かをめぐって経営者陣或いは保守党と激しく対立した。1922年に頂点に達した失業も，景気が不況より脱出するのに伴って，さしあたり深化することなく1930年代までその解決を延ばされた。

　とはいえ恐慌からの脱出過程は比較的迅速であり，恐慌の翌年より生産は回復に向かった。この時期にも景気の動向を誘導したのは，比較的新しい輸

出産業（例えば，鉄鉱石の採掘のための鉱山業・パルプ及び製紙業・工学技術品の生産を担った諸産業など）であり，伝統的な輸出産業（例えば，鉄工/鉄鋼業及び製材業など）は不振であった。それ以後1929年世界恐慌の勃発まで，輸出は年間11％ずつ増大し，結果として成長率は7-8％程度となり，これに呼応して失業率も低下して10％程度となった。それでもこの失業率は，戦前のそれよりもかなり高かった[43]。

1920年代前半のこの壊滅的な事態からの脱却の道は，産業合理化を基軸とした産業の構造転換であった。

(3) 産業の合理化

戦後恐慌とそれに随伴した長引く不況期における相対的に高い失業率は，この国のあらゆる産業部門における合理化運動の時代を招来した。

その委細は別として，この国の経済が，1929年世界恐慌勃発を契機として，1930年代に明確に計画・組織化された資本主義の時代に入るようになったとき政府が採択した一連の経済・社会政策との関連で，ここではこの時期の産業合理化運動の次のような点に注目したい[44]。

第一に，19世紀末葉には一定程度の自給力をもつようになった農業部門は，さしあたり多数の工業部門と同様に，戦中・戦後インフレーションによる農産物価格の騰貴の結果，利得した。とはいえ農業部門は，それ自体としては，戦時中に農業生産力に必要な輸入品の払底によって生産性の低下を招き，1920年代には低廉で大量な農産物の生産が可能な諸外国との国際競争力を喪失し，農業合理化運動を推進した。その一環が，L. Nanneson (1881-1963年) を中心とした「農業簿記協会」(Bokföringsföreningen för lantbrukare) 及び「スウェーデン農業連合組織」(Sveriges Allmänna Lantbrukssällskaps Driftbyrå)――現在の「農業連合」(Lantbruksförbundet) の前身――を拠点とした農業簿記の改善と農業収益性の検討であった[45]。そして農業部門の低落は，1930年代には社会民主労働党政権下における農民党との妥協の産物である農業保護政策に繋がっていった。第二に，諸工業部門は，少なくとも20世紀初頭に着手した多数の技術革新による自然的資源（森林・鉄鉱

石・水力など）の効果的な開発を前提として，戦中には戦後ブームを期待して生産設備の改善・投資に着手したが，1930年代に入るまで現実問題として概して生産の拡大を伴うことはなかった。戦中・戦後インフレーションに便乗して投機的に乱立した起業の大半も，その沈静化と共に消失した。この時期に例外的に発展した工業は，紙・パルプ産業と海運・造船業であった。紙・パルプ産業は，19世紀以来開始した一連の技術革新とりわけ20世紀への転換期におけるそれと金融機関による新興産業に対する資金提供を支柱として，この国の特化された輸出品目となり，その販路も世界各地に分散化するようになっていた。そのためこの種の工業は，国内外の景気動向に左右される程度も低く，不況期でさえも輸出の持続或いは拡大が可能であった[46]。海運・造船業は，軍需に支えられて，この時期の直接投資の動向を背景として既に巨額な海外資産の蓄積を開始していた。そしてこの工業は，1920年代以後，国際経済との関連で不可避的にこの国を見舞った幾度かの景気の低迷期にも着実に発展していった。第三に，国際市場における活発な競争は，この国の各種の産業部門における企業倒産（銀行も含む）と企業結合或いは企業統合を招いた。1921年以後多数の銀行破産と合併とは，非効率的な企業・生産の消失となり，これを通じて過剰生産能力を淘汰した[47]。1920年代の国際市場における活発な競争は，この国の会社の効率性と生産性の改善を迫った。とりわけ大規模な国際競争の波に晒されたのは，鉄工/鉄鋼業であった。これらの産業も含めて国際競争力の強化のために，この国の産業と企業が選択した方法は，(1)自動化の推進，(2) F.W. Taylorの科学的管理法（とりわけ時間研究と動作研究）とフォードシステムの導入，(3)生産の一層の標準化と専門化であった[48]。鉄鋼業における The Fagersta Group の生産の特化・専門化と生産性の向上のための努力は，その典型的な一事例であった。

　総じて1920年代にこうした状況の下で多数の企業は，効率性の改善と合理化に徹した。この時期には，一方では ASEA 社，SKF 社，Separator 社，L.M. Ericsson 社，Atlas Copco 社，Electroux 社など，当初は，伝統的・

特権的な鉄工/鉄鋼業に設立の起源をもつか，或いは19世紀末葉頃より台頭してきた技術革新の導入によって新たに登場してきた専門化された工学機械工業系の会社が，この合理化運動によって急速な成長期を迎えていた[49]。他方では20世紀初頭頃より台頭しつつあった I. Kreuger のマッチ会社 Svenska Tändsticksfabriks AB.（略称．STAB：英名．The Swedish Match, 1917年設立）のような新参会社もまた，国際競争力の強化に努めながら，国際マッチ独占体としてその道を辿った。こうして一部の工業部門とその部門を構成する企業とりわけ輸出部門のそれは，20世紀への転換期にかけて拡張期に入り，1920年代には国際競争要因に触発されて効率性の改善のための合理化に踏みだしたのであった。

とはいえ1920年代にはこの国の工業部門と工的企業とは，こうした産業と企業を別とすれば，概して国際競争力（国際的な価格競争力）を喪失しており，農業部門もまたそうであった。国際的な価格競争力の圧力は，多数の産業部門と企業の閉鎖と急速な構造的な変動を迫ったのであった。

スウェーデンは，第一次世界大戦の勃発に伴っていち早く中立維持を世界に向けて表明することによって直接的な戦禍を免れた。それでもこの国もまた，基本的にはその他のヨーロッパ諸国とほぼ同様な一般的な傾向を辿り，戦争の影響を阻むことができなかった。この国は，戦時中の「強制的な貯蓄」を通じて資本輸出国に転じ，戦中・戦後インフレーションの進行中に多数の投機的な要素を含む戦時利得を手にした。とはいえこのインフレーションの終熄と殆ど同時的に到来した戦後恐慌とそれに続く不況の過程は，戦時利得の獲得を目指した多数の新規事業活動の着手・企業の投資活動の活発化・企業結合など一連の事象が，戦後の国際経済情勢に関する余りにも不確実で非現実的な予測を基礎[50]としていたことを白日の下に晒した。この国は，戦時中の「強制的な貯蓄」と投機的な戦時利得の獲得を目指した一連の過程を通じて，戦後の国際経済状況に対応しうる国際競争力（国際的な価格競争力）を既に事実上喪失しており，それが顕在化するのは，時間の問題であった。恐慌は，まさにその引金に過ぎなかった。そしてこの国の政府が

長引く不況期にとった，クローネの威信を賭けたデフレーション政策とクローネの過大評価とは，不況の深刻化と失業問題を社会問題にしたのであった。こうしてこの国の1920年代の経済は，「苦難の1920年代」[51]と呼ばれたのであった。

(4) 労使間の対立

この国の労働組合運動の最初の担い手は，都市の手工業熟練労働者であり，かれらは，クラフト・ユニオン（職業別組合）を形成した。とはいえこのクラフト・ユニオンが十分な成熟をしないうちに，既に1880年代に金属・機械工業や製材・木材加工業の未熟練労働者は，熟練労働者をも取り込みながら，産業別組合の形成に着手した。1890年代には各種の職種或いは産業部門で労働者の全国的な組織化が進展し，1899年に全国中央組織としての「スウェーデン労働組合総連合」（略称．LO）が成立した。LOの成立は，労働組合運動の集権的な組織化を意味した。LOを支える基本的な理念は，既にLOの形成に先立って1889年にH. Brantingを初代党首として成立した社会民主労働党の路線（教条主義的なマルクス主義的手法を放棄し，改良主義的で穏健な社会主義政党を指向）であった。LOは，社会民主労働党の最大の支持基盤となった。社会民主労働党は，1897年に初めて議会に議席を獲得した[52]。この国の近代政党の基本的な枠組み（農民党・社会民主労働党・自由党・保守党）が定まると，既に19世紀中葉以後台頭しつつあった普選運動は，議会によって解決されるべき重要課題の一つとなった。普選運動は，20世紀への転換期の労働運動・消費者協同組合運動・禁酒運動・自由教会運動など一連の社会改良運動と連動しつつ，多数の労働者及び下層の中間層を中心とする一大大衆運動として展開され，N. Edénを首相とした自由党政権（1917-1920年）の下で，社会民主労働党の支援によって憲法改正にこぎつけた[53]。しかもこの国の労働組合運動は，既に近代的な団体交渉・団体協約制度の形成に先鞭をつけた。団体交渉・団体協約制度は，さしあたりギルド制の名残を多分に留めている手工業部門において普及し，20世紀への転換期頃には労使関係の抗争を精鋭化させつつも，徐々に近代的な工業部門に波及

していった。とりわけ金属・機械工業部門の産業別組合は，固有な賃金プログラムを作成し，全国的・組織的な賃金運動を展開しつつあった。

このような労働運動の生成・発展の対極として台頭してきたのは，雇用者（経営者）の組織化であった。さしあたりその組織化は，1880年代に伝統的な手工業部門（例えば，塗装業など）をはじめとして，1902年には労働運動の一環としての普選を求めるゼネストの発生を契機として，建築業・手工業のそれ（CA），金属・機械工業のそれ（VF），そしてやがては「スウェーデン経営者連盟」（略称. SAF.）の形成に繋がっていった[54]。

このような雇用者（経営者）の組織化は，労働者の組織化と相俟って，団体交渉の集権化の道に繋がっていった。既に1905年に金属・機械工業では鉄・金属労連とVFとは，全国的な協約を締結し，賃金・交渉方式に関する合意に達した。1906年にLOとSAFとは，「12月妥協」を成立させた[55]。これは，雇用者（経営者）による労働者の団結権，労働者による雇用者（経営者）の経営権の承認ということを意味した。このような労使双方の組織化の進展は，団体交渉・団体協約制度の全国的・地域的な成立となり，総体として労働市場の組織化を導いた。

こうした労使双方の組織化とそれを前提とする団体交渉・団体協約制度の成立は，この国が，かの「偉大なる帝国」の時代（1654-1719年）の崩壊より近代国家の成立以後[56]，遅くても1870年代初頭より遅れた近代的な資本主義的工業化過程を開始し第一次世界大戦の開戦までに，新しい技術・貿易立国として国際経済社会の片隅にその地位を築く過程で，不断に国際競争力の維持・強化のために，この時期には未だ無意識的に選択したにせよ，労使協調路線の流れに沿うものであった。この国は，近代的な資本主義的工業化過程の開始まで既存の社会秩序を維持すること即ち国王・官僚・貴族・地主を維持し，軍事力の増強によって対外的な威信を高揚することを求めた。この国は，19世紀中葉の経済・政治・社会に対する自由主義思考の普及・1902年のゼネストと普選運動の激化・1905年の隣国ノルウェーとの同君連合の解体などを背景として国際社会における自国の方向性を工業生産力の増大と技

術・貿易立国の形成に向けた[57]。旧来の支配階級にとって代わったのは，資本家であった。1909年の保守政権主導による下院の男子普通選挙権の承認と1913年の国民年金法の成立は，左派勢力の社会改良の要請であると同時に，新しい保守陣営の妥協でもあった。

だがまた，この時期は資本の国際的競争の激化した時代であった。第2章でみるように，1910年前後にはかのF.W. Taylorの思考と著作[58]が大学での教育・研究の場に紹介され，テイラー主義による労務管理を導入しようとする傾向或いは産業合理化を目指した諸団体（例えば「スウェーデン産業連盟」（Sverigesindustriförbund）とその下部機関たる「株式会社産業情報サーヴィス」（AB. Industribyrå）の設立[59]，上級工学士E.A. Forsberg[60]の1916年の工業経済学に関する著作の出版など，一連の動向が展開した。とはいえ第一次世界大戦前にはテイラー主義は，この国では現実問題として適用されることは殆どなかった。例えばE.A. Forsbergは，かのSeparator社の一工場（ウーロフストレーム工場）でテイラー主義を実践することを試みた。とはいえそれは，労働組合側からは作業標準の設定による差別的出来高給に対する反発を招き，使用者（経営者）団体VF側からは，その導入による従来の賃金形態の変更を随伴することによる団体協約への抵触という理由で賛同を得られず，失敗に終わった。使用者（経営者）の経営権は，現実問題として団体協約制度と労働組合によって制限されており，使用者（経営者）は，それ以後も経営組織の合理化には基本的には団体交渉による労働組合の承認を必要としたのである。

3．1930年代：1929年世界恐慌の波及とその調整（スウェーデン型混合経済の台頭・形成）

(1) 1929年世界恐慌の波及

既述のように，第一次世界大戦後の資本主義諸国の再建は，最大の戦勝国アメリカ（そして日本），戦勝国とはいえ多大な打撃を受けたイギリス・フランス，敗戦国として壊滅的な危機に晒されたドイツという戦後状況を前提

として出発した。しかも最大の債権国であり同時に国内市場の拡大の余地（自動車・電気・建築産業が主導する急速な生産力の発展）をもっていたアメリカの急速な躍進は，対外的な支払の増大による世界市場の急速な発展がなくてもよく，1924年頃まで依然としてアメリカへの金と外国為替の流入をもたらし，それが，世界市場の回復と発展を遅滞させた。イギリスは，戦勝国とはいえ殖民地投資の相当部分を喪失し，技術的な生産力の点でも旧来の地位を後退させ，その発展を遅滞させた。ドイツは，敗戦国として，過大な賠償負担と未曾有のインフレーションの波に晒されつつ，アメリカの資本投下によって漸次的に回復に向かわなければならなかった。1920年代の世界資本主義のこうした再建・発展の性格と形態・時間的ズレ・地域的相違が，およそ斉一的となったのは，金為替本位制の復活に媒介された戦後国際経済の高揚期（1927-1928年頃）とそれに続く1929-1932年の世界恐慌の到来以後であった[61]。

　1929年のアメリカを起点とする全般的な世界恐慌の勃発の前提条件を成熟させた事情は，次のような事情であった。

　第一に，1920年代にアメリカは，最大の戦勝・利得国であった。しかもこの国は，自動車・電気・建築などが主導した国内市場の急速な発展による経済拡大の弾力性に富み，自国のために世界市場が急速に拡大することがなくても，自立的な発展が可能であった。このことは，1924年頃まで持続的にこの国への金と外国為替の流入を可能とし，世界市場の回復と発展の阻害要因となった。1925年以後，アメリカの資本輸出の増大とヨーロッパ諸国の生産力の回復によって，この国への金と外国為替の流入は止まった。それは，各国が金本位制に復帰する前提条件となった。第二に，1924-1929年までアメリカによる資本輸出の経路の特徴の一つは，アメリカによるドイツへの金の貸付→ドイツのそれによる復興とヨーロッパへの戦時賠償金の支払→ヨーロッパの，この支払によるアメリカに対する戦時債務の支払という循環であった。その結果として先進資本主義諸国は，1927-1928年には，たとえ本質的な矛盾を含むとしても，統一的な経済循環とりわけ好況期の到来の条件

を創出した。この好況期は，世界貿易高の増大となり，とりわけアメリカとヨーロッパの輸出の増大は，輸入のそれよりも大きく，この「好況の相互蓄積と新たな平準化への接近」[62]を通じて，各国ごとに相当の不均等をかかえつつも，統一的な世界恐慌の前提条件を創出したのであった。1929-1932年の大恐慌は，再建金為替本位制の短期的な終焉・長期資本輸出の激減・世界市場の新たなる独占的な分割を顕著にし，世界市場のブロック化と対立の激化を招いた。

　1929年のアメリカを起点とする世界恐慌は，一定の期間的な遅れを伴って1931年にスウェーデンにも到来した。既にこの国は，1929年世界恐慌の余波を受けて1930年頃より景気の下降期に入っていたが，1932年にその谷に達した[63]。

　それは，本書の第5章でみるように，より直接的にはかのI. KreugerとKreuger Groupの拡張政策の行き詰まりとその崩壊（1931年3月）を引金としていた。この崩壊がこの国の恐慌とその後の不況の引金となったのは，Kreuger Groupが，当時，産業と金融の両者に跨る一大国際独占体として存立していたからであった。I. Kreugerの死去に伴うKreuger Groupの崩壊が報じられると，ストックホルム証券市場は，1週間閉鎖されたのみならず，Kreuger Groupの中核STABは，時の政府の要請で国際調査団Price Waterhouse & Co.による監査の対象となった[64]。

　スウェーデンは，恐慌の波及と共に，その他のスカンディナヴィア諸国と同様に，イギリスに1週間遅れて1931年9月に金本位制を放棄した[65]。既述のように，いわゆる相対的な安定期における国際的な経済構造は，「各国の内部的諸問題と世界的な構造的脆弱性が結びつき，ひとたび循環に亀裂が生じると，両者は補完しつつ全体を恐慌へとまきこまざるをえない構造」[66]となっていた。とりわけ第一次世界大戦後に再建された金本位制それ自体は，既述のような脆弱性をかかえていたが，それは，アメリカで発生した株価暴落を発端とした恐慌を世界的規模で波及させる「伝達ベルトの役割を果しつつ，その途上で瓦解する運命にあった」[67]。スウェーデンが金本位制を放棄

したのも，こうした流れの必然的な結果であった。

　この国は，1931年に到来した恐慌に伴う金本位制の放棄の後，1932年冬期に景気の谷を迎えた。この恐慌が，この国の経済社会に与えた一般的な影響は，Kreuger Group の崩壊の場合程には極端ではないとしても，かなり深刻であった。この国の経済社会に対する展望は，輸出入貿易の一般的な後退，国立銀行が，金本位制からの離脱直後インフレーションへの危惧感よりとった高金利政策（公定歩合を8％に引上げ）[68]による不況の拡大，その結果としての失業の増大など，暗かった。

　とはいえこの国は，1929年世界恐慌の到来によって，1920年世界恐慌の到来で被ったような壊滅的な影響を免れ，比較的早期に回復（生産・輸出・雇用の増大など）に向かった。即ちこの国は，1932年春期に景気の底より脱して1934年まで初期回復期に入った[69]。この世界恐慌とその後の世界的な不況がこの国の経済社会に及ぼした影響が，1920年のそれのように壊滅的にならなかった主たる理由は，第一に，この国の諸産業と諸企業とが1920年代の徹底した産業合理化を通じて世界恐慌・不況対抗的な体質と構造を創りあげていたからであった。既述のように，1920年代初頭の戦後恐慌は，この国の産業から無用なものを一掃し，1929年世界恐慌が若干の時間の遅れを伴ってこの国に到来したときには，この国の諸産業と諸企業は，効率的に機能していた。しかも1920年代における工学機械部門及びその他の産業部門の国際競争力を強化しようとする幾つかの努力は，1930年代に入っても続いていた。例えば，著名な工学機械会社2社（Bolidens in Stockholm 及び Munktells in Eskilstuna）の合併は，それを象徴する出来事であった[70]。概して1930年代を通じてこの国の生産性の改善は持続し，国際的な視点からも印象的であった。第二に，この国の輸出産業は，この国が金本位制を停止したとき，非常な利益を手にした。金本位制の停止は，通貨当局の政策即ち skr の価値を主要先進資本主義諸国の通貨にリンクさせるよりも，skr の国内購買力の安定を重視するという政策[71]によって変動為替相場をもたらした。この変動為替相場は，skr の旧平価を1933年にポンドに連動させた新平価を設定

するまで続いた。新平価は，かの Kreuger Group の崩壊がこの国の為替相場に及ぼした影響をも考慮して，相当程度，過小評価されていた。skr の平価の引下げは，この国の産業とりわけ輸出産業の国際競争力の強化となり，1933年には既に輸出の拡大となった[72]。第三に，1930年代にはこの国の伝統的な輸出産業（例えば鉄鋼・製紙・工学機械工業など）が拡張すると共に，国内市場向けの産業（例えば衣料品・食品・建築・耐久消費財としての家電製品及び自動車産業など）も拡大した。「苦難の1920年代」でさえ，国内市場は，それ相当の購買力を明白・確実に形成しつつあった。第四に，この購買力の増大は，農業部門の活動が戦間期に非常に低落し，農業労働者が工業に移転したとき創造された新しい消費の型にも関係していた。この国は，1920年代には，その他の先進資本主義諸国と異なり，農業部門は，なお依然として支配的な産業部門であった。その結果もまた，一層の購買力として発現していた。第五に，人口統計上の問題として1930年代には，勤労世帯に属する若年人口が急増した（特に20-29歳の年齢層）。この年齢層の増大は，勿論，住宅・食品・衣料その他の消費財に対する需要を喚起した。同時に1930年代全体を通じて，家族形成の趨勢も増大した[73]。しかも1930年代のヨーロッパの政治的風土を反映して，より高度な保護主義と相対的に高度な独立性が，ここでも一定の機能を果した[74]。

(2) 政府の失業対策：スウェーデン型混合経済の形成

1929年のアメリカを起点とする世界恐慌は，一定の期間的な遅れを伴って1931年にスウェーデンにも到来した。既にこの国は，1929年世界恐慌の余波を受けて1930年頃より景気の下降期に入っていたが，1932年にその谷に達した。その後の景気の回復期の初期段階（1932-1934年）に入る過程で先導的な役割を果したのは，skr の価値の過小評価と通貨の円滑な供給を基礎とする，当初は輸出の，後には国内投資活動の拡大であり，政府の積極的な政策の策定とその施行の結果それ自体ではなかった[75]。

とはいえこの時期に政府が策定した一連の経済・社会政策とそれを支える理念とは，第二次世界大戦の終熄も間近な1940年代に入って，戦後処理と経

済再建構想の中に組み込まれて，戦後経済の在り方を提示し，まさしく計画・組織化された資本主義の本格的な開始の序曲となったという点で，留意するべきである。

1932年に P.A. Hansson を党首として政権の座に就いた社会民主労働党は，J.M. Keynes の一般理論（「雇用，利子及び貨幣の一般理論」*The General Theory of Employment, Interest and Money*, 1936）の公表以後，諸外国ではケインズ主義者の一人に列せられている E. Wigforss (1881-1977年)[76]を大蔵大臣として，意識的に積極的な赤字財政を提唱した[77]。この国の通貨当局は，1931年の金本位制の離脱と同時的にさしあたりインフレーションへの危惧感によって公定歩合を引き上げ[78]たが，それは，不況を増強し，失業問題を深刻化させていたからである。

失業問題の深刻化は，1929年世界恐慌が波及する1920年代末より既にその兆候をみせていた。1920年代後半に11%程度強の年間失業率は，1931-1933年（不況期より初期回復期）にかけて，1931年17%，1932年22%，1933年23%へと増大し，1932-1933年の最悪時には30%前後であった[79]。因みにいえば，組織労働者の失業率は，1932年22%，1933年23%，1934年18%，1935年15%，1936年18%，1937年11%，1938年11%，1939年9%となった[80]。

当時，政権の座にあった自由党は，失業問題に対する伝統的な思考と手法に沿った失業対策を拡大し，同時に農業恐慌対策として関税引上げ・輸入数量規制・国内畜産物の強制利用などの対策をとった。とはいえこの政府は，原則的にはデフレーション政策をとり，金本位制の離脱（1931年9月）と同時的に緊縮財政・物価引下げ方針（1931年の公定歩合引上げ）をとり，不況と失業を増強させた。折りしも発生した I. Kreuger の自死と Kreuger Group の破綻（1932年3月）は，国立銀行を中心とした融資団による救済措置を必要としたが，同年，この財閥と癒着していた首相 C.G. Ekman の収賄事件の発覚のために，自由党政権（1930-1932年）は，苦境に陥った。失業問題は，同年秋の定例選挙の最大の焦点となった。社会民主労働党は，1928年選挙に敗北して以来，この定例選挙に備えて1931年秋に E. Wigforss を中心とした

委員会を設置し，失業対策を検討し，J.M. Keynes に先立って積極的な景気政策を策定していた。社会民主労働党は，この選挙でこの政策を前面に掲げて勝利を手にした。非社会主義陣営三党（保守党・自由党・農民党）は，連立政権の樹立を試みたがこれに失敗し，P.A. Hansson を党首とする社会民主労働党少数派内閣が成立した。以後，同党は，一時的に中断することはあっても，1976年まで長期政権の座に就き，蔵相 E. Wigforss と社会相 G. Möller のような卓越した経済・社会問題に関する閣僚の手腕と G. Myrdal のようなブレイン或いは LO の経済・政治・社会問題に関する幾人かの指導者たちの助言と支援の下に，よく機能する計画・組織化された資本主義の在り方を模索し，新しい提案とその実施に着手していった[81]。

P.A. Hansson を党首とする社会民主労働党政権は，1933年春（1929年恐慌の初期回復期）の議会で広範囲にわたる恐慌対策要綱を明らかにし，その基礎となる失業対策法案を提出した。それは，従来の緊縮財政に代わって積極的な赤字財政を組み，旧来の失業対策事業や失業手当制度の他に，国・地方自治体の一般公共事業と私的企業の諸活動並びに住宅建設を促進することによって不況からの脱出と経済の拡大基調を嚮導し，雇用の増大を狙った政策であった[82]。

この失業対策法案が，旧来のそれと異なる顕著で最大の特徴は，政府の責任と援助によって積極的に雇用機会を創出（旧来補足的事業として推進されてきた失業対策事業を各種の一般事業に拡大し，通常の国・地方公共団体の公共事業の一層の拡大と促進，私的企業活動の活性化と推進など）をするために，その財源として年度収支の均衡に囚われない中・長期収支の均衡を前提として積極的に赤字財政を組んだこと，あらゆる事業活動の雇用条件を労働市場の自動的な決定に委ね，賃率もまた，そこで成立する協約賃金によるべきこと，公的・私的投資活動の力点をとりわけ内需拡大・国民生活の安定と向上に直結する住宅建設においたことなどであった[83]。提案された政府予算案の委細は省略するが，その概要は，通常の国・地方自治体の公共事業費・私的企業活動の活性化と推進並びに住宅建設促進のための財政を赤字に

よって賄い，9万人程度の雇用増[84]を図り，この赤字を事業終了・景気回復後に期待される税収の増加分によって漸次的に償還するものとし，同時にこのような雇用拡大計画の円滑な実施のために，従来の失業対策事業費及び失業手当を計上した。

同時に政府は，旧来の失業対策事業において旧態依然として救貧法的な差別賃金を主張してきた失業委員会の早急な廃止，景気の一般的な回復による農業恐慌の回避（従前程度の農業保護政策）を提案した。この予算案には，既述のように，年次予算収支と中・長期予算収支に関する G. Myrdal の意見書[85]が添付されていた。非社会主義陣営三党は，このような政府予算案を否決する戦術を協議した。この戦術は，社会民主労働党と農民党との妥協によって奏効をおさめることができなかった[86]。

この政府提案のより直接的な目標は，恐慌・失業問題の克服によって労働者の生活の安定を図ることであった。産業界は，当初，この提案に難色を示したが，後には不況からの脱出と企業利益の獲得・増大に対する期待感によってこの提案及びそれを支持する労働団体の組織的な活動を容認し，労使関係の安定が資本の側にも有利に働くと判断して，それと妥協するように反応した[87]。この政策は，赤字財政による公共事業の拡大による雇用拡大を中心としており，かつて1920年代まで採用されていた，救貧法的な色彩を留める屈辱的な「流刑」・「飢餓賃金」[88]とは異なり，労働市場で関係者の相互の取引・交渉力に基づいて成立する一般的な賃率を公共事業拡大化計画にも適用し，労働者階級の購買力の増加を通じて恐慌を終熄させることを主眼としていた。政府は，恐慌対策に対するこの提案を多数決で可決するために，農業問題については，原則的に標榜していた自由市場原理を断念して，農民党との取引によって農業保護政策を強化することを通じて，1933年6月にこの法案を成立させた。社会民主労働党と農民党とのこの恐慌対策協定は，一方では非社会主義政党の分裂・再編を，他方では農業保護政策の拡大及び失業対策法案の修正（特にその規模の縮小）を余儀なくした。

この失業対策法案が成立後初めて現実に適用（とりわけ都市部を中心に）

されたのは、この法案の成立に先立って発生し1933年3月より1934年2月まで続いた建築労働者の労働争議（ストライキ）[89]が終了してからであった。国内景気は、1932年に不況より脱して、1933-1934年には初期回復期に入っていた。即ちこの期間には、木材/紙・パルプ、鉄鉱石などの主要輸出品目の輸出は拡大し、この時期にも国内景気は、輸出動向に先導される形で1933年夏より回復に向かい、雇用は1934年春より増大した。年間平均失業率は1933年の23％を頂点に逓減していき、1937年（同年の物価の大幅な国際的な投機・ブーム期に続く軽度の景気の後退の後、景気が持続的に拡大した時期）には11％弱となり、恐慌前の水準を下回っていた[90]。

もとよりこの恐慌・失業対策それ自体は、建築業界のストライキなどの処理のために、直接的には景気の転換（内需拡大型のそれへの転換）には間に合わなかった。この時にもまた景気の回復過程は、旧来のように、輸出先導的な形をとった。とはいえこの対策は、その後のこの国の経済にとって、景気調整的な重要な役割を果した。但しこの対策の施行もまた、1939年の第二次世界大戦の勃発によって阻まれ、それが奏効を発するのは、戦争の終熄を俟たなければならなかった。

(3) サルトシェーバーデン協定

この国の公的失業保険の導入は、幾度か俎上にのせられてきたが、概して非社会主義陣営が多額な国庫負担の増大などを理由として、これまで実現できなかった。そのためさしあたり労働組合による自主的な失業保険がある程度まで発達した[91]。政府は、こうした事情を踏まえて、これまで相当期間にわたって引き延ばしされてきた失業保険制度を整備し、同時に相互に対立・抗争し合う労使関係の悪化（例えば、1931年ストライキによる死傷者の発生）を食い止め、労使相互の自主的な新しい労使関係の枠組みを構築するために、国家権力の全面的な介入ではなくて一定の助言・勧告によって安定的な労働市場条件の創出を図った。その成果が、1938年9月に成立した、かの歴史的妥協といわれる「サルトシェーバーデン協定」（1935年5月よりLOとSAFが協議に入り、15回の会議を重ねて協定を締結：第一次協定）

であった[92]。それは，労使の団体交渉のルールなど労使関係の基本的な枠組みを定め，以後，この国の協調主義的な労使関係の出発点となり，今日いういわゆる「スウェーデン・モデル」[93]の原型となった。なおまたこの時期の社会民主労働党政権は，人口の低落傾向に警鐘を鳴らしてきた A. Myrdal & G. Myrdal 夫妻の共著「人口問題の危機」(*Kris i Befolkningsfrågan*, 1934) の提言を念頭に入れて，その一因としての低所得・多子家族の生活条件の改善に取り組み，住宅事情の改善を重点政策の一つとした[94]。それは，既述のような景気対策の一部としての住宅建設の促進とも連動・重複していた。政府は，1935年には勤労世帯への適切な住宅を提供するために，建設事業を担う自治体及び建築組合に低利な融資と入居者に対する所得調査を前提とした児童数に応じた家賃補助を，1937年には低所得家族の経済的負担の軽減を目的とした寡婦・廃疾者の子供への児童手当の支給と未婚の母への育児貸付金と扶養義務者からの取立制度を，1938年には「社会福祉委員会」(Socialvårdskommittéen) を設置するなど，社会福祉の領域の制度的整備にも着手した[95]。もとよりこれらの諸制度は，第二次世界大戦の勃発によってその実施を一時的に阻まれた。とはいえそれは，戦後のこの国の混合経済体制の見取り図を予告するものであり，それらの諸制度のもつ意味は，極めて重要であった。

(4) 計画・組織化された資本主義経済

社会民主労働党は，議会制民主主義の確立に伴って，諸政党の政策論議を中心とした選挙で，時折，政権交代を余儀なくされても，政権の座を獲得するたびに，一連の諸政策の策定とその制度的整備に取り組み，拡大・充実を図ってきた。それらの政策の背後にある経済機構の在り方とその運営に関する支配的な考え方は，経済の「枠組みの計画化」[96]・「経済の計画化」[97]であった。それは，E. Wigforss が指摘したように，私的企業の社会化以外の手段で経済生活における国家権力を増大する方法であった。即ちそれは，私的企業の直接的或いは急激な国有化は，企業に対する国家統制を確実にするとしても，その過程では生産の縮小・労働者の一時的な解雇・経済の混乱を

招くため，国家の信用機関に対する影響力の増大と経済の合理化によって補完されるはずの失業政策によって，資本主義体制を漸次的に変革し，雇用率と効率性（生産性）を増大しようとする方法であった[98]。そして既述のように，世界の人々は，このような手法を「中道」と呼んだのであった[99]。しかもこの時期の社会民主労働党のこのような考え方は，時の流れと共にその内容をより一層普遍化し，同時にまた，その手法として，例えば，既述のG. Adler-Karlssonの説く「機能的社会主義」即ち所有権の部分的な分割による所有権の社会化のというような主張さえ生みだすようになっていた。社会民主労働党のこのような政策は，非社会主義陣営の自由党でさえ，1930年代末葉には受容するようになり，スウェーデン的な協調主義の誕生と結合していった。それを端的に表現するのが，かの「サルトシェーバーデン協定」（第一次）であった。社会民主労働党のこのような政策は，少なくとも1939年には失業率を10％程度にまで導いたのであった[100]。

　社会民主労働党の政策は，当時のこの国内外における経済的・政治的・社会的な要因によって，直接的にはこの国の経済の拡大に繋がることはなく，またいわゆる福祉予算水準の引上げにはならなかったとしても，より重要なことは，この国の経済社会における一般的な思考の転換を迫ったことであった。それを端的に表象するものは，P. A. Hanssonを始祖とするかの「国民の家」に象徴されるようなイデーとそれに対する幅広い社会的な支持であった[101]。とはいえこのような手法による失業問題の解決は，単に社会民主労働党の民主的・人道的な理由によるのみならず，この時期に同党のブレインであった優れた経済学者たちの判断による経済理論的な合理性への指向を基礎とする，一方では経済・社会問題に対する怜悧なまでの目的適合的で現実的な改良主義，他方では人間の可能性に対する無防備とも思われる或る種の楽観主義によるものであった。1932年に政権の座に就いた社会民主労働党の失業対策は，より直接的には公共事業を拡大して失業者に雇用機会を提供し，併せて私的企業を対象に第6章でみるような「自由償却制度」の導入及び第7章で言及する「投資準備金制度」やその他の投資助成金制度の制定などに

よって私的企業に税制上の多大な優遇措置を講じて，その国際競争力の強化と雇用確保をすることを考えていた。第二次世界大戦後，この国は，インフレーションの抑制或いは緩やかなインフレーションの下で高い雇用水準を確保することが問題であった。これに対する問題解決の手掛かりの一つを提供したのは，当時の LO のブレインたる経済学者たちによる，G. Rehn- R. Meidner モデルであった[102]。その骨子は，戦前のマクロ的な拡張主義的な総需要管理政策が，生産性の低い産業に完全雇用を期待してインフレーションを助長し，国際競争力の低下を招くことになると主張し，ミクロ的な労働市場政策の選択的な利用によって物価の安定と完全雇用の維持を図る，いわゆる連帯賃金政策・積極的労働市場政策を提示し，これによって諸産業部門間の賃金格差の是正・公正な所得配分・生産性の低い部門の整理と合理化による生産性の向上などを図り，併せてこの過程に伴う失業の発生を阻止するための生産性の高い部門への労働力の移動を狙ったものであった[103]。

既に第二次世界大戦前に社会民主労働党の卓越した指導者となった P.A. Hansson が命名した「国民の家」というイデーは，その後，かれに続く社会民主労働党の歴代の卓越した指導者たちがそこに新しい幾つかの要素を盛り込むことによって，質的・量的に充実し，経済的・政治的・社会的な支持を拡大していった。「国民の家」というイデーの台頭とその後の展開は，1930年代はもとより第二次世界大戦後の社会民主労働党が，経済・社会政策を策定する場合その依拠する価値判断と比較考量の基準を示唆するものであった。その委細は別として，その骨子は，次のように要約されるであろう。即ち失業問題の解決への努力したがってまた失業のために購買力を喪失している人々に対する購買力の補強は，経済・社会全体を安定化する効果をもっていること，とはいえ経済の活発化と安定的な社会の実現は，当面，失業問題の克服によるべきとはいえ，それだけでは十分ではないこと，それは，失業問題の克服と同時に，労働者を含むより広範な人々（各階層の市民）を対象とした所得と富の公正で平等な配分を「保障」するような，各種の社会政策によって到達されるはずであること，このような視角より支出される社会

第1章 スウェーデン型混合経済の台頭・形成の過程

政策は，社会と個人の双方に対する一種の投資であること[104]，この点で経済政策としての失業政策は，より広範囲な人々を対象とし，各種の領域にわたる社会政策と結合されるべきこと，このような結合は，富と所得の再分配の手段となり，各階層の市民の間に現存する経済的な格差はもとより各種の社会的な格差の解消と平等化を実現し，利害集団相互の徹底した討議と合意による議会制民主主義の維持とその一層の発展を可能にすること，合意に至る過程で各利益代表・集団は，単に自己の集団を擁護するために相互に抗争し合うのではなくて，市民社会の経済的・社会的な公正と平等の実現による全体としての社会の安定的な発展のために，相互に協力・配慮（連帯）し，次の段階に向けて改良主義的に相互に妥協するべきこと，国家は，この国の全ての人々に，人間としての基本的な自由と平等を保障し，各個人を等しく擁護し，経済的・政治的・社会的な意思決定過程で排除することもなく，恰も一家族・一家庭であるかのように機能するべきことなどである。

この「国民の家」に象徴されるような社会民主労働党の路線は，工業労働者階級中心の社会保障計画より万人のためのそれを標榜し，普遍性を目指したものであった。その実現のための物的基盤は，よりよく機能する市場原理を前提とした，合理的で斬新的な経済の組織的な計画化即ち計画・組織化された資本主義の構築であった。そして1930年代初期の社会民主労働党政権の支持基盤であった工業労働者階級を中心とした労働運動は，このような普遍主義的な社会民主労働党路線を積極的に推進する社会的な責任を負わされたのであった。

19世紀末葉の社会民主労働党の形成と共にその支持基盤であった労働者が強力な労働組合運動を展開していくことが可能であった理由として，論者が指摘することは多様である。とはいえこの運動の強度な結集力をもたらした主たる理由は，第一に，工場労働者が，現実的に結集・団結し，強力な労働運動を展開するのに当たって，都市に拠点を置くLO本部の指令よりも，各地域・地方の諸組合の作業現場の声を尊重したことであった。かれらの高度な結集力は，様々な要因によった（例えば，作業現場を中心とした労働諸条

件に関わる相互防衛的な緊密な関係とそれによる各組合単位での組合費調達の便宜性，倫理的・宗教的な同質性，作業現場に従事している人々に対して，伝統的に独立心が高く同時にまた巨大企業の指導者以外はこの国の全住民が勤労者であることを知っていた農民層の支持，労働組合運動の開始期にこの運動を自由主義的な立場より明示的或いは暗黙裡に理解・承認した工業資本家の態度など)。第二に，都市に拠点を置く LO の各地域・地方の諸組合との間で交わした組合費とストライキ用の資金徴収問題を中心とした中央集権的な取決めであった。それは，また，LO による各組合のストライキ活動に対する拒否権の承認であった。それは，労働者の国民的な水準での取引・交渉力を形成した。この国の労働組合運動の，早期的な強度に国民的・中央集権的な交渉は，この国の労働運動を普遍的なものにした。第三に，この国の近代的な資本主義的工業化過程の遅滞性による多数の未熟練労働者の結集と統一という動向であった。1930年代に社会民主労働党政権が提示した失業問題の解決策は，このような労働運動の動向，「国民の家」という構想，更には Myrdal 夫妻による人口問題に対する警告と絡み合いながら，失業によって貧困化していく人々に対する救済事業（恩恵・恩典・慈善）でもなく，また国民に対する単なる「保障」でもなく，生産的な色彩が濃厚で，同様な性格をもつ住宅・教育政策と連動する，労働市場政策を通じて達成されるべきものであった[104]。

社会民主労働党は，その後間もなく第二次世界大戦の勃発（1939年9月）によって，更なる政策の策定はもとより，既に制度的な整備も完了していた諸政策の実施も阻止された。社会民主労働党・農民党の連立政権は，1939年12月に戦時内閣として中立政策を維持するために，保守党と自由党が参画した挙国一致内閣に転換した[105]。1940年秋の総選挙で社会民主労働党は，圧勝し，単独過半数を獲得した（得票率，53.8％)[106]。とはいえ同党は，大戦中とりわけその前半期におけるこの国内外の諸条件に対処していくために，独自路線による改革の実施に着手することはできず，対外的には綱渡りのような中立維持政策を，対内的には各政党と協調・妥協しつつ，戦時状態を乗

り切るしかなかった。この国は，対外的には第二次世界大戦中でも中立政策を国際社会に向けて明示することによって，直接的な戦禍を免れることができた。同時にこの国は，脆弱で妥協の産物であった中立政策を貫くために，対内的には国防力の強化，そのための租税負担の増大，一時的にせよ軍需生産優先・民需生産抑制の生産構造への移行・国際貿易の縮小による食料と原材料の払底，戦時インフレーションの進行などに見舞われ，国民生活の窮乏を招いた[107]。とはいえこの国は，大戦の後半期にその趨勢が判明するに伴って，早くも戦後構想に思いをはせ，保守党を除く各政党は，各々の立場より試案を作成した。各種の試案の中でも戦後に現実的に機能したのは，またしても社会民主労働党とその関連組織による構想であった。

早くも1943年後半より社会民主労働党の関連組織（LO・青年部・婦人団体）は，その内部より戦後構想の策定のための活動に着手した。それは，同党と関連組織の代表者よりなり，蔵相 W. Wigforss を委員長として，専門委員 G. Myrdal が参画した委員会の発足に繋がっていった[108]。この委員会は，労働運動の戦後綱領を公表し，完全雇用の確保・経済生活上の効率性の増大と民主主義の拡大・公正な分配と生活水準の向上という三つの柱を示した。その基本的な手法は，第二次世界大戦終熄後には1930年代と同様な不況の再来を予測して，さしあたり短期的には1930年代にそれなりに成功した政府主導型の景気対策によって完全雇用を確保し，より中・長期的には積極的な経済拡大政策を推進しその下での経済構造の合理化を図り，それらの推進と連動しつつ社会保障の充実によって階級間の格差の縮小・平等化・平準化を追求していくということであった[109]。この綱領は，この国の戦後の経済・社会の大枠を定め，この国が1940年代後半の社会保障の体系化と1950年代より1960年代の安定した経済成長を背景として福祉国家を形成していった場合でも，更にはこの国が既に1960年代半ばにその兆候をみせ，1973年の第一次石油危機の到来を契機として国際経済社会の条件の下でいわゆる福祉国家の危機なるものに直面し，経済の構造的な転換を迫られていくようになる場合でも，各政党間の抗争の焦眉の的となり，変革・転換のための照準とし

て量的・質的な両面で一定の機能を果したのであった。この綱領が，その後，この国の経済社会の枠組みを決め，経済社会の諸問題の解決の場合重要な照準となったという点で，上記の三つの柱について簡潔に補足説明をしておく。

　この綱領は，完全雇用の確保という問題については，雇用の拡大・維持のための政府・国家による経済調整，民間雇用の低下に呼応する公共事業の拡大，その一環としての中・長期計画を前提とした住宅建設の量的・質的向上を提言した。それは，1930年代の政策を前提として，その拡大・充実を図ったものであった。この綱領は，経済生活上の効率性の増大と民主主義の拡大という問題については，中・長期的な視野より，国立銀行や国家の諸金融機関による融資を通じて投資活動の社会的な計画化を推進し，計画的な生産の発展と合理化を図ること，この合理化は，住宅政策と緊密な関係にある建築部門（建築組合）及び不断に構造的な改革を必要とする農業部門の他に，住宅改善政策などにより主婦労働のそれにまで及ぶこと，同時に市場原理を維持するために独占に対する諸規制（例えばカルテルの公表，巨大企業による生産集中度の高い産業部門に対して，公的企業による供給の拡大或いは当該巨大企業の所有の社会化）などを提案した。この提案は，私的企業体制の一般的な承認，その市場原理をよりよく機能させるための例外的な国有化或いは公有化，企業内部での産業民主主義の促進の立場から労使の団体交渉による労働条件の決定，生産過程における労使相互の共同決定などを提案した。それは，従来の市民的・政治的な民主主義より産業民主主義へ，更には経済的な民主主義へという主張であった。この綱領は，公正な分配と生活水準の向上という問題については，より直接的には実質賃金の引上げという要求を前提として，国民の経済的・社会的・文化的な諸条件の本質的・一般的な平準化と民主化（例えば，連帯賃金政策による各種産業部門及び性別間の賃金格差の是正，失業保険と疾病保険の一般化と生計維持の可能な程度までのその給付額の引上げ及び国民年金の改善，労働環境の改善と労働時間の短縮，国民医療・保険制度の改善，育児負担の平等化と軽減のための保育所の増設，平等な学校教育など）を提言し，社会保障制度の整備を平等・平準化の手段

として位置づけたのであった[110]。

〈注〉
1) Dahmén, Erik, "The Interwar Years : Industry in Transformation", Jonung, Lars and Ohlsson, Rolf (eds.), *The Economic Development of Sweden Since 1870*, An Elgar Reference Collection, Cheltenham, UK・Lyme, US, 1997., pp. 87-103.
2) Lundberg, Erik, *Business Cycles and Economic Policy* (Translated by J. Potter), George Allen & Unwin Ltd., London, 1957, エーリック・ルンドベルク著/吉野俊彦訳「景気変動と経済政策―経済統制か金融統制か―」至誠堂 1964年, 8-18頁。
3) *Ibid.*, p. 9.
4) *Ibid.*, pp. 17-20.
5) Dahmén, Erik, *op. cit.*, p. 87.
6) Lundberg, Erik, *op. cit.*, 前掲訳書, 18頁。
7) Dahmén, Erik, *op. cit.*, p. 87.
8) *Ibid.*
9) Lundberg, Erik, *op. cit.*, 前掲訳書, 18-19頁。
10) *Ibid.*, p. 19.
11) Magnusson, Lars, *An Economic History of Sweden*, Routledge Explorations in Economic History, Routledge, London and New York, 2000, p. 144.
12) Lundberg, Erik, *op. cit.*, 前掲訳書, 20頁。
13) 入江節次郎・高橋哲雄編「講座 西洋経済史 IV 大恐慌前後」同文舘 1980年, 24-37頁；長岡新吉・石坂昭雄編著「一般経済史」ミネルヴァ書房 1983年, 190頁。
14) 大野文子稿「スウェーデンにおける近代会計学の形成―概観（1900年より1945年まで）―」(2) 明治大学短期大学紀要 第59号 1996年3月, 120頁。
15) Montgomery, G. Arthur, *The Rise of Modern Industry in Sweden*, P. S. King & Son, Ltd., London, 1939, p. 288.
16) 大野, 前掲稿, 123頁。第一次世界大戦を契機に再燃した汎スカンディナヴィア主義の風潮を背景として, Gustav X 世が, スカンディナヴィア諸国の中立維持のために相互援助をすることを目的として提案, 戦中・戦後にかけて9回開催。
17) Scobbie, Irene, *Historical Dictionary of Sweden*, The Scarecrow Press, Inc. Metucen, N.J., & London, 1995, p. 17 ; Heckscher, Eli F., *An Economic History of Sweden* (Translated by Göran Ohlin), Havard University Press, Cambridge, Mass., 1954, p. 271.
18) Magnusson, Lars, *op. cit.*, p. 64.
19) Heckscher, Eli F., *op. cit.*, p. 28.
20) Magnusson, Lars, *op. cit.*, p. 161.
21) Dahmén, Erik, *Svensk industriell företagarverksamhet : Kausalanlys av den industriella utvecklingen 1919-1939*, Industriens Utredningsinstitut, Stockholm,

1950.
22) Magnusson, Lars, *op. cit*., p. 162.
23) 大野, 前掲稿, 124頁；Heckscher, Eli. F., *op. cit*., p. 279；Lindbeck, Assar, *Swedish Economic Policy*, The Macmillan Press Ltd., London, 1975, A. リンドベック著/永山泰彦・高宗昭敏・島和俊・小林逸太共訳「スウェーデンの経済政策」東海大学出版会, 1981年, 6頁.
24) Hildebrand, Karl-Gustaf, *Expansion Crisis Reconstruction 1917-1939 : The Swedish Match 1917-1938, Studies in Business Internationalisation*, Liber Förlag, Stockholm, 1985, Part 1. Chap. 2 and Part II. Chap. 1-3.
25) Heckscher, Eli F., *op. cit*., p. 279；Lindbeck, Assar, *op. cit*., 前掲訳書, 6頁.
26) Montgomery, G. Arthur, *op. cit*., p. 230.
27) *Ibid*., p. 231.
28) *Ibid*., p. 233.
29) Lundberg, Erik, *op. cit*., 前掲訳書, 94-96頁.
30) 戦中・戦後インフレの到来と殆ど同時的に到来した戦後恐慌と長引く不況過程において, 例えば, この国の卸売物価指数は, 戦後恐慌を契機に1922年まで50％強も低落した. 大野, 前掲稿, 127頁を参照.
31) 古川哲著「危機における資本主義の構造と産業循環」有斐閣, 1972年, 130-135頁.
32) 同上書, 132頁.
33) 大野, 前掲稿, 127頁.
34) Magnusson, Lars, *op. cit*., p. 165.
35) *Ibid*.
36) 大野, 前掲稿, 127-129頁.
37) 入江節次郎・高橋哲雄編 前掲書, 51-59頁.
38) 長岡新吉・石坂昭雄編著 前掲書, 194-195頁.
39) Lindbeck, Assar, *op. cit*., 前掲訳書, 21頁.
40) Montgomery, G. Arthur, *op. cit*., p. 232.
41) Dahmén, Erik, [1997], *op. cit*., p. 90.
42) 大野, 前掲稿, 110頁及び127頁.
43) Magnusson, Lars, *op. cit*., p. 165.
44) 大野, 前掲稿, 125-127頁.
45) 1920年代の農業部門における合理化運動の委細は, Engwall, Lars (red.), *Företagsekonominsrötter : Några bidrag till en företagsekonomisk doktrinhistoria*, Studentlitteratur, Lund, 1980, ss. 52-55；Engwall, Lars (red.), *Föregångare inom företagsekonomin*, SNS Förlag, Stockholm 1995, ss. 125-138を参照.
46) Montgomery, G. Arthur, *op. cit*., pp. 230-232；Lundberg, Erik, *op. cit*., 前掲訳書, 41-43及び52-53頁；機械新興協会経済研究所「スウェーデン フィンランドの紙パ産業」『海外産業調査』1976年, 124頁以下.
47) Magnusson, Lars, *op. cit*., p. 165.

48) *Ibid.*, pp. 165-168.
49) Gustavson, Carl G., *The Small Giant : Sweden Enters the Industrial Era*, Ohio University Press, Athens, Ohio, London, 1986, Chap. 8 and Chap. 12-14.
50) Dahmén, Erik, [1997], *op. cit.*, p. 90.
51) Magnusson, Lars, *op. cit.*, pp. 160-167.
52) この国の労働組合運動の形成・展開と社会民主労働党との密接な関係は，大野，前掲稿，104-109頁で言及。
53) この国の普選運動については，大野，前掲稿，112-114頁を参照。
54) Davidson, Alexander, *Two Models of Welfare : The Origins and Development of the Welfare State in Sweden and New Zealand 1888-1988*, Uppsala, 1989, pp. 188-189 ; Scase, Richard, *Social Democracy in Capitalist Society : Working Class and Politics in Britain and Sweden*, Croom Helm, London, 1977, R. スケース著/萩野浩基監訳「社会民主主義の動向―福祉国家と労働者階級―」早稲田大学出版会 1979年，28-29頁。
55) Koblik, Steven (ed.), *Sweden's Development from Poverty to Affluence 1750-1970*, University of Minnesota Press, Minneapolis, 1975, pp. 203-205.
56) この国の近代国家の形成過程については，大野文子稿「18世紀中葉より19世紀中葉のスウェーデンにおける商業簿記の発展」(3) 明治大学短期大学紀要 第44号 1989年1月，45-51頁，Andersson, Ingvar, *A History of Sweden*, 2nd ed., Natur och Kultur, Stockholm, 1970 ; Scobbie, Irene, *Sweden, Nations of the Modern World*, Ernest Benn Ltd., London, 1972 ; Scott, Franklin D., *Sweden : The Nation's History*, University of Minnesota Press, Minneapolis, 1977 ; Nordstrom, Byron J. (ed.), *Dictionary of Scandinavian History*, Greenwood Press, Westport, Connecticut・London, England, 1986 ; 角田文衛著「北欧史」山川出版社 1974年；百瀬宏著「北欧現代史」山川出版社 1980年，早稲田大学社会科学研究所北欧部会編「北欧デモクラシー―その成立と展開―」早稲田大学出版部 1982年を参照。
57) 時代は，幾分遡るが，スウェーデンが，かの「自由の時代」(1718-1772年) より「Gustav時代」(1772-1809年) を経て19世紀前半からいわゆる富国強兵の軍事・侵略国家より平和な高度産業国家へと転換する上で重要な役割を果したのは，議会制民主主義の形成・発展であった。この国の政党政治の形成・発展，とりわけ19世紀中葉以後のそれについては，大野，[1996年3月]，前掲稿，101-116頁を参照。
58) アメリカ機械技術士協会 ASME を中心に19世紀末より20世紀初頭を中心に展開された体系的管理運動の一つ。その内容は，ASMEにおける F.W. Taylor の報告「出来高制度」(*A Piece Rate System*, 1919)，著作「工場管理」(*Shop Management*, 1912) 及び「科学的管理の諸原理」(*The Principles of Scientific Management*, 1913) によって知られる。かれは，当時の低水準の作業能率の原因を労働者の組織的怠業の存在に求め，作業標準＝課業を設定し，時間動作研究によって，高賃金・低労務費の実現を求め，熟練の移転・課業管理の原理・職能化の原理を提案し，単純な出来高給制より差別的出来高給制を提唱した。

59) Wallenstedt, Eva, *Oskar Sillén: Professor och Praktiker,: Några drag i företagsekonomiämnets tidiga utveckling vid Handelshögskolan i stockholm*, Acta Universitatis Upsaliensis, Studia Oecomiae Negotiorum 30, Uppsala 1988, ss. 227-238.
60) Engwall, Lars (red.), [1995] *op. cit.*, ss. 76, 112, 182, 186, följ.
61) 古川哲著 前掲書, 74-76頁。
62) 同上書, 76頁。
63) Magnusson, Lars, *op. cit.*, pp. 194-199 ; Montgomery, G. Arthur, *op. cit.*, pp. 240-248 ; Koblik, Steven (ed.), *op. cit.*, pp. 258-281.
64) 大野文子稿「Svenska Tändsticksfabriks AB の拡張政策と粉飾決算の発覚—戦間期における近代スウェーデン会計の一側面—」明治大学短期大学紀要 第70号 2002年3月。
65) 大野, [1996年3月], 前掲稿, 140頁。
66) 長岡新吉・太田和弘・宮本健介編著「世界経済史入門」ミネルヴァ書房, 1995年, 134頁。
67) 同上書, 35頁。
68) Scott, Lars and Urry, John, *The End of Organized Capitalism*, Polity Press, Cambridge, 1987, p. 37.
69) 大野, [1996年3月], 前掲稿, 140頁。
70) Magnusson, Lars, *op. cit.*, p. 168.
71) Lundberg, Erik, *op. cit.*, 前掲訳書, 98-99頁 ; Scott, Lars and Urry, John, *op. cit.*, p. 37.
72) Lindbeck, Assar, *op. cit.*, 前掲訳書, 22頁。
73) Magnusson, Lars, *op. cit.*, p. 168.
74) *Ibid.*, p. 170.
75) 大野, [1996年3月], 前掲稿, 144頁。
76) Nordstrom, Byron J. (ed.), *Dictionary of Scandinavian History*, Greenwood Press, Westport, Connecticut・London, England, 1986, pp. 632-634.
77) Scott, Lars and Urry, John, *op. cit.*, p. 37 ; Sandelin, Bo (ed.), *The History of Swedish Economic Thought*, Routledge, London and New York, 1991, p. 136.
78) Lundberg, Erik, *op. cit.*, 前掲訳書, 98-99頁。
79) 東京大学社会科学研究所編「福祉国家1」東京大学出版会 1984年, 299頁。
80) Nilsen, Henrik S. (ed.), Munch-Petersen, Thomas (Translated), *Scandinavian during the Second World War*, University of Minnesota Press, Minneapolis, 1983, p, 23.
81) Tilton, Tim, *The Political Theory of Social Democracy : Through the Welfare State of Socialism*, Clarendon Press, Oxford, 1991 ; Misgeld, Klaus/Molin, Karl/Amrak, Klaus (eds.), *Creating Social Democracy : A Century of the Social Democratic Labor Party in Sweden*, The Pennsylvania State University Press,

Pennsylvania, 1992 ; Olsen, Gregg M., *The Struggle for Economic Democracy in Sweden*, Avebury, Aldershot・Brookfield USA・Hong Kong・Singapore・Sydney, 1992 ; Lewin, Leif, *Ideology and Strategy : A Century of Swedish Politics*, Cambridge University Press, Cambridge, New York, New Rocbella, Melbourne, Sydney, 1985 ; 大野, ［1996年3月］, 前掲稿, 119頁。
82) 同上稿, 149頁。
83) 同上稿, 149-150頁。
84) 同上稿, 150頁 ; 東京大学社会科学研究所編 前掲書 1, 301頁。
85) 大野, ［1996年3月］, 前掲稿, 150頁 ; 東京大学社会科学研究所編 前掲書 1, 301頁, G. Myrdal の意見書の委細は, Myrdal, Gunnar, *Konjunktur och offetling hushållning : En utredning*, Kooperativa Förbundets Bokförlag, Stockholm, 1933 を参照。
86) 同上書, 301頁。
87) Scott, Lars and Urry, John, *op. cit.*, p. 38.
88) Nasenius, Jan/Ritter, Kristin, *Delad välfärd, Svensk socialpolitik förr och nu*, 1974, J. ナセニウス・K. リッテル共著/高須祐三・エイコデューク共訳「スウェーデンの社会政策—分かち合う福祉—」光世館 1979年, 30頁。
89) 大野, ［1996年3月］, 前掲稿, 151頁。
90) 東京大学社会科学研究所編 前掲書, 302頁。
91) 大野, ［1996年3月］, 前掲稿, 153頁。
92) Magnusson, Lars, *op. cit.*, pp. 187, 232-242.
93) Milner, Henry/Wadensjö, Eskil (eds.), *Gösta Rehn, the Swedish Model and Labour Market Policies : International and national perspectives*, Ashgate, Aldershot・Burlington USA・Singapore・Sydney, 2001, pp. 55-56 ; 大野, ［1996年3月］, 前掲稿, 152頁。
94) 同上稿, 152頁。
95) 東京大学社会科学研究所編 前掲書, 第5章。
96) Scott, Lars and Urry, John, *op. cit.*, p. 37.
97) Koblik, Steven (ed.), *op. cit.*, p. 286 ; Magnusson, Lars, *op. cit*, chap. 7.
98) Koblik, Steven (ed.), *op. cit.*, p. 286.
99) *Ibid.*, p. 287.
100) Scott, Lars and Urry, John, *op. cit.*, p. 37.
101) Per A Hansson のいう, かの「国民の家」というイデーの包括的な把握は, 既述の Tim Tilton の著作の他に, Gould, Arthur, *Developments in Swedish Social Policy, Resisting Dionysus*, Palgrave, New York, 2001, pp. 28-37を参照。
102) Koblik, Steven (ed.), *op. cit.*, p. 237, 大野, ［1996年3月］, 前掲稿, 156頁。G. Rehn-R. Meidner モデルの骨子については, Milner, Henry/Wadensjö, Eskil (eds.), *op. cit.* ; Magnusson, Lars, *op. cit*, pp. 236-238, 240, 275 ; Koblik, Steven (ed.), *op. cit.*, pp. 294-296を参照。

103) *Ibid*., p. 237.
104) Nasenius, Jan/Ritter, Kristin, *op. cit*., 前掲訳書, 37頁.
105) Scott, Lars and Urry, John, *op. cit*., pp. 39-41；大野,［1996年3月］, 前掲稿, 156-158頁.
106) 同上稿, 106頁.
107) 第二次世界大戦の勃発に前後する時期より戦時中におけるこの国を中心とした北欧諸国の社会的な一般的な動向と，その下でこの国が中立政策を維持するために，如何に苦渋に満ちた様々な選択を参戦列強諸国によって迫られたかという問題については，特にここでは Nilssen, Henrik S. (ed.), Munch-Petersen, Thomas (Translated), *Scandinavian during the Second World War*, University of Minnesota Press, Minneapolis, 1983 を，更に適応国家と呼ばれるこの国の戦時中の経済社会の動向については，Fritz, Martin/Nyrgren, Ingemar/Olsson, Sven-Olof/Olsson, Ulf, *The Adaptable Nation : Essays in Swedish Economy during the Second World War*, Almqvist & Wiksell International, Stockholm, 1982 を参照.
108) 大野,［1996年3月］, 前掲稿, 160-161頁.
109) Myrdal Commission 及びその綱領については，上記注85) の他に，ここでは Magnusson, Lars, *op. cit*., pp. 248-249を参照.
110) 東京大学社会科学研究所編 前掲書, 308-309頁.

小　結

　これまで概観してきたスウェーデン型混合経済の形成過程は，本著の主題に即して第2章以下でみるようなこの国の戦間期における会計上の諸問題を生起させる経済的・社会的な基盤であった。

　スウェーデン型混合経済の特徴は，一言でいえば，基本的には自由主義経済機構を前提として，国家・政府が一方では特化された技術・貿易立国として産業と企業の国際競争力を強化し，一国全体としての維持し不断に経済の拡大基調を維持しうるよう様々な援助をしながら，他方では富と所得の分配政策によっていわゆる「国民の家」に象徴されるような社会を高度に発達した議会制民主主義を前提とする自由な討議と合意によって形成することを指向する点であろう。

　以下，第2章から第7章では，この国のかかる混合経済の台頭・形成期に発顕した会計上の諸問題の中でも，スウェーデン型混合経済の本質に照らし

て重要と思われる諸問題とりわけ経済の拡大基調の前提であった産業と企業の資本蓄積力の強化という視点より注目するべき諸問題を選択して，それらが，総体としてこの国の経済社会の発展に果した役割を考察する。

第2章

スウェーデンの戦間期における
近代的な会計学の教育・研究の動向

序

　スウェーデンが遅れた近代的な資本主義的工業過程を一先ず完了し，たとえ微力な小国としてであれ，近代工業諸国家の一員として国際社会に一定の地位を占めるようになったのは，およそ19世紀末葉より20世紀初頭であった。
　この国の近代的な会計学が，さしあたりは商業技術論（Handelsteknik），そしてもっと後には企業経済学（Företagsekonomi）の一環として台頭してきたのも，この時期であった。
　この国の商業技術論/企業経済学したがってまたその一環としての近代的な会計学の台頭・生成・発展の過程は，その委細は別として，19世紀後半或いは末葉から20世紀初頭にかけて商業技術論/企業経済学の学問的な性格をめぐる論争より出発し，この領域における教育・研究機関として先導的な役割を果した先発大学「ストックホルム商科大学」（Handelshögskolan i Stockholm）の設立（1909年），その後この大学をモデルとした後発大学「イェーテボリー商科大学」（Handelshögskolan i Göteborg）の設立（1920年），更に1930年代前半に先発大学「ストックホルム商科大学」が，後発大学「イェーテボリー商科大学」が既にその設立に当たって企業経済学という

名称を導入していたことに倣って，旧来の商業技術論という名称を企業経済学という名称に変更したことなど，商業技術論/企業経済学が，経済学とは名実共に相対的に独立した教育・研究対象の新しい領域として市民権を獲得し，第二次世界大戦の終熄まで，量的・質的な拡大・充実・深化を遂げていく過程であった。

本章は，時期的にこのような過程のうちでも戦間期を中心として，この国の商業技術論/企業経済学したがってまたその一環としての近代的な会計学に関する教育・研究の大まかな動向を概観することを主題とする。

本章の第1節は，この国で両大学の設立に先立つ19世紀末葉頃に行われていた初期高等商業教育・研究の台頭とりわけ「フランス・シャルタウ実業商業学校」(Frans Schartaus Praktiska Handelsinstitut：1864年設立）の教育・研究の動向を一瞥する。その理由は，この学校が，先発大学「ストックホルム商科大学」の設立後間もなく同大学の助教授/教授として就任し，長期にわたって同大学はもとよりこの国全体の商業技術論/企業経済学の教育・研究者としても実業界におけるコンサルタント/会計士としても先導的な役割を遂行した O. Sillén（1883-1965年）を育成したからである。本章の第2節は，当時も今も商業技術論/企業経済学に関する主要な教育・研究機関である上記の両大学の中でも先発大学「ストックホルム商科大学」に照準を定め，戦間期の教育・研究の動向を概観する。第3節は，後発大学「イェーテボリー商科大学」における戦間期の教育・研究の動向を一瞥する。概してこの国の商業技術論/企業経済学したがってまたその一環としての近代的な会計学の潮流を明らかにしようとする場合先発大学「ストックホルム商科大学」の教育・研究を辿るだけでも，さほどの誤りを犯すことにはならないであろう。とはいえ後発大学「イェーテボリー商科大学」は，この国のこの領域における諸問題の論理的・組織的・体系的な考察を推進しその体系化を試みた A. ter Vehn が，教授として教育・研究を嚮導し戦後世代の育成に努めてきたことからも，かれが，本書の第4章で取り上げるこの国の原価計算の標準化問題の台頭に併行するかそれより幾分遅れて登場した「M-プ

ラーネン」(M-planen, 正式名.「機械工業連合標準コントゥープラーン」Mekanförbundets Normalkontoplan) の作成に伴う注解・その他の実業界における会計実践にとっても多大な功績を残したということからも, 先発大学「ストックホルム商科大学」と同様に本章の主題にとって重要な意味をもっている。「M-プラーネン」の形成過程は別としても, その概要についてはわが国でも既に紹介 (例えば安平昭二著「コンテンラーメンの理論」, 1971年及び「標準勘定組織の展開」, 1977年) されているので, この論文では立ち入らない。とはいえこの注解の作業は, その過程で会計上の幾つかの基礎的な概念の明確化と正確な理解を迫る重要な契機となったのであった。第3節は,「イェーテボリー商科大学」が, A. ter Vehn を中心として展開した戦間期における商業技術論/企業経済学したがってまたその一環としての近代的な会計学の教育・研究が果したこのような意義を念頭に入れて,「ストックホルム商科大学」の商業技術論/企業経済学の戦間期における教育・研究の動向との関連で注目するべき幾つかの点を指摘する。

　本章でこのような主題を設定した主たる理由は, スウェーデンは, 本章で問題とする期間を通じて達成した一定の経済的・政治的・社会的な成果の上に, 第二次世界大戦後, いち早く典型的ないわゆるスウェーデン型混合経済の福祉国家の一つとして, 様々な政策の策定とその実現に向けて歩みだしたこと, そしてこの国は, 1970年代前半の国際的な経済危機の到来によってその政策の実現のための大前提であった経済成長の低落傾向の途を辿ることを余儀なくされたとしても, 本章で問題とする期間に策定し実現に向けて踏みだした諸政策とそれを支える基本的な理念は, 戦略と形を変えながらも今日でも依然としてその底辺を支えていること, この国の商業技術論/企業経済学したがってまたその一環としての近代的な会計学の教育・研究が, この期間に胎動し育成・発展してきたスウェーデンの経済的・政治的・社会的な動向とどのように関わり, どのような役割を果してきたかということを解明する手掛かりとしたいからである。

第1節　初期高等商業教育・研究機関の台頭

スウェーデンにおいて簿記・会計上の諸問題が，多少でも教育・研究対象として浮上するようになった時期を辿れば，18世紀まで遡ることができる[1]。それは，外国貿易の発展（とりわけ16世紀末葉までハンザ同盟諸都市との交易関係，17世紀にはスコットランド及びオランダとのそれ，1720年代以後19世紀初頭まで主としてイギリス及びフランスとのそれ），外国貿易の発展に随伴した国内手工業と農業の発展を背景とした諸都市の台頭・形成・発展（17世紀以来のストックホルム市の台頭，1760年代以後のイェーテボリー市の急速な発展，19世紀とりわけその後半における全国的な都市化の進展），更にはこのような外国貿易の発展と諸都市の台頭・形成・発展に呼応した商人層の台頭と発展などを背景としていた[2]。商人層は，さしあたりはGustav Vasaによる統一国家の成立（1560年）に先立って1350年代に制定された都市法が15世紀に強化されるのに伴って，16世紀及び17世紀に徐々に台頭・発展し，1770年代-19世紀初頭までに卸売商及び小売商（記帳係を含む）を中心とした市民グループを形成し，それ以後19世紀末葉までその勢力を拡大・強化していった[3]。とはいえ様々な高等教育・研究機関が，商業技術論/企業経済学したがってまたその一環としての簿記・会計上の諸問題を，経済学上の諸問題とは相対的に独立した固有な領域の諸問題として認識し，固有な教育・研究上の対象として本格的に取り上げるようになったのは，この国の商人層の経済的・政治的・社会的な地位が高まるおよそ20世紀初頭からであった[4]。

1870年代より本格的に開始したスウェーデンの近代的な資本主義的工業化過程の進行は，新しい近代的な実業家の育成したがってまたこの国の高等商業教育・研究の制度的な整備に対する産業界の要請を高めた。早くも1864年に，当時のこの国の卸売商F. Schartauの主導の下に設立された「フランス・シャルタウ実業商業学校」（Frans Schartaus Praktiska Handelsinstitut：1864年設立）は，実業家が，この国内外で経営活動を営むことがで

第2章 スウェーデンの戦間期における近代的な会計学の教育・研究の動向 | 75

きるように，商業界に関する実践指向的な知識を附与することを目的としており，教育期間を1年として，その教育・研究科目に簿記論（決算手続きを含む簿記原理及び株式会社簿記概論並びに実務的な訓練のための簿記に関する諸文書と通信文の複写）及び一般事務論を導入した[5]。この学校の設立を財政的に最も直接的に支援したのは，「ストックホルム証券取引所」（Stockholmsbörsen）に関与していた商人たちとりわけ F. Schartau であった。かれらは，同取引所が，ストックホルムの商人界を破壊させるような1857年の「深刻ではあるが短期的な景気の低落」[6]に留まった経済的な危機を回避することに尽力・成功したことに対して，感謝の印としてこの学校の設立資金を提供したのであった。とはいえこの学校の設立の背後には，「イェーテボリー商業アカデミー」（Göteborgs Handelsinstitut：この訳語は英訳による）の設立（1826年）[7]を契機として19世紀後半に入ってこの国の各地にみられた各種の初期高等商業教育・研究機関の設立という潮流があり，「フランス・シャルタウ実業商業学校」の設立もその流れに沿うものであった[8]。「イェーテボリー商業アカデミー」は，当時の（とりわけ1862年以後の）この国の初期高等商業教育・研究水準の最高峰にあり，「フランス・シャルタウ実業商業学校」でさえ，それと同一水準に近づいたのは，1867年からであった[9]。「ストックホルム商科大学」の設立に若干先立つ1902-1903年の「フランス・シャルタウ実業商業学校」の教育・研究は，「イェーテボリー商業アカデミー」が外国語としてフランス語を重視したのに対してドイツ語を重視し，また簿記の教育・研究を「イェーテボリー商業アカデミー」よりも一層重視した点を除けば，この二つの教育・研究機関の内容は，殆ど同一であったといわれる[10]。「フランス・シャルタウ実業商業学校」は，その商業教育・研究の委細は別として，この国の商業技術論/企業経済学の生成と発展にとって多大な足跡を残した O. Sillén を輩出した教育・研究機関であったという点で留意してよいであろう[11]。「フランス・シャルタウ実業商業学校」の開設以後およそ二十余年後に，「スウェーデン輸出協会」（Sveriges Allmänna Exportförening）は，1887年に開催した会議で高等商業教育・研究の改善とそのための教育・研究機関の

増設を提案した。これに呼応して商務局（Kommerskollegium）は，調査委員会を設立した。この委員会は，調査に基づいて1891年に計画的・組織的な高等商業教育・研究の必要性を強調した。「より高度な商業教育」(en högre handelsutbildning)[12]を要請するこのような実業界の動向に呼応して，早くも1890年代には「ストックホルム王立工科大学」(Kungliga Tekniska Högskolan i Stockholm）が，また1905年には「ルンド大学」(Lunds Universitet）が，教育・研究科目の一環に簿記（bokföring）を導入した[13]。前者の単科大学は，それを任意選択科目として，後者の総合大学は，一般に商業技術論或いは企業経済学というような領域の教育・研究が，果して総合大学の正規の教科目として存立しうるかという，商業技術論／企業経済学の存立の根幹に触れるような基本的な問題をめぐる激しい論争の後に，それを正規の教育・研究科目として組み入れることを承認したのであった。「フランス・シャルタウ実業商業学校」の設立以来この間，およそ40年もの歳月が流れていた。そしてこの国における高等商業教育・研究の制度的な整備という初期のこれらの試みの後をうけて，1909年にかの「ストックホルム商科大学」が設立されたのであった[14]。

　スウェーデンの高等商業教育・研究が，専門的な教育・研究機関の手で着手され，本格的に開始するまで相当な歳月を要したのは，例えば，国家が「ルンド大学」に500skrの補助金で簿記教育の導入を提案したとき，何よりもかかる領域は「余りにも実務指向的」(en alltför praktik orientering)[15]で，「この総合大学の表看板」(en gökunge vid universitet)[16]としてかかげることを疑問視しこの提案に強力に反対した一教授が存在したことに象徴されるように，当時，この国に流布している一般的な風潮がその直接的な阻害要因となっていたからであった。とはいえ，スウェーデンにおける商業技術論／企業経済学の研究・教育に先導的な役割を果してきたA. Danielssonが，その主著の一冊「企業経済学：概観」(*Företagsekonomi : En översikt,* 1975 & 1977) で指摘したように，スウェーデンの経済界における様々な実際的な問題が，商業技術論／企業経済学というテーマの発展にとって非常に

有用であり，それらの問題の解決の方向性は，古い歴史の中に「澱」(sediment) として沈んでおり，教育・研究機関の外部で現実に生起する企業経営上の諸問題が，教育・研究機関における企業経営に関する「経験科学的な研究」[17]を刺激し，20世紀への転換期を境として，この国の企業経営に関する教育・研究領域の設定とその明白化を迫ったのであった。この国の教育・研究機関における企業活動に関する本格的な教育・研究は，20世紀10年代頃にさしあたりは「ストックホルム商科大学」が商業技術論として着手し，30年代に企業経済学という名称変更をする頃には，名実共にその地位を確立し，更に第二次世界大戦後，新しい時代の要請とりわけ企業を取り巻く国内外の一般的な社会的・経済的・政治な要因——特にこの国の場合私的企業の，いわゆる「スウェーデン型混合経済」(Sveriges blandekonomi) への適用問題——を盛り込んだ領域の拡大と企業の経営活動の歴史に関する関心を徐々に呼び覚まし，企業経済学に関する新しい方法と理論とを企業経済学に関する教育・研究機関で展開させるようになったのであった[18]。

「フランス・シャルタウ実業商業学校」の設立（1864年）より「ストックホルム商科大学」の設立に至る過程即ちこの国の初期高等商業の教育・研究の台頭よりその本格的な形成期は，その委細は別として，第1章でみたように，総じていえば，この国の近代的な資本主義的工業化過程の本格的な開始に伴う経済構造の変動期であった。例えば，この国の近代的な最初の労働争議が，この時期に新たに開発可能な森林地帯として浮上し，投機的な企業家たちの投資の対象として注目を浴び，製材産業の発展の主要な拠点の一つとなった Sundsvall で発生したこと，製材産業の労働者側の敗北を契機として，新たに登場しつつあった新興諸産業の労働者たちを主たる支持基盤に H. Branting（1860-1925年）を始祖とした「スウェーデン社会民主労働党」(Sveriges Social demokratiska Arbetarparti：略称. 社民党 SAP.) と「スウェーデン労働組合総連合」（略称. LO.）とが結成されたこと（1889年及び1899年），同時にこれに対抗して資本家側の利益集団である「スウェーデン経営者連盟」(Svenska Arbetsgivarföreningen：略称. SAF.) が台頭

（1902年）したこと，そしてこのような状況の下で結成された社会民主労働党が，その路線を模索しながら，その後のこの国の経済的・政治的・社会的な枠組みを形成するようになるなど，近代スウェーデンの経済社会の形成のための転換期であったのである。既述のように，社会民主労働党は，既に同党の結成以前に開始していたスウェーデンの1800年代中葉頃からの一連の制度的・社会的な改革運動（例えば，議会制度の改革・普選運動・禁酒運動など）と併行しつつ，国際的な社会主義運動とは一線を画しながら，独自的で巧みなかの「妥協」を重ねつつ，1920年代以後とりわけ30年代には，当初は「中道」或いは混合経済体制，また近年では組織化・計画化・管理化された資本主義と呼ばれるようになったこの国の経済体制の方向性を提示し，その枠組みを形成していった。1931年における G. Myrdal をブレインとする「失業調査委員会」（Arbetslöshetsutredningen）設置と J.M. Keynes の一般理論の所説の展開に先行して着手された失業・雇用問題を中心とする公共投資・有効需要の創出の理論の提示，或いは国際競争力の強化という大前提の下に，国内産業については可及的に自由で競争的な市場原理の貫徹と不断の産業合理化政策を推進しつつ，労働争議の効率的な解決のための LO と SAF とによるかの「サルトシェーバーデン協定」の締結，それ以後展開されていくスウェーデン的な労使協調路線の展開と，第二次世界大戦後におけるこの国の特色ある賃金・労使関係と政策の基本的な考え方とその展開は，こうした社会民主労働党路線が開花した典型的な事例であろう。

　スウェーデンにおける近代的な初期高等商業教育・研究の着手は，当時のスウェーデンにおける経済社会のこのような一般的な動向を前提に，とりわけこの国の近代的な資本主義的工業化過程の開始期における資本の側からの要請に呼応するものであった。

〈注〉
1) Wallenstedt, Eva, *Oskar Sillén : Professor och Praktiker : Några drag i företagsekonomiämnets tidiga utveckling vid Handelshögsholan i Stockholm*, Acta Univer-

第2章　スウェーデンの戦間期における近代的な会計学の教育・研究の動向 | 79

sitatis Upsaliensis, Studia Oeconomiae Negotiorum 30, Uppsala, 1988, s. 21 ; Gunnarsson, Elving, *Från Hansa till Handelshögskola : Svensk ekonomundervisning fram till 1909*, Acta Universitatis Upsaliensis, Studia Oeconomiae Negotiorum 29, Uppsala, 1988, s. 98 ; Gunnarsson, Elving, *Företagsekonomins Ursprung*, Reprint Series 1990 : 1, Företagsekonomiska Institutionen vid Uppsala Universitet, Uppsala, 1990, ss. 55-56.

2) Gunnarsson, Elving, [1988] *op. cit.*, ss. 49-65 ; Danielsson, Albert, *Företagsekonomi : En översikt*, Studentlitteratur, reviderade uppl., Lund, 1977, ss. 61-91.
3) この国の商人層の台頭と簿記・会計の生成・発展の問題については、この国の近代的な会計学「前史」に関する試論として過去に執筆した大野文子稿「スウェーデンへの複式簿記の伝来事情」(1)・(2)　明治大学短期大学紀要　第36号　1985年1月・第37号　1985年3月；「18世紀中葉より19世紀中葉のスウェーデンにおける商業簿記の発展」(1)・(2)・(3)　明治大学短期大学紀要　第38号　1986年1月・第39号　1987年3月・第44号　1989年1月；「スウェーデン工場簿記の発展―18世紀中葉より19世紀中葉にかけて―」明治大学短期大学紀要　第46号　1989年10月；「スウェーデンにおける株式会社の発展―同国の会計関連法規定の生成の史的背景として―」(1)・(2)・(3)　明治大学短期大学紀要　第55号　1994年3月・第56号　1995年2月・第57号　1995年3月を参照。上記一連の論文で利用した諸文献は記載省略。
4) Gunnarsson, Elving, [1988], *op. cit.*, ss. 69-78. och [1990], *op. cit.*, s. 56.
5) Wallenstedt, Eva, *op. cit.*, ss. 66-68.
6) Gunnarsson, Elving, [1988], *op. cit.*, s. 221.
7) *Ibid.*, s. 36.
8) スウェーデンにおける各種の初期高等商業教育・研究期間の設立の委細は、大野文子稿「スウェーデンにおける近代会計学の形成―概観（1900年より1945年まで）―」(1)　明治大学短期大学紀要　第58号　1996年2月、5-7頁を参照。
9) Gunnarsson, Elving, [1988], *op. cit.*, ss. 220-221.
10) 「フランス・シャルタウ実業商業学校」のこの時期の商業教育・研究の内容の委細は、Wallenstedt, Eva, [1988], *op. cit.*, ss. 66-68を参照。
11) 大野、[1996年2月]、前掲稿、6-7頁；Wallenstedt, Eva, [1988], *op. cit.*, ss. 66-68.
12) Engwall, Lars (red.), *Företagsekonominsrötter : Några bidrag till en företagsekonomisk doktrinhistoria*, Studentlitteratur, Lund, 1980, s. 16 ; Scott, Franklin D., *Sweden : The Nation's History*, The University of Minnesota Press, Minneapolis, 1977, p. 252 and 436.
13) Engwall, Lars (red.), *op. cit.*, s. 16.
14) Gunnarsson, Elving, [1988], *op. cit.*, s. 56.
15) Engwall, Lars (red.), *op. cit.*, s. 7.
16) *Ibid.* ; Näslund, B, *Företagsekonominsutveckling och några synpunkter på dess roll i skogsbruket*, Skogen, 52 nr 22, 1962, ss. 431-433.
17) Danielsson, Albert, *op. cit.*, s. 9. かれは、この著作の中でこの問題について次のよう

に述べている。即ち「伝統的な企業経済学は,企業の問題を取り扱うところの集合的な方法及び技術として研究されてきた。この原因は,次の点にある。即ち企業経済学の研究は,この研究が開始して以来,常に,しかも今も,職業教育の一環をなすものであったということである。それは,当初,全く実践的であったものから成長してきた。そしてそれは,しばしば実務として営まれ,その研究は,以後,商業技術論・商業論の研究へと発展し,更には漸次に企業経済学における企業のより組織的な今日の研究に成長してきた」と。(Danielsson, Albert, *op. cit*., s. 9.)

18) Engwall, Lars (red.), *op. cit*., s. 9.

第2節 「ストックホルム商科大学」の教育・研究の動向

1.「ストックホルム商科大学」の設立

「ストックホルム商科大学」は,一般にスウェーデンにおける近代的な商業技術論/企業経済学に関する最も古い本格的な教育・研究機関であり,1909年に私立大学として設立され,現在に至るまでこの領域の教育・研究上,先導的な役割を担ってきた。

この大学の設立の目標は,その設立の経緯が示すように,当時のこの国の産業界の要請に従ってこの国の新進な実業家に実践的な高等商業教育を附与し,かれらの経済的・政治的・社会的な地位と名声を高めることであった[1]。

「ストックホルム商科大学」は,当初,この国の聖職者階層(牧師)の末裔であり一大財閥(銀行家)として活動していた W.M. Wallenberg[2] が,1900年に保守系の新聞「スヴェンスカ・ダーグブラーデット」(Svenska Dagbladet)の編集者であった H. Key に,大陸諸国及びイギリスの高等商業教育・研究の実情の調査・研究旅行を命じたことに始まる。かれはこの命に従って調査・研究旅行を行い,その結果を幾度かにわたってこの新聞に公表した。W.M. Wallenberg は,この調査・研究旅行報告を踏まえて,自己の生誕40年を記念して,10万 skr をスウェーデンにおける高等商業教育・研究機関の設立資金として寄付することを決めた。かれはその仕事を次男である K.A. Wallenberg に託した。かれは,当時著名な財閥家族出身の銀行家(頭取)として,この資金をこの国の名門銀行の一つである「ストックホ

ルム・エンフィーダー銀行」(Stockholms Enkilda Banken：1856年設立)[3]
の信託部門に同大学のための基金として預金し、その利子を同校の運営のために充当したい旨、政府に書簡で申請した。この申請に対する商務省見解は、この大学の設立は、この国の高等商業教育・研究の現状の改善のために急務とされるべきこと、当事者は、その具体的な計画書を作成し、それに見合ったより現実的な資金計画を樹立するべきこと、この計画書を作成する場合考慮するべき重要な問題の一つは、この高等商業教育・研究機関は、この国の実情に適合するべきであり、そのため内外（特に欧米諸国）の同種の類似な既存の教育・研究機関に関する研究・調査が必要であるということであった[4]。政府は、商務省のこのような見解に従って、既述の「フランス・シャルタウ実業商業学校」の当時の学長 Åke W:son Munthe と「高等学校委員会」(Läroverksrådet) の委員の一人であった A. Nordfelt に、諸外国の商科大学の活動に関する知識と情報の収集及びこの大学設立のための提案書の作成を命じた。かれらは、1905年及び1906年夏にこの国内外の総計26カ所の高等商業教育・研究機関を訪問し、1907年以後その調査報告書（答申書）を公表し、それに「ストックホルム商科大学」の組織に関する提案書を添付した。かれらは、この提案書の中で、後述の「イェーテボリー商科大学」の設立に関する A. Carlander の提案（1906年）と同様に、スウェーデンの高等商業教育・研究機関は、何よりも先ず、商人教育を指向するべきことを説いた。この場合かれらが将来の商人層として念頭においたのは、銀行-及び保険会社の業務に携わる実業家であった[5]。「ストックホルム商科大学」の設立に対する政府のこれらの一連の動向に連動して、1906年5月に「商科大学協会」(Handelshögskoleföreningen) が、この大学の設立とその発展という目的を遂行するための支持母体として形成された。この協会への協力者の募集の後、この企画に対する最初の資金提供者 W.A. Wallenberg を含む理事会 (styrelse) が選出された。この理事会及び「商科大学協会」が、この大学の設立準備に当たって最も重視した問題は、その財政的な基盤の確立という問題であった。この大学の経済的な基盤の整備という問題は、一方では、

この「商科大学協会」の加入者たちが、以後5年間にわたり会費400skrの支払をすることを約束したことによって、他方では、この大学の設立の趣旨に賛同しその発展を期待した新たな寄付金の提供者がこの連盟に参画することによって、当面、解決された。このような財政的な基盤整備を基礎に、この大学の寄付行為の作成、然るべき教育・研究の担当者たちとの雇用契約、教育・研究施設の入手（賃借）など一連の準備作業が進行した。その過程で理事会及び「商科大学協会」を中心とした設立事業への関係者たちは、国家に対して、この大学の設立に関する認可とこの大学の将来の発展のために公的資金の一定程度の補助金の導入を求めた。政府は、これらの要請を全て受け入れた。こうして「ストックホルム商科大学」は、1909年5月政府の設立認可を受けて、同年10月創立の運びとなった。W.M. Wallenberg が資金提供をして以来およそ10年近い歳月が流れていた。とはいえこの大学が開校したとき、同年夏の大規模なゼネスト（1909年）の影響で、その運営は、一時的にせよ財政的に困窮し、創立記念祝典さえ施行することができなかった[6]。

この大学がその設立に当たってモデルとして念頭においたのは、当時、既にドイツの各地で設立されていた幾つかの商科大学――例えば Leipzip (1898年)、Frankfurt am Main (1901年)、Köln (1901年)、Berlin (1906年)――であったといわれる[7]。

この大学の設立の経緯の委細は別として、戦間期におけるこの大学の教育・研究の動向を一瞥するために最初に指摘しておくべき点は、新大学の設立には様々な難問が立ちはだかっていたが、その最大の難問は、商業技術論/企業経済学という領域の教育・研究担当者の人選問題であったということである[8]。商業技術論/企業経済学の最初の担当者は、「ケルン大学」の E. Schmalenbach の門下生で当時 Königsberg で助教授職に就任していた E. Walb であった。E. Schmalenbach を介して E. Walb が、1909年秋期より「ストックホルム商科大学」の臨時教授、1910年5月に専任教授の地位に就いた。とはいえ、かれは間もなく母国に帰国した。後任人事をめぐり内外の幾人かの候補者が浮上し、最終的にこの科目の担当者になったのは、O. Sil-

第2章　スウェーデンの戦間期における近代的な会計学の教育・研究の動向 | 83

lénであった[9]。かれは，かの「フランス・シャルタウ実業商業学校」を卒業後，この学校の資金援助で「ケルン大学」に入学，この大学卒業後暫くの間，ストックホルム所在の「スウェーデン輸出協会サーヴィス」(Sveriges Allmänna Exportföreningsbyrå) の秘書及びその海外特派員となり (1906年4月)，次いでAB Separator社ストックホルム本社[9]の特派員としての地位につき (1906年11月)，AB Separator社ロンドン支社での勤務を経て，更にAB Alpha-Laval Separator社 (Separator社のベルリン子会社) の重役の一人となった (1907年)[11]。このようにかれは，「ストックホルム商科大学」で教育・研究に携わる以前に既にかなりの実務的な経験を積んでいた。

「ストックホルム商科大学」の理事会がかれを雇用するに当たってかれと交わした雇用契約書によれば，当時のスウェーデンにおけるこの領域に関する教育・研究者の一般的な人材不足を背景として，理事会は，一方ではかれをさしあたり助教授として招聘し，学術論文について一定の業績を上げた時点で直に専任教授に昇進する途を保証し，そのとき登場しうるかもしれない競争者を完全に排除すること，他方ではかれがAB Separator社ロンドン支社の退職によって被る収入減を補償するために，20世紀への転換期における社会民主労働党の形成とその支持基盤となるLOの形成に対する資本の側からの攻防として1902年に設立されたかの「スウェーデン産業連盟」(Sveriges Industriförbund) の情報サーヴィス部門として当時新たに設置された「株式会社産業情報サーヴィス」(AB. Industribyrå：1910年設立) の主任の地位をかれに提供し，実業界で実務家 (会計士及びコンサルタント) として活動することを許可した。これによってかれは，助教授職 (1912年)/教授職 (1915年) の地位の保証と実業界での活動の正式な承認という破格の雇用条件の下で，年間合算所得1万4千skrを保証されたのであった。これは，当時，この大学のEli. F. Heckcher教授でさえも，年俸9,000skr程度であったことを想起すれば，非常な処遇であった[12]。

「ストックホルム商科大学」の設立当初，商業技術論/企業経済学という領

域は，前述のように，当時のこの国で既に伝統的に一定の地位を確立していた経済学や法律学とは異なる全く未知の領域であること，その特性の一つが実践指向的な性格にあること，その他の事柄を理由として，科学的・専門的な教育・研究対象としては，他の領域と比較すれば，相対的に軽視或いは蔑視されていた。そのため，この大学の設立の目標と経緯が示すように，それが，将来のスウェーデンの産業界を担う有為な人材の育成にあったとしても，商業技術論/企業経済学の領域設定と雇用人事の問題とは，例えば，当時，この大学の学長 C. Hallendorf と Eli. F. Heckscher との間で展開された E. Walb の雇用人事をめぐる見解の相違が象徴するように，様々な逡巡・亀裂を生じた[13]。とはいえ紆余曲折の末に同大学の商業技術論/企業経済学の教育・研究の最初の担当者として E. Walb が，その地位に就任したとき，この大学の教育・研究の内容は，かれが過去に「ケルン商科大学」で学んだものを直接継承したことによって，さしあたりその大枠を規定されたのであった[14]。「ストックホルム商科大学」は，設立当初，教育期間を2年，政治学及び法律学，経済地理論（並びに商品学），統計処理を含む国民経済学，商業技術論（1933年の制度改革で企業経済学に名称変更），語学を主要科目として設置した。商業技術論は，簿記・商業論・商業数学・銀行論などの科目を含んでいた[15]。この国の商業技術論/企業経済学に対するドイツ経営経済

1909年 E. Walb 提唱の教育・研究科目

A群　商業活動組織
　　　（簿記・貸借対照表論，工場簿記及び工場組織論，貸借対照表論評，総原価計算論）
B群　通貨及び資本流通活動
　　　（通貨・紙幣，小切手流通技術論，国内及び外国為替論，各種有価証券及び有価証券取引論，信託業務-及び償還計算論）
C群　商品取引論
　　　（運送・輸送制度，鉄道・海運，関税制度，市場-及び取引所制度，国際貿易商品論，銀行業務の解説を目的として銀行員が担当する特殊コース）
演習　具体的事例と自societ形態の経済問題に関する教育・研究：1年次半頃より開始

　　出典：Engwall, Lars (red.), *Företagsekonominsrötter : Några bidrag till en företagsekonomisk doktrinhistoria*, Studentlitteratur, Lund, 1980, ss. 20.

学の影響は，先発大学「ストックホルム商科大学」のみならず後発大学「イェーテボリー商科大学」の場合にも同様であった[16]。

2．「ストックホルム商科大学」の教育・研究の展開
(1) アメリカの教育・研究成果の摂取

「ストックホルム商科大学」の商業技術論/企業経済学の教育・研究の内容は，設立当初，このように，ドイツのそれを継承しその影響（特に「ケルン商科大学」のそれ）の下で開始された。とはいえその後のスウェーデンの経済社会の発展に伴って商業技術論/企業経済学という領域の教育・研究の内容は，新しい概念の形成と新しい領域を開拓・付加しつつ，やがてこの大学の教育・研究に関する主要な領域として漸次にその地位を高めていった。既にO. Sillénは，この大学への就任に先立ってそこでの教育・研究の準備のために，主としてヨーロッパ各地の大学を「ストックホルム商科大学」の援助の下に訪問し，その実情の把握に努めていた[17]。そしてかれもまた，1915年に教授職に昇進した後の1920年にはアメリカの教育・研究の現状を視察し，「ストックホルム商科大学」の教育・研究に摂取することを求めた[18]。それと前後してスウェーデンの幾人かの若い学徒たちも，この領域での新しい知識を求めて，アメリカへの関心を強め，アメリカの大学で学び，アメリカでの教育・研究の経験と成果をもちかえった。それは，「ストックホルム商科大学」における商業技術論/企業経済学の教育・研究に，その他の領域のそれと共に，次第にアメリカ的なものを付加する契機の一つとなった。例えば，この大学は，既に1913年には輸出機構論と輸出技術論の問題を，またこれと殆ど時を同じくして商品売買機構論と売買技術論の問題を教育・研究科目に取り入れていた[19]。そして1910年代中頃にはこの大学の商業技術論/企業経済学は，販売及び輸出問題などに関心を寄せる教育・研究者たちとの結びつきを強化した。その一例は，この大学が，アメリカで学びアメリカ流の教育・研究によって洗脳され，商取引の統計資料の収集に関するアメリカでの豊富な体験をもちかえったG. Törnqvist（1894-1960年）[20]を，1917年

に商業技術論/企業経済学の助手として採用したことであった。かれは，その後，1920年代中葉頃にスウェーデンで進展する一連の産業合理化運動を背景として，費用分析問題や商品流通機構問題で，学内外でその本領を発揮することになるが，その種は，既にこの時期に蒔かれていたのであった。かれは，その成果を後に主著「小売商の費用分析と価格設定」(*Kostnadsanalys och prissättning i detaljaffärer*, 1929)，「流通経路の批判的な解明」(*Distributionsvägarna i kritisk belysning*, 1933)，「商品の流通構造と費用」(*Varudistributionens struktur och Kostnader*, 1946) として出版する[21]。とりわけ「小売商の費用分析と価格設定」は，1926-1927年にかけてスウェーデンの流通業界における幾つかの部門を対象として，アメリカ流の原価調査に基づく小売商のコスト（特に鉄鋼品・書籍・日用雑貨及び食料品のそれ）と価格設定という問題についての研究の成果であった。

「ストックホルム商科大学」の設立に前後する時期より O. Sillén がこの大学の教授職に就任して以来 G. Törnqvist のこの著作の出版に続く1920年代末葉まで，この大学の商業技術論/企業経済学をも含む教育・研究の基本的な動向を規定した最も直接的な契機は，第1章でみたような同時代におけるスウェーデンの経済社会の動向を前提として，この大学の設立の趣旨に沿って，実務的な経験を尊重した有為な実業家の育成という，資本・産業の側からの商業技術論/企業経済学に対する要請であった[22]。スウェーデンは，第1章で概観したように，遅れた近代的な資本主義的工業化過程を1870年代に本格的に開始して以来，紆余曲折を経ながらも，20世紀への転換期頃には一応その過程を終了した。この国は，それによって近代工業国家として国際経済社会の一角でその相対的な自立性を獲得し，第一次世界大戦までの間に特化された産業部門の育成を通じて国際競争力の強化に努めた。「ストックホルム商科大学」は，その設立問題が浮上した20世紀初頭よりその設立を経て第一次世界大戦の勃発まで，この国のこのような経済社会の動向を前提とした産業界の要請による有為な実業家の育成という設立の趣旨に沿って，当初は古くより交流のあったドイツにおける経営経済学の一定の成果を，さしあ

たりはドイツ人E. Walb，続いてドイツで学んだ母国人O. Sillénの手によって導入することより出発し，この国に適合的な形で移植・定着させることを求めた。

この国は，第一次世界大戦の勃発に際して中立政策を採択した。この政策は，様々な経済的・政治的・社会的な諸問題を内在させながらも，戦中・戦後を通じて一定程度の国力の増強に繋がっていった。この国は，最大の戦勝国であるアメリカが実質的には主導した国際経済社会の戦後処理問題にも迅速に対応（例えば金本位制への早期な復帰）しつつ，1920年代の国際的な新しい経済秩序に巧みに順応することによって，早くも「適応国家」[23]といわれるようになっていた。

スウェーデンの近代的な会計学の形成の始祖ともいうべきO. Sillénは，既述のように，1915年に教授職に就任後，この領域におけるヨーロッパ諸国の教育・研究動向と並んで，最大の戦勝国アメリカにおけるそれにも関心を寄せ，1920年にアメリカ研修旅行を企てた。かれは，それによってアメリカで進行しつつある商業技術論/企業経済学したがってまたその一環としての会計学という領域の教育・研究の動向を察知し，とりわけかのW.F. Taylor流の科学的管理法の思考と手法とそれに基づく企業・工場組織問題及び工業会計問題に注目していた。かれのアメリカ研修旅行の成果は，後学の新進の教育・研究者が直接アメリカへ留学することによって獲得した新しい教育・研究の手法と研究領域の開拓と相俟って，この国の1920年代の商業技術論/企業経済学に対する産業界の要請（主として産業合理化運動の要請）に応えたのであった。

(2) 産業合理化運動への対応

およそ1920年代前半におけるこの国の徹底した産業合理化運動は，第1章で概観したように，戦中・戦後インフレーションの終熄と殆ど同時的に到来した1920年代初頭の戦後恐慌と長引く不況の下で，この国の産業界にとって対外的な競争要因に触発された早急に解決されるべき課題の一つであった。

「ストックホルム商科大学」は，設立当初，商業技術論/企業経済学という

教育・研究の領域と並んで統計処理を含む国民経済という教育・研究の領域を設置していた。この大学は、この領域で既に1917年に企業組織（företags organisation）に関する教育・研究のために、F.W. Taylor の「科学的管理の諸原則」（*The Principles of Scientific Management*, 1913）のスウェーデン語翻訳版「合理的な労働管理」（*Rationell arbetsledning*, med förord av överingenjör Erik August Forsberg, 1913）[24] と E.A. Forsberg の「工業経済学」（*Industriell ekonomi*, 1916）を教材として使用していた。E.A. Forsberg は工学士として出発し、当時 AB Separator 社の上級技師としてこの国の産業合理化運動を先導したが、テイラー主義の熱心な信奉者であり、1912-1928年まで「ストックホルム王立工科大学」（Kungliga Tekniska Högskolan i Stockholm 略称：KTH；1877年設立、その前身は1825年設立の Tecknological Institut）の工業経済学の教授であった[25]。この国の産業合理化運動の問題を概して高等教育・研究機関における教育・研究上の問題として工学技術の立場より積極的に取り組むことに先導的な役割を果したのは、当時の先進資本主義諸国の場合と同様に、「ストックホルム王立工科大学」を拠点とする工学士たちであった。とりわけ C.T. Sällfors（1898-1960年）は、「スウェーデン産業連盟」の下部機関「株式会社産業情報サーヴィス」の組織部門の主任となり、なおまたこの国の工業経済学及び組織論の最初の教授として活躍し、1928年に E.A. Forsberg の後を継承し、1936年には名著「産業における労働研究」（*Arbetsstudier inom industrin*）を出版した[26]。

とはいえ F.W. Taylor の所説が「ストックホルム商科大学」のみならず、一般的に商業技術論/企業経済学という領域の中で注目されるようになったのは、「ストックホルム商科大学」が、1920年代の産業合理化運動の促進という産業界からの要請の下に、この大学の設立当初 E. Walb が設置したカリキュラムの中に商業技術論/企業経済学の一科目として既に存在していた「工場簿記及び工場組織論」（fabriksbokföring och fabriksorganisation）という科目の担当者として、1925年頃に E.A. Forsberg と同様に工学士の

R. Kristensson（1896-1975年）[27]を採用した後の1920年代後半であった。「工場簿記及び工場組織論」というこの科目は、「ストックホルム商科大学」の設立以来およそ10年間開講されてきたが、1918年頃より教師陣の不足のため完全に未開講となり、1923-1924年には一時的に開講・未開講を反復してきた科目であった。

　産業合理化運動の要請は、流通問題に関する領域の教育・研究にも、非常な影響を与えた。それは、上記のG. Törnqvistが、アメリカでの教育・研究を基礎として、1926年に「ストックホルム商科大学」の商業技術論/企業経済学の一科目として新たに設置されたこの領域を担当する教授に就任したとき、その講義がF.W. Taylorの考え方を出発点としたといわれていること[28]、またこの大学が1929年に学位論文及び大学教師資格の審査と研究出版物の公表を目的として「ストックホルム商科大学企業経済学研究所」（Affärsekonomiska Forshningsinstitutet i Handelshögskolan i Stockholm：略称. AFI.）を開設したこと[29]、そしてG. Törnqvistが、既述の著作「小売商の費用分析と価格設定」（*Kostnadsanalys och prissättning i detaljaffärer*, 1929）を同研究所を通じて出版したことなどは、それを端的に表明していた。因みにいえば、この研究所は、この大学の1944年の制度改革の後、それに連動してその組織改革に着手し、1949年に改組して「ストックホルム商科大学経済研究所」（Ekonomiska Forskningsinstitutet vid Handelshögskoan i Stockholm：略称. EFI.）に名称変更し、その組織を教授職に対応して編成した[30]。

　科学的管理の思考を基礎とする産業合理化運動は、この国の農・林業の分野にも及んだ。この国の農業は、既に封建的な土地所有関係に関わる農業革命が、第1章で言及したように、多数の中小自営農民を創出した時点より、衰退の道を辿ることを予定されていた。第一次世界大戦の終熄以来、最大の戦勝国アメリカの大量・低廉な農産物の流入は、この国の農業にとり存亡を脅かす威嚇となった。「ストックホルム商科大学」の教育・研究者ではなかったが、この国の農業経済学及び農業簿記の先駆者L. Nanneson（1881-1963

年)³¹⁾は，この国の農耕地帯南部スウェーデンの出身者として1903年に Alnap で農学士の資格を取得して以来，この国の農業経済の実情を踏まえて，「科学的な農業簿記 その理論的な基礎と実務」(*Rationell lantbruksbokföring, dess teoretiska grunder och praktiska genomförande*, 1913)，「より低度な農業高等専門学校及び自習用の農業経済学」(*Jordbruksekonomi för de lägre lantbruksläroverken och självstudium*, 1924)，E. Nilsson との共著「農業簿記 学校及び自習用の教科書」(*Jordbrukets bokföring. Lärobok för skolor och självstudium*, 1937) を出版し，基本的な農業簿記教育の仕組みとそれによる農業収益性の問題への関心を啓蒙した。同時にかれは，農業収益性の改善のための合理化を説き，2000社の企業を含む「スウェーデン農業連合組織」(Sveriges Allmänna Lantbrukssällskaps Driftbyrå)³²⁾を形成した。そしてなお，科学的管理の思考を基礎とする産業合理化運動は，更にもう少し後の時代になって，この国の伝統的な産業であった林業及び林業経営の領域でも普及した。この領域で先駆的な役割を果したのは，G. Luthman 及び上記の R. Kristensson であった。1940年代には G. Luthman の指導の下に，「ヴァルムランド林業作業研究協会」(Föreningen för Värmländska Skogsarbetetsstudier) が行った作業時間に関する技術的・物理的な調査は，当時のこの国における労働科学の領域でなされた最も独創的で重要なそれであったといわれている³³⁾。

　こうして1920年代前半に開始した産業合理化政策は，1929年世界恐慌の到来までにこの国の殆ど全ての産業部門に及び，一方では生産性の高い産業と企業の資本蓄積基盤を強化し，他方では非生産的な産業と中小零細な企業の切捨てとなった。それは，第1章でみたような金本位制への復帰に連動したデフレーション政策と相俟って，失業の増大を招いた。とはいえ産業合理化政策は，結果としてこの国の製品原価の引下げ・生産性の向上・国際競争力の強化に繋がっていった。「ストックホルム商科大学」は，商業技術論/企業経済学の領域における既存の諸科目の充実或いは新科目の設置によって，産業界のこのような要請に応えようとした。

(3) 商業技術論より企業経済学へ

「ストックホルム商科大学」における商業技術論/企業経済学という領域における教育・研究は，その設立以来，こうして実務的な経験の尊重と産業界のその時々の時代の要請とこの教育・研究領域における諸外国とりわけドイツ及びアメリカの影響[34]を受けて，漸次にその内容の整備・充実・拡大を図った。とりわけこの大学が1934年に実施した一連の制度改革は，スウェーデンでしばしば，「商業技術論」の時代より「企業経済学」の時代へ[35]，といわれているように，その発展の一分水嶺であった。この改定は，この大学の設立以来，商業技術論と呼ばれてきた教育・研究の対象領域を「企業経済学」と名称変更し，主として会計・財務・企業管理の領域における教育・研究を対象とすること，同時に1926年に設置され商業技術論/企業経済学の中に組み込まれてきた流通問題に関する教育・研究領域を新たに「流通経済学」（disributionsekonomi）という名称の下に包括し，市場経済及び計画問題に関する諸領域として商業技術論/企業経済学より独立させることになったのである[36]。そしてこの大学は，この1934年の制度改革以後第二次世界大戦後の新しい状況を射程に入れた教育・研究のための1944年の制度改革まで，一方では企業経済学，他方では流通経済学という二大領域を中心として教育・研究活動に従事するようになった。この大学が，その初期の時代の卒業生の一人でありスウェーデンにおける商業技術論/企業経済研究とりわけ企業管理問題の領域で後に現代の巨匠となる S. Carlson[37]を1937年に雇用したのも，1934年の制度改革の下に進められた教員充実計画の一環であった[38]。

(4) 企業経済学の充実

ストックホルム商科大学は，その設立当初の1909年には学生数100名程度であった。およそ20年後の1930年には，学生数は200名となった。また商業技術論/企業経済学に関する教員構成は，設立当初の教授1名と銀行技術問題の教育・研究に従事する非常勤・臨時講師（extralärare）1名に対して，新たに2名の教授がそこに参画するようになった。そして1938年秋期以後に

は第1年度の学生数でさえ，125名となった[39]。

この年，この大学の経営陣は，教育期間の1年延長を決定した。経営陣は，それと同時に商業技術論/企業経済学の教育・研究の領域を一層拡大することを求め，1938年に新しい制度改革の作業に着手し，1939年秋期より実行に移した[40]。

この大学の1938-1939年の年次報告書は，1938の年制度改革の下で就学期間1年の延長に伴って，次の教育・研究科目を開設していたことを明らかにしている。

「ストックホルム商科大学」年次報告書1938-1939年による教育・研究科目
(1) 簿記
(2) 一般的な企業経済学入門
 (初歩的な企業経済学的な思考と経済生活上の幾つかの諸制度に関する知識を取得するための手引)
(3) 費用計算論及び流通経済学並びに産業組織論
 費用計算論：基礎科目
 流通経済学：特殊選択科目
  (市場予測・小売商経済学・広告経済学・生産財及び消費財並びに国際貿易論の中より1科目を選択)
 産業組織論：各産業組織内部での工的企業に対する経済諸原則の適用問題
  (例えば，労働及び責任分担の諸原則の適用問題・機械化の程度・適限的な雇用及び効率度・雇用上の諸問題等)
(4) 貸借対照表論・事務機構論・銀行業務技術論・有価証券取引論・監査技術論
演習 優秀な成績による卒業条件として，上記(1)-(4)の科目の履修の他に，演習への積極的な参加と一定の成果を上げることを要請

出典：Engwall, Lars (red.), [1980], *op. cit.*, ss. 23-24.

この報告書は，それと同時にこれらの科目の習得のために教育・研究上利用するべき文献リストを提示していた。このリストから推定しうることは，1938年の制度改革でも，企業経済学並びに会計及び企業財務に力点をおく課程では依然としてドイツのそれの影響力が，流通経済学及び産業組織を中心とした課程とりわけ流通経済学の課程ではアメリカ流のそれの影響力が強大であったこと[41]，またスウェーデンの学界にとってより新しい領域である産業組織論では，F.W. Taylorの「工場管理」(*Shop Management*, 1912)

のスウェーデン語翻訳版「合理的な工場管理」(Rationell Verkstadsledning, med förord av Axel Hultkranz, verkställande direktör i Sveriges Industriförbund, 1923) の他に, 例えばE.A. Forsberg の既述の著作「工業経済学」(Industriell ekonomi, 1916) やO. Kärnekull の論文「工場活動の実際的な組織について」(Om den fabriksmässiga driftens praktiska organizationen, 1929)[42]のような, スウェーデンにおける産業合理化運動の代表者たちによる論攷が提示され[43], この領域でこの国自身の教育・研究者の手による成果が実を結び始めていたことなどである。しかもこの大学は, 1938年の制度改革に先立つ1937年にこの国の現代企業経済学とりわけ企業管理問題の巨匠S. Carlson を雇用し, 1938年の制度改革の実現に向けた準備を既に開始していた[44]。

「ストックホルム商科大学」は, 1938年の制度改革の後, 終戦直前の1944年に戦後状況を射程に入れて更なる制度改革の作業に着手した。この改革は, 先ず, 企業経済学の教育・研究に関する領域を企業経済学Ⅰ及びⅡに細分し, 前者では企業の会計-及び財務問題 (företagets redovisnings-och finansproblem) を, 後者では企業の管理-及び流通問題 (företagets administrations-och distributionsproblem) を教育・研究対象とすることにした。これに伴ってこの大学は, 1947年冬季より新しい入試・卒業試験制度を実施し, 卒業証書も個々の教育・研究領域別に細分化して発行することを決定した[45]。この改革は, 更にやがて行うことになる「企業経済学研究所」組織の改革とそれに伴う人事計画を考慮して, 企業経済学 I 及び II の他に, 企業組織・労務管理論, 人的管理問題を含む社会心理学, 広告及び市場経済学を特に考慮した経済心理学という科目などを教育・研究対象とし, 当面の教育・研究担当者を決定した。

1944年の制度改革に伴う各科目の担当者のうち, 本章で幾度か触れているO. Sillén と前歴の余りよく分からない若干の教育・研究者を除く教育・研究の担当者について極めて簡単に紹介すれば, Nils Västhagen (1909-1965年) は, 新進の教育・研究者として博士論文「官房簿記及び営業簿記におけ

「ストックホルム商科大学」1944年制度改革による教育・研究科目と担当者

(1) 企業会計及び財務問題
  担当者 　1944-1952：O. Sillén（設立より退職まで）
      1952-1958：N. Västhagen（1958年ルンド大学に移籍）
      1958　　　：S.-E. Johansson
(2) 企業管理及び流通問題
  担当者 　開講 1949：G. Törnqvist
      1949-1961：F. Kristensson
      1962　　　：T. Thorburn
(3) 企業組織及び労務管理問題
  担当者 　開講 1946：O. Sillén
      1947　　　：S. Carlson
      1956　　　：T.P. Frenckner
(4) 人的管理問題を含む社会心理学
  担当者 　1956　　　：G. Westlund
(5) 経済心理学（広告及び市場経済を特に考慮）
  担当者 　1963　　　：K.E. Wärneryd

出典：Engwall, Lars (red.), [1980], *op. cit.*, ss. 97-113, Hensmann, Jan, *Die Entwicklung der Betriebswirtschaftslehre in Skandinavien unter besonderer Berücksichtgung Schwedens, Leel/Ostriefriesland*, SS. 280-283 より作成、拙稿「スウェーデンにおける近代会計学の形成―概観（1900年より1945年まで）―」(1) 明治大学短期大学紀要 第58号 1996年2月, 27-28頁も参照。

る所得-支出概念」(*Inkomst-och utgiftsbegreppen i förvaltningsbokföring och affärsbokföring*, 1950) で著名となった[46]。S.-E. Johansson は，実務に根ざした同じく新進の理論家として，博士論文「租税・投資・評価」(*Skatt-investering-värdering*, 1961) で著名となった教育・研究者であった[47]。G. Törnqvist は，既述のような著作で既にこの時期に著名であり，流通経済・経済構造・市場政策などの諸問題に関心を寄せ，モデル構築・計画経済・市場予測者としてその名をはせ，このような視角よりこの国の会計制度とりわけ原価計算の合理化・統一化・標準化問題に関与していた。F. Kristensson (1914-1993年) は，博士論文「スウェーデンにおける織物産業の構造に関する諸研究」(*Studier i svenska textila industriers struktur*, Stockholm, 1946) で著名となり，ミクロ経済学とマクロ経済学との接点に立って企業経済学上の問題を考察した[48]。S. Carlson は，「ストックホルム商科大

学」の設立初期の卒業生であり,アメリカ留学の経験の後,多数の業績,例えば,「生産の純粋理論に関する研究」(*A Study on the Pure Theory of Production*, 1939),「企業経済学のその他の社会科学に対する立場」(*Företagsekonomiens ställning till övriga socialvetenskaper*, Ekonomisk Tidskrift, 44. Nr. 3, 1942, ss. 200-205),「専門的な学問領域としての企業経済学—歴史的な概観—」(*Företagsekonomien som akademiskt läroämne. En historiskt översikt*, Ekonomen, Jubileum snummer tillägnat Oskar Sillén, December 1943, ss. 110-125),「企業管理と企業経営者」(*Företagsledning och företagsledare*, 1945)をあげ,合理的に思考する経済学の研究者となった[49]。T.P. Frenckner は,それまで G. Törnqvist が流通経済学の講座の中で担当してきた計画問題に関する領域が1956年にそこより分離されるのに伴ってその責任を負うことになったが,当時かれは既に「予算・利益計画・内部利益分析」(*Budgetering, resultatplanering, intern resultatanalys*, 1953)や「原価配分と内部給付評価」(*Kostnadsfördelning och internprestationsbedömning*, 1954)という著作で著名となり,主として費用・収益分析と経済管理の問題を課題とした革新的で成功した指導者であった[50]。G. Westerlund(1911-1983年)は,「人的組織」(*Personal Organisation*, 1 : Företagsekonomisk handbok, Stockholm, Del. II, ss. 711-766, 1945)という論文が象徴するように,社会心理学的な立場から,人的管理・組織問題に接近した草分け的な教育・研究者であった[51]。K.E. Wärneryd もまた,広告・市場経済問題を経済心理学的な立場から,考察することを求めた[52]。

　1930年代より1940年代中葉まで「ストックホルム商科大学」の商業技術論/企業経済学をも含む教育・研究の基本的な動向或いはカリキュラムの大枠を規定した最も直接的な契機も,この大学の設立に前後する時期より O. Sillén が同大学に助教授/教授として就任して以来1920年代末葉に G. Törnqvist が既述の著作「小売商の費用分析と価格設定」(1929)を出版するまでそうであったのと同様に,この大学の設立の趣旨に沿った商業技術論/企業経済学に対する資本・産業の側からの要請であった[53]。

周知の1929年世界恐慌の余波がスウェーデンに到来したのは，第1章で概観したように，時期的には，若干，遅れていた。そのためこの世界恐慌が，この国の経済社会に与えた影響は，幾分，緩和された。それでも国際的に著名なコンツェルンの支配者たるI. Kreugerの事件[54]が象徴するように，その影響は深刻であった。恐慌の緩和・不況からの回復と失業の救済，それは，当時のスウェーデンの経済社会にも課せられた，早急に解決されるべき経済的・政治的・社会的な課題であった。この場合，この国が，既に確立していた議会制民主主義による国民的な合意を前提として選択した路線は，一方では，1920年代中葉頃より進展していた産業合理化政策を，1920年代とは異なる状況と異なる意味合いの下で，一層徹底して遂行していくこと，他方では，1920年代の相対的な安定期にも生じていた失業問題に対する救貧対策法的な方策より転じて，例えば，かの「失業調査委員会」の設立（1931年）とその後のこの委員会の諸提案及びその制度的な導入にみるような，積極的な赤字財政による公共投資の大規模な拡大を媒介として有効需要を創出することであった[55]。「失業調査委員会」が，このような方策を提案したのは，既述のように，少なくてもかのJ.M. Keynesのかの一般理論の主張より数年前であった。この委員会の提案の趣旨が現実に議会で生かされたのは，1937年であった。その骨子は，予算収支の均衡は，必ずしも1年を単位期間とする必要はなく，景気変動の1周期を1単位期間として均衡を維持すればよいこと，但し不況期の赤字を意識的に無視することのないような付帯条件を付すべきであるということであった。しかもこの委員会の有力な協力者であったG. Myrdalの経済思想は，比較的初期の著作「経済学説と政治的要素」（*The Political Element in the Development of Economic Theory*, 1930）を転回点としてやがて「社会研究における客観性」（*Objectivity in Social Research*, 1969）に凝縮されるように，J.M. Keynesのそれとは異なっていた[56]。

　1929年世界恐慌の到来によるかのI. Kreuger事件を契機として，第5章でみるように，この国でも，遅れた資本市場の整備と公認会計士監査制度の在

り方が改めて問われた。実業界と接点を有していた O. Sillén は、もとよりこの事件には関与していなかったが、第三者としての公認会計士の独立・公正性という立場から、長らく従事してきた ASEA 社の監査役の地位を離れ、新たに、自分も含めた当時の公認会計士4名と共に、STEO（1932-1958年）を設立した[57]。1920年代中葉頃より開始した徹底した産業合理化政策と1930年代の失業・景気対策は、例えば、第4章でみるように、既に1920年代前半より開始した原価計算の標準化運動の1930年代における展開、制度としての原価計算を含む、機械工業という業種別の統一的な勘定組織体系の構築を求めたかの「M-プラーネン」（M-planen）の制定及びそれに対する A. ter Vehn の論評[58]、或いは第6章及び第7章で明らかにするような、1938年の資本蓄積的な作用のある超加速度的なかの自由償却（de fria avskrivningarna）[59] や景気調整的な効果を狙った投資準備金制度[60]の導入など、税務会計上の問題をも惹起することになるのであった。

　当時のスウェーデンのこのような経済社会を背景として、「ストックホルム商科大学」が実施した2回の制度改革（1934年及び1938年）による商業技術論／企業経済学における教育・研究の変革の中でも、注目するべき点は、1920年代後半に G. Törnqvist が責任を負い、1930年代中葉に流通経済学として命名されるようになった領域とそれに関連したマーケティング論（marknadsforskningslära）の教育・研究が、1930年代後半以後さしあたりは産業組織論の領域を、そして後の1944年制度改革によって企業経済学 II を学習する場合企業管理の領域を必須科目とするのに伴って、益々強化され、相対的に重視されるようになったこと、かの F.W. Taylor の影響は、残存していたが、1930年代のこの国の合理化運動の展開に呼応した新しい領域、例えば、当時のスウェーデンの産業合理化路線の反映として台頭した一般的な企業管理上の諸問題とりわけその一つとして人的管理の強化に伴う人的労務管理問題に関する教育・研究の領域も台頭し、教育・研究上の文献目録は、例えば E. Mayo の著作「産業文明の人的諸問題」（*The Human Problems of an Industrial Civilization*, 1933）や F.I. Roethlisberger & W.J. Dickson

の共著「管理と労働者」(*Management and the Worker,* 1939) を記載するようになったこと，更にまた教育・研究者の関心は，この時期より開始し第二次世界大戦の終熄の後に急速に進展するこの国の社会政策と労働者の生活動向を前提として，雇用者と賃金労働者との調整問題にも向かい，教育・研究上の文献目録は，例えば H. Fayol の論文「産業管理一般」(Administration industrielle et générale, 1917) や C. Barnard の著作「エグゼクティーヴの諸機能」(*The Functions of the Executive,* 1938) などを掲載するようになったこと，こうした動向を反映して1930年代末葉より1940年代中葉には，G.A. Strömbeng の「企業経済学ハンドブック」(*Företagsekonomisk handbok, Del. II,* 1945) の中でも，産業組織論或いは人的管理問題を投影するような項目，例えば "人的組織" (Personal Organisation) (G. Westerlund)，"産業生活上の職務における心理学[の果す役割]" (Psykologi i närlingslivets tjänst) (A. Ahlberg) のような項目が，記載されるようになったことなどである[61]。

総じていえば，「ストックホルム商科大学」は，この時期には，一般的な企業管理問題及び企業組織に対する関心を高め，これに呼応して人間関係論の問題に関する教育・研究を注目するようになった。上記の S. Carlson がこの大学の教授職の地位に就任したとき，それは同時に，かれが企業管理研究 (företagsledningsstudier) に着手したときであった。更に1940年代中葉にこの大学は，博士号を附与する資格を獲得した。「通信販売 流通形式の企業経済学的な諸研究」(*Postorder. Företagsekonomiska studier över en distributionsform,* 1949) という著作で著名な F. Kristensson は，1946年にこの大学の最初の学位取得者となった[62]。

「ストックホルム商科大学」は，既述のように1929年に「企業経済研究所」を発足させ，更に1934年制度改革以後，企業経済学における教育・研究領域の拡大と教師陣の充実を図ってきた。この大学は1944年の制度改革に伴ってこの研究所の改革にも着手し，1949年にそれを改組して「ストックホルム商科大学経済研究所」(Ekonomiska Forshningsinstitutet vid Handelshögskolan i Stockholm：略称．EFI.）とした。この大学は，この EFI の機構を1944年制度改革に連動するように再編し，教育・研究の一層の質的発展と深化を求めたのであった。

「ストックホルム商科大学経済研究所」は，その組織を教授職に対応してさしあたり五つのセクションに区分し，教授職の増加に伴い新しいセクションを追加していった。この研究所のセクションの中でも本章と関連するセクションとその担当者は，次のようであった。

	セクション	担当者
Aセクション：	経営管理-及び人的問題	G. Westerlund
Bセクション：	貸借対照表-及び財務問題	S.-E. Johansson
Cセクション：	費用-及び収益問題	T.P. Frenckner
Dセクション：	流通-及び経済構造問題	F. Kristensson 及び K.E. Wärneryd
Eセクション：	地方自治体（地域経済問題）	T. Thorburn
Pセクション：	経済心理学	K.E. Wärneryd
Sセクション：	社会経済学問題	A. Lindbeck

出典：Engwall, Lars (red.), [1980], *op. cit.*, s. 25, Hennsmann, Jan, *op. cit.*, SS. 280-282.

とはいえ第二次世界大戦の勃発は，スウェーデンにおける一連の中立政策をそれ以上実施していくことを不可能とした。この国は，開戦と同時に，いち早くスカンディナヴィア諸国と連携しつつ，中立宣言をした。もとよりそれを維持することは，実質的には殆ど不可能であった。この国は，如何なる事態に直面しても適度な妥協と適応能力に優れていたが，それでも他国の戦禍の影響と侵略の危機に晒され，戦時体制の下で経済統制を余儀なくされたのであった。そして大半の政策の実施は，戦争の終焉まで俟たなければならなかった。

〈注〉
1) 「ストックホルム商科大学」の設立の経緯については，大野文子稿「スウェーデンにおける近代会計学の形成―概観（1900年より1945年まで）―」（1） 明治大学短期大学紀要 第58号 1996年2月，14-16頁を参照。
2) Wallenberg 一族の銀行家としての活動については Gustavson, Carl G., *The Small Giant : Sweden Enters the Industrial Era*, Ohio University Press, Athens, Ohio,

London, 1986, Ⅰ.3. Merchants and Money (pp. 32-48), Ⅱ.11. Ancient Companies, Modern Industry (pp. 177-195) etc. を参照。

3) この国の近代銀行制度の発展の歴史については，大野文子稿「スウェーデンにおける近代会計学の形成―概観（1900年より1945年まで）―」(2)　明治大学短期大学紀要　第59号　1996年3月，88-96頁を参照。

4) Engwall, Lars (red.), *Företagsekonominsrötter: Några bidrag till en företagsekonomisk doktrinhistoria*, Studentlitteratur, Lund, 1980, ss. 16-17.

5) *Ibid*., s. 18.

6) *Ibid*., s. 17.

7) Hensmann, Jan, *Die Entwicklung der Betriebswirtschaftslehre in Scandinavien unter besonderer Berücksichtgung Schwedens*, Leer/Ostriefriesland, 1969, ss. 278-279.

8) 人選問題の委細は，Wallenstedt, Eva, *Oskar Sillén: Professor och Praktiker: Några drag i företagsekonomiämnets tidiga utveckling vid Handelshögsholan i Stockholm*, Acta Universitatis Uppsaliensis, Studia Oeconomiae Negotiorum 30, Uppsala, 1988, Kap. 1. Jakten på ett Professorsämnen, ss. 39-62, 大野，[1996年2月]，前掲稿，17-18頁を参照。

9) O. Sillén の教育・研究者としての職歴については，Eva Wallenstedt の手になる次の著作及び論文を参照。[1988], *op. cit*., ss. 97-224; "Oskar Sillén Som Docent vid Handelshögskolan i Stockholm, 1912-1915" Working Paper 1985: 2, Företagsekonomiska Institutionen vid Uppsala Universitet, ss. 1-83; "Oskar Sillén. Professor och Praktiker", *Balans*, FAR, 1989: 12, ss. 50-56, "Oskar Sillén-Revisor och Rådgivare", *Balans*, FAR, 1989: 12,; "Oskar Sillén-banbrytare inom svensk företagsekonomi", Engwall, Lars (red.), *Föregångare inom företagsekonomin*, SNS Förlag, Stockholm, 1995, ss. 67-86.

10) 同社は，この国における撹拌分離器の生産・その他を中心とした主要企業の一つとして今日でも国際的に著名である。とはいえ同社の台頭とその後の生成発展は，この国の近代的な資本主義的工業化過程の本格的な開始に伴う一連の技術革新の進行とその実用化の流れに沿い G. Laval (1845-1913年) が1878年に発明した技術にまで遡ることができる (Papahristodoulou, Christos, *Inventions, Innovations and Economic Growth in Sweden: An Appraisal of the Schumpeterian Theory*, Acta Universitatis Uppsaliensis, Studia Oeconomiae Negotiorum 12, Uppsala, 1987, pp. 80-83)。この国の近代的な資本主義的工業化過程における技術革新の特殊性については，大野，[1996年3月]，前掲稿，97-101頁を参照。

11) Wallenstedt, Eva, *op. cit*., ss. 91-95.

12) この間の事情については，大野，[1996年2月]，前掲稿，17-18頁を参照。

13) 同上稿，19頁及び大野文子稿「スウェーデンにおける近代会計学の形成―概観（1900年より1945年まで）―」(3)　明治大学短期大学紀要　第60号　1997年1月，34-38頁。

14) 大野，[1996年2月]，前掲稿，19-20頁。

第2章　スウェーデンの戦間期における近代的な会計学の教育・研究の動向 | 101

15) 同上稿，19-20頁。
16) 大野，[1996年3月]，前掲稿，176頁。
17) 大野，[1996年2月]，前掲稿，20頁。
18) Wallenstedt, Eva, *op. cit.*, s. 166.
19) Engwall, Lars (red.), [1980], *op. cit.*, s. 21.
20) Gehard Törnqvist の教育・研究者としての足跡については，Engwall, Lars (red.), [1995], *op. cit.*, ss. 139-166を参照。
21) Gunnarsson, Elving, *Behandling av Kostnadsbegrepp i ekonomutbildningen fram till 1940-talets mitt, Delrapport inom forskningprogramämnet,* Företagsekonomins utredning som stödts av Humanistisk-samhällsvetenskapliga Forskningrådet, Uppsala Universitet, Reprocentralen HSC, Uppsala, 1985, s. 2 och 5. o. s v.
22) 大野，[1996年2月]，前掲稿，164-172頁。
23) Fritz, Martin/Nyrgren, Ingemar/Olsson, Sven-Olof/Olsson, Ulf, *The Adaptable Nation : Essays in Swedish Economy during the Second World War*, Almqvist & Wiksell International, Stockholm, 1982.
24) Engwall, Lars (red.), [1980], *op. cit*, s. 36；大野，[1996年3月]，前掲稿，183頁を参照。
25) Erik August Forsberg の教育・研究者としての職歴については，Engwall, Lars (red.), [1995], *op. cit.*, ss. 76, 112, 182, 186を参照。
26) C.T. Sällfors の教育・研究者としての職歴については，Engwall, Lars (red.), [1995], *op. cit.*, ss. 181-191 を参照。
27) Robert Emanuel Kristensson の教育・研究者としての職歴については，Engwall, Lars (red.), [1995], *op. cit.*, ss. 193-207を参照。
28) かれが熱心なテイラー主義者としてストックホルム商科大学で講義を開始したことについては，Engwall, Lars (red.), [1995], *op. cit.*, ss. 139 Följ. を参照。
29) 「ストックホルム商科大学企業経済学研究所」の設立の委細については，大野，[1996年2月]，前掲稿，23頁を参照。この問題についてこの論文で参照した諸文献は記載省略。
30) 同研究所の組織の概要については，同上稿，32頁を参照。
31) Ludvig Nanneson の教育・研究者としての職歴については，Engwall, Lars (red.), [1980], *op. cit.*, ss. 52-55, och [1995], *op. cit.*, ss. 125-138を参照。
32) Engwall, Lars (red.), [1980], *op. cit.*, s. 52, och [1995], *op. cit.*, s. 125.
33) Engwall, Lars (red.), [1980], *op. cit.*, s. 37；大野，[1996年3月]，前掲稿，189頁．
34) Engwall, Lars (red.), [1980], *op. cit.*, ss. 28-58；大野，[1996年3月]，前掲稿，173-186頁。
35) Engwall, Lars (red.), [1980], *op. cit.*, s. 20.
36) *Ibid.*, s. 22.
37) Sune Carlson の教育・研究者としての職歴については，Engwall, Lars (red.), [1995],

op. cit., ss. 209-226を参照。
38) Engwall, Lars (red.), [1980], *op. cit.*, s. 25.
39) *Ibid.*, s. 23.
40) 1938年制度改革の委細については,大野, [1996年2月], 前掲稿, 25頁を参照。
41) Engwall, Lars (red.), [1980], *op. cit.*, s. 24 och s. 47.
42) Belfrage, K. och Hörlin, H. (utgiv.), *Handel och industri 1926-1927, Praktisk handbok för affärsmän under medverkan av ett flertal fackmän, Del. I*, Stockholm, 1929, s.l.; Strömberg, G. A (red.), *Företagsekonomisk handbook Del II*, Nordisk Rotogravyr, Stockholm, 1945, ss. 627-704.
43) Engwall, Lars (red.), [1980], *op. cit.*, s. 24.
44) 「ストックホルム商科大学」が,この国の現代企業管理問題に関する巨匠 Sune Carlson を1937年に採用したのは,この時期の時期の教員充実計画の一環としてであった。(Engwall, Lars (red.), [1980], *op. cit.*, s. 25.)
45) 1944年制度改革の委細の委細については,大野, [1996年2月], 前掲稿, 27頁を参照。
46) Nils Västhagen の教育・研究者としての足跡については, Engwall, Lars (red.), [1995], *op. cit.*, ss. 273-284を参照。
47) Sven-Erik Johansson の教育・研究者としての足跡については,同上稿, ss. 327-343を参照。
48) Folke Kristensson の教育・研究者としての足跡については,同上稿, ss. 227-248を参照。
49) Sune Carlson の教育・研究者としての足跡については,同上稿, ss. 209-226を参照。
50) Tvygve Paulsson Frenckner の教育・研究者としての足跡については,同上稿, ss. 287-303を参照。
51) Gunnar Westlund の教育・研究者としての足跡については,同上稿, ss. 305-326を参照。
52) Karl-Erik Wämeryd の教育・研究者としての足跡については,同上稿, ss. 97-98, 大野, [1996年2月], 前掲稿, 28頁を参照。
53) 大野, [1996年3月], 前掲稿, 164-173頁。ここではこの国の商業技術論/企業経済学の教育・研究に関する制度的な整備とその充実を迫った様々な契機の一つとして「実務的な経験の尊重と産業界の要請への呼応」について言及している。
54) この事件については第5章を参照。
55) スウェーデンがこのような政策を策定することに専門家の立場より多大な尽力をしたのは,ストックホルム学派の経済学者たちの手になる経済理論における企業理論の成果とりわけ G. Myrdal がその主著の一つ「価格形成問題と経済変動」(*Prisbildningsprobleme och föränderligheten*, Almqvist & Wiksell, Uppsala, 1927) の中で展開した ex ante-ex post の概念であった。この問題の委細は,大野, [1996年3月], 前掲稿, 189-201頁を参照。
56) ストックホルム学派の流れに沿う G. Myrdal の1930年代の不況対策は, John Maynard

Keynesのそれと現象的には殆ど同一であった。とはいえ両者の基底を支える経済社会思想は、明らかに相違していた。前者は、その比較的初期の著作「経済学説と政治的要素」(*The Political Element in the Development of Economic Theory*, Original ed., 1930, Translated from the german by Paul Streeten, Routledge & K. Paul, 1961. G. ミュルダール著/山田雄三・佐藤隆三訳 春秋社、1953年) を転機に経済・社会の制度と価値前提を問い、「アメリカのジレンマ：黒人問題と近代民主主義」(*An American Dilemma : The Negro Problem and Modern Democracy*, New York, Happer & Brothers, 1962) 及び「アジアのドラマ：諸国民の貧困の研究」(*An Asian Drama : An Inquiry into the Poverty of Nations*, Pantheon, New York, 1968) に象徴されるような社会哲学の構築を指向した [Sandelin, Bo (ed.), *The History of Swedish Economic Thought*, Routlege, London and New York, 1991, pp. 187-191, 216-218]。これに対して後者は、かの「一般理論」(*The General Theory of Employment, Interest and Money*, Macmillan, London, 1936) の前史としての著作「説得評論集」(*Essays in Persuation*, Macmillan, London, 1931, J.M.ケインズ著/救仁郷繁抈訳 ペリカン社、1969年) の中で、説得の対象を仲間の経済学者たちに求めた。かれは、「ケインズ革命」なるものを生みだしたとはいえ、かれの念頭にあったのは、この社会における知的エリートであった。

57) Wallenstedt, Eva, *op. cit*., s. 32.
58) Sternberg, Sven (utarb.), *Mekanförbundets Normalkontoplan (inkl. Bilagor med bokföringsexempel)*, Sveriges Mekanförbund, Stockholm, 1947. この運動は、スウェーデンでは第二次世界大戦後の新しい状況の下でいわゆる管理会計的な情報システム論を更に展開する起点の一つとなった。この国のこの領域での新しい成果の一つは、「ストックホルム商科大学」のLars A. Samuelsonの意欲的な著作の一つ「会計情報モデル　スウェーデンの事例」(*Models of Accounting Information Systems : The Swedish Case*, Studentlitteratur, Lund, 1990) であろう。この国の標準コンテンプランの形成問題の委細とその現代的な展開の問題については、大野、[1997年1月]、前掲稿、147-169頁を参照。
59) この問題については、本書の第6章を参照。
60) この問題については、本書の第7章を参照。
61) Engwall, Lars [1980], *op. cit*., ss. 24-25, Strömberg, C.A. (red.), *Företagsekonomisk handbok Del II*, Nordisk Rotogravyr, Stockholm, ss. 711-766.
62) Engwall, Lars [1980], *op. cit*., s. 25.

第3節　「イェーテボリー商科大学」の教育・研究の動向

1.「イェーテボリー商科大学」の設立

伝統的にスウェーデン西部の港湾・貿易都市に後発大学「イェーテボリー

商科大学」が設立されたのは，先発大学「ストックホルム商科大学」の設立よりおよそ10余年程度遅れた1920年であった[1]（この大学の前身の夜間課程としての「高等商業課程」が完全に消失したのが1923年であることから，同大学の設立を1923年とする場合もある）。

「イェーテボリー商科大学」は，20世紀初頭に開始した「ストックホルム商科大学」の設立準備運動に呼応して，この国の西部の港湾・貿易都市の卸売商A. Carlanderが，既に1906年に，同市の市議会の議長として，「イェーテボリー商科大学」の設立に関する議案を議会に提案したことに始まる。

この提案に先立って1901年にA. Röhssは，イェーテボリーに既存の「イェーテボリー高等学校」（Göteborgs Högskola）──この教育・研究機関は，1887年に人文科学の大部分の講座を中心に創設。その後，海洋学，植物学，商学（「イェーテボリー商科大学」），工学（「シャルメーシュ工科大学」Chalmers Tekniska Högskola）などを加え，1954年に一病院の母体であった医学部を併合して，総合大学「イェーテボリー大学」Universitetet i göteboryとなる──に，場合によっては新たに三つの教授職を設置し，同市の高等商業教育・研究のために協力することを目的として，寄附金を提供する用意のあることを表明していた。A. Carlanderは，1906年の議会に議長として「イェーテボリー商科大学」設立の提案をするに当たって，この寄附金問題を引き合いにだし，その提案に対する議会の賛同を求めた。とはいえ議会は，この提案を否決した。その理由は，既に「ストックホルム商科大学」が設立に向けて始動しており，この地域が必要とする高等商業教育・研究機関による人材の育成は，さしあたり「ストックホルム商科大学」に委ねるということであった。A. Carlanderの議案を否決したとはいえ，それでも市議会は同市における高等商業教育・研究機関の設立の可能性を探り，そのため「調査委員会」（utredningskommitté）を設置した。この調査委員会は，港湾・貿易都市として発達してきたイェーテボリー市の古い歴史を念頭に入れて，そこを拠点に商業活動に従事している有能な若者と「ストックホルム商科大学」の設立の準備過程で棚上げされてしまった領事及び領事館員

の教育とその改善のために，1910年にいわゆる「高等商業課程」（handel-shögskolekurser）と呼ばれる高等商業教育・研究制度を導入する提案をした。この提案は，1914年に領事 J. Ekman の財政的援助（寄附金）によって，部分的に実施に移してもよいことを承認された。この承認によって「高等商業課程」は，1915年秋期よりさしあたり夜間課程として出発した。そしてこの「高等商業課程」は，当初企画された「イェーテボリー商科大学」の設立案を国家が将来，正式に承認し，この商科大学の設立が可能となった場合には，この大学に固有な教育・研究の領域の一環として，組み込まれる筈となっていた。このような紆余曲折の過程を経て，1920年に念願の「イェーテボリー商科大学」が設立された。これに伴って「高等商業過程」は，予定通りそのままこの大学に組み込まれ，1923年まで存続した。

「イェーテボリー商科大学」も，「ストックホルム商科大学」と同様に，設立当初，私立大学として出発した。入学志願者数は，さしあたり設立準備の段階で予想されたよりもはるかに少なかったが，時代と共に漸次に増加傾向を辿った。因みにいえば，入学志願者数は，この大学に吸収された「高等商業課程」が完全に消失する1923-1924年の学期には11名，1924-1925年の学期には 9 名であったが，1933-1934年の学期には100名となり，1939年には「ストックホルム商科大学」の場合と同様に，定員制を導入しなければならなかった[2]。この定員制は，この大学の慢性的な教室不足という問題が校舎の新築によって暫定的に解決する1952年まで続いた。とはいえこの大学の設立・運営のための基金は，年々上昇する資金需要を賄いうるほど潤沢ではなく，不断に赤字を計上した。そのためこの大学は，1953年に予算と人事の決定権を国家に委譲し，1961年に管理・運営権をも国家の管轄に委ね，国立大学となった。

「イェーテボリー商科大学」が設立に当たって定めた教育・研究の目標とその方向性は，基本的には「ストックホルム商科大学」のそれとほぼ同一であった[3]。即ちこの大学も，「ストックホルム商科大学」と同様に，純粋理論的なものよりは問題解決型の実践指向的なものを教育・研究の基本的な理

念とし，高度に専門化された実践的な教育・研究機関として存立することを求めた。もとより両大学が，このような教育・研究の基本的な理念に沿って行う教育・研究の具体的・直接的な狙いは，相互に若干相違していた。「ストックホルム商科大学」の場合，その創設者が Wallenberg 一族として著名な銀行財閥の一人であったことから，工業生産及び銀行制度に関する高等教育・研究機関として存立することに力点をおいたのに対して，「イェーテボリー商科大学」は，スウェーデンにおける将来の商人層（港湾・貿易都市の貿易商）が，この国の商業界において先導的な役割を果し指導的な地位を占めるための高等教育・研究機関として存立することに照準を定めた。

「イェーテボリー商科大学」は，設立当初，さしあたり「ストックホルム商科大学」の教育・研究体制をモデルとして，修学期間2年間，教育・研究領域を主として統計学を含む国民経済学，経済地理，商業技術論，法律学，語学とした[4]。この大学の設立当初の教育・研究科目の委細は，定かではないが，少なくとも設立後5年以上経過した1929-1930年の学期には，商業技術論/企業経済学の教育・研究に関するかぎり，営業管理技術論（affärsför-valtningsteknik）と営業取引技術論（affärstransaktionernas teknik）という二つの領域より構成されていた。会計学関連科目は，前者の領域に属する科目の一つであった[5]。

「イェーテボリー商科大学」が，O. Nordenskjöld を中心として1920年に設立されたとき，さしあたり商業技術論/企業経済学の教育・研究を担当したのは，ドイツの W. Mahlberg（1884-1935年）であった[6]。かれは，E. Schmalenbach の門弟の一人として「ケルン商科大学」に学び（1906-1909年），卒業後1912年まで，国民経済学及び社会科学の教育・研究に従事していた K. Wiedenfeld 教授の助手となり，同時に「ボン大学」に在籍しつつ，経済政策的な諸問題への関心を養った[7]。かれは，その後1918年まで第一次世界大戦による軍役に服した後，終戦後直ちに「フランクフルト大学」の F. Schmidt 教授の指導の下で博士号を取得し，1920年には「マンハイム大学」の教授となった[8]。1923年にかれに「イェーテボリー商科大学」の教授

第2章 スウェーデンの戦間期における近代的な会計学の教育・研究の動向 | 107

として就任することを薦めたのは，E. Schmalenbach であった。

「ストックホルム商科大学」の設立（1909年）の場合，難問の一つが，商業技術論/企業経済学の教育・研究の担当者の人事問題であったように[9]，「イェーテボリー商科大学」の設立の場合も，事態は余り変わらなかった。「ストックホルム商科大学」の最初の教育・研究の担当者であった E. Walb が，帰国後とりわけそのフライブルク時代の6年間に学術的な業績をあげたのに対して[10]，W. Mahlberg は，「イェーテボリー商科大学」への就任のこの段階で既に一定の学術的な成果を有していた[11]。この点で W. Mahlberg の「イェーテボリー商科大学」への就任は，E. Walb の「ストックホルム商科大学」へのそれとは異なり，関係者の好感を呼んだ。もとよりかれも，その座に就こうとしたとき，幾人かの志願者たちと競合しなければならなかった。この商科大学の人選に関与したのは，「ストックホルム商科大学」の O. Sillén，ケルン商科大学の E. Schmalenbach，イェーテボリーの卸売商 J. Waller であった。業績評価に当たったのは，O. Sillén であった。O. Sillén は，さしあたり応募者の中より C. Eichenseer, H. Sommerfeld, W. Mahlberg に標的を絞り，最終的に W. Mahlberg を推薦した。その理由は，W.

「イェーテボリー商科大学」
1929-1930年の商業技術論/企業経済学の教育・研究科目

営業管理技術論
　　企業会計学：簿記-及び貸借対照表論・総原価計算論・記帳事務機構論
　　価格政策論
　　財務技術論
　　その他の組織問題
営業取引技術論
　　購買契約論（特に国際取引論）
　　支払決済手段論及び支払方法論
　　外国為替業務技術論
　　商品-及び株式取引所論
　　商品取引業務に関するその他の諸機関論

出典：Engwall, Lars (red.), Företagsekonominsrötter: *Några bidrag till en företagsekonomisk doktrinhistoria*, Studentlitteratur, Lund, 1980, s. 22.

Mahlberg の研究の高度な計画性・商業技術論/企業経済学に関する様々な科目にわたる造詣の深さと博学さ，鋭敏な洞察力と観察能力であった[12]。

W. Mahlberg が E. Schmalenbach の意向でドイツに帰国するのに伴って，1926年にかれの地位を継承したのも，ドイツで生誕しドイツの教育をうけた人 A. ter Vehn [13]であった。

A. ter Vehn は，W. Mahlberg の門下生として，「フランクフルト大学」の博士号を取得し，当時，「ニュルンベルグ商科大学」の助教授に就任していた。かれは「イェーテボリー商科大学」に教授として招聘されて以来，1949年までそこに留まった[14]。かれの教育・研究の領域は比較的多面にわたったが，かれの名声を最も高めたのは，第4章でみるように，1920年代からのスウェーデンにおける産業合理化運動の一環として開始した総原価計算の標準化問題への関与であった。W. Mahlberg も A. ter Vehn も，「ストックホルム商科大学」の商業技術論/企業経済学の最初の教授として就任した E. Walb 及びその地位を継承した O. Sillén と共に，E. Schmalenbach の門下生であり，この領域におけるドイツの教育・研究の風土の中で育成され，その遺産を継承していた。とはいえ先発大学「ストックホルム商科大学」で商業技術論/企業経済学の最初の担当者 E. Walb がその地位の後継者 O. Sillén に残した遺産に対して，W. Mahlberg のそれははるかに多大であった[15]。

2．「イェーテボリー商科大学」の教育・研究の展開

「ストックホルム商科大学」が，設立当初よりおよそ20年間経過した頃，教育・研究機関としてその内容を充実・拡大していったのに対応して，「イェーテボリー商科大学」もまた，一連の制度的改革と拡大に向かった[16]。

「イェーテボリー商科大学」は，商業技術論/企業経済学の教育・研究の教授を，当初より，客員教員を除いて，自らの裁量で賄うことができた。この大学は，1930年代の中葉に助教授1名をこの領域の教育・研究の担当者として新たに雇用し，更に1944年より45年には，教授1名の他に4名の助教授を新規採用した[17]。

第2章　スウェーデンの戦間期における近代的な会計学の教育・研究の動向 | 109

　「イェーテボリー商科大学」もまた、「ストックホルム商科大学」と同様に、設立当初の教育・研究科目の部分的な改正を行いながら、次第に体系的な整備と質的・量的な充実・拡大を図っていった。とはいえその正確な時期も体系化の全貌も「ストックホルム商科大学」のように定かではない。それでもこの大学は、1938年より1939年の年次報告書によれば[18]、少なくともこの学期には、既に流通経済論と広告技術論という科目を設置しており、それらの科目をとりわけ重視し、またかつては高学年の科目として設置していた企業経済学の演習では、学生に、一般的な工的企業の経済学に関する学習を基礎として、流通経済学の領域で当時新たに登場しつつあった諸問題に取り組む道を提供するなど、傾向的にこの種の科目に力点をおいた。更にこの大学は、1944年より1945年の学期には流通経済論と外国貿易を一層重視するようになり、その就学期間も3年間に延長した[19]。

　この頃の「イェーテボリー商科大学」の商業技術論/企業経済学の教育・研究科目を「ストックホルム商科大学」のそれと比較すると、短期的にみた最大の相違は、後発大学としての「イェーテボリー商科大学」は、経営管理及び人的諸問題に関する教育・研究を全く欠落していたのに対して、先発大学としての「ストックホルム商科大学」は、これらの領域に関する教育・研究をかなり重視していたことである。とはいえ「イェーテボリー商科大学」も、1948-1949年の学期には演習に関する六つの科目の中に人的管理及び商業教育という科目を設定し、その差を解消した[20]。

　「イェーテボリー商科大学」は、更に第二次世界大戦の終熄後間もなく教育・研究上の制度改革に着手し、商業技術論/企業経済学という教育・研究領域を、会計及び財務と流通経済学の領域に二分した。会計及び財務の領域を担当したのは、この大学に就任以来それを担当してきたA. ter Vehn（かれは、この領域を1949年まで担当）、またこの領域に関連した原価計算及び予算統制の問題を担当したのは、当時の若手で、費用・収益分析の専門家であったA. Danielsson, 流通経済学の領域を担当したのは、「ストックホルム商科大学」におけるG. Törnqvist, その他の教育・研究者の下で企業経

済学と国民経済学の接点で市場構造・市場経済学を学んだ U. af Trolle（かれは，1952年に流通経済学の教授職に就任)[21]，またこの領域に関連した管理という科目を担当したのは，W. Goldberg であった[22]。組織論という科目の取扱いは，「ストックホルム商科大学」のそれに類似していた。「イェーテボリー商科大学」は，更に1963年にこれらの領域の拡大を考慮して，会計及び財務の領域を会計及び原価計算論，流通経済学の領域を流通及び管理論という名称に変更した。この大学は，引き続き1966年にこれらの領域を各々独立した科目として設置し，教育・研究の体系化を図った[23]。

「イェーテボリー商科大学」の設立以来変更のなかった教育・研究科目は，国民経済学，経済地理，法律学であった。この大学が流通経済学の領域に教授職を設置したことは，この大学が，「流通経済及び経営経済研究所」（Institutet för Distributionsekonomi och Administrativ Forskning：略称. IDAF.）を設立（1953年）する引金となった[24]。この研究所の設立に先立って既に1950年に N. Västhagen は，既述のその論文「官房簿記及び営業簿記における所得—及び支出概念」でこの大学の博士号を取得し[25]，その栄えある未来を約束されていた。

〈注〉
1) 以下に述べる「イェーテボリー商科大学」の設立の経緯については，主として Hensmann, Jan, *Die Entwicklung der Betriebswirtschaftslehre in Skandinavien unter besonderer Berücksichtgung Schwedens*, Leel/Ostriefriesland, 1969, SS. 285-286；Beije, Rupert (red.), *Svenskt affärslexikon. Handbok för affärsmän*, Medéns Förlag, Stockholm, 1948, s. 200；Engwall, Lars (red.), *Föregångare inom företagsekonomin*, SNS Förlag, Stockholm, 1995, ss. 87-88による。
2) Engwall, Lars (red.), *Företagsekonominsrötter : Några bidrag till en företagsekonomisk doktrinhistoria*, Studentlitteratur, Lund, 1980, s. 25.
3) *Ibid.*, s. 22.
4) *Ibid.*
5) *Ibid.*
6) Walter Mahlberg の教育・研究者としての足跡については，Engwall, Lars (red.), [1995], *op. cit.*, ss. 87-107.；大野文子稿「スウェーデンにおける近代会計学の形成—概観（1900年より1945年まで）—」(3) 明治大学短期大学紀要 第60号 1997年1月,

第 2 章 スウェーデンの戦間期における近代的な会計学の教育・研究の動向 | 111

103-114頁を参照。
7) Engwall, Lars (red.), [1995], *op. cit*., s. 88.
8) *Ibid*., ss. 87-88.
9) Wallenstedt, Eva, *Oskar Sillén. Professor och Praktiker : Några drag i företagsekonomiämnets tidiga utveckling vid Handelshögskolan i Stockholm*, Acta Universitatis Uppsaliensis, Studia Oeconomiae Negotiorum 30, Uppsala, 1988, ss. 40-54.
10) Engwall, Lars (red), [1995], *op. cit*., ss. 50-52.
11) 大野,前掲稿, 104頁。
12) Engwall, Lars (red.), [1995], *op. cit*., ss. 87-88.
13) Engwall, Lars (red.), [1980], *op. cit*., s. 22.
14) Albert ter Vehn の教育・研究者としての足跡の委細については,Engwall, Lars (red.), [1995], *op. cit*., ss. 109-123., 大野, [1997年1月], 前掲稿, 115-178頁を参照。
15) 大野,前掲稿, 104頁。
16) Engwall, Lars (red.), [1980], *op. cit*., s. 26.
17) *Ibid*.
18) *Ibid*.
19) *Ibid*.
20) *Ibid*.
21) Ulf af Troll の教育・研究者としての足跡については,Engwall, Lars (red.), [1995], *op. cit*., ss. 249-271を参照。
22) Hensmann, Jan, *op. cit*., S. 285.
23) *Ibid*., S. 286.
24) Engwall, Lars (red.), [1980], *op. cit*., s. 26.
25) Engwall, Lars (red.), [1995], *op. cit*., s. 276.

小　結

　これまでスウェーデンの商業技術論/企業経済学の一環としての会計学に関する教育・研究の動向を,先発大学「ストックホルム商科大学」と後発大学「イェーテボリー商科大学」を中心に概観した。この概観より明らかになった様々な諸問題を更に次の三つの問題に整理し,若干の補足説明と検討を加えながら,この国の商業技術論/企業経済学したがってまたその一環としての会計学の教育・研究の課題とその成果を明らかにし,本章を閉じたいと思う。

整理・検討されるべき三つの問題とは，(1)この国の商業技術論/企業経済学の市民権の確立，(2)教育・研究者たちの専門的な知識と思考形成に対する刺激，(3)後継者の育成（現代への展望）という問題である。

(1) この国の商業技術論/企業経済学の市民権の確立

スウェーデンの20世紀への転換期に商業技術論として出発した企業経済学が，さしあたり取り組むべき最大の課題は，先発大学としての「ストックホルム商科大学」の場合も後発大学「イェーテボリー商科大学」の場合も，第一に商業技術論/企業経済学の教育・研究の目標設定，第二にその教育・研究領域の設定という問題であった[1]。それは，より直接的には，例えば，国家が「ルンド大学」に500skrの補助金で簿記教育の導入を提案したとき，この国の古典的な経済史家の碩学 Eli F. Hecksher が，概して商業の学問的な研究の基礎は国民経済学であり，商業技術論の課題は，産業界の技術的な側面に限定されるべきであると主張し[2]，かかる領域は「余りにも実務指向的」で，「総合大学の表看板」としてかかげることを疑問視しこの提案に強力に反対したことに象徴されるように，当時，この国に流布している一般的な風潮がその主要な阻害要因となっていたからであった。とはいえその背後には，先発大学「ストックホルム商科大学」が設立に当たって範としたドイツの商科系の諸大学では，当時，周知のいわゆる私経済学論争が展開していた。特にその争点となった問題は，商業技術論/企業経済学が，科学（vetenskap）か技術論（konstlära）かという問題であった[3]。先発大学「ストックホルム大学」の設立の頃より後発大学「イェーテボリー商科大学」の設立の頃まで，スウェーデンのこの領域の教育・研究者たちは，この論争の起源と経緯を踏まえながらも，かれらは，商業技術論/企業経済学の研究対象と研究方法に関する論議が高度に抽象化する傾向を回避し，当時のこの国の経済社会とその下での企業にとって直接的に早急に解決されるべき現実的な課題とそのための研究方法とを模索した。このような立場より，かれらは，第一の問題即ち商業技術論/企業経済学の教育・研究目標の設定という問題については，産業界の要請に沿って，高等商業教育・研究機関の教育・

研究の内容が,「過度に理論的なものとなり」(att bli alltför teoretik),実務的な問題が純粋理論的問題の中に埋没してしまうことに危惧感を表明し,その教育・研究が,「実際的目標」に役立つべきことに求めた。かれらは,第二の問題即ちその教育・研究対象の領域設定という問題については,ドイツの私経済学論争の経緯を直截に反映して,商業技術論/企業経済学という領域のその他の社会科学の領域とりわけ国民経済学(nationalekonomi)という領域との関係という問題を争点とした[4]。O. Sillén は,先発大学「ストックホルム商科大学」で商業技術論/企業経済学の最初のスウェーデン人の助教授/教授として就任したとき,就任講演でドイツの私経済学論争を念頭に入れ,直接的には商業技術論/企業経済学の国民経済学に対する関係を問うことより出発し,この商科大学の商業技術論/企業経済学の教育・研究の基本方針をこの領域に関する高度に専門的な知識を提供することよりも,この領域に関する幅広い全般的な知識を提供することにあり,この立場に基づく限りそこでの最大の問題は,「理論と実践の相互調整」の問題であると説いた[5]。W. Mahlberg も,後発大学「イェーテボリー商科大学」に商業技術論/企業経済学の最初の教授として E. Schmalenbach の斡旋で就任したとき,その就任講演の論題として商業技術論/企業経済学の性格をめぐる問題を取り上げた。かれが,この問題を取り上げたとき,私経済学論争は,最終的には未だ未解決とはいえ,少なくてもスウェーデンの場合,O. Sillén の就任講演以来,既に10余年の歳月が流れていたこと,また極度に抽象化された論議をできるだけ回避しようとするこの国の国民性,既にこの時期にはこの国の実情に適合的な独自の教育・研究の方向性が明確となっていたことなどの理由で,或る程度まで沈静化していた。W. Mahlberg は,スウェーデンにおけるこのような現状を踏まえて,この論争が,過去に如何に重要であったとしても,少なくともかれが「イェーテボリー商科大学」に就任したこの時点では既にその重要性は色褪せ,過去にこの問題に随伴して行われてきた様々な学究的な試みとその成果も権威を喪失していると主張した[6]。その上でかれは,経済社会における企業問題は,過去には想像もつかなかった

程，複雑でしかも重要になっているため，その本質を見極め，解決のための処方箋を提供するためには，何よりも先ず，制度としての教育・研究機関で，「学問的な分析」を必要とすると説いた[7]。そしてかれは，それらの複雑な問題の一つとして，1920年代初頭のインフレーション問題とりわけその会計的な処理の問題をあげた[8]。

W. Mahlbergに続いてこの大学の教授職に就任したA. ter Vehnは，第一次世界大戦後の1919年に「フランクフルト大学」に入学し，F. Schmidtの下で経営経済学を学び，1923年に博士号を取得した[9]。かれは，既に「フランクフルト大学」に在学中に当時の新設大学であった「ニュルンベルク商科大学」（1919年設立）の助手及び非常勤講師となった。この職責は，バイエルンの税務所職員の教育課程の指導という業務も含んでいた。当時のドイツは，1923年にレンテンマルク制を導入するまで，なお激烈なインフレーションの坩堝の中にあった。そのためこの教育課程に組み込まれていた貸借対照表論と税務監査論の問題は，理論的に非常に混迷していた。かれは，このような教育課程を担当する過程で，かかる問題に関して自らの思考を深め，その方策を模索した。学位論文「財産と資本　資本と資本収益」（Vermögen und Vermögenzuvacks, Kapptial und Kapitalertrag）は，こうした状況の下でF. Schmidtの貸借対照表論と取り組んだものであった。かれは，1925年に「ニュルンベルク商科大学」の教授職に就任した。この時考慮された業績は，学位論文の他に1924年のイェナ開催の第一回講師連合会での講演「経営経済学における利潤概念」（Gewinnbegriff in der Betriebswirtshaftlehre）であった。W. Mahlbergが，再度，E. Schmalenbachの要請でドイツに戻るに当たって，かれは，A. ter Vehnを「イェーテボリー商科大学」における自己の地位の継承者として推薦した。A. ter Vehnは，1926年より1967年に退職するまでおよそ40年にわたり，この大学を拠点に商業技術論／企業経済学の教育・研究活動に従事し，併せて学外的な幾つかの活動にも，その専門的な知識に対する社会的な信頼の下に積極的に関与した。A. ter Vehnのスウェーデンの近代的な会計学に対する功績の一つとして指摘され

るのは，会計問題に対する分析のための会計的な諸概念の明確化と体系化という試みであったが，それは，かれが，その教育・研究者の出発点で直面したマルク・インフレーションという問題を発端としていたのであった[10]。もとよりかれは，後発大学「イェーテボリー商科大学」が，1950年及び1960年に教授職を設置するまで[11]，殆ど25年間にわたってこの大学の商業技術論/企業経済学の唯一の代表者であったことから，会計制度及び経営経済的な財務問題と本格的に取り組むのは，この時まで俟たなければならなかった。

先発大学「ストックホルム商科大学」のO. Sillénも後発大学「イェーテボリー商科大学」のW. Mahlberg-A. ter Vehnも，各々の大学が設立された当時，未だこの国では，商業技術論/企業経済学は，経済学とは相対的に独自な教育・研究領域として「市民権」を得ていなかった。かれらの目前の課題は，このような領域の教育・研究に「学問的な合法性」を附与し，市民権を確立することであった。この場合先発大学「ストックホルム商科大学」のO. Sillénにとっては，「専門的な領域の確定・細分化・体系化」を求める方向で[12]，後発大学「イェーテボリー商科大学」のA. ter Vehnの場合には，「会計的な諸概念の明確化」と「体系化」[13]を求める方向で進行した。しかもO. Sillénは，「スウェーデン産業連盟」の下部機関「株式会社産業情報サーヴィス」を拠点とする会計士及びコンサルタントとして，A. ter Vehnは，「スウェーデン技術協会」（Svenska Teknologsföreningen：略称．STF：1908年設立）[14]或いは「スウェーデン機械工業連合」（Sveriges Mekanförbund）を中心とした工業原価会計問題の領域に関する実際的な活動（例えば，総原価計算のための統一的な諸原則の形成・標準コンテンプランの形成のための解釈論など）[15]を通じて，産業界の要請を汲み上げながら，同時に各々の教育・研究の場を拠点として専門家として産業界に適切な助言と先導的な示唆を与えようとした。

ここで付言したいことは，スウェーデンにおけるこれまでみてきたような初期高等商業の教育・研究の台頭，それを背景としたこの国の商業技術論/企業経済学とその一環としての近代的な会計学の本格的な高等教育・研究の

開始とその後の発展にとって中心的な役割を果してきた先発大学「ストックホルム商科大学」と後発大学「イェーテボリー商科大学」の教育・研究の動向とりわけその市民権の確立を目指した過程と併行して，その他の高等教育・研究機関でも，商業技術論/企業経済学領域に関する高等教育・研究が開始していたことである。とりわけ注目するべき動向の一つは，概して自然科学系の単科大学とりわけ「ストックホルム王立工科大学」その前身は1825年設立の Tecknological Institut),「農業大学」(Landbrukshögskolan),「林業大学」(Skogshögskolan) で進行したそれであった[16]。

　先発大学「ストックホルム商科大学」及び後発大学「イェーテボリー商科大学」というこの二つの商科系単科大学は，商業技術論/企業経済学したがってまたその一環としての近代的な会計学の教育・研究の目標を，さしあたり後発資本主義国家の一つとして世界市場に進出を求める当時のスウェーデンの産業界にとって有為な経済人を育成することにおいたのに対して，概して自然科学系の単科大学のそれは，当然の事ながら，幾分異なっていた。

　「ストックホルム王立工科大学」は，この領域における教育・研究の目標を，世界市場への進出のための厳しい産業合理化運動を背景として，工学的な技術革新を極限まで推進し，様々な発明・発見とその実用化を図ることにおいた。この大学は，20世紀への転換期に時代の要請に応じて，工業経済学Ⅰ.Ⅱ.Ⅲ及び簿記を教育・研究科目として設置し，工学技術の実際的な適用という立場より，商業技術論/企業経済学の領域に関心を寄せた。その担当者は，定かではない。E. Forsberg は，1920年代のこの国の産業合理化運動の騎士の一人であり，既述のように，1912-1927年まで「ストックホルム商科大学」で工業経済学及び組織論の教育・研究を担当したが，かれはこの工科大学の出身であった[17]。その後この工科大学は，1931年に制度改革を行い，20世紀への転換期に設置した商業技術論/企業経済学に関する教育・研究科目を再編・統廃合した。新たに設置された教育・研究科目は，工業経済学，組織論，建築組織論であり，その担当者としてさしあたり「スウェーデン産業連盟」傘下の「株式会社産業情報サーヴィス」の組織部長 C.T. Sällfors[18]が, 専任講師として就任した。かれは,「ストックホルム商科大学」を卒業後更にこの工科大学でE. Forsbergを師として学びこの大学で工学士の資格を取得した。その後かれは, 2年間アメリカで工業経済学及び組織論について学び, 帰国と同時にその師E. Forsbergと共に, 実業界で活躍していた[19]。かれは, 徹底した合理的な機能主義者として産業合理化運動の担い手であった。1931年のこの制度改革は, この大学が1929年以後幾度か工業経済学及び組織論に関する教授職を設けることを考えてきたことに, 部分的に応えるものであった。その後1937年及び1938年にスウェーデンの産業界特にその代表である「スウェーデン産業連盟」と「技術協会」とは, この大学が, この領域に教授職を設置したいという意向を支援し, 幾度か人選をめぐる折衝の労をとった。それは, 1920年代中葉以後のスウェーデンにおいて進展した産業合理化運動の下でこの大学が切望していた専門化への要請が, 公的に明確に承認されたことを意味した。この人選をめぐる多少の曲折の後に, これまでの担当者であったC.T. Sällforsが「スウェーデンにおける工業経済学及び組織論の最初の教授」[20]として就任した。かれは, 戦後状況も判明し, 戦後状況に関する予測と戦後経済再建の問題を論議してきたが, 1944年に「中央行政組織委員会」(Statens Organisationsnämnd) の理事長に就任し, また既述のG. Törnqvistと同様に, 合理化及び管理問題に関する一連の政府調査機関に関与した[21]。更にC.T. Sällforsが, この調査機関の理事長に就任するのに伴って, 1945年には「技術家及び経済学者」[22]であるR.E. Kristensson (1896-1975年)[23]が, その地位を継承した[24]。かれは, 当初,「ストックホルム王立工科大学」の工学士として出発し, その後商業技術論/企業経済学の領域について「ストックホルム商科大学」で卒業資格を取得して以来, スウェーデン内外で広範な経済活動に従事した。かれは, A. ter Vehnに先駆けてスウェーデンの会計標準化問題で「M-プラーネン」の立案・公表に当たって積極的な役割を果した。

「林業大学」は, 森林経営の立場より商業技術論/企業経済学に接近した。森林産業或いは森林経営は, この国の伝統的な産業としてこの国の近代的な

資本主義的工業化過程の開始以前も以後も、一環してこの国の輸出指向的な経済を支えてきた。T. Stryeffert（1892-1983年）は、森林技官としての教育の後、1919年「ストックホルム商科大学」を卒業[25]し、その後この大学で林業経済学の最初の教授となり、林務官（jägmästare）及び経済学の資格試験に合格した後、同時にまた森林経営学者及び森林技官となった。そして、森林の運営形態と森林経営の収益性の問題を、この国の商業技術論／企業経済学の教育・研究者たちの思考と理論形成に影響を与えた契機の一つである経済理論における企業理論の成果（とりわけ G. Myrdal の事前的・事後的な概念）に依拠しつつ研究し、森林所有者の帳簿調査を試みるなど、林業・材木産業の領域で、多年にわたる実務的な経験を基礎に、様々な提言・行動をした[26]。

「農業大学」は、当時既にその地理的・自然的な環境要因のために世界市場はもとより国内市場でも斜陽産業となりつつあったこの国の農業部門・農業経営を保護・育成するという現実的な問題より、商業技術論／企業経済学の領域に関心を寄せた。この農業経営論の担い手は、Ludvig Nanneson（1881-1963年）であった[27]。かれは、1903年に「アルナープ農業研究所」（Alnarps Lantbruksinstitut）で農学士の資格を取得した後[28]、19世紀末葉からの厳しい国際競争要因によって早期より国家の保護を受けてきた伝統的な産業部門の一つであった農業部門で、他の産業部門と同様に、1920年代に促進された農業合理化運動を背景として、農業経営者のために最初の「農業簿記協会」（Bokföringsföreningen för lantbrukare）を設立し、同時に「スウェーデン農業連合組織」（Sveriges Allmänna Lantbrukssällskaps Driftbyrå）——現在の農業連合（Lantbruksförbundet）の前身——の設立（1916年）の翌年以来、その営業部門の支配人となり、長期にわたって農業経済界の長老として君臨した。かれは、1930年代特に1932-1946年まで「イゥルトゥナ研究所」（Ultunasinstitut）で臨時の教授（1932年）及び正規の教授（1933年以後）として農業経済学及び市場論を担当した。かれは同時に、農業経済に関する各種委員会の委員となり、一時期には「経済国防備蓄

中央委員会」(Rikskommissionen för ekonomisk försvarsberedskap) の委員も歴任した[29]。自然科学系の単科大学の中でも林業及び農業大学とりわけ農業大学における商業技術論/企業経済学したがってまたその一環としての近代的な会計学に関する教育・研究は，工科大学のそれのように，直接的には脚光を浴びることはなかったにせよ，この国の経済社会における当時の動向と要請に従って費用・収益分析の上で多大な貢献をしたという点で，それなりの評価をしてもよいであろう。

(2) 教育・研究者たちの専門的な知識と思考形成に対する刺激

スウェーデンにおいて19世紀末より20世紀への転換期に商業技術論として出発した企業経済学は，当初，簿記・会計の領域の教育・研究を中心に，1920年代には商品流通の研究を中心に，そして1940年代中葉には経営管理と人的組織の問題へとその研究領域の量的拡大と質的深化を図ってきた[30]。それらは，すべて全体としてのこの国の経済社会とそれを構成する主要な経済主体としての個々の私的企業の必要性に触発されたものであった。

この国の商業技術論/企業経済学したがってまたその一環としての近代的な会計学に関する教育・研究者たちがこれらの領域に対する市民権の確立の過程で最も重視したのは，「実務的な経験の尊重と産業界の要請への呼応」[31]ということであった。

かれらが，このような立場からこの領域の専門的な教育・研究者として助言と指針を提示しようとする場合，かれらの専門的な知識と思考形成に影響を与えたのは，関連の領域に対する諸外国の動向（或いは影響）[32]と経済理論における企業理論の一定の成果であった[33]。

スウェーデンの商業技術論/企業経済学したがってまたその一環としての会計学の近代的な形成に対する諸外国の影響は，総体としては多面的であった。最も多大な影響を与えた国は，先発大学「ストックホルム商科大学」及び後発大学「イェーテボリー商科大学」の設立の経緯とその後の展開という点からみる限り，さしあたりはドイツ，次いでアメリカ，更にはイギリスであった。

ドイツからの影響は，この二つの商科大学が設立に当たってモデルとしたのがドイツのこの領域の高等商業教育・研究機関であり，先発大学「ストックホルム商科大学」の場合には開校時にドイツ人 E. Walb を，後発大学「イェーテボリー商科大学」の場合には開校時はもとよりその後も W. Mahlberg-A. ter Vehn を教育・研究の担当者としたことによる。しかも「ストックホルム商科大学」の場合でさえ E. Walb の後その職責に就任した O. Sillén もまた E. Schmalenbach の下で学んだのであった。もとより O. Sillén も A. ter Vehn も，ドイツのこの領域の教育・研究の成果をスウェーデンに適合的なものに改変していった。それでもドイツの経営経済学が，スウェーデンの初期の商業技術論/企業経済学の教育・研究上の制度的な枠組みを規定したことは事実である。このことは，本書の第3章でみる O. Sillén の貸借対照表評価諸原則論の問題が，結論的には当時のこの国で機器に対する減価償却として広く普及していた「1クローネ勘定」・秘密積立金の形成という減価償却実務に対する現実擁護論であったとしても，さしあたりは，貨幣価値或いは物価変動と計上利益との関係を問うことより出発し，その説明の手掛かりをドイツの F. Schmidt の所説に求めていたことに端的に顕れていた。更に本書の第4章の原価計算の標準化運動は，より直接的にはアメリカの F.W. Taylor の科学的管理の思考の影響を色濃く滲ませていたとしても，この運動の延長線上で1940年にこの国の機械工業連合が着手し，1944年に公表したかの「M-プラーネン」（いわゆる業種別のコンテンラーメン：ここでは機械工業のそれ）の形成もまたドイツにさしあたりその範を求め，自国に適合的な非常に弾力的なものに構築した[34]。いうまでもないが，ドイツからのこのような影響は，もとよりハンザ同盟以来のドイツとの根強い交易関係であった[35]。

　アメリカからの影響は，スウェーデンが，1920年代初めより開始する産業合理化運動を基礎とした，第1章でみたようないわゆる「苦難の1920年代」に続いて1929年世界恐慌の余波を受けながら，「計画・組織化された資本主義」への開幕期（スウェーデン型混合経済の台頭・形成期）に，この国の商

業技術論/企業経済学が，教育・研究領域の量的・質的な充実と拡大・深化を求める産業界の要請に応えるために，既述のように既に1910年頃にはこの国にも紹介されていた F.W. Taylor の科学的管理の思考と手法が，現実問題として浮上し，産業合理化運動の一環として導入されたことであった。更に1920年代の経済の構造的不況の下で，商業技術論/企業経済学の一分野として販路問題と費用問題を中心にアメリカ流通問題の研究が続いた。これを媒介したのは，さしあたり商業技術論/企業経済学の先発大学「ストックホルム商科大学」の卒業生たちが，1910年代半ばよりアメリカ留学をしたことであった。O. Sillén もまたアメリカ研修旅行によって，当地で進展しつつあるこれらの新しい動向をつぶさに観察し，この大学の教育・研究科目に盛り込んだのであった。

イギリスからの影響は，ドイツ・アメリカほどではなかったが，例えば，E. Mayo の「産業文明の人的諸問題」(*The Human Problems of an Industrial Civilization*, 1933) や F.I. Roethlisberger & W.J. Dickson の共著「経営と勤労者」(*Management and the Worker*, 1939) の出版を知り，人的管理を中心した経営問題の視角より関心を寄せた。とはいえこれらの著作がスウェーデンで一層の現実味をもって注目されるようになるのは，第二次世界大戦後であった[36]。

概してスウェーデンの商業技術論/企業経済学が，その教育・研究領域の拡大に伴って企業問題に関連して経済理論における企業理論の成果に注目するようになったのは，1920年代に入ってからであった。

もとよりその成果は，各々の経済学者たちが経済現象に寄せる関心事・問題意識・方法論などの相違によって多種多様であり，この国の商業技術論/企業経済学の教育・研究者たちが，その成果を摂取しようとする場合にも，事態は同様であった。ここではこのような経済学の領域で生成・発展してきた多種・多様な企業理論の一定の成果の中でも，後継者の育成（とりわけ第二次世界大戦後本格的な取組みを開始し開花させる戦後世代の育成）という点からみて，注目するべき幾つかの一定の成果の中でも次の二点を指摘する

に留めよう。

　第一は，後述のように，企業の投資計算とその評価問題でその名声を高めるS.-E. Johanssonの所説に象徴されるように，いわゆるストックホルム学派の比較的初期の一人G. Myrdalがその初期の著作「価格形成問題と経済変動」(*Prisbildningsproblem och Föränderligheten*, 1927)[37]の中で提示した事前的/事後的（ex-ante/ex-post）という概念であった。この著作それ自体は，かれが，直接的な師としたG. Cassel（1866-1945年）の静学的な価格形成理論[38]を出発点として，それを動学化することを主要な目標としていた[39]。この点でG. Myrdalは，G. Casselを直接的な師としながらも，かれが念頭においた経済変動の実態は，当初より休止状態に回帰する均衡状態ではなくて，一度，何らかの理由で経済変動が開始すれば，この変動それ自身の効果に従って持続的に継続していくという累積的な過程[40]であり，それ故にこそかれは，価格理論における変化の要因を静学的な仮説より開放することを求めた。

　G. Myrdalは，このような立場より，累積的な過程での投資・貯蓄・消費などの諸概念を規定・明確化し，価格形成をめぐる現実的な市場メカニズムの機能を明らかにすることを求めた。この場合かれがさしあたり手掛かりとしたのは，M. Marshall/F.H. Knightの危険・不確実性・予測（或いは期待）に関する分析[41]とI. Fisherの資本と所得の概念の確定化と企業家活動に関する理論であった[42]。かれは，そこより貯蓄と投資の一致という仮説について説明するための用具として，事前的/事後的（ex-ante, ex-post）という概念を提示した[43]。かれは，企業家の負う危険は，次のような相関関係にある四つの原因より発生すると説いた。即ち①生産は時間を消費すること，②諸変化は生産過程を通じて発生すること，③諸変化は完全な確実性をもって予測することはできないが，蓋然的には予測しうること，④諸変化への調整には時間を要すること。かれは，企業家の負う危険がこのような原因の相互関係より発生するとすれば，企業家が完全な情報を所有していなくても，企業家自身が将来事象については無知であることを理解している限り，

企業家が感知する危険は，合理的・客観的であり，経験と判断を所与とすれば，企業家が，将来事象について客観的で正確な洞察と理解をすることが可能な筈であると説いた。だがまたかれは，この危険に関する認識がしばしば非合理的なものとなる場合もあり，将来事象に関する余りにも過大な信頼と危険度を低く予測することも，凡庸な人間の特性であることに留意した[44]。G. Cassel・G.K. Wicsell・D. Davidson[45]を代表とするいわゆるストックホルム学派の生成期の所説は，G. Myrdalが上記の著作で展開した所説以後，この国では概して巨視的・動学的なマクロ経済理論（例えば，E.R. LindahlやE.F. Lundbergの所説など）へと展開していった[46]。だがまたストックホルム学派は，既に1920年代末期には，個々の企業の行動に関する微視的・動学的なミクロ経済理論の樹立のための研究にも着手していた[47]。既にG. Myrdalも，危険・不確実性・事前的な期待と事後的な結果・その下での企業家の手腕というような諸概念を前提として，企業の利潤問題を考察した。かれは，この場合それぞれの異なる時点の価格設定が相互にどのような関係にあるかを問い，この関係の連結環となるものは将来に対する人々の期待であると主張した。そこよりかれは，利潤の発生を説明する集計的な理論に代えて，経済主体としての個別企業の暫定的な計画と期待に関する理論を提示した。即ちかれの均衡（或いは正常）価格は変動する筈であること，将来の諸変化はそれらが期待されるや否や直ちに価格形成に影響を及ぼす筈であること，だがまた同時に，需給の変化に対する価格調整の過程は，さほど迅速でも鋭敏でもないと説いた[48]。そしてかれが，このような一連の主張の中でしばしば強調したことは，事前的な期待・予感と事後的な結果・成果とを比較した場合必ず生ずる筈の両者の齟齬・乖離が，価格形成の動学的な要因を生むということであった[49]。このようなG. Myrdalの主張に対する経済理論上の，或いは経済学史上の評価はどうあれ，本章との関連で注目するべき点は，かれがその主張の中で個別的な経済主体が樹立する各々の計画と期待とにその注意を集中したということである[50]。即ちかれは，事前的／事後的という概念設定を基軸として，たとえ数期間に限定されているにせよ個々

の経済主体の計画と期待に着目し，個々の経済主体は，かれらの将来については不完全な知識しかもっていないことを意識しているとしても，それが，危険を回避することを通じて，個々の経済主体（特に企業）の行動に影響を与えると主張した点である。かれが提示したこの事前的/事後的な概念は，スウェーデンの商業技術論/企業経済学のその後の発展にとって，明示的にせよ暗示的にせよ，様々な問題を提起する契機となったのであった。

　総じていえば，これまで一瞥してきたストックホルム学派の動向は，K. Wickselのかの累積的な過程に関するマクロ的な分析とG. Myrdalの説く非静態的な経済現象に，新古典学派のミクロ経済学を適用しようとする試みであった。そしてマクロ経済学とミクロ経済学は，事前的/事後的という概念によって結合された。事前的な期待から出発して，個々の企業と家計とは，その将来の活動を計画する。その期間末に示される期待された可変数の価値は，期間始めの期待値と相違する筈である。それは，個々の期間的な計画の間には協調性が欠如していること或いは予期せざる外部的な事象より生ずる。事前的な期待と事後的な結果との間の乖離は，将来期間に対する期待と計画の修正となる。予期せざるもの——事前の期待と事後の結果のギャップ——は，この学派の理論経済学上の期間分析を駆動する要素の一つとなった[51]。同時にそれは，スウェーデンにおける商業技術論/企業経済学の発展の契機の一つとして，この国において理論経済学から相対的に自立した企業に関する理論的な研究したがってまたその一環或いはそれを前提とした会計領域での様々な研究を新たに開拓していく可能性を開いた。

　第二は，1930年代に入ってからこの国の商業技術論/企業経済学においてみられる経済理論における企業理論の研究成果への注目或いは摂取の流れである。

　スウェーデンにおける商業技術論/企業経済学の領域で，G. Myrdalの所説に示唆されるような，商業技術論/企業経済学で示された経済学的な分析手法とそれを基礎とした企業分析に関する所説がより一層具体的に展開されるようになったのは，1930年代に入ってからであった。その一例は，費用・

第2章　スウェーデンの戦間期における近代的な会計学の教育・研究の動向 | 125

生産の理論（Kostnads-och produkionsteroin）と独占的競争の理論であった。

　スウェーデンの商業技術論/企業経済学は，その教育・研究上の主要な問題の一つとして，比較的古くより費用計算の問題に携わってきた。この問題は，1930年代に入るとこの国の経済社会の発展に伴って，次第に投資計算の領域をも含むようになった。この国の場合費用計算の問題は，従来，長期にわたって国民経済学的な費用論や価格論との接点なしに存在してきた。その場合当時の論者たちがさしあたり引き合いにだし，或いは依拠したのは，E. Schmalenbach とその門弟たちが形成・展開してきた費用計算論であった[52]。価格問題の取扱いは，この国でも，世界的にそうであったように，1920年代末期まで，A. Marshall 及びケンブリッジ学派の経済学者たちの所説を基礎としていた。それでもこの国の商業技術論/企業経済学や国民経済学という領域の教育・研究者たちの間では，比較的少数の人々は，既述のように，例えば，I. Fisher の「資本と所得の本質」（*The Nature of Capital and Income*, 1906）や，J.M. Clark の「製造間接費の経済学」（*Studies in the Economics of Overhead Costs*, 1923）のような著作を，時折，熟読した。G. Myrdal もその一人であった。1930年代に入ると，既にドイツでは，商業技術論/企業経済学の領域で費用研究を，国民経済学との接点を求めながら，理論的に基礎づけ，産業界の現実の要求に適用させようとする試みが，着実に進展していた。例えば，H. von Stackelberg の著作「純粋費用論の基礎」（*Grundlagen einer reinen Kostentheori*, 1932）や E. Schneider の著作「生産の理論」（*Theori der Produktion*, 1934）及び「工業計算制度基礎入門」（*Einführung in die Grundfragen des industriellen Rechnungswesens*, 1939）は，その左証である。特に E. Schneider の研究領域の中心は，企業の経済計画と家計の経済計画の会計学的な研究であったが，かれは，その理論構築に当たって，アメリカ・ドイツはもとよりスカンディナヴィア諸国の経済理論を利用した。このことは，スウェーデンの商業技術論/企業経済学が，その領域の一環として組み込んだ費用計算論の教育・研究を本格的に着手する

上で，多大な刺激となった。しかもかれの生産に関する理論は，後には農業経済における生産に関する理論に対しても一定の刺激を与えた。もっともそれが具体的な成果として結実するのは，第二次世界大戦後であった[53]。とはいえスウェーデンの商業技術論/企業経済学は，費用計算問題の教育・研究では，例えば，J. Dean の「原価の統計的な決定」(*Statistical Determination of Costs*, 1936) のような統計的な製品差別化の研究，また個々の企業の市場行動の教育・研究では，例えば，完全競争と絶対的な独占に対する伝統的なミクロ経済理論の分析モデルなどを利用することは，余りなかった。このことは，例えば，A.A. Cournot の複占に関するモデルの場合にも当てはまった[54]。

その後，商業技術論/企業経済学が，その分析手段としてミクロ経済理論を利用することが初めて可能となったのは，アメリカの E. H. Chamberlin の「独占的な競争の理論」(*The Theory of Monopolistic Competition*, 1933)，編著「独占と競争とその規制」(*Monopoly and Competition and their Regulation*, 1954)，「価値の一層一般的な理論を目指して」(*Towards a More General Theory of Value*, 1957) や，A. Marshall の流れをくむ俊英である J. Robinson の「不完全競争の理論」(*The Economics of Imperfect Competition*, 1933)，「雇用理論入門」(*Introduction to the Theory of Employment*, 1937)，「雇用理論関係の試論」(*Essays in the Theory of Employment*, 1937, 2nd. ed., 1947)，「利子率その他の試論」(*The Rate of Interest and Other Essays*, 1952)，「資本の蓄積」(*The Accumulation of Capital*, 1956)，「経済成長理論の試論」(*Essays in the Theory of Economic Growth*, 1962) であった。周知のように，これらの理論の台頭は，1920年代以後，理論経済学の研究に携わる人々の間で，旧来の完全競争市場を前提とする価格形成の分析に対する不満より出発して，より現実的な研究が進み，純粋の競争でも独占でもない，寡占・独占的競争と呼ばれる不完全競争形態を価格・所得・費用分析の中心におくようになったことを契機とした[55]。E.H. Chamberlin と J. Robinson は，同一問題を研究してしかも同一な結論に到

達した。この場合 E.H. Chamberlin は、独占と競争との中間より出発し、製品の専門化と販売費との差別的な機能を強調して、寡占を市場の中心的な形態と考えた。これに対して J. Robinson は、非競争即ち独占として認識することより出発して、現実の市場に接近し、消費者が、商標、品質、運賃、場所、用役（或いは便宜性）、金融的な便益、広告などによって特定な企業を選好する事実のあることを明示し、市場が不完全市場であることは、常態であるという見解を提示した[56]。とりわけ後者の著作は、製品差別化と販売費の問題を含んでおり、企業経済学の領域では極めて有効な分析手段となった。同一のことは、屈折需要曲線（den knackta efterfrågakurvan）に関する Hall & Hitch の理論（1939年）についても当てはまった。これらの一連の理論は、市場経済の将来の発展のための理論的な基礎を構築するという役割を果した。更に注目するべき理論は、ハンガリーに生誕しドイツ及びスイスで学び後に「プリンストン大学」で教鞭をとった数学者 J. von Neumann（1903-1956年）及びウィーン大学で学び同じく「プリンストン大学」で教職に就いた O. Morgenstern との共著「ゲームの理論と経済行動」（*The Theory of Games and Economic Behavior*, 1944）と R. Coase の雑誌論文の一つである「企業の本質」（*The Nature of the Firm*, Economica, N. S. 4, 1937, ss. 396-407）である。前者は、ゲームの理論の適用問題、後者は、市場の価格形成が如何にして中央政府の計画によって嚮導されるかという問題を取り扱っていた。それらは、何れも後に、企業理論の経済学的な基礎を与えた。スウェーデンの商業技術論/企業経済学もまた、その成果を分析手法として応用した[57]。

(3) 後継者の育成（戦後世代の育成）

先発大学「ストックホルム商科大学」を拠点とした O. Sillén であれ、後発大学「イェーテボリー商科大学」を拠点とした A. ter Vehn であれ、かれらが、何れも先達者として着手した商業技術論/企業経済学したがってまたその一環としての会計学の教育・研究は、その後ゆっくりではあるが、着実に実を結んでいった。

先発大学「ストックホルム商科大学」の教育・研究は，少なくともその設立当初，ドイツの諸商科大学をモデルとしながら，O. Sillén の主導の下にスウェーデンの実情に適った教育・研究を模索した（戦前 初期の時代：1915-1920年）。この大学は，続いて1910年代中葉頃から頻繁となる若手のアメリカ留学とかれ自身のアメリカ研修旅行を契機としてアメリカ的な要素に注目し，この大学の教育・研究にアメリカ的な要素を織り込みながら商業技術論/企業経済学の教育・研究の領域の専門化への過程を萌芽的に開始した（戦前 中期の時代：1921-1933年）。この大学は，更に1934年の商業技術論より企業経済学という名称の変化が象徴するように，その教育・研究領域の拡大と専門化の過程を第二次世界大戦を含む戦後暫くの間に具体的に急速に推進した（戦前 後期の時代：1934-1945年，但し実際には1952年まで）[58]。また後発大学「イェーテボリー商科大学」の場合も，後発性の利益を享受したとしても，その趨勢は同様であった。

　先発大学「ストックホルム商科大学」及びそれを拠点とした O. Sillén の教育・研究活動との関連では，この大学の卒業後アメリカ留学を経て，当初は工業簿記及び原価計算の領域で，後にはこの国では流通経済学と命名されるようになった商品流通問題の領域で「モデル形成者・計画経済学者及び市場預言者」[59]としてこの大学の後の発展に寄与した G. Törnqvist，同じくこの大学を卒業後アメリカ留学中に F. H. Knight に学び，国民経済学者として出発し，国際的にもある程度の名声を博している S. Carlson，更にこの大学で G. Törnqvist に学び，後に国民経済学で学位をとりながら企業経済学とりわけ原価計算・管理会計の領域の教授として国民経済学の領域と企業経済学の領域の境界線上で企業経済学の問題を論じた F. Kristensson[60]，本章では殆ど言及する機会がなかったが，「経済学者及び林業経営者」[61]の T. Styreffert 及びこの国の「農業経済学者の先導者」[62]としての L. Nanneson と同様に，費用・収益分析で多大な功績をあげた「革新者及び成功をおさめた指導者」[63]としての T. P. Frenckner，その他の幾人かの教育・研究者の動向をあげることができる。

第2章 スウェーデンの戦間期における近代的な会計学の教育・研究の動向 | 129

他方，後発大学「イェーテボリー商科大学」及びそれを拠点としたA. ter Vehn の教育・研究活動との関連では，この大学でかれより直接学んだ後に，この国の「企業経済学の博士号取得者第一号」[64]として「ルンド商科大学」を経てO. Sillén の後継者として「ストックホルム商科大学」に移籍した N. Västhagen，同じく「イェーテボリー商科大学」出身で「理論家であると同時に実務的なものと固く結合」[65]していた S.-E. Johansson，ハンガリー人として生誕し「ウィーン大学」出身で企業経済学の問題に対して「独自の批判の目をもった観察者」[66]であった S. Aszély，その他の幾人かの教育・研究者の動向をあげることができる。

更にまた第二次世界大戦後，スウェーデンの総合大学でも，商業技術論/企業経済学に関する教育・研究が開始されたことも付記しておきたい。もとより総合大学における商業技術論/企業経済学の教育・研究の制度的な着手という問題は，既に戦間期の1930年代に国家の責任で設置した検討委員会が，企業経済学という科目を総合大学における社会科学部門に設置し，卒業試験科目に含めることを提案していた。それは，この領域の教育・研究が，上記の二つの商科大学の活動とその成果を背景として，当初は商業技術論として出発し，企業経済学という命名を新たに附与されていく中で，徐々に市民権を確立しつつあることと，無縁ではなかった。とはいえこの提案は，この時期でさえ教師陣の不足という理由で，暫くの間実現しなかった。総合大学でこの提案が現実性を帯びるようになったのは，戦後の経済社会の復興が一先ず終了して，社会民主労働党が1930年代からの施策の果実を刈り取り，また戦争で中断した政策の実施が可能となった1950年代からであった。例えば，「ルンド大学」(1957年)，「ウップサラ大学」(1957年)，「ストックホルム大学」(1964年)，「ウメオ大学」(1965年)，その他である。これらの総合大学での教育・研究担当者たちは，少なくとも「ルンド大学」及び「ウップサラ大学」の場合，概して「ストックホルム商科大学」より招聘された。

「ストックホルム商科大学」及び「イェーテボリー商科大学」を拠点とする O. Sillén 及び A. ter Vehn の後継者に関する具体的な動向については，

別に稿を改めて明らかにしたい。ここでは，二つの商科大学における先達者であった O. Sillén 及び A. ter Vehn はもとより，その後継者たちとして各々の専門領域で各々の所説を展開したかれらもまた，A. Danielsson がいうように[67]，その時々のスウェーデンの国際経済的な要因とそれに規定されたこの国の経済社会及びそこに存立している個々の企業とが提起する様々な具体的・現実的な諸問題との関わりの中で，教育・研究に着手し，各々の自説と理論とを構築・展開していったこと，かれらは，会計士或いはコンサルタントとして，中央政府・地方自治体の諮問委員或いは政策立案のための専門家として，自ら会社の社長或いはトップマネジメントとして，専門的な教育・研究者或いは啓蒙者として，その立場はどうあれ，現実にしっかりとその根をおろしていたこと，かれらは，その個々の経歴が示唆するように，その専門的な教育的な背景として一度は諸外国に赴き，そこで学び，帰国後は，スウェーデンの実情に適合的にその体験と知識とを教育・研究に生かし，同時に研修旅行或いは留学を契機として各々の領域での国際的なネット網を構築し，不断にそれとの連帯を意識してきたこと，そしてかれらが，各々の専門領域でおさめた教育・研究の成果は，第1章でみたようなスウェーデン型混合経済の特徴に規定されて，少なくても平和的に利用されていることを確認して，本章を閉じたいと思う。

〈注〉
1) 大野文子稿「スウェーデンにおける近代会計学の形成―概観（1900年より1945年まで）―」(3) 明治大学短期大学紀要 第60号 1997年1月，62頁。
2) Wallenstedt, Eva, *Oskar Sillén. Professor och Praktiker*：*Några drag i företags-ekonomiämnets tidiga utveckling vid Handelshögsholan i Stockholm*, Acta Universitatis Upsaliensis, Studia Oeconomiae Negotiorum 30, Uppsala, 1988, s. 291.
3) 大野，前掲稿，97頁。
4) Wallenstedt, Eva, *op. cit*., s. 291.
5) *Ibid*., ss. 142-143，大野，前掲稿，64-65頁。
6) 大野，前掲稿，106-108頁；Engwall, Lars (red.), *Föregångare inom företags-ekonomin*, SNS Förlag, Stockholm, 1995, ss. 89-91.
7) Engwall, Lars (red.), *op. cit*., s. 61.

第2章　スウェーデンの戦間期における近代的な会計学の教育・研究の動向 | 131

8) 大野，前掲稿，106-108頁；Engwall, Lars (red.), *op. cit.*, ss. 109-109.
9) Engwall, Lars (red.), *op. cit.*, s. 111.
10) 大野，前掲稿，100-101頁。
11) Hensmann, Jan, *Die Entwicklung der Betriebswirtschaftslehre in Skandinavien unter besonderer Berücksichtgung Schwedens*, Leel/Ostfriesland, 1969, S. 58.
12) 大野，前掲稿，3頁。
13) 同上稿，100頁及び115頁並びに178頁。
14) Hensmann, Jan, *op. cit.*, S. 58.
15) 大野，前掲稿，143-147頁及び166-168頁。
16) Engwall, Lars (red.), [1995], *op. cit.*, ss. 13-14.
17) 大野文子稿「スウェーデンにおける近代会計学の形成—概観（1900年より1945年まで）—」(2)　明治大学短期大学紀要　第59号　1996年3月，167頁。
18) C. Tarras Sällfors の教育・研究者としての足跡については，Engwall, Lars (red.), *op. cit.*, ss. 181-191を参照。
19) Engwall, Lars (red.), *Företagsekonominsrötter : Några bidrag till en företagsekonomisk doktrinhistoria*, Studentlitteratur, Lund, 1980, s. 30.
20) Engwall, Lars (red.), [1995], *op. cit.*, s. 181.
21) Engwall, Lars (red.), [1980], *op. cit.*, s. 33.
22) Engwall, Lars (red.), [1995], *op. cit.*, s. 193.
23) Robert Emanuel Kristensson の教育・研究者としての足跡については，Engwall, Lars (red.), [1980], *op. cit.*, ss. 30-31 och [1995], *op. cit.*, ss. 193-206. を参照。
24) Engwall, Lars (red.), [1980], *op. cit.*, s. 23.
25) Engwall, Lars (red.), [1995], *op. cit.*, ss. 167-179.
26) Sillén, Oskar, "Zur Geschichte der Betriebswirtschaftslehre in Schweden", *Zeitshrift für Handelswissenschaft und Handelspraxis*, 22. Jg., 1929, Teil I (Heft 2, S. 24, Engwall, Lars (red.), [1980], *op. cit.*, s. 31 och s. 52.
27) かれの教育・研究者としての足跡については，Engwall, Lars (red.), [1995], *op. cit.*, ss. 125-138. を参照。
28) Sillén, Oskar, *op. cit.*, Zeitshrift für Handelswissenschaft und Handelspraxis, 22. Jg., 1929, Teil I (Heft 2, S. 55ff.), Teil II (Heft 4, S. 118ff.)]
29) Engwall, Lars (red.), [1980], *op. cit.*, s. 33.
30) 大野文子稿「スウェーデンにおける近代会計学の形成—概観（1900年より1945年まで）—」(1)　明治大学短期大学紀要　第58号　1996年2月，44頁。
31) 大野，[1996年3月]，前掲稿，164-172頁。
32) 同上稿，173-187頁。
33) 大野，[1997年1月]，前掲稿，184-205頁。
34) この「M-プラーネン」については，わが国では安平昭二著「コンテンラーメン—標準勘定組織の展開—」千倉書房，1977年，3頁，同「コンテンラーメンの理論」千倉書房，1971年，第1章の他，大野，[1997年1月]，前掲稿，147-166頁を参照。この論

文で「M-プラーネン」の形成の過程及びその内容について参照した欧文諸文献は記載省略。この問題は，この論文で問題としている研究期間を直接的には超えるからである。

35) Gunnarsson, Elving, *Från Hansa till Handelshögskola : Svensk ekonomundervisning fram till 1909*, Acta Universitatis Upsaliensis, Studia Oeconomiae Negotiorum 29, Uppsala, 1988.
36) 大野, [1996年2月], 前掲稿, 45頁。
37) この著作の概要については，大野, [1996年3月], 前掲稿, 189-190頁を参照。
38) G. Cassel の静学的な価格形成理論については，Magnusson, Lars, "Gustav Cassel, popularizer and enigmatic Walrasian", Sandelin, Bo (ed.), *The History of Swedish Economic Thought*, Routledge, London and New York, 1991, pp. 120-140 ; Carlson, Benny, "Gustav Cassel", Jonung, Christina/Ståhlberg, Ann-Charlotte (red.), *Ekonomporträtt : Svenska ekonomer under 300 år*, SNS Förlag, Stockholm, 1990, ss. 149-163 ; Magnusson, Lars, "The Economist as Popularizer : The Emergency of Swedish Economics 1900-30", Jonung, Lars (ed.), *Swedish Economic Thought, Explorations and advances*, Routledge, London and New York, 1993, pp. 93-97を参照。
39) Hansson, Björn, "The Stockholm School and the Development of Dynamic Method", Sandelin, Bo (ed.), *The History of Swedish Economic Thought*, Routledge, London & New York, 1991, pp. 168-213.
40) 大野, [1996年3月], 前掲稿, 197頁。
41) 同上稿, 189-190頁。
42) 同上稿, 193頁。
43) Engwall, Lars (red.), [1980], *op. cit*., s. 35.
44) Jonung, Lars (ed.), *The Stockholm School of Economics Revisited*, Cambridge University Press, Cambridge, New York and melbourne, 1991, p. 145.
45) いわゆるストックホルム学派の生成期の所説については，Sandelin, Bo (ed.), [1991], *op. cit*., pp. 44-75, 76-120, 120-140 ; Jonung, Lars (ed.), [1991], *op. cit*., pp. 33-45, 93-97. を参照。
46) Sandelin, Bo (ed.), *op. cit*., pp. 170-173 ; 東洋経済新報社「経済学大辞典」III, 1966年, 267-276頁。
47) Jonung, Lars (ed.), *op. cit*., p. 13.
48) *Ibid*., p. 146.
49) *Ibid*., p. 146 and p. 159.
50) *Ibid*., pp. 158-159 ; 大野, [1996年3月], 前掲稿, 190-195頁。
51) Siven, Claes-Henric, "Expectation and plan : The microeconomics of the Stockholm School", Jonung, Lars (ed.), *op. cit*., p. 141.
52) Schmalenbach, Eugen, "Theori der Produktionskosten-Ermittelung", *Zeitschrift für handelswissenshaftliche Forschung*, 1908 : 3, SS. 40-65.

53) 大野信三著「現代経済学史」千倉書房, 1964年, 174-179頁。
54) Engwall, Lars (red.), [1980], Kap. VI.
55) 大野信三, 前掲書, 127-129頁。
56) 同上書, 128頁。
57) Gunnarsson, Elving, *Behandling av kostenbegrepp i ekonomutbildningen fram till 1940 talets mitt, Delrapport inom forskningprogramämnet,* Företagsekonomins utredning som stödts av Humanistisk-samhällsvetenskapliga Forskningrådet, Uppsala Universitet, Reprocentralen HSC, Uppsala, 1985, s. 21.
58) 大野, [1997年1月], 前掲稿, 63頁。
59) Engwall, Lars (red.), [1995], *op. cit.*, s. 139.
60) *Ibid.*, s. 227.
61) *Ibid.*, s. 167.
62) *Ibid.*, s. 125.
63) *Ibid.*, s. 287.
64) *Ibid.*, s. 273.
65) *Ibid.*, s. 327.
66) *Ibid.*, s. 355.
67) Danielsson, Albert, *Företagsekonomi : En översikt, Studentlitteratur*, Lund, 1. uppl., 1975, 2. uppl. (reviderade), 1977, 3. uppl., 1983.

第3章

O. Sillén の貸借対照表評価諸原則論
—— 貸借対照表評価実務擁護論 ——

序

　スウェーデンにおける近代的な会計学の形成にとって最も先導的な役割を果したのは、既に別稿で指摘したように[1]、O. Sillén であった。その先導的な役割とは、後発資本主義国として出発し、急速に近代的な資本主義的工業化過程を推進しつつあった当時のスウェーデンにおいて、かれが、一方では「ストックホルム商科大学」の助教授/教授としての教育・研究活動を通じて、他方では「スウェーデン産業連盟」の下部機関「株式会社産業情報サーヴィス」を拠点とするコンサルタント及び会計士としての幅広い実践活動を通じて、20世紀への転換期頃には、経済学とは相対的に独自な教育・研究領域として未だ市民権を確立していなかった商業技術論/企業経済学したがってまたその一環としての会計学を形成・確立することに着手し、その領域の確定・特化・専門化を図ったことであった。
　O. Sillén が、生涯にわたってこのような先導的な役割を果していく過程で教育・研究者としても実務家としても最も重視した領域の一つは、「ストックホルム商科大学」の設立当時、「貸借対照表作成技術論とその論評」(balansteknik och -kritik) と呼ばれた領域であった。E. Wallenstedt の研

究によれば[2]，それは，商業技術論/企業経済学に関する教育・研究体系としては，簿記論（複式簿記原理とその記帳練習）の延長線上にある教育・研究領域であった。その内容は，貸借対照表入門（貸借対照表の起源・目的・本質，貸借対照表と損益計算書との関係，貸借対照表に関する法的諸規定などの問題）に始まり，「貸借対照表技術論」という表題の下では貸借対照表評価諸原則の問題を中心として，今日，概して財務諸表論と呼ばれる領域に関わる基本的な問題を，「貸借対照表論評」という表題の下ではさしあたり貸借対照表作成諸原則（完全性・明瞭性・真実性の原則等）を提示し，これらの諸原則に照らして「貸借対照表の不正と粉飾・逆粉飾」(balanseringsfel och balansförbrytelse) の問題を吟味し，併せて企業の財務流動性と収益性の意味を問い，「取締役会報告書」(styrelseberättelse) 及び監査報告書の特別付記事項として貸借対照表諸項目を解説することなど，今日，外部監査と信用分析或いは経営分析と呼ばれる領域の問題を混在・包摂した内容となっていた。

O. Sillénは，「ストックホルム商科大学」に就任（1911年）以来その生涯を閉じる1965年までおよそ五十余年にわたって，商業技術論/企業経済学したがってまたその一環としての会計問題に関して機会を捉えては学内外或いは国内外で講演し，その都度，その内容を論文或いは著作としてまとめていった。それらの公刊物は，膨大な数にのぼる[3]。

本章は，それらの公刊物の中でも「より新しい貸借対照表評価諸原則」 (*Nyare balansvärderingsprinciper*, 1. uppl., 1931, 10. uppl., 1970) を取り上げ，O. Sillénがそこで展開している論理構造を明らかにすることを通じて，この著作が，スウェーデン型混合経済の台頭・形成期に果した役割を考察することを主題とする。

この著作の初版（1931年）は，O. Sillénが，1931年にヘルシンキで開催された「第三回スカンディナヴィスカ監査会議」(den 3 : e interskandinaviska revisionskongressen i Helsingfors) で行った講演の骨子を拡大し，貸借対照表評価諸原則と計上損益との規定的な関係を比較検討し，「企業実務にとっ

第3章　O. Sillén の貸借対照表評価諸原則論 | 137

て最も重要な原則」[4)]を指摘することを目標としていた。この著作は，その初版以来ほぼ40年間にわたってスウェーデンはもとより広くスカンディナヴィア諸国の関連の大学で商業技術論/企業経済学の一環として生成・発展してきた貸借対照表論（財務会計論）上の最も基本的で代表的な教育・研究資料として利用されてきた。この著作の4版（1944年）は，初版以来のこの国の景気変動とりわけ不況期における価格の下落傾向を考慮した改訂・増補版となり，6版（1944年）からの各版は，N. Västhagen（かれは，第2章で指摘したように，A. ter Vehn の下で学び，後に O. Sillén の後継者として「ストックホルム商科大学」に移籍）との共著形式をとり，9版（1968年）及び10版（1970年）は，O. Sillén の没後，かれらの名の下に，O. Sillén と旧知の間柄であったこの国の公認会計士 S. Löfgren が，この著作の初版以来幾度か改正或いは新たに導入された関連の法的規定に呼応して，若干の修正・加筆をして出版したものである。このようにこの著作は，初版の後，増補・改訂，共著形式，他者による若干の修正・加筆など，その時々のこの国の時代の要請に従って書き換えられた。とはいえ O. Sillén が貸借対照表評価諸原則という問題に対して初版で提示した分析視角と基本的な立論の仕方は，10版まで変わることはなかった[5)]。

　O. Sillén がスウェーデンにおける近代的な会計学の形成に果した先導的な役割とこの著作がかれの教育・研究上の足跡に占めるこうした地位を想起するならば，この著作を素材として，かれがそこで展開している基本的な分析視角と立論の仕方を辿ることは，即断は回避するべきであるとしても，少なくてもこの国の近代財務会計論の一般的な動向を今後探っていく上で，有力な手掛かりの一つとすることも可能な筈である。本章の目的もまた，この点にある。

　本章で利用したこの著作の各版は，資料入手の関係で，3・4・10版である。各版の内容は，初版の後，増補・改訂，共著形式，他者による若干の修正・加筆の結果として細部についてみれば異なる点もあるが，本章の目的に沿って，各版の相違には拘泥せず，必要に応じて各版を自由に利用する形を

とった。なおまたこの著作は、6版以後共著形式をとり、9・10版は公認会計士 S. Löfgren が修正・加筆したが、初版で O. Sillén が提示した貸借対照表評価問題に対する基本的な分析視角と立論の仕方が10版まで貫かれていたという点で、文責は O. Sillén にあるものとし、各版からの全ての引用は、かれの名をもって代弁させた。

〈注〉
1) この問題の委細は、大野文子稿「スウェーデンにおける近代会計学の形成―概観（1900年より1945年まで）―」(1)・(2)・(3) 明治大学短期大学紀要 第58号 1996年2月・第59号 1996年3月・第60号 1997年1月で言及。
2) Wallenstedt, Eva, *Oskar Sillén. Professor och Praktiker: Några drag i företagsekonomiämnets tidiga utveckling vid Handelshögsholan i Stockholm*, Acta Universitatis Upsaliensis, Studia Oeconomiae Negotiorum 30, Uppsala, 1988.
3) Engwall, Lars (red.), *Företagsekonominsrötter : Några bidrag till en företagsekonomisk doktrinhistoria*, Studentlitteratur, Lund, 1980 ; Engwall, Lars (red.), *Före-gångare inom företagsekonomin*, SNS Förlag, Stockholm, 1995.
4) Sillén, Oskar, *Nyare Balansvärderingsprinciper*, 3. uppl., P.A. Norstedt & Söners Förlag, Stockholm, 1933, s. 24.
5) O. Sillén が、この小著の初版を改訂・増補し4版として出版したとき、その意図は、初版より3版で提示した貸借対照表評価諸原則の考察に関するかれの基本的な認識と立場を前提として、「1930年代中葉以後のスウェーデンの会計実務の動向を考慮」(Sillén, O, [1944], *op. cit.*, 4. uppl., s. 3) に入れて、再度、貸借対照表評価諸原則と計上損益との規定的な関係を比較・検討することであった。即ちかれによれば、この改訂・増補版は、この時期のスウェーデンにおいて「景気変動の調整と［企業または企業の生産］能力の維持という目標の下で採択される、決算評価の手続の経済的な背景について何らかの説明」([1944], *op. cit.*, 4. uppl., s. 3) をし、棚卸資産及び設備資産の価格の変動とりわけその下落が、計上損益の額に及ぼす影響という問題について考察し、同時にまた極めて大まかではあるが、棚卸資産及び設備資産の貸借対照表価額の決定に関するスウェーデンの関連の法規定の内容について明らかにすることを目標とした。かれは、この著作の6版以後 Nils Västhagen との共著形式をとるのに伴って、その表題も「貸借対照表評価諸原則　特に価格変動及び貨幣価値の変動がある場合そこでの損益計算を考慮して」(*Balansvärderingsprinciper med särskild hänsyn till resultatbeükning vid växlande priser och penningsvärde*, P.A. Norstedt & Söners Förlag, Stockholm, 1958) に改めた。かれは、ここでも貸借対照表評価諸原則の考察に関する初版以来の基本的な認識と立場を前提として、その副題が示唆するように、とりわけ広く価格変動が計上損益に与える影響に留意し、この時期までに既に欧米諸国でこの領域について展開

されていた新旧の様々な所説を紹介・論評した。O. Sillén の没後，かれと旧知の間柄であった公認会計士 Sigurd Löfgren が，両者の名の下に，旧版の極く部分的な修正・加筆をしたとき，その意図は，スウェーデンでは「近年，顕著に，公表年次会計に対する一般的な関心が増大」（[1970], *op. cit*., 10. uppl., s. 8）しているが，この小著は，1960年代末葉でも同国及びスカンディナヴィア諸国における公表年次会計に関する教育・研究上の基礎的な資料として利用されていることを考慮して，関連の法諸規定の変更に合わせてその内容を改め，基礎的な資料としての有効性を高めることにあった。この著作は，初版以来再版・改訂される度にその分量も増大し，最終版の9・10版になると，初版の2倍程度（120頁程度）となり，また著作構成上も教育・研究上の基礎的な資料としての便宜性を配慮する形（例えば，設例の付録折り込みなど）をとることになった。とはいえ O. Sillén が，この初版で提示した貸借対照表評価諸原則の考察に関するその基本的な認識と立場は，最終版まで終始一貫して変わることはなかったし，その論理展開の大枠もまたそうであった。

　O. Sillén は，この著作の他にもこの領域に関連して幾冊かの著作を出版した。その代表的な著作として，例えば，「ストックホルム商科大学」での教授職昇格のために執筆した1915年の「近代簿記法　工企業及び商企業を特に考慮して　第1部」（*Moderna Bokförigsmetoder med särskild hänsyn till fabriks-och varuhandelsföretag*, Första Delen, 1. uppl., 1915, 3. uppl., 1929. P.A. Norstedt & Söners Förlag, Stockholm.）や，1943年にその生誕60歳を記念して，過去に公表してきた諸論文の中より13編を選び，三つの主題に整理して出版した「スウェーデンの企業経済学諸研究　論文と講演1928-1943」（*Studier i Svensk Företagsekonomi: Uppsatser och Föredrag 1928-1943*, 1. uppl., 1943, 2. uppl., 1944, 3. uppl., 1946. P.A. Norstedt & Söners Förlag, Stockholm）をあげることができる。前者の著作は，主として簿記論とりわけ複式簿記の原理的な説明と帳簿組織の体系的な記述に留まった。後者の著作は，表題に明示されている期間中に，かれがスウェーデンの商業技術論/企業経済学の領域についてその時々に興味を寄せた様々な個別的な諸問題をとりあげて講演・執筆してきたものをそのまま，三つの領域に分類し，各論稿に新たに1-2頁程度の後書きを付したものである。個々の論稿を貫く問題意識の鋭さには一定の評価を与えるべきであるが，その特殊性の故に，それらの論稿を直接的な手掛かりとして O. Sillén の財務会計問題に関する一般的・基本的な論理を抽出しようとすることは，早急であろう。そのため本章は，一般に決算評価論が財務会計論の中核の一つであることを踏まえて，「より新しい貸借対照表評価諸原則」という著作を選び，それを媒介として決算評価問題に関するかれの一般的・基本的な論理を探ることにした。

第1節　貸借対照表目的論

　O. Sillén が，1930年代初頭に貸借対照表評価諸原則の問題を究明しよう

としたとき，その最も直接的な意図は，20世紀への転換期よりこの時期までスウェーデンの営利企業が概して資産評価とりわけ流動資産としての棚卸資産（商品・製品など）及び有形固定資産とりわけ設備資産に対して適用してきた様々な貸借対照表評価諸原則を「一般的な企業経済学的な視点」[1]より比較検討し，そこより「企業実務にとって最も重要」な原則を明らかにすることであった。

O. Sillénは，このような意図の下で，スウェーデンの営利企業が実務上適用している様々な貸借対照表評価諸原則を比較検討しようとする場合，貸借対照表評価諸原則の問題を，基本的には貸借対照表目的に関わる問題として認識することから出発した。かれはいう，「貸借対照表の基礎におかれるべきものは，評価及び評価原則というもの或いはまた或る場合には幾つかの異なる評価諸原則である。……あらゆる条件の下で承認されうるような如何なる貸借対照表評価原則も存在しない。その理由は，貸借対照表は，多数の異なる目的のために作成され，評価諸原則は，その目的によって条件づけられるべき筈だからである」[2]と。

O. Sillénが，貸借対照表評価諸原則を比較検討しようとする場合最初にこの命題を提示したのは，当時（1930年代初頭），スウェーデンの個々の営利企業が「企業実務上」慣習的に「年次決算」の一環として「年次貸借対照表」即ち「期間的な決算と結合している貸借対照表」[3]を作成する場合，その目的措定についてもそこに適用される評価原則についても様々な見解があり，「意見の一致をみていない」[4]という現状認識によるものであった。

かれによれば，年次貸借対照表の目的について当時のスウェーデンの「企業実務上」最も普及している一般的な見解は，当該年度末の「実際の営業状態」を把握することを第一義的な目的とし，当該年度中の「営業活動の結果」を解明することを幾分第二義的なものと見做すという見解であった。年次貸借対照表の目的に関してこのような見解が普及していたのは，主として，この国における長期にわたる株式会社の制度的な承認の過程[5]で問題となった一連の法的な論理，即ち「記帳義務を負う債権者」（de bokfö-

第 3 章　O. Sillén の貸借対照表評価諸原則論 | 141

ringsskyldiges borgenärerna) に対する保護→債権担保としての純財産の維持・保全→資産の過大評価の禁止などの一連の論理[6]が，およそ19世紀末葉或いは20世紀初頭に入っても未だ実業界の観念を支配しており，かれらの間で受け入れられていることに起因した。かれらは，このような観念の下に，貸借対照表を作成する場合，企業の清算・解散などの特殊な場合に作成される特殊貸借対照表と継続企業の年次貸借対照表とを論理的に明確に区別せず，「貸借対照表の目的が当該企業の財産状態を表示することにあるという［見解］を自明」[7]の理としてきた。しかもかれらはもとより，もっと古い時代の実業家たちでさえ[8]，貸借対照表評価実務では概して継続企業の年次貸借対照表を前提として「［貸借対照表評価とりわけ資産評価の場合に］その基礎におかれるべき価額［として］は，それらの資産が実際に調達された場合に随伴した価額，ある場合にはそこより減価償却を控除した価額」[9]を念頭に入れてきた。かれらは，1930年代初頭まで，一連の法的な論理（しかも株式会社の制度的な承認の過程で問題となったそれ）によって観念された貸借対照表目的措定と貸借対照表評価実務の背後に潜む貸借対照表目的措定との相違も，貸借対照表評価問題が本来的には貸借対照表目的によって規定されることも，明確に意識することもないままに，その時々のスウェーデンの経済状態を前提とした営利企業の個別的な事情に応じて様々な貸借対照表評価諸原則を適用してきた。とはいえかれらの貸借対照表目的措定がどうあろうと，既にスウェーデンの1910年株式会社法（1910 års aktiebolagslag）──それは，1895年株式会社法（1895 års aktiebolagslag）の改正・近代化を図ったものであるが──の趣意書[10]は，貸借対照表から明らかとなるのは，「会社の利益として分配可能な利益とは何かということである」[11]と述べ，さらに1929年会計法（1929 års bokföringslag）の§9（貸借対照表評価原則を規定）[12]及び1944年株式会社（1944 års aktiebolagslag）の§100（株式会社の貸借対照表評価原則を規定）[13]に対する各々の草案もまた，「年次貸借対照表は，損益解明貸借対照表（resultatutredningsbalans）であり，財産貸借対照表（förmögenhetsbalans）或いは清算貸借対照表（likvidationsbalans) ではない」[14]と明言してきた。

O. Sillén は，当時のスウェーデンの実業界に普及していた貸借対照表目的観，貸借対照評価実務，1910年以後のこの国の関連の法規定の動向に関する上記のような解釈の下に，あらためてかれが問題とする貸借対照表は，当時のスウェーデンの営利企業が継続企業として慣習的に「年次決算」の一環として作成する「年次貸借対照表」即ち「期間的な決算と結合している貸借対照表」[15]であることを明示する。

かれによれば，「年次決算」は，「当該企業の経済的な諸条件の全体像を明らかにすることを目標」[16]とする。「年次決算」の手続きは，元帳勘定組織に決算勘定として設定された周知の損益勘定と決算残高勘定を通じて，元帳記録とその修正を行い，「当該会計期間に関わる全ての収益（intäkt）と原価（kostnad）したがってまたその貸借差額としての……純利益（純損失）」を損益計算書に，「貸借対照表作成日における資産と負債及び両者の残高即ち資本有高」を，株式会社の場合には資本有高を細分化した「特別な項目」としての純利益（純損失）を貸借対照表に計上する[17]。「年次決算」の一環として損益計算書の作成との関係で問題となる年次貸借対照表即ち「年次会計に帰属する貸借対照表は，当該企業の実際の財産価値を表示することを目的とはしない。……［年次貸借対照表は，］資産・負債・自己資本より構成されるが，これによって全体としての事業活動の状況を明らかにする」[18]。年次貸借対照表が，「当該企業の実際の財産価値」ではなくて一会計期間における「事業活動の状況を表示するということを考慮すれば」，かかる貸借対照表を，E. Schmalenbach に倣って動的貸借対照表と呼んでもよい[19]。それは，第一義的には「損益貸借対照表」（resultatsbalansräkning）[20]として規定されるべきである。もとよりこの「損益貸借対照表」は，副次的に企業の「財政状態」・「信用評価」・「資本調達」・「流動性」などの問題を取り扱う「財産貸借対照表」（förmögenhetsbalansräkning）としても機能しうる[21]。このような「貸借対照表によって確定される年次損益は，［後述の損益概念の吟味から明らかとなるように］当該年度中に遂行された事業活動についての，当

該企業の中で作動している経済的な諸力を表示」[22]する。

O. Sillén は，年次決算の一環として作成される貸借対照表をもって一般に「損益貸借対照表」という規定を与え，この一般的な規定を前提として「資本結合の諸形態」(kapitalassociationsformer)[23]の一つである株式会社の年次貸借対照表の場合とりわけ重要な問題として次の点を指摘する。即ち株式会社という資本の結合形態は，年次貸借対照表を会計法・株式会社法などの規定に従って「年次公表会計」(en offentlig årsredovisning)[24]の一環として公表しなければならないが，公表決算したがってまた公表貸借対照表に記載される諸項目の価額と計上損益の大きさとは，「しばしば，それらが課税［所得］及び株主への利益分配の基礎をなすということによって影響される」[25]ということである。

かれによれば，「課税［所得］及び株主への利益分配」という財務的な考量に影響されるこのような年次決算は，「営業上の決算」(affärsbokslut)[26]と呼ばれる。「営業上の決算」は，「暫定的な決算」(preliminärt bokslut)[27]である。「営業上の決算」の場合しばしば計上損益の額と配当される利益の額の大小は，決算手続きの結果として事後的に算定され株主総会の決議によって承認されるのではなくて，決算手続きに先立って事前に「配当（並びに法人税額）に関する幾つかの選択肢」を比較考量し，そこより「逆算して」(baklänges) 算定される[28]。即ち株式会社などの営利企業は，「配当の額（並びに法人税額）の支払に必要な利益とおよそ同額の大きさになるような損益を求めて資産と負債を評価する」[29]。このような「営業上の決算」は，営利企業がしばしば実施する「内部的な決算」(internt bokslut)[30]と区別されるべきである。「内部的な決算」は，「個々の企業の経営者たちに，当該企業の発展動向について営業上の決算が示すよりももっと信頼に値する実際の全体像を提供することを課題としている。……内部的な決算は，利益は，当該企業よりその様々な利害関係者たちに移転・委譲されるべきであるという［企業外部の利害関係者による］如何なる要請」からも或いは「公表決算について遵守されるべき法規定」からも「完全に独立して」遂行される[31]。

O. Sillén のこのような内容の貸借対照表目的論についてここで本章の主題との関連でさしあたり指摘しておきたいことは，次の二点である。

　第一は，O. Sillén のこのような内容の貸借対照表目的論は，それ自体としては，かれ自身もいうように，E. Schmalenbach のいわゆる動的貸借対照表に関する論理[32]を殆どそのまま借用・承認した内容となっており，かれが E. Schmalenbach の所説に言及するとき，かれの関心事は，その内在的な検討と批判に向けられるのではなくて，自説の正当性を主張するための外皮として機能させることに向けられていたということである。かれはいう，「ドイツでは確かに，既に1910年以前に幾人かの卓越した法律家たちが，様々な貸借対照表評価論を提示した。とはいえこれらの場合主として問題になったことは，法律の条文解釈であり，法律の条文に妨げられずに，[貸借対照表を支配する] 経済的な諸原則を解明し説明することではなか [った。] ……およそ1910年頃にドイツの企業経済学に関する専門文献の中に，この領域においてそれ以後理論的にも実際的にも非常に重要な意味をもつようになった一専門家即ち E. Schmalenbach [の文献] が台頭した。かれは，実際の産業界の条件と要請とを基礎として，貸借対照表評価に対する純粋に経済的な見方を理論的に完璧に満たしうるやり方で提示した。われわれは，……かれの著作『動的貸借対照表』（*Dynamische Bilanz*）の中に，かれが主張した見解が最もよく記述されていることをみる」[33]と。直ぐ後にみるように，O. Sillén は，このような内容の貸借対照表目的論に続いて，継続企業としての営利企業の会計の計算構造的な仕組みとその下で成立する計上損益の概念を問い，これを媒介として貸借対照表評価諸原則という問題の所在が，継続企業としての営利企業の経営活動に関する収支の期間的な限定という点にあることを指摘するが，この場合かれが特に依拠したのは，E. Schmalenbach のかのビランツ・シェーマに集約される全体計算と期間計算の仮説，その下での計上損益の算定という論理であった。後述のように，少なくても第一次世界大戦が勃発した頃には，スウェーデンの幾つかの巨大企業は，棚卸資産（売却性資産）については主として基準有高法の原則を適用

し，設備資産については単に見積耐用年数の短縮化に留まらず，極めて弾力的な利益償却或いは加速度償却を実施していた[34]。かれにとってはE. Schmalenbachのこの論理は，営利企業のこのような貸借対照表評価実務を，巨大企業がいわばその存立の与件として受け取るべき景気循環の長期性（尤もかれは，景気循環の波動が少なくても第一次世界大戦以後形態変化をしつつあることを指摘しているが）と通常1年を単位とする「営業上の決算」としての期間計算の短期性という相反的な条件と「将来事象の不確実性と危険」[35]に適応していくために必要な措置として追認・擁護するための論理的な支柱であった[36]。かれは，それを前提としてスウェーデンの営利企業が適用している様々な貸借対照表評価諸原則を「一般的な企業経済学的な視点」より比較検討し，そこより「企業実務にとって最も重要」な原則を明らかにしようとした。その限りE. Schmalenbachの所説或いはビランツ・シェーマそれ自体についての内在的な吟味と批判という問題は，かれにとっては特別な研究対象とはならなかった。

後述のように，O. Sillénは，E. Schmalenbachの所説を借用しつつ，「営業上の決算」の結果として計上損益の概念を吟味した上で，貸借対照表評価諸原則がこの計上損益の大小に対してもつ規定的な関係を確認するために，貸借対照表評価諸原則を「伝統的な原則」(traditionell princip) と「より新しい貸借対照表評価諸原則」(nyare balansvärderingsprinciper) とに大別した[37]。そしてかれは，極めて単純化された具体的・計数的な設例（棚卸資産については自動車販売会社の売買活動の事例，設備資産については自動車運送会社の事例）[38]を通じて，この規定的な関係を論証することを求めた。この場合かれの主要な関心事の一つは，「営業上の決算」に対して景気変動が及ぼす影響をできるだけ排除するということであった。かれは，このような問題意識の下に「より新しい貸借対照表評価諸原則」の一つとしてF. Schmidtの所説を引き合いにだした[39]。とはいえここでもかれにとりF. Schmidtの所説それ自体の内在的な吟味と批判という問題は，E. Schmalenbachの場合の所説を問題にした場合と同様に特別な研究対象とは

ならなかった。F. Schmidt の所説は，ここでは既に1910年代中葉頃よりスウェーデンの幾つかの巨大企業が内部的な経営活動に関するいわゆる「経営簿記」(driftsbokföring) の領域で製品製造原価計算の場合に適用していた棚卸資産及び設備資産の評価諸原則[40]を追認するための手段として機能したに過ぎなかった。確かに O. Sillén は，しばしば E. Schmalenbach と F. Schmidt の所説を引き合いにだした。とはいえかれらの所説は，最終的には，O. Sillén がスウェーデンにおける営利企業の様々な貸借対照表評価実務を追認・擁護するために，様々な評価諸原則の上位概念として設定した「景気調整の原則」(konjunkturutjämningsprincip) 或いは「配当平準化の原則」(dividentutjämningsprincip)[41]という論理に収斂されていく。

このことは，O. Sillén が，「アメリカの貸借対照表論の卓越した代弁者」[42]として W.A. Paton の所説を引き合いにだした場合も同様であった。この点でここで留意しておきたいことは，概して O. Sillén に続く後のスウェーデンの会計学者たちも，諸外国の文献或いは所説に自説の展開のための手掛かりを求める場合，かれらもまた，概してそれらの文献或いは所説の論理的な厳密性を問題視するよりもそこに展開される基本的な思考とその実際的な適用可能性とを重視する傾向にあるということである[43]。多面にわたってスウェーデンは，しばしば広く一般に「適応国家」[44]と呼ばれているが，O. Sillén の貸借対照表目的論にみられる諸外国の文献或いは所説の上記のような摂取の仕方も，スウェーデンのこのような国民性によるものと思われる。

第二は，O. Sillén は，既述のように，貸借対照表評価諸原則の問題を「営業上の決算」・「年次公表決算」に関わる問題として認識し，そこでの期間損益は，配当及び課税などの財務的な考量によって「逆算して」計上されると説くが，近代スウェーデンにおいて財務諸表の「公開制」の問題が社会的に一般的な関心を呼ぶようになったのは，1930年代に入ってからであったという点である[45]。

G. Bondeson の研究によれば[46]，スウェーデンにおける財務諸表の「公開制」の在り方をめぐる論議は，20世紀に入っても少なくても1920年頃まで，

スウェーデン系の多国籍企業として形成途上中の巨大企業と関わりのあった，産業界における極く少数の支配者たちの間でのみ，しかも秘密裡になされていたに過ぎず，この国の輸出志向型の産業部門における株式会社であっても多国籍企業として登場しえない大部分の多数の株式会社の場合には，秘密裡でさえも論議の対象となることはなかった。その根本的な理由は定かではないが，現象的には「この時代の企業経営者の，利己的で発展に対する敵対的な資本家的性格・的確な判断力の不足・社会的な責任感の欠落」[47]が大きく作用していたといわれる。同時にこの頃まで「公開制」の在り方をめぐる論議が，形成途上にある多国籍系企業であれそうでない企業であれ，社会的に焦眉の的となることがなくても，そのことが，「近代スウェーデンの迅速な発展とその方向性に対する阻害要因となったか或いは発展を遅滞させる要因として積極的に作用してきた」[48]と考えるならば，それは，必ずしも当たらない。問題は，この国において「公開制」の在り方をめぐる論議が社会的に一般的な関心を呼ぶようになるのは，本書の第5章で問題とする I. Kreuger 事件が示すように，この国の産業界の人々が，乱脈な経理と秘密主義とをこの国の経済発展の可能性とその基本的な方向性にとって桎梏として受けとめるようになってからであった。近代スウェーデンの経済社会で取引所相場を初めて一般大衆が周知するようになったのは，イェーテボリー商業新聞の新聞記者 dr.C. R. Okorny が1925年に書いた同新聞記事を通じてであった[49]。かれは，それを契機に漸次に上場会社に対して「会計の公開制をより一層高めること」[50]が必要であることを訴えたが，この時期でさえもかれの主張は，極く少数の人々の賛同しか得られなかった。1920年代中葉のスウェーデンにおいてさえ産業界の人々が未だ「公開制」の在り方に寄せる関心が著しく希薄であったのは，なお依然としてこの国の「1920年代の産業資本家たちの特徴」としても烙印される上記のような営利企業或いは産業資本家たちの「社会的な責任感」の低さに加えて，更に当時の「この社会の政治的・社会的な風土」として情報の提供者もその受け手も「よき情報が一般に価値あるものとして重視されるべきこと」を殆ど理解することができなかったことに起因

したといわれる[51]。同時にこの時期にはこの国の巨大な多国籍企業が，既に進出先での会計実務に呼応した会計処理をしていたこともその一因であったことに留意するべきであろう。

　1929年恐慌を契機とした「アメリカ株式市場の崩壊とクロイゲル・コンツェルンの崩壊とは，ここ［スウェーデン］でも，［公開制の在り方に対する］暁の鐘となった」[52]。とりわけクロイゲル・コンツェルンの崩壊は，この国の産業界を揺さぶり，巨大な上場企業は，「よりよき財務情報」を提供することによって自己の存立を確かなものとするために，「目的意識的な行動」にでるようになった[53]。その先導者は，Volvo社の設立者であり同社の最初のVDの地位に就任したA. Gabrielssonであった。かれは，既に同社の社史の幼年期に，同社の会計を段階的に公開することを通じて，他社に先駆けて「スウェーデン企業の取締役会報告書」（de svenksa företagens styrelseberättelserna）を改善し，1929年恐慌の勃発に続く1930年の取締役会報告書には「報告式損益計算書」を折り込み，1932年以後各種の有形固定資産の減価償却率を添付するようになった。とはいえこの国の多数の企業の指導者たちが，Volvo社の事例を先例としつつ，企業の存立のために対社会関係として「良き会計―良き関係」[54]の構築を意識するようになるには暫く時を要した。そしてその間，少数の証券分析家たちのみが，「公開制」の改善を求めて関連の業界新聞に機会を捉えては寄稿したに過ぎなかった。

　G. Bondesonが指摘するように，確かに，スウェーデンにおいて近代財務諸表公開制度の問題が本格的に社会的な関心事になるのは，1929年恐慌を契機としたI. Kreugerが主導するSTAB社及びKreuger Groupの倒産とそれに伴う不正経理の発覚，しかもそれが，時の政権担当者の一部と癒着していたことが表面化した1930年代前半であったことは，明らかである[55]。このことは，この時期に同社の監査業務を直接担当してきた公認会計士A. Wendlerの会計責任のみならず，この国の公認会計士一般の独立性と社会的な責任を問うことになった。O. Sillénは，公認会計士としてのかれの足跡が示すように，この事件には全く関与していなかったが，公認会計士とし

第3章　O. Sillénの貸借対照表評価諸原則論 | 149

てのその独立性を保持するという意味合いから，二十余年間も関与してきた，「スウェーデン産業連盟」の下部機関として20世紀初頭に設立された「株式会社産業情報サーヴィス」のコンサルタント／公認会計士としての職を，かれと師弟関係にあった3名の人々（Fritz Tjus／Arvid Erikson／Nils Olsson）と共に辞任し，新たに監査会社 STEO を設立したことは，それを端的に象徴していた[56]。

　われわれは，近代スウェーデンの財務諸表公開制度の萌芽を，それ自体としては，より古い時代にまで遡ることが可能であろう[57]。それは，スウェーデンにおける近代的な資本の集中・集積運動の担い手としての近代株式会社の制度的な承認（即ち1848年の株式会社法による全社員有限責任制及び1895年株式会社法による設立に関する準則主義の制度的な承認）の過程と共に，或いは幾分かはそれに先行しつつ形成されてきたといえるであろう。後発資本主義国として出発したスウェーデンの近代的な資本主義的工業化過程は，およそ1870年頃より本格的に開始し，第一次世界大戦の勃発までにその過程を一先ず終了した。その間に幾つかの諸産業と諸企業とは，既に明確な独占化への道を辿るようになっていた。こうした状況の下で「営業上の決算」は，主として配当可能な利益の額をめぐる「資本所有者対経営管理者の構図」[58]を基軸として，両者の利害関係を調整する手段として機能していた。そして1929年恐慌を契機として1930年代に入ると，O. Sillén が，「企業は，単に最大限の利潤を追求を目的として存立するのではなくて，公共の福祉を目的として存立する」[59]と述べなければならなかったように，株式会社が存立していくためには，株式会社の制度的・社会的性格という外皮を強調することが必要となった。巨大な株式会社は，自立的な存在としての企業観を標榜しつつ，個別企業対全体経済／企業対社会関係を基軸として[60]，この概念的な装置の下に「慎重な評価の原則」の名を借りて多様な評価実務を展開した。O. Sillén は，「景気調整の原則」或いは「配当平準化の原則」を措定し，それを通じてこの実務を追認・擁護することを求めた。

〈注〉
1) Sillén, Oskar, *Nyare Balansvärderingsprinciper*, 4. uppl. (omarb. och utök.), P.A. Norstedt & Söners Förlag, Stockholm, 1944, s. 3 ; Sillén, Oskar-Västhagen, Nils, *Balansvärderingsprinciper med särskild hänsyn till resultatberäkning vid växlande priser och penningsvärde*, 10. uppl. (ombesörjd av Signurd Löfgren), P.A. Norstedt & Söners Förlag, Stockholm, 1970, s. 77.
2) Sillén, Oskar, *Nyare balansvärderingsprinciper*, 3. uppl., P.A. Norstedt & Söners Förlag, Stockholm, 1933, s. 5.
3) Sillén, Oskar-Västhagen, Nils, *op. cit*., 10. uppl., s. 10.
4) Sillén, Oskar, *op. cit*., 3. uppl., s. 6.
5) 大野文子稿「スウェーデンにおける株式会社の発展―同国の近代会計関連法規定の生成の史的背景として―」(1)・(2)・(3) 明治大学短期大学紀要 第55号 1994年3月・第56号 1995年2月・第57号 1995年3月
6) Sillén, Oskar, *op. cit*., 10. uppl., s. 13.
7) *Ibid*., s. 14.
8) Sillén, Oskar, *Studier i Svensk Företagsekonomi. Uppsatser och Föredrag 1928-1943*, 3. uppl., P.A. Norstedt & Söners Förlag, Stockholm, 1946, ss. 21-45.
9) Sillén, Oskar-Västhagen, Nils, *op. cit*., 10. uppl., s. 14.
10) Tauvon, Gerhard, *Om aktiebolag och deras förvalthing: Juridik handbok för direktörer och styrelseledamöter m.fl. Jämte formulär och lagertexter*, Lars Hökerbergs Bokförlag, Stockholm, 1925, ss. 3-5 och 15-17 ; Glader, Mats/Bohman, Håkan/Boter, Håkan/Gabrielsson, Åke, *Företagsformer i teori och tillämpning, En studie med inriktning på mindre och medelstora företag*, Utredning från statens industriverk, SIND 1975 : 5, Liber Förlag, Stockholm, 1975, ss. 28-31.
11) Sillén, Oskar-Västhagen, Nils, *op. cit*., 10. uppl., s. 13.
12) Hemberg, William och Sillén, Oskar (utgiv.), *Bokföringslagen av den 31 Maj 1929, Med förklarande anmärkningar, formulär och sakregister*, 5. uppl., P.A. Norstedt & Söners Förlag, Stockholm, 1958, s. 67 följ. ; 大野, [1994年3月], [1995年2月], [1995年3月], 前掲稿。
13) Rodhe, Knut, *Aktiebolagstätt enligt 1944 års lag om aktiebolag*, 7. uppl., P.A. Norstedt och Söners Förlag, Stockholm, 1970, s. 143 följ.
14) Sillén, Oskar-Västhagen, Nils, *op. cit*., 10. uppl., s. 13.
15) *Ibid*., s. 11.
16) *Ibid*., s. 9.
17) *Ibid*., s. 10.
18) *Ibid*., s. 9.
19) Sillén, Oskar, *op. cit*., 3. uppl., s. 8.
20) *Ibid*.
21) *Ibid*., s. 12.

第 3 章　O. Sillén の貸借対照表評価諸原則論 | 151

22) *Ibid*., s. 8.
23) Sillén, Oskar-Västhagen, Nils, *op. cit*., 10. uppl., s. 9.
24) *Ibid*., s. 10.
25) *Ibid*.
26) *Ibid*., s. 9.
27) Sillén, Oskar, *op. cit*., 4. uppl., s. 49.
28) *Ibid*.
29) *Ibid*.
30) Sillén, Oskar-Västhagen, Nils, *op. cit*., 10. uppl., s. 10.
31) *Ibid*.
32) Schmalenbach, Eugen, *Dynamische Bilanz*, 7. Aufl., Leipzig, 1939, エ・シュマーレンバッハ著/土岐政藏訳「動的貸借対照表論」森山書店 1959年。
33) Sillén, Oskar-Västhagen, Nils, *op. cit*., 10. uppl., s. 14.
34) *Ibid*., ss. 72-75. 本章では O. Sillén の貸借対照表評価諸原則に関する所説の基本的な論理構造を明らかにするという趣旨より，単純化のために関連の法諸規定の問題を意識的に無視した。スウェーデンの貸借対照表評価実務は，当時も（そして今も）現実問題としては法規定とりわけ税法上のそれによって殆どそのまま承認され手厚く保護されていたことは，例えば，髙寺貞男稿「スウェーデンの税務資産会計について」（会計 第77巻第 6 号 1960年）；同論稿「スウェーデンの投資準備金制度について」（会計 第78巻第 7 号 1960年）；同論稿「自由償却と経済不安定効果」（同著「会計政策と簿記の展開」ミネルヴァ書房 1967年 所収）などで指摘されているように，明らかである。大野文子稿「スウェーデンにおける投資準備金制度の基本構造 1938-1955」（明治大学短期大学紀要 第61号 1997年 3 月）もまた，この制度の計算の仕組みを明らかにすることを通じてこの国における企業優遇税制の問題の一端を考察している。
35) Sillén, Oskar, *op. cit*., 3. uppl., s. 45.
36) *Ibid*., 4. uppl., s. 44, Sillén, Oskar-Västhagen, Nils, *op. cit*., 10. uppl., s. 66.
37) Sillén, Oskar, *op. cit*., 3. uppl., ss. 18-20 och ss. 25-27.
38) この事例については，本章の第 3 節で言及する。
39) Sillén, Oskar, *op. cit*., 3. uppl., s. 22；Sillén, Oskar-Västhagen, Nils, *op. cit*., 10. uppl., s. 29；Schmidt, Fritz, *Die Organische Tageswertbilanz*, 3 durchges und erw., Gloeckner, Leipzig, 1929, F. シュミット著/山下勝治訳「シュミット有機観貸借対照表学説」（改訂増補第 3 版）同文館 1934年。
40) Sillén, Oskar, *op. cit*., 3. uppl., ss. 22-25 och Sillén, Oskar-Västhagen, Nils, *op. cit*., 10. uppl., s. 29.
41) Sillén, Oskar-Västhagen, Nils, *op. cit*., 10. uppl., s. 67；Sveriges Industriförbund, *Arosmässan 1919 Förhandlingar : Konjunktur, Politik och Företagsbeskattning*. Uttalande av K.A. Wallenberg, Stockholm, 1920.
42) Sillén, Oskar-Västhagen, Nils, *op. cit*., 10. uppl., s. 63；Paton, William Andrew, *Accounting Theory, Ronald Press*, New York, 1922；Paton, William Andrew/

Paton, William Andrew Jr., *Assets Accounting*, New York, 1952.
43) Engwall, Lars (red.), *Föregångare inom företagsekonomin*, SNS Förlag, Stockholm, 1995.
44) Andersson, Ingvar, *A History of Sweden*, 2nd ed., Natur och Kultur, Stockholm, 1970; Scobbie, Irene, *Sweden, Nations of the Modern World*, Ernest Benn Ltd., London, 1972; Fritz, Martin/Nyrgren, Ingemar/Olsson, Sven-Olof/Olsson, Ulf, *The Adaptable Nation: Essays in Swedish Economy during the Second World War*, Almqvist & Wiksell International, Stockholm, 1982.
45) スウェーデンにおける財務諸表公開制度の近代化を迫った最も直接的な契機は，1929年世界恐慌に伴うI. Kreuger 事件であった (Hildebrand, Karl-Gustaf, *Expansion Crisis Reconstruction 1917-1939: The Swedish Match Company, 1917-1939, Studies in Business Internationalisation*, Liber Förlag, Stockholm, 1985, Part II. Chap. 2, Part III. Chap. 1 and Account finances, pp. 399-420 etc.)。スウェーデンのマッチ会社 STAB 社が，国際的に著名になったのは，その「多角化経営」(Hildebrand, Karl-Gustaf, *op. cit.*, p. 247) によるものであった。同社は，設立以来国際市場への参入の努力を重ねてきたが，その過程でとってきた複雑な財務構造は，1929年の恐慌によって同社が崩壊するまで極秘裡となっていた。I. Kreuger の自殺をもって崩壊した同社に対して，アメリカを中心として新たに組織された国際的な監査団は，極度の「秘密主義」(Hildebrand, Karl-Gustaf, *op. cit.*, p. 255.) の下で粉飾されてきた同社の経理の実態を白日の下に晒した。国際市場での競争に晒されていた Volvo 社の VD.A. Gabrielsson は，比較的早期よりスウェーデンの会計制度の改善を提唱していた。かれもまた，この事件について国際的な監査団の動向に連動して，本格的な調査に着手した (Hildebrand, Karl-Gustaf, *op. cit.*, pp. 246-247, 264-266, 269-270, 272, 310-311, 386-387, 452-453, 457)。本章で直接引用しているスウェーデンの財務諸表公開制に関する Gustaf Bondeson の指摘は，1930年代初頭のスウェーデンのこうした事件と深く関わっていた。この問題の委細は，本書の第5章で言及する。
46) Bondeson, Gustaf, *Finansiell information om öppen redovisning till vidgad läsekrets*, P.A. Norstedt & Söners Förlag, Stockholm, 1971, s. 25.
47) *Ibid*.
48) *Ibid*.
49) *Ibid*., s. 26.
50) *Ibid*.
51) *Ibid*., s. 28.
52) *Ibid*., s. 26.
53) *Ibid*., s. 25.
54) Bondeson, Gustaf, *God årsredovisning : goda relationer*, Studieförbundet, Näringsliv och Samhälle, Stockholm, 1956.
55) Wallensted, Eva, *Oskar Sillén. Professor och Praktiker: Några drag i företagsekonomiämnets tidiga utveckling vid Handelshögskolan i Stockholm*, Uppsala,

1988, ss. 243-251.
56) この問題については，大野文子稿「スウェーデンにおける近代会計学の形成―概観（1900年より1945年まで）―」(3) 明治大学短期大学紀要 第60号 1997年1月, 43-44頁及び49-63頁で既に言及。
57) Sillén, Oskar, "Zur Geschichte der Betriebswirtschaftslehre in Schweden. En Uberblick über die betriebswirtschaftliche Literatur Schwedens bis zum Jahre 1900", Zeitschrift für Handelswissenschaft und Handelspraxis, 22. Jg., 1929, Teil I (Heft 2, SS. 55-61) und Teil II(Heft 4, SS. 118-124), en svensk översättning finns i "Studier i Svensk Företagsekonomi"av Oskar Sillén, 1. uppl., 1943, 3. uppl., 1946 ; Sillén, Oskar, "Några drag ur den svenska företagsekonomiska revisionens historia med särskild hänsyn till förvaltningsrevisionen", Studier i ekonomi och historia, Tillägnade Eli F. Hechscher på 65 årsdagen den 24 November 1944, Almqvist & Wiksells Boktryckeri AB, Uppsala, 1944, ss. 193-212 ; Grandell, Axell, *Redovisningens Utvecklingshistoria*, Tidskrifts AB Företagsekomi, Lidköping, 1972 ; Jönsson, Lundmark Birgitta "Redovisningsprinciper", Aktuella Redovisningens Problem, Albert ter Vehn 80 årsdagen, Företagsekonomiska Studier i Göteborg, Göteborg, 1981, ss. 111-121.
58) 淺羽二郎著「報告会計論の基調」森山書店 1994年, 53頁。
59) Sillén, Oskar, *Studier i Svensk Företagsekonomi. Uppsatser och Föredrag 1928-1943*, 3. uppl. (omarb. och utök.), P.A. Norstedt & Söners Förlag, Stockholm, 1946, ss. 24-25.
60) 筆者が，この著作を執筆する上で会計における企業対社会関係の問題を考えるために熟読した様々な文献の中でもとりわけ多大な示唆を頂戴したのは，淺羽二郎教授が次の一連の著作の中で展開されている所説であった。即ち「会計原則の基礎構造」有斐閣 1959年；「ドイツ会計学序説」森山書店 1966年；「現代会計学の展開」白桃書房 1969年；「制度会計論の基礎」同文舘 1975年；「理論会計学の基礎」白桃書房 1978年；「会計測定構造の基礎」中央経済社 1983年；「財務会計論」森山書店 1984年；「管理会計論の基調」文眞堂 1991年；「財務報告論の基調」森山書店 1994年など。

第2節　損益概念論

　O. Sillén は，以上のような内容の貸借対照表目的論に続いて，「われわれは，貸借対照表が第一義的には年次損益を確定する場合その補助手段であるということを示そうとしてきたので，損益概念を明確化することが，……貸借対照表評価諸原則について論議を始めるのに先立って究明されなければな

らない」[1]と述べ,「営業上の決算」における損益概念を吟味する。

かれによれば,「営業上の決算」における損益とは, 営利企業がその経営活動によって生みだした「給付」(prestation) を顧客に引き渡すことによって獲得した「収益」(intäkt) と, この給付の生産・販売のために費やした「犠牲」(uppoffring) である「原価」との差額である[2]。この場合収益は,「既に確立されている会計の領域」[3]では一般に「販売」(försäljning)・「売上」(omsättning) 或いはこれに対応する取引を通じて実現されたものであることを確認すればよい[4]。これに対して収益に対応される原価は, 一般に, 営利企業が一定の財貨・用役を調達するために実際に支払い負担した原価として,「スウェーデンで問題となっている総原価計算の場合の統一的な用語に対する提案と一致して」,「調達原価」(anskaffningskostnad) と呼ばれる[5]。とはいえこの損益概念は, 必ずしも損益概念の唯一の規定ではない。例えば, F. Schmidt は, 一方では, 収益に対応される原価を本来的な事業活動において財貨・用役を調達するために実際に支払った調達原価ではなくて, それらの財貨・用役を「販売の機会に或いは貸借対照表作成日の時点で」[6]再調達したならば「必然的に発生する筈の原価」[7]で算定する。同時に F. Schmidt は, 他方では, このような原価を基礎として算定される利益と期末に「手元に現存する財産部分に発生した利益」とを区別し, 分配可能な利益とは別途に表示する[8]。この場合問題となる原価は,「再調達原価」(återanskaffningskostnad) 或いは「再生産原価」(reproduktionskostnad)[9]と呼ばれる。再調達原価が,「販売の時点或いは貸借対照表作成日［など］, ……当該会計期間における何らかの時点」でのそれを意味するならば, 再調達原価は,「現在調達原価」(nuanskaffningskostnad) 或いは「現在原価」(nukostnad) を問題とすることになるが[10], 再調達原価は,「当該会計期間における何らかの時点」ではなくて将来の会計期間における「将来の再調達原価」(en framtid återanskaffningskostnad) を問題とすることも可能である[11]。特別な限定を付さない限り, 再調達原価を現在原価の意味で使用する。F. Schmidt の所説とりわけ再調達原

価による費用計算及び財産計算という所説は，必ずしもその実際的な適用可能性という点で全面的に承認しうるものではないが，かれが提示した本来的な事業活動による損益に対する価格変動の影響を徹底して排除するべきであるという基本的な思考は，賛同されるべきである[12]。

　O. Sillénは，このように「営業上の決算」における年次損益は，収益とそれに対応される原価（調達原価）との差額として規定した上で，継続企業を前提として当該会計期間における収益と原価とを収支主義に基づいて測定する場合，収支の流れと期間的な収益及び原価とは必ずしも一致せず，年次損益の計上には収支の期間的な限定を必要とし，貸借対照表評価諸原則の問題もこの点にあるとして，次のようにいう。

　「実業界でゆきわたっている諸条件が非常に単純であり，その結果1年間に発生する全ての収入 (inkomst) 並びに当該企業が負担しうる全ての支出 (utgift) が，収益及び原価として単に当該年度の事業活動にのみ関係しているとすれば，貸借対照表評価上の諸問題は，……単純な問題となっている筈である。何故なら期間限定上の諸問題［に取り組むことを］免れることになるからである。［この場合］われわれが論ずるべき問題は，単に上記にあげたような問題即ち……収益と調達原価との差額或いは収益と現在原価との差額［の何れ］を利益として見做すべきであるかという問題となるに過ぎない。

　とはいえ実際には，毎年，単に当該年度に関係している収入と支出が発生するのみならず，過去の或いは将来の年度を対象とした収入と支出も発生する。

……中略……

　収入と支出を所定の期間に正しく配分することは非常な困難を伴うため，年次損益の算定の場合この損益が正確なものになると［一般に］期待しうることは，殆ど稀である。とはいえできるだけ真実なものになることを求め，［そのための］様々な解決策と見解について討議することを放棄してしまうようなことがあってはならない。

この目標を到達するためわれわれが先ず確認するべき点は、損益計算書は、当該年度……に関係する収益と原価を記載するということである。前者が後者よりも大きければ利益が発生し、反対の場合には損失となる。当該年度に帰属しない全ての収益と原価とは、貸借対照表に結合される。とはいえ貸借対照表には、単に当該年度中に既に会計の対象となっていた支出と収入のうちの未消費部分のみならず、将来の支出及び収入になると見做されるが、特に当該期間の損益の算定の場合に考慮されるべき支出及び収入（これらは時折、経過的項目 antecipativa poster と呼ばれるが）も、記載される。

……中略……

貸借対照表は、明らかに、営利企業の損益計算の一手段である。そのことは、われわれが既にその他の［問題］との関係で確認済みである。そしてわれわれが賢明にも想起するべき点は、貸借対照表評価問題は、……単に資産及び負債をどのように評価しうるかという問題のみではなくて、一種の配分問題（ett slags fördelningsproblem）にも関わっているということである。特に答えるべき問題は、どのようにして収入と支出が各会計年度に収益及び原価として配分されうるかという問題、即ちどのようにして収入と支出の期間配分が行われうるかという問題である」[13]。

O. Sillén が、上記にみるように、「営業上の決算」における年次損益を収益とそれに対応する原価との差額として認識し、継続企業を前提とした期間損益計算の下では貸借対照表評価諸原則の問題の所在が、収支の期間的な問題に帰着すると主張したとき、このような主張それ自体は、当時、近代的ないわゆる受託責任会計の枠組みの下で[14]、債権者保護・投資家保護・利害関係者保護（或いは調整）などという会計目的の措定、それに適合的ないわゆる動態的な期間損益計算構造、それに関わる一連の計算諸原則など、とりわけドイツ動態論を確立した E. Schmalenbach の所説における基本的な論理を踏襲・確認・反復したに過ぎなかった。

周知のように、E. Schmalenbach がかの Dynamische Bilanz で取り組んだ主要な課題の一つは、当時のドイツ貸借対照表価値論争の過程が象徴する

ように，貸借対照表を伝統的に商法上予定・承認されてきた財産法的計算思考によって解釈する立場に対して，貸借対照表を商人実践＝経営経済的な立場より損益法的計算思考によって把握・再解釈することであった。この場合商人実践としての貸借対照表作成実務の問題は，基本的には企業をもって国民経済における一器官とする企業観を前提に経済性の指標として措定され，具体的にはその計算の確実性と客観性の故に私経済的な収益の測定をもって代替せざるをえない利益，とりわけ期間利益の計算との関係で認識されるべき問題であった。期間利益の算定は，少なくとも貨幣価値の安定を前提とした場合，複式簿記を基礎とする貨幣資本循環的な継続的な現金の収入・支出の流れを媒介として財貨の給付・費消の流れを測定することを意味した。このような利益計算の枠組みを成立させる前提として措定されたのは，合致の原則・継続性の原則・比較可能性の原則など，一連の原則であった。複式簿記を基礎とする商人実践としての貸借対照表は，収入・支出の流れを媒介とした財貨・用役の給付・費消の流れを測定しようとする場合，発生する両者の流れの期間的なズレを調整し，期間計算と期間計算を結合する連結帯として「緩衝器」(der Ausgleichspuffer)・「力の貯蔵庫」(der Kräftespeicher) と呼ばれた。貸借対照表は，このような意味において損益計算の一手段として位置づけられたのであった[15]。

　E. Schmalenbach のこのようないわゆる動的貸借対照表論は，その後，様々な視点より批判・解釈・展開される諸契機をそこに内在していた。とはいえ O. Sillén が，E. Schmalenbach の動的貸借対照表論の基本的な計算思考に着目したとき，その意図は，E. Schmalenbach の動的貸借対照表論を内在的に批判・摂取し，新しい貸借対照表論を展開させることではなかった。O. Sillén は，スウェーデンの貸借対照表評価諸原則を比較・検討する場合，それに先立って貸借対照表目的論から開始し，続いて損益概念の吟味に着手した。その場合，かれが E. Schmalenbach の動的貸借対照表論とりわけ複式簿記を基礎とする損益計算の手段としての貸借対照表という論理を借用したのは，複式簿記を基礎とする損益法的利益計算方式それ自体が構造的に内

在する費用の「操作の可能性」[16]を，1930年代初頭におけるこの国の経済的・社会的な条件とそれに規定された私的企業の経営主体の様々な思惑と結合させることによって，決算政策または会計政策として[17]，積極的に利用しようとする点にあったように思われる。

損益法的利益計算方式の下では，期間損益の規定的な要因は，期間収益と期間費用であり，期間損益は，両者の単なる形式的な差額概念として認識されるに過ぎない。この差額概念としての期間損益の決定は，計算構造的な手順としては最初に期間収益を測定し，次いでそれに応じた期間費用を決定する関係として示される。この場合いわゆる期間損益の認識基準としては発生主義・実現主義の原則などが，測定基準としては収支主義が措定される。期間収益の認識は，発生主義の原則を限定する実現主義の原則の適用によって「対価確定の時点」[18]まで俟たなければならない。これに対して期間費用の認識は，発生主義（或いは発生原因主義）の原則の適用による。そのため，収益の認識と測定の問題とは「論理的にも時間的にも」異なる次元の問題として処理しうる[19]。その限り損益法利益計算方式の下では，損益計算は，様々な経営財務的な考量より設定される期間損益の額を事前に決定することより出発して，実現主義の原則によって認識される期間収益との関係で，期間費用を計上することを可能とする。確かにこの場合には，実質的な差額概念として観念されるのは，期間損益ではなくて期間費用となるであろう[20]。O. Sillén は，貸借対照表評価諸原則の比較・検討をするのに先立って，さしあたり会計の伝達機能をその論理展開の前景に据えて，貸借対照表目的＝会計目的を考察することより出発して，続いて会計上の計上損益概念を吟味する形をとりつつ，会計目的が，会計計算の構造＝損益法的利益計算方式を規定する関係を示した。とはいえかれが，期間利益は，配当及び租税の支払という財務的な考量によって「逆算して」測定されると主張するとき，損益法的利益計算方式の下での期間損益・期間収益・期間費用という，上記のような錯倒的な規定関係が，この主張を計算構造的に可能にする前提となっていた。O. Sillén が，E. Schmalenbach の Dynamische Bilanz の基本的な論

理の大枠を踏襲しつつ，損益法的利益計算方式の下で期間利益の測定が「逆算して」計上されることが可能であることを明確に指摘すること，それは，次項でみるように，当時のスウェーデンの営利企業が「営業上の決算」の場合適用している様々な貸借対照表評価諸原則の中でも，「景気調整」或いは「配当調整」という視点より最も適合的な評価諸原則を追認・擁護するための大前提であった。

　スウェーデンは，1870年代より遅れた後発資本主義国として，本格的に近代的な資本主義的工業化過程に着手し，第一次世界大戦が終了する頃にはその過程をほぼ終了していた。この国の幾つかの比較的少数の巨大な営利企業は，それ以後列強諸国のそれと同様に景気変動が古典型より形態変化を遂げつつますます激化する中にあって[21]，国際経済社会の一隅で生産の特化と貿易・資本の海外移転を通じて自己の地位を確立していかなければならなかった。1929年にアメリカを起点とした世界恐慌の余波は，幾分かの時間の遅れをもってこの国にも波及した[22]。この時期には，社会民主労働党が，1930年代に入って初めて長期政権の座を獲得し，本格的に恐慌・失業問題と取り組み，様々な政策を実施するのに先駆けて，既にこれらの企業とその経営者たちは，景気変動に対応する私的な諸政策の一つとして会計政策を講じていた。その対策は，概して棚卸資産の消費原価（払出価額）の決定と設備資産の減価償却の問題に集中し，前者については基準有高法を，後者については利益償却或いは加速度償却を実施することに力点をおく内容となっていた。この場合これらの企業が会計とりわけ財務会計上必要としたのは，景気の動向との関連で「逆算して」計上する公表期間損益の正当性を主張しうる論理であった。O. Sillénが，貸借対照表目的措定より出発してそれに規定された一定の計算構造を前提として，極めて単純化された具体的な設例によって，貸借対照表評価諸原則を比較・検討することを求めたとき，それは，このような企業の会計実務を「景気調整」或いは「配当調整」という原則を措定することによって追認・支援することを目指していたのであった。

〈注〉

1) Sillén, Oskar-Västhagen, Nils, *Balansvärderingsprinciper med särskild hänsyn tagen till resultatbeäkning vid växlande priser och penningsvärde*, 10. uppl. (ombesörjd av Signurd Löfgren), P.A. Norstedt & Söners Förlag, Stockholm, 1970, s. 21.
2) *Ibid*., s. 22.
3) *Ibid*., s. 61.
4) Sillén, Oskar, *Nyare balansvärderingsprinciper*, 3. uppl., P.A. Norstedt & Söners Förlag, Stockholm, 1933, s. 14.
5) Sillén, Oskar-Västhagen, Nils, *op. cit*., 10. uppl., s. 23; ter Vehn, Albert, *Självkostnadsberäkningens standardisering, med hänsyn tagen till den kalkylerande bokföringen hos Volvo, SKF, ASEA och L.M. Ericsson*, Handelshögskolan i Göteborg, 1936. なお「スウェーデンの総原価計算の場合の統一的な用語に対する提案」という問題については，大野文子稿「スウェーデンにおける近代会計学の形成―概観（1900年より1945年まで）―」(3) 明治大学短期大学紀要 第60号 1997年1月でA. ter Vehnの所説を手掛かりとして，詳細な検討・考察をしているので，ここではその具体的な内容には言及しない。
6) Sillén, Oskar-Västhagen, Nils, *op. cit*., 10. uppl., s. 23.
7) Sillén, Oskar, *op. cit*., 3. uppl., s. 14.
8) *Ibid*., ss. 14-15.
9) Sillén, Oskar-Västhagen, Nils, *op. cit*., 10. uppl., s. 23.
10) *Ibid*.
11) *Ibid*.
12) *Ibid*., s. 29.
13) *Ibid*., ss. 23-25.
14) 淺羽二郎著「現代会計学の展開」白桃書房 1969年，第1部第3章；同著「財務会計論」森山書店 1984年，10-12頁；同著「管理会計論の基調」文眞堂 1991年，18-22頁など。
15) Schmalenbach, Eugen, *Dynamische Bilanz*, 7. Aufl., Leipzig, 1939, エ・シュマーレンバッハ著/土岐政蔵訳「動的貸借対照表論」森山書店 1959年；黒澤清編「体系近代会計学 XIV 理論会計学」中央経済社 1981年，第4章損益計算論（一）・ドイツ・シュマーレンバッハ動的貸借対照表論の意義；宮上一男編「会計学講座2 近代会計学の発展」世界書院 1974年；宮上一男編「会計学講座6 シュマーレンバッハ研究」世界書院 1978年；岩田巌著「利潤計算原理」同文舘 1956年，特に第三編第一章「ディナミッシェ・ビランツ」の理論構造；谷端長著「動的会計論の構造」森山書店 1958年，同著「動的会計論」森山書店 1966年。
16) 淺羽二郎著「理論会計学の基礎」白桃書房 1978年，230-231頁。
17) Jönsson, Lundmark Birgitta, *Resultatmättning och bokslutspolitik*, Studentlitteratur, Lund, 1977.

18) 山下勝治著「企業会計原則の理論」森山書店 1963年，86-87頁。
19) 淺羽二郎著，[1978]，前掲書，226頁。
20) 同上書，230頁。
21) 古川哲著「危機における資本主義の構造と産業循環」有斐閣 1972年，第2章。
22) Lunberg, Erik, *Business Cycles and Economic Policy* (Translated by J. Potter), George Allen & Unwin Ltd., London, 1957, エーリック・ルンドベルグ著/吉野俊彦訳「景気変動と経済政策―経済統制か金融政策か―」至誠堂 1964年；Lundberg, Erik, "Ekonomiska utvecklingstendenser i Sverige under mellankrigsperioden", Adamsson, Rolf/Jörberg, Lennart (utgiv.), *Problem i svensk ekonomisk historia*, Gleerup, Lund, 1972, ss. 195-216；Dahmén, Erik, "Den industriella omvandlingen under mellankrigstiden", Adamsson, Rolf/Jörberg, Lennart (utgiv.), *Problem i svensk ekonomisk historia*, Gleerup, Lund, 1972, ss. 258-286.

第3節　貸借対照表評価諸原則の計上損益に対する規定的な関係論

1. 貸借対照表評価の伝統的な原則とより新しい諸原則

O. Sillén は，損益計算の手段としての貸借対照表の論理を前提として，当時，スウェーデンも含む欧米諸国の関連の諸文献で問題となっていた貸借対照表評価に関する諸原則とりわけ資産評価に関するそれらを「伝統的な原則」(traditionell princip) と「より新しい貸借対照表評価諸原則」(nyare balansvärderingsprinciper) とに大別した。

ここにいう「伝統的な原則」とは，起源は定かではないが，スウェーデンの会計実務上古くより存在し，既にこの国の1910年株式会社法（1910 års aktiebolagslag）でも承認されていた原則[1]であり，簡潔にいえば，流動資産とりわけ棚卸資産については「調達原価」(ansakaffningskostnad) 或いは低価主義の原則を，設備資産については「調達原価マイナス当該資産の経済的な耐用年数に従って毎年実施される減価償却費」という手続きを適用する原則であった。これに対して「より新しい貸借対照表評価諸原則」とは，この国では時としては「現在原価」(nukostnad)・「現在調達原価」(nuanskaffningskostnad)・「現在価格」(nukostpris) など様々な名称で呼ばれる

「現在価額の原則」(nuvärdesprincip), 「有機的な原則」(organisk princip), 「基準在高評価の原則」(normal lagervärederingsprincip) を総称したものであった。かれが貸借対照表評価諸原則をこのように大別した狙いは, 第一次世界大戦以後, 景気循環がその古典的形態より形態変化しつつ一層激化していく中で, スウェーデンの営利企業とりわけ幾つかの比較的少数の巨大企業が, 棚卸資産及び設備資産を中心として既に実施している会計上の景気対策的な評価実務を, 「景気調整貸借対照表評価の手続き」(konjunkturutjämnande balansvärderingsåtgärder)[2]を提示することを媒介として, 追認・擁護することであった。基準在高評価の原則は, いわば LIFO の先駆形態[3]として, 既に19世紀後半イギリスで利用されており, 20世紀初頭にはアメリカに普及し, ドイツでも E. Schmalenbach もまた1919年の著書[4]でこの評価法における基本的な計算思考を示唆しており, 更に W. Mahlberg が1925年の著作[5]で明確化した原則であった。この原則は, それ自体としてスウェーデンでも既知の原則であったが, O. Sillén がこの原則を「より新しい貸借対照表評価諸原則」に含めたのは, このような考え方の下でこの原則の景気変動に対する損益中和化的な性格に着目したからであった。

2. 設例と検討

O. Sillén は, 貸借対照表価評諸原則と「営業上の決算」における期間的な計上利益との規定的な関係を, 主として棚卸資産（商品）及び設備資産（車輛運搬具）に関する二つの極めて単純化された設例を手掛かりとして計数的・具体的に検証することを求めた。設例の一つは, 自動車販売会社の自動車の売買活動の事例, 他の一つは, 運送会社の車両運搬具の減価償却に関する事例である。前者の設例は, 期首には資本は自己資本からのみなり, 資本は全て費用性資産としての棚卸資産（自動車）にのみ投資されるということを前提として, 棚卸資産としての自動車の売買活動をする場合, 棚卸資産に適用する評価原則と回収・維持するべき資本・売上原価・貸借対照表価額・計上利益の額などの関係を問題とした事例である。後者の設例は, 自動

車販売会社のそれと同様に，期首には資本は自己資本からのみなり，資本は全て費用性資産としての設備資産（車輌運搬具）にのみ投資されるということを前提として，設備資産に適用する評価原則と運送活動の遂行上回収・維持するべき資本の額・減価償却費・貸借対照表価額・計上利益の額などの関係を問題とした事例である。

自動車販売会社の自動車の売買活動[6]

仮定1：(1)同社は，自己資本80tkrをもって営業開始，自己資本は，全額，棚卸資産としての車10台の購入に充当，調達原価@8tkr.
(2)この車の購入直後に再調達原価は@85tkrに騰貴，当該年度中，この価格水準を維持
(3)当該年度中に自動車6台を現金販売，売価@10tkr.

仮定2：(1)仮定1の条件(1)・(2)・(3)は，ここでも不変
(2)期末に自動車の再調達原価は，@7tkrまで低落

運送会社の車輌運搬具の減価償却[7]

仮定3：(1)同社は，自己資本20tkrをもって営業開始，自己資本は，全額，車輌運搬具としての車1台の購入に充当，車の耐用年数5年（残存価額ゼロ）
(2)年間現金運賃収入40tkr，年間運営費34tkr.
(3)この車の購入後第1年目の年度末より第4年目の年度末にかけて車の再調達価格は，各々@18tkr，@16tkr，@24tkr，@30tkrに変動
(4)減価償却費に対応する金額は銀行に預金（但し単純化のため利子は無視）
(5)ここで問題とする再調達原価は，車の購入後第3年目年度末のそれ（@24tkr.）

仮定4：(1)仮定3の条件(1)・(2)・(3)・(4)は，ここでも不変
(2)ここで問題とする再調達原価は，車の購入後第2年目年度末のそれ（@16tkr.）

O. Sillénは，この二つの設例において，「伝統的な原則」と「より新しい貸借対照表評価諸原則」に従って回収・維持するべき資本の額・売上原価・減価償却費・貸借対照表価額・計上損益の額を試算し，貸借対照表評価諸原則と計上損益との規定的な関係を計数的・具体的に検証する場合，さしあたり資産の測定尺度としての貨幣価値は一定或いは多少の変動はあってもこれを無視するという仮定より出発する[8]。次いでかれは，計上利益の算定の基礎としての資本維持概念には，名目資本維持概念と物的資本維持概念があると説く。この場合かれが物的資本維持概念として措定するのは，少なくても当該企業が生産する製品の種類（及び材料の種類）には全く変化がないこと

を条件として従前通りの生産力を維持するために必要とする単純な物質的・数量的な資本維持概念である[9]。

(1) 棚卸資産評価原則論

O. Sillén は，さしあたり上記の仮定1及び仮定2の条件の下で各々の評価諸原則を適用した場合，回収・維持するべき資本・売上原価・貸借対照表価額・計上損益の額を試算し，評価諸原則と計上損益との規定的な関係を計数的・具体的に検証した[cf]。

cf. O. Sillén の試算の過程は，次のようである (Sillén, Oskar, Nyare balansvärderingsprinciper, 3. uppl., ss. 18-19 och ss. 21-22.) (単位：tkr.)。

O. Sillén は，問題の自動車販売会社が，計上損益を算定し貸借対照表を作成するためには，「一方では収益に対応する原価を，他方では次期に繰り越されるべき原価」[10]を算定しなければならないが，「次期に繰り越されるべき原価」＝棚卸資産の貸借対照表価額として観念的に問題となる価格は，

仮定1　棚卸資産の再調達原価が調達原価よりも騰貴する場合

ここでは現在原価が調達原価より騰貴することを想定するので，低価主義の原則による貸借対照表資産評価は，問題とならない。

調達原価の原則による B/S

商品	32	資本	80
(車4台　@8.0)		(車10台　@8.0)	
現金	60	利益	12
(車6台　@10.0)			
	92		92

現在原価の原則による B/S

商品	34	資本	80
(車4台　@8.5)		(車10台　@8.0)	
現金	60	利益	14
(車6台　@10.0)			
	94		94

有機的な原則による B/S

商品	34	資本	80
(車4台　@8.5)		(車10台　@8.0)	
現金	60	価値修正	5
(車6台　@10.0)		〔10×(8.5−8.0)〕	
		利益	9
	94		94

仮定2　棚卸資産の再調達原価が調達原価よりも下落する場合

調達原価の原則による B/S

商品	32	資本	80
（車4台　@8.0）		（車10台　@8.0）	
現金	60	利益	12
（車6台　@10.0）			
	92		92

低価主義の原則による B/S

商品	28	資本	80
（車4台　@7.0）		（車10台　@8.0）	
現金	60	利益	8
（車6台　@10.0）			
	88		88

現在原価の原則による B/S

商品	28	資本	80
（車4台　@7.0）		（車10台　@8.0）	
現金	60	利益	8
（車6台　@10.0）			
	88		88

有機的な原則による B/S

商品	28	資本	80
（車4台　@7.0）		（車10台　@8.0）	
現金	60	利益	18
（車6台　@10.0）			
価値修正			
〔10×(8−7)〕	10		
	98		98

調達原価，現在原価，売価であると説く。かれは，このうち売価は，計上利益に「未実現利益を算入」[11]し，「いわゆる実現主義の原則に抵触」[12]し，関連の法規の上でも文献の上でも支持され難いという理由で退ける。そしてかれは，この点でさしあたり問題とするべき価格として調達原価と現在原価をあげ，更に損益計算に対する価格変動の影響を排除するという視点より注目するべき所説として，近時の F. Schmidt の所説とりわけその基本的な思考をあげる。

O. Sillén は，「伝統的な原則」として最も基本的で主要な原則は調達原価の原則であるが，実務上しばしば適用される原則は低価主義の原則であると説く[13]。

かれによれば，調達原価の原則或いは調達原価の概念は，スウェーデンでは少なくても1940年代初頭に入るまで「単に理論的・教育的にのみ重視」[14]されてきたに過ぎず，その内容の吟味は，幾分，等閑視されてきた。この国のこのような現状に対して，アメリカでは既に会計学上確固とした地位を築いた W.A. Paton は，この時期には調達原価主義の熱心な擁護者として，後

に再調達原価主義へ再帰するまで，取得原価主義会計の基本的な思考と枠組みとを周知させることに多大な貢献をした。しかもアメリカではこれに連動して損益計算（計上損益）に対する価格変動の影響を排除或いは緩和する目的でかの LIFO が，非常な関心を集めてきた。この点で「伝統的な原則」と「より新しい貸借対照表評価諸原則」を比較・検討する場合，アメリカのこのような動向に鑑みて，調達原価の原則或いは調達原価の概念を明確化しておくべきである。調達原価は，特定の資産を取得するために実際に支払った対価であり，基本的には「購買価格＋付帯費用」[15]として測定される。棚卸資産の期末評価において調達原価を基礎とする場合，「在庫品の調達は，様々な機会に，そしてまた様々な価格で調達される」[16]ので，棚卸資産の期末評価の場合如何なる原価法によって算定された調達原価を選択するべきかが問題となる。例えば，最終仕入原価法，A. ter Vehn が主張するような各種の平均法（平均原価法・総平均法・移動平均法など）[17]，FIFO 及び LIFO など[18]。如何なる原価法によるにせよ，調達原価の原則の下では，損益計算上，当該年度の棚卸資産の売上収益に対応される原価は，その販売のために要した調達原価を基礎として算定され，計上損益は，この収益と原価の差額として認識される。棚卸資産の期末貸借対照表価額は，「未消費の原価」(oförbrukad kostnad)・「歴史的原始価額」(ursprunglig historisk värdekostnad)」・「調達原価価額」(anskaffnigskostnadsvärde)[19]である。実務上，棚卸資産の価格変動とりわけその下落がない場合，調達原価の原則が適用される。そのため「未消費の原価」については利益または損失を計上する余地はない。問題の自動車販売会社が，仮定１の条件の下で「伝統的な原則」を適用すれば，ここでは低価主義の原則は問題とならないので，試算によれば，回収・維持するべき資本及び計上利益の額は，名目的に各々80tkr 及び12tkr となる。

　O. Sillén は，これに対して実務上も国内外の貸借対照表評価諸規定も「現在原価が［調達原価よりも］より低くなるや否や，［棚卸資産の期末貸借対照表価額の決定の場合］現在原価より出発」[20]し低価主義の原則によって

第3章　O. Sillénの貸借対照表評価諸原則論 | 167

評価することを承認していることを指摘する。但しスウェーデンの株式会社法は，本書の補章でみるように，調達原価と対比される時価を現在原価ではなくて「実際の価額」(verkligt värde) としている[21]。かれによれば，低価主義の原則は，「期末に残存する［棚卸］資産に対して発生する価値の下落による損失」[22]を認識するので，計上利益は，「販売によって手にした利益 (överskott) と手許に残存する諸資産に発生した価値の下落による損失との差額」[23]として理解され，結果としてこの下落に相当した額だけ調達原価の原則を適用した場合よりも小さくなる。この原則は，貸借対照表目的論との規定的な関係としては，「静態的な見方によって影響」[24]されて，棚卸資産の期末貸借対照表価額の決定の場合，時として調達原価を時として現在原価を適用するという点で会計手続上「首尾一貫性を欠落」[25]している。それにも拘らずこの原則が一般に実務上広く普及しているのは，この原則の背後に潜む思考即ち「伝統的な商人の慎重性の原則」(traditionell köpmannaförsiktighetsprincip)，換言すれば「安全地帯に留まろうとする願望」(önskan att vara säkra sidan)[26]・「営業上の財務的な安全性」[27]への配慮によるのである。この種の「価値減少」(värdeminskning) は，確かに「実現した損失」ではないが[28]，実務上，確実に発生した損失と見做して年次損益計算に算入するべきである。「確かにこれらの［資産の］価格は，再び上向きに動くこともありうるが，……このような不確実な要素を考慮に入れることは，余りにも楽観的であると思われる」[29]ので，低価主義の原則の適用による未実現損失の計上という実務は，承認してよい。問題の自動車販売会社が仮定2の条件の下で「伝統的な原則」を適用すれば，試算によれば，回収・維持するべき資本及び計上利益の額は，調達原価の原則を適用した場合には仮定1と同一な結果となるが，低価主義の原則を適用した場合には，それらは，名目的に各々80tkr及び8 tkrとなる。

　O. Sillénは，問題の自動社販売会社が棚卸資産に対して「伝統的な原則」を適用した場合，回収・維持するべき資本及び計上利益の額を試算した上で，更に「より新しい貸借対照表評価諸原則」を適用した場合，結果として生ず

る各々の金額を試算する。この場合かれが「より新しい貸借対照表評価諸原則」による価格として問題にする価格は、現在原価の原則・有機的な原則・基準有高法の原則によるそれである。

O. Sillén は、現在原価の原則（かれはこの原則を有機的な原則と特に区別する意味で「本来的な現在原価の原則」(egentlig nukostnadsprincip)[30]とも呼ぶが）の下では、当該年度の売上収益と対応される原価を「［商品の］調達原価の合計額マイナス全ての未消費の［商品の］現在原価」[31]、計上利益を収益とこの現在原価の差額として把握すると説く。かれによれば、この原則を適用すれば、それは、「当該年度の利益或いは損失に、期末に残存している商品の仕入価額に対して発生する価格の騰貴或いは下落をも算入することになる」[32]。留意するべき点は、この原則の下では、価格が下落傾向にある場合には未実現損失を、価格が騰貴傾向にある場合には未実現利益を計上する結果となるということである。問題の自動車販売会社が、仮定１の条件の下で、現在原価の原則を適用すれば、試算によれば、回収・維持すべき資本及び計上利益の額は、各々80tkr及び14tkrとなる。同社が、仮定２の条件の下で、現在原価の原則を適用すれば、試算によれば、維持・回収すべき資本及び計上利益の額は、低価主義の原則を適用した場合と同一の結果となる。

O. Sillén は、有機的な原則は、棚卸資産の期末貸借対照表価額の決定の場合には、現在原価の原則と同様に、現在原価（再調達原価）の原則を適用するが、それに加えて収益に対応される原価もまた現在原価で測定し、消費された原価及び未消費の原価について各々調達原価と現在原価の差額を「特殊な価値修正勘定」(särskilt värdekorrigeringskonto)[33]に記入する点で、現在原価の原則による会計処理と相違すると説く。かれによれば、この相違は、「有機的な原則を支える基本的な思考即ち企業の生産能力を物質的に維持し、本来的な事業活動による損益と現在原価の変動に基づく損益」[34]とを峻別するべきであるという思考と現在原価の原則が前提とする思考との基本的な相違に起因する。棚卸資産の現在原価が調達原価よりも騰貴傾向にある

場合，この原則を適用すれば，試算によれば，仮定1の条件に従って作成される貸借対照表から明らかとなるように，計上利益は現在原価の原則を適用した場合はもとより調達原価の原則を適用した場合よりも小さくなる。棚卸資産の現在原価が調達原価よりも低下傾向にある場合，この原則を適用すれば，試算によれば，仮定2の条件に従って作成される貸借対照表から明らかとなるように，単純計算としては，計上利益は，現在原価の原則及び低価主義の原則を適用した場合はもとより調達原価の原則を適用した場合よりも著しく増大する。その理由は，有機的な原則が，同一製品を継続して生産することを前提とした生産力の維持＝物質的・数量的な資本維持を想定しているからである。問題の自動車販売会社が，仮定1の条件の下で，有機的な原則を適用すれば，試算によれば，回収・維持すべき資本及び計上利益の額は，各々85tkr（車10台の現在価額＝10×8.5tkr）（計算価格）及び9tkrとなる。同社が，仮定2の条件の下で，有機的な原則を適用すれば，試算によれば，回収・維持するべき資本及び計上利益の額は，各々70tkr（車10台の現在価額＝10×7tkr）（計算価格）及び18tkrとなる[35]。この場合貸借対照表上の貸方資本80tkrに価値修正勘定借方10tkr（10×[8−7]）が対応する。

　O. Sillénは，このような一連の試算の結果を踏まえて，その重要な問題点の一つとして，調達原価が現在原価よりも下落した場合，有機的な原則を適用すれば，試算によれば，単純計算としては物質的・数量的に維持すべき資本の計算価格は下落し，計上利益の額は著しく増大することになるが，このような処理が実際問題として果して承認しうるか否かという点をあげる。かれは，この問題を設備資産の減価償却問題の場合にも提起するので，この点に関するかれの見解は，そこでみることにする。ここではかれが，本章で問題としている著作「より新しい貸借対照表評価諸原則」の4版を初版の改訂・増補版として出版した理由の一つが，価格の下落に対する会計的な対応という問題であったことを指摘するに留める。

　かれは，有機的な原則の妥当性に関してこのような疑問を提起しつつも，なお当面の問題として指摘するべき点は，概してスウェーデンの企業の実務

家たちも職業的な会計士たちも，棚卸資産の期末貸借対照表価額の決定の場合「伝統的な商人の慎重の原則」によって「伝統的な原則」に固執し，殆ど伝統的な思考の枠内に留まり，有機的な原則を「一風変わった……観念的な空想」[36]として排除しているが，「少なくてもスウェーデンの主要な企業2社即ち AB Svenska Tobaksmonopolet 社及び ASEA 社（Allmänna Svenska Elektriska Aktiebolaget）が，過去幾年にもわたって公表決算書を作成する場合，本質的な点で有機的な諸原則に一致する有高評価法を適用していた」[37]という理由で，この原則は，徹底して研究するに価すると説く[cf.]

cf. 上記の2社が，棚卸資産の貸借対照表価額の決定の場合，損益計算上価格変動損益を排除しようとして，現在原価（再調達原価）による処理をしていたことは，既に大野文子稿「スウェーデンにおける近代会計学の形成—概観（1900年より1945年まで）—」(3) 明治大学短期大学紀要 第60号 1997年1月で，1920年代前半より開始するこの国の総原価計算の統一的な諸原則の形成問題を取り扱った際に，或る程度言及している。ここではそれを前提として上記の2社の会計処理を，O. Sillén の所説に依りつつ，みてみよう。

　AB Svenska Tobaksmonopolet 社は，既に1916年に，有機的な貸借対照表論の基礎的思考に沿った「記帳原則（bokföringsprincip）を適用していた。同社は，「煙草の葉勘定」（råtobakskonto）の借方には「実際の仕入価格」（faktiskt inköpspris）を記入し（Sillén, Oskar-Västhagen, Nils, op. cit., 10. uppl., s. 30.），その貸方には「煙草の葉の消費高」（förbrukning av råtobak）を消費の時点での「現在原価」（nukostnad）で記入し，この現在原価を「製造勘定の借方」（fabrikationskontos debet）に振り替えた。同社は，「期末商品手許有高」（utgående varubehållning）も，同様に，貸借対照表作成の時点での「現在原価」（nukostnad）で「煙草の葉勘定」に貸方記入した。この貸方記入には，「期末残高勘定借方」（utgående balanskontos debet）への記入が対応した。そして同社は，「煙草の葉勘定に発生した差額」（den på råtobakskontot uppkomna skillnaden）即ち「貸借残高」debet-eller kreditsaldo）を「在庫品価値調整勘定」（lagervärderegleringskonto）に振り替えた。この「在庫品価値調整勘定」は，第一次世界大戦の勃発による価格騰貴に伴い，戦争中には，「貸方残」（kreditsaldo）を示し，この貸方残は，「貸借対照表上，各種買掛金（diverse kreditorer）の中に記載され，それを通じて借方側に現在原価で計上されている商品有高に対する一種の修正項目（ett slags korrektivpost till det på aktivsidan till nukostnad redovisade varulagret）として役立つことが可能であった。」(Sillén, Oskar-Västhagen, Nils, op. cit., 10. uppl., s. 30.) これについて公開された論議で明らかとなったことは，この「在庫品価値調整勘定」は，煙草の葉の価格が最も高くなった時点では，およそ2.3億 skr という膨大な金額となったことであった。この金額は，戦後に発生した価格の低落中に著しく引き下げられた（Sillén, Oskar-Västhagen, Nils, op. cit., 10. uppl., s. 30.)。この点で強調するべきことは，スウェーデンの AB Sven-

第3章　O. Sillén の貸借対照表評価諸原則論 | 171

ska Tobaksmonopolet 社が適用し，ここで記述したような「記帳原則」を推薦した人は，当時のスウェーデンの産業界における大立者として，かつて同社のチーフの地位にあったO. Wallenberg であったということである。かれは，早くも1919年に行った講演の中で，貸借対照表評価原則問題について，様々な重要な点で，後に F. Schmidt が展開する有機的な原則の理論と一致する見解を提示していた。同社の会計処理法を仕訳及び勘定形式で示せば，概略，次のようであったと推定される (Sillén, Oskar, op. cit., 3. uppl., s. 23.)。

① (借方) 煙草の葉勘定　×××　　(貸方) 支　払　勘　定　×××
※借方は実際の仕入価格で記帳
② (借方) 製　造　勘　定　×××　　(貸方) 煙草の葉勘定　×××
※貸方は煙草の葉の消費高を示し，その時点での現在原価で記帳
③ (借方) 期末残高勘定　×××　　(貸方) 煙草の葉勘定　×××
※貸方は B/S 作成の時点における現在原価で記帳
④煙草の葉勘定が貸方残の場合（価格騰貴の場合）
　　(借方) 煙草の葉勘定　×××　　(貸方) 価値調整勘定　×××
　煙草の葉勘定が借方残の場合（価格下落の場合）
　　(借方) 価値調整勘定　×××　　(貸方) 煙草の葉勘定　×××

煙草の葉勘定		製造勘定	
①支　払 （実際の仕入価格） ④価値調節	②製　造 （煙草の葉の消費高） （その時点での現在原価） ③期末残高 （B/S 作成の時点 　での現在原価） ④価値調整	②煙草の葉	

期末残高勘定		価値調整勘定	
③煙草の葉		④煙草の葉 （価格下落の場合）	④煙草の葉 （価格騰貴の場合）

またスウェーデンの重電機部門における屈指の会社 ASEA 社は，多年にわたって様々な製造段階及び製造部門における最も重要な種類の原材料については，さしあたりその仕入高・消費高・残高を，例えば「A-工場における原材料勘定」(råvaror vid A-fabriken) の借方及び貸方に原則として「実際の仕入価格」(faktiskt inköpspris) としての「調達原価」(anskaffningskostnad) で記帳した。その限りこの勘定は，「簿記理論 (bokföringsteori) の上では純粋な有高勘定 (rent behållningskonto) としての性質」をもっていた。とはいえそれと同時に，同社は，原材料の価格変動が損益計算に与える影響を考慮して，「原材料を消費した月間中の仕入価格」(inköpspris, som gällt under förbrukningsmånaden)」(Sillén, Oskar-Västhagen, Nils, op. cit., 10. uppl. s. 31.) としての現在原価を問

題の製造勘定(或いは製造諸勘定)の借方に記入し,それに対応して例えば「A-工場の原材料に関する価格変動勘定」(A-fabrikens prisfluktionskonto för råvaror)を設定し,この現在原価をこの勘定の貸方に記入し,併せてこの価格変動勘定の借方に「A-工場における原材料勘定」より,原材料の実際の消費高(調達原価による)を振替記入した。それによって「以後,価格変動勘定の[貸借]差額は,当該期間中に原材料に対して発生した価格変動に基づいて同社が獲得した利益または損失を明瞭に表示すべきもの」(Sillén, Oskar-Västhagen, Nils, *op. cit.*, 10. uppl., s. 31.)となり,同社は,これによって「本来的な事業活動(製造及び販売)に対して発生した利益及び損失それ自体と価格変動より発生した利益及び損失それ自体を確定」(Sillén, Oskar-Västhagen, Nils, *op. cit.*, 10. uppl., s. 31.)することを求めた(Sillén, Oskar *op. cit.*, 3. uppl., s. 24.)。同社が,「A-工場における原材料勘定」と「A-工場の原材料に関する価格変動勘定」を中心として原材料の価格変動が損益計算に与える影響を排除しようとした会計処理方法(redovisningsmetod)を勘定形式で示せば,概略,次のようであったと推定される(O. Sillén, *op. cit.*, 3. uppl., ss. 24-25, 10. uppl., s. 31.)。

A-工場の原材料勘定

期首有高 　調達原価(実際の平均仕入価格)による 　原材料の前期繰越高 買掛金または現金 　調達原価による原材料の仕入高・関税・ 　運賃等	A工場の原材料に関する価格変動勘定 　調達原価による原材料の実際消費高 期末残高 　調達原価による次期繰越高

A-工場の原材料価格変動勘定

A-工場原材料勘定 　調達原価による原材料の実際消費高 事業活動勘定 　場合によって発生する価格変動利益	製造勘定1・2・3等 　現在原価による原材料消費高* 事業活動勘定 　場合によって発生する価格変動損失

＊印:この材料消費高は,特殊な材料相場表(en särskild materialnoteringslista : MNL-priser)に記載されている価額によって算定されるが,この数字は一定の期間ごとに書換えされ,市場相場を大まかではあるが辿ることが可能になっている(Sillén, Oskar-Västhagen, Nils, *op. cit.*, 10. uppl., s. 31.)。

　O. Sillénは,だがまた,上記の2社にみるようなスウェーデンにおける棚卸資産の売上原価と貸借対照表価額の決定に関する実務的な慣行とは別に,この国の有史以来代表的な産業である鉱山業が,伝統的に長期にわたって基準有高評価の原則を適用してきたことを指摘する。

　かれによれば,この原則は,この国ではそれ自体としては棚卸資産評価の

「伝統的な原則」と並んで既知の原則となっているが，この原則を実際に適用している産業部門と企業とは，相対的に比較的少数である。とはいえこの原則が「より新しい貸借対照表評価諸原則」の一つとして改めて論及されるべき理由は，E. Schmalenbach や W. Mahlberg が指摘しているように[38]，この原則が損益中和化を目標とした計算構造的な仕組みを具備しているという点で理論的な説得力をもち，この原則を今後産業界にもっと普及させてもよいと思われることである[39]。

O. Sillén は，このような理由で基準有高評価の原則の計算構造的な仕組みを問い，この原則の骨子を次のように説明する。

この原則の出発点は，営利企業の経営活動上の経験的な事実即ち大部分の「商的-工的企業は，一定の有高の商品の在庫を保持しなければならない」[40]という事実である。一定の有高の商品の在庫を保持することは，営利企業の製造及び販売過程における財貨・用役の円滑で「安全な流れを保証」[41]することを意味する。この有高は，数量的には全体としてかなり一定しており，「当初よりそこに投資されている資本は，設備資産の場合と同様な形で，事業活動に拘束されている」[42]。この有高部分は，「正常有高」（normallager）と呼ばれ，その数量は，経験的にほぼ確定しうる。営利企業の経営活動上，正常有高は，例えば，工場用敷地の評価の場合と同様な意味をもっており，その評価は，工場用敷地の評価と同様に考えて処理してもよい。それは，慎重を期して，通常，市場相場と無関係な最も低い原価価格（基準有高価格）に留めおかれる。期末貸借対照表を作成する場合当該棚卸資産の再調達価格が，基準有高価格よりも騰貴しても，基準有高は，この価格騰貴を度外視して「価額不変のまま」[43]に留めてよい。これに対して当該棚卸資産の再調達価格が基準有高価格よりも低落すれば，低価主義の原則を適用する場合と同様に，基準有高価額を引き下げる。その後の計算は，この引下げされた基準有高価額より出発することになる。

かれによれば，「この原則を理論的に正しく適用する場合，一定の基準有高価格は，当初，基準数量として想定されている数量と同一の数量に対して

のみ適用される」[44]が，棚卸資産の期末有高が，一時的に基準数量よりも大きくなれば，この超過分は，如何なる原価法であれ何らかの原価法（FIFO, LIFO, 最終仕入原価法など）或いは低価主義の原則によって評価し，基準有高に加算する。これに対して棚卸資産の期末有高が，一時的に基準数量よりも小さくなれば，この不足分は，再調達原価で評価し，基準有高価額より控除するべきである。この場合基準有高価額より控除するべき価額に相当する金額を特別な準備金，例えば，「基準有高準備金」（normal lagersreserve）（基準量補充準備金）として設定し，この金額を「商品勘定の借方記入に対応して基準有高準備金勘定（normal lagersreservekonto）に貸方記入」[45]するべきである。

（借方）商　　　品　×××　　　（貸方）基準有高準備金　×××

という記帳処理によって払出価額は，時価に比較的近い価格で計算され，収益に対応される原価・費用は，収益とほぼ同一な価格水準で算定され，「損益計算は，価格騰貴による影響を免れる」[46]ことが可能となる。

O. Sillén は，近時，この基準有高評価の原則の損益中和化的な作用が効果的に働いていると説き，二つの事例をあげる。その一つの事例は，「この有高評価法が，特に第一次世界大戦末期，そしてまた大戦直後に有高価格の騰貴を通じて発生する架空利益（sken vinster）を回避するために非常に重要な意味をもった」[47]こと，もう一つの他の事例は，戦後インフレーションの終熄に続く戦後恐慌と長引く不況期にも営利企業が，基準有高準備金の取崩しなどによって一定の配当性向を維持したことである。かれはいう，「［例えば，この国では，］基準有高評価の原則を適用している企業は，1921-1924年の過酷な恐慌にも拘らず，株主に対して［従前通りの］配当を維持することが可能であったか，或いは極く少しだけ引き下げたに過ぎ［なかった］」[48]。「スウェーデンの工企業では，1920年末に商品有高の現在価額と基準有高価額との差額［＝基準有高準備金の額］は，およそ1.2億 skr, 1年後にはおよそ0.2億 skr にしかならなかった。……基準有高法が適用されることがなければ，帳簿上の利益（bokvinst）は，［戦中・戦後インフ

レーション期の] 1919年には増大した筈であり, [それに続く戦後恐慌と不況期の] 1921年にはこの帳簿上の利益が, 株主に配当されてしまった筈である。そしてこの場合低価主義の原則が適用されていれば, [損益計算は] 損失となる筈であった」[49])と。O. Sillén は, このように基準有高評価の原則が極めて景気弾力的・調整的な特性をもち, それによってインフレーションの時期には架空利益の計上を阻み, デフレーションの時期にも配当安定的な機能をもつことを強調した。そしてかれは, 同時にこの原則は, その趣旨に照らして「際立って投機的な性格をもった商品有高——例えば, 一時的に購買される多量な綿・コーヒー・穀物など——には, 適用されるべきでない」[50])と説いた。

(2) 固定資産評価原則論

O. Sillén は, 棚卸資産評価原則論に続いて,「われわれは, その他の貸借対照表の諸項目の評価については, ここでは設備資産のみに注目するに留めたい」[51])と述べ, 固定資産評価原則論の検討を設備資産のそれに限定する。この場合かれは, 設備資産の概念を「[使用による価値の] 磨耗 (förslitning)・その他の原因を通じて持続的に消耗する資産」[52])と規定する。

O. Sillén は, 問題の運送会社が, 既述の仮定3及び仮定4の条件の下でさしあたり「伝統的な原則」(調達原価の原則) を適用した場合, 回収・維持するべき資本・減価償却費・貸借対照表価額・計上損益の額を試算し, 調達原価の原則と計上損益との規定的な関係を計数的・具体的に検証する[cf]。

これまでみたように, O. Sillén が, 棚卸資産の売上原価と貸借対照表価額の決定の場合「伝統的な原則」として問題にした評価諸原則は, 調達原価の原則及び低価主義の原則であった。これに対してかれは, 設備資産のそれの場合, 概して諸外国の実務も法規も「通常, ……これらの資産の経済的な耐用年数によって条件づけられた期間内に, これらの資産に最初に投下された資本 (調達原価) を回収する (återvinna) ことだけを指向」[53])しており, そのため設備資産の現在原価 (再調達原価) の変動は, その騰貴であれ下落であれ原則として考慮しないことを指摘する。そこよりかれは, その限り設

cf. O. Sillén の試算の過程は，次のようである（Sillén, Oskar-Västhagen, Nils, *Balans-värderingsprinciper*, 10. uppl., ss. 106-107.)（単位：tkr.)。

「調達原価の原則」による減価償却

車輛勘定 車輛運営勘定（損益）

1．期首有高	20	車輛運営 （減価償却）	4	現　　　金 車輛減価償却 利　　　益	34 4 2	現　　　金	40
		次期繰越	16				
2．前期繰越	16	車輛運営	4	以下5年間同上			
		次期繰越	12				
3．前期繰越	12	車輛運営	4				
		次期繰越	8				
4．前期繰越	8	車輛運営	4				
		次期繰越	4				
5．前期繰越	4	車輛運営	4				

期末残高勘定

期首車輛	20	期首資本	20
1．車輛	16	資本	20
現金（40−34）	6	利益	2
2．車輛	12	資本	20
現金＋預金（6−2+6）	10	利益	2
3．車輛	8	資本	20
現金＋預金（10−2+6）	14	利益	2
4．車輛	4	資本	20
現金＋預金（14−2+6）	18	利益	2
5．車輛	0	資本	20
現金＋預金（18−2+6）	22	利益	2

備資産の貸借対照表価額の決定の場合「伝統的な原則」として問題になる原則は，調達原価の原則だけであり，低価主義の原則は，一般に考慮外となると説く。

O. Sillén によれば，「動態的な……損益計算の視点」[54]からすれば，設備資産を調達・取得した場合その貸借対照表価額は，「原価支出」(kostnads-utlägg)[55]として認識される。この「原価支出」は，「[使用による価値の]

第3章　O. Sillénの貸借対照表評価諸原則論 | 177

磨耗・その他の原因」で徐々に消耗していくと考えられる。そのため「原価支出」は，各会計期間に「それらの資産を利用した期間にわたってできるだけ正しく配分」[56]するべきである。この手続きは，一般に「減価償却の手続き」（avskrivnigsförfarande）[57]と呼ばれる。設備資産の貸借対照表価額は，減価償却という手続きによって原価配分された「未消費の原価支出」（oförbrukad kostnadsutlägg）[58]を表示すると考えられる。商人が，従来，法規定に関する初期の解釈論とは別に，設備資産の貸借対照表価額を決定する場合，伝統的・慣習的に「原価マイナス減価」として算定しているのも，それは，設備資産の減価償却に関するこのような基本的な認識によるのである。設備資産の原価配分としての減価償却の場合適用される減価償却法として実務上或いは文献上，様々な減価償却法が実施或いは主張されている。「ここではそれらの様々な減価償却法について個別的に言及することは，勿論，意図していない。調達原価の原則を基礎とした様々な減価償却法のうちでも実務上一般に適用されているそれだけを指摘するとすれば，E. Schmalenbachが弁護する「逓減残高償却法」（degressiv avskrivningsmetod）である[59]。

　O. Sillénによれば，問題の運送会社が，仮定3の条件の下で「伝統的な原則」である調達原価の原則を適用すれば，試算によれば，資本20tkrを回収・維持することを前提として，毎年，定額法で減価償却費4tkr，利益2tkrを計上することになる。同社が，仮定4の条件の下で，同様に調達原価の原則を適用するとしても，調達原価の原則は，個別価格変動も貨幣価値変動も無視するので，その結果は，仮定3の条件の場合と同一となる。O. Sillénは，この試算を前提として，更に「この場合［＝調達原価を基礎とした設備資産の減価償却の場合］，現在原価の変動は，それが調達原価を上回るにせよ下回るにせよ，考慮されない。……中略……この事例は極めて単純化されているが，それは，われわれが，減価償却期間の終わりになって，如何にして当初の車輛の金額と全く同一な金額の新しい車輛を調達するために，利用可能な十分な大きさの流動資金が存在するかということを学ぶことができるようになるためである」[60]と述べ，さしあたり減価償却の有するいわゆる資

金効果に留意する。

　O. Sillén は，設備資産の貸借対照表価額の決定の場合適用される「伝統的な原則」に関する一般的な見解を確認した上で，通説によれば「伝統的な原則」としての低価主義の原則は，棚卸資産についてのみ問題となり，設備資産については対象とならないと考えられているが，「スウェーデンの場合は例外」[61]であり，この通説に必ずしも固執する必要はないと説く。その理由としてかれは，この国の評価諸規定の下では，設備資産の現在原価（再調達原価）が変動した場合とりわけそれが著しく下落した場合，貸借対照表作成日の現在原価（再生産原価）に相当する程度まで「特別な簿価の切下げ」(extraoridinär nedskriving)[62]を行い，この切り下げられた簿価を基礎として引き続き減価償却を実施することも，「景気調整の原則を承認」(godkännande av konjunktursutjämningsprincip)[63]することによって可能となるからであると説く。

　O. Sillén は，設備資産の減価償却費の計上したがってまたその貸借対照表価額の決定に対して「伝統的な原則」を適用する事例を検討した後，続いてかれがこの原則と対比する「より新しい貸借対照表評価諸原則」とりわけ「有機的な原則」をこれらの問題に適用する事例を取り上げる。

　この場合かれは，さしあたり設備資産の減価償却を実施する場合，再調達原価の原則或いは現在原価の原則を基礎とする所説の起源をたずね，1920年代という比較的初期の段階からのそれとして F. Schmidt の「有機的な原則」(*Die Organische Bilanz im Rahmen der Wirtschaft,* 1921, *Die organische Tageswertbilanz,* 1929) を，次いで1930年代におけるオランダの企業経済学者たちによる所説をあげる[64]。かれは，現在原価の原則を基礎とした設備資産の減価償却に関する理論的な動向に呼応して，実業界でもそれを実際に適用している国際的に著名な会社の事例として Philips 社の事例を指摘すると共に，一度国内に目を転ずれば，この国でもかの O. Wallenberg が，既に1919年に F. Schmidt の所説を流れる基本的な会計思考とほぼ同一な会計思考を提示していたことにも注目する[65]（因みにいえば，オランダの Philips

社のスウェーデンにおける姉妹会社の年次会計は，この国の株式会社法及び税法のために，この原則を適用していない[66]）。

O. Sillén は，続いて「有機的な貸借対照表論及びその他の理論の賛同者たちは，［調達原価の原則を基礎とした減価償却を説く人々に対して］，減価償却を貸借対照表作成の時点でゆきわたっている再調達価額との関係で行うべきであり，損益は，この前提でのみ正しく計上されると考える」[67]と述べ，かれらが，減価償却の基本的な計算の要素の一つである基礎価額の決定を再調達原価に求め，それを前提とするということを指摘する。かれは，更にこのような理論の目的を問い，再調達原価を基礎とする減価償却手続きは，価格変動が計上損益に及ぼす影響を排除し，「生産能力を不変として，当該企業を維持する」[68]ことにあると説く。そしてかれは，このような原則による減価償却費の計算が，果して同一製品の生産を少なくても同一規模で持続しうるに十分な物質的・数量的な資本の維持を可能にするか否かを，棚卸資産の場合と同様に単純な設例によって検証することを求める。即ちかれは，さしあたり既述の仮定3及び仮定4の条件の下で「より新しい貸借対照表評価諸原則」（とりわけ有機的な原則）を適用した場合回収・維持するべき資本・減価償却費・貸借対照表価額・計上損益の額を試算し，貸借対照表評価諸原則と計上損益との規定的な関係を計数的・具体的に検証する[cf.]。

O. Sillén は，問題の運送会社の設備資産の再調達価額が，その取得後最初の2年間は持続的に下落し，以後耐用年数の期間中上昇する場合，「有機的な原則」を適用するとすれば，設備資産の貸借対照表価額は，「年度の変り目の再調達価額マイナス減価」[69]となるので，「単に車輛の簿価のみならず，減価償却についても明らかに価値調整を必要とする」[70]と説く。かれによれば，例えば，同社は，第1年度末に設備資産の再調達原価が下落（20 tkr より18tkrへ下落）していれば，その下落分2 tkrを価値調整勘定に借方記入し，減価償却費3.6tkr（＝18tkr×0.20），貸借対照表価額14.4tkr（＝調達原価20tkr－価値調整2.0tkr－減価償却費3.6tkr）を計上する。同社は，第2年度末に設備資産の再調達原価が下落（18tkr より16tktへ下落）

していれば，先ずその下落分2 tkrを価値調整勘定に借方記入し，減価償却費3.2tkr（=16tkr×0.20）を計上する。同社は，既にこの価値調整勘定の借方に第1年度末に実施した簿価の切下げ分2.0tkrを計上しているが，第2年度末には第1年度末に行った減価償却費3.6tkrの価値修正0.4tkr（=第1年度末の減価償却費3.2tkr）を価値調整勘定に貸方記入する。その結果として同社は，第2年度末の設備資産の未償却残高9.6tkr（第2年度末の設備資産の再調達原価16tkr，この再調達原価に対する各年20％の減価償却費累計6.4tkr）を計上する。

O. Sillénは，上記のように有機的な原則による設備資産の減価償却の基本的な仕組みを説明し，試算した上で，続いて「ここで引き合いにだされる

cf. O. Sillénの試算の過程は，次のようである（Sillén, Oskar-Västhagen, Nils, *Balansvärderingsprinciper*, 10. uppl., ss. 106-107.）（単位：tkr.）。

「有機的な原則」による減価償却
車輛勘定

1. 期首有高	20.0	価値調整（20.0−18.0）		2.0
		車輛運営：減価償却. 18.0×20％		3.6
		次期繰越		14.4
	20.0			20.0
2. 前期繰越	14.4	価値調整（18.0−16.0）		2.0
価値調整（減価償却修正）	0.4	車輛運営：減価償却. 16.0×20％		3.2
		次期繰越		9.6
	14.8			14.8
3. 前期繰越	9.6	価値調整：減価償却		1.6
価値調整	4.0	車輛運営：減価償却. 20.0×20％		4.0
（再調達原価：16.0より20.0に騰貴）		次期繰越		8.0
	13.6			13.6
4. 前期繰越	8.0	価値調整：減価償却		2.4
価値調整	4.0	車輛運営：減価償却. 24.0×20％		4.8
（再調達原価：20.0より24.0に騰貴）		次期繰越		4.8
	12.0			12.0
5. 前期繰越	4.8	価値調整：減価償却		4.8
価値調整	6.0	車輛運営：減価償却. 30.0×20％		6.0
（再調達原価：24.0より30.0に騰貴）				

車輛運營勘定

1. 現　　金	34.0	現　　金	40.0		
減価償却	3.6				
利　　益	2.4				
	40.0		40.0		
2. 現　　金	34.0	現　　金	40.0		
減価償却	3.2				
利　　益	2.8				
	40.0		40.0		
3. 現　　金	34.0	現　　金	40.0		
減価償却	4.0				
利　　益	2.0				
	40.0		40.0		
4. 現　　金	34.0	現　　金	40.0		
減価償却	4.8				
利　　益	1.2				
	40.0		40.0		
5. 現　　金	34.0	現　　金	40.0		
減価償却	6.0				
利　　益	0.0				

価値調整勘定

1. 車　　輛	2.0	次期繰越	20.0
2. 前期繰越	2.0	車　　輛	0.4
車　　輛	2.0	（減価償却）	
		次期繰越	3.6
3. 前期繰越	3.6	車　　輛	4.0
車　　輛	1.6	次期繰越	1.2
（減価償却）			
4. 前期繰越	1.2	車　　輛	4.0
車　　輛	2.4		
（減価償却）			
次期繰越	0.4		
5. 車　　輛	4.8	前期繰越	0.4
（減価償却）		車　　輛	6.0
次期繰越	1.6		

期末残高勘定

期首		車輛	20.0	期首		資本	20.0
期末	1.	車輛	14.4	期末	1.	資本	20.0
		現金＋預金	6.0			利益	2.4
		価値調整	2.0				
	2.	車輛	9.6	期末	2.	資本	20.0
		現金＋預金	9.6			利益	2.8
		価値調整	3.6				
	3.	車輛	8.0	期末	3.	資本	20.0
		現金＋預金	12.8			利益	2.0
		価値調整	1.2				
	4.	車輛	4.8	期末	4.	資本	20.0
		現金＋預金	16.8			価値調整	0.4
						利益	1.2
	5.	車輛	0.0	期末	5.	資本	20.0
		現金＋預金	21.6			価値調整	1.6
						利益	0.0

事例では，全減価償却期間を通じて再調達価額に比例して減価償却を実施したとしても，減価償却期間末には，この車輛の再調達のために必要とされるだけの金額の流動資金は，手元に残ってはいない」[71]と述べ，「有機的な原則」は，次のような理由で必ずしもその意図した物質的・数量的な資本の維持を保証するものではないと説く。第一に，「現在原価〔＝再調達原価〕が，当初は下落し，以後は再び騰貴していること」[72]，第二に，「既に過去に行われた減価償却でも，その後再調達価格が騰貴することに伴って償却不足となった〔ことが判明した場合，再調達価格が騰貴した期間中に〕その償却不足分を補償するべきであるが，とはいえこの目的で，価格が騰貴した期間中に〔補償することを〕必要とする金額が，毎年度末に特別な引当・設定を通じて，補充されていないこと」[73]，勿論，このような過年度の償却不足を補充することは，理論的にも実務的にも勧告されているが，それは，「本来的には後の年度に帰属しない原価を，後の年度に多額に負担させるという不都合を伴う」[74]こと，第三に，これらの減価償却費に対応する諸資産即ち「減価償却資金」（avskrivningsmedel）は，減価償却期間中，全額，流動的な形で維持されていると想定されている。とはいえ企業が，それらの基金を流動的な諸資産として維持せず，引き続き新しい機械などに投資する場合，それらの基金は，「〔再調達のための〕実質的な購買力の価値という点では限定的なものに」（mera värdebeständigt）[75]なり，とりわけ価格の騰貴が貨幣価値の下落によって発生する場合はそうである。

　O. Sillénは，設備資産の減価償却に有機的な原則を適用しても必ずしもそれが，この原則が意図する物質的・数量的な資本を維持し資金的にそれを充足・保証することにならないと主張した上で，更にこの原則を適用することが，場合によっては資本配当に繋がる危険性を伴うと説き，次のような事例を提示する。

　問題の運送会社の設備資産の再調達価格が，初年度末以前に既に20tkrより16tkrに下落し，以後一定であると仮定する。この場合同社が，「伝統的な原則」を適用すれば，試算によれば，計上損益と貸借対照表価額とは現在

原価が騰貴した場合と同一の結果となる。即ち同社は、5年度末には期首の名目貨幣資本をそのまま回収・維持し、償却期間末の年度には利益2 tkrを計上する。これに対して同社が、「有機的な原則」を適用すれば、試算によれば、毎年、16tkrの20％の減価償却費、利益2.8tkrを計上する。この利益は、分配可能と考えられる。この場合同社は、試算によれば、16tkrで新しい車輛運搬具を購入しその生産能力をそのまま維持することが可能となり、計上利益を分配しても、「有機的な原則」は、その体系上、完全であるように見做されている[76]。

O. Sillénは、このような事例に対して次のようにいう。「とはいえ……企業の資本所有者たちは、[再調達原価が調達原価よりも下落した場合]、このような考察方法[＝「有機的な原則」に基づく計上利益の認識・測定に関する考察方法]に対して何というであろうか。かれらは、多分、……幾らかでも高額な配当を入手することが可能であれば、それには満足する。とはいえかれらは、この配当がかれらが投資した資本を犠牲にしてなされるものであれば、それには不満の意を表する。この場合、増大した配当は資本の払戻し（kapitalåterbetalning）である。確かに……株主たちの側からみれば、資本を……維持しようとすることは、非常に重要な願望である。株主たちは、多分、利益が実現されたものであれそうでないものであれ、利益を留保し、それによって資本が増加することには同意する。とはいえかれらは、資本が減少することには同意せず、……資本の減少が、かれらに対する利益配当の形で発生することにも同意しない」[77]と。このことは、既にかれが、自動車販売会社が「有機的な原則」を適用して棚卸資産の払出価額を算定しようとすれば、この種の問題に直面することを指摘していたことに符合する。

O. Sillénは、このような主張をなお進めて「有機的な原則」は、自動車販売会社の自動車の売買活動の事例であれ運送会社の車輛運搬具の減価償却の事例であれ、これらの企業の所有者たちが、価格の変動にも拘らず、継続的に同一な取引行動をとるということを前提としており、その上で当該企業に投下された資本を物質的・数量的に維持するためには、売上原価・減価償

却費・当該資産の貸借対照表価額の決定に，再調達原価を適用することを主張するが，このような前提は必ずしも現実にはそぐわないと説く。かれによれば，例えば，自動車販売会社は，全ての自動車を販売した後に回収・維持した物質的・数量的な資本の額に相当する部分を，市場価格の動向次第ではタイヤに投資することも可能であり，この場合同社が，自動車の再調達価格が異常に騰貴した時期に自動車を販売し，タイヤを例外的に低廉な価格で仕入れるならば，実現された「真の利益」(en reell visnt)[78]を手にする。また運送会社は，車輛運搬具が完全に償却済みとなった5年後に回収・維持した物質的・数量的な資本の額に相当する部分を，価格の動向次第では自動車修理工場を非常に低廉な価格で購買することに振り向けることも可能であり，同社は，この場合にも「真の利益」を獲得する。これに対してこれらの会社が，タイヤや自動車修理工場という資産の再調達価格が異常に低廉であった時期が過ぎても，なおこれらの資産への投資行動を続けるならば，「有機的な原則を首尾一貫して適用する限り」，実際に発生した「真の損失」(en reell förlust)を被ることになる[79]。このような投資行動によって発生したこれらの損益は，正常な事業活動による損益ではなく，投機的な損益であるとしても，「真の損失」と見做すべきである。これに対してこれらの企業が，棚卸資産或いは設備資産の再調達原価が調達原価よりも下落した場合でも，同一な投資行動を持続し，「有機的な原則」を適用することによって利益を計上するならば，この利益は，「真の利益」と見做すべきではなく，何らかの形で企業内に留保するべきである。

　O. Sillén は，「有機的な原則」に対するこのような理解を前提として，再度，この原則を設備資産の減価償却に適用しても，それが当該企業の資金調達能力を必ずしも保証するものではないことを力説し，次のようにいう。

　「F. Schmidt の原則によれば，[当該企業は，]毎年，設備資産に対する減価償却費を，貸借対照表作成の時点での設備資産の再調達価格に相当する価格を基礎として負担するべきであろう。この価格が，減価償却期間中に主として騰貴傾向にあるならば，確かに当該企業は，現在原価が騰貴するどうい

う年度でも，毎年ますます多額となる減価償却費を借方記入するようになるが，とはいえ減価償却資金は，以前に指摘したように，それらの資金が流動的な資産（likvida medel）に投資されているとしても，減価償却期間が終了する場合に再調達をするために必要とする資金確保という点ではなお依然として十分ではない。……人々が，首尾一貫して，生産能力を一定として当該企業の生産能力を維持するというこの原則に固執するならば，減価償却資金を流動的な資産で維持しているという前提の下では，現在価格が騰貴するどういう年度でも，単に当該年度の価格の騰貴のみならず，前年度に余りにも低く測定された減価償却費をも賄う（motväga）ために必要とするだけの減価償却をするべきであろう。とはいえ人々が，これに賛同しなければ，勿論，ある幾年かは，異常に多額の減価償却を負担するべきであるが，これに対して現在価格が非常に下落する他の幾年かは，減価償却を軽減して負担するか，或いは減価償却を全く負担しないようになる。これは，損益解明という視点よりみて正確ではないといわなければならない。指摘するべきことは，再調達をするために必要な資金が不十分にしか蓄積されない場合，これに対する修正をなしうる可能性があるとすれば，その可能性は減価償却という手続きによって釈放された資金即ち現金及び預金を，設備資産の現在価格の上昇におよそ比例してその価額が騰貴する実物資本（realkapital）に投資するという点に存在する。実務でもより一般的となっていることは，減価償却資金が，例えば銀行預金以外のその他の何らかの形態で投資されるということであるように思われる」[80]。

O. Sillénが，貸借対照表評価諸原則が棚卸資産及び設備資産の売上原価・減価償却費・貸借対照表価額・維持するべき資本と計上利益の額に対して与える影響に関して試みた上記のような考察は，様々な点で問題がないわけではない。とりわけ，かれがこの領域に関して諸外国で展開された所説を引き合いにだす場合，原典についての理解は，必ずしも正確でもなく，様々な点で多数の曖昧さを残している。とはいえ本章の趣旨に照らしていえば，原典についてのかれの誤解を逐次訂正し或いは曖昧な点を個別的に指摘する

という問題は，さほど重視するべき問題ではないように思われる。かれは，また，貸借対照表評価諸原則と計上損益との規定的な関係に関するこれまでみてきたような考察を更に進めて，各諸原則に関するより一層詳細な比較・検討論を展開する。この内容に立ち入ることも，同じく本章の趣旨に沿えば，必ずしも必要とはしないように思われる。このような限定を付した上で，O. Sillénによる貸借対照表評価諸原則と計上損益との規定的な関係に関するこれまでみてきたような考察に対して，本章の趣旨との関連で一定の評価を与えることが可能であるとすれば，それは，次のようにいえるのではないだろうか。

O. Sillénは，例えば，設備資産の減価償却について「伝統的な原則」による減価償却の場合でも「より新しい貸借対照表評価諸原則」としての「有機的な原則」による減価償却の場合でも，減価償却という手続きそれ自体は，継続企業における企業の設備資産の資金調達能力を必ずしも保証するものではないと説く。かれはこれを前提として，直ぐ後にみるように，スウェーデンにおける様々な貸借対照表評価実務を会計理論的に追認するための上位概念として，「景気調整の原則」及び「配当平準化の原則」（並びに「秘密積立金或いは公示積立金の原則」）を措定し，これらの原則を適用することによってその資金調達能力を保証するべきことを説く。そしてかれは，「多分，強調されるべき点は，有機的な貸借対照表論の支持者たちが強調する諸原則と非常に密接に関連する減価償却の原則は，スウェーデンの実務では既に1910年代に適用されていた」[81]と述べ，かのASEA社の工業会計の事例を引き合いにだす[cf]。その限りかれにとっては，1930年代初頭に既にスウェーデンでも既知となっていた諸外国における貸借対照表評価諸原則に関する一定の研究成果に関する考察は，当時のこの国の会計実務を，貸借対照表目的論・損益概念論・貸借対照表評価諸原則と計上損益との規定的な関係論という一連の論理を媒介として，最終的には「景気調整の原則」（及び「配当平準化の原則」）という極めて財務的な色彩を帯びた原則を設定することによって，追認するための外皮であった。かれが自説を展開するためにこのよ

うな外皮を必要としたのは，恐らくかれに当時「ストックホルム商科大学」の企業経済学の教育・研究者及び会計士・コンサルタントとして課せられた様々な社会的な要請のためであったと思われる。このような点からいえば，諸外国のこの領域における一定の研究成果を内在的に吟味・批判した上で，当為として貸借対照表評価原則を提示することは，かれにとって問題とはならなかった筈である。

cf. O. Sillén は，先の棚卸資産の貸借対照表価額の決定の場合に引き合いにだした ASEA 社の「内部営業計算書」(intern driftsräkenskap) の事例をあげる。かれによれば，同社の場合様々な営業部門は，当該年度中にゆきわたっている再調達価格によって規定される大きさの減価償却費を「利用可能な経営資金として」(för användbar driftsmedel) 借方記入している。同社は，「公表貸借対照表」(officiell balansräkning) の上では，設備資産を確かに調達原価マイナス税務当局によって許容される減価で計上するが，「経営簿記」(driftsbokföring)（原価簿記）の内部では，設備資産について現在原価の原則による減価償却を実施する。その狙いは，「事前原価計算と事後原価計算」(för-och efterkalkyl) との比較を可能とするためである (Sillén, Oskar, op. cit., 3. uppl., s. 30.)。

3．貨幣価値の変動と評価問題

O. Sillén がこれまで解明しようとした問題は，損益計算の手段としての貸借対照表上の資産とりわけ棚卸資産と設備資産の貸借対照表価額を決定する場合，そこに適用される評価諸原則と回収・維持するべき資本及び計上利益の額との規定的な関係であった。この場合，かれは全ての価格変動を個別的なものとし，一般的な物価水準の変動による貨幣価値の変動を無視した。かれはこのような前提の下で，貸借対照表上の資産とりわけ棚卸資産と設備資産に適用される貸借対照表評価諸原則と回収・維持するべき資本及び計上利益の額との規定的な関係を考察したのであった。

O. Sillén は，この考察に続いて「より新しい貸借対照表評価諸原則に関する記述が完全なものとなるためには，貨幣価値の変動が損益計算書及び貸借対照表に与える影響について触れなければならない」[82] と述べ，これまで無視してきた一般的な物価水準の変動による貨幣価値の変動という条件の下

では，回収・維持するべき資本と計上利益とを，どのように認識・測定するべきかという問題をあらためて提起する。

かれがこの問題をあらためて提起した最も直接的な理由は，第一次世界大戦の勃発を契機として戦中・戦後インフレーションにこの国もまた見舞われ，しかもそれが一先ず終熄した後の1920年代より1930年代初頭（即ちかれが，貸借対照表評価諸原則の問題について初めて本格的な研究を開始した時期）にかけてもしばしば貨幣価値の変動という波に晒されたという事情であった。だがまた，かれの貸借対照表評価諸原則と回収・維持するべき資本及び計上利益との規定的な関係に関するかれの考察から明らかとなったように，かれはデフレーションがこれらの問題に与える影響にも留意した。例えば，かれはいう，「一般的な物価が騰貴する場合，貨幣の購買力は下落する。その場合われわれは，貨幣価値の下落について問題にする。これに対して一般的な物価が下落する場合，事態は逆となる。われわれは，この種の価値変動（värdeförändring）を最近15年間に，急激で，しかも以前には予想さえできなかった集中度をもって体験している。一般的な物価の変動は，年次貸借対照表に影響する。……それは例えば，様々な貸借対照表諸項目が，様々な貨幣価値基準で表示されることを意味する」[83]と。かれ自身もいうように，スウェーデンも，第一次世界大戦が勃発する頃までに後発資本主義国として遅れた近代的な資本主義的工業化過程を終えて，景気循環の新しい形態に対応することを迫られた。インフレーション基調とはいえ，1920年代の目まぐるしい政権交替劇に垣間見るように，深刻なデフレーションの問題にも直面していたのである。戦時インフレーションの終熄の後1930年代前半まで続いた構造的な不況は，同国の政治的・社会的な不安材料ともなり，早急に克服されるべき問題であった[cf]。

cf. O. Sillén は，その生誕60年記念論文集として出版した著作（*Studier i Svensk Företagsekonimi*, 1943）に所収の一論文 "Balansanalystiska undersökningar angående kapitalanvändning och kapitalanskaffning i olika svenska närlingsgranar"（ss. 127-159とりわけ s. 135. följ.）で，貨幣価値の変動がスウェーデンの貸借対照表に及ぼす

第3章　O. Sillén の貸借対照表評価諸原則論 | 189

影響について産業別に具体的な例証をし，また同著所収の他の一論文 "Affärsvinst＝Beskattningsbar inkomst?" (ss. 287-321 とりわけ ss. 299-303) では同一の問題をこの国の伝統的な産業である林業及び鉱業に従事する一企業の事例によりつつ，究明している。

　O. Sillén は，このような認識の下で，「伝統的な原則」とりわけ「調達原価の原則」を基礎とする損益計算と「より新しい貸借対照表評価諸原則」とりわけ「有機的な原則」によるそれとは，何れも会計上の測定単位としての貨幣価値の変動を無視することを前提としているが，苛烈な一般的な物価水準の変動として発顕する大幅な貨幣価値の激変の時期（しかもそれがしばしば短期的に反復するようになりつつある時期）に「調達原価の原則」と「有機的な原則」を適用することは果して妥当であるか否かを吟味するべきであると説く。

　かれは，先ず「伝統的な原則」としての「調達原価の原則」を文字どおり適用した場合，計上損益及び貸借対照表上の資産価額が貨幣価値の変動によって受ける影響として，次の点をあげる。即ち第一に，一般的な物価水準の騰貴は，原則として余りにも高額な利益の計上となり，それを通じてより高額な租税の支払と株主への高額配当の支払を招き，企業の支払準備（流動性）を悪化させる。棚卸資産を基準有高評価の原則に従って貸借対照表に記載すれば，この作用は，それ程強力には認識されず，純粋に商企業の場合には，多分，全く認識されない。第二に，一般的な物価水準の下落は，計上利益の大きさを実際のそれよりも低くみせるが，実際の損益と計上損益との乖離は，資産構成において棚卸資産の占める比率が相対的に大きく，その価額が低価主義の原則に従って貸借対照表作成の時点で問題となる価額（värde）まで引き下げられるならば，それ程大きくはならない。これに対して資産構成において設備資産の占める比率が相対的に大きければ，相当な「架空損失」(shen förlust)[84] が発生する。第三に，貨幣的な諸項目（債権と債務）の決済（回収と支払）は，それらの諸項目が過去に記帳された価格水準とは異なる価格水準で行われ，それによって発生した損益が計上されるようになる。「そのような損益は，貸借対照表上の借方側の貨幣諸項目と貸方

側の貨幣諸項目との差額が大きくなればなる程，大きくなる。……例えば，負債が，債権及びそれに類似した資産よりも非常に多額であれば，一般的な価格が騰貴する場合即ち貨幣価値が下落する場合，われわれは，非常に多額な利益を手にすること」[85]になる。第四に，このような計算の結果として貸借対照表諸項目のうち貨幣的な項目は別として，非貨幣的な項目である棚卸資産は，FIFOを適用していれば比較的最新の価額で表示されうるが，設備資産の価額は，貸借対照表作成時点での貨幣価値水準によって測定されたそれとは大幅に乖離する[86]。

かれは，次いで「有機的な原則」と貨幣価値変動問題との関係を問い，この原則は，一般的な物価水準の変動による貨幣価値の変動それ自体を無視して，企業が保有し或いは費消する資産の個別的な時価に着目し，費用計算と資産の貸借対照表価額の決定の場合，評価基準を「調達原価の原則」より「現在原価の原則」を基準としたそれに変更するので，その限り「調達原価の原則」を基礎とした計上損益の算定の場合と同様に，貨幣的項目の保有による購買力損益を「簿記上」（i bokföring）識別できないという理由で，この原則も退ける[87]。

ここより O. Sillén は，一般的な物価変動による貨幣価値の変動が一時的なものではなくて半ば恒常的なものとして反復する限り，計上利益の算定は，貨幣価値の変動を考慮するべきであるが，それは，物質的・数量的な資本の維持を前提として個別的な価格変動への対応を求める「有機的な原則」による計算構造の下では不可能であり，貨幣資本の維持を前提としてこれに対応せざるをえないと説く。

かれはこのような理由によって，「伝統的な原則」を基礎とした損益計算の枠組みの下での貨幣価値の変動が与える影響を排除するためには，少なくても，当面，期首と期末の貸借対照表項目を同一の購買力を有する資本価値として表示し，資本価値の同一性という基準を前提として「同一基準による損益の大きさ」[88]を把握するべきであり，それには調達原価の原則による記録計算を基準値としての指数によって換算することを必要とすると説いた。

かれは，換算のための基準値として結論的には一般物価指数を採択したが，その理由として「1930年のスウェーデンの物価の動向を出発点とした場合，個別物価指数のあるものは，一般物価指数よりも低く，この指数を利用すれば損失よりも利益が計上される結果になる」[89]と述べ，それが，名目貨幣資本循環的な計算[90]の意味，その下で測定単位としての貨幣が果す機能，貨幣価値の変動の本質というような基礎的な問題を踏まえた判断ではなくて財務政策的な考量によるものであるということを示唆した。かれはいう，「とはいえ貸借対照表価額の修正の場合どのような指数が利用されるべきかという問題は，容易に決着のつく問題ではない。……ここで強調するべきことは，如何なる唯一の一般的な物価指数或いは個別的な物価指数も理想的なものと見做すことはできないし，正確な損益を示すこともできないということである。それでも明白なことは，貨幣価値の変動を考慮せず，その購買力を全く考慮せず，1kr.＝1kr.というフィクションに陶酔しているよりも，測定基準としての［貨幣価値の変動によって］極度に纏まりのなくなっている数値（de största oformligheterna）を［同一基準の貨幣価値基準に］修正する方法を利用する方が，はるかに優れているということであり」[91]，「貸借対照表諸項目を統一的な貨幣価値に修正することは，一般に，われわれが，当初に想像したよりもはるかに容易であり，……非常に巨大な企業の場合でも，秩序ある簿記による記帳をしていれば，経済問題に精通し良き記帳の基礎を習得している人々にとっては，さほど時間を要する作業ではない」[92]と。そしてかれは，この修正は「あらゆる項目を［第一次］世界大戦前の価額（förkrigsvärde）即ち金価額（guldvärde）で評価するか，或いは貸借対照表作成の時点での貨幣価値例えば一般物価指数を基礎として評価することによって可能」[93]となると説き，前者の方法は，貸借対照表の動態分析に，後者の方法は，その静態分析に適合的であると主張した[94]。

〈注〉
1) Sillén, Oskar, *Nyare balansvärderingsprinciper*, 3. uppl., P.A. Norstedt & Söners

Förlag, Stockholm, 1933, s. 35.
2) Sillén, Oskar, *Nyare balansvärderingsprinciper*, 4. uppl. (omarb. och utök.), P.A. Norstedt & Söners Förlag, Stockholm, 1944, s. 50 och Sillén, Oskar-Västhagen, Nils, *Balansvärderingsprinciper med särskild hänsyn tagen till resultatberäkning vid växlande priser och penningsvärde*, 10. uppl. (ombesörjd av Signurd Löfgren), P.A. Norstedt & Söners Förlag, Stockholm, 1970, s. 70.
3) 番場嘉一郎著「棚卸資産会計」(第5版) 国元書房 1975年，特に第6章価格水準の変動と費用測定原則・第3節基準棚卸法。「第1次大戦中に多くの会社は，巨額の棚卸資産（インフレ利益）を計上し，これに課税され，またこれから配当を支出したが，1920-21年の物価急落で莫大な評価損を計上せざるをえなかった。しかも1931-32年には再び大幅の評価損を計上せざるをえない憂き目をみた。これによって基準棚卸法，または後入先出法による会計の必要が明白になった」（同上書，459頁）といわれるように，O. Sillén もまた，基準有高評価法のいわゆる損益中和化的な作用に関心を寄せた。
4) Schmalenbach, Eugen., *Grundlagen dynamischer Bilanzlehre*, 3. Aufl., Gloeckner, Leipzig, 1919.
5) Mahlberg, Walter, *Der Tageswert in der Bilanz*, Gloeckner, Leipzig, 1925.
6) Sillén, Oskar-Västhagen, Nils, *op. cit.*, 10. uppl., ss. 102-105.
7) *Ibid*., ss. 106-105.
8) Sillén, Oskar, *op. cit*., 3. uppl., s. 42 och Sillén, Oskar-Västhagen, Nils, *op. cit*., 10. uppl., s. 57.
9) Sillén, Oskar, *op. cit*., 3. uppl., s. 38. なお価格変動といわゆる資本維持問題に関する一般的見解については，大田哲三・岩田巌・片野一郎著「貨幣価値変動会計」産業図書 1947年，特に第1編貨幣価値変動会計総論を参照。
10) Sillén, Oskar-Västhagen, Nils, *op. cit*., 10. uppl., s. 26.
11) *Ibid*., s. 27.
12) *Ibid*., s. 26.
13) Sillén, Oskar, *op. cit*., 3. uppl., s. 20.
14) Sillén, Oskar-Västhagen, Nils, *op. cit*., 10. uppl., s. 46；片野一郎著「インフレーション会計の焦点」国元書房 1959年；同著「貨幣価値変動会計」第1版，同文舘 1962年；田中茂次著「利潤計算論」中央経済社 1970年；中野勲著「会計利益測定論」中央経済社 1971年，特に第2部二元的利益概念とその測定・第4章貨幣・実体両資本維持余剰としての利益；不破貞春著「新訂・会計理論の基礎」中央経済社 1964年；同著「時価評価論」同文舘 1979年；森田哲彌著「価格変動会計論」国元書房 1979年；黒澤清編「体系近代会計学 VIII インフレーション会計」中央経済社 1982年，第1章及び第2章森田哲彌論稿；立花得雄著「企業維持計算論―用心の原則に関連して―」中央経済社 1984年，特に第1章企業維持計算の意義，その他を参照。これに対して淺羽二郎著「会計原則の基礎構造」有斐閣 1959年，第2編第2章；同著「ドイツ会計学序説」森山書店 1966年，第5章；同著「会計測定構造の基

礎」中央経済社 1983年，第2部第1章及び第2章；同著「管理会計論の基調」文眞堂 1991年, 23-24頁；同著「財務報告論の基調」森山書店 1994年, 67-71頁は, 会計的測定の対象の本質に照らして貨幣資本循環的思考の意味を問い，それとの関連で資本維持問題を分析される点で，極めて示唆に富む。

15) Sillén, Oskar-Västhagen, Nils, *op. cit*., 10. uppl., s. 34.
16) *Ibid*.
17) ter Vehn, Albert, *Självkostnadsberäkningens Standardisering, med hänsyn tagen till den kakylerande bokföringen hos Volvo, SKF, ASEA och L.M. Ericsson, Handelshögskolan i Göteborg*, 1936, s. 23 ; ter Vehn, Albert, *Kompendium i balanslära*, 1965 års uppl., Göteborg, 1965, s. 63.
18) Sillén, Oskar-Västhagen, Nils, *op. cit*., 10. uppl., s. 36.
19) *Ibid*., s. 26.
20) Sillén, Oskar, *op. cit*., 3. uppl., s. 20.
21) Sillén, Oskar-Västhagen, Nils, *op. cit*., 10. uppl., s. 28.
22) *Ibid*.
23) *Ibid*.
24) Sillén, Oskar, *op. cit*., 3. uppl., s. 20.
25) *Ibid*.
26) *Ibid*.
27) *Ibid*., s. 21.
28) *Ibid*.
29) Sillén, Oskar-Västhagen, Nils, *op. cit*., 10. uppl., s. 28.
30) Sillén, Oskar, *op. cit*., 3. uppl., s. 19.
31) Sillén, Oskar-Västhagen, Nils, *op. cit*., 10. uppl., s. 27.
32) *Ibid*.
33) Sillén, Oskar, *op. cit*., 3. uppl., s. 19.
34) *Ibid*.
35) Sillén, Oskar-Västhagen, Nils, *op. cit*., 10. uppl., s. 55.
36) *Ibid*., s. 29.
37) Sillén, Oskar, *op. cit*., 3. uppl., s. 22 och Sillén, Oskar-Västhagen, Nils, *op. cit*., 10. uppl., s. 29.
38) E. Schmalenbach が，*Grundlagen dynamischer Bilanzlehre* (3. Aufl., Gloeckner, Leipzing, 1919) において問題とした恒常有高法に関する所説は，必ずしも明確にいわゆる損益中和化というものを明示したわけではなくて，その思考を萌芽的に示唆したに過ぎない。W. Mahlberg は，Der Tageswert in der Bilanz (Gloeckner, Leipzig, 1925) でその思考をより一層明確な形で提示した。
39) Sillén, Oskar, *op. cit*., 3. uppl., s. 25.
40) *Ibid*.
41) *Ibid*.

42) *Ibid.*
43) *Ibid.*
44) Sillén, Oskar-Västhagen, Nils, *op. cit.*, 10. uppl., s. 32.
45) *Ibid.*
46) *Ibid.*
47) Sillén, Oskar, *op. cit.*, 3. uppl., ss. 26-27.
48) *Ibid.*, s. 26 och Sillén, Oskar-Västhagen, Nils, *op. cit.*, 10. uppl., s. 32.
49) Sillén, Oskar, *op. cit.*, 3. uppl., s. 26 och Sillén, Oskar-Västhagen, Nils, *op. cit.*, 10. uppl., s. 33.
50) Sillén, Oskar, *op. cit.*, 3. uppl., s. 27 och Sillén, Oskar-Västhagen, Nils, *op. cit.*, 10. uppl., s. 33. 価格変動といわゆる架空損益の発生問題に関するO. Sillén の所説の委細は，先にあげた生誕60年記念論文集所収の論稿 "Fiktiva vinster om vikten av försiktig bokslutsvärdering i kristider" (ss. 187-207.) を参照。
51) Sillén, Oskar-Västhagen, Nils, *op. cit.*, 10. uppl., s. 39.
52) Sillén, Oskar, *op. cit.*, 3. uppl., s. 28 och Sillén, Oskar-Västhagen, Nils, *op. cit.*, 10. uppl., s. 39.
53) Sillén, Oskar-Västhagen, Nils, *op. cit.*, 10. uppl., s. 50.
54) *Ibid.*, s. 39.
55) Sillén, Oskar, *op. cit.*, 3. uppl., s. 28 och Sillén, Oskar-Västhagen, Nils, *op. cit.*, 10. uppl., s. 39.
56) Sillén, Oskar, *op. cit.*, 3. uppl., s. 28 och Sillén, Oskar-Västhagen, Nils, *op. cit.*, 10. uppl., s. 39.
57) Sillén, Oskar, *op. cit.*, 3. uppl., s. 28 och Sillén, Oskar-Västhagen, Nils, *op. cit.*, 10. uppl., s. 39.
58) Sillén, Oskar, *op. cit.*, 3. uppl., s. 28.
59) Sillén, Oskar-Västhagen, Nils, *op. cit.*, 10. uppl., s. 40.
60) *Ibid.*
61) *Ibid.*
62) *Ibid.*, s. 50.
63) *Ibid.*, s. 84.
64) *Ibid.*, s. 52.
65) *Ibid.*, ss. 51-52 ; Sveriges indusriförbund, *Arosmässan 1919 Förhandlingar : Konjunktur, Politik och Företagsbeskattning*. Uttalande av K.A. Wallenberg, Stockholm, 1920.
66) Sillén, Oskar-Västhagen, Nils, *op. cit.*, 10. uppl., s. 52.
67) *Ibid.*, s. 40.
68) *Ibid.*, s. 58.
69) *Ibid.*, s. 40.
70) *Ibid.*

71) *Ibid*., s. 41.
72) *Ibid*.
73) *Ibid*.
74) *Ibid*.
75) *Ibid*., ss. 41-42.
76) Sillén, Oskar, *op. cit*., 3. uppl., s. 39 och Sillén, Oskar-Västhagen, Nils, *op. cit*., 10. uppl., ss. 56-57.
77) Sillén, Oskar, *op. cit*., 3. uppl., s. 40 och Sillén, Oskar-Västhagen, Nils, *op. cit*., 10. uppl., s. 56.
78) Sillén, Oskar, *op. cit*., 3. uppl., s. 40 och Sillén, Oskar-Västhagen, Nils, *op. cit*., 10. uppl., s. 56.
79) *Ibid*.
80) *Ibid*., ss. 56-57.
81) Sillén, Oskar, *op. cit*., 3. uppl., s. 30. 因みにいえば，F. Schmidt の有機説にみるようないわゆる「会計的景気変動論」に対する検討・批判として，その論拠の先験的性格を指摘する人々は，O. Sillén に限らず概して少なかった。この点で高寺貞男稿「債務者利得と仮装費用的作用」『経済論叢』京都大学経済学会，第98巻第6号 1966年；同稿「債務者利潤論」岡部利良教授還暦記念論文集『企業利潤論』所収，ミネルヴァ書房 1968年；同稿「会計的景気変動論の会計学的批判」『会計』第92巻第6号 1967年は，このような視点からの検討・批判に先鞭をつけたものとして，筆者が O. Sillén の所説を分析していく上で様々な示唆を頂戴した。
82) Sillén, Oskar-Västhagen, Nils, *op. cit*., 10. uppl., s. 44.
83) *Ibid*.
84) Sillén, Oskar, *op. cit*., 3. uppl., s. 33 och Sillén, Oskar-Västhagen, Nils, *op. cit*., 10. uppl., s. 44.
85) Sillén, Oskar-Västhagen, Nils, *op. cit*., 10. uppl., s. 42.
86) Sillén, Oskar, *op. cit*., 3. uppl., s. 30 och Sillén, Oskar-Västhagen, Nils, *op. cit*., 10. uppl., s. 42.
87) Sillén, Oskar-Västhagen, Nils, *op. cit*., 10. uppl., s. 57.
88) *Ibid*., s. 45. なおまた O. Sillén は，第二次世界大戦後，公認会計士 Per V.A. Hanner と共に，FIFO，LIFO 及び基準有高法の計上損益に対する影響について詳細な研究を行い，「年次貸借対照表における有高評価に関する企業経済学的な見方. 特に貨幣価値の変動を考慮して」(Sillén, Oskar-Hanner, P.A., *Företagsekonomiska synpunkter på varulagervärdering i årsbalansen med särskild hänsyn till penningsvärdevariationer*) と題してその結果を纏めた。それは，「実業界の租税代表団」(Näringslivets skattedelegation) による「企業課税委員会報告」(Företagsbeskattningskomitténsbetänkande) についての意見表明に対する付録，「スウェーデン産業連盟通達」(industriförbundets meddelande, 1954: 7) として公表された。
89) Sillén, Oskar-Västhagen, Nils, *op. cit*., 10. uppl., s. 32.

90) 淺羽二郎著「会計原則の基礎構造」有斐閣 1959年, 103頁以下。本節注9) も参照。
91) Sillén, Oskar, op. cit., 3. uppl., ss. 33-34.
92) Ibid., s. 34.
93) Ibid., s. 31. O. Sillén は, この小著の4版（改訂・増補版）で, Sweeney, Henry W. の Stabilized Accounting (Harper & Brothers, New York and London, 1936) を引き合いにだしつつ, いわゆる修正原価主義・購買力資本維持説に関する記帳例を提示している。
94) Sillén, Oskar, op. cit., 3. uppl., s. 31.

第4節　「景気調整の原則」論―スウェーデンの貸借対照表評価実務擁護論

　O. Sillén が, 1930年代初頭に貸借対照表評価諸原則の問題を, 貸借対照表目的論とそれに規定された損益概念との関係で取り上げ, 貸借対照表評価諸原則を「伝統的な原則」と「より新しい貸借対照表評価諸原則」とに大別し比較検討したとき, その狙いは, 会計実務に明るく経験豊かな会計士たちにとってさえも, 貸借対照表諸項目を正しく評価し営利企業の損益とは何かという問題を解明することは非常に難しいという認識の下で[1],「企業経済学的な観点から」[2],「企業実務にとって最も重要」な評価諸原則を指摘し, 併せてそれが, スウェーデンはもとより広く北欧諸国における教育・研究の場で生かされるようになるということであった[3]。かれによれば, この難しさは, 何よりも先ず E. Schmalenbach の全体計算と期間計算の仮説に示唆されているような, 継続企業としての企業の事業活動を人為的に区切って行う期間計算それ自体の構造的な仕組みと営利企業を不断に見舞う与件としての景気変動に加えて, 同時に景気変動要因以外にも営利企業の存立それ自体を脅かすような不確実な将来事象としての様々な「危険」(risk) とりわけ事前に保険をつけることによっても回避・補塡しえないような「危険」が存在しており, このような「危険」を, 事業活動の継続性を前提としつつ短期的な年次計算という枠組みの中に盛り込むことは不可能であるという判断によるものであった。このような「危険」が営利企業に及ぼす影響は, せいぜ

い税法上の諸規定によって事後的に「資本損失」(kapitalförlust)[4]として処理しうるに過ぎない。そのため「営利企業にとって必要なことは、とりわけ公示積立金または秘密積立金の形成 (skapande av öppna eller dolda reserver) を通じて、測定困難なこの種の諸要素を考慮に入れることである」[5]。

O. Sillén は、営利企業が年次損益計算という枠内でできるだけ様々な危険をかわし、継続企業として存立しうるためには、如何なる会計処理が望ましいか、この問題を解明しようとする場合、その手掛かりをスウェーデンにおける営利企業の貸借対照表評価実務とりわけ第一次世界大戦を契機とする戦中・戦後インフレーション期とその後のデフレーション期におけるそれを顧みることに求め、そこより景気の動向に巧みに適応した営利企業が、如何に首尾よくその影響を回避したかということを強調し、次のようにいう。

「前回の世界大戦（第一次世界大戦）によるいわゆる好況期とそれに続く1920年代の不況期におけるスウェーデンの経験は、伝統的な貸借対照表評価諸原則と命名されてきた原則を適用してきた営利企業が、一般的な物価の下落によってどのように激しい打撃を受けたかということを明るみにだした。とはいえこの経験はまた、商品を基準有高法の原則或いは有機的な原則に従って評価し、同時に設備資産に対して一般的な物価の騰貴に呼応して……相当な減価償却をしていた企業は、たとえその危機に晒されたとしても、その程度は低かったということも明らかにした」[6]。

O. Sillén は、スウェーデンの二つの主要な商科大学における教育・研究に携わっている人々は、こうした経験的な事実に非常な関心を寄せて、それを教育・研究の具体的な題材としてきたが、同時にまた実業界で実際の実務に携わっている人々も、「保守的な……いわゆる慎重な貸借対照表評価 (försiktig balansvärdering)」[7]という財務的な配慮を、とりわけ価格が騰貴する時期には非常に重視してきたことを指摘し、その代表的な論者として、例えば、既述のスウェーデンの産業界の大立者 O. Wallenberg の他にも、ASEA 社のかつての技術部長 dr. R. Liljeblad[8]並びにスウェーデン商業銀

行 (Svenska Handelsbanken) のかつての VD. Ernfrid Browaldh の名を あげる[9]。

　O. Sillén は，このような処理は，本来的に「営利企業の正当な要請」[10]として一般的に承認されるべきことを説き，その理由の一つに，既に1928年及びそれよりももっと後の法人税法が，この要請を比較的好意的に受けとり，「慎重な貸借対照表評価」の原則として例えば棚卸資産についての基準有高法の原則に類似した原則を容認し，それによって「1930年代中葉以後，スウェーデンでは年次決算書を作成する場合，経済的に健全な諸原則を一般に普及させること」[11]に寄与する結果となっていることをあげる。かれによれば，総じてスウェーデンの会計実務は，慎重な評価という思考を本章で問題としている棚卸資産及び設備資産の評価の場合のみならず，幾年間にもわたって営利企業の計上損益に対して影響を与えるその他の資産の評価の場合（例えば営業権の評価の場合）にも配慮し，「伝統的な配分諸基準」(traditionella fördelingsnormer)[12]とは異なった諸基準を適用してきた。この「保守的な……いわゆる慎重な貸借対照表評価」という思考の具体的な「発現形態」[13]は，非常に多様であり，それを「理論的に完全に説明しうるような道筋」[14]は，未だなお確立されていない。とはいえ「慎重な貸借対照表評価」という思考に規制される現実の多様な会計処理法も，「包括的な命名」(sammanfattande benämning) を与えられ[15]，そこに包摂される筈である。それは，「景気調整の原則」(konjunkturutjämningsprincip)，この原則が配当問題に適用される場合には「配当平準化の原則」(dividentutjämningsprincip) と呼びうる[16]。

　O. Sillén がここで措定する「景気調整の原則」は，「慎重な貸借対照表評価」という原則であった。かれが，かかるものとして提示したこの原則の主たる内容は，概略，第一に，景気循環の「営業上の決算」としての「営業損益」に対する規定的な関係，第二に，これを前提とした棚卸資産及び設備資産の貸借対照表価額の決定，第三に，割賦販売と危険負担，第四に，営利企業による長期信用供与と危険負担などに関わるものとなっていた。

(1) 景気循環の「営業損益」に対する規定的な関係

一般に貸借対照表評価したがってまた「営業上の決算」において「営業損益」(affärsresultat)[17]を計上し貸借対照表価額を決定する場合対象とする会計期間は，通常，1年という会計期間であるが，「景気調整の原則」という原則は，会計期間として「完全な景気循環」(hel konjunkturcykel)に対応するべき期間即ち7-9年（この期間は，また「機械・什器など同種のものに対する投資期間に一致する」[18]期間）を予定しており，「営業損益」の計上と貸借対照表価額の決定とは，かかる視点より調整してもよいという原則である。もとより近年（とりわけ第一次世界大戦の勃発以後）様々な部門で発生する景気変動のサイクルは，古典的な意味での景気変動のサイクルよりもかなり短縮している[19]。「慎重な貸借対照表評価」という財務的な配慮に支えられた会計実務の様々な「ヴァリィション」を総括する，いわば上位概念として「景気調整の原則」を提示するのは，既述のように，何よりも先ず伝統的な年次決算は，継続企業としての営利企業の計上損益の適否を判断するためには，本来的に余りにも短期的であり，しかもこのことは，近代工企業の場合固定費がその資産構成に占める比率と地位を益々増大しているという事実によって一層増幅されるからである。だがまたこれと同時に，「企業活動の実際の存続期間と将来の利益」(företagets verkliga livslängd och de framtida vinsterna)[20]は確実に予想できないという事実によって，E. Schmalenbach流の企業の清算・解散を想定する全体計算による「全体損益」と継続企業を予定する期間計算による「期間損益」の合致という仮説も，妥当しないということによるのである[21]。営利企業が，会計実務上，「伝統的な原則に従って営業損益を計上すれば，いわゆる景気の良い年度には利益を，そしてまた時折は非常に多額な利益を計上するようになり，いわゆる景気の悪い年度には，利益を非常に低下させしばしば損失を計上することになる。この場合損失を発生させる［原因］を，しばしば景気の良い年度にまで遡って求めることも可能である」[22]。営利企業が，貸借対照表評価の「伝統的な原則」によって計上利益を測定することを承認しそれに固執し，

結果として「このような原則に従って算定された利益を実際にその所有主に配分するならば，それによって……後になって発生する損失を補償するべき十分な財源（resurser）がなくなり，結果として資本の浸蝕がいとも容易に発生することになる」[23]。

(2) これを前提とした棚卸資産及び設備資産の貸借対照表価額の決定

このような事態に対応して営利企業がとるべき措置は，「売却性資産」（omsättningstillgång）としての棚卸資産の貸借対照表価額を決定する場合，基準有高法の原則を利用することである。この原則は，「相当な範囲で，上記のような危険を阻み，景気変動のサイクルに含まれる幾年間かの年度にわたって損益平準化（resultatsutjämning）を可能とする」[24]。このような視点より棚卸資産の貸借対照表価額を決定する場合，実務上実際に適用されている「慎重な貸借対照表評価」の原則の一つの「ヴァリエィション」は，「最低価額の原則」（bottenvärdeprincip）[25]である。この原則は，棚卸資産を，その有高が「基準有高」相当分と見做されるべきか否かを問わず，「例えば近時の景気変動のサイクルの過程で最低値を示した価格と同一な最低価額（bottenvärde）まで簿価の切下げを行う」[26]。設備資産の貸借対照表価額の決定の場合にも「慎重な貸借対照表評価」の原則が妥当する。この場合その内容は，設備資産に関して一般的に適用される原価配分の原則（減価償却）即ち設備資産の調達原価をその経済的な見積耐用年数に相当する幾年間かにわたって単に毎年配分する原則から乖離するか，或いはこの原則に対して批判的なものとなる。例えば，営利企業は，設備資産を景気の上昇期に取得し，経済的な見積耐用年数の経過或いはその他の理由によってこの資産を除却するまで，この資産の利用によって巨額な総収益（bruttointäkt）を獲得することができる。だがまた営利企業は，好況期にその設備資産の取得原価を全額償却し，不況期にその資産を無償または低廉な価格で自由に支配・処分することも可能である。或いはまた営利企業は，一般的な景気循環のサイクルにほぼ対応した耐用年数の設備資産の減価償却費を，好況期にその見積耐用年数を基礎する減価償却費の2倍も計上し，不況期に非常に低く抑え

るか，全く計上しないことも可能である。「好況期に獲得される利益は，主として不況期に行われる非常に集中的で多額の資金を必要とする計画的・組織的な投資活動から生ずるが，それは，不況期にはこの種の課題を合理的に解決することに向けて努力する十分な時間的なゆとりがあるからである」[27]。営利企業は，「この点を考慮して，好況期には［上記のように］将来この種の活動を遂行する場合必要となる資金の調達に向けて引当をすることも可能である」[28]。このような視点よりすれば，営利企業は，Eli F. Heckscher が説くように，景気の下降期には原価計算を単に変動費のみで実施し，固定費を景気対策的な一種の緩衝手段と見做して，好況期に設備資産を取得し，不況期に手放すことも想定する「断続的に自由になる」資産[29]と考えてもよい。それと同時に，設備資産は，好況期には旺盛な需要に支えられてその操業度が高まることも考慮するべきである。営利企業は，そのために「好況期には将来に引き延ばされる修繕に備えて引当をしなければならない」[30]。

(3) 割賦販売と危険負担

営利企業が割賦販売によって財貨・用役を提供する場合，当該年度が負担する原価の配分とそれに対応する収益の認識という問題には，特別に留意しなければならない。割賦販売の場合「伝統的な原則」を適用するとすれば，財貨・用役の提供の時点で売上収益を計上する。とはいえこの種の販売形態は，割賦代金の回収期間も長く，回収可能性の確実性も低く，集金その他のいわゆるアフター・コストの発生も伴う。割賦販売の場合これらの問題を考慮せず，「伝統的な原則」即ち販売基準に従って財貨・用役の引渡しの時点で売上収益を計上することは，回避するべきである。総体的に「信用販売価格は，利子の他に，顧客の支払不能に関わる追加的な危険を含むと見做さなければならない」[31]。営利企業は，この種の「危険」を考慮して「不況期に契約及び破産を通じて発生する非常な損失を賄うための危険負担自己準備金」(en självriskreserve för mötande av de dåliga årens stora förluster genom ackord och konkurser) ともいうべきものを「好況期に蓄積するべきである」[32]。

(4) 長期信用供与と危険負担

　営利企業は，子会社或いは外国の大口顧客に対して長期信用を供与する場合，「危険負担積立金」(riksreserv) を計上するべきである。この積立金の額は，長期信用供与への関与が，政策的に強調されればされる程，多額となる[33]。

　このように，O. Sillén は，「景気調整の原則」とは，営利企業が「慎重な貸借対照表評価」という財務的な配慮の下に採択する個別的な会計処理を全体的に総括する上位概念として，主として上記四つの問題を含意すると説いた。かれによれば，営利企業は，この原則を適用した場合でも，もとより予知せざる将来事象に関わる「危険」を回避することはできないことになる。とはいえこの原則を適用すれば，少なくても「現在の作用による将来の危険」(framtidsrisker med nutidsverkan)[34]に対しては，ある程度まで備えることが可能な筈である。ここより勧告するべきことは，直ぐ後にみるように，「現在の作用による将来の危険」に備えて秘密積立金或いは公示積立金を積み立てることである。「このために留保される積立金は，正しい記帳上の諸原則 (riktiga bokföringsgrunder) を適用するならば，当該企業の中に滞留し，予想・計算される原価及び損失を，将来，補償するか，或いはまた利益分配及び自己資本を増加するために自由に支配・処分することを可能にする。但しこれらの積立金が，将来補償或いは自由な支配・処分を可能にするためには，明らかに十分に潤沢であることを必要条件とする」[35]。この場合秘密積立金或いは公示積立金が，「正しい記帳上の諸原則」を適用することによって当該企業内に滞留する限り，その設定に対してしばしば反復される論難，即ちその設定には「容易に恣意性が介入する余地を残す」[36]という論難にも，或いはまた「会計が様々な利害関係者に対して価値ある情報を提供しうるべきであるとすれば，それ故にこれらの危険はできるだけ正確に分析されなければならず，恣意的に予測されてはならない」[37]という要請にも，十分対応しうる。

　O. Sillén は，景気調整の原則が，上記のように，本来的には過酷な景気

変動に晒されている営利企業が好況期と不況期の計上損益を調整することによって会計的な側面よりそれに対応することを狙った原則であるとしても，大半の営利企業は，実際問題としてこの原則を，例えば減価償却実務にみるように，「租税負担と利益分配の調整」[38]のために利用していると説く。とはいえこの場合でもかれによれば，理論的に最も基本的な問題は，「原価及び収益を幾年間かにわたって計画的に配分する」[39]という問題であり，「計上損益及び租税負担並びに利益分配［の問題］は，適用された配分原則の結果」[40]である。営利企業が，幾年かにわたる配分計画を立てずに，株主に対する利益分配を先ず考慮し，同一の配当或いは可能な限り同一の配当をなしうるように，期間利益（この利益は，過年1年間或いは幾年間かの期間利益に関係するが）を計上することを求めるとすれば，この場合問題となるのは，「景気調整の原則」ではなくて「配当調整の手続き」（dividentutjämnings-förfarande）[41]である。この原則は，「理論的に支持しうる何らかの首尾一貫した貸借対照表評価諸原則」[42]とは関わりがない。さらにまた営利企業が，租税の支払という問題を重視して評価問題を処理するとすれば，「正しい貸借対照表諸評価原則」[43]の採択という問題は，当初より論外となる。

O. Sillénは，「景気調整の原則」を租税及び配当調整のために利用することは理論的には承認しがたく，また「正しい貸借対照表評価諸原則」とも乖離することになるが，営利企業の貸借対照表作成実務は，「景気調整の原則」をとりわけ配当調整即ち「安定的な利益平準化の原則」（stabiliserad vinstutjämningsprincip）[44]のための評価原則として利用しており，営利企業は，一般に「景気調整の原則」をもって「配当調整の原則」（dividentutjämningsprincip）[45]として認識しているといっても過言ではないと説く。かれによれば，営利企業が，株主に対して傾向的に毎期同額の配当を支払うことを重視する場合でも，言葉の真の意味での「景気調整の原則」の場合と同様に，資産と負債に関する様々な評価諸原則が問題となる。営利企業は，通常，一般に当該年度の経過を俟って決算を行うが，この種の決算は，短期的で極く最近の企業の経営活動に関する決算でしかない。この種の決算は，「暫定的

な決算」である。営利企業は,「配当調整の原則」を適用する場合でも,この「暫定的な決算」より出発する。営利企業は,この「暫定的な決算」の結果として計上された年次損益を過年度のそれと比較しその良否を確認した後に,「当該年度について株主に対して従来通りの配当を維持するべきか否かを決定しなければならない」[46]。だがまた営利企業は,既述のように,「暫定的な決算」と併行して幾つかの「配当に関する選択肢」を予定している。換言すれば,営利企業は,決算の結果として株主に対する配当の大きさを確定するのではなくて,配当政策に従って事前的に定めた配当の額より出発して,「逆算して」計上利益の額と貸借対照表価額を決定するよう決算を行う。即ち営利企業は,「配当に必要な利益とおよそ同額の大きさになるような損益［の計上］を求めて資産と負債を評価する」[47]。営利企業が,不況期に「配当調整の原則」を適用することは,非常に危険を伴うので,「良き商人の慣行」（god köpmannased）[48]と一致しないが,好況期に「配当調整の原則」を適用することは,「良き商人の慣行」に一致するものとして正当化される筈である。そしてかれは,このような会計処理を,スウェーデンの実務では,慣行上,「決算処理」（bokslutsdiposition）[49]という形で開示していることを指摘し,次のようにいう。即ち「スウェーデンの企業が計上純損益を確定する場合,たとえ決算を逆算して行うという原則（principen att göra bokslutet baklänges）を適用するとしても,今では決算の場合,前もって定められている損益（ett iförväg fixerat resultat）を計上できるように,講じなければならず,これらの措置を決算処理という表題の下に公示するのは普通のことであり,このような場合［財務諸表の］読者は,実際の損益の動向がどのようであったかということを追跡することが可能となる」[50]と。

O. Sillénの「景気調整の原則」は,これまでみてきたように,「慎重な貸借対照表評価」という財務的な配慮の下に様々な形をとって現れる個々の会計処理を全体的に総括する上位概念として措定され,スウェーデンの実業界が,貸借対照表評価問題したがってまた計上損益に対する過激な景気変動の影響を回避するという名目で,その時々にとる様々な措置を容認することを

可能にする原則である。かれによれば，営利企業は上記のようにこの原則を現実問題としては「利益配当の安定化」(stabilisering av vinstutdelning)[51]を図る目的で利用しているが，営利企業が「景気調整の原則」を「配当調整の原則」として利用するのは，営利企業が「利益配当の安定化」に苦慮しているからであり，営利企業がこの問題に苦慮するのは，何よりも先ず「利益に対する株主たちの関心」[52]が多大であり，営利企業はこの関心事を最大限度満たす必要があることに起因する。実業界が，「景気調整の原則」を「配当調整の原則」として利用することは，理論的には「景気調整の原則」の本来的な趣旨から逸脱するとしても，少なくても株主保護という目的がある限り，そしてまた上記のように，それが「良き商人の慣行」に合致する限り，承認されるべきである。さらにかれによれば，時折，「配当調整の原則」は，「企業の経営者たちが，資金力のない株主たちから株式を買い取ることが可能となるように，好況期に秘密積立金を形成し，利益分配を低い水準に留めおくか，或いは特別配当を受領する資格のある人々に対してその正当な利益分配を抑制する」[53]と論難されるが，このような論難は必ずしも当たらない。このような論難を完全に無視することはできないが，概してスウェーデンの「よく管理された企業」(värlsköttadeföretag)即ち「信頼に足る会計士たちが株主たちの当然の利害を擁護している企業」[54]の場合，このような問題が発生するのは，むしろ非常に稀であり，このような問題を特別に論及するべき重要性は存在しない。「正しい記帳上の諸原則」によって承認される各種の積立金の形成は，第三者たる会計士たちによって制度的にも承認されるべきである[55]。

　O. Sillén は，このような論理をより一層敷衍した場合あらためて明確に意識するべき問題として，営利企業が「営業上の決算」において配当調整という目標も含めて，概して「景気調整貸借対照表評価の手続き」(konjunkturutjämnande balansvärderingsåtgärd)[56]を採択し，各種の積立金を形成しようとするとしても，それは，「企業のあらゆる経営責任者が，今日，そのような手続きを通じて，景気の急変という不幸な状態を招来するものから

企業を保護するという責務を負っている」[57]という問題をあげる。かれによれば、「上記の目的で形成される積立金——それが、公示積立金或いは秘密積立金として形成されるにせよ、更にまたそれが、価値調整項目或いは価値調整準備金（värderegleringspost eller värderegleringsfond）と命名されるとしても——は、何よりも先ず、企業が余りにも高額なそして恐らく全く架空な利益を計上し、その結果租税及び配当の形で非常に多額な支払をすることで企業の存続を危険に晒すことを阻止することを課題とする」[58]。換言すれば、企業が健全な財政的基盤の上にその事業活動を維持していくということは、「社会的な関心事」（samhällsintresse）[59]である。「企業の肉体労働者及び事務系労働者、……商人及び手工業者、企業がそこで事業活動を営んでいる自治体及び国家など、これらの全ての人々は、生産的な企業が撹乱されることなく事業活動を営むことが可能であること、及び更に発展することに関心を寄せている」[60]。「この目標のために形成される積立金が、公示積立金或いは秘密積立金として表示されるべきか否か、前者の場合には、それらが貸借対照表の資産の側に計上された各々の諸資産価額からの控除項目として記載されるべきか、或いは負債の側に記載されるべきかという問題は、技術的な問題であり、ここでは詳細な論議の対象とはならない」[61]。

O. Sillénは、更にこのような積立金特に秘密積立金の形成に対する税務当局の立場を顧みて、次のように説く。即ち「とはいえ強調されるべき重要な問題は、われわれが、秘密積立金という概念について含意することは、この積立金が税務当局にとって秘密であるべきであるということではない。一般大衆は、納税義務のある事業家たちの計算書類（skattskylidiga närings-idkares räkenskaper）を統制するということに正当な関心をもっている。そのため、その事業活動に関する申告書には有高評価がどのように行われているかということに関する情報が、提供されていなければならない」[62]と。

O. Sillénは、このような論理より「景気調整の原則」（この原則が配当調整の目的で利用されるときには「配当調整の原則」）を貫徹するために積立金の形成を容認するが、この場合、それが従来概してなされてきたように秘

密積立金の形式をとることは，様々な誤解を生ずるので，できるだけ公示形式をとるのが望ましいとして，結論的に次のようにいう。

「秘密積立金を設定することを弁護する立場より，ここで若干主張するべきことがある。株主たちは，必ずしも企業の立場から利用可能な或いは必要な［資金］について正しく理解しているとは限らず，かれらは，時折，できるだけ多額な配当を入手すること或いは株式相場が騰貴することなど，短期的・投機的な関心をいだく。企業の経営者が必要であると考える全ての積立金の設定が公示積立金の形で計上されるべきであるとすれば，多分，株主総会では，無益でジリジリと苛立つような様々な抗争が発生する筈である。そしてこの抗争は，しばしば，会社の経営者たちに高い配当を承認させることもなりうるが，とはいえそれは，企業の，或いは一般大衆の真の関心事 (sanna intresse) ではない。非常に巨額な秘密積立金を蓄積している企業では，会計士たちは非常に大きな責任を負わされるが，特にこの責任は，諸積立金が取崩しされる場合にはそうである。

賃金水準の高さを巡る労働者との交渉，或いは価格の引上げを巡る顧客との交渉が問題となるときでも，必要な危険負担積立金 (riskreserv) が負債の側に公示されているような企業の場合，そのような企業の経営陣は，幾つかの非常に難しい問題に直面する。

他方，秘密積立金が決算を不明瞭にするということも明白である。計上損益の報告が不明瞭な場合，概して企業外部者たち (utomstående) は，計上されざる利益 (de oredovisade vinsterna) の額が，実際に計上されている利益よりもっと大きくなるといとも容易に解釈してしまう。

取引所に上場されている幾つかの企業は，有高準備金の変動 (lagerreserv-förändring) を，今では公表年次会計 (offentlig årsredovisning) に公示形式で表示する。また幾つかの企業の場合，この積立金の絶対的な大きさが，貸借対照表或いは脚注に一緒に表示されている。

この点で興味あることは，1967年秋の新しい会計法に対する提案では，有高準備金は常に貸借対照表から明らかとなるべきであり，準備金の変動は損

益計算書に特殊な一項目として記載されるべきであるとされたことである」[63]。

　以上において，O. Sillén の貸借対照表評価諸原則論におけるその論理展開の仕方をできるだけ正確に辿ってきた。その論理展開の帰着するところは，スウェーデンの経済が，現象的には第一次世界大戦の勃発，本質的には20世紀初頭頃の近代的な資本主義的工業化過程の終了を契機として独占への傾向を強める中で，主としてこの国の巨大企業が実施してきた様々な貸借対照表評価実務を，「景気調整の原則」（一定の条件の下では「配当調整の原則」）を上位概念として措定することによって，追認・擁護したことであった。20世紀に入って急速に国際独占体として浮上し，多角化経営に着手した I. Kreuger が実質的に支配するマッチ会社（STAB 社）は，世界恐慌のこの国への波及に伴って1929年に破綻した。国際調査団（Price Water House & Co. が中心）は，同社が極度の秘密主義の下で実施してきた乱脈な粉飾経理の実態を暴いた。それを契機として，この国でも財務諸表公開制度の問題が，企業それ自体の存立のために改めて問われるようになった。同社の粉飾経理の問題は第5章でみるとして，少なくても O. Sillén が，企業対社会関係の構図を基底に据えて，「企業が，経営者の真摯な経営活動の結果相当な利益を獲得し，株主が，それに対する一定の配当金の支払を要求し，その配当金の大きさが，信頼しうる会計士の眼からみても株主の正当な権利として妥当な金額であっても，会計処理上，景気調整的或いは配当調整的な貸借対照表諸項目の評価（とりわけ資産の過小評価と負債の過大評価）をすることは，それによって発生する秘密積立金を公示積立金に振替することを条件として承認するべきこと，その理由は，このような会計処理が，第一義的には株主の正当な権利を守り，ひいては賃金水準に関する労働者との交渉或いは製品価格の決定に関する顧客との交渉を進める上で有効であるから」[64]と説くとき，そこには I. Kreuger 事件が提起した公表会計制度上の粉飾・逆粉飾の問題が投影されていたことを指摘し[65]，本節を閉じたいと思う。

第3章　O. Sillén の貸借対照表評価諸原則論 | 209

〈注〉
1) Sillén, Oskar, *Nyare balansvärderingsprinciper*, 3. uppl., P.A. Norstedt & Söners Förlag, Stockholm, 1933, s. 45.
2) Sillén, Oskar-Västhagen, Nils, *Balansvärderingsprinciper med särskild hänsyn till resultatberäkning vid växlande priser och penningsvärde*, 10. uppl., P.A. Norstedt & Söners Förlag, Stockholm, 1970, s. 75.
3) Sillén, Oskar, *Nyare balansvärderingsprinciper*, 4. uppl. (omarb. och utök., uppl.), P.A. Norstedt & Söners Förlag, Stockholm, 1944, s. 58.
4) Sillén, Oskar, *op. cit.*, 3. uppl., s. 45. O. Sillén がここでいう「危険」の概念は，スウェーデンの商業技術論/企業経済学の形成したがってまたその一環としての近代的な会計学の形成の諸契機の一つとして別稿で指摘した F.H. Knigth―G. Myrdal の流れを汲む「危険」の概念（大野文子稿「スウェーデンにおける近代会計学の形成―概観（1900年より1945年まで）―」(2)　明治大学短期大学紀要　第59号 1996年 3 月，189-195頁）に厳密に符合するものではないが，大筋ではそれに沿った内容となっていることに注目したい。
5) Sillén, Oskar, *op. cit.*, 3. uppl., s. 45.
6) Sillén, Oskar, *op. cit.*, 4. uppl., s. 44 och Sillén, Oskar-Västhagen, Nils, *op. cit.*, 10. uppl., s. 56. O. Sillén は，価格変動と計上損益との関係を問う場合，上記引用文からも明らかなように，価格の騰貴と計上損益の関係のみならず，価格の下落とそれとの関係をも考察の対象としている。とはいえかれの評価諸原則に関する所説が引き合いにだされる場合，概して重視されるのは，価格の騰貴と計上損益との関係である。例えば，The Taxation and Research Committee of the Association of Certified and Coporate Accountants が，同委員会発行の著作，*Accounting for Inflation: A Study of Techniques under Conditions of Changing Price Levels*, (Gee and Company Publishers Ltd., London, 1952, pp. 131-139) の中で指摘するところによれば，スウェーデンにおける法人税支払のシステムの最も主要な特徴は，その自由さであった。これは，この国の企業が価格変動に適合することを容易にしてきた。価格変動問題への適合化という傾向は，この国における会計理論と実務が，一時期，ドイツにおけるそれによって非常に影響を受けたことにある程度起因する。O. Sillén は，当初より価格変動と計上損益との関係に関するドイツ的な手法の支持者として，1920年代はもとより30年代を通じて「架空のインフレ利益の排除［という思考］に賛同」(Sillén, Oskar-Västhagen, *op. cit.*, 10 uppl., p. 132.) した。またこの国の法人税法は，課税年度の不可侵性の論理によって，当該年度に発生した損失を次年度に繰延べすることを禁止しているため，この国の法人は，イギリス及びその他の先進資本主義諸国に比べて税制上不利であった。本書の第 6 章及び第 7 章で問題とする，この国における固定資産とりわけ機械・設備などに対するかの「自由償却」と「棚卸資産の過小評価」を制度上承認することは，この不利を補償する意味合いをもっていた。スウェーデンの公認会計士 Per V.A. Hanner も，その論稿 "Accounting and Taxation in Sweden in Relation to the Problem of Inflationary

Profits" (*Accounting Research*, Vol. 1, January 1950, pp. 257-265) の中で，スウェーデンにおけるインフレーションと計上損益との関係 (1939-1948年まで) を，節税及び配当抑制という視点より問い，「できるだけ損益を平準化・中和化」(*op. cit.*, p. 258.) するべきことを説き，更に論稿 "Inledande översikt över diskuterade metoder", Föreningen Auktoriserade Revisorer, *Redovisning i inflationstider: Om inflations och prisförändringars inverkan på företagens resultatrapportering*, P.A. Norstedt & Söners Förlag, Stockholm, 1975, ss. 7-8 ではこの国における外部会計の領域で1930年代にインフレ問題と本格的に取り組んだ論者としてO. Sillén を位置づけ，同時にこの著作の第4章でみるような1930年代のこの国の標準原価計算問題にも言及している。これに対して Sven-Erik Johansson は，その論稿 "Vinst, övervinst och inflationskrav på företags resultatredovisning i dagens samhälle. Perspektiv på inflation", Svenska Bankföreningen, 1974, ss. 15-46 では，その主題をインフレーションと会計上の計上利益との関係を解明することにおくが，併せて「価格変動と資本需要」との関係で，デフレーションと計上利益との関係の問題にも言及し，何れの場合でも計上損益の決算処分に先立って「逆算して」いわゆる「損益調整の手続き」がとられていることを指摘している。

7) Sillén, Oskar-Västhagen, Nils, *op. cit.*, 10. uppl., s. 45.
8) Liljeblad, Ragnar, *Moderna Kostnadsberäknings-och redovisningspriciper*, Nordiskt Tidskrift för Teknisk Ekonomi, Sep. 1938; Liljeblad, Ragnar (utarb.), *Kostnadsberäkning och kostnadsredovisning inom mekanisk verkstadindustri med särskild hänsyn till penningsvariationer*, Sveriges Mekanförbund, Stockholm, 1952.
9) Sillén, Oskar-Västhagen, Nils, *op. cit.*, 10. uppl., s. 66.
10) Sillén, Oskar, *op. cit.*, 4. uppl., s. 45 och Sillén, Oskar-Västhagen, Nils, *op. cit.*, 10. uppl., s. 66.
11) Sillén, Oskar, *op. cit.*, 4. uppl., s. 45.
12) *Ibid.*, och Sillén, Oskar-Västhagen, Nils, *op. cit.*, 10. uppl., s. 66.
13) 根箭重雄著「保守主義会計の発現形態」ミネルヴァ書房 1961年；立花得雄著「企業維持計算論―用心の原則に関連して―」中央経済社 1984年。
14) Sillén, Oskar, *op. cit.*, 4. uppl., s. 45.
15) *Ibid.*, och Sillén, Oskar-Västhagen, Nils, *op. cit.*, 10. uppl., s. 67.
16) *Ibid.*
17) Sillén, Oskar, *op. cit.*, 4. uppl., s. 46.
18) *Ibid.*
19) Sillén, Oskar-Västhagen, Nils, *op. cit.*, 10. uppl., s. 67.
20) Sillén, Oskar, *op. cit.*, 4. uppl., s. 46 och Sillén, Oskar-Västhagen, Nils, *op. cit.*, 10. uppl., s. 67.
21) Sillén, Oskar, *op. cit.*, 4. uppl., ss. 43-44 och Sillén, Oskar-Västhagen, Nils, *op. cit.*, 10. uppl., s. 67.

22) Sillén, Oskar, *op. cit*., 4. uppl., s. 46 och Sillén, Oskar-Västhagen, Nils, *op. cit*., 10. uppl., s. 67.
23) Sillén, Oskar, *op. cit*., 4. uppl., s. 46 och Sillén, Oskar-Västhagen, Nils, *op. cit*., 10. uppl., s. 67. Nils Västhagen もまた，その主著の一つ，*Affärsbokföringensgrunder*, (Liber Läromedel, Gleerup, Lund, 7. uppl., 1962, ss. 260-261och ss. 268-269.) で，棚卸資産及び設備資産の再調達原価が調達原価よりも低下した場合，有機的な原則を適用すれば，試算によれば，計上利益の額は膨らみ，いわゆる資本の食いつぶしになると説く。
24) Sillén, Oskar, *op. cit*., 4. uppl., s. 46 och Sillén, Oskar-Västhagen, Nils, *op. cit*., 10. uppl., s, 67. かれは，生誕60年の記念論文集所収の "Affärsvinst＝Beskattningsbar inkomst?", Sillén, Oskar, *Studier i Svensk Företagekonomi, Uppsatsen och Föredrag. 1928-1943*, 1. uppl., P.A. Norstedt & Söners Förlag, Stockholm, 1943, ss. 296-298 och 298-297 で「景気調整の原則」及び「配当調整の原則」によって計上される企業利益が，税務上の評価諸規定によって承認・保護されている現実を指摘した。とはいえかれは，この「配当調整の原則」＝「損益平準化」の原則に更に立ち入りその「構造分析」(高寺貞男稿「利益標準化の構造分析」『会計』第117巻第1号1980年) に着手することはなかった。スウェーデンではかれに続く後世代の教育・研究者たちが，O. Sillén の研究成果の上に立って，この問題を展開していったことを付言しておく。
25) Sillén, Oskar, *op. cit*., 4. uppl., s. 46 och Sillén, Oskar-Västhagen, Nils, *op. cit*., 10. uppl., s. 67.
26) Sillén, Oskar, *op. cit*., 4. uppl., s. 46 och Sillén, Oskar-Västhagen, Nils, *op. cit*., 10. uppl., ss. 67-68.
27) *Ibid*.
28) *Ibid*.
29) Sillén, Oskar, *op. cit*., 4. uppl., s. 47.
30) *Ibid*., och Sillén, Oskar-Västhagen, Nils, *op. cit*., 10. uppl., s. 68.
31) *Ibid*.
32) Sillén, Oskar, *op. cit*., 4. uppl., s. 48 och Sillén, Oskar-Västhagen, Nils, *op. cit*., 10. uppl., s. 69. この問題の委細については，既述の Sillén, Oskar, *Studier i svensk företagsekonomi*, 1, uppl., s. 216. följ. を参照。
33) Sillén, Oskar, *op. cit*., 4. uppl., s. 48 och Sillén, Oskar-Västhagen, Nils, *op. cit*., 10. uppl., s. 69.
34) *Ibid*.
35) Sillén, Oskar, *op. cit*., 4. uppl., s. 48 och Sillén, Oskar-Västhagen, Nils, *op. cit*., 10. uppl., s. 69.
36) *Ibid*.
37) *Ibid*. Sandor Asztély は，その論稿の一つ "Principer av betydelse för svensk årsredovisningspraxis: ett försök till systematisering", (särtryck ur Handels-

högskolan i Göteborg 1923-1971, en minnesbok, Akademilitteratur, Stockholm, 1978, ss. 3-21) の中で, スウェーデンにおける会計実務では計上損益の算定の場合「平準化の諸原則」(utjämningesprincip)=「いわゆる慎重な原則」が広く利用され, 時として計上損益の比較可能性を損なうと論難されるが, 長期的視点では必ずしもこの論難は当たらないと説く。

38) Sillén, Oskar-Västhagen, Nils, *op. cit*., 10. uppl., s. 69. O. Sillén は, 計上損益の算定の場合一般に指摘される, 損益中和化の作用とその結果としての秘密積立金の形成との関連を問い, とりわけ棚卸資産の期末価額の決定に関する基準有高法の思考に言及し, ドイツの代表的な文献としては, Walter Mahlberg の *Der Tageswert in der Bilanz* (Gloeckner, Leipzig, 1925) 及び Eugen Schmalenbach の *Grundlagen dynamischer Bilanzlehre* (3. Aufl., Gloeckner, Leipzig, 1919)を, 自国のそれとしては, Svenska Arbetsgivare Föreningen の *Bokslut inför företags nämnden: En kortfattad handling rörande utformning av informationer kring företagets bokslut* (Stockholm, 1947, Kap. 3. ss. 30-42.) を引き合いにだしている。

39) Sillén, Oskar-Västhagen, Nils, *op. cit*., 10. uppl., s. 69.
40) *Ibid*.
41) *Ibid*.
42) *Ibid*.
43) *Ibid*.
44) Sillén, Oskar, *op. cit*., 4. uppl., s. 49.
45) *Ibid*.
46) *Ibid*.
47) *Ibid*.
48) *Ibid*.
49) Sillén, Oskar-Västhagen, Nils, *op. cit*., 10. uppl., s. 70.
50) *Ibid*.
51) Sillén, Oskar, *op. cit*., 4. uppl., s. 50.
52) Sillén, Oskar-Västhagen, Nils, *op. cit*., 10. uppl., s. 70.
53) Sillén, Oskar, *op. cit*., 4. uppl., s. 50 och Sillén, Oskar-Västhagen, Nils, *op. cit*., 10. uppl., s. 70.
54) *Ibid*.
55) スウェーデンで公認会計士が制度的に承認されたのは, 既に大野, 前掲稿, 18-19頁で指摘したように, 1912年であった。この国の公認会計士の制度的な承認とそれに呼応する会計士監査制度の発展に関する参考文献は, 上記の別稿に記載しているのでここでは省略する。O. Sillén がこの小著の初版を出版した1930年代におけるこの国の会計士監査制度の実情については, Eva Wallenstedt の主著 *O. Sillén: Professor och Praktiker* (Uppsala, 1988, Kap. 7, ss. 227-256.) に詳しく紹介されている。第二次世界大戦後の状況については, わが国では近澤弘治論稿「スウェーデンの会計士監査制度の現状」(『会計』第80巻第4号) がある。

56) Sillén, Oskar, *op. cit.*, 4. uppl., s. 50 och Sillén, Oskar-Västhagen, Nils, *op. cit.*, 10. uppl., s. 70.
57) Sillén, Oskar, *op. cit.*, 4. uppl., s. 50 och Sillén, Oskar-Västhagen, Nils, *op. cit.*, 10. uppl., s. 70.
58) Sillén, Oskar, *op. cit.*, 4. uppl., ss. 50-51 och Sillén, Oskar-Västhagen, Nils, *op. cit.*, 10. uppl., s. 70.
59) Sillén, Oskar-Västhagen, Nils, *op. cit.*, 10. uppl., s. 70.
60) *Ibid.*
61) *Ibid.*, ss. 70-71.
62) *Ibid.*, s. 71.
63) *Ibid.* スウェーデンの「景気調整の原則」の制度的な承認の問題については Sandor Asztély, [1978], *op. cit.* 及び Svenska Arbetsgivare Föreningen, *op. cit.*, 1949を参照。
64) Sillén, Oskar-Västhagen, Nils, *op. cit.*, 10. uppl., S. 70.
65) Wallenstedt, Eva, *Oskar Sillén. Professor och Praktiker : Några drag i företagsekonomiämnets tidiga utveckling vid Handelshögsholan i Stockholm*, Acta Universitatis Upsaliensis, Studia Oeconomiae Negotiorum 30, Uppsala, 1988 ; Hildebrand, Karl-Gustaf, *Expansion Crisis Reconstruction 1917-1939 : The Swedish Match Company, 1917-1939 : Studies in Business Internationalisation*, Liber Förlag, Stockholm, 1985.

小 結

　これまで主題としてきた問題は，O. Sillén の小著「より新しい貸借対照表評価諸原則」(*Nyare balansvärderingspinciper,* 1. uppl., 1931, 10. uppl., 1970) の論理構造を明らかにすることであった。それでは，このような論理構造をもった O. Sillén のこの著作は，第1章でみたようなスウェーデンの戦間期の経済動向に照らしていえば，どのような経済的・社会的な機能・役割を果したか。この問題を一考して，本章を閉じたいと思う。

　かれがこの小著で最初に提示した命題は，貸借対照表評価諸原則の問題が基本的には貸借対照表目的によって規定されるということであった。かれはこれを前提として，貸借対照表をもって「損益貸借対照表」＝損益計算の手段として規定し，かかる貸借対照表を年次決算＝「営業上の決算」＝「暫定

的な決算」によって作成されるそれであると説いた。かれは次いで，このような損益計算の手段としての貸借対照表評価諸原則を問題とする場合，最初に解明するべき問題は，会計上の損益概念の吟味であると説いた。かれは，そこでの損益概念を，計算構造的には複式簿記を基礎として損益法的利益計算方式による期間的な収益と期間的な費用との差額概念として規定し，この場合最大の問題は，収支の流れの期間的な限定の問題であると主張した。かれは，とりわけ株式会社という「資本の結合形態」の下では，年次決算の一環として作成される貸借対照表は，法規定に従って公表される公表貸借対照表であり，公表貸借対照表に記載される諸項目と計上損益とは，課税及び株主への利益分配の基礎となることから，通常，「営業上の決算」による計上損益は，単純な簿記手続きの結果として事後的に算出されるのではなくて，「配当（並びに法人税額）に関する幾つかの選択肢」を比較考量し，そこより「逆算して」計上されるということを力説した。かれは，これを前提として極く単純化された二つの設例によって評価諸原則と計上損益との関係を問い，その相互規定的な関係論を展開した。そしてかれは，このような貸借対照表目的論・損益概念論・貸借対照表評価諸原則の計上損益に対する規定的な関係論の上に，当時のスウェーデンで実施されていた様々な貸借対照表評価実務を，追認・擁護するための上位概念として「景気調整の原則」（それを配当調整のために適用する場合には「配当平準化の原則」）を措定した。

　O. Sillénは，このような現実容認の論理に一定の妥当性を附与するために，様々な手段を利用した。かれは，例えば，E. Schmalenbachの「動的貸借対照表論」やF. Schmidtの「有機的な貸借対照表論」をしばしば引き合いにだした。とはいえそれは，かれが，かれらの所説を内在的に吟味・検討・批判することを通じて，当為としての貸借対照表評価原則論を新たに展開するためではなくて，現実容認の論理の正当性を主張するための支柱の一つに過ぎなかった。如何なる所説も，かれの場合，「景気調整の原則」の下に収斂された。O. Sillénの「景気調整の原則」という現実容認の論理は，1929年恐慌に伴うI. Kreuger事件を契機として1930年代に入ってようやく

問題となり始めたスウェーデンにおける財務諸表公開制度の問題と絡んでいた。

　本章を閉じるに当たって本章の趣旨に照らして今後に残された諸問題の中でも早急に取り組むべき課題として，次の点を指摘しておきたいと思う。

　第一に，O. Sillénがこの小著で展開したこのような所説を，1930年代のスウェーデンの近代財務会計論の発展動向を示す一つの指標として位置づけることは，かれがスウェーデンの近代的な会計学の形成にとって果した先導的な役割とこの著作が1970年代初頭までスウェーデンを含む北欧諸国のこの領域における最も基礎的な教育・研究資料として広く利用されていたという事実を考慮するとき，必ずしも不可能ではないであろう。とはいえこの場合必要なことは，かれがこの著作で展開してきた一連の論理を，かれのこれ以外の著作或いは論文のそれをも考慮に入れて，ある程度まで幅を広げ，再考することであろう。それと同時に緊急性のある問題は，近代的な会計学の枠組みの中では一般的には財務会計と対峙する管理会計の形成に関するこの国の動向との関連で，再度，かれがこの小著で展開した論理を検討することであろう。この国の管理会計の形成に関する動向は，次章の原価計算の標準化問題の中で，その方向性についてのみ，粗略ながら言及している。

　第二に，O. Sillénは，この小著の4版（1944年）を改訂・増補版として出版したとき，新たに貸借対照表評価に関する株式会社法・会計法・税法など，法的な評価諸規定の紹介とその解釈論を内容とした一章を付加した。これらの評価諸規定に関する問題に立ち入ることは，本章では意識的に回避した。その理由は，本章ではかれの貸借対照表評価諸原則論に関する所説の骨子をできるだけ正確に辿ることによってその論理構造を明らかにし，その骨子を単純化した形で提示することを考えたからである。これらの評価諸規定に関する問題は，この著作の第6章及び第7章で1938年に導入された資本蓄積的な加速度償却である「自由償却制度」や景気弾力的な「投資準備金制度」の問題との関連で断片的に触れているが，体系的な考察に至っていない。この小著を，1930年代のスウェーデンの近代財務会計論の発展動向を示す一

つの指標として位置づけることが不可能ではないとしても，その場合には法と会計の交錯という問題にも一層立ち入った考察をすることが不可欠であろう（この問題については，本書の補章でこの国の法的制度会計のうち，株式会社法及び会計法における会計諸規定を一瞥し，その立法政策的な意味を明らかにした。この国の税法問題は，今なお研究途上にあり，残念ながら，体系的な形で本著に組み込むことはできなかった）。

第三に，O. Sillén が，この小著で展開した貸借対照表評価諸原則における一連の論理には，1930年代初頭のスウェーデンの近代株式会社の動向とそれを基底的に支える同時代の経済的・社会的な基盤が横たわっている。かれが，「景気調整の原則」（或いは「配当平準化の原則」）をこの国における様々な貸借対照表評価実務を追認・擁護するための上位概念として措定し，「企業の健全な発展」を説くとき，それは，かれの一定の企業観，そのような企業観の存立を要請するこの国の近代株式会社の実態，それを規定する経済的・社会的な基盤と一定の関わりをもっている筈である。ここでは，1930年代初頭，この国は社会民主労働党が長期単独政権の座に就くことによっていわゆるスウェーデン型混合経済の台頭・形成期を迎えており，このような体制の下で O. Sillén がこの小著で措定した「景気調整の原則」（或いは「配当平準化の原則」）を問われるようなこの国の企業は，概して，比較的少数の独占的な巨大企業であり，O. Sillén は，かかる企業の社会的・公共的な性格を標榜していたということを指摘するに留める。

これらの問題を改めて考察すれば，かれの意図はどうあれ，O. Sillén の所説が，果した現実的・歴史的な役割もより一層明確となるであろう。とはいえ，既述のように，かれの所説は，より直接的には，当時のこの国の巨大企業における景気対抗的な資本蓄積の論理であった。こうした蓄積の理論は，この国の巨大企業がいわゆる戦間期における経済の構造変動期にも国際的な競争力を維持し，一国全体としては，第1章でみたように，この国が経済の持続的な拡大をしていくことを，会計の側面より支援した。スウェーデン型混合経済の特徴の一つが，資本主義的競争の原理を前提とする限り，かれの

貸借対照表評価諸原則論を貫く蓄積の論理は，その特徴を会計的に表象し，会計的な側面より支援するものであった。このことを確認して，本章で残された問題は今後の研究に委ねる。

第4章

近代スウェーデンにおける原価計算の標準化運動（1920-1930年代）
――戦間期におけるこの国の産業合理化運動の一環として――

序

　後述のように，時期的に近代スウェーデンにおいて様々な会計問題について一般的な関心が高まり，実務的にも理論的にも各界での論議が本格的に開始し，近代スウェーデンの会計問題の全体像が素朴ながらも明らかになってくるのは，いわゆる戦間期とりわけ1920年代より1930年代中葉頃であった。
　例えば，前章でみたように，1920年代後半にこの国の産業界で広く普及していた有形固定資産の減価償却に関わる「1クローネ勘定」・秘密積立金の形成実務を背景に，この国の近代的な会計学の始祖ともいうべき O. Sillén は，理論家及び実務家として，その主著の一つ「より新しい貸借対照表評価諸原則（*Nyare balansvärderingsprinciper*, 1. uppl., 1931, 10. uppl., 1970）で貸借対照表評価諸原則の最上位の原則として「景気調整の原則」或いは「配当平準化の原則」を措定し，この国の貸借対照表評価実務擁護論を提唱した。このような貸借対照表評価諸原則論は，その後この国の総体的な財務会計論の形成・発展に繋がり，同時にその方向性を規定する主要な一因となった。
　或いはまた A. ter Vehn は，本章で問題とする原価計算の統一的な用語とその処理手続きの確立の過程として展開してきたこの国の原価計算の標準化運

動に続いて，1930年代末葉より展開される「スウェーデン機械工業連合」(Sveriges Merkanförbund) を中心として推進される「M-プラーネン」(M-planen, 正式名.「機械工業連合標準コントゥープラーン」Mekanförbundets Normalkontoplan) の作成作業とりわけその注解作業によって会計上の諸概念の明確化と工業会計或いは原価計算論研究に着手した。それは，やがてこの国の伝統的な管理会計論の生成・発展への道を開く主要な契機の一つとなった。この時期には，こうした財務会計論と管理会計論という会計学の二大領域の形成或いは体系化の兆しと同時に，他方，この国の会計問題に関わる幾つかの法的整備も進行した。例えば，1920年代末葉の会計法 (1929 års Bokföringslag) 及び第二次世界大戦終熄後のこの国の経済状況に関する予測を射程に入れて，この大戦終熄直前に制定された1944年株式会社法 (1944 års Aktiebolagslag) というようないわゆる法的制度会計に関わる一般的な整備の他に，1930年代末葉には，国家の明確な経済政策的な意思に沿って制度化された「自由償却制度」や「投資準備金制度」というような景気調整的な租税制度の導入，1929年のアメリカを起点とする世界恐慌を背景として，当時，国際コンツェルンとして著名であった I. Kreuger 帝国の崩壊による粉飾経理の発覚と国際的な調査団による査察を契機として，1930年代を通じて外部監査制度の整備に対する社会的な関心の増大など，それらは，その傍証である[1]。

　本章の目的は，さしあたりスウェーデンのいわゆる戦間期とりわけ1920年代頃から1930年代中葉頃にかけて浮上していたこの国の会計問題のこうした大まかな流れを念頭におきながら，この時期にこの国の産業合理化運動の一環として展開された原価計算の標準化運動について，その主要な論点を明らかにすることである。この国のこの時期における原価計算の標準化運動は，総原価計算における統一的な用語を求める運動として開始した。その作業は，後述のように，H. R. Schultz の1923年の私的な提案を起点として開始し，1930年代前半には二つの社会的な提案として結実した。即ちその一つは，SIS の1931年6月の「工業総原価計算の統一的用語に関する諸基準」(Nor-

第4章　近代スウェーデンにおける原価計算の標準化運動（1920-1930年代）| 221

mer rörande enhetlig terminologi vid industriell självkostnadsberäkning），他の一つは，STFの手になる「総原価計算の統一的な手続きに関する提案」（ett förslag till enhetligt förfarande vid självkostnadsberäkning）である。一般には前者は，いわゆる1931年の「SIS-諸基準」（SIS-normerna），後者は，いわゆる1934年の「STF-プラーネン」（STF-planen）として知られている[2]（SIS も STF も20世紀初頭以来スウェーデンにおける産業合理化運動を担ってきた団体であるが，それについては後述する）。本章は，これらの提案を手掛かりとして，この国の原価計算の標準化運動の主要な論点を明らかにする。その伏線にある関心事は，スウェーデンが，この国の古典的な経済史家によれば構造的な失業問題を内在させた「繁栄の時代」[3]，現代経済史家によれば経済的に「苦難の時代」[4]と呼ばれた1920年代の後，1930年代に入りいわゆる「計画・組織化された資本主義の時代」[5]の開幕を迎えて，この運動が，上記のような様々な会計問題との関わりの中で，総体としてスウェーデンの近代的な会計の全体像の形成にどのような形で寄与し，この国の近代的な会計が1930年代に開始するスウェーデン型混合経済の台頭・形成に対してどのような機能を果すことになるかという問題である。

〈注〉
1) スウェーデンの1920年代より1930年代における主要な会計問題については，下記の一連の論文で取り上げている。大野文子稿「スウェーデンにおける近代会計学の形成─概観（1900年より1945年まで）─」(1)(2)(3)　明治大学短期大学紀要　第58号　1996年2月・第59号　1996年3月・第60号　1997年1月；「スウェーデンにおける投資準備金制度の基本構造　1938-1955年」明治大学短期大学紀要　第61号　1997年3月；「O. Sillénの貸借対照表評価諸原則論─その論理構造を中心として─」明治大学短期大学紀要　第63号　1998年3月；「近代スウェーデンにおける原価計算論研究の足跡：概観（1900年より1945年まで）」明治大学短期大学紀要　第65号　1999年3月；「スウェーデンにおける自由償却（1938-1955年）」明治大学短期大学紀要　第66号　2000年3月など。なお，これらの論文を執筆するために利用した諸文献は，本章で特に引用しない限り，記載省略。
2) Roots, Ilmar, "Varför ska kostnad vara en periodiserad utgift? Redovisningens-grundbegrepp i historiskt perspektiv", *Balans*, FAR Årgång 23, 1997/6-7, s. 43.
3) Montgomery, G. Arthur, *The Rise of Modern Industry in Sweden*, P.S. King & Son, Ltd., London, 1939, p. 233 and pp. 263-266 ; Heckscher, Eli F., *An Economic History*

of Sweden (Translated by Göran Ohlin), Havard University Press, Cambridge, Mass, 1954 etc. なお，1920年代のスウェーデンの経済事情については大野，［1996年3月］，前掲稿，で詳細に検討しているので，その委細は省略する。なおこの論文を執筆するために利用した諸文献も，本章で特に引用しない限り，記載省略。

4) Magnusson, Lars, *An Economic History of Sweden*, Routledge Explorations in Economic History, Routledge, London and New York, 2000, p. 160.
5) Scott, Lars and Urry, John, *The End of Organized Capitalism*, Polity Press, Cambridge, 1987.

第1節　H.R. Schultz の1923年提案より STF の 1934年基礎プラーンの形成に向けて

1．H.R. Schultz の 1923 年提案（原価計算の標準化問題の台頭）と当時の原価計算論の教育・研究の動向

戦間期のスウェーデンにおける原価計算の標準化運動は，総体として同じくこの時期とりわけ1920年代を中心としたこの国の産業合理化運動を背景として，或いはそれと密着しながら，総原価計算における統一的な用語を確立する運動として台頭した。

この運動の起点は，当時，ASEA 社（Allmänna Svenska Elektriska Aktiebolaget）の営業簿記主任で工学士の H.R. Schultz が，工学専門誌 *Teknisk Tidskrift* に1923年に寄稿した「工業総原価計算の統一性」("Enhetlighet i industriell självkostnadsberäkning")という論文であった[1]。

かれは，この論文の執筆の主要な動機として，様々な工的諸企業が，製品の価格設定目的で原価計算を利用しうるためには，何よりも先ず原価計算とりわけ総原価計算の統一的な計算方法を確立する必要性があることを指摘した。その上でかれは，戦中・戦後のインフレーションとその終熄と殆ど同時的に到来した1920年恐慌とそれに続く不況の下で原価計算をする場合特に十分に考慮するべき問題として，価格変動，売上高の規模の変化，製品の様々な種類と原価との関係をあげた。そこよりかれは，少なくても総原価計算の場合全ての企業が承認し統一的に適用するべき原則として，次の原則を

第4章　近代スウェーデンにおける原価計算の標準化運動（1920-1930年代） | 223

提示した。

第一に，価格変動が総原価計算に及ぼす影響を考慮して，全ての原価は，現在価額（nuvärde）（＝ここでは再調達価格 återanskaffningspris を意味する）で評価すべきである。総原価計算を経常的な計算として実施し，複式簿記機構の中に組み入れている場合（即ちかれの言葉によれば，原価簿記 kalkylerande bokföring が存在する場合），帳簿上の原始取得調達原価（ursprungligt bokförda anskaffningskostnader）は，それ故に評価替（omvärdering）すべきである。この場合現在価額と帳簿上の原始取得調達原価の差額は，評価替勘定（omvärderingskonto）で処理するべきである。再評価は，全ての原価要素について実施するべきである（したがってまた減価償却費計算についても実施するべきである）。再評価は，原価要素については消費の都度，完成品については発送或いは庫出の都度，実施するべきである。即ち帳簿上の製造原価は，消費の時点で妥当する製造原価に評価替するべきである。

第二に，売上高の規模の変動が総原価計算に及ぼす影響を排除すべきである。それは，製造間接費配賦（omkostnadspålägg）を正常年度の間接原価及び売上高（normalårets omkostnad och omsättning）を基礎として計算することによるべきである。正常年度の売上高は，売上高の最大年度（maximalår）の75%とすべきである。

第三に，製品の様々な種類と原価との関係は，製造間接費（tillverkningsomkostnad）を三つのグループに区分し，様々な処理手続きで製品に配分することによって，製品の様々な種類と原価との関係を考慮すべきである。例えば，間接材料費（materialomkostnad），間接労務費（arbetsomkostnad），間接基礎原価（grundvärdeomkostnad）に区分し，間接材料費は直接材料費に比例して，間接労務費は先ず作業グループ別に区分し，次いで生産的な賃金・給料の規模に比例して，間接基礎原価は基礎価額（grundvärde）（製造原価マイナスそれらの間接費）に比例して配分すべきである[2]。

H.R. Schultz のこの提案それ自体は，1920年代より1939年代前半にかけてのスウェーデンにおける原価計算の標準化運動とりわけ原価計算の統一的な

用語の確立という問題の一応の帰着点となった「SIS の1931年提案」(SIS-förslaget av år 1931, 別名. 暫定的基準 provisorisk standard) にも，それに続く原価計算の統一的な処理基準の確立を提案した「STF の1934年基礎プラーン」(STF: s grundplan av år 1934) にも直結することはなかった[3]。それでも「1923年の H.R. Schultz」の提案は，20世紀初頭頃から台頭してきた原価計算の標準化問題に対するスウェーデンの産業界からの要請，とりわけかれが当時直接的に関与していた ASEA 社に象徴されるような「原価計算の問題が最も複雑であると考えられていた産業界即ちエンジニアリング産業界」[4]からの要請を背景に，1920年代前半より30年代前半にかけてこの国で展開された原価計算の標準化運動における主要な論点を，私的な一経済人という立場であれ，既に明確に提示していた。この点でスウェーデンの原価計算における標準化運動（即ち原価計算の統一的な用語の確立及び統一的な処理基準の確立という運動）の過程の推進にとって，かれの私的なこの提案は，先駆的な意味を占めていたのである。後述のように，この提案が原価計算の標準化を求めて提示した原則は，後に SIS の最初の提案である1928年提案以来，第一次世界大戦の勃発頃までには既に特化された多国籍企業として世界史の舞台に登場していたこの国の幾つかの巨大企業（例えば，本章でスウェーデンにおける原価計算の統一化運動の問題でしばしば引き合いにだしている ASEA 社，L.M. Ericsson 社，SKF 社＝Svenska Kullager-fabriken 社，Volvo 社など）[5]による賛否両論を惹起する火種を潜在させていた。本章の主題は，専ら1920年代より30年代前半におけるスウェーデンの原価計算の標準化運動とりわけ1923年の H.R. Schultz 提案より「SIS の1931年提案」（「暫定的基準」）の公布を踏まえて行われた「STF の1934年基礎プラーン」の論点を明らかにすることに絞っている。とはいえスウェーデンで1920年代前半に開始したこの運動は，「STF の1934年基礎プラーン」の提示の後，間もなくエンジニアリング産業を中心とした基本的な会計システムの開発・構築に向かい，やがて1945年にはかの著名な「M-プラーネン」[6]として結実する。即ち「STF の1934年基礎プラーン」は，「M-プラーネン」

第4章 近代スウェーデンにおける原価計算の標準化運動（1920-1930年代）

の構築の出発点であった。

　近代スウェーデンにおける原価計算の標準化問題が台頭した1920年代初頭或いはその前半期はまた，近代スウェーデンにおける商業技術論/企業経済学に関する教育・研究上，原価計算論に関する論議が最も中心的な問題として浮上し，本格的な取組みが開始するようになった時期でもあった[7]。

　近代スウェーデンにおける商業技術論/企業経済学の形成過程で先導的役割を果した「ストックホルム商科大学」(1909年設立) が，その設立当初以来1910年代を通じて実施してきた原価計算論に関する教育・研究は，O. Sillénが1913年に公表した「工業総原価計算要綱」（*Grunddragen av industriell självkostnadsberäkning*）を別とすれば，20世紀初頭のドイツ原価計算論の台頭期における諸文献とりわけ技術論的経営学の流れに沿った諸文献より，近代的な原価計算の思考と技術を吸収することに力点をおいた。この時期の同大学を中心とした原価計算論の教育・研究が，20世紀初頭のドイツ原価計算論の台頭期における諸文献それ自体を正確に理解したか否か，その教育・研究が，その正確な理解を基礎に，ドイツ的な特殊性を勘案してスウェーデンの原価計算実務への適合化に向ける方策を模索したか否かは，定かではない[8]。

　O. Sillénの「工業総原価計算要綱」(1913年)[9]の最大の関心事は，第一義的には原価計算と企業の価格政策或いは総原価の価格決定に対する影響という問題であった。同書は，総原価と総原価計算の概念規定をした上で，総原価と販売価格との関係を図示した。同書は，総原価計算の価格設定目的を第一義的なものとしながらも，併せてその経営管理目的にも言及し，製品単位当たりの総原価と収益性の関係を論じた。同書は，結論的に，総原価計算がその目的即ち価格決定と経営管理に役立つために総原価に上乗せされる利潤は，競争・カルテル・独占などの条件によって規定されると主張した[10]。即ち同書は，スウェーデンが遅れた近代的な資本主義的工業化過程に着手して以来，第一次世界大戦の勃発頃までにその過程を終了するのに先立って，既に20世紀への転換期頃より一部産業部門と一部企業が，近代的な独占，そ

れもスウェーデン的な特性をもったそれに転換しつつあるこの時期の著作として，総原価の計算の問題を独占と独占利潤の源泉（例えばこの国の近代的な資本主義的工業化過程にとって極めて重要であったこの時期に進展したカルテル形成・その工業化過程で主要な役割を果した独自の技術革新・特許権の取得など）との関連を射程に入れていたのである[11]。

同書は，その過程で製造間接費の認識（或いはその概念規定）と配賦問題を重視し，配賦基準としての価額基準法（直接材料費法・直接労務費法・直接原価法）と時間基準法（機械作業時間法とりわけ個別機械時間法）の長短を説明し，併せて製造間接費の正確な把握のために部門別計算の必要性を示唆した。そして同書は，既に E. Schmalenbach の原価計算論に関する初期の一連の論文とりわけ1907/1908年の「株式会社の貸借対照表における生産原価としての一般経費」("Die General Unkosten als Produktionskosten in der Bilanz der Aktiegesellshaft", *ZfhF*, 1907/2) に言及し，それとの関連で操業度の変動が原価計算とりわけ総原価計算に及ぼす影響に留意するべきことを示唆しつつも，この問題に立ち入りそれを吟味することは，同書の目標の範囲を超えるとしてこれを退けていた[12]。

O. Sillén が，同書を執筆するに当たって入手していた原価計算論に関する基礎知識は，その教育的素養からみてドイツ経営学とりわけ技術論的経営学の流れに沿った人々の所説であったと推定されるが，最も直接的にそれを提供したのは，こうした人々の所説よりもむしろ後に本章で問題とする SIS の1928年提案を峻烈に批判した E.A. Forsberg の助言であった[13]。本書の第1章及び第2章で既に言及したように，かれは当時この国の AB Separtor 社の上級技師であり，テイラー主義の熱心な信奉者としてスウェーデンの産業合理化運動を先導した。かれは，1912年より1928年まで「ストックホルム工科大学」(Kungliga Tekniska Högskolan i Stockholm) の産業経済学の教授であった。その間，かれは，1916年に主著「産業経済学」(*Industriell ekonomi*, 1916) を公表した[14]。その後 C.T. Sällfors がこの地位を継承した。かれもまた，同じく産業合理化運動の起動力となり，1928年には「スウェー

デン産業連盟」(Sveriges Industriförbund) の傘下にある「株式会社産業情報サーヴィス」(Aktiebolaget Industribyrå) の組織部門の主任として活動し，1936年に「産業における労働研究」(*Arbetsstudier inom industrin, 1936*) を出版した[15]。O. Sillén は，ドイツ経営学とりわけ技術論的な経営学の流れに沿った人々より習得した知識の上に，スウェーデンの工業経営上の現実的な諸問題に関与してきた工学技師たちの実務的な経験を吸収しつつ，総原価計算の一般的な指針を提示することに努めたように思われる[16]。

近代スウェーデンにおける1910年代の原価計算論に関する教育・研究のこのような基調が，1920年代に入っても何時頃まで続いたかは定かではない。当面，問題としている1923年の H.R. Schultz の提案が，近代スウェーデンにおける原価計算の標準化運動に関する最初の私的な提案として公表されたとき，この提案が，この国の1910年代の原価計算論に関する教育・研究の成果より直接的な示唆を受けたか否かも定かではない。ここでせいぜい指摘しうることは，この提案にみられる原価計算実務上の問題点 (例えば，操業度の変動が原価計算に及ぼす影響を排除するという問題) が，既に1910年代以来，原価計算論に関する教育・研究上も，俎上にのぼっていたということである。

1910年代に開始した近代スウェーデンにおける原価計算論の教育・研究は，この国の原価計算の標準化問題が台頭した1920年代になると，商業技術論/企業経済学における中心的な問題の一つとして認識され，初期の教育・研究の基本的な動向より新しい動向へと展開しつつあった。「ストックホルム商科大学」は，第2章でみたように，設立当時制定した「1910年学習計画」(1910 års studieplan) をこの国の経済社会の発展に伴う産業界の要請に従って不断に改訂してきた (例えば，1917年及び1927年改訂)。「1927年学習計画」(1927 års studieplan) は，本章で問題としている原価計算の標準化運動における最初の社会的な提案である「SISの1928年提案」の公表の1年前に改訂された。この学習計画は，原価計算が一般会計と結合していることを表象する[17]「原価会計」(*Cost accounting*) という表題の二冊のアメリカ

の著作（著者不明）と，E. Schmalenbach の「原価計算の基礎と価格政策」(*Grundlagen der Selbstkostenrechnung und Preispolitik*, 1925) の他に，O. Sillén が1925年1月22-24日に Oslo で行った「講義要綱」(ett före-läsningsreferat) として執筆した「工場組織と経営原価計算」(*Fabriksorganisation och driftkalkyler*, 1925)[18] を盛り込んだ。この大学が，二冊のアメリカの文献を盛り込んだのは，O. Sillén が1920年に試みたアメリカ研修旅行を契機として，アメリカのこの領域における新しい発展動向（とりわけ商品流通機構論/販売技術論などの問題を中心とした販売論の発展と工場組織論/原価計算論を中心とした管理会計論の発展）に注目し，折しも G. Törnqvist (1894-1963年) が，「ストックホルム商科大学」を卒業後，「コロンビア大学」で修士号を取得して1922年より商科大学の販売機構論及び販売技術論に関する講義を担当するようになったからであった[19]。それは，O. Sillén とその門弟 G. Törnqvist を媒介として，旧来のドイツ的な教育・研究に，アメリカ的なそれを導入したことを意味した。E. Schmalenbach の「原価計算の基礎と価格政策」(1925年版) は，その後，「SIS の1931年提案」(「暫定的基準」) が公表された「1931年学習計画」(1931 års studieplan) にも記載されていたが，同書が本格的に討議の的となるのは，少なくても1936年からであった。1920年代中葉頃原価計算論に関する教育・研究上，最も重視されたのは，ここでも O. Sillén の「講義要綱」であった[20]。

　O. Sillén のこの「講義要綱」は，先ず1925年を基点とする過去およそ10年間のスウェーデンにおける作業別区分原価計算（オペレイティング・コスト）の動向を明らかにし，その計算課題が総原価の確定にあると説いた。かれは総原価とは何かという問題は，スウェーデンでは1925年を基点とするおよそ過去10年間，相対的に余り論争の的とならなかった問題であるという現状認識を示した。同書は，この国で総原価の概念を論議の的にしたのは，第一次世界大戦後の特殊な諸条件の下で営利を目的とした工企業が，貨幣価値の変動と「操業度」(kapacitetsutnyttjande) を考慮するようになってきたからであると説いた[21]。同書は，総原価計算の場合問題となる「一般費」

第4章　近代スウェーデンにおける原価計算の標準化運動（1920-1930年代）| 229

(gemensam kostnad) の配賦計算のために必要な幾つかの基礎的な概念（例えば，直接費と間接費の概念，部門共通費の配賦方法の一つとしての一括配賦法の概念，補助部門費の配賦法に関わる階梯式計算法の概念など）について簡単に説明した。同書は，次いで，原価計算問題に対する当時のこの国の主要な問題として四つ問題をあげた。即ち第一に，貨幣価値の変動が原価計算に及ぼす影響，第二に，操業度の変化が原価計算に及ぼす影響，第三に，原価計算と複式簿記システムの関係，第四に，総原価計算における統一的な用語処理手続きの確立（標準化）という問題である[22]。

O. Sillén のこの「講義要綱」があげた上記の四つの問題は，既に1923年の H.R. Schultz の私的な提案がその大部分（即ち第一・第二・第四の問題）について，更に「SIS の1928年提案」以来「STF の1934年基礎プラーン」に到る一連の原価計算の標準化運動の流れの中でその全部について論議の争点となったように，1920年代初頭から末葉にかけての原価計算論の教育・研究上の重点的な問題でもあった。

O. Sillén のこの「講義要綱」は，第一の問題即ち貨幣価値の変動が原価計算に及ぼす影響という問題については，会計上の測定単位としての貨幣価値の変動がある場合，企業が何よりも先ず考慮するべき問題は，投下資本の物量的・数量的な維持という問題であり，この点より総原価計算の場合払出原価の評価基準として現在原価評価（nukosntadsvärdering）を利用するべきことを勧告し，この関係でドイツの F. Schmidt の有機的な評価に関する所説を引き合いにだした[23]。

O. Sillén は，本書の第3章でみたように，既に1910年代中葉にスウェーデンの主要な企業2社（AB Svenska Tobaksmonopolet 社及び ASEA 社）がいわゆる原価簿記において測定単位としての貨幣価値の変動はもとより，個別物価変動の損益計算に対する影響を排除するという名目で，有高評価の場合 F. Schmidt 流の有機的な評価の原則の思考を適用している事実を熟知していた。かれは，このような評価諸原則の問題をこの「講義要綱」（1925年）の出版よりも後の1930年代に入って出版した「より新しい貸借対照表評価諸原

則」(*Nyare balansvärderingsprinciper*, 1. uppl., 1931 och 10. uppl. 1970) の中で詳説した。その狙いは，少なくとも20世紀の開幕以来スウェーデンの幾つかの巨大企業が，経済政策的な考量の下で採択している評価実務を「景気調整の原則」(それが配当平準化のために適用されるときには「配当平準化の原則」) を措定することを通じて容認することであった。かれがこの「講義要綱」で価格変動の原価計算に対する影響問題を考慮するべきであると説いたとき，その主張は，かれが30年代に入って出版したこの著作の中で貸借対照表目的論・損益概念論・貸借対照表評価諸原則と計上損益との規定的な関係論・景気調整の原則論（スウェーデンの貸借対照表評価実務擁護論）という形で体系化されたのである。もとよりかれは，この「講義要綱」では，このような原価簿記と財務簿記との勘定組織上の具体的な処理方式については必ずしも明示していなかった[24]。

O. Sillén のこの「講義要綱」は，第二の問題即ち操業度の変化が原価計算に及ぼす影響という問題について，操業度の変化が総原価計算に与える影響を指摘し，それを排除するべきことを説いた。同書は，その方向性として1920年代にスウェーデンに初めて導入された「正常原価」(normalkalkyl) の思考を利用することを勧告し，その理由として，少なくても「最小原価」(minimikalkyl) を適用すれば，操業度が低下した場合でも収益性を改善しうる可能性があることをあげた[25]。

一般に，スウェーデンの原価計算論の教育・研究に当初のドイツ的な思考と並んでアメリカ的なそれが導入されるようになるのは，1920年代に入ってからであった。その主要な領域は，いわゆる標準原価計算の領域に関するものであった。標準原価計算の発展に先導的な役割を果したのは，アメリカであった。アメリカの標準原価計算は，概して少なくても第一次世界大戦の勃発頃まで，19世紀末葉頃からの「アメリカの科学的管理の動向と密接に結合し」[26]，その思考と手法に依拠した原価業績の測定（原価管理）を主眼としていた。もとよりこの科学的管理の運動が原価計算論の発展動向に与えた影響或いは科学的管理の運動と原価計算の発展動向との関係が，大抵の論者が

指摘しているように, 短絡的ではなくて,「会計目的と会計機能の自生的展開」[27]を必要とした。スウェーデンの場合標準原価計算或いは広く標準原価という概念が適用されるようになったのは, 複式簿記機構と原価計算の結合の問題と同様に,「非常に後になって発生した現象であった」[28]。O. Sillén は, この「講義要綱」では標準原価計算の概念規定の問題とその生成過程の問題に, 直接的・全面的に取り組んだわけではなかった。かれは, 既述のように,「工業総原価計算要綱」(1913年) の中で, E. Schmalenbach の原価計算論に関する初期の一連の論文とりわけ1907/1908年の「株式会社の貸借対照表における生産原価としての一般経費」に触れ, そこで提示されている生産量（操業度）との関連を基軸とした原価分解の論理を熟知していた[29]。とはいえかれは, 既述のように, E. Schmalenbach の原価分解の論理に立ち入りそれを吟味することは, 同書の目標の範囲を超えるとしてこれを退けていた[30]。

O. Sillén は, この「講義要綱」でも E. Schmalenbach のこの論文には特別に言及せず, いわゆる製造間接費（もとよりその範囲も配賦方法も配賦基準も未だ如何なる欧米諸国でも定説はなかったが）の配賦問題の場合, 少なくとも操業度の変化を考慮するべきこと, 操業度の変化を考慮して総原価計算をするとすれば, その場合,「正常原価」を考慮するべきことを説いたに過ぎない。かれが操業度との関係で「正常原価」の概念に注目すべきことを説いたとき, それが, 19世紀末葉以来のアメリカの標準原価計算の発展の流れに沿った見積原価計算より実際原価計算へ, 実際原価計算より標準原価計算への展開という過程を明確に意識していたか否かは, 定かではない。またかれが, この著作を公表した時期に, アメリカの標準原価計算の思考に呼応して, アメリカの場合よりもある程度時間の遅れをもって登場しつつあったドイツの固定価格計算・正常原価計算・計画原価計算というような一連の流れを既に鋭敏に察知することによって, 操業度との関連で正常原価の概念を問題にしたと推測することも, 些か早急過ぎる。かれ自身は, この点については直接的にも間接的にも何ら言及することはなかったからである。ここで

せいぜい指摘しうるのは，かれが，どのような経路によるかは不明であるにせよ，時期的には1920年代にスウェーデンに初めて紹介された正常原価の思考と正常原価計算の仕組みを製造間接費の配賦の際に利用するべきことを説いたとき，かれの念頭にあったのは，産業界における実際原価計算の迅速性と簡素化に対する要請以上に操業度の変動による配賦率の変動を阻み，製造原価の適正な計算に対する要請であったということである[31]。

スウェーデンの論者によれば，一般に正常原価或いは正常原価計算は，現実問題としては実際原価計算の迅速化と簡素化を主眼とした過去指向的な実際原価或いは実際原価計算の一種（見積原価計算）としても，或いはまた原価管理を主眼とした基準値或いは将来指向的な予測・意味合いを含む標準原価或いは標準原価計算としても利用しうる[32]。そして後の時代のスウェーデンの教育・研究者たちは，少なくとも正常原価及び正常原価計算に関する思考と手法が1920年代にスウェーデンに導入されるようになったのは，原価計算における現在価値による評価の思考と手法と同様に，最も直接的にはなおドイツの影響によるものであり，アメリカの影響はドイツを介した間接的なものであったと説く[33]。

上記のように，スウェーデンの論者によれば，正常原価の概念或いは正常原価計算は，実際原価計算の迅速性と簡素化のためにそれに代替しうるし，同時にまた原価管理を主眼とした基準値として標準原価或いは標準原価計算に展開していく可能性も含んでいた。概して標準原価の概念或いは標準原価計算の思考は，「世紀の転換期より20世紀にかけて発展してきた一つの重要な現象であった。標準原価とは，先ず何らかの方法で事前に確定された原価の大きさであり，次いで実際原価（verklig kostnad）と比較可能な原価を意味した。標準原価の概念の台頭は，アメリカの科学的管理の動向と密接に結合していた。［とはいえ］スウェーデンの場合標準原価計算を適用することは，標準原価という概念を最初に導入したアメリカを別とすれば，大抵のアングロサクソン諸国よりも後になって発生した現象であった」[34]。少なくともスウェーデンの場合，1910年代には，「事前的な原価」（kostnad ex

第4章　近代スウェーデンにおける原価計算の標準化運動（1920-1930年代）｜233

ante）と「事後的な原価」（kostnad ex post）がどのようにして決定されるかということが討議されることはなかった[35]。この国でこの問題が浮上するのは，1920年代に入ってからアメリカを通じて導入された「正常な営業簿記と結合した標準原価計算」（standardskostnadsbokföring sammankopplad med den normala affärsbokföringen）という形によってであった[36]。当時，O. Sillén が，かれよりも後の時代のスウェーデンにおける教育・研究者が明らかにしているような事情を熟知していることは恐らくなかったと推定してもよいであろう。それでも O. Sillén が，この「講義要綱」（1925年）で少なくとも操業度との関係で正常原価の概念に注目するべきことを指摘したことは，その後のスウェーデンの標準原価計算の生成・発展との関連で注目すべきことであった。

　O. Sillén のこの「講義要綱」は，第三の問題即ち原価計算と複式簿記機構との関係という問題について，イギリス及びアメリカの場合，両者の接合時期は，特定できないが，少なくとも20世紀への転換期前にはほぼ達成していたこと，これに対してドイツの場合，相当遅れて1920年以前に一部の諸文献が両者の結合の可能性を論ずるようになったといわれていること，更にスウェーデンの場合，この問題は先駆者たるイギリス及びアメリカの場合はもとより，ドイツの場合よりももっと遅れていると説いた[37]。

　通説によれば，先進欧米諸国における制度としての原価計算の成立の時期は，およそ1870年代頃とされる[38]。スウェーデンの学界もまた，通説に同意する。その場合その依拠すべき主要な資料として引き合いにだされるのは，D. Solomons の編集による論文集「原価計算の歴史的な発展」（"The Historical Development of Costing", 1952）である。この論文は，いわば「原価計算小史」[39]として，主に英仏の文献によりつつ，原価計算の確立の経済史的な背景に触れ，その確立期を1870年代に求める。このような D. Solomons の所説についてスウェーデンの学界は，次のような評価を与える。即ち「ソロモンズによれば，およそ1875年までの期間における研究を特徴づけたのは，単に企業外部の取引［即ち外部会計］を対象とした場合のみならず，企業内部

の取引即ち内部会計を対象とした場合にも，複式簿記機構を適用させることによってこの問題［＝原価計算の問題］を解決しようとすることであった。1875年以後，この［領域の］発展の動向は，もはや……このようには運ばず，様々な路線が様々な程度で展開していった。とはいえ最大の関心事となった問題は，"実際の原価"を確定することに向けられた。原価計算上，"実際の原価"に近づく道の一つは，製造間接費の配賦を対象とした場合，その配賦のための諸原則を一層精妙なものにすることであった。ソロモンズがこの領域において出版された諸文献としてあげたものは，およそ1875年より遅くとも1910年代までに出版されたものであった。原価計算を改善するためのもう一つの道は，操業度の変動による影響を，例えば，何らかの形態の正常原価計算の援用によって，中和化するということであった。［この問題に関する諸文献としして］ソロモンズがあげたのは，［上記の期間と］およそ同一の期間中に出版されたものであった」[40]。

　スウェーデンの学界は，原価計算の確立期に関するこの国内外のこうした通説を前提とした上で，この国の場合それが，他の諸外国に比べて相当程度遅れてしまったというO. Sillénの指摘を正当なものとして評価する[41]。この国の学界は，その理由については直接的には言及していない。これまでわたくし自身が手掛けてきた研究の結果からも，本章でこれまで言及してきたことからも明らかとなっているように，スウェーデンの商業技術論/企業経済学の形成の過程でこの国がさしあたりモデルとしたのは，本節で問題としている原価計算論の領域も含めて，ドイツで幾つかの源泉より生成してきた経営経済学であった。ドイツ経営経済学の一環としての原価計算論において原価計算と複式簿記機構との結合の可能性という問題が一部の文献で論じられるようになったのは，スウェーデンの論者によれば，1920年代前後からであり[42]，そのためスウェーデンでこの結合問題が登場するのは，時期的にはドイツの場合よりもっと遅れたと推定しても，さほどの誤りを犯すことにはならないように思われる。

　O. Sillénのこの「講義要綱」は，第四の問題即ち総原価計算における用

第4章　近代スウェーデンにおける原価計算の標準化運動（1920-1930年代）

語と処理手続きの確立（標準化）という問題については，それが望ましくかつ有意義であると説き，アメリカの様々な産業部門或いは製造部門で既に確立している何らかの標準化問題に関する提案を引き合いにだした[43]。

　一般に総原価計算の用語とその処理手続きの確立（標準化）という問題は，アメリカ及びイギリスの場合比較的早期より（例えばアメリカの場合には1898年から，イギリスの場合には1909年から）提案された[44]。スウェーデンの場合それは，当初，ドイツをモデルとしており，モデルとなった提案は，1920年の「AWF-プラーネン」（AWF-planen）であった。O. Sillén が当面問題としている「講義要綱」で資料として引用したのは，この「AWF-プラーネン」であった。とはいえ，この国で1920年代より胎動していた標準化問題が一応の決着をみるのは，1945年の「M-プラーネン」の公表まで俟たなければならなかった。しかもこの「M-プラーネン」は，その制定に到る過程で明らかにされているように，この国の政治的・経済的・社会的な諸条件に規定されて，1936年のドイツの指針[45]にみるような，強制的・国家政策的なものとは基本的にその性格を異にし，その内容も弾力的であった。

　既述のように，O. Sillén のこの「講義要綱」が原価計算問題に対する当時のこの国の主要な問題としてあげた上記の四つの問題は，既に1923年のH.R. Schultz の私的な提案がその大部分（即ち第一・第二・第四の問題）について，更に SIS の1928年提案以来 STF の1934年基礎プラーネンに到る原価計算の標準化運動においてはその全部について論点となったように，1920年代初頭から末葉にかけての原価計算論の教育・研究上の重点的な問題でもあった。もとよりこの時期の原価計算論の教育・研究上の重点的な問題が，1923年の H.R. Schultz の私的な提案に始まり SIS の1931年提案に到る原価計算の標準化運動と直接的に関係していたとは断定できないが，少なくてもこの時期の原価計算論の教育・研究の新しい展開に連動しながら，この国の原価計算の標準化運動は進展したのであった。

　スウェーデンは，1919〜1920年にかけての戦中・戦後インフレーションの終熄と殆ど同時的に到来した1920年初期の世界恐慌の影響の下で，一連の

経済的な危機とりわけ1920年には「絶望的なデフレーション」[46]に見舞われた。戦後恐慌にも拘らず，時の政権の座にあった L.De Geer 及び O. von Sydow らを中心としてとられた政策は，依然としてクローネの価値の旧平価の回復・金本位制への復帰・自由放任の経済と自由貿易の復活・私的企業による雇用の拡大という「野望」[47]の実現を目標としていた。この国は，この「野望」の下に，戦後の新しい経済的・政治的な国際秩序に自らを適応させつつ，1929年世界恐慌の勃発まで，いわゆる相対的な安定期における，短く，しかも失業問題の深刻化を構造的に内蔵する「繁栄」の一時期を享受した。この「繁栄」を支えた様々な原因の中でもその主要な一つが，スウェーデンの産業界全般にわたる徹底した産業合理化運動したがってまたその一環としての原価計算の標準化運動であった。

2. SIS の1928年提案とそれに対する反響

1923年の H.R. Schultz の私的な提案以後，1927年に当時のスウェーデン教育庁（Skolöverstyrelsen）は，「スウェーデン産業標準化委員会」（Svenska Industris Standardiseringskomission：略称. SIS, 後に「スウェーデン標準化委員会」Sveriges Standardiseringskommission：略称. SSK に改名）に工業簿記教育及び経済的な職業教育の改善のために一般に利用可能な，「工業総原価計算における統一的な用語に関わる諸基準」（Normer rörande enhetlig terminologi vid industriell självkostnadsberäkning）を確立するように依頼した[48]。それは，スウェーデンにおける原価計算の標準化運動が，私的な一経済人の関心事から社会的な関心事となり，さしあたりは SIS が設置した委員会提案即ち SIS の1928年提案に始まり，そして後には「スウェーデン技術協会総原価計算委員会」（Svenska Teknologsföreningens Självkostnadskommitté）が設置した委員会提案即ち STF の1934年基礎プラーンの作成で一先ず終える一連の過程の開始であった[49]。

スウェーデンの1920年代より30年代にかけてその産業合理化運動の一環としての原価計算の標準化を目標として，原価計算の統一的な用語の確立のた

第4章 近代スウェーデンにおける原価計算の標準化運動（1920-1930年代）

めに積極的に提言してきた主要な機関は，さしあたりはSIS，次いでSTFであった。

SIS（「スウェーデン産業標準化委員会」）は，1922年に「スウェーデン産業連盟」の指導の下に，当初，工業品の標準化を目標として設立された。SISは，1931年に「スウェーデン標準化委員会」と名称変更し，工業品の標準化以外の活動をも目標として含むようになり，その組織を拡大した。即ちそれは，当時の国際的な標準化の作業と密接に結合し，以後，公的及び私的な補助金を受けつつ，その時々の合理化運動に関与してきた団体であった[50]。また「スウェーデン産業連盟」は，1910年にスウェーデンの工業部門の様々な組織・協会の連合体として設立された[51]。その基本的な目標は，社会的に有用な生産を促進し，諸産業の共通した利害（但し労使の雇用関係をめぐる利害は除く）を見守ることであった。そしてその主要な課題は，国家に対して産業側の要請を提示し，その正当性を承認させることであった。この組織は，その課題を果すために，国家に対して産業に関する様々な意見表明をなし，産業一般にとって利害関係のある法案などの送付を要請してきた。この組織はまた，その他に，組織・貿易政策・技術的な教育/社会政策などの領域における指導性と情報活動を通じて，諸産業の発展に寄与し，新しい考え方や経験による知識を普及させることによって，一国全体としての産業の発展に影響を与えるという課題をも担っていた。この組織は，その下部機関として「株式会社産業情報サーヴィス」を設立した。この機関は，さしあたり「スウェーデンにおける初期の合理化運動の中核」[52]として，スウェーデンにおける経済・産業界を中心とした様々な領域における啓蒙・教育・出版活動などを中心に，例えば「ストックホルム商科大学」をはじめとするこの国の近代的な企業経済学に関わる教育・研究者たち（とりわけその始祖ともいうべきO. Sillénを筆頭に多数の人々）をこの機関のコンサルタント活動のために雇用してきた。更に本章で直接的に問題とするSTF（「スウェーデン技術協会」）は，その設立の時期は定かではないが，この国の科学技術者及び建築技術者による科学技術及び建築技術の発展に有用な影響を

与え,併せて「ストックホルム王立工科大学」の現在及び過去の学生と既存の「シャルメーシュ工科大学」(Chalmers Tekniska Högskola) との間の連携を深める目的で設立された団体であった[53]。

これらの諸機関による原価計算の標準化運動の一連の過程(即ち1923年のH.R. Schultz の私的な提案以来,SIS の1928年提案より1931年提案の公布を経て STF の1934年基礎プラーンが制定されるまでの過程)で,主たる争点として俎上にのぼり,更に STF の基礎プラーンの制定によって決着したか或いはそれによっても決着をみなかった一般的な問題は何であったか。各提案の内容を明らかにする過程で浮き彫りとなるであろう。

SIS は,教育庁の要請に従って直ちに「特別委員会」(en särskild kommitté) を設置し,委員として N. Fredriksson (当時,スウェーデン技術協会会長で教育委員),H.R. Schultz (当時,ASEA 社の経営簿記主任) 及び R. Liljeblad (当時,同社の技術主任で上級技師),O. Sillén (ストックホルム商科大学の企業経済学の教授及びコンサルタント),R. Kristensson (当時,工学士で後に「ストックホルム工科大学」の産業経済学及び組織論の教授) らを任命した[54]。これらの人々の中でもとりわけ R. Liljeblad は,SIS の1931年提案に続く STF の1934年の基礎プラーンの公表の後,「スウェーデン機械工業連合」(Sveriges Mekanförbund) の手によってエンジニアリング産業を中心とした基本的な会計システムの開発・構築の作業が開始し,やがて1945年にはかの著名な「M-プラーネン」(「スウェーデン機械工業連合標準勘定計画」Mekanförbundets Normalkontoplan:略称. M-Planen)[55] として公表されると,1952年より ASEA 社のトップ・マネジャーの一人として,その普及・定着・確立に多大な貢献をした[56]。

このような SIS の1928年提案についてここでは次の点に注目したい。

第一に,この提案は,「総原価計算に関するドイツの最初のグルンド・プラーン」(Den första tyska grundplanen för självkostnadsberäkningen) として1920年に公表された「AWF-プラーネン」(AWF-planen) を範とすることより出発した[57]。それは,特定の産業部門ではなくて,産業部門全

第4章　近代スウェーデンにおける原価計算の標準化運動（1920-1930年代）

般に適用することを目的とした「一般的な基準」[58]であった。AWF (Ausschuss für wirtshaftliche Fertigung) は, ドイツエンジニア協会 (Deutscher Ingenieure) との関係で1918年に設立され, 1921年にRKW (Reichs-kurantorium für Wirtschaftlichkeit) と合併した。以後, それは, ドイツの工的・商的企業における全ての組織問題及び標準化問題に関する中心的な機関となった[59]。SISの1928年提案は, その点でこの「AWF-プラーネン」と幾つかの類似性をもっていたといわれる[60]。例えば, (1)1928年提案は, 多角化生産を中心とする産業部門の原価計算形態を注視し, 多数の産業部門にとって最も適合的な原価計算形態としての総合原価計算法 (divisionskalkyl-metod) には全く言及しなかった[61]。そのため1928年提案は, 総原価計算における基礎的な用語を確立するという目標を措定しつつも, 実際問題としては製造間接費或いは間接原価の配賦計算法の場合とりわけ機械製造業におけるそれをその最大の関心事とした。(2)1928年提案は, 総原価計算の手続きを三つの段階即ち原価の要素別計算・原価の部門別計算・原価の製品別計算に区分した。この場合そこで使用した用語は, 「AWF-プラーネン」における用語の逐語訳であった[62]。(3)1928年提案は, その最大の関心事とした製造間接費 (omkostnad)——「AWF-プラーネン」ではGemeinkostenと命名されるもの——は, 幾つかの製品 (原価負担者 kostnadsbärare) と直接的には関係せず, 幾つかの製品に共通して発生する原価であると説いた[63]。この場合1928年提案は, スウェーデン語の国民経済学上の用語である共通費 (gemensam kostnad) という言葉が, ここでいう製造間接費とは別様な意味で使用されていることを配慮しなかった。(4)1928年提案は, 全ての間接原価 (samtliga omkostnader) を三つの原価部門即ち材料管理部門・製造部門・販売部門に区分し, 間接費を製品に配賦する場合三つの異なる配分基準を適用することを勧告した[64]。とはいえこの提案は, その主題に沿って専ら製造間接費の概念規定という用語問題に終始し, その具体的な処理手続きに立ち入ることはなかった。

　第二に, この提案は, 当時, スウェーデンで文献上も実務上も争点となっ

ている幾つかの問題について直接的にその立場を明示したが，その理由に立ち入ることはなかった。この提案が特に態度表明を明確にした問題は，例えば，(1)いわゆる資本利子は，資産の取得のための資金の調達源泉を問わず，原価算入することを承認するべきこと[65]，(2)客観的に計算できない「企業家の一般的な危険」(allmän företagarrisk) は，原価非算入とするべきこと[66]，(3)減価償却率の決定問題[67]，(4)原価の評価基準としての「調達価格」(anskaffningspris) は，「最も低い調達価格」，「最も古い調達価格」，「最も最近の調達価格」，「平均調達価格」の何れかによって決定するべきことなどであった[68]。

　第三に，この提案は，総原価計算に対する操業度の影響を考慮して如何にして全ての製造間接費をできるだけ正しく製品に配賦するかという視点より，変動費と固定費の区分，「正常原価原価計算」(normalkalkyl) と「最小原価計算」(minimikalkyl) の識別を主張した[69]。

　第四に，この提案は，専ら機械工業品の総原価の計算それ自体を主眼としており，そこで計算される総原価が如何にして継続的・恒常的な簿記機構に組み込まれるかという問題については考慮していなかった[70]。こうしてSISの1928年提案は，総原価計算に関するドイツの「AWF-プラーネン」(1920年公布) を範として出発し，さしあたりドイツの影響を受けたとしても，この「AWF-プラーネン」の公布に続くドイツにおけるこの領域の研究はめざましく，SISが1928年提案をしたとき，その内容は，「AWF-プラーネン」の公布以後即ち1920年以後のドイツの原価計算の実務と理論の発展の成果を吸収することはできなかったといわれる[71]。

　SISの1928年提案それ自体は，H.R. Schultzの1923年提案（私的な提案）に対して，公的な提案であったとしても，形式的には体系的に整備されたものでなく，内容的にも総体として必ずしもそれを凌駕するものではなかった。それでもSISの1928年提案は，それが公表されるや否や，各界の注目を集め，1920年代末葉より30年代初頭におけるスウェーデンの原価計算の標準化問題に関する論議を進展・深化させる最も直接的な契機となったという意味

第4章 近代スウェーデンにおける原価計算の標準化運動（1920-1930年代） | 241

で，一定の評価を与えてもよいであろう。

　SIS の1928年提案に対して最初に批判の一矢を放ったのは，この提案の公表後2ヵ月して STF が開催したイェーテボリー会議（1928年5月）で，当時，SKF 社の取締役であった U.A. Forsberg が行った講演であった[72]。

　かれがこの講演で特に強調したことは，総原価計算と簿記との相互関係の重要性と SKF 社が1918年より1919年にかけてアメリカを範として導入した「標準原価簿記」（standardkostnadsbokföring）の基礎的な原理であった[73]。この点よりかれが総原価計算の場合遵守するべき原則としてあげたのは，第一に，原材料の消費原価の算定及び有形固定資産の減価償却費の算定の場合及び全ての原価の算定の場合，取得価格で評価するべきこと，第二に，製造間接費の配賦基準は，賃金よりも労働時間を基準とする方がより適切であること，第三に，総原価計算が簿記に組み入れられている場合及び製造原価の算定の場合，いわゆる資本利子は，支払利子及び自己資本の別なく，原価非算入とするべきことなどであった[74]。このような主張は，少なくとも表面的にみる限り，明らかに1923年の H.R. Schulz の主張と対立していた。この会議には，既述の N. Fredriksson（当時，スウェーデン技術協会会長で教育委員），H.R. Schultz（当時，ASEA 社の経営簿記主任）及び R. Liljeblad（当時，同社の技術主任で上級技師）など，多数の人々が参加し，U.A. Forsberg のこの提案を討議した。とはいえ意見の一致をみることはできなかった。

　意見の一致を阻み，その後も激しく長たらしい論争を繰り返した理由の一部は，確かに，これらの当事者たちは，概してその職歴を技術者として開始しており，当時，原価計算問題に経済人として関与せざるをえない場合でも，さしあたりは恒常的・継続的な簿記機構と結合している原価計算と簿記機構とは独立的・臨時的に遂行される原価計算の意義と目的の相違を認識することも，製造原価計算と総原価計算とを概念的に俊別するということもできなかったといわれていたように，会計問題としての原価計算に関する基本的な知識を欠落していることに由来していた[75]。U.A. Forsberg は，それを賢明

にも察知し,「技術者たちが, 技術領域における幾人かの専門家と一緒になって, ……この種の用語の構築を求めようとすれば, それは恐らく誤ったものとなる筈である。われわれがこの［機械工業という］産業のために適用可能なものを手に入れようとすれば, この際, 実際に実務に携わっている経理マンを含め［討議する］べきである」[76]と述べ, いわゆる「技術者の会計」に対する「会計士の会計」或いは会計専門家との共同或いは「会計士の会計」への移行を示唆していたのである[77]。

だがまたその理由に一部は, SIS が教育庁の要請に従って1928年提案をするために設置した委員会構成が, O. Sillén のような学識経験者を別とすれば, 概して ASEA 社陣営（及び後には L.M. Ericsson 社も含む）の代表者を中心としており, SIS の最初の提案（SIS の1928年提案）の後1929年提案を経て再度提示された「暫定的基準」それ自体も, どちらかといえば, ASEA 社の原価計算実務に概して傾斜する内容となっており[78], SIS の1928年提案の後直ちに批判の一矢を放った U.A. Forsberg が従事していた SKF 社陣営（及び後には Volvo 社も含む）が, 自社の原価会計実践に照らして, この「暫定的基準」に激しく執拗に抵抗し続けたことであった[79]。両陣営の最大の対立点は, 簡潔にいえば, 原価計算上の原価の算定の場合, ASEA 社陣営が価格変動が原価計算に及ぼす影響を排除するという視点をより重視し, かつて厳しいインフレーションの波に晒されたドイツの例に倣って, 当時ドイツより流入していた時価主義評価の思考に固執し[80], SKF 社陣営が, 操業度の変動が原価計算に及ぼす影響を排除するという視点をより重視し, 1918/1919年にアメリカを範として, 当時, アメリカより流入していた正常原価或いは標準原価の思考に立脚した「標準原価簿記の一形態」(en form av standardskostnadsbokföring) を導入しており, 製造勘定の貸方には事前原価計算である正常原価を, 製造勘定の借方には事後原価計算である調達価格（或いは調達価格マイナス遊休生産能力）を記入していたことに起因した[81]。その点を除けば, ASEA 社陣営も, 例えば, 原価計算目的として基本的には価格決定目的を措定し, 総原価計算の枠組みをとり

つつも，その枠内で操業度の変動が原価計算に及ぼす影響という問題も視界に入れて，原価計算の場合製造間接費或いは間接原価の配賦基準を設定する場合，平均操業度或いは正常操業度の思考を取り込み，原価計算の原価管理目的への役立ちにも考慮して，操業度差異を評価替勘定で処理する方式を提示していた[82]。とはいえ両陣営は，両陣営の対立或いは争点のもつ本質的な意味を理解できず，対立の争点を専ら原価の評価基準を時価基準によるかそれとも標準原価基準によるかという形に矮小化し，以後，長期にわたって不毛な論議を引きずることになるのであった。そのため SIS は，原価計算の統一的な用語の確立問題はもとより，この用語の確立問題が決着した後に予定していた原価計算の統一的な処理手続きの問題についても，それ以上進めることはできなかった。

3．SIS の1929年提案

SIS は，SIS の1928年提案に対する U.A. Forsberg らを中心とした批判に呼応して，新たな修正提案をするべく，1928年提案の作成過程に直接的には参画していなかった SKF 社側の代表者を含めて，さしあたりその構成員を拡大した。新規委員として参画したのは，E. Jacobsson（SKF 社の経理主任），E. Gillberg（スウェーデン商業銀行の工業監査部門の理事），及び V. Berglund（教育委員）であった[83]。この委員会を，以下，便宜上，SIS の1929年拡大委員会と呼ぶ。SIS は，1928年提案に対する U.A. Forsberg らの批判を踏まえて，翌年，修正案を提案した。即ち SIS の1929年提案である。

ここでさしあたり SIS の1929年提案の内容の中でも，1928年提案との関連で注目したいのは，次の点である。

第一に，1928年提案は，原価計算目的として価格設定・価格政策を前提に総原価計算を予定し，原価計算の形態としては個別原価計算を前提としていた。これに対して SIS の1929年拡大委員会は，「全ての原価計算は，その計算が役立つべき原価計算の目標によって規定されており，そしてまた規定されるべきである」[84]と述べ，原価計算の価格設定・価格政策目的を前提とし

た総原価計算の枠組みを主軸としながらも，原価管理目的を考慮して同一企業内で様々な原価算定方式を実施することもしばしば適切であり，原価計算の標準化の作業もまた，この視点に留意して行うべきことを説いた。原価計算の目的が原価概念を規定するというかの J.M. Clark 流の「相対性の原理」(relativitetsprincip) が，この国の大学における教育・研究上の問題として本格的に取り上げられるようになるのは，例えば，「ストックホルム商科大学」についていえば，「1931年学習計画」(1931 års studieplan) からであった[85]。SIS の1929年拡大委員会は，このような提案理由として，1928年提案が範とした「AWF-プラーネン」の公布以後の諸外国における原価計算論の発展とりわけ1927年に E. Schmalenbach が「原価計算の基礎と価格政策」(*Grundlagen der Selbstkostenrechnung und Preispolitik*, 4. Aufl., 1927) で展開した「犠牲［としての原価］の選択とその評価」という思考がスウェーデンへ伝来したことをあげた[86]。同時に SIS の1929年拡大委員会は，価格設定・価格政策目的の原価計算であっても，原価計算を必要とする業種を考慮して，総合原価計算という原価計算形態を適用することも必要であることを説いた[87]。このように SIS の1929年拡大委員会は，かの「相対性の原則」を標榜した。とはいえ1929年提案は，全体としてみれば，必ずしもその原則に沿って具体的に統一的な用語を確立するというその本来的な目標を実現できなかった。その顕著な左証の一つは，「原価計算をもって価格計算及び製造或いは販売注文に関する情報の獲得を目的として，製品・部門・或いは企業に関する原価の構成（sammanställning av kostnaderna för product, avdelning eller företag）と解する」[88]と述べ，枠組みとしての総原価計算における総原価の概念を詳細に規定することに終始していたことであった。

　第二に，1928年提案は，原価の評価基準として四つの基準を羅列していた。これに対して1929年提案は，上記の原価計算目的の相違→原価概念の相違→原価計算方式の相違というかの「相対性の原理」を論理展開の基礎として，原価評価の基準について次のように主張した。(1)現在原価による原価計算と調達原価による原価計算を区分するべきである。但し原価の評価基準として

第 4 章　近代スウェーデンにおける原価計算の標準化運動（1920-1930年代）｜245

「固定原価或いは標準価格」（fast kostnad eller standardspris）を適用する可能性は，ここでは言及しなかった。その理由は，ASEA 社が，標準原価をできるだけ現在価格に接近させるという方式を過去よりずっと採択してきていたからであった[89]。(2)1929年提案は，原価の選択の場合，正常原価計算と最小原価計算の区分を提唱した。同提案によれば，一般に正常原価計算は，間接原価の額（omkostnadsbelopp）を生産能力を考慮に入れた正常製品量（normalproduktmängd）に配分する原価計算方式として定義されるが，この定義は余り正確ではないこと，「正常原価計算の場合，正常年度（normalår）の二つの要素即ち正常年度の製品量と正常年度の間接原価の額を考慮するべきこと」[90]を十分明示するべきであるが，この定義はそれをしていないこと，より正確にいえば正常原価計算の場合「どんな年度の間接原価の額でも正常な製品量に配分するべきである」[91]こと，1928年提案が，「年次の原価の計算（beräkning av årskostnad）と命名していた原価計算」は，「全ての間接原価（samltig omkostnad）を操業度［の変化］を考慮に入れずに当該年度の製品量（produktmängd）に配分し，遊休生産能力（outnyttjad kapacitet）に対して如何なる控除もしないこと」[92]，これに対して1929年提案は，「操業度が低落した場合でも，……全ての固定費を製品に配賦するが，それは，正しい手続きではない」[93]と説いた。

　第三に，1928年提案は，既述のように，総原価計算の手続きを三つの段階即ち原価の要素別計算・部門別計算・製品別計算に区分し，部門別計算については，三つの原価部門即ち材料管理部門・製造部門・販売部門に区分し，全ての間接原価について部門別配賦をする場合，部門ごとに異なる配賦基準を適用することを勧告していた。これに対して1929年提案は，原価の要素別計算・部門別計算・製品別計算という用語を残存させながらも，部門別計算のもつ意味を重視することもなければ，したがってまた，全ての間接原価を製品に配賦するために原価部門を三つの原価部門即ち材料管理部門・製造部門・販売部門に区分し，各部門ごとに異なる配賦基準を適用することも放棄した。1929年提案は，その代わりに，間接原価要素（omkostnadsslag）の

各製品への配賦の中立性を維持する（即ち負担の公平性の維持と偏向性の排除）という名目で，間接原価を製造間接費（tillverkningsomkostnad），販売間接費（försäljningsomkostnad）及び一般管理間接費（administrationsomkostnad）に区分し，製造間接費の配賦基準としては各種の方法の選択適用を承認した[94]。

　第四に，1928年提案は，いわゆる資本利子の原価算入問題については，支払利子及び自己資本利子の原価性を承認していた。これに対してSISの1929年拡大委員会は，この問題について合意に達することはできなかった。そのため同委員会は，いわゆる資本利子の原価算入の是非について決着をつけるという問題は，「SISによる原価計算の統一的な用語を確立するという問題とは別な問題である」[95]として，提案の対象より外し，将来の問題として先送りした。その理由は，断定できないが，同委員会が次のように述べていることからみて，原価計算の統一的な用語の確立後に，原価計算の統一的な処理方式の確立という問題が早急な急務となっていることを意識していたことも，その一因であるように思われる。即ち同委員会はいう，「用語の問題は，勿論，出発点であるが，……原価計算の領域における標準化作業の最終目標でなく，……統一的な用語が採択された後に，全ての産業分野のための統一的な計算方法が，或いは場合によっては統一的な諸原則を基礎とする総原価計算の基礎プラーン（grundplan）を編纂するべきである」[96]と。同委員会が，いわゆる資本利子原価算入問題についてとったこうした措置は，この時期に同じく統一的な用語を確立することが困難な幾つかの用語の処理についても同様であった。

　第五に，1928年提案は，原価計算と複式簿記機構との相互関係について直接的に直截に明言しなかった。それは，単に原価の評価基準の問題との関連で言及したに過ぎなかった。1929年提案は，初めて原価計算と複式簿記機構との相互関係についてそれ自体として言及した[97]。即ちSISの1929年拡大委員会は，「近代簿記と総原価計算とは，総原価計算で原価計算された原価がまた，原則として簿記に含まれることを通じて……相互に直接的な関係を

第4章 近代スウェーデンにおける原価計算の標準化運動 (1920-1930年代) | 247

もつ。この場合調達原価は，企業が購買或いは製造した製品が企業の製造勘定或いは商品勘定に記入される価格である。総原価価額（självkostnadsvärde）は，［この価格の算定］以後，個別的に記帳される販売費及び管理費を加算することを通じて，その結果として生ずる」[98]と述べた。とはいえ同委員会は，複式簿記機構と原価計算の結合を直截に説きながらも，ここでの原価計算上の原価の概念を総原価に限定していた。

SIS が，1929年提案以後も原価計算の標準化問題とりわけ統一的な用語の確立という問題を更に推進するためには克服すべき多くの問題が残っていた。とりわけ重要な問題は，第一に，1929年拡大委員会が，「総原価計算の算定の基礎を調達原価におくことは，……調達原価計算と現在原価計算とを明瞭に区別するという提案［＝1928年提案］と矛盾する。この矛盾は，調達原価を基礎とする総原価計算と原価の幾つかの評価基準を適用しうる可能性のある様々な原価計算とを区分することによっても解消できない筈である。何故なら，総原価計算は，現在原価を評価基準として原価計算をする ASEA 社のような場合，存在しない筈」[99]であり，この場合矛盾の解決の方向性を探るという問題は，ここでは不問に付されたことであった。第二に，同委員会は，恒常的な複式簿記機構と総原価計算とが，場合によっては様々な原価概念と共存・共同しうる可能性，或いは企業が望むならば，恒常的な複式簿記機構の中に，様々な原価概念を基礎とした原価計算を組み込む可能性を指摘しなかった。例えば，価格の変動或いは操業度の変動が原価計算に及ぼす影響を考慮して，ASEA 社の原価計算実務にみるように，評価替勘定を設定してこれに対処するか，SKF 社の原価計算実務にみるように，製造勘定を標準原価と「実際原価」（verklig kostnad）で記入してこれに対処するような可能性が存在することを指摘しなかった[100]。第三に，同委員会はまた，恒常的な複式簿記機構に，様々な原価計算の中の一つ（例えば調達原価を基礎とした事後原価計算と正常原価計算に関する諸規則による事後原価計算）を組み込む可能性，恒常的な複式簿記機構に，更にもっと別な原価計算（例えば現在価格を基礎とした事前原価計算 förkalkyl と事後原価計算

efterkalky 及び正常原価計算或いは最小原価計算による諸規則に基づく事前原価計算と事後原価計算）が，独立した補助計算（fristående beräkning）という形で繋がり，この場合簿記上の原価が，必要に応じて「犠牲［としての原価］の選択とその評価」を考慮して評価替えされるという可能性[101]を指摘することもなかった。

SIS の1929年提案は，1928年の提案に対して産業界からの批判とりわけ SKF 社（後には Volvo 社も含む）が，自社の原価計算実務に照らして ASEA 社（後には M.R. Ercisson 社も含む）の原価会計実務を批判したことを受けて，SIS が改訂した修正案であった。

SIS の1929年修正案に対して，さしあたり批判したのは，過去に SKF 社が雇用し当時は Volvo 社の取締役に地位に就任していた A. Gabrielsson であった。かれは，1930年にストックホルム所在の「スウェーデン経済学士協会」（Svenska Ekonomsföreningen）で SIS の1929年提案を論題として講演した[102]。かれは，この講演で SKF 社と Volvo 社の原価計算実務を説明し，続いて1929年の提案に対して特に次のように提唱した。第一に，経常的な簿記に組み込まれている「総原価計算簿記」（självkostnadsbokföring）と「幾つかの臨時的・独立的な原価計算」（vissa tillfällinga eller fristående kalkyler）とを峻別すべきである[103]。第二に，原価計算の標準化問題で争点となっている原価評価に関する現在価格基準やいわゆる投下資本に対する資本利子の原価算入論は，臨時的・独立的な原価計算の場合には恐らく有効であるが，原価計算と簿記機構との結合を求めるとすれば，原価評価に関する基準は，取得価格（anskaffningspris）を基礎とすべきであり，投下された資本利子の原価算入問題は，実際の支払利子のみを算入の対象とすべきである[104]。第三に，1929年の提案におけるいわゆる総原価の算定手続きは，一方では，製品を製造原価で製造勘定に借記し，他方では管理費及び販売費を，損益勘定に振り替えるので，総原価という概念は，それ自体としては，数字上，諸帳簿には存在しない[105]。この点よりみれば，SIS の1929年提案でいう総原価の概念は，製造原価（tillverkningskostnad）の概念に相

第4章　近代スウェーデンにおける原価計算の標準化運動（1920-1930年代）| 249

当することになる。このことは，SISの1929年拡大委員会が，「当該期間に製造する製品の原価」（kostnad för de under perioden tillverkade produkterna）を問題とするのに対して，「企業の製造原価」（företags tillverkningskostnad）は，「当該期間に売却する商品の製造原価」（tillverkingskostnad för de under perioden salda varor）を問題とすることによる[106]。R. Liljebladは，SISの1929年拡大委員会の構成員の一人として，この講演を聴講した。かれは，既述のように，ASEA社の原価計算実務即ち複式簿記機構に現在原価による原価計算を組み入れているASEA社の簿記について説明していた。そのためR. Liljebladが最も強調した点は，ASEA社の簿記は，総原価概念の形成に関しては，SKF社のそれの形成と同一視できないということであった[107]。何れにせよ，「SISの1928年委員会も1929年拡大委員会も，総原価の概念を二つの場合［即ち当該期間に製造する製品の原価と企業の製造原価として当該期間に売却する商品の製造原価という二つの場合］に適用していたのである」[108]。

4．SISの1931年提案（「暫定的基準」）

　SISの1929年拡大委員会は，1929年提案に対するこのような批判を受けて，更に提案を推敲する作業を続けて，新たに1931年の提案をいわゆる「暫定的基準」として公表した。この提案の作成に当たった委員会を，以下，便宜上，1931年委員会と呼ぶ。SISが1931年提案を「暫定的基準」として公表した理由については後述する[109]。SISの1931年委員会は，その討議の過程で原案を様々な関連部署に送付し，検討・批判を求めた。その中には1930年代になってこの標準化問題について一連の体系的な論文を公表したA. ter Vehn（イェーテボリー商科大学教授）も，過去にはSKF社の取締役であり当時はVolvo社の専務取締役（VD）であったA. Gabrielssonも含まれていた[110]。1931年委員会は，検討・批判を付託した関連部署からの意見表明を踏まえて討議を重ね，その結果をSISの1931年提案として公表した。

　SISの1931年提案は，大筋で1929年提案とほぼ同一な内容となっていたが，

細部については幾つかの修正を加えていた。この提案の主な内容は，概略，次のようであった。第一に，SISの最初の提案であった1928年提案は，「最小原価計算及び正常原価計算」に対立する用語として「年次原価」という用語を使用するべきことを提案していた。1931年委員会は，この「年次原価」という用語の代わりに，「平均原価計算」(genomsnittskalkyl) という用語及び「調達価格及び現在価格或いは時価」(anskaffnings-och nupris eller dagspris) に対立する「標準価格」(standardspris) という用語を採用した[111]。第二に，SISの1928年提案は，総原価計算と複式簿記機構との結合という問題を直接的に取り上げることはなかった。これに対してSISの1929年提案の作成に当たったSISの拡大委員会は，総原価計算と複式簿記機構との結合の必要性を直截に説いた。とはいえこの委員会は，如何にしてそれが結合しうるか，その具体的な手法については言及しなかった。SISの1931年提案(「暫定的基準」)は，この提案の主旨(総原価計算の統一的な用語の確立)に沿った原価概念としての総原価概念の明確化を予定し，さしあたり「簿記上の中性費用」(bokföringensmerkostnad) と「総原価計算上の付加原価」(självkostnadsberäkningens merkostnad) という用語を提示し[112]，それらが複式簿記機構と結合しうる可能性があることを示唆した。同時にこの委員会は，「簿記上の中性費用」と「原価計算上の付加原価」或いはその他の様々な原価概念が，複式簿記機構と結合しうる可能性も示唆した。とはいえこの提案もまた，「簿記上の中性費用」と「総原価計算上の付加原価」或いはその他の様々な原価概念が，如何にして複式簿記機構と結合しうるか，その具体的な手法について提唱することはできなかった[113]。第三に，SISの1931年委員会は，総原価の概念については，1928年提案のそれに立ち返った。1931年委員会は，一部は原価計算上の原価概念に関するかの「相対性の原則」を再度引き合いにだすことにより，一部は「製品の引渡と販売までに製品のために要した全ての原価を含む原価計算は，総原価計算と命名するべきである」[114]と主張することによって，その論拠としたのである。第四に，この提案は，いわゆる資本利子の原価算入問題については，前例に

倣っていわゆる中立性を維持する（負担の公平性の維持或いは偏向性の排除）という立場をとった[115]。第五に，1928年提案は，「客観的に計算できない企業家の一般的な危険」については原価非算入という態度表明に留まっていた。1931年提案は，この態度表明を一歩進めて，「危険は場合によっては原価を惹起するが，必ずしも常にそうとはならない」[116]と述べ，その限り危険という概念は，原価という概念と区別すべきことを提唱した。第六に，SISの1928年提案は，原価部門或いは部門別計算を重視していたが，1931年提案は，それへの関心が薄らいだ1929年提案よりも一層後退し，同時にその意味を不明確なものにした。例えば，SISの1928年提案は，「材料管理部門と販売部門とは，原価部門（kostnadställen）という概念に入る」[117]と明瞭に述べていたが，1931年提案は，「原価部門は，一般には，材料が製品にまで直接的に加工されるか，或いはそれが間接的に製造に役立つ部門である」[118]と規定したに過ぎなかった。

SISの1931年提案は，同年5月21日，議会によって「工業総原価計算における統一的な用語に関する諸基準」（Normer rörande enhetlig terminologi vid industriell självkostnadsberäkning，略称．「SIS-諸基準」SIS-normerna）として確定された[119]。

既述のように，SISの1931年委員会は，この提案を「暫定的基準」とした。その理由は，第一に，SISの1931年委員会は，産業界の要請に従って原価計算上の統一的な用語を確立しようとしても，現実問題として原価計算上の用語に関心を寄せる人々の直接的な問題意識は多様であり，このような状況の下で全ての当事者の関心事に適合的な統一的用語を確立することを躊躇せざるをえなかった。SISの1931年委員会は，そのため，スウェーデンにおける原価計算上の統一的用語の確立にとって最も合目的なやり方は，「時間の試練」を受けることであると主張した[120]。即ちこの委員会は，産業界がそれについてある程度まで時間をかけて実務的な経験を積むことを望んだ。そしてこの委員会は，「時間の試練」によって統一的用語を確立した後に，「総原価計算の場合に適用するべき統一的な処理手続きのための諸規範に関する提

案」の作業に着手するべきことを説いた[121]。第二に，SISが教育委員会の要請の下に設置した委員会構成が，O. Sillénのような学識経験者を別とすれば，概してASEA社（後にはL.M. Ericsson社も含む）の代表者を中心としており，SISの最初の提案（SISの1928年提案）に伴って，従来それと異なる原価計算実務を実践してきたSKF社の批判に応える形で提案されたSISの1929年提案を経て，「暫定的基準」として提示された1931年提案も，ASEA社陣営とSKF社陣営との原価計算実務の対立の意味を完全に理解・解明しないまま，しかも相対的にはASEA社側の原価計算実務に概して傾斜する内容となっていたからであった[122]。即ちSISは，一方では産業界の人々がこの提案について実務的な習熟と経験を積み重ねることを希望して，他方では依然としてASEA社対SKF社との抗争が持続することを予想して，周到にもこれを「暫定的基準」としたのであった。

5．STFの1934年基礎プラーンの形成

この膠着状態を打開し，原価計算の標準化問題を推進するために指導的な役割を果したのは，「スウェーデン技術協会」(Svenska Teknologsföreningen：略称. STF.)の「経済及び組織部門1」であった[123]。同協会は，既に20世紀の初頭より諸外国の会計関連文献の翻訳を手掛け，1910年頃より，かのテイラー主義の思考をスウェーデンに紹介・普及することに努めてきた[124]。同協会は，原価計算の標準化問題を推進するため，1932年9月に「スウェーデン標準化委員会」(Sveriges Standardiseringskommission：略称. SSK., SISの改名した組織)に書簡で原価計算の統一的な処理手続きについて措置を講ずるように要請したのであった[125]。SSK (SIS)は，この問題の調査・研究をSTF（その「経済及び組織部門1」）の手に委ねた。STFは，これを受けてSSK (SIS)の合意の下に，1933年6月に討議のための委員会を設置した[126]。以下，この委員会を，便宜上，STFの1933年委員会と呼ぶ。この委員会構成は，以前よりこの問題に関与してきた既述の人々即ちN. Fredriksson（スウェーデン教育庁の教育委員でSKF社の会長

並びに STF の1933年委員会の議長), E. Gillberg（スウェーデン商業銀行の取締役), E. Jacobsson（SKF 社の当時の会計・経済部長), R. Liljeblad（ASEA 社の当時の技術部長）及び H.R. Schultz（工学士で同じく当時の同社の技術部長）の他に, O. Kärnekull（「株式会社産業情報サーヴィス」の上級技師で，当時，「ストックホルム王立工科大学」の産業経済学の特別教師）及び C.T. Sällfors（同じく同社の書記で同工科大学の経済学及び組織論の最初の教授）であった[127]。この委員会は，その討議の結果を1934年に「総原価計算のための統一的な諸原則」(Enhetliga principer för självkostnadsberäkning)—いわゆる「1934年 STF-基礎プラーン」(den s.k. STF-grundplanen)—として纏め，1936年に公表した[128]。これは，直接的にはエンジニアリング産業の原価計算のモデルとして適用されることを意図して作成されたが，その影響力は多大であり，1945年のいわゆる「M-プラーネン」もまた，エンジニアリング産業が，この基礎プラーンで提示された諸原則をより一層具体的に適用することを目的として編纂したものであった[129]。

STF の1933年委員会は，この基礎プラーンの作成に当たって原価計算上の基礎的な諸概念の問題については SIS の1931年提案で解決済みと見做して，原価計算の統一的な処理手続きについて新たに提案することを目標としていた。とはいえこの委員会は，この問題を討議するためには，SIS の1931年提案でもなお意見の一致をみなかった用語上の諸問題を再度討議し，論点を明確化することより出発しなければならなかった。STF の1933年委員会も，依然として用語問題に終始する形をとり，その結果を STF の1934年基礎プラーンとして提示した。その主要な提案は，第一に，全ての資本利子の原価計算への組入れ，第二に，「現在価格」(nupris) による評価，第三に，「正常年度法」(normalårsmetod) の適用，第四に，総原価計算の複式簿記機構への組入れということであった[130]。これらの問題は，明らかに，スウェーデンの原価計算の統一化問題に関する起点であった1923年の H.R. Schultz の私的な提案の内容と，基本的には同一或いはその延長線上にある問題であった。これらの問題の中でも第四の問題は，STF の1934年基礎プ

ラーンによっても根本的な解決に到らず，その解決は「M-プラーネン」の形成まで俟たなければならなかった。

次節では，スウェーデンの1920年代より30年代前半における原価計算の標準化問題について本節でみてきた経緯に照らして，STFの1934年の基礎プラーンは，第一に，原価計算の基礎概念の問題，第二に，資本利子の原価算入の問題，第三に，原価計算に対する価格変動の影響排除の問題，第四に，原価計算に対する操業度の影響排除の問題について，どのような論理によりどのような提案をしたか，一瞥しよう。

〈注〉
1) ter Vehn, Albert, *Självkostnadsberäkningens standardisering, med hänsyn tagen till den kalkylerande bokföringen hos Volvo, SKF, ASEA och L.M. Ericsson*, Handelshögskolan i Göteborg, 1936, s. 5.
2) ter Vehn, Albert, *op. cit*., ss. 5-6.
3) *Ibid*., s. 6.
4) Samuelson, Lars A., *Models of Accounting Information Systems*, Studentlitteratur, 1990, s. 54.
5) 本章で時折引き合いにだされるASEA社・L.M. Ericsson社・SKF社・Volvo社の社史については，特に下記の文献を参照。Gustavson, Carl G., *The Small Giant : Sweden Enters the Industrial Era*, Ohio University Press, Athens, Ohio, London, 1986 ; Papahristodoulou, Christos, *Inventions, Innovations and Economic Growth in Sweden : An Appraisal of the Schumpeterian Theory*, Acta Universititatis Upsaliensis, Studia Oeconomiae Negotiorum 12, Almqvist & Wiksell International, Uppsala, 1987 ; von Essen, Reinhold, *The Seven Swedes*, Almqvist & Wiksell International, Stockholm, 1984 etc.
6) Samuelson, Lars A., *op. cit*., s. 55 och ss. 81-86 ; Liljeblad, Ragnar (utarb.), *Kostnadsberäkning och kostnadsredovisning inom mekanisk verkstadindustri med särskild hänsyn till penningsvariationer*, Sveriges Mekanförbund, Stockholm, 1952, s. 5 ; Sveriges Indusriförbund, *Redovisningsplan med företagsfall : En föreställningsram for redovisningenssyftem, principer och instruktioner*, Per Edberg AB, Stockholm, 1975, ss. 75-78 ; Sternberg, Sven (utarb.), *Mekanförbundets normalkontoplan : Kortfattad orientering*, Sveriges Mekanförbund, Stockholm, 1948；大野文子稿「スウェーデンにおける近代会計学の形成—概観（1900年より1945年まで）—」(2) 明治大学短期大学紀要 第59号 1996年3月，187頁。
7) 大野文子稿「近代スウェーデンにおける原価計算論研究の足跡：概観（1900年より

第4章　近代スウェーデンにおける原価計算の標準化運動（1920-1930年代）| 255

　　　1945年まで）」明治大学短期大学紀要　第65号　1999年3月，122頁。
8)　近代スウェーデンにおける商業技術論/企業経済学の教育・研究の起点となった「ストックホルム商科大学」（1909年設立）は，設立の翌年に定めた「1910年学習計画」（1910 års studieplan）に既に原価計算論に関する教育・研究過程を盛り込み，教育・研究資料としてドイツの二冊の文献を記載していた。その一つは，Calmes, Albert の「工場経営論」（*Der Fabrikbetrieb. Die Organisation, die Buchhaltung und die Selbstkostenberechnung industrieller Betriebe*, Verlag von G.A. Gloeckner in Leipzig 1. Aufl., 1906, 2. Aufl., 1908），他の一つは，Leitner, Friedrich の「原価計算」（*Die Selbstkostenberechnung industrieller Betriebe*, J.D. Sauerlander, Frankfurt a.M, 1908）であった（Gunnarsson, Elving, *Behandling av kostnadsbegrepp i ekonomutbildningen fram till 1940-talets mitt, Delrapport inom forskningprogramämnet*, Företagsekonomins utredning som stödts av Humanitisk-samhällsvetenskapliga Forskningrådet, Uppsala Universitet, Reprocentralen HSC, Uppsala, 1985, 3. följ.）。これらの二冊は，20世紀のドイツにおける工業計算制度の形成という問題を主要な関心事の一つとする工場経営論，したがってまたドイツ原価計算論の台頭期（Dorn, Gerhard, *Die Entwicklung der industriellen Kostenrechnung in Deutschland*, Verlag Dunker & Humbolt, Berlin, 1961, s. 43，久保田音二郎監修/平林喜博訳「ドイツ原価計算の発展」同文舘 1967年，32頁）における代表的な著作であった。当時のスウェーデンの学界と産業界とが，これらの著作について，技術論的経営学の一環として台頭した工場経済論，したがってまた原価計算論のドイツ資本主義の発展動向に規定されたドイツ的な特殊性とその下で展開される固有の内容とを正確に理解し，それを前提としてどの程度までスウェーデンに適合させていったかは，定かでない。せいぜい指摘しうるのは，「ストックホルム商科大学」は，以後，幾度か学習計画を修正してきたが，これらの二冊の著作は，近代スウェーデンの原価計算の標準化運動推進中の「1929年及び1931年学習計画」（1929 respektive 1931 års studieplaner）でも依然として記載されていたこと，「スウェーデン産業連盟」（Sveriges Industriförbund）が，1931年に A. Calmes のこの著作のスウェーデン語翻訳版を出版したこと（Gunnarsson, Elving, *op. cit*., s. 9），更に「1917年学習計画」（1917 års studieplan）で，これらの二冊の著作に加えて，なお一層，実務指向的で書式形式に関する特に多数の事例を添えた W. Gull の「工場経営の組織」（*Die Organisation von Fabrikbetriebe*, 1914）を導入したこと（この著作については著者と表題及び出版年しか判明していないが，それが「1931年学習計画」にまで記載されていた理由は，多数の実例によるといわれている）など（Gunnarsson, Elving, *op. cit*., s. 9）からみて，近代スウェーデンにおける原価計算論の教育・研究は，20世紀初頭のドイツ原価計算論の台頭期における諸文献，とりわけ技術論的経営学の流れに沿った文献より，原価計算の技術と思考とを学ぶことより出発していると想像される。とはいえ原価計算と複式簿記機構との有機的な結合という問題は，スウェーデンの場合，他のヨーロッパ諸国に比べて著しく遅く，本章で問題としている原価計算の統一的用語の確立と統一的な処理手続きの確立の問題（原価計算の標準

化問題）が一応決着しても完全には達成できず，かの「M-プラーネン」（M-planen）の設定まで俟たなければならなかった（大野，［1999年3月］，前掲稿，124-125頁；Gunnarsson, Elving, *op. cit.*, s. 11 och s. 22）。

9) ストックホルム商科大学を中心とした近代スウェーデンの原価計算論の教育・研究は，諸外国，とりわけドイツの技術論的経営学の流れに沿った諸文献を手掛かりとして出発し，母国語の教育・研究資料を利用しうるようになったのは，O. Sillén がこの「総原価計算要綱」（1913年）を出版した後，同商科大学が「1917年学習計画」にこの著作を盛り込んでからであった。（Gunnarsson, Elving, *op. cit.*, s. 9）このことは，近代スウェーデンにおける原価計算論の教育・研究が，20世紀初頭の近代ドイツの原価計算論の台頭期における諸文献の単なる紹介・導入から，それらの諸文献についてのある程度までの理解を前提として，徐々に相対的な自立化への過程を展開する契機の一つとなったことを示唆する（大野，［1999年3月］，前掲稿，126頁）。

O. Sillén のこの著作は，もう少し後の時代になって学習計画に盛り込まれる R. Kristensson（1899-1975年）——かれは，「ストックホルム工科大学」の工学士であり同時に「ストックホルム商科大学」で商業技術論/企業経済学の所定の課程を修めるという教育的背景をもっていた——の著作「工業総原価とその計算」（*Industriella självlvkostnader och deras beräkning*, Stockholm, 1923）と共に，近代スウェーデンの原価計算論に関する初期段階の教育・研究資料であった（Engwall, Lars [red.], *Föregångare inom företagsekonomin*, SNS Förlag, Stockholm, 1995, s. 196；大野文子稿「スウェーデンにおける近代会計学の形成―概観［1900年より1945年まで］―」(3) 明治大学短期大学紀要 第60号 1997年1月, 153-156頁）。

O. Sillén のこの著作（*Grunddragen av industriell självkostnadsberäkning*, Sveriges Industriförbund, Publikationer, Avdelning Organisation, No. 5, Aktiebolaget Nordisk Bokhandeln, Stockholm, 1913）は，序文，序章，第1章「総原価計算の構成要素」，第2章「簿記上の原価計算」，第3章「総原価計算の技術」，結論という構成より成った。本書の序文は，その執筆の動機として，従来，工場組織問題や簿記問題に関する詳細な知識をもたない人々に総原価計算の構成要素や工業簿記上の原価計算に関する最も重要な問題（主として製造勘定の分割・純化の過程と製造間接費の認識及びその配賦問題）について一般的・入門的な指針を提示することをあげた（Sillén, Oskar, [1913], *op. cit.*, ss. i-ii.）。このような動機の下に，先ず序章では本書の執筆の動機に沿った総原価と総原価計算の概念を問い，総原価とは，「本来的な製造価格（det egentliga tillverkningspriset）に販売費ないしは販売費の一部を加算した原価」（Sillén, Oskar, [1913], *op. cit.*, s. 6.）であり，「総原価計算とは，一定の生産物の製造と販売を通じて，企業に発生する全ての原価の計算」（Sillén, Oskar, [1913], *op. cit.*, s. 5.）であると規定した。続いてこの章では，総原価計算の目的として価格決定と経営管理をあげ，併せて製品ごとの総原価と収益性の関係に言及した（Sillén, Oskar, [1913], *op. cit.*, s. 23.）。このような序文と序章を前提として，第1章では，総原価の構成要素を原材料費・労務費・一般的製造原価（場合によっては一般的間接費という用語も使用，それは，今日いう製造間

第 4 章　近代スウェーデンにおける原価計算の標準化運動（1920-1930年代）｜257

接費にほぼ相当）に区分し，各々の費目の概念規定を行い総原価と販売価格の関係を図示した（Sillén, Oskar,［1913］, *op. cit.*, s. 9）。第 2 章では，それらを記録・計算するためのいわゆる工場簿記（fabriksbokföring）の原理的な仕組み，それも極めて単純な工場簿記におけるいわゆる「丼勘定」（岡本清著「原価計算」（四訂版）国元書房 1990年，70頁以下）としての製造勘定の性格とその分割及び純化の問題をスウェーデンの工業簿記実務を基礎として考察した（Sillén, Oskar,［1913］, *op. cit.*, ss. 25-30）。第 3 章では，総原価計算の構成要素や工業簿記上の原価計算に関する最も重要な問題であると O. Sillén 自らがいう一般的製造原価——今日いう製造間接費にほぼ相当——の配賦基準を問い，価額基準法（直接材料費法・直接労務費法・直接原価法）と時間基準法（機械作業時間法とりわけ個別機械時間法）の長短について説明し，併せて一般的製造原価の正確な配賦のために部門別計算の必要性を示唆した（Sillén, Oskar,［1913］, *op. cit.*, ss. 42-52）。結論は，総原価計算がその目的即ち価格決定と経営管理に役立つために総原価に上乗せされる利潤は，競争・カルテル・独占などの条件により規定されるということであった（Sillén, Oskar,［1913］, *op. cit.*, s. 72）。そして同書は，E. Schmalenbach が1907/1908年における一連の論文で提示したかの原価分解の思考が，操業度の原価計算に対する影響を考慮する場合極めて有意義であることを指摘しつつも，同書の執筆の動機に即して立ち入ることはしなかった。

　　O. Sillén のこの著作は，「1917年学習計画」に盛り込まれた原価計算論に関する教育・研究資料の中でも，1910年代になりこの国の教育・研究者の手によって初めて執筆された近代スウェーデンの原価計算論の著作であった。そうである限り，それは，この国の人々にとって外国語であるドイツ語で執筆された諸文献とは異なり，例えば，この国における製造勘定の分割・純化の過程に関する説明にみるように，当時のこの国の原価計算実務に関する一定の基礎知識を踏まえたものとなっていた。だがまた同書は，この国でも既知となっていた A. Calmes や F. Leitner の著作を十分に消化した上で，製造間接費の配賦問題も含めて総原価計算の仕組みを複式簿記機構との関係の中で考察するには到らず，商的工業簿記の枠内に留まっていた（大野,［1999年 3 月］, 前掲稿, 129頁）。

10）Sillén, Oskar,［1913］, *op. cit.*, s. 57.
11）*Ibid.*, s. 41.
12）*Ibid.*, ss. 21-22.; Hensmann, Jan, *Die Entwicklung der Betriebswirtschaftslehre in Skandinavien unter besonderer Berücksichtgung Schwedens*, Leel/Ostriefriesland, 1969, SS. 161-173.
13）Sillén, Oskar,［1913］, *op. cit.*, s. 3.
14）大野文子稿「スウェーデンにおける近代会計学の形成—概観（1900年より1945年まで）—」(1)　明治大学短期大学紀要　第58号　1996年 2 月，22-23頁；Engwall, Lars, (red.),［1995］, *op. cit.*, ss. 112. följ.
15）大野,［1996年 2 月］, 前掲稿, 22-23頁。
16）大野,［1999年 3 月］, 前掲稿, 129-130頁。

本文で記しているように，O. Sillén がこの著作で提示した最大の関心事は，原価計算と企業の価格政策或いは総原価計算の価格決定に対する影響という問題であった。

　原則論として自由市場経済を前提とすれば，一般に販売価格は，当該製品に対する需給によって決定される。その限り製品ごとに総原価を基準として販売価格を決定するのは，基本的には請負注文或いは確定した市場が存在しない場合か，統制経済の場合に限定されるであろう。とはいえ何らかの市場価格が存在する場合でも，例えば，それが競争制限的な諸要因によって製品の供給者側に有利に形成されているような場合（或いは製品の定価を決定する場合），総原価は，価格決定に対して影響を及ぼすことになり，総原価の価格決定に対する役割が重視されることになる。だがまたいわゆる経営政策の決定或いは経営管理において販管費が管理の対象として注目されるようになる場合にも，総原価の計算が重視される。ここでは総原価の計算は，価格決定の基礎となると同時に，一般管理及び販売活動の管理・統制上も，或いは製品ごとの収益性の決定によるいわゆる経営政策の決定のための基礎資料としても重視される（太田哲三・黒澤清・佐藤孝一・山下勝治・番場嘉一郎監修「原価計算辞典」中央経済社 1968年，521頁）。O. Sillén がこの著作で総原価計算の目的として価格決定と経営管理をあげ，併せて製品ごとの総原価と収益性の関連に触れているのも，基本的にはこのような状況に照準を当てていたからであろう。とはいえ総原価の計算の経営管理に対する重要性は，本来，全体としての企業の経営管理に関する状況・原価発生の態様などにより相当程度まで規定される。この場合でも管理の力点は，概して製造活動よりも一般管理及び販売活動におかれる。製造活動の管理を原価の計算に求める場合には，製造原価の概念或いは必要に応じて分解した原価の概念を利用することがより適切であろう。しかも経営政策の決定の場合に重視されるのは，限界原価や機会原価など，総原価以外の原価概念に対する認識であろう。この点についていえば，O. Sillén がこの著作で展開した所説は，総原価の計算が価格政策或いは経営政策の決定上一定の限界をもつことを意識したものではなかった。

17)　岡本清，前掲書，7頁。
18)　大野，［1997年1月］，前掲稿，13頁；Gunnarsson, Elving, *op. cit*., s. 9.
19)　Engwall, Lars (red.), *op. cit*., ss. 139-165；大野，［1997年1月］，前掲稿，92-94頁；Hensmann, Jan, *op. cit*., ss. 67-68.
20)　Gunnarsson, Elving, *op. cit*., s. 10.
21)　Sillén, Oskar, *Fabriksorganisation och driftkalkyler*, Oslo, 1925, s. 53.
22)　Gunnarsson, Elving, *op. cit*., ss. 10-11.
23)　大野文子稿「O. Sillén の貸借対照表評価諸原則論—その論理構造を中心として—」明治大学短期大学紀要　第63号　1998年3月，164-202頁。
24)　同上稿。
25)　Gunnarsson, Elving, *op. cit*., s. 10.
26)　*Ibid*., s. 12.

第4章 近代スウェーデンにおける原価計算の標準化運動 (1920-1930年代) | 259

27) 淺羽二郎論稿「間接費配賦計算構造の展開―会計機能の展開と経営管理組織―」『武蔵大学論集』第35巻第2・3号 1987年, 51頁。
28) Gunnarsson, Elving, *op. cit.*, ss. 12-13.
29) Sillén, Oskar, [1913], *op. cit.*, s. 21.
30) *Ibid.*, s. 22.
31) *Ibid.*, s. 24.
32) Skare, Leif H./Västhagen, Nils/Johansson, Sven-Erik, *Industriell kostnadsberäkning och redovisning*, 7. uppl., P.A. Norstedt & Söners Förlag, Stockholm, 1969, Kap. III (Kostnadstruktur, Sysselsättning) och Kap. XII (Standardkostnadsredovisning).
33) Gunnarsson, Elving, *op. cit.*, s. 22.
34) *Ibid.*, ss. 11-12.
35) *Ibid.*, s. 22.
36) *Ibid.*
37) *Ibid.*, s. 11.
38) Littleton, Analias Charles, *Accounting Evolution to 1900*, The American Institute Publishing Co., Inc., New York, 1933, A.C. リトルトン著/片野一郎訳「会計発達史」同文舘 1960年, 340頁。A.C. Littleton は, 原価会計の経済的基礎を産業革命に求めるが, 木村和三郎著「原価計算論研究」日本評論社 1944年, 15-16頁は, それに依拠して産業革命に原価計算の成立の時期を求める。とはいえ A.C. Littleton は, 原価計算の成立に対する近代資本主義の競争の激化・投下資本に占める固定資産の比率の増大・分業組織の拡大などの影響を重視し, その成立の時期を少なくとも1870年代中葉或いは1880年代中葉とする。宮上一男著「工業会計制度の研究」山川出版社 1952年, 36-37頁は, これを論拠にその成立の時期を独占段階に求める。かれらの所説は, 原価計算の展開の論理或いは企業会計の展開の論理を捨象することによって成立するといわれる (淺羽二郎論稿「原価会計の生成と会計機能の変化」『武蔵大学論集』第34巻第5号 1987年)。
39) 諸井勝之助論稿「ダビッド・ソロモンズ―原価計算の史的展開―」東京大学経済学会『経済学論集』第23巻第1号-第4号 1954-1955年。
40) Gunnarsson, Elving, *op. cit.*, s. 11.
41) *Ibid.*, s. 12.
42) *Ibid.*, s. 11.
43) *Ibid.*
44) *Ibid.*, s. 12.
45) Dorn, Gerhard, *op. cit.*, ss. 152-205, 前掲訳書, 第四部1933年以後のドイツ原価計算の発展における国家の影響。
46) Montgomery, G. Arthur, *The Rise of Modern Industry in Sweden*, P.S. King & Son, Ltd., London, 1939, p. 237；大野, [1996年3月], 前掲稿, 127頁。
47) Lindbeck, Assar, *Swedish Economic Policy*, The Macmillan Press Ltd., London,

1975, A. リンドベック著/永山泰彦・高宗昭敏・島　和俊・小林逸太共訳「ス
　　　ウェーデンの経済政策」東海大学出版会 1981年, 21頁。
48)　Engwall, Lars (red.), *op. cit*., ss. 112-116.
49)　ter Vehn, Albert, *op. cit*., ss. 6-16.
50)　Beije, Rupert (red.), *Svenskt affärslexikon : Handbok för affärsmän*, Medéns Förlag, Stockholm, 1948, s. 478.
51)　*Ibid*., ss. 473-474.
52)　Engwall, Lars (red.), *op. cit*., s. 111 ; Wallenstedt, Eva, *Oskar Sillén: Professor och Praktiker : Några drag i företagsekonomiämnets tidiga utveckling vid Handelshögsholan i Stockholm*, Acta Universitatis Upsaliensis, Studia Oeconomiae Negotiorum 30, Uppsala, 1988, ss. 227-238.
53)　Beije, Rupert (red.), *op. cit*., s. 470.
54)　ter Vehn, Albert, *op. cit*., ss. 6-7.
55)　Sveriges Mekanförbund, *Mekanförbundets normalkontoplan : Kortfattad orientering* (Utarbetad av Sven Stenverg), publikation Stockholm, 1948 ; Liljeblad, Ragnar, *op. cit*., Kap. 1. ; Sveriges Mekanförbund, *op. cit*. ; Mueller, Gerhard G., *International Accounting*, Macmillan, New York, Chap. 4, 1967 ; Samuelson, Lars A., *op. cit*., Chap. 4.；安平昭二著「コンテンラーメンの理論」千倉書房 1971年；安平昭二著「標準勘定組織の展開」千倉書房 1977年；Schmalenbach, Eugen, *Die Kontenrahmen*, 1. Aufl., Gloeckner, Leipzig, 1927, エ・シュマーレンバッハ著／土岐政藏訳「コンテンラーメン―標準勘定組織―」森山書店 1953年など。
56)　Samuelson, Lars A., *op. cit*., s. 55.
57)　ter Vehn, Albert, *op. cit*., s. 6, ter Vehn, Albert, "Den industriella självkostnadsberäkningens standardiseringen i Sverige", *Affärsekonomi*, 1934 : 10, Stockholm, ss. 417-422 och ss. 429-430.
58)　Gunnarsson, Elving, *op. cit*., s. 18.
59)　ter Vehn, Albert, [1936], *op. cit*., s. 6.
60)　*Ibid*.
61)　*Ibid*.
62)　*Ibid*., s. 7.
63)　*Ibid*.
64)　*Ibid*.
65)　*Ibid*.
66)　*Ibid*.
67)　*Ibid*.
68)　*Ibid*., ss. 7-8.
69)　*Ibid*., s. 8.
70)　*Ibid*.
71)　*Ibid*.

第4章　近代スウェーデンにおける原価計算の標準化運動（1920-1930年代） | 261

72) Engwall, Lars (red.), *op. cit.*, s. 112. följ.
73) ter Vehn, Albert, [1936], *op. cit.*, s. 8.
74) *Ibid.*, s. 9.
75) *Ibid.*
76) *Ibid.*
77) 辻厚生著「改訂増補 管理会計発達史論」有斐閣 1988年，第7章及び第8章。
78) ter Vehn, Albert, [1936], *op. cit.*, ss. 6-8.
79) ASEA社（そして後にはL.M. Ericsson社を含む）及びSKF社（そして後にはVolvo社も含む）が採用していた原価計算システムの委細については，ter Vehn, Albert, [1936], *op. cit.*, Kap. IIa (Standardiseringsfrågan och den kalkylerande bokföringen hos A.-B. Volov) och IIb (Standardiseringsfrågan och den kalkylerande bokföringen hos A.-B. Svenska Kullagerfabriken), Kap. III (Standardiseringsfrågan och den kalkylerande bokföring hos Allmänna Svenska Elektriska Aktiebolaget), Kap. IV (Standardiseringsfrågan och den kalkylerande bokföringen hos Telefon AB L.M. Ericsson) を参照。
80) ter Vehn, Albert, [1936], *op. cit.*, ss. 6-8.
81) *Ibid.*, s. 8.
82) *Ibid.*, s. 7.
83) *Ibid.*, s. 9.
84) *Ibid.*, s. 10.
85) この問題については，大野，[1999年3月]，前掲稿，140頁以下で言及した。1920年代より1930年代中葉におけるスウェーデンの原価計算の標準化運動との関連で，「1931年学習計画」の概要に触れておく。

　「1931年学習計画」は，「1927年学習計画」が既に記載していたE. Schmalenbachの「原価計算の基礎と価格政策」（1926年）の他に，新たにM.R. Lehmanの「工業原価計算」(*Die industriell Kalkulation*, Speath & Linde, Berlin and Wien, 1925) 及びG. Törnqvistの「小売商における費用分析と価格設定」(*Kostnadsanalys och prissättning i detaljaffärer*, AEF : s skritfserie 1, Stockholm, 1929) を記載した。とはいえ「1931年学習計画」に沿った教育・研究の場合，これらの著作は，著者と書名の簡単な紹介程度に留まり，各著作の内容について多少とも立ち入るようになるのは，「1936年学習計画」以後であった（上記の三冊の著作は，「1936年学習計画」に継承され，そこで新たに討議されるようになる。そのため本節では省略する）。「1931年学習計画」は，商業技術論／企業経済学上の既存の科目とは別に，かのB. Ohlinの提案で，原価と収益の問題について特別な教育・研究を進めるために経済学部門に特別課程を設置した。この時期にはこの大学は，商業技術論／企業経済学の部門はもとより経済学部門でも，原価と収益に関する諸問題の教育・研究については，体系的な整備はなされていなかった。それでも経済学部門ではこの特別課程の教育・研究資料としてJ.M. Clarkの「製造間接費の経済学研究」(*Studies in the Economics of Overhead Costs*, University of Chicago Press,

Chicago and London, 1923) を記載した。この著作は, 一般にいわれるように, 原価計算目的の相違による原価概念の相違という基本的な思考（いわゆる相対性の思考）を提示した（廣本敏郎著「米国管理会計発達史論」森山書店 1993年, 150-160頁; 櫻井通晴著「経営のための原価計算」中央経済社 1996年, 10頁; 坂本藤良著「近代経営と原価理論」有斐閣 1957年, 第3編 産業合理化と原価概念及び第4章, 正常原価・標準原価概念 遊休設備の一般化と原価概念）。それは, 1920年代の遊休生産能力問題（固定費問題）の深刻化という条件の下で必要とする原価計算は, 全部原価の計算ではなくて, 差額原価の計算であるという仮説を提示した。もとよりJ.M. Clark のこの著作を導入したことは, この大学における教育・研究が, 直ちにかれの思考に媒介されて1930年代のアメリカ原価計算論が展開した諸動向（例えば, 標準原価計算の完成・直接原価計算論の台頭など）に注目し, そこより新しい知識の導入と展開に着手することに直結しなかった。1920年代頃にはスウェーデンの学界も産業界も, 正常原価及び正常原価計算の思考と手法について周知していたが, かれらは, 実際原価計算の迅速性に対する要請以上に操業度の変化がそれに及ぼす影響を排除するという目的で, この思考と手法とを利用したに過ぎず, 正常原価と標準原価の概念的な区別さえ曖昧であった。とはいえこの種の著作の導入は,「1933年学習計画」の経済学部門では更に間接費分析という科目の中に, J.B. Canning 著「会計士の経済学」（*The Economics of Accountancy : A Critical Analysis of Accounting Theory*, The Ronald Press Company, New York, 1922) を記載する糸口となり,「1936年学習計画」は, 経済学部門では, 一連の関連の諸文献を盛り込むことになるのである。

86) ter Vehn, Albert, [1936], *op. cit.*, s. 10; 大野, [1999年3月], 前掲稿, 166-170頁及び184頁.
87) ter Vehn, Albert, [1936], *op. cit.*, s. 10.
88) *Ibid*., s. 12.
89) *Ibid*.
90) *Ibid*., s. 11.
91) *Ibid*.
92) *Ibid*.
93) *Ibid*.
94) *Ibid*., s. 9.
95) *Ibid*.
96) *Ibid*., s. 10.
97) *Ibid*., s. 12.
98) *Ibid*.
99) *Ibid*.
100) *Ibid*.
101) *Ibid*.
102) *Ibid*., s. 13.

第 4 章　近代スウェーデンにおける原価計算の標準化運動（1920-1930年代）| 263

103) *Ibid*.
104) *Ibid*.
105) *Ibid*.
106) *Ibid*.
107) *Ibid*.
108) *Ibid*.
109) *Ibid*.
110) *Ibid*.
111) *Ibid*., s. 14.
112) *Ibid*., s. 13.
113) *Ibid*., s. 14.
114) *Ibid*.
115) *Ibid*.
116) *Ibid*.
117) *Ibid*.
118) *Ibid*.
119) *Ibid*.
120) *Ibid*.
121) *Ibid*.
122) *Ibid*., ss. 6-8.
123) *Ibid*., s. 15.
124) 周知のように，F.W. Taylor が科学的管理法を提起したのは，アメリカ独占資本主義の生成期であった（中村瑞穂/丸山恵也/権泰吉編「新版 現代の企業経営理論と実態」ミネルヴァ書房 1996年，147頁）。19世紀末葉より20世紀初頭のアメリカにおける急速な資本の集中・集積運動と独占の形成は，労働者の急速な組織化を進展し，労使の対立を激化させた。資本の論理に基づいて労働者の組織的怠業に対抗し，個別労働者と個別機械の生産能率を最大限に高めるために，最初にその方式を考案したのは，機械技師たちであった。それは，既に19世紀末葉より20世紀初頭にかけて ASME（アメリカ機械技師協会：American Society of Mechanical Engineers, 1880年設立）（経営研究グループ編「経営学史」亜紀書房 1972年，18-19頁）を中心として展開されたいわゆる産業工学的な体系的管理運動の成果の一つであった。それは，この時期における工学的思考を，資本主義的合理化の実現のために利用した運動であった。

　F.W. Taylor による管理方式の出発点は，従来の賃金支払方式に代わる差別的出来高給の提唱とりわけ賃金支払を管理者が設定した仕事量（課業）の達成の度合いとの関連で行うということであった。この課業管理は，四つの原則，即ち第一に，課業は一流労働者なみのそれであること，第二に，作業の標準的諸条件（ex. 機械・工具など）の整備，第三に，標準作業法の習得と標準作業量を実現した労働者への高賃率の適用，第四に，差別的出来高払い制度の適用という原則を基礎として

いた。この F.W. Taylor の科学的管理法は，「科学的管理の諸原則」(*The Principles of Scientific Management*, Haper, New York & London, 1911, F.W. テイラー著/上野陽一訳編「科学的管理法」産業能率短期大学出版部 第Ⅲ部所収 1957年)及び「工場管理」(*Shop Management*, Haper, New York & London, 1911, F.W. テイラー著/上野陽一訳編「科学的管理法」産業能率短期大学出版部 第Ⅱ部所収 1957年) 並びにこれらの著作の出版に先立って開催された1895年 ASME 大会における F.W. テイラー報告書としての「出来高制―労働問題の部分的解決に向けての一ステップ―」(*A Piece-Rate System : Being a Step Toward Partial Solution of the Labor Problem*, Theommes Press, Bristol, 1919, 上野陽一訳編「科学的管理法」産業能率短期大学出版部 第1部所収 1957年) などの著作を媒介として，欧米各地に伝来した。

　F.W. Taylor のこれらの一連の文献のうち「科学的管理の諸原則」(1911年) 及び「工場管理」(1911年) は，「スウェーデン産業連盟」によって1913年及び1923年に同連盟の VD Axel Hultkranz の序文付きでスウェーデン語翻訳版として出版された（大野，[1999年3月]，前掲稿，145頁；Engwall, Lars, (red.), *op. cit*., s. 112.)。

125)　ter Vehn, Albert, [1936], *op. cit*., s. 14.
126)　*Ibid*., s. 15.
127)　*Ibid*.
128)　*Ibid*.; Samuelson, Lars. A., *op. cit*., p. 63.
129)　*Ibid*., p. 55.
130)　ter Vehn, Albert, [1936], *op. cit*., s. 60.

第2節　STF の1934年基礎プラーン：その主たる提案

　STF は，SIS が要請或いは付託した課題即ち原価計算の統一的な処理手続きを提案するという課題に取り組むために，STF の1933年委員会を組織した[1]。この委員会には，以前より原価計算の標準化運動に関与してきた幾人かの人々の他に，新たに O. Kärnekull (「スウェーデン産業連盟」傘下の「株式会社産業情報サーヴィス」所属で「ストックホルム工科大学」の産業経済学の特別教師) 及び C.T. Sällfors (「ストックホルム工科大学」の産業経済学及び組織論の最初の教授) が参画した[2]。

　STF の1933年委員会は，原価計算上の基礎概念に関わる諸問題は，SIS の1931年提案をもって基本的には解決済みとして，そこでの結論を原則的に

第4章　近代スウェーデンにおける原価計算の標準化運動（1920-1930年代）| 265

承認した[3]。STFは，その上で新たに考察するべき主要な問題として，第一に，資本利子の原価算入問題，第二に，原価計算に対する価格変動の影響の排除（現在原価による評価問題），第三に，原価計算に対する操業度の影響の排除（正常年度法或いは標準原価の適用），第四に，簿記と様々な原価概念のうちでも一定の原価概念を前提とした原価計算の結合問題を提示した[4]。これらの問題は，明らかにスウェーデンの原価計算の標準化運動に関する起点であったH. R. Schultzの1923年の私的な提案の内容と基本的には同一或いはその延長線上にある問題であり，「ストックホルム商科大学」を中心とした原価計算論に関する教育・研究でも，例えば，その「1927年学習計画」における教育・研究資料の一つとして記載されていたO. Sillénの「講義要綱」で提示されていた問題であった[5]（但し，この「講義要綱」は，第一の問題には言及していない）。

　本節は，STFの1933年委員会が新たに考察するべき主要な問題として提示したこれらの提案における問題の所在を明らかにするのに先立って，STFの1933年委員会が，SISの1931年提案をもって基本的には解決済みとして認識した原価計算上の基礎概念に関わる諸問題とは何であったか，SISの1931年提案（或いは場合によってはSISの1929年提案及び1928年提案）を再度顧みることより出発する。続いてスウェーデンの1920年代より30年代中葉における原価計算の標準化問題の過程で争点となってきた資本利子の原価算入問題，原価計算に対する価格変動と操業度の変動が及ぼす影響の排除問題，原価計算と複式簿記機構との結合問題に論点を絞ってその内容を明らかにする。

1．STFの1934年基礎プラーンにおける原価計算上の基礎概念論

　筆者は，SISの1931年提案の内容を一瞥したとき，そこに提示されている原価計算上の基礎概念に関する所説に立ち入ることを敢えて回避してきた。その理由は，STFの1934年基礎プラーンが，原価計算上の基礎概念に関わる諸問題をSISの1931年提案で解決済みという認識の下で，資本利子の原

価算入問題，価格変動及び操業度の変化が原価計算に及ぼす影響の排除問題，原価計算と複式簿記機構との結合問題などを考察しており，これらの問題を解明しようとすれば，当然のことながら，SISの1931年提案における原価計算上の基礎概念の内容をかなり饒舌に反復しなければならなくなること，及びSISの1931年提案が「暫定的提案」であるという性格に鑑みて，その内容に立ち入ることを先送りすることにしたからである。

それでは，先送りしてきたSISの1931年提案における原価計算上の基礎概念は，どのような内容であったか。本節の出発点として，さしあたりSISの1931年提案に立ち返りこの問題を明らかにすることによって，総体としてSTFの1934年基礎プラーンにおける原価計算上の基礎概念を明示・確認しよう。

SISの1931年提案は，その序言の冒頭及び最後の要約で「原価計算は，それが利用される目的によって規定される」[6]と述べ，原価概念の規定には，1930年代にはスウェーデンの原価計算論に関する大学の教育・研究でも紹介されるようになっていた，かのJ.M.Clark流の「相対性の原理」を出発点とするべきことを示唆した[7]。この原則それ自体は，基本的には，原価計算の原価管理目的を基調とした限界的な思考による原価理論の展開に関わるものであった[8]。とはいえSISの1931年提案は，それが前提としている原価計算目的にそれ以上立ち入って直接的に言及することもなければ，その目的に適合的な原価計算の仕組みを体系的・具体的な形で提示することもなかった。その代わりにSISの1931年提案は，原価計算の統一的な用語問題について当面検討するべき事項を，下記の一覧表にみるように，「Ｉ．原価計算の基礎概念」,「II．製造原価」,「III．管理費」,「IV．販売費」という四つの項目に類別し，各々の項目について考察するべき主要な論点をあげ，最後の「V．要約」に繋げた[9]。

第 4 章　近代スウェーデンにおける原価計算の標準化運動（1920-1930年代）｜267

SISの1931年提案における原価計算の統一的用語に関する検討事項一覧表

I．原価計算の基礎概念（Kostnadsberäknings grundbegrepp）
　A．原価（kostnad）と危険（risk）
　　総原価（självkostnad）の概念
　　簿記と総原価計算との関連：簿記上の中性費用及び原価計算上の付加原価
　　　（bokföringens resp. självkostnadsberäkningens merkostnad）
　B．直接費と間接費（direkt och indirekt kostnad）
　C．変動費と固定費（rörlig och fast kostnad）
　D．原価計算の種類：原価計算目的が原価の選択と価格設定を規定する。
　　事後原価と事前原価（efterkalkyl och förkalkyl）
　　平均原価（genomsnittskalkyl）・正常原価（normalkalkyl）・最小原価（minimikalkyl）（遊休生産能力 outnyttjad kapacitet に関わる概念）
　　現在価格（nuprisr）・調達価格（anskaffningspris）・標準価格（standardspris）或いは標準配賦（standardspålägg）による原価計算
　E．原価負担者（kostnadsbärare）と原価部門（kostnadsställe）
　　原価負担者の概念：単一生産品或いは連産品
　　原価部門の概念　：一般的には次の部門より構成される。
　　　　　　　　　　個別部門（同種の操業のための製造グループ）
　　　　　　　　　　共通部門（補助部門を含む）
II．製造原価（Tillverkningskostnad）
　A．製造直接費（direkt tillverkningskostnad）
　　1）　直接材料費（kostnad för direkt material）
　　2）　直接労務費（kostnad för direkt lön）
　　　幾つかの原価負担者に直接借方記入し，通常，仕掛材料の価額騰貴による変化を随伴する。
　　3）　幾つかの特種原価（specialerkostnad）（例：ライセンス料 licensavgift など）
　B．製造間接費（tillverkningsomkostnad）
　　ここでは上記の11．Aの直接費・III及びIVには算入されない23項目
　　例示：減価償却費（簿価の切下げと償却を混同してはならない）
　　　　　月次の給与支払（製造のため）
　　　　　利子（資本利用のため）
　C．製造間接費の配分
　　配分基準として様々な原価要素を利用する。
　　原 価 部 門：様々な原価要素ごとに様々な配分基準を適用する。
　　原価負担者：時間基準・価額基準（直接的な賃金・材料費或いはそれらの合
　　　　　　　　計）・数量基準を適用する。
　　配賦計算（pålägg）は，一定の製造・部門・操業のために要した製造間接費の，

一定の配賦基準との関係で確定された按分である。
- III. 管理費 (Administrationskostnad)
  1) 直接費 (direkt kostnad)
  2) 間接費 (indirekt kostnad)（間接管理費：adm.-omkostn.）
  管理費は，原則として間接費である。但し一部は直接費。配分基準は，製造間接費或いは販売費について利用される諸原則と同一の諸原則による。
- IV. 販売費 (Försäljningskostnad)
  1) 直接費 (direkt kostnad)
  2) 間接費 (indirekt kostnad)（販売間接費 försäljn.-omkostn.）
  販売費は，原則として間接費 (omkostnad) である。但し一部は直接費。間接費の配分基準は，製造原価，販売価格 (försäljningspris)，数量 (kvantitet) など。
- V. 要約
  原価計算は，それが利用される目的に規定される。
  製品が引渡・販売されるまでに要した全ての原価計算は，総原価計算と呼ばれる。
  総原価計算は，資本利子の算入・不算入を問わず，次の項目より構成される。
  - A. 製造原価 (tillverkningskostnad)
    1) 直接材料費 (kostnad för direkt material)
    2) 直接労務費 (kostnad för direkta löner)
    3) 間接製造原価 (indirekt tillverkningskostnad)（製造間接費 tillv.-omkostnad)
  - B. 管理費 (administationskostnad)
    1) 直接費 (direkt kostnad)
    2) 間接費 (indirekt kostnad)（間接管理費 administrationsomkostnad）
  - C. 販売費 (försäljningskostnad)
    1) 直接費 (direkt kostnad)
    2) 間接費 (indirekt kostnad)（間接販売費 försäljningsomkostnad）

　STFの1933年委員会が，SISの1931年提案をもって既に解決済みという判断を下した原計算上の基礎概念に関わる諸問題とは，より直接的には上記の「I．原価計算の基礎概念」という項目の下で取り扱われた諸問題であった。

　「I．原価の基礎概念」は，「A．原価と危険」という表題の下で，原価と危険，総原価，簿記上のいわゆる中性費用と原価計算上の付加原価という用語を列挙し，原価計算上の原価という言葉が含意している基本的な意味と内容の特性を示唆した。「I．原価の基礎概念」は，それを前提に，「B．直接

第4章　近代スウェーデンにおける原価計算の標準化運動（1920-1930年代）　| 269

費と間接費」及び「C．変動費と固定費」という項目をあげ，製品との関連で原価把握をするための原価の計算技術的な区分と，産業合理化運動の下で進展する不断に発生或いは増大する過剰生産能力の問題を考慮した原価の区分の重要性を示唆した。「Ⅰ．原価の基礎概念」は，更に，「D．原価計算の種類」という表題の下で，「原価計算の目的が原価の選択と価格設定を規定する」[10]と述べて，事後原価計算と事前原価計算，平均原価・正常原価・最小原価，現在価格・調達価格・標準価格或いは標準配賦による原価計算という用語を列挙した[11]。これらの用語は，総体として大まかにいえば，価格変動と操業度の変動が原価計算に与える影響をどのように処理するかという当時のスウェーデンの産業界にとって早急に解決されるべき最も基本的な問題であった。「Ⅰ．原価の基礎概念」は，最後に「E．原価負担者と原価場所」という表題をあげ，単一生産品と連産品，部門別計算における直接部門と間接部門という用語を列挙した。これらの用語は，概して製造間接費の配賦問題における部門別計算の占める意義と様々な原価計算形態に関わる諸問題を示唆した。総じて「Ⅰ．原価計算の基礎概念」は，「A．原価と危険」という表題の下で原価計算上危険と区別される原価概念の本質を明示した上で，「B．直接費と間接費」より「E．原価負担者と原価部門」おいて，若干の例外はあるとしても，当時のスウェーデンでも少なくても理論的には諸外国の文献を通じて紹介され，論議を呼びつつあり，実務的にも極く少数の企業でも導入されつつあった原価計算上の新しい思考と手法に関わる問題を提起していたのであった。

　SISの1931年提案は，「Ⅰ．原価計算の基礎概念」に続いて，「Ⅱ．製造原価」・「Ⅲ．管理費」・「Ⅳ．販売費」という構成をとり，原価集計の各範囲で問題となる原価計算上の用語を列挙し，これによってこの提案が予定している単位原価の算定は，総原価であり，ここでの原価計算は，総原価計算であることを示した。因みにいえば，既述のように，SISの1928年提案は，「1．原価」（＝1931年提案の「Ⅰ．原価の基礎概念」に相当）に続いて，単位原価の正確な把握のため，原価の費目別計算・部門別計算・製品別計算という

構成をとっていた。原価が集計される原価の範囲に従って提案を構成していくようになったのは，SISの1929年提案からであった。

一般に総原価計算は，原価計算の歴史的な発展上，原価計算の最も基本的な目的である価格設定目的と結びついて生成・発展してきたといわれる[12]。前節で指摘したように，SISのこの提案も，少なくても原価計算の目的について価格設定を第一義的な目的として措定し，その目的に適合的な原価の把握ということを自明の理として暗黙裡に承認していたと思われる。とはいえSISのこの提案は，価格設定目的とそれに目的適合的な原価計算の枠組みの中で，さしあたりは「Ⅰ．原価計算の基礎概念」の「B．直接費と間接費」以下にみたように，後には「Ⅱ．製造原価」より「Ⅳ．販売費」で明らかにされる製造間接費の配賦問題にみるように，20世紀初頭以後，諸外国で急速に発展してきた原価計算上の新しい領域とりわけ標準原価計算の生成・発展とそれに媒介された様々な領域の開拓に象徴される，原価計算の原価管理目的或いは損益計算目的にも，配慮していたのである[13]。

SISの1931年提案は，「暫定的基準」であった。それが「暫定的基準」として公表されたのは，既述のように，SISの1931年委員会が，この「暫定的基準」の公表によってもASEA社対SKF社の抗争が決着しないという状況判断を下していた他には，この提案が提唱する総原価計算上の諸用語が，統一的な用語として確立しうるためには，産業界による時間をかけた実践的な経験の蓄積に併せて，近い将来に総原価計算の統一的な処理手続きを確立し，それとの関連で再度考察するべきであるという理由によるものであった[14]。STFの1934年基礎プラーンは，この処理手続きの確立を目標としたが，実質的には，SISの1931年提案（「暫定的基準」）の提唱に当たっても意見が分かれ，最終的な決着をつけることができなかった諸用語の概念を再度，吟味・検討することに集中する結果となった。SISの1931年提案は，「暫定的基準」として不明瞭な点を幾つか残していた。それをSTFの1934年基礎プラーンが提示した，既述の四つの問題との関連でみると，概して論点は，製造間接費概念の把握とその部門別計算の手続きの問題に収斂された。即ち

第 4 章　近代スウェーデンにおける原価計算の標準化運動（1920-1930年代）| 271

　SIS の1931年提案は，第一に，製造原価の把握上，製造直接費と製造間接費の範疇的な識別，第二に，単位原価としての総原価の算定のために，製造原価に加算される管理費と販売費のうち，とりわけ管理費と製造間接費の範疇的な識別，第三に，原価要素とりわけ製造間接費の部門別計算における部門共通費の把握とその配賦並びに製造部門への再配賦に関する一連の処理手続きという側面で，曖昧性を残していた。SIS は，1931年提案（「暫定的基準」）としてのこのような曖昧性をその後自らの手で明確化することがないままに，STF に原価計算の統一的な処理原則の提示を求めたのであった[15]。

　SIS の1931年提案がこのような曖昧性を残した事情は，当時のスウェーデンの関連の文献によれば，次のようであった。第一に，既述のように，SIS の最初の提案である1928年提案が，ASEA 社の原価計算思考と実務に大きく傾斜していたことを契機として，それと異なる原価計算思考と実務をもった SKF 社が，これを批判し，原価計算思考と実務をめぐる ASEA 社対 SKF 社の対立が激化し，SIS は，最初の提案以後，2 回の修正提案を余儀なくされたことであった[16]。修正の際の主要な論点は，現象的には原価計算に対する価格変動の影響を排除することか或いは操業度の変化の影響を排除することか，何れに力点をおくかということに存在した。そして修正は，専ら両社の主張（現在価格による原価の算定か標準原価による原価の算定かという問題）をどのような形で調整するかということに絞られた。そのため SIS は，原価計算上の諸概念についてより明確な規定をするに到らなかった。第二に，SIS は，その最初の提案を契機に台頭した ASEA 社対 SKF 社の対立に対して，1929年提案で先ずかの「相対性の原則」を提唱することによって両社の対立を調整しようとした。とはいえ SIS の1929年提案は，それと共に，その理由は定かではないが，1928年提案が提唱していた正確な原価計算のための原価の費目別計算より部門別計算，部門別計算より製品別計算という一連の処理手続きを中心とした構成をとることを放棄し，原価が集計される原価の範囲に従って製造原価・管理費・販売費という構成に転じた。そのため SIS の1929年提案は，原価計算上，極めて重要な意味をもつ製造間

接費概念の確定とその配賦という問題したがってまた部門費の把握とその第一次及び第二次配賦の問題については，SIS の1928年提案の内容を更に深めるどころか，かえってそれよりも後退する結果を招いた。そして SIS の1931年提案もまた，この点については1929年提案を継承したというのである[17]。

このような説明が正鵠を得たものであるかどうかは定かではないが，このような理由説明の中に，H.R. Schultz が1923年の私的な提案において既に提起していた問題即ち価格変動及び操業度の変動が，原価計算に与える影響を排除するという問題が，現象的には ASES 社（及び M.L. Ericsson 社も含む）及び SKF 社（及び Volvo 社も含む）のそれぞれの原価計算実務上の対立という形をとりつつ，原価計算の統一的な用語の問題の確立という問題として台頭し，スウェーデンにおける原価計算の標準化運動の核心となっていたことを読み取ることができる。

スウェーデンの原価計算上，現象的には ASEA 社（及び M.L. Ericsson 社も含む）と SKF 社（及び Volvo 社も含む）の対立は，長引く論争を招いた問題であった[18]。

ASEA 社（及び M.L. Ericsson 社も含む）は，重電機及び電信・電話部門の企業として，スウェーデンにおける原価計算の標準化運動が具体的な形をとって台頭してきた1920年代には既に独占企業として自己の地位を確立し，確固たる販売網を所有していた。同社が，価格設定のための原価計算という枠組みの中で最大の関心を寄せた問題は，戦中・戦後のインフレーションの体験に照らして，価格変動が原価計算に及ぼす影響を如何に排除するかという問題であった。同社は，そのため製品原価の算定の基礎を現在価格に求めた。現在価格による原価の計算は，元帳の製造勘定の借方を調達価格で，同勘定の貸方を現在価格で記帳し，両価格の差額は，元帳に設定した評価替勘定に振り替えることによって行われた。そしてこの評価勘定の貸借差額を損益勘定に振り替える形で，原価計算と簿記記録との接合を図る形をとった[19]。

第4章　近代スウェーデンにおける原価計算の標準化運動（1920-1930年代）

これに対してSKF社（及びVolvo社も含む：同社は，1926年にSKF社より分離して設立）は，ボールベアリング及び自動車部門の企業として，既に1910年代には不断に峻烈な国際競争に晒されながら，国際的なコンツェルンとして，1916年にフィラデルフィア工場を買収した。同社は，これを契機に1918年以来，原価計算に標準原価の思考を導入し，生産能力或いは操業度が原価計算に与える影響に特に留意し，原価差異分析に力点をおいてきた。SKF社（及びVolvo社も含む）は，先ず，原価要素即ち直接材料費・直接労務費及び製造間接費の実際投入額を製造勘定の借方に記入した。次いで原価計算期末に当該原価計算期間中の製品完成数量に，事前に設定した原価要素即ち直接材料費・直接労務費及び製造間接費に関する製品一単位当たりの原価標準を乗じて，標準原価を算定した。これを製造勘定の貸方と製品勘定の借方に記入した。更に当該原価計算期末の仕掛品有高については仕掛品の標準原価を算定し，これを製造勘定の貸方と期末仕掛品勘定の借方に記入した。これによって仕掛品勘定の借方には実際原価が，その貸方には標準原価が記入され，この勘定の貸借差額は，当該原価計算期間における標準原価差異として把握された。この原価差異は，原価差異分析のために，更に差異の内容を示す各差異勘定に振り替えられた。しかもSKF社は，原価管理目的に沿って，生産能力を考慮して，正常生産高という視角より正常原価計算及び最小原価計算も問題にした[20]。

SISの1929年提案は，1920年代におけるスウェーデンの二つの巨大企業であるASEA社及びSKF社或いはこのような産業部門の原価計算思考と実務を色濃く反映していたのであった。SISは，反復・激化する両社の対立・抗争の中で，その後も原価計算上の基本的な問題とりわけ製造間接費の概念的な明確化とその部門別計算の意味を十分に省察することなく，1931年提案を公表したのであった。

本節で問題としているSTFの1934年基礎プラーンは，原価計算上の基礎概念に関する諸問題を，以上にみたようなSISの1931年提案で既に解決済みと見做し，それを前提として資本利子の原価算入問題，価格変動及び操業

度の変化が原価計算に及ぼす影響の排除問題,原価計算と複式簿記機構との結合問題などについて,次にみるような見解を提唱した。

2. STFの1934年基礎プラーンにおける資本利子原価算入論

(1) 一般論としての資本利子の原価算入論における問題の所在

STFの1934年基礎プラーンにおける資本利子原価算入論の動向を概観するために,さしあたり一般論としての資本利子の原価算入論における問題の所在を的確に認識しておいた方がよいと思われる。

既述のように,STFの1933年委員会は,SISが要請した課題即ち原価計算に関する統一的な処理手続きを提案するという課題に取り組むに当たって,原価計算上の基礎概念に関わる基本問題の多くは,SISの1931年提案をもって既に解決済みとして,そこでの結論を原則的に承認した。

とはいえSISの1931年提案は,「暫定的基準」として,原価計算上の幾つかの用語については統一的な用語問題から完全に除外し,未解決のまま将来事項として先送りしてしまった[21]。STFの1933年委員会が,それらの用語問題の中でもとりわけ重視し,早急に解決するべき優先課題とした問題は,原価計算上の資本利子という用語の解釈とその取扱いに決着をつけるということであった[22]。

周知のように,原価概念の近代的な形成の過程は,さしあたり素価(直接原価)の認識に始まり,素価(直接原価)の他に間接原価を認識(加算)することによって,理論的にも現実的にも全部原価の概念(製品単位当たりに発生する全ての原価要素を全部算入するという意味でのそれ)の形成(素価より全部原価という原価概念の拡大化)にいたる過程であった[23]。この過程における中心的な問題は,製造間接費とその配賦問題であった[24]。

時代は遡るが,封建制の崩壊期に複式簿記に先行するか或いはそれと並んで独自に生成しつつあった原価記録が[25],原価計算制度として成立する過程(マニュファクチュアにおける複式簿記と原価記録の結合の過程)で,「原価認識・把握の重要な一指標」[26]となったのが,いわゆる資本利子の原

価算入論の是非をめぐる問題であった。

　資本利子とりわけ支払利子が，さしあたり直接原価としてであれ原価算入されるようになったのは，16世紀のマニュファクチュアにおいて原価記録と複式簿記とが，持分確定を伴う原価管理的な要求によって，生産工程的・内部的に結合した時期であった[27]。資本利子とりわけさしあたりは支払利子が間接原価として認識され，製品への配賦問題が生起するようになるのは，産業革命以後巨大化傾向を辿る固定資本の存在を前提とした近代的な恐慌の結果，固定資本の存在それ自体が，企業家にとって桎梏となる時期まで俟たなければならなかった[28]。

　総じていわゆる資本利子の原価算入問題の台頭は，産業革命以後の機械化の進展に伴う固定資本の存在或いはその巨大化，そのための資本調達機構としての信用・株式会社制度の一般化，それらに随伴する近代的な恐慌の発生を不可避とする独占の生成期より確立期にかけて，支払利子の間接原価としての認識とその製品への配賦問題を始点とした。やがて株式会社制度の更なる発展に伴う多数の無機能化株主の創出過程は，それに対応して他人資本に対する支払利子概念より投下資本に対する仮想的な計算利子概念（自己資本利子概念）の形成即ち資本の調達源泉とは無関係に，企業とりわけその機械・設備などに投下された資本に対する計算利子も原価算入するという思考を形成していった[29]。

　制度としての原価計算の成立過程は，間接原価の認識とその配賦手続き（或いは間接原価概念）の完成即ち全部原価概念の形成と複式簿記機構（損益計算機構）と結合の過程であった。いわゆる資本利子原価算入問題は，この過程の「具体的な計算技術」を最も端的に表象する問題であった[30]。そして19世紀より20世紀への転換期における「投下資本の巨大化は，……設備の遊休問題を重大化し，利子原価の問題はアイドル・コスト問題と結合」[31]していくのであった。

　このようないわゆる資本利子の原価算入の是非論は，イギリスを起点に，アメリカ，更にはドイツに及ぶようになったが，この問題が本格的な論争と

して開始するようになったのは、20世紀の初頭とりわけ1911年、アメリカにおいてであった[32]。この論争は、1913年にも再燃し、それが頂点に達したのは、第一次世界大戦開戦後の1917年より1929年にかけてであった[33]。

この時期に欧米諸国で展開されたいわゆる資本利子の原価算入の是非論に立ち入ることはここでの直接的な課題ではない。ここではこの問題が、原価計算制度の生成・確立と共に発生し、原価会計の洗練化の過程と共に展開されていったことを念頭におき、次の点を留意するに留めたい[34]。

第一に、工業計算制度の発展において少なくても18世紀型のそれの場合（商人的簿記法の工業経営への単純な適用段階）[35]、支払利子（他人資本利子）を原価算入したとき、それは、自己資本即ち企業所有者の視点より支払利子を原価として認識したことによるものであった。競争と信用に媒介された近代株式会社による資本の集中・集積運動の結果独占が成立し、いわゆる所有と経営の分離・専門的経営者の出現という一連の論理の下に株主層の分化が進展し多数の無機能化株主が創出されると、資本の源泉が過去に占めていた意味は喪失した。それは、一方では他人資本利子を原価、自己資本利子を利潤とする観念を衰退させ、他人資本利子のみならず自己資本利子も原価とする原価算入論の台頭を、他方では他人資本利子も自己資本利子も利潤の分配分とする見解即ち資本利子の原価算入否認論（会計上も資本利子を利潤分配とする思考）を発生させた[36]。

第二に、工業計算制度の発展において少なくても18世紀型のそれの場合、原価計算の主目的は、価格設定・価格政策にあり、原価管理目的は胚種的に存在したに過ぎなかった。原価管理目的が一応完成された形で発現したのは、独占の成立期即ち20世紀初頭であった。この時期にも原価計算の価格決定・価格政策目的は原価計算制度の成立以前からの伝統として継承されたが、価格政策的色調は漸次に薄れていった。少なくとも19世紀末葉まで間接原価に対する考慮は、概して注文品に対する契約価格の見積りのためであったが、独占の成立期には原価計算は、統一的な会計制度とりわけカルテル価格・計算価格の基礎資料として重視されるようになった。当時の計算利子の原価算

入論は，このような価格政策・統一会計制度を論拠とするものが多かった[37]。

　第三に，20世紀初頭以来，原価計算における原価管理目的が重視されるのに伴って，間接原価の概念と性格は明確化し，それを通じて原価概念は一応完成した。それ以後，第一次世界大戦の勃発まで，原価概念の鮮明化の作業が進行した。その結果は，間接原価の概念の洗練化・価格政策を基調とする実際原価の概念の一般的な成立であった。その更なる発展は，原価管理的原価の概念の形成であった。これを背景に資本利子原価算入問題は，かつてない程華々しく展開されたが，必ずしも実りのあるものとはならなかった[38]。

　第四に，第一次世界大戦は，アメリカを中心として一方では戦時課税と結合した損益計算を，他方では軍需発注に結合した原価計算（統一的な原価計算方式に基づく軍需品の価格決定方式）のめざましい発展をもたらした。即ち戦時統制が経営計算制度の統一化を急速に進展させたのである。大戦（軍需品発注）によって媒介された原価計算の広範な普及は，価格決定の基礎としての実際原価計算の純粋な形態を終熄させた。戦後の世界市場の縮小と設備の遊休化に伴い，経営管理・原価管理のための原価計算が重要となり，標準原価計算が次第に一般化した[39]。

　戦時における原価計算の統一化は，軍需品発注における原価加算契約方式（cost-plus contract）の採用であった[40]。この方式は，従来の固定価格方式が第一次世界大戦の勃発に伴うインフレーションのために採用不能となり，しかも新兵器の登場が価格を事前に決定させることを困難にしたために一般的に採用されるようになった。この場合問題は，原価加算契約における原価の範疇という問題であり，主たる論議の対象として浮上したのは，間接原価の計算方法とりわけ支払利子の原価算入の是非論であった。例えば，一方では政府が価格を低く抑制する目的で支払利子の原価性を否定する見解，他方では企業家が支払利子部分の回収の保証を求め或いは中小企業が高利資金を利用することによって余儀なくされる競争上の不利性を理由として原価性を承認する見解があった[41]。

第五に，このような支払利子の原価算入の是非をめぐる論争の過程を通じて徐々に集約されていったのは，経営計算の立場からは，支払利子は支出を伴うため必ず価格に算入して回収するべき原価であるが（即ち支払利子は，支払不能を回避するために回収するべき最低限の利子として原価算入するべきであるが），計算利子はこのような必要性がないために原価算入を必要とはしないということであった[42]。即ち支払利子が原価算入されるのは，それがまさに支払を要するというそのことによるのであり，そこより原価は，「なんらかの財務的支出を伴うこと」がその重要な特徴であり，その意味でこの原価は，いわゆる支出原価（outlay cost）とされたのである[43]。

　ここより指摘しうることは，いわゆる資本利子原価算入に関する是非論の中には，支出原価の概念に関する思考が提示されていたことである。

　支出原価の概念は，周知のように，実際原価の代表的な具体的な一形態である。実際原価は，計算利子・企業家賃金などを除外した概念である。とはいえ支出原価の内容は，必ずしも一定していない（例えば，減価償却費は，長期的には支出原価であるが，短期的には必ずしもそうではない）。とはいえ支出原価の概念は，一般にいわれるように，企業家意識を最も端的に反映した概念であり，原価概念の生成以来依然として企業家意識に潜在している思考であった。支出原価の概念が資本の要求として問題化したのは，第一次世界大戦中であり，「現実に社会的に表面化した最初の原価概念」[44]となった。

　この概念は，原価計算の価格決定目的を基盤とした。この目的は，後に後退して経営管理目的が強調されるようになるが，さしあたりは一般的基調であった。いわゆる資本利子原価論も，この目的に沿って討議され，支払利子は支出を随伴するために必ず価格に算入し回収すべきであると説かれた。しかも第一次世界大戦当時，資本利子原価論を社会的に問題化した原因は，政府と資本家との価格決定における見解の対立であった。この対立は，支出原価は，企業家的意識に基づく現実的要求によるものであり，原価計算の価格決定目的それ自体は，経営管理目的以上に，企業家的現実としては，原価の

第4章　近代スウェーデンにおける原価計算の標準化運動（1920-1930年代）｜279

理論的真実性よりも対外部的な政策的意図によって左右されるという現状を浮彫にした[45]。

(2)　スウェーデンにおける資本利子原価算入論

スウェーデンの場合，この問題はさしあたり現象的には1920年代の産業合理化運動の一環としての原価計算の標準化，とりわけ原価計算上の原価概念の明確化という問題に直結する形で俎上にのぼった[46]。この問題は，原価概念の明確化という視角から原価計算上の原価の概念規定として第二次世界大戦の終熄までこの国で支配的となった支出原価の概念の定着に導いた[47]。とはいえこの国もまた，独占の生成・確立に伴い資本・企業規模の拡大といわゆる遊休設備・操業度問題に直面していた。この国でも，原価計算上の資本利子の解釈とその取扱いという問題の背後に潜む本質的な問題は，資本利子（さしあたりは支払利子の，後には計算利子も含む）の固定化という認識であった。この時期には，この国の原価計算は，この認識を媒介として固定費と変動費の区分・CVP分析・直接原価計算など，既に欧米諸国で展開していた動向をある程度の現実感をもって注目するようになっていた。但しそれが具体化するようになるのは，第二次世界大戦後である[48]。

スウェーデンの原価計算の標準化運動において，資本利子という用語の解釈とその原価計算上の取扱いに関する論議が占めたこのような意義を念頭に入れて，STFの1933年委員会は，資本利子論の問題についてどのように処理しようとしたか，その骨子のみを示そう。

STFは，1934年基礎プランの作成に当たって，企業が利用する全ての資本に対する利子は，原則として総原価計算に原価として算入するべきことを主張した[49]。

この主張は，SISが，スウェーデン教育庁の要請で原価計算の統一的用語の確立に関わる作業を着手し，その最初の意見表明としての1928年提案において，資本利子の取扱いに関して提唱した基本的な見解に完全に立ち返ったことを意味した[50]。「SISの1928年提案」は，「経営活動に利用される資産に対する利子は，その資本が，借入したものであるか或いは企業の所有者

に帰属するものであるか否かに関わりなく，原価要素に算入される」[51]と述べていた。ここでは資本利子の計算の前提となる資本概念を設備資本と規定し，それに対する資本利子の原価性を主張していた。とはいえ「SISの1929年提案」は，この問題を再度検討した結果，前提案を否認し，未解決事項として将来の解決に委ね，「SISの1931年提案」もまた同様な態度表明をしたのであった。STFの1933年委員会は，投下資本の回収という視角より長引く資本利子論争に終止符を打つことを求めた。

STFの1933年委員会は，「1934年基礎プラーン」の提案に当たって，先ずこれまで資本利子の概念とその原価算入の是非をめぐる論拠は，多種多様であることを指摘することより出発した[52]。

その上でSTFの1933年委員会は，資本利子の概念を問題とする場合，O. Sillénが，資本をその所有・調達源泉と具体的・機能的な形態の二側面より考察していることを手掛かりに[53]，資本利子の概念として，次の概念を列挙した。即ち資本の所有・調達源泉を基礎とすれば，①他人資本利子，②自己資本利子，③両者を含む総資本利子，また資本が投下される資産の種類を基礎とすれば，④設備資本利子，⑤運転資本利子，⑥投下総資本利子。この委員会は，資本利子問題の紛糾を終熄させる手掛かりは，基本的には，資本利子に関するこれらの解釈のうち，①の他人資本利子は，この国で一般にゆきわたっている利子率に従って現実に支出された支払利子として，それ以外の②より⑥にいう資本利子は，総じて仮想的利率によって算定された計算利子として認識することから始まると説いた[54]。

続いてSTFは，文献上，これらの資本利子の原価性の有無に関しておよそ20世紀の開幕以来展開されてきた論議を，次のような三つの見解に集約した。即ち第一は，自己資本利子（計算利子）と他人資本利子（支払利子）の両者について原価性を否認する見解，第二は，自己資本利子（計算利子）について原価性を否認し，他人資本利子（支払利子）について原価性を承認する見解，第三は，自己資本利子（計算利子）と他人資本利子（支払利子）の両者について原価性を承認する見解[55]。

STFの1933年委員会によれば，第一の見解は，いわゆる国民経済学的な思考を基礎に，自己資本利子と他人資本利子を区別せず，両者の資本に対する利子を利潤の前払いとする見解も，自己資本利子を利潤の分配分と見做し，他人資本利子を財務活動に随伴する価値犠牲（期間費用），自己資本利子を利潤分配とみる見解も含む。第一の見解について重要なことは，資本利子の問題を国民経済学的に考察するのでなくて，企業経済学的に考察し，価格設定はもとより原価管理の点からも，先ず価格によって回収するべき原価を重視することである[56]。第二の見解は，いわゆる支出原価の思考を基礎に自己資本利子を計算利子として原価算入せず，他人資本利子を支払利子として原価算入する見解も，自己資本利子を利潤の分配と見做し，他人資本利子をいわゆる財務費用としてその原価性を承認する見解も含む。第二の見解についても重要なことは，先ず価格によって回収するべき原価を重視することであり，自己資本利子を利潤の分配と見做す点に関しては第一の見解に対する論難と同様な批判を免れることはできない[57]。第三の見解は，企業経営に必随する財貨・用役の費消を原価として観念する。自己資本利子は，企業家が当該企業に資本を投下する結果として生ずる経済価値の喪失或いは犠牲の形でなされる財貨・用役の消費，他人資本利子は，支出の形でなされる財貨・用役の消費と見做される。そのため自己資本利子と他人資本利子の両者を原価として算入する。この場合企業は，投下資本の額・その利用期間・利子率の決定という非常な難問に直面する[58]。

　STFの1933年委員会は，このように資本利子の概念とその原価算入の是非をめぐる論拠の多様性を指摘した後に，改めて1934年基礎プラーンが資本利子の計算の前提として予定する資本は，昨今の，いわゆる設備資産の巨大化とそこに投下されている資本の固定化という事実に照らして「貸借対照表の資産の側に表示される資本の投資価額である」[59]と述べ，資本が投下されている具体的な資産の側から資本利子問題に接近することを求めた。STFは，続いて減価償却費問題を基軸に据えることを媒介として，ここで問題とする資本利子の焦点を，概して設備資本に投下されているそれにおいた。即

ちSTFの1933年委員会は,設備資産の投資価額の解釈には四つの解釈が存在するとして,次の価額をあげた。第一に,当該資産の取得原価（減価償却を考慮しない），第二に,当該資産の取得原価マイナス取得原価を基礎とした減価償却累計額,第三に,当該資産の取得原価マイナス時価を基礎とした減価償却累計額,第四に,当該資産の計算の時点での価格水準を前提とする再調達原価（利用価値或いは経営価値)[60]。STFの1933年委員会は,これによって資本利子問題の核心が貸借対照表の借方側に計上されている資産の投資価額のうちでもとりわけ設備資産に投下されている資本に関わるものであることを強調し,その価額を第四の利用価値或いは経営価値として解釈した[61]。更にSTFの1933年委員会は,この利用価値或いは経営価値の基礎を現在原価（nupris）或いは時価（dagspris）に求めた[62]。加えてこの委員会は,上記の設備資本の投資価額の解釈のうち第二・第三の解釈による資本利子の計算の結果が,利用価値或いは経営価値を基礎とした資本利子の計算の結果と同一な結果をもたらす限り,第二・第三の何れの解釈による投資価額を基礎として資本利子の計算をしてもよいと説いた[63]。

　その上でSTFの1933年委員会は,このような資本利子については,原則として他人資本利子のみならず,自己資本利子も原価算入するべきことを提案した。その論理は,要約すればこうである。他人資本利子（支払利子）は貨幣支出を随伴し,貨幣支出はそれが当該期間に関係するか将来期間に関係するか否かを基準として,原価算入或いは不算入とするべきである。当該期間に関係する支払利子は,原価を形成する。これに対して計算利子は,直接的な貨幣支出を随伴しない。とはいえ原価とは,個別企業が,基本的には危険の概念との関係で,先ず事前に予測可能であり,価格によって回収するべきものである。設備への資本投下即ち設備資産に投下された資本に対する利子は,支払利子であれ計算利子であれ,すべて原則的・基本的には価格計算・価格政策上,原価算入されるべきである。加えて個別企業は,価格決定・価格政策上,設備更新・技術革新などによる生産方法の変化と景気変動などによる在庫高及び生産期間（資本の回転期間）の変動が原価に及ぼす影

第4章 近代スウェーデンにおける原価計算の標準化運動（1920-1930年代）

響を考慮して，価格との関係で原価比較を必要とする。この場合価格によって回収されるべきものは，支払利子であれ計算利子であれ，原価算入するべきである[64]。

STFの1933年委員会は，このような論理によって価格設定・価格政策目的上，設備資産に対する投下資本利子として支払利子も計算利子も等しく価格によって回収するべきであり，原価算入を承認するべきことを提案し，それを1934年基礎プラーンに盛り込んだのであった。STFは，上記のような意味での資本利子の原価算入を原則として承認した上で，この原則の例外として最小原価の算定及び遊休資本への資本投資という問題をあげた[65]。

STFの1933年委員会は，ここにいう最小原価をもって，企業間競争における既存の諸条件の下で，少なくても当該企業を閉鎖してしまうことよりも継続した方が有利であると判断される場合計算される価格最低限として算定するべき原価であると説いた[66]。STFの1933年委員会によれば，そのような最小原価の決定因は，操業度したがってまた操業度との関係で認識される原価の固定性の問題であった。昨今の増大する遊休資本は，操業度の低落を意味し，操業度の低落は，原価の固定性を通じて価格設定の上限を必然的につり上げる。そのため最小原価を算定する場合原価の固定性を排除するべきである。その限り固定的な原価は，原価計算の枠外におくべきである[67]。資本利子の原価算入の是非をめぐる論議で問題となってきた資本利子は，原価の固定性という点では，支払利子であれ計算利子であれ程度の差はあっても，固定的である[68]。個別企業が，最小原価の思考を，固定的な設備資産の取得に当たって自家製造或いは外注の何れによるべきか，その意思決定のために必要な情報として利用しようとする場合にも，事態は同様である。

既述のように，STFは，1934年基礎プラーンを提唱するに当たって，原価計算上の基礎概念に関わる基本問題の多くは，既に「SISの1931年提案」で解決済みとしていた。この「SISの1931年提案」は，その「Ⅰ．原価計算の基礎概念」のCで変動費と固定費との識別を提唱していた。この提案は，基本的には価格設定・価格政策目的に適合的な総原価計算の枠組みを前提と

しながら，資本利子の固定性とりわけ支払利子のそれによる膨大な固定費の圧迫という現状に注意を喚起し，その弾力的な取扱いを説いた。当時のスウェーデンではいわゆる変動原価計算の思考は，実務上はもとより理論上も格別に脚光を浴びていたわけではなかった。とはいえその思考とその一手法である CVP 分析とは，アメリカの諸文献の研究或いはアメリカへの研究・調査旅行を通じて，関連の一部の人々に知られるようになっていた[69]。

　STF の1933年委員会は，設備資本への投資価額としての資本概念を前提として，資本利子の原価算入価問題を処理しようとする場合なお必要なことは，操業度の季節的な変動或いは傾向的な低落を考慮して，設備資本の投資価額を引き下げることであり，この引下げは，それに相当する自己資本利子分を減額することであると説いた[70]。この委員会は，この場合，ASEA 社の原価簿記における評価替勘定の思考を利用して，製造間接費の配賦計算に当たってこの自己資本利子相当分を減額すれば，継続的な簿記にも組入れ可能であると説いた[71]。

3．STF の1934年基礎プラーンにおける原価計算に対する価格変動の影響排除論

　既述のように，スウェーデンにおける原価計算の標準化運動は，総原価計算における統一的な用語を求める運動として台頭した。

　この運動の起点となった H.R. Schultz の1923年提案は，ASEA 社（後には M.L. Ericsson 社も含む）の経営簿記主任としての原価計算に関するかれの実務的な経験を基礎に，価格変動が原価計算に与える影響を排除するという趣旨で，全ての原価を現在価額（nuvärde）で評価することを提案した[72]。その後 SIS が，スウェーデン教育庁の依頼で「総原価計算における統一的な用語に関わる諸基準」の制定のため，最初の提案即ち1928年提案を公表したとき，原価計算に対する価格変動の影響という問題については，H.R. Schultz の1923年提案の内容を実質的に継承していた。この提案が公表されるや否や，直ちに反撃にでたのは，U.A. Forsberg を専務取締役とする

第4章　近代スウェーデンにおける原価計算の標準化運動（1920-1930年代） | 285

SKF社（後にはVolvo社も含む）であった[73]。同社は，原価計算に関する自社の実務的な経験に照らして，標準原価による原価評価を提唱した。「SISの1928年提案」が2回にわたり修正をして1931年提案（「暫定的基準」）として成立するまで，原価の評価基準をめぐってASEA社陣営とSKF社陣営との間で激しい論争が展開されたが，その論争の激しさにも拘らず，これらの二つの陣営は，当事者自らの手で錯綜していた評価基準に関する論争の問題の所在を明確化することができなかった[74]。

既に別稿でみたように[75]，ASEA社（後にはL.M. Ericsson社も含む）における原価計算実務は，価格決定目的を主眼とする原価計算を前提として，第一次世界大戦の勃発に伴う戦中・戦後インフレーションの現状を考慮して，原価評価の場合取得原価主義ではなくて時価主義とりわけ再調達時価主義を適用することによって，原価計算に対する価格変動の影響を排除することを主張していた。ASEA社（後にはL.M. Ericsson社も含む）が時価主義とりわけ再調達時価主義を適用する場合，その論理的支柱としてしばしば引き合いにだしたのは，隣国ドイツにおいて当時展開されていた時価主義とりわけ再調達時価主義の動向であった。これに対してSKF社（後にはVolvo社も含む）における原価計算実務は，既に第一次世界大戦中にアメリカに活動拠点を設けたことを契機として，当時，アメリカで形成途上にあった標準原価計算の思考に傾斜しつつ，価格設定・価格政策目的のための総原価計算の枠組みを前提としながらも，原価管理目的を主眼とする製品原価の算定を重視し，標準原価による原価計算と原価差異分析の重要性を強調していた[76]。SISの1928年提案が，概してASEA社（後にはL.M. Ericsson社も含む）の原価計算実務に傾斜していたことに対してSKF社（後にはVolvo社も含む）があびせた激しい論難は，基本的には，当時，既にスウェーデンにおける特化された国際的な巨大企業として登場していた両陣営の原価計算目的に関する基本的な認識，その目的に適合的な原価概念，そのための原価算定方式の相違に起因していたのである。

幾分後になって，両陣営の論争の争点を明確化し終熄させる上で多大な役

割を果したのは，当時「イェーテボリー商科大学」の企業経済学の教授であった A. ter Vehn であった[77]。かれは両社の陣営（或いは上記四社）の原価計算実務を克明に調査し，ドイツの「AWF-プラーネン」（1920年制定）の思考と手法（しかもそれをスウェーデンに適合的となるように非常に単純化したもの）[78]を援用して，両社における原価計算実務の相違点と同一点とを明らかにすることに努めた。STFの1933年委員会は，こうした経緯を踏まえて，価格変動が原価計算に及ぼす影響を排除するという趣旨より，材料などの棚卸資産の庫出価額（消費価額）の決定及び有形固定資産の減価償却費の算定の場合，原則として市場価格としての「現在価格」(nupris)による評価を採用するべきこと[79]，但し，後述のような一定の条件の下では，「標準価格」(standardspris) をもって現在価格に代替してもよいこと[80]，標準価格を採用するとしても，その計算技術上の処理とりわけ原価差異の処理方式は，「現在価格」による評価の場合のそれに準ずるべきことを提案した[81]。

(1) 棚卸資産の庫出価額の決定論

STFの1933年委員会は，1934年基礎プラーンの編纂に当たって，材料の庫出・消費の事例をとりつつ，現在価格による原価測定の仕組みを次のように説明した。

この委員会は，先ず「原価の評価は，原価計算上非常に重要な意味を有するが，このことが特に問題となるのは，直接材料費の場合である」[82]と述べ，材料の庫出（消費）の場合その消費価額の算定は，現在価格或いは時価に可及的に近い標準価格によるべきことを説いた。

その論旨は，概略，次のようであった[83]。第一に，個別企業が経営活動のために市場より仕入れ，さしあたり倉庫に保管する材料の「調達価格」（仕入価格 inköpspris) は，その時々の市況によって異なり，場合によっては変動幅も大きい[84]。そのため材料の庫出（消費）の時点での「市場価格」(marknadspris) は，過去の調達価格と乖離し，とりわけ市場の価格変動が激しければ，その乖離の程度も大きい。原価計算上，庫出（消費）する材料

にどんな価格を付すべきかという問題は，即答できないが，少なくても可能性として実際の調達価格，現在価格，標準価格という三つの評価基準が存在する[85]。第二に，一般に材料（在庫品）の評価の適切な価値基準（värdemått）として調達価格を適用しうるのは，材料の「価格水準が安定しているか，或いは価格変動が存在するとしてもその程度が僅少」[86]である場合，或いは個別企業が，短期的に材料の投機的な価格騰貴に期待して異常に巨額な購買をする場合である[87]。調達価格を適用する場合，調達価格をもって「実際の調達価格」（verkligt anskaffningspris）と解するか，それとも「平均仕入価格」（medelinköpspris）と解するか，二つの解釈があるが，STFの1933年委員会は，価格変動を無視すれば，原価計算の処理手続きに関する「統一的な諸原則」（enhetliga principer）として，所定の期間における単純平均法或いは移動平均法を基礎とした平均仕入価格を利用するべきことを勧告するであろう[88]。とはいえSTFの1933年委員会の見解は，価格変動を考慮すれば「総原価計算上，理論的に最も正しい価額と見做される価額は，……［時価（dagspris）或いは再調達価格（återanskaffningspris）と命名される］現在価格（nupris）である」[89]と説く。材料の庫出（消費）の場合現在価格を問題とするのは，「一部は，価格の上昇期には，消費された材料を再調達するという必要性に，一部は，価格の下落期には，競争的な企業の価格設定を考慮するということによる」[90]。即ち材料の価格の上昇期に，価格変動を無視して購入時のより低い単価を製品単位当たりの「原価価格」（kalkylpris）とするならば，未実現利益の計上となり，消費材料と同一数量の材料の再調達ができない。逆に材料の価格の下落期に，競争的な企業の価格設定を考慮して，庫出・消費の時点におけるより低い価格を「原価価格」とすることを余儀なくされるならば，未実現損失の計上を招くことになる。価格変動期に，調達原価を製品単位当たりの「原価価格」とすることによって発生する未実現利益と未実現損失とを，現在価格を製品単位当たりの「原価価格」とすることによって，相互に調整するということは，理論的には合理的である[91]。第三に，とはいえ総原価計算が継続的な簿記に組入れ

されている場合，標準価格によるべきである。STFの1933年委員会が，現在価格に代えて標準価格の利用を勧告するのは，基本的には，市場価格が非常に頻繁にそれも相当な振幅をもって変動する場合，現在価格を製品単位当たりの「原価価格」とすれば，庫出の都度，製品単位当たりの「原価価格」を修正しなければならない，という不便さを回避するという実務上の理由による[92]。現在価格は，より長期間にわたって原価構成上材料消費高の占める比率の高い企業の場合，適用してもよい。その比率が低い企業の場合，標準価格を利用するべきである。標準価格は，一定期間，「固定的な計算価格」（fast avräkningspris）として据えおくことが可能である[93]。標準価格が修正される場合は，それが市場価格と非常に乖離し，製造原価（生産原価 productkostnad）に与える影響を無視できなくなるからである。その場合には，標準価格を修正し，新しい「時価」（dagspris）を製品単位当たりの「原価価格」として承認することに合意しなければならない。STFの1933年委員会が，この理由の他に，現在価格に代えて標準価格の利用を勧告するのは，SKF社の原価会計実務にみるように[94]，標準価格を基礎とした利潤分析という理由による。標準価格は，上記のように，少なくとも一定期間，市場価格と無関係に完全に固定的に維持される。その限り標準価格は，材料価額に対する「抽象的な測定尺度」（ett abstrakt mått）として機能する。この点より材料の市場価格が比較的安定している場合でも，製品の製造に多様な種類の材料と多量な材料の消費を必要とするならば，標準価格は，材料の原価価格を計算する場合その「有用性」（utnyttjande）を考慮するという点で，価格設定のためにも原価管理のためにも有効である[95]。とはいえSTFの1933年委員会は，現在を起点として過去20年間程度のスウェーデンの経済事情を顧みた結果として，原価計算の処理手続きに関する統一的な諸原則としては「標準価格が，できる限り，時価に相当するように確定すること」[96]を勧告した。

　STFの1933年委員会は，このような論旨によって材料などの棚卸資産の現在原価或いはそれに可及的に近い標準価格による評価を提唱した。

第4章　近代スウェーデンにおける原価計算の標準化運動（1920-1930年代）| 289

　続いてこの委員会は，このような論理によって材料などの棚卸資産の倉出（消費）に当たって，その価格変動が原価計算に及ぼす影響を排除するために，現在価格或いは可及的にそれに近い標準価格を製品単位当たりの「原価価格」として利用する場合，次のように会計処理するべきことを説いた。即ち「当該材料の庫出価格が，その材料に関する特別な価格変動勘定（särskilt prisfluktuationskonto）で評価替されるならば，当該材料の調達価格と標準価格とが，同一な帳簿組織に相互に組み入れされうる。この勘定は，ASEA社の場合と同様に，STF-基礎プラーンでは，材料勘定と製造勘定との間に設定される。そして……この価格変動勘定は，損益勘定に振り替えて調整されるべきである」[97]。

　この手続きを少し詳しくいえば，直ぐ後に示す勘定記入にみるように[98]，材料の購入の場合，材料勘定の借方に購入量を調達原価で記入する。材料の庫出（消費）の場合，先ず材料勘定の貸方に倉出分（消費量）を調達原価で記入すると同時に，「評価替勘定」(omvärderingskonto) の借方に庫出分（消費量）を調達原価で記入する。次いで評価替勘定の貸方に庫出分（消費量）を現在原価（または標準価格）で記入すると同時に，製造勘定の借方に庫出分（消費量）を現在原価（または標準価格）で記入する。この場合製造原価に関わる記帳は，材料勘定→評価替勘定→製造勘定という段階を踏むが，調達価格の現在価格（または標準価格）による換算は，材料庫出（消費）の時点で行われる。材料の庫出（消費）について現在価格（または標準価格）を利用し，評価替勘定を適用すれば，材料の価格変動が，原価計算に与える影響を明らかにし，その影響を分離することが可能となる筈である。このような価格変動に関する評価替の思考とその記帳方式とは，材料の数量的な消費量を確定する場合にも適用可能である。即ち数量計算に「標準数量」を適用すれば，消費数量の多寡が，原価計算に与える影響も把握しうる。そしてこのようにして算定される原価差額は，各々，損益勘定に振替記入し，価格変動（及び材料消費高）が単位原価としての製品価格に与える影響を排除する仕組み（第1法）をとる。

とはいえ STF の1934年基礎プラーンはもとより，この基礎プラーンの提案に到る過程で ASEA 社（後には L.M. Ericsson 社も含む）と SKF 社（後には Volvo 社も含む）との原価計算実務の異同点を分析し，両陣営の原価

STF の1934年委員会提案による評価替勘定

第1法

材料勘定	
購買：調達価格(a)	庫出（消費）：調達価格(a) ▷

評価替勘定	
▷ 庫出（消費）：調達価格(a)	庫出（消費）：現在価格(n) ▷ 　　　　　　（または標準価格 s）

製造勘定	
▷ 庫出（消費）：現在価格(n) 　　　　　　（または標準価格 s）	

　ここでは記帳は，材料勘定→評価替勘定→製造勘定という段階を踏むが，調達価格の現在価格（または標準価格）による換算は，材料庫出（消費）の時点で行われる。材料の庫出（消費）について現在価格（または標準価格）を利用し，評価替勘定を適用すれば，材料の価格変動が，原価計算に与える影響を明らかにし，その影響を分離することが可能であると説かれた。

第2法

評価替勘定	
購買：調達価格(a)	購買：現在価格(n) ▷ 　　　　（または標準価格 s）

材料勘定	
▷ 購買：現在価格(n) 　　　　（または標準価格 s）	庫出（消費）：現在価格(n) ▷ 　　　　　　（または標準価格 s）

製造勘定	
▷ 庫出（消費）：現在価格(n) 　　　　　　（または標準価格 s）	

計算実務の対立を妥協に導くことに尽力した A. ter Vehn は，原価計算目的としての価格設定或いは価格政策目的と原価管理目的，したがってまたスウェーデンの価格変動問題を配慮した現在原価の概念と原価管理目的に規定された標準原価の概念が含意する意味内容を必ずしも十分に理解していたわけではなかった。少なくとも取得原価の概念或いは価格変動問題への配慮より提唱される現在原価の概念を支える原価思考は，標準原価を支える原価思考と，たとえ便法としてであれ，代替しうるものではないからである。この国で標準原価計算が制度として確立し，複式簿記機構に組み込まれるにはもう少し後の時代まで俟たなければならなかった[99]。

STF が，1934年基礎プラーンで提示した棚卸資産原価の算定基準としての評価基準は，このような問題性を残すものであった（そしてまたこのことは，直ぐ後にみる有形固定資産原価の算定基準としてのそれについても同様である）。それでも1934年基礎プラーンが材料などの棚卸資産の価格変動が原価計算に与える影響を排除するために提示した，前頁にみるような技術的な記帳方式即ち材料勘定→評価替勘定→製造勘定という方式（第1法）は，それ自体として妥当性のあるものであった。この方式は，後の時代になって，製造原価に関わるもう一つの記帳方式即ち評価替勘定→材料勘定→製造勘定という方式（第2法）と共に，制度的にも承認されるようになった。

なお因みにいえば，STF の1933年委員会は，材料などのいわゆる棚卸資産の貸借対照表評価の問題は，「直接的には原価計算と関係しない」[100]としつつも，この問題についても言及した。STF の1933年委員会によれば，価格の安定的な時期には，いわゆる棚卸資産の貸借対照表価額は，調達価格を基礎とするべきである。とはいえ価格水準が変動する場合，株式会社法の規定に従って，強制的な最低限評価の原則が適用される。例えば，貸借対照表作成日の市場価格が調達原価以下ならば，棚卸資産は，現在価格まで強制的に簿価の切下げをしなければならない。その上，株式会社法の規定による強制的な簿価の切下げ以外に，個別企業は，実際の調達原価よりもより低い価格で棚卸資産を計上しうる。このような簿価の切下げは，価格の動向が正常

な場合でも企業財務の強化のためにしばしば実施される。特にこのような簿価の切下げは，多かれ少なかれ，強力な価格の低落が予想される場合（例えば，戦中・戦後インフレーション期に高価格で取得した棚卸資産の在庫評価の場合）「確実な最低価額」(betryggande bottenvärde) を超えない程度まで可能であろう。この簿価の切下げに伴う処理は，商品勘定に対して直接行うが，それを「秘密積立金」或いはまた「公示積立金」の形態で処理してもよい[101]。

(2) 有形固定資産の減価償却費論

STFの1933年委員会は，市場と最も密接に関わりをもつ材料などの直接的な販売または加工による販売を目的とするいわゆる棚卸資産の庫出価格（消費価格）について価格変動の影響を識別するために，製品一単位当たりの「原価価格」の評価基準として現在原価（或いは標準価格）を利用するべきことを勧告しただけではなかった。同委員会は，機械/設備及び工場用建築物などいわゆる長期利用を目的とした有形固定資産の原価の決定したがってまた有形固定資産の原価配分の手続きである減価償却費の算定の場合にも，結論的には，現在価格（或いは標準価格）を利用するべきことを説いた[102]。

その論理は，材料などのいわゆる棚卸資産の倉出（消費）の場合現在価格（或いは標準価格）による評価を勧告した場合と基本的には同一の論理であった。

この勧告の内容をより詳しく明らかにするために，さしあたりSTFの1933年委員会は，総体としていわゆる有形固定資産の減価償却について，どのような見解を提示していたか，少し遡ってみてみよう。

概して減価償却費問題は，STFの1933年委員会が，「1934年基礎プラーン」の提案に当たって，最初に原価概念の規定の問題に取り組んだとき，既述のいわゆる資本利子問題の取扱いと並んで重視したもう一つの問題であった[103]。

STFの1933年委員会が，有形固定資産の減価償却問題について論議した場合，さしあたり力点をおいた問題は，損益計算上の減価償却費の範囲と原

第4章 近代スウェーデンにおける原価計算の標準化運動（1920-1930年代） | 293

価計算上の減価償却費の範囲を概念的に峻別するという問題であった。この委員会は，損益計算産上のいわゆる中性費用は，原価計算上の原価の範囲に入らないので，中性費用の一部として認識される投資資産・長期遊休設備に対する減価償却費は，原価計算上の減価償却費とはならないこと，これに対して原価計算上の減価償却費は，損益計算上の目的費用・原価計算上のいわゆる基礎原価に関わる減価償却費はもとより[104]，付加原価の一部として「元帳にはもはや減価償却の対象となる資産項目が存在しなくなっている」[105]償却済資産の減価償却費も，いわゆる自己資本利子の問題と共に勘案するべきことを示唆した。今日，付加原価したがってまたその一部である償却済資産の減価償却費の問題は，基本的には制度としての原価計算の埒外の問題であり，管理会計・経営戦略上重視される原価概念（特殊原価調査）に関わる問題である[106]。既述のように，「SISの1931年提案」は，その「Ⅰ．原価計算の基礎概念」の「A．原価と危険」で簿記上の中性費用と原価計算上の付加原価とを概念的に峻別する必要性のあることを指摘していた。とはいえこの委員会が，今日的な意味での付加原価の概念を明確に意識していたとは思われない。それでもこの委員会は，「STFの1934年基礎プラーン」の編纂の過程で，今日的な問題にも先鞭をつけていた[107]。更にこの委員会は，価格設定目的による総原価計算を基本的な枠組みとしたことから，単位原価に管理費及び販売費（いわゆる社会的な空費）も含めた。この委員会は，この場合管理費及び販売費を原則的に間接費として，一部例外的に直接費として処理するべきことを説いた[108]。その限り「STFの1934年の基礎プラーン」は，間接費としての減価償却費が基礎原価・付加原価・管理費用に関わるそれを含むとしたのであった。

　STFの1933年委員会は，原価計算上の付加原価と損益計算上の中性費用の区分を前提に，減価償却費問題は，「原価の視点」（kostnadssynpunkt）と「貸借対照表技法の視点」（balansteknisk synpunkt）という二つの視点から取り上げられているが，各々の視点に基づく「二つの原価の概念」と二つの減価償却の概念を区分するべきであると説いた。即ちこの委員会は，原

価計算上の減価償却費計算と損益計算上の減価償却費計算とは，その計算目的と課題が相違することを強調して，「諸帳簿で行われている減価償却は，いわゆる総原価計算において間接費として借方記入される減価償却とは同一ではない」[109]と主張した。

　STFの1933年委員会は，原価計算上の減価償却の目的を設備資産の「補償調達のための資金調達を行い」[110]，「企業の生産能力の維持を確実にすること」[111]をあげた。即ち「企業は，その生産能力を不変のまま維持するために，消費された設備を更新しなければならない」[112]。この点より「減価償却の正常な課題は，資産の再調達或いは交換を可能にすることである」[113]。「減価償却費は，その他の原価項目と同様に，それらが企業の価格設定に影響する限り，総収入に影響する。この場合，この目標設定は，原価計算上の価格が，当該企業の生産物の製造と販売に結びついて犠牲にされた全ての生産要素の再調達を確実にするのに十分な大きさであるべきである。とはいえ企業の原価は，価格政策に影響する諸要素の一つに過ぎない」[114]。

　STFの1933年委員会は，続いて「それ故に確定されることは，この減価償却費は，設備資産の現在調達価格（anläggningarnas nuankaffningspris）を基礎として計算される金額で，総原価計算に計上されるべきであり，この価格は，現在の新規調達価格（dagens nyanskaffningspris）を意味する」[115]と説いた。そしてSTFの1934年提案は，設備資産の「補償調達のための資金調達」・「企業の生産力の維持」という原価計算上の減価償却の課題に呼応する減価償却の基礎として利用されるべき価額として現在調達価額（nuanskaffningsvärde）（再調達価額 återanskaffningsvärde）をあげた[116]。いうまでもなく，さしあたり「価格が騰貴する場合，この価額は，歴史的な原始調達価額より高くなり，それ故に年次減価償却費の増大を伴い，これに対して価格が低落した場合事態は逆となる」[117]。STFの1933年委員会は，有形固定資産の減価償却費を計算する場合現在価格を適用することがもつ資金調達の機能を強調しつつ，原価計算の統一的な諸原則の立場より，「原価計算上の減価償却は，現在調達価格を基礎とするべきことを勧告した」[118]。

STFの1933年委員会は,有形固定資産の減価償却の場合現在調達価格を採用する理由として基本的にこのような減価償却による企業維持或いは資金調達機能の他に,更に二つの理由即ち第一に,「あらゆる価格状態の下で正しい原価計算 (rättvisande kalkyl)」情報を入手すること,第二に,「同一産業部門において様々な企業の原価の完全な比較可能性」[119]を保持することをあげた。

　STFの1933年委員会は,更に,「[簿記の]帳簿上行われる減価償却は,総原価計算上行われる減価償却と必ずしも一致しない」[120]と述べ,原価計算上の原価の範囲は付加原価を含むことから,自己資本利子(配当金),計算地代・家賃,企業主の自己計算賃金と同様に,償却済資産の減価償却費の計上も含むことに留意するべきこと,しかも上記のような理由で再調達価額を基礎として原価計算上の減価償却費を計算する場合最も考慮するべき問題は,償却性資産の「経済命数」(ekonomisk användningstid)[121]であると主張した。そこよりSTFの1934年基礎プラーンは,「原価計算上の減価償却は,簿記上の減価償却と関わりなく確定されうる。原価計算上の減価償却は,資産が利用される全期間にわたって原価に算入され,営業簿記で行われる減価償却を考慮しない」[122]と提唱した。

　「STFの1934年基礎プラーン」は,このようにして先ず,原価計算上の減価償却費計算の第一義的な課題を長期的な視点より当該事業活動が収益的であるために必要な販売価格を設定することに求め,企業の持続・維持・保全という論理を支柱として,再調達時価を減価償却費を算定する場合の基礎価額として措定した。これは,1923年のH.R. Schultzの提案に沿って,価格変動の原価計算に対する影響を排除しようとする立場であった。

　「STFの1934年基礎プラーン」は,続いて操業度の影響と減価償却費の関係も考察した。「継続的な会計の領域で行われる原価計算の形態は,より以前には総原価計算が一般的であった。そこでは,一企業の製品(或いは原価計算目的の対象)に関する全ての原価計算上の原価が,原価(総原価)に算入された。もう少し後の時代になり,これと競合する方法が,活発な論議の

対象となった。それによれば,変動原価のみが,原価算入される。そこで全ての原価を配分する原価計算(総原価計算)と単に変動原価のみを配分する原価計算とを区別する。……総原価計算は,実務上,最も普通な原価計算の形態であるように思われる。それは,その第一の目標として,より長期的な視点で価格設定のための指標を提供すること,即ちその事業活動がより長期の期間にわたって,利潤をもたらす(att vara vinstgivande)べきであるとすれば,そのためにはどんな販売価格(försäljningspris)を維持するべきかということについて情報を提供することを考えている」[123]。STFの1933年委員会は,減価償却の対象となる設備資産について操業度の問題を考慮した場合,建物などのいわゆる不動産(fastighet)と機械・什器などでは,操業度の及ぼす影響が異なることを認識していた。即ちこの委員会は,建物などの減価償却費が原価に与える影響は概して固定的であるが,機械・設備などのそれは変動的な性格をもつことを示唆した。とはいえSTFの1933年委員会も1934年基礎プラーンも,その点よりいわゆる変動原価計算の枠組みを提示するには到らなかったが,次にみるように,少なくとも正常-標準原価の思考をそこに提示することによって,操業度-遊休設備問題にも答えようとした。

4. STFの1934年基礎プラーンにおける原価計算に対する操業度の変動の影響排除論

スウェーデンの原価計算論の生成・発展過程において,原価計算の価格設定・価格政策目的とそれに適合的な総原価計算論は,伝統的なものであった。この伝統は,少なくとも戦中・戦後インフレェーションの終熄と殆ど同時的に到来した戦後恐慌と長引く不況の下で進行した産業理化運動の時代を経て,1929年恐慌以後いわゆる「計画・組織化された資本主義」の時代が本格的に開始するようになっても,崩壊することはなかった。それでもこの期間に操業度・遊休設備問題は,他国の場合と同様に,スウェーデンの産業界にとってもますます深刻化し,それに伴う産業合理化運動の進展と共に,この国の

第4章　近代スウェーデンにおける原価計算の標準化運動（1920-1930年代） | 297

伝統的な原価計算論の在り方への批判とその後の展開の方向性を規定する重要な契機となった。即ち，既に1923年のH.R. Schultz の私的な提案が提示していたように，操業度・遊休設備問題に絡んで，原価計算の原価管理目的即ち「一定の品質の製品を一定量生産する所与の諸条件の下でできるだけ低廉な原価で生産する」[124]という目的を遂行するという問題が，原価計算論上，重要な課題となっていたのであった。

「STFの1934年基礎プラーン」は，1920年代の戦後恐慌に続く構造的・慢性的な不況・それへの対応策としての幅広い産業合理化運動・その一環としての原価計算の標準化運動という一連の流れに沿って，操業度の変動或いは遊休費の発生が原価計算に及ぼす影響を排除するという立場より原価計算の望ましい方式として，予定率法という形で標準原価計算の適用を提唱した[125]。

今日，標準原価計算の思考は，単に製造間接費の把握の場合のみならず，製造直接費の把握の場合にも適用されるが[126]，「STFの1934年基礎プラーン」は，さしあたり製造間接費の配賦の場合にのみ標準原価を適用することを説いたという点では，部分的であった[127]。とはいえこのプラーンは，この国の原価計算論の伝統或いはその延長線上の1931年提案に従って総原価の算定を予定し，販売費及び管理費についても直接費と間接費を区分し，製造間接費の配賦の場合のみならず，これらの費目に関わる間接費の配賦の場合にも，製造間接費の配賦と場合と同様に標準原価を適用し，それと同様に処理するべきことを提案した[128]。ここでは製造間接費の配賦問題に限定して，その提案の内容を一瞥しよう。

STFの1933年委員会は，製造間接費の配賦の場合，操業度の変動或いは遊休費の発生が製造原価・総原価に及ぼす影響を吟味或いは排除するためには，実際率法よりも予定率法を適用するべきことを説いた。その理由は，価格決定或いは価格政策のために原価計算の迅速性に対する企業の要請を別とすれば，ますます進展する機械化に伴い，操業度の変動に関わりなく発生する固定費の増大，操業度の短期的・季節的な変動要因以上に深刻化する傾向

的・長期的な過剰生産能力，それによる製品の負担する間接費の増大という状況の下では，販売価格を，実際率法を適用して製造原価・総原価を基礎として決定するならば，操業度の上昇或いは低落によって，これらの原価は低落或いは上昇し，価格決定の基礎として役立つことも価格政策上の十分な効果を期待することもできないということであった。とりわけ遊休費の傾向的な増大化或いは操業度の異常な低下という状態の下では，実際率法を適用すれば，それは，膨大な遊休費を原価に算入することになるというのであった[129]。

このような理由によってSTFの1933年委員会は，1934年基礎プランの作成に当たって，実際率法を適用することを退け，製造原価・総原価の計算に遊休費・過剰生産能力が及ぼす影響を排除するべき方式として，予定率法を利用するべきことを説き，予定率として先ず平均原価（genomsnittskalkyl），正常原価（normalkalkyl），最小原価（minimikalkyl）という三つの原価概念の適用可能性をあげた[130]。平均原価は，ここでは「過去の各期間の経験的な平均値」（erfarenhetsmässigt genomsnitt från tidigare perioder）を意味する[131]。平均原価は，生産及び販売条件が相対的に安定している場合，操業度の変化が原価計算に及ぼす影響を排除するために有効である。とはいえ「過去の各期間の経験的な平均値」は，生産及び販売条件の相対的な安定性を期待できない場合，操業度の変化に関わる将来予測にとって有効な手段とはなりえず，標準原価として利用することは適切ではない。また最小原価は，「生産及び販売に関わる変動費のみを考慮し，如何なる固定費も算入しない」[132]原価を意味する。それは，「経営が休業することなく操業を継続しうるために絶対的に［必要な］最低補償価格即ち価格下限」[133]である。「最低補償価格」は，基本的には変動費にほぼ等しくなるため，変動費と売上収益との関係によって最低操業度が規定される。

STFの1933年委員会は，上記のような意味での平均原価の思考は，スウェーデンの戦中・戦後インフレーションとそれに続く長引く不況の下で，遊休費・過剰生産能力の発生それ自体が，恒常的・一般的・傾向的のものと

なっていることから，適切性を欠くとし，最小原価の思考は，この国の当時の原価計算にとって実務的にも理論的にも未だ普及・定着していないとして，退けた[134]。

その上でSTFの1933年委員会は，正常原価をもって，比較的長期にわたる過去の実際原価の統計的な平均値に，将来の動向を加味した正常能率・正常操業度・正常価格に基づいて決定された基準値と解し，それが，とりわけ正常操業度を重視することから，この提案の趣旨に照らして最も適切であると説いた[135]。

STFの1933年委員会は，正常操業度を設定するに当たって，何よりも先ず，程度の差はあれ遊休設備の存在を不可避的な与件として承認するべきことを説いた。この与件の下でも比較的長期的な視点より基準値として有効な正常操業度は，過去・現在・将来の年度の操業度ではなくて，いわゆる「正常年度」（normalår）における操業度である[136]。それは，当該企業の「極大生産能力」（maximal productionskapacitet）という理想値の百分比として決定される。この百分比の大きさは，個別企業に固有な個別的な存立条件と当該産業部門の一般的な動向によって決定される。既述のH.R. Schultzの1923年の私的な提案は，ASEA社の正常生産能力（正常操業度）を75％程度に見積もっているが，STFの1933年委員会は，70-90％程度を予定した[137]。したがってここでは正常原価は，正常年度における正常操業度（極大生産能力の百分比で表示）によって測定される原価であるとされた。

STFの1933年委員会は，正常原価の概念に関するこのような理解を前提に，続いてこのような意味での正常原価による原価計算は，「さしあたりは全ての間接費の配賦は，正常年度における諸条件を基礎として計算されるべきである」[138]と述べて，それが，間接費の配賦問題と絡んで認識されてきたことを指摘した。即ち正常原価による原価計算は，より厳密には直接費の場合にも実施するべきであるが，正常原価という概念の台頭の歴史的な経緯と固定費の圧迫という近時の状況とを考慮して，正常原価による原価計算を，概して間接費の配賦問題を中心に討議したというのである。「STFの1934年

基礎プラーン」は，既述のように，価格設定・価格政策を原価計算の目的として措定し，販売価格の設定の資料としての原価を製造原価に販売費及び管理費を按分したいわゆる総原価を予定していた。この場合製品との関連による原価の分類（直接費と間接費との分類）は，製造原価のみならず，販売費及び管理費にも適用され，直接費を製造直接費・販売直接費・管理直接費に，間接費を製造間接費・販売間接費・管理間接費に大別した。そして間接費の配賦計算の力点を製造間接費のそれにおき，残る間接費目の配賦計算の手法は，既述のように製造間接費のそれに準ずるものとした。

「STFの1934年基礎プラーン」は，SISの1931年提案における「Ⅰ．原価計算の基礎概念」を基本的には承認し，製造直接費をもって「製造のために直接的に必要とする材料費」・「直接労務費」・「幾つかの特別費」（vissa specialkostnader）（例えば，ライセンス獲得のための費用）とした。これに対してこのプラーンは，製造間接費を「製造直接費に入らない費目」として間接的な形で規定し，それらの費目は，製造直接費と同様に原価要素の形態に従って間接材料費・間接労務費・間接経費に区分されると説き，そしてこれらの製造間接費の中でも就中注目するべき項目として，資本利子・減価償却費・製造のための月次俸給などをあげた[139]。

「STFの1934年基礎プラーン」は，その上で，これらの製造間接費の配賦を，原則として原価の部門別計算（kostnadsställe）に従って行うべきことを説いた。このプラーンは，部門別計算のための原価部門として直接部門（direkt avdelning）と間接部門（indirekt avdelning）をあげた。直接部門は，場合によっては同種の操業・活動のための製造グループより成り，間接部門は，補助部門（hjälpavdelning）を意味した。とはいえこのプラーンは，原価の部門別計算についてはこの程度の原価部門を列挙するに留まり，間接部門に発生した原価の直接部門への按分・集計に関わる一連の手続きについては殆ど言及することはなかった。STFが1934年基礎プラーンを提案するのに先立って，既にSISが1928年より1931年にかけて原価計算の統一的な用語の確立を求めて提唱した三つの提案のうちでも1928年提案は，原価計算

第4章　近代スウェーデンにおける原価計算の標準化運動（1920-1930年代）| 301

の統一的な用語の確立という立場からであっても，少なくても部門別計算の原価中心点或いは責任区分としての意義を明示し，部門別計算より製品別計算に到る処理手続きについて基本的に的確な理解を示していた[140]。これに対して「STFの1934年基礎プラーン」は，「SISの1929年提案」以来後退した部門別計算に対する取扱いを継承し，その取扱いを極めて簡略化し，しかも様々な点で不明確さを残した。その理由は，定かではない。

　このように「STFの1934年基礎プラーン」は，原価の費目別計算に続いて部門別計算の実施を勧告しつつも，「部門別計算には，原価費目の相違によって様々な配賦基準が適用される」[141]と述べるに留まった。このプラーンは，そのため部門別計算における部門個別費と部門共通費とを区分・集計し，部門共通費について一般に問題となる配賦基準の問題即ち各部門の占有面積・各部門の機械価額・各部門の機械馬力数・各部門の労働者数というような問題にも言及しなかった。したがってまたこのプラーンは，補助部門費の配賦方法として問題となる直接配賦法・階梯式配賦法・相互配賦法などにも言及しなかった。

　「STFの1934年基礎プラーン」は，続いて，部門別計算を経由するにせよしないにせよ，製造間接費として列挙した諸項目を，製品別計算の場合どのようにして配賦するべきかを問い，その配賦基準として時間法（tidsmått）及び価額法（värdemått）（直接賃金法・直接材料費法・直接材料費及び直接賃金より成る素価法・数量法）を提示した[142]。

　「STFの1934年基礎プラーン」は，更に操業度の変動が原価計算に及ぼす影響は，固定費（fast kostnad）と変動費（rörlig kostnad）とでは異なるために，原価要素の把握或いは少なくとも間接費予定額の算定の場合，固定費と変動費に区分して考察することが望ましいとした[143]。この場合同プラーンは，固定費と変動費の概念は，SISが既に1920年代より1930年代にかけて公表した三つの提案で，或いはまたO. Sillénの門弟として，当時，流通経済問題の本格的な研究で優れた成果をおさめつつあったG. Törnqvistが，1930年代に原価計算に関して寄稿した雑誌論文（1931-1932年）で言及

したように[144]、スウェーデンの産業界でも大学での教育・研究でも、一部の人々にとっては既知の事実となっていることを強調した。SISの三つの提案は、何れも固定費をもって操業度の増減とは無関係に、総額として一定期間変化することなく発生する原価要素（例えば職員給料・減価償却費・固定資産税・火災保険料・賃借料など）、変動費をもって操業度の増減に従って総額として比例的に増減する原価要素（例えば直接材料費・直接労務費など）として半ば直観的に規定したに過ぎなかった[145]。STFの1933年委員会は、SISが提示した固定費と変動費の内容を更に検討して、準固定費（halvfast kostnad）と準変動費（halvrörlig kostnad）の概念を提示した[146]。即ちSTSの1933年委員会は、準固定費は、ある一定の操業度の範囲では固定費であるが、その範囲を超えると急激に増加し、その操業度の範囲では固定費の状態を示す原価（例えば職長給料・検査官賃金など）、準変動費は、固定費部分と変動費部分の双方より成る原価（例えば電力料・水道料・ガス代・電話代・修繕費など）であると説いた。その上でこの委員会は、準固定費と準変動費を固定費または変動費の合成と見做して、これを固定費と変動費に更に分解することが可能であることを指摘した。その狙いは、新規設備投資の問題を考察することではなくて、いわゆる最小原価を維持することにあった[147]。

今日、一般に原価要素（製造原価要素）を操業度の変動に基づく原価の発生態様に従って変動費と固定費に区分し、更に両者の中間的な原価発生の態様として、準変動費と準固定費に区分するいわゆる原価分解（原価の固変分解）は、制度としての原価計算よりも、利益計画・CVP分析・損益分岐点分析・直接原価計算・特殊原価調査など経営計画の策定、或いは原価予測に関する原価情報として標準原価管理における原価標準の設定のために利用されている[148]。とはいえSTFの1933年委員会が、製造間接費の配賦基準として予定率法（予定創業度）の適用を提唱し、操業度の変動に基づく原価発生の態様に従って原価の固変分解の問題に言及したとき、その今日的な意味を明確に察知していたわけではなかった。少なくとも1920年代中葉にかけて

第4章　近代スウェーデンにおける原価計算の標準化運動（1920-1930年代）

展開したスウェーデンの原価計算の標準化運動において浮上した標準原価計算に関わる論議の過程で，予算・予算統制の問題への意識が比較的希薄であったということは，その一つの左証であろう[149]。

　一般に標準原価は，直接費と間接費の各々について設定する。既述のように「STFの1934年基礎プラーン」が予定率法の適用を提唱したとき，それは，製造間接費のみを対象としていた。それは，概して原価計算の迅速性という視点からのみではなくて，異常操業度或いは遊休費・過剰生産能力の存在が原価計算に及ぼす影響（遊休費の製品への配賦）を排除することを目的としていた。周知のように，製造間接費或いは標準製造間接費の設定は，一定期間の予算として表示する。この予算を一定の基準操業度を前提として表示する場合，予算は固定予算，予算を操業度の変動を事前に配慮して一定の基準操業度を中心に幾つかの操業度を想定して表示する場合，予算は変動予算となる。前者の予算は，相対的に長期（予算期間）の予算統制を，後者の予算は，相対的に短期（原価計算期間）の原価管理を指向する。「STFの1934年基礎プラーン」が製造間接費について予定率法の適用を提唱したとき，予算として表示される標準製造間接費は，正常操業度を一定とした固定予算を前提としていた。

　標準原価計算は，今日，予算統制と結合し，長期の経営計画或いは利益計画の一環として存立している。経営計画は，計算構造的には，予定収益（予定単価×予定生産量）－目標利益＝予定費用（或いは許容原価）という算式（許容原価方式）で示される。目標利益（とりわけ目標独占利潤）の計画的な実現を規定する要因は，標準原価として算定される許容費用（或いは許容原価）の大きさと，予定収益（とりわけ予定独占単価即ち独占価格）の人為的な設定である。そのため今日の企業とりわけ独占企業の標準原価計算は，原価管理目的（原価低減目的）と共に価格形成目的とりわけ独占価格形成目的を重視する。そして標準原価計算における標準原価と実際原価の差異分析は，原価計算による合理化の最も徹底した形態である[150]。

　「STFの1934年基礎プラーン」は，一定期間に予想される一定の操業度を

基礎として算定される製造間接費の発生額を，実際率（実際操業度）に基づいて算定された製造間接費の額と対比することによって，固定予算の思考を示した[151]。このプラーンは，正常年度の製造間接費の正常発生額（標準発生額）を正常年度の基準操業度（直接作業標準時間など）で除算することによって，正常製造間接費配賦率を算定することを提唱した。換言すれば，ここでの正常配賦率は，目標値として固定的であり，この固定的な比率によって算定される製造間接費と実際操業度の変化と共に変動する実際製造間接費とを比較し，原価差異の程度を把握した[152]。とはいえこのプラーンは，この予定率を全ての原価要素について適用し，更に予定率と実際率の差異分析の体系を提唱することはなかった。

概して製造間接費は，基本的には固定費的な性格のものが主軸であり，原則的には期間原価として管理するのが望ましいとされている。このような製造間接費の基本的な性格より，今日一般には，標準製造間接費の配賦は製造間接費を固定費と変動費に区分し，各々の勘定科目ごとに固定費と変動比率を定めた一覧表の作成，とりわけ固定・変動の両要素をそなえた準固定費・準変動費を，一次方程式 $y=a+bx$ の形に分解しておくいわゆる変動予算を適用して，如何なる操業度の段階でも即座に必要とする標準値を算出する方式をとる[153]。とはいえ「STFの1934年基礎プラーン」は，このような変動予算の形成には全く言及しなかった。原価を操業度との関連で固定費と変動費とに分解することを前提として，CVP関係を基礎とした損益分岐点分析及びその思考を製造原価報告書に利用するいわゆる直接原価計算の手法の本格的な導入とその定着化とは，この時期のスウェーデンでは，未だみられなかった[154]。

「STFの1934年基礎プラーン」は，このようにして計算される標準原価に，一定の目標利益を加算して価格を設定した。この場合，正常操業度は好況期・不況期の異常操業度を除いた長期的な平均的操業度であるため，長期的には，原価は独占価格によって安定的に回収され，しかも自社の望む高利潤を入手しうるとされた。

こうして「STFの1934年基礎プラーン」は，操業度と固定費の問題を，相対的な過剰生産能力による慢性的な操業度不足を克服するための適正操業度の発見と，独占利潤の獲得を合理化及び美化するための観念的装置として機能させた[155]。このように，「STFの1934年基礎プラーン」が，変動費と固定費との区分を説く根拠は，その区分が，価格決定目的上，価格最低限の決定に有用であるということ，しかも製品原価は，直接費より成ることから，これを補償しうる価格以上であれば，製品を販売しないよりも販売することを有利として選択しうる可能性が存在することを示すことであった[156]。こうして固定費を排除し，弾力的な価格決定が可能となる[157]。原価計算より固定費を除くこのような原価計算思考は，やがて変動原価計算への道に連なるが，この提案は，そこにまで問題を展開するには到らなかった。

　「STFの1934年基礎プラーン」が予定した原価計算は，総原価計算であった。そのためいわゆる販売費及び管理費についても直接費と間接費に区分し，間接費部分については，製造間接費の配賦に準じた手法をとるべきことを説いた。

　一般に販売費及び管理費などの流通費と管理費用は，生産過程の合理化・近代化による原価の低減とは逆に，大量生産の進展によって傾向的に増大する。今日，制度としての原価計算の場合，これらの流通費と管理費とは工場完成品を記録する製品勘定には加算せず，販売過程の売上原価に加算する。一般に原価計算を製造原価（工場原価）で完結させ，総原価計算を製品勘定で実施しないのは，20世紀における資本主義の下では，価格主導権を握る少数の巨大企業を除き，多数の企業が価格決定機能を喪失したからである。換言すれば，製品価格は市場価格に支配されるため，原価計算を実施してもそれがそのまま価格決定手段とはならなくなったからである。この段階で原価計算に対する社会的な要請は，生産過程の製造原価の算定と原価低減のための能率測定に向かった。原価計算が製造原価計算で完了するのは，経営管理を意識した原価管理・利益管理に役立つ計算目的を貫いたこと，更に流通費及び管理費用は，概して期間費用の性格が強く，製造間接費と同様に，間接

費として処理するからである。とはいえ企業によっては，設備の近代化・合理化と激烈な販売過当競争は，固定費を増大させ，それは，流通費及び管理費用にも注目させ，製品原価計算を総原価まで拡張して考えるのである[158]。

「STF の1934年基礎プラーン」は，そのいう正常原価としての標準原価の複式簿記機構への組入れの手続き（とりわけ原価差異を把握する時点の問題）を，必ずしも体系的に説明をすることはなかった。それでも SKF 社の製造勘定の事例をとり，「同社の製造勘定は，貸方側に標準原価即ち標準価格（standardspris）によって事前計算された直接材料の消費高及び事前計算された賃金並びに事前計算された正常配賦分を記載し，借方側に同一の標準価格により事後計算された直接材料の実際の消費高及び賃金並びに正常配賦分を記載する」[159]と述べ，アウトプット法を利用していること，したがってまた原価差異の把握は，パーシャルプランによることを指摘した。この基礎プラーンは，この方法を利用する理由として，計算手続きの簡便性をあげた[160]。ここで算定される原価差異は，今日，更にいわゆる差異分析を必要とするが，この基礎プラーンは，それについては立ち入ることはなかった。

5．STF の 1934年基礎プラーンにおける総原価計算と複式簿記機構との結合論

一般に原価計算とりわけ制度としての原価計算が，何時，どのような経済的な基盤（条件）の下で，どのようにして成立し，その後更にどのような発展過程を辿ってきたかという問題は，明確に即答しうるような性質の問題ではない。この問題については既に国内外の多数の優れた研究成果が堆積しているにも拘らず，それぞれの研究における問題意識も分析視角も研究方法も異なる。その結果，最も基本的な問題である原価計算の概念規定それ自体も相違し，それに応じて設定される原価計算の成立の指標もまた同一ではない。

制度としての原価計算が成立するその指標とその時期の画定を設定しようとする場合，このような制約条件が存在することを前提とした上で，ここでは通説に依拠する。それは，文献史的には19世紀第四半期頃より20世紀への

第 4 章　近代スウェーデンにおける原価計算の標準化運動（1920-1930年代）| 307

転換期（例えばイギリスの T. Battersby の1878年の著作（*The Perfect Double Entry and The Perfect Prime Cost and Profit Demonstrator (on the Department System) for Iron and Founders, Machinists, Engineers, Shipbuilders, Manufacturers*），E. Garcke/Fells の1887年の共著（*Factory Accounts*），アメリカの H. Metcalfe の1885年の著作（*The Cost of Manufactures and the Administration of Workshops Public and Private*），H. Church による1901年の一連の論文（"The Proper Distribution of Establishment Charges" Vol. I～IV, *The Engineering Magazine*）にその成立の指標とその時期を求める[161]。

　封建制の末期に発生したマニュファクチュア期には，例えば，イギリス金属工業（製鉄業者による金属工業の形成）は，製品価格の設定との関連で製品単位当たりの生産費を費目別に記録・集計するための体系的な原価計算実務を相当程度まで普及させた。18世紀末葉には，産業革命の進展に伴い，この種の原価計算実務は，工場制生産と不可避的に結合し，旧来の原価計算実務の精緻化と体系化を図りつつ，産業革命を経過した19世紀の工場生産に継承された[162]。

　制度としての原価計算の指標とその時期に関する19世紀第四半期説は，これらの原価計算実務の堆積をその前史として認識し，19世紀第四半期に，前史と自らを区分する少なくとも次の三つの指標をあげるのである。即ち第一は，減価償却費などの間接費を統括する勘定記録方法の考案と配賦基準による製品への配賦手続きの体系化，第二は，勘定組織の整備を媒介にした，企業全体としての損益計算機構（複式簿記機構）と原価記録との有機的な結合の確立，第三に，損益計算機構は，製造現場の各種の帳票制度とも結合し，生産過程における材料・労働用役などの消費を価値的に測定し，それを通じて原価計算と製造活動を統合的に管理する計数的な手段として利用するようになったことである[163]。

　これらの三つの指標は，今日の原価計算でも基本的には妥当する。原価計算は，今日，その基本的な主要な基本的な目的として，財務会計目的と経営

管理目的をもっているが，この原価計算が，実績値によるにせよ予定値によるにせよ，その構造や機能は，原則的には，企業資本の投下・回収・再投下の過程を追求する複式簿記機構（損益計算機構）との結合関係を媒介としている。その限りこれらの三つの指標についても特に注目するべき指標は，第二の指標である。「STFの1934年基礎プラーン」が論題とした総原価計算と複式簿記の結合論という問題の意義もまた，この点に求められるであろう。

　本章の前節でみたように，スウェーデンにおける原価計算の標準化運動の起点となったH.R. Schultzの1923年の私的な提案も最初の公的な提案である「SISの1928年提案」も，この問題を直接的に取り上げることはなかった。これに対して「SISの1929年提案」の作成に当たったSISの拡大委員会は，総原価計算と複式簿記機構との結合の必要性を直截に説いた。とはいえこの委員会は，如何にしてそれが結合しうるか，その具体的な手法に言及しなかった。「SISの1931年提案」（「暫定的基準」）は，この提案の主旨（総原価計算の統一的な用語の確立という主旨）に沿った原価概念として総原価概念の明確化を予定し，さしあたり「簿記上の中性費用」と「総原価計算上の付加原価」という概念を提示し，それらが複式簿記機構と結合しうる可能性が存在しうることを示唆した。同時にこの委員会は，「簿記上の中性費用」と「総原価計算上の付加原価」という概念以外にも様々な異なる原価概念が，複式簿記機構と結合しうる可能性も示唆した。とはいえこの提案もまた，「簿記上の中性費用」と「総原価計算上の付加原価」或いはその他の様々な原価概念が，如何にして複式簿記機構と結合しうるか，その具体的な手法について提唱することはできなかった。なお付言すれば，1920年代中葉のスウェーデンにおける原価計算論の教育・研究資料として利用されたO. Sillénの「講義要綱」（1925年）もまた，この問題は，イギリス及びアメリカの場合，少なくとも20世紀への転換期前にはほぼ達成していたこと，これに対してドイツの場合相当遅れて1920年以前にようやく一部の諸文献が，両者の結合の可能性を論ずるようになったこと，これに対してスウェーデンの場合この問題は，先駆者たるイギリス及びアメリカの場合はもとよりドイツの

第4章　近代スウェーデンにおける原価計算の標準化運動（1920-1930年代）

場合と比べても相当程度遅れてしまっていると説いていた。

STFの1934年基礎プランもまた，この問題については，「SISの1931年提案」（「暫定的基準」）と同様に，「簿記上の中性費用」と「総原価計算上の付加原価」を識別することを指摘したに過ぎず，この提案を作成した委員会もまた，「商業簿記と工場記録（fabriksbokföring）との間の関係を完全に記述することはしなかった」[164]。

原価計算と複式簿記機構との結合・制度としての原価計算の成立は，技術的な処理手続きの問題としてみれば，最も原理的には，複式簿記上，単に企業外部に関わる一般取引のみならず，企業内部における原価取引をも記録・計算する元帳諸勘定を設定し，原価計算に関する諸記録（明細記録）を補助記録として，この元帳諸勘定が統括することである。その個別的・具体的な形態は，必ずしも同一ではない。更に工場規模が相対的に比較的巨大であるか拡大し，各種の製造工程や作業内容などが複雑となり，とりわけ営業部（本社）と工場とが分離するようになる場合，工場元帳制（factory ledger system）が採択されるであろう。

原価計算と複式簿記機構との結合という問題は，1920年代より1930年代中葉にかけてスウェーデンで展開された原価計算の標準化運動の過程で，その運動の具体的な目標の一つとして持続して提唱されてきた。とはいえこの目標は，この過程で実際には実現しなかった。それは，「STFの1934年基礎プラーン」の制定に続く1930年代後半から開始し，1940年代前半に結実する「M-プラーネン」の制定まで俟たなければならなかった。「STFの1934年基礎プラーン」は，1936年に「総原価計算の統一的な諸原則」として公布された[165]。「M-プラーネン」は，この諸原則に従って実際原価を報告するように立案されていた[166]。「M-プラーネン」は，原価計算の財務諸表作成目的への考慮も重視し，懸案の複式簿記と原価計算との結合の具体的な方式を提示したのであった。とはいえこの時期には，スウェーデンの学界が1920年代より関心を寄せ，賛同さえしていた変動原価計算（直接原価計算）の動向[167]は，既にそれを複式簿記機構に組み込むことを求めるような水準にま

で展開しており,後に「M-プラーネン」は,そのもつ本来的な弾力的な特徴によって,この要求に応えたのである[168]。

〈注〉

1) ter Vehn, Albert, *Självkostnadsberäkningens standardisering, med hänsyn tagen till den kalkylerande Bokföringens hos Volvo, SKF, ASEA och L.M. Ericsson*, Handelshögskolan i Göteborg, Gumperts Förlag, 1936, s. 15.

2) *Ibid.*, s. 16. 因みにいえば,SISの1928年提案以来1931年の「暫定的基準」までそれに参画してきたSISの提案のための委員会の委員は,意見の対立或いは個人的な事情で交替した。そのような経過の中で引き続きSTFの1933年委員会の委員として参画したのは,Nils Fredriksson(スウェーデン技術協会会長及びスウェーデン教育委員),Erik Gillberg(スヴェンスカ・ハンデルス・バンケン所属の経済学者),Elon Jacobsson(SKF社の経理主任),Ragnar Liljeblad(ASEA社の技術主任)及びH. R. Schultz(ASEA社の経理主任)であった。

3) *Ibid.*, s. 52.

4) *Ibid.*, s. 60.

5) Gunnarsson, Elving, *Behandling av kostnadsbegrepp i ekonomutbildningen fram till 1940-talets mitt, Delrapport inom forskningprogrämnet*, Företagsekonomins utredning som stödts av Humanitisk-samhällsvetenskapliga Forskningrådet, Uppsala Universitet, Reprocentralen HSC, Uppsal, 1985, ss. 10-11;大野文子稿「近代スウェーデンにおける原価計算論研究の足跡:概観(1900年より1945年まで)」明治大学短期大学紀要 第65号 1999年3月,133-140頁。

6) ter Vehn, Albert, *op. cit.*

7) Clark, J. Maurice, *Studies in the Economics of Overhead Costs*, The University of Chicago Press, Chicago and London, 1923;大野,前掲稿,140-141頁。

8) 廣本敏郎著「米国管理会計発達史」森山書店 1993年,150-160頁;櫻井通晴著「経営のための原価計算」中央経済社 1996年,10頁;坂本藤良著「近代経営と原価理論」有斐閣 1957年,第3編産業合理化と原価概念・第4章正常原価・標準原価概念―遊休設備の一般化と原価概念。

9) ter Vehn, Albert, "Bilag A., *Tabellarisk överskit över dispositionen och viktigare delar av innehållet i de olika förslagen till enhetlig terminologi*, framlagda av Svenska Industriens Standardiseringskomommissions Självkostnadskommitté., SIS förslaget av år 1931 (prov. standard.)", *op. cit.*

10) *Ibid*.

11) *Ibid*.

12) 一般に原価計算の諸目的の中でも最も古くより存在してきた目的は,価格設定目的であった。製品を販売する場合,一定のマージンを含む製品の価格設定,或いは市場で

第4章　近代スウェーデンにおける原価計算の標準化運動（1920-1930年代）

成立している製品との関係で自社の製品の価格の有利性を判断する基準として，製品単位当たりの製造原価の算定は，不可欠であった。例えば，既に18世紀前半（マニュファクチュア期）のイギリス金属工業は，価格設定目的で原価記録の組織的な集計手続きを導きだしていた。その点で原価計算目的としての価格設定目的は，原価計算の起源に関わっていた。現在では，原価計算の価格設定目的の重要性は幾分薄れているようにみえるが，政府・公共団体の物品調達の価格決定や公共料金の決定などの場合にみられるように，生産物単位当たりの製造原価の算定は，価格設定目的による。原価計算上の価格設定目的は，制度としての原価計算や原価管理のための原価計算の場合とは相違し，固有な計算手続きを開発・展開しているわけではない。製品の価格設定方式は，いわゆる原価補償方式（cost plus pricing）や増分利益価格設定方式（incremental profit principle）がある。前者は，制度としての原価計算によって算定された全部原価としての実際製造原価を基礎資料に利用する。後者は，価格の需要弾力性にもよるが，価格変動に随伴する正味増分利益の変化を判定するために，価格変動による販売量のそれぞれについて，差額原価（増分原価または減分原価）の予測を必要とする。そこでの差額原価は，経営管理目的に沿った原価計算によって提供される（津曲直躬・宮本匡章編著「原価計算の基礎知識」会計学基礎講座5　中央経済社　1982年，6‐7頁）。

　原価計算は，本来，基本的には，製造原価（工場原価）の算定という生産物の単位原価の算定即ち対象計算である。これに対して複式簿記は，期間的な債権・債務の決済や期間損益の正確な確定という期間計算である。原価計算は，20世紀初頭まで損益計算機構たる複式簿記と有機的に結合して計算・記録されていたわけではない。例えば，アメリカの場合，原価計算は，独占資本主義の形成期に，産業技術者たる能率技師の手によって発達してきたので，当初，損益計算とは関係なく，工場の一隅で独立して実施されてきた。換言すれば，原価計算は，生産物の単位原価の算定を目的としており，損益計算機構としての複式簿記とは本来的に結合する必要性がないと考えられてきた。とはいえ企業合同による独占化の進展を背景として，職業会計士は，合併企業の正確な財産評価或いは売上原価・棚卸資産価額の正確な算定という役割を賦与し，会計帳簿に原価計算を組入れすることを要請した。加えて合併後の新企業が資本調達をする場合，金融機関なども，原価計算が損益計算機構に組入れされた計算書類の提出を求めるようになった。制度としての原価計算の定着化は，このような要請に基づくものであった（敷田禮二編「新しい原価計算論」中央経済社　1992年，30頁）。

　資本・企業が，損益計算機構としての複式簿記機構とその外で発展してきた原価計算とを結合することを必要とするようになった。「この当時より，製造原価（工場原価）に一般管理費・販売費を加算した総原価に独占利潤をプラスして独占価格が形成されるようになった。その際，原価計算と損益計算とが勘定的に結合されていれば，常時かつ精密・迅速に製品種類別の総原価の算出が可能であった。まさにその故にこそ独占資本主義の初期にこの結合が始まった」（同上書，31頁）。ここに原価計算は，その計算目的としての価格設定のために，製造原価（工場原価）の算定より総原価の

算定をも含むようになり,「総原価(total costs)もって製品原価とする」(宮本寛爾著「原価計算の基礎」現代会計学の基礎・4 税務経理協会 1996年, 10頁)に到った。

　原価計算は, 価格計算目的より開始した。この原価計算に経営管理・統制という役割が附与されるのは, もう少し後の時期からであった。経済が自由経済より市場に対する圧力・統制が強化されるのに伴って, 原価計算の価格計算目的の意義は減少し, 経営管理目的の意義が増大する。原価計算の価格計算目的に対する要請は依然として存在しつつ, 重点移動が行われるようになった(黒澤清著「原価会計論」千倉書房 1957年, 67頁)。

13) スウェーデンでは, 伝統的に「価格設定を目的とした総原価計算は,"この国の原価計算の特権階級"」(Gunnarsson, Elving, *op. cit*., s. 15.) と呼ばれてきた。総原価は, いわゆる全部原価を意味した。とはいえスウェーデンの幾つかの企業とりわけ SKF 社が, 1916年にフィラデルフィアの工場を買収(Samuelson, Lars A., *Models of Accounting Information System : The Swedish Case*, Studentlitteratur, Lund, 1999 s. 58.)したことを契機として, 既に当時イギリス及びアメリカの原価計算実務と接触していたことから, 価格設定目的に適合的とされていた総原価計算の枠組みの中で, 原価計算の原価管理目的(特に資本収益率問題)にも配慮するようになった。その過程で漸次に関心を惹起していった問題は, いわゆる全部原価計算対変動原価計算という問題であった。この問題は, 既に20世紀への転換期頃に, 幾つかの公的企業とりわけ鉄道業の価格設定問題との関連で激しい論争を呼んだ(*Ibid*., p. 53.)。とはいえ SKF 社のフィラデルフィアの工場の買収を契機として関心を惹起した全部原価計算対変動原価計算という問題は, さしあたり変動原価という概念との関連で全部原価という概念の検討・明確化を迫り, いわゆる伝統的な総原価の概念は, 背後に退いていった。だがまたこの時期には総原価計算の枠組みを前提とした原価計算の下での原価管理目的への配慮は, アメリカ流の標準原価計算の思考と手法の導入・普及にも繋がっていったのであった。

14) この間の事情については大野文子稿「近代スウェーデン会計学の形成―概観(1900年より1945年まで)―」(3) 明治大学短期大学紀要 第60号 1997年1月, 137-138頁で言及。

15) この間の事情については, 同上稿, 138頁を参照。

16) A. ter Vehn は, 後になり, ASEA 社対 SKF 社の対立は, 原価計算目的に対する真の対立ではなくて, 記帳方式の相違に起因するとして, これを図解によって立証しようとした(ter Vehn, Albert, *op. cit*., Bilag D-E.)。

17) *Ibid*., s. 14.

18) その論争の過程については, 大野, [1997年1月], 前掲稿, 25-130頁を参照。

19) ASEA 社によるこのような会計処理方式は, 例えば AB Svenska Tobaksmonopolet 社が, 煙草の製造過程の把握について既に1916年に有機的な貸借対照表の基礎的思考に沿った記帳原則を適用していたことにもみられる。その委細は, 大野文子稿「O. Sillén の貸借対照表評価諸原則論―その論理構造を中心として―」明治大学短期大

第4章　近代スウェーデンにおける原価計算の標準化運動（1920-1930年代）

学紀要　第63号　1998年3月，174-177頁を参照。
20) 大野，［1997年1月］，前掲稿，128-130頁。
21) ter Vehn, Albert, *op. cit*., s. 60.
22) *Ibid*.
23) 坂本藤良著，前掲書，138-139頁。
24) 吉田良三著「間接費の研究」大東書館 1940年，第一編 第一章及び第三編 間接費配賦計算論 第九章；久保田音二郎著「間接費会計論」巖松堂書店 1942年，第一編 総論及び第二編；同著「間接費計算論」森山書店 1953年，97-101頁。
25) 坂本藤良著，前掲書，82頁。制度としての原価計算の成立期とその指標の問題については，既に本章の第1節で極めて簡潔に触れた。ここでは上記の坂本藤良著「近代経営と原価管理」に依拠しつつ，製造間接費の認識とその配賦という問題とかかる問題を生起せしめた経済的な基盤をとりわけ念頭に入れて，制度としての原価計算の生成過程の概要を辿ってみよう。その理由は，本章の目的である近代スウェーデンにおける原価計算の標準化運動の過程で原価計算上の原価概念の規定にとって製造間接費の認識とその配賦という問題が，他の欧米諸国と同様に，主要な問題の一つとなっていたからである。

　時代は遡るが，工業原価記録それ自体は，封建制の崩壊期に複式簿記に先行するか或いはそれと並んで独自に生成しつつあった（同上書，82頁）。この時期に生成しつつあった工業原価記録は，資本制生産とりわけマニュファクチュアの段階（西ヨーロッパでは16世紀中葉より18世紀60-70年代）において，競争要因による原価の客観的な統制的把握のために，問屋制前貸制度の下で複式簿記と形式的に結合した（同上書，87頁）。とはいえそれは，問屋制前貸制度の下での結合として，実質的な生産過程を含むものではなくて，原価の発生・消費などの内部過程の記録は，依然として複式簿記機構の外部におかれていた（同上書，89頁）。原価記録を総勘定元帳で統括し，複式簿記の全体系に組み込み，生産過程を内部的に複式簿記によって把握する計算方式の主要目的即ちいわゆる原価簿記（costbookkeeping）の主要目的は，持分・価格計算と共に，競争要因による原価管理（責任の確定と無駄の排除）であった（同上書，91頁）。

　こうして18世紀までに生産過程の複式簿記的把握は成立したが，19世紀とりわけ産業革命後の機械制工業の成立による生産力の発展は，新たな原価問題即ち間接原価の飛躍的増大とその配賦問題を発生させた。

　いわゆるマニュファクチュア会計の場合，複式簿記と内部的に結合した生産工程の記録（原価記録）は，製品に直接的に跡付けしうる素価であった（同上書，99頁）。産業革命に伴う信用・株式会社制度の発展による固定資本の加速度的な増加は，企業家にいわゆる間接原価の存在を認識させた。とはいえさしあたり間接原価の概念もその処理方式（配賦方式）も未熟で，その計算は複式簿記機構（損益計算機構）の外でなされる備忘録であった（同上書，101頁）。この時期には，原価計算（costing）は，依然として素価計算（prime costing）であり，売価は，素価に一定の比率或いは金額を加算して算定された（同上書，101頁）ここにマニュファクチュア段階で複

式簿記と結合した原価記録（素価簿記の形成）は、間接原価の認識と共に再び複式簿記と分離した（間接原価の配賦を含む原価計算は、全部原価計算 total costing である）。総じて産業革命以後1870年代までに固定資本の圧力の下で、過去には損失と見做されていた間接原価が認識され、製品原価として配賦され始めた（同上書，103頁）。とはいえこの時期の間接原価の配賦は、恒常的・制度的なものではなくて臨時的な措置であり、原価概念も純粋な素価より漸次に間接原価の一部を含むそれへと過度期の状況にあったのである（同上書，104頁）。

間接原価の認識とその製品への配賦問題を含む原価計算の制度としての成立期は、一般的な見解によれば、産業革命後とりわけ1870年代に求められる（例えば、Littleton, Analias Charles, *Accounting Evolution to 1900*, The American Institute Publishing Co., Inc., New York, 1933, W.A. ペイトン著/片野一郎訳「リトルトン会計発達史」同文館 1960年，437頁，片野註；Solomons, David, "The Historical Development of Costing", *Studies in Costing*, Sweet and Maxwell, London, 1952, p. 2）とはいえ間接原価を含む全部原価の工場記録と複式簿記機構（損益計算）との結合は、独占が一般的に成立した時代したがってまた1870年代から1900年前後にいたる期間とみることも可能であろう（坂本藤良著，前掲書，109頁）。例えば、既述の P. Garner の見解がそれである（Garner, S. Paul, *Evolution of Cost Accounting to 1925*, University of Alabama Press, Alabama, 1954, p. 181, ポール・ガーナー著/品田誠平・米田清貴・園田平三郎・敷田禮二共訳「原価計算の発展—1925年まで—」一粒社 1958年, 218頁）。何れの見解によるにせよ、少なくても原価計算の制度的成立の経済的基盤は、独占の形成或いはその一般的な成立であった。このような基盤の下で、制度として原価計算は、第一に、独占体相互の企業維持・利潤獲得のためのカルテル価格の計算、独占と独占に対して競合するアウトサイダーとしての大企業との闘争価格の決定と企業存立のために不可欠となり、したがってまた「企業を閉鎖するよりもなおかつ有利な最低限の価格」（坂本藤良著，前掲書，119頁）の決定のための変動原価（variable cost）の計算もこの時期に既に要求され始めていた。第二に、独占成立期の下でも回避しえない競争と恐慌の下で企業家が直面する価格切下げ競争の激化と遊休設備の負担増は、原価切下げの努力、したがってまた製品の標準化・労働時間の延長と強化を要請し、原価の正確な恒常的把握を必要とした。第三に、企業規模の巨大化は、期間的な損益と資産有高を不明確にし、損益計算の精密化それ自体の要求が、原価計算の制度化を要請した（同上書，119-121頁）。

26) 同上書，94頁。封建制の崩壊期に複式簿記に先行するか或いはそれと並んで独自に生成しつつあった原価記録が、16世紀のマニュファクチュア期に持分確定を伴う原価管理的要求により、生産工程的・内部的に複式簿記と結合（複式簿記と原価記録の実質的結合）（同上書，91頁）して以来、資本利子は、どのように処理されてきたか。さしあたり、坂本藤良著「近代経営と原価理論」（有斐閣 1957年）を手掛かりに概観しよう。

資本利子とりわけ支払利子は、この時期まで「利潤の前払い」（間接的原価）ではなく概していわゆる損失として処理されてきたが、この時期より原価算入されるよ

第4章　近代スウェーデンにおける原価計算の標準化運動（1920-1930年代）| 315

うになった。とはいえそのことは，必ずしも支払利子が間接原価として把握されたことを意味せず，従来，損失として処理されてきた支払利子をそのまま直接原価として算入したに過ぎない（同上書，95頁）。資本利子とりわけ支払利子が間接原価として認識され製品に配賦されなかったのは，順調な資本主義の発展・残酷な労働時間の延長の下で資本家にとっては，固定資本に基づく間接原価は未だ重圧として感知されず，間接原価の配賦による原価切下げ要求がさほど切実ではなかったことによる。換言すれば，資本利子・減価償却費など，間接原価の配賦問題を生起したのは，固定資本の存在を前提とする近代的恐慌の結果，固定資本の存在それ自体が企業にとって桎梏となる時期まで俟たなければならなかった（同上書，96頁）。資本利子とりわけ支払利子の重要性が高まったのは，産業革命以後機械化の進展に伴う固定資本の増大・そのための資本調達機構としての信用・株式会社制度の一般化であった。これを基礎に，資本利子問題は，単に支払利子問題としてのみならず広く投下資本利子問題として登場した。即ち固定資本の増加による巨額な資本の長期固定化は，資本家にとり，他者への貸付と同一な性質をもつものとして認識され，経営計算上，投下資本に対する仮想的な利子を計算要素として考慮するようになった。しかも株式制度の発展に伴う多数の無機能化株主層の創出は，資本の調達源泉とは無関係に，企業とりわけその機械・設備などに投下された資本に対する計算利子をも原価算入するという思考を形成していった（同上書，96-97頁）。

　久保田音二郎著「間接費会計論」（巌松堂書店 1942年，79-84頁）は，既にこのような資本利子原価算入是非論の台頭の経緯を資本利子算入是非論を惹起した「客観的経済社会情勢」の問題として提起され，第一に，資本利子の形相の変化（利潤の利子化の傾向と株式擬制資本価格の成立），第二に，資本固定化または生産期間の長期化に伴う利子費の増大（固定設備の増大に随伴する名目資本の固定化による利子或いは利子損失の固定的・恒常的な犠牲の発生と資本回転の鈍化による利子額の増大），第三に，営利企業がその目的実現のために中間過程として導入した，最終目的と相反する経営指導原理の導入，第四に，統一原価計算制度の運動の台頭を指摘していた。

27）　坂本藤良著，前掲書，95頁。
28）　同上書，96頁。
29）　同上書，96-97頁。
30）　同上書，139頁；久保田音二郎著，[1942年]，前掲書，165-170頁。
31）　坂本藤良著，前掲書，137頁。
32）　同上書，169頁；吉田良三著，前掲書，147頁。
33）　坂本藤良著，前掲書，177-183頁；吉田良三著，前掲書，87頁。
34）　坂本藤良著，前掲書，185-187頁。
35）　黒澤清著，前掲書，39頁。
36）　久保田音二郎著，[1942年]，前掲書，104-147頁；根箭重雄著「会計理論の展開」有斐閣 1956年，146-153頁；同著「保守主義会計の発現形態」ミネルヴァ書房 1961年，補論 利子会計論の再吟味（233-276頁）を特に参照。
37）　黒澤清著，前掲書，73頁。

38) 吉田良三著, 前掲書, 87-88頁。
39) 坂本藤良著, 前掲書, 188-189頁。
40) 森田哲爾・岡本清・中村忠監修「会計学大辞典」(第4版) 中央経済社 1997年, 319頁。
41) 坂本藤良著, 前掲書, 190頁。
42) 同上書, 192頁。
43) 同上書, 190頁。
44) 同上書, 197頁。
45) 同上書, 197-198頁。
46) ter Vehn, Albert, *op. cit*., s. 60.
47) Roots, Ilmar, "Varför ska kostnad vara en periodiserad utgift? Redovisningens-grundbegrepp i historiskt perspektiv", *Balans*, FAR Årgång 23, 1997 : 6-7, ss. 43-44.
48) Samuelson, Lars A., *op. cit*., s. 54.
49) ter Vehn, Albert, *op. cit*., s. 60.
50) *Ibid*., s. 7. 既述のように資本利子原価算入論の是非論は, SISの1928年拡大委員会が, 決着のつかない問題としてSISの1929年提案より討議の対象より除外し, SISの1931年提案でも同様の取扱いをしたのであった。
51) *Ibid*., s. 7.
52) *Ibid*., s. 60.
53) *Ibid*., s. 61.
54) *Ibid*.
55) *Ibid*.
56) *Ibid*.
57) *Ibid*.
58) *Ibid*.
59) *Ibid*.
60) *Ibid*., s. 60.
61) *Ibid*., s. 61.
62) *Ibid*.
63) *Ibid*.
64) *Ibid*., ss. 60-61.
65) *Ibid*., s. 60.
66) *Ibid*., s. 61.
67) *Ibid*., ss. 60-61.
68) *Ibid*., s. 60.
69) Gunnarsson, Elving, *op. cit*., s. 16 ; 大野, [1999 1年3月], 前掲稿, 171頁。
70) ter Vehn, Albert, *op. cit*., s. 62.
71) *Ibid*., 大野文子稿「O. Sillénの貸借対照表評価諸原則論―その論理構造を中心とし

第4章　近代スウェーデンにおける原価計算の標準化運動（1920-1930年代）｜317

　て一」明治大学短期大学紀要　第63号　1998年3月，176-177頁（ASEA社の事例）。
72)　ter Vehn, Albert, *op. cit*., ss. 5-6 ; Liljeblad, Ragner, *Kostnadsberäkning och kostnadsredovisming inom mekanisk verkstadindustri med särskild hänsyn till penningsvariationer*, Sveriges Mekanförbund, Stockholm, 1952, ss. 18-20.
73)　ter Vehn, Albert, *op. cit*., s. 9 ; Engwall, Lars (red.), *Föregångare inom företagsekonomin*, SNS Förlag, Stockholm, 1995, s. 112 följ.
74)　ter Vehn は，ASEA 社（及び M.R. Ericssond 社も含む）対 SKF 社（及び Volvo 社も含む）の原価会計に関する対立の争点を，「1930年の AWF-プラーネン」（AWF-planen av år 1930）を援用（ter Vehn, Albert, *op. cit*., s. 18.）しつつ両陣営の原価計算実務を分析することを通じて，両陣営の対立が，原理的・基本的な対立ではないことを明らかにした。その委細は，ter Vehn, Albert, *op. cit*., ss. 18-50 [II a. Standardiseringsfrågan och den kalkylerande bokföringen hos AB Volvo, II b. Standardiseringsfrågan och den kalkylerande bokföringen hos AB Svenska Kullagerfabriken (SKF.), III. Standardiseringsfrågan och den kalkylerande bokföringen hos Allmänna Svenska Elektriska Aktiebolaget (ASEA), IV. Standardiseringsfrågan och den kalkylerande bokföringen hos Telefon AB L.M. Ericsson].
75)　大野，[1998年3月]，前掲稿，164-175頁；Sillén, Oskar, *Nyare balansvärderingsprinciper*, 3. uppl., 1933, 10. uppl., 1970, P.A. Norstedt & Söners Förlag, Stockholm.
76)　ter Vehn, Albert, *op. cit*., [II a. Standardiseringsfrågan och den kalkylerande bokföringen hos AB Volov, II b. Standardiseringsfrågan och den kalkylerande bokföringen hos AB Svenska Kullagerfabriken (SKF)].
77)　Engwall, Lars (red.), [1995], *op. cit*., ss. 111-118.
78)　ter Vehn, Albert, *op. cit*., ss. 18-50 [II a. Standardiseringsfrågan och den kalkylerande bokföringen hos AB Volov, II b. Standardiseringsfrågan och den kalkylerande bokföringen hos AB Svenska Kullagerfabriken (SKF), III. Standardiseringsfrågan och den kalkylerande bokföringen hos Allmänna Svenska Elektriska Aktiebolaget (ASEA), IV. Standardiseringsfrågan och den kalkylerande bokföringen hos Telefon AB L.M. Ericsson].
79)　*Ibid*., s. 62. ; Skare, Leif H./Västhagen, Nils/Johansson, Sven-Erik, *Industreiell kostnadsberäkning och redovisning*, P.A. Norstedt & Söners Förlag, Stockholm, 7. uppl., 1969 , s. 62.
80)　ter Vehn, Albert, *op. cit*., s. 63.
81)　*Ibid*.; Skare, Leif H./Västhagen, Nils/Johansson, Sven-Erik, *op. cit*., ss. 78-79.
82)　*Ibid*., s. 74.
83)　ter Vehn, Albert, *op. cit*., ss. 64-65.
84)　*Ibid*., s. 63.
85)　Skare, Leif H./Västhagen, Nils/Johansson, Sven-Erik, *op. cit*., s. 74.

86) *Ibid.*
87) *Ibid.*
88) *Ibid.*
89) ter Vehn, Albert, *op. cit.*, s. 63.; Skare, Leif H/Västhagen, Nils/Johansson, Sven-Erik, *op. cit.*, s. 75.
90) ter Vehn, Albert, *op. cit.*, s. 63.
91) Skare, Leif H./Västhagen, Nils/Johansson, Sven-Erik, *op. cit.*, s. 91.
92) ter Vehn, Albert, *op. cit.*, s. 63.
93) Skare, Leif H./Västhagen, Nils/Johansson, Sven-Erik, *op. cit.*, s. 77.
94) ter Vehn, Albert, *op. cit.*, s. 77.
95) Skare, Leif H./Västhagen, Nils/Johansson, Sven-Erik, *op. cit.*, s. 77.
96) *Ibid.*
97) ter Vehn, Albert, *op. cit.*, s. 63.
98) Skare, Leif H./Västhagen, Nils/Johansson, Sven-Erik, *op. cit.*, s. 78.
99) ter Vehn, Albert は，確かにこの時期のスウェーデンの原価計算の標準化運動における ASEA 社（及び L.M. Ericsson 社も含む）対 SKF 社（及び Volvo 社も含む）との抗争をドイツの「AWF-プラーネン」を念頭におきながらも，両陣営の勘定組織の関連を，10進法による勘定分類・勘定図形・記帳線を利用することによって，両陣営の対立が，原価計算実務の基本的な対立とはなっていないと主張した（ter Vehn, Albert, "Bilagor B-C: Kontoplanerna för den kalkylerande bokföringen hos Volvo och SKF", "Bilagor D-E: Kontoplanerna för den kalkylerande bokföringen hos ASEA och L.M. Ericsson", *op. cit.*).とはいえかれは，後の論者が指摘するように，原価概念を支出原価説をもって一貫して説明しようとした。そしてそれは，後輩の碩学 Nils Västhagen に多大な負の遺産を残した（Roots, Ilmar, *op. cit.*, ss. 48-49)。Nils Västhagen の企業経済学の一環としての会計・財務問題に関する基本的な思考と足跡については，Engwall, Lars (red.), *op. cit.*, ss. 273-288を参照。
100) Skare, Leif. H./Västhagen, Nils/Johansson, Sven-Erik, *op. cit.*, s. 81.
101) *Ibid.*, s. 82.
102) ter Vehn, Albert, *op. cit.*, s. 62.
103) *Ibid.*
104) *Ibid.*
105) *Ibid.*, s. 72；増谷裕久著「減価償却会計」中央経済社 1967年，第3章及び第4章。
106) 敷田禮二編著，前掲書，25頁。
107) Samuelson, Lars A., *op. cit.*, s. 55.
108) ter Vehn, Albert, "Bilag A., SIS-Förlaget av 1931 (Prov. standard), III", *op. cit.*
109) *Ibid.*, s. 62.
110) *Ibid.*
111) Skare, Leif H./Västhagen, Nils/Johansson, Sven-Erik, *op. cit.*, s. 121.

第4章 近代スウェーデンにおける原価計算の標準化運動（1920-1930年代） | 319

112) *Ibid.*
113) Liljeblad, Ragnar, *op. cit.*, s. 30.
114) Skare, Leif H./Västhagen, Nils/Johansson, Sven-Erik, *op. cit.*, s. 122.
115) ter Vehn, Albert, *op. cit.*, s. 62.
116) Skare, Leif H./Västhagen, Nils/Johansson, Sven-Erik, *op. cit.*, s. 120.
117) *Ibid.*
118) *Ibid.*; Liljeblad, Ragnar, *op. cit.*, s. 31.
119) ter Vehn, Albert, *op. cit.*, s. 62.; Skare, Leif H./Västhagen, Nils/Johansson, Sven-Erik, *op. cit.*, s. 120.
120) ter Vehn, Albert, *op. cit.*, s. 62.；敷田禮二編著，前掲書，25頁。
121) Liljeblad, Ragnar, *op. cit.*, ss. 32-33.
122) Skare, Leif H./Västhagen, Nils/Johansson, Sven-Erik, *op. cit.*, s. 123.
123) *Ibid.*, ss. 59-60.
124) *Ibid.*, s. 246.
125) ter Vehn, Albert, *op. cit.*, s. 69 och s. 71.
126) Skare, Leif H./Västhagen, Nils/Johansson, Sven-Erik, *op. cit.*, s. 254 följ.
127) ter Vehn, Albert, *op. cit.*, s. 68.
128) *Ibid.*, Bilag, A., SIS-förlaget av 1931 (prov. Standard III).
129) Skare, Leif H./Västhagen, Nils/Johansson, Sven-Erik, *op. cit.*, ss. 246-249.
130) ter Vehn, Albert, *op. cit.* s. 68.
131) Hansen, Palle (red.), *Handbok i redovisning*, Natur och Kultur, 1971, s. 599.
132) Skare, Leif H./Västhagen, Nils/Johansson, Sven-Erik, *op. cit.*, s. 51.
133) *Ibid.*, s. 51 och s. 232
134) ter Vehn, Albert, *op. cit.*, s. 68.
135) *Ibid.*
136) *Ibid.*
137) *Ibid.*
138) *Ibid.*
139) 本節の1．を参照。
140) ter Vehn, Albert, *op. cit.*, s. 7.
141) *Ibid.*, s. 65.
142) *Ibid.*
143) *Ibid.*, s. 69.
144) *Ibid.*; Engwall, Lars (red.), *Företagsekonomins rötter : Några bidrag till en företagsekonomisk doktrinhistoria*, Studentlitteratur, Lund, 1980, s. 37.; Engwall, Lars, (red.), [1995], *op. cit.*, ss. 139-166；大野，[1999年3月]，前掲稿など。
145) Samuelson, Lars A., *op. cit.*, s. 47.
146) Skare, Leif H./Västhagen, Nils/Johansson, Sven-Erik, *op. cit.*, ss. 30-31.
147) ter Vehn, Albert, *op. cit.*, s. 69.

148) 大即英夫・君塚芳郎・近藤禎夫・敷田禮二・中村美智夫・成田修身著「原価計算」有斐閣 1972年, 18頁；岡本清著「原価計算」(四訂版) 国元書房 1990年, 537頁；津曲直躬・宮本匡章編著, 前掲書, 27頁。

149) Samuelson, Lars A., *op. cit.*, p. 11. スウェーデンの場合私的企業における予算統制の問題は, 1920年代に国家予算の策定に関連して台頭したが, その問題が体系化するのは, 1960年代に入ってからであった (Samuelson, Lars A., *op. cit.*, p. 11; Frenckner, Trygve Paulsson, *Begrepp inom ekonomistyring: en översikt*, Studentlitteratur, Lund, 1983, s. 68. och ss. 84-85)。

150) 大即英夫・君塚芳郎・近藤禎夫・敷田禮二・中村美智夫・成田修身著, 前掲書, 300頁; Frenckner, Trygve Paulsson, "Ekonomisystem i Sverige-lite historia", Samuelson, Lars A. (red.), *Ekonomi*, P.A. Norstedt & Söners Förlag, Stockholm, 1978, s. 15.

151) Samuelson, Lars A., [1990], *op. cit.*, s. 65; Frenckner, Paulsson, *op. cit.*, s. 98.

152) Skare, Leif H./Västhagen, Nils/Johansson, Sven-Erik, *op. cit.*, ss. 255-257.

153) Frenckner, Trygve Paulsson, *op. cit*, ss. 44-46 och s. 92.

154) *Ibid.*, s. 13.

155) 大即英夫・君塚芳郎・近藤禎夫・敷田禮二・中村美智夫・成田修身著, 前掲書, 216頁。

156) Skare, Leif H./Västhagen, Nils/Johansson, Sven-Erik, *op. cit.*, ss. 51-52.

157) 小林健吾著「原価計算総論」創世社 1996年, 249頁。

158) 敷田禮二編著, 前掲書, 111-114頁。

159) ter Vehn, Albert, *op. cit.*, s. 71.

160) *Ibid*.

161) Garner, S. Paul, *op. cit.*, 前掲訳書。例えばイギリスの T. Battersby の1878年の著作, E. Garcke/Fells の1887の共著, アメリカの H. Metcalfe の1885年の著作, H. Church の1901年の一連の論文などが公刊されている。

162) この間の文献史的な経緯については, 特に早川豊著「工業会計発達史」(上・下巻) 森山書店 1974年を参照。

163) 津曲直躬・宮本匡章編著, 前掲書, 9頁。

164) ter Vehn, Albert, *op. cit*, s. 71.

165) Samuelson, Lars A., *op. cit.*, p. 63.

166) *Ibid.*, p. 11.

167) *Ibid*.

168) *Ibid.*, p. 84.「M-プラーネン」の弾力的な特徴については, 大野, [1997年1月], 前掲稿, 147-174頁を参照。なおこれに関わる諸文献は, この論文及び大野文子稿「近代スウェーデン会計学の形成―概観 (1900年より1945年まで) ―」(2)明治大学短期大学紀要 第59号 1996年3月に記載しているので省略。

第4章　近代スウェーデンにおける原価計算の標準化運動（1920-1930年代）

小　結

　近代スウェーデンにおける1920年代より1930年代中葉にかけて展開された原価計算の標準化運動は，この国が第一次世界大戦の勃発を契機とする戦中・戦後インフレーションに続く戦後恐慌とその後の長引く不況の後，多大な代償を支払って実現した1924年の金本位制への復帰を契機として，1929年恐慌の到来まで行われた徹底した産業合理化運動の一環であった。

　この時期の産業合理化運動の背後にあったのは，戦後の新しい政治的・経済的な国際秩序の下で，この国の輸出産業が国際的な価格圧力を中心とした激しい国際競争に晒され，既にこの時期には低落傾向を顕著にしていた農業部門さえも含めて，この国のあらゆる産業部門での1920年代半ばより増強・増幅される価格に対する国際的な圧力の下で，如何にして各産業部門の利潤率の低下傾向を阻むかという問題であった[1]。そこより1920年代中葉の産業合理化運動は，概して輸出品のコスト削減による輸出強化を主たる目標としていた[2]。1920年代の，短く，そして構造的な失業問題を内在していた「繁栄」は，このような産業合理化運動の上に成立していた[3]。

　既述のように1923年のH.R. Schultzの私的な提案に始まり，「SISの1931年提案」（「暫定的基準」）を経て「STFの1934年基礎プラーン」（公布は1936年）に到る原価計算の統一的な用語と処理手続きの確立という一連の動向は，原則的には，原価計算の目的として価格設定目的を措定し，そのための総原価計算の枠組みを維持した。とはいえこれらの動向は，原価計算の価格設定目的と総原価計算の枠組みを前提としながらも，原価計算の原価管理目的をも重視し，原価計算に価格変動及び操業度の変動が及ぼす影響を排除するということを最も中心的な問題として執拗にまで問いつづける形をとりつつ，少なくとも標準原価計算の思考とその処理方式の原理に実質的には踏み込んでいた。この国で標準原価計算の問題が，予算統制の問題にまで結びつくのは，少なくとも1930年代に入ってからであった[4]。同時にまたこの過程は，資本利子の原価算入の是非論や減価償却費の処理問題について討議を

重ねる中で，第一次世界大戦以後の新しい国際的な政治・経済・社会秩序の中でますます増大する固定費の圧迫を指摘し，CVP分析・直接原価計算などの問題への関心と研究を開始する糸口となった。もとよりこの一連の過程は，制度としての原価計算の問題を具体的に定式化することはできなかった。それは，「STFの1934年基礎プラーン」の公布（1936年）以後開始し，1940年代前半に提唱される「M-プラーネン」の形成まで俟たなければならなかった。

　伝統的な見解によれば，財務会計と管理会計とは，企業会計の二大領域であり，管理会計の二大基軸は，標準原価計算と予算統制である。近代スウェーデンにおける1920年代より1930年代中葉にかけての原価計算の標準化運動は，その点よりみれば，既に管理会計の台頭・形成への起点となった。現代的な見解によれば，管理会計は，一般に業績管理会計と意思決定会計の領域に大別される。この国のこの時期の原価計算の標準化運動は，少なくとも標準原価計算及びCVP分析・直接原価計算の思考を示唆していたという点では，業績管理会計上の主要問題に，稚拙ながら，踏み込みつつあったともいえる。

　この運動は，その限り，1920年代より30年代中葉にかけてこの国の経済・産業・企業の要請に従って提起されたきた様々な会計問題と相俟って，この時期の会計問題の全体像を展望する上で，重要な一つの柱となるように思われる。

　この運動が，1929年の大恐慌を契機としてスウェーデンが「計画・組織化された資本主義」・スウェーデン型混合経済体制の台頭・形成にとってどのような現実的な機能を果すかという問題は，これまで模索してきたこの時期の様々な会計問題を含めて，この著作の最終章で改めて総合的に考えてみたいと思う。一言だけいえば，スウェーデン型混合経済は，一方では技術・貿易立国として，原則として自由な国際市場と私的企業の経済活動の利潤動機を最大限に支援しながら，他方では個人としての人間の基本的な人権として富と所得の平等化を可及的に実現することを指向する。その手法は，社会資

第4章　近代スウェーデンにおける原価計算の標準化運動（1920-1930年代）

本の充実や社会保障の整備であり，その財源は，主として企業課税であり，企業課税の源泉は，企業利潤であろう。この点より本章で問題としてきた原価計算の標準化運動が，少なくとも利潤率の低下傾向を阻み国際競争力を強化することを目的として展開され，その過程でかかる私的企業の内部的な経営管理の領域に役立つ管理会計論の展開の契機を含んでいたということに注目して，本章を閉じたいと思う。

〈注〉
1) 大野文子稿「スウェーデンにおける近代会計学の形成―概観（1900年より1945年まで）―」(2)　明治大学短期大学紀要　第59号　1996年3月，132頁。
2) Montgomery, G. Arthur, *The Rise of Modern Industry in Sweden*, P.S. King & Son, Ltd., London, 1939, pp. 237-239.
3) この時期の産業合理化運動の委細は，大野，前掲稿を参照のこと。
4) Samuelson, Lars A., *Models of Accounting Information Systems : The Swedish Case*, Studentlitteratur, Lund, 1990, p. 11.

第5章

Svenska Tändsticksfabriks AB の拡張政策と粉飾決算
―― この国の近代会計開示制度の整備に向けて ――

序

　I. Kreuger（1888-1932年）が，スウェーデンの戦間期が開始する直前の1917年に国内マッチ産業を制覇することによって設立した Svenska Tändsticksfabriks AB（略称．STAB：英名．The Swedish Match，1917設立）は，直ちに国際市場への本格的な進出によってごく短期間に国際マッチ独占体として国際市場に一定の地位を確立し，やがて国際的な資本・金融市場を舞台に活躍し，1929年世界恐慌の波及によって崩壊した。

　この国のマッチ産業と STAB は，それ自体としては，当時も今も，この国の基幹産業でもそれを担う会社でもなかった。とはいえ STAB の崩壊が，この国内外の経済社会に与えた影響は，多大であった。それは，STAB が，その崩壊の兆しの見える1930年頃まで，国際的な資本・金融市場を舞台とする活発な取引活動に従事していたからであった。

　STAB の崩壊は，この国内外の経済社会に与えた影響の重大さの故に，時の政府の要請による国際的な調査団（監査）の対象となり，STAB の成立以来反復してきた同社の粉飾決算の発覚となった。

　STAB の崩壊の最も基本的な原因は，もとより1929年世界恐慌の余波で

あった。とはいえそのより直接的な原因は，I. Kreugerが，主として秘密裡に推進してきた無謀な拡張政策であった。I. Kreugerが崩壊の寸前まで拡張政策を貫徹するために必要とした武器は，同社の公表損益計算上，高い収益性と安定的な配当を維持することによって迅速・容易に資本調達（概して借入資本によるそれ）をすることであった。その限り，I. Kreugerを主導者とするSTABの急速な発展と劇的な崩壊は，かれが秘密裡に推進した拡張政策の所産であった。

　I. Kreugerの拡張政策は，かれの単なる個人的な性格（名声と威信への渇望）に依存するものとして評価する向きもないではないが，このことは，必ずしも当たらない。この国の経済の拡張は，国際的な諸条件が許容する限り，長期にわたって持続してきた。とりわけそれが，この国のより明確な経済政策目標として措定されるようになったのは，スウェーデン型混合経済の台頭・形成期（とりわけ1932年以後，社会民主労働党の長期政権の成立期）からであった。もとよりI. Kreugerの拡張政策は，正攻法でもなく，一定の経済・政治・社会哲学によって武装されたものでもなかった。とはいえそれは，20世紀初頭以来この国の経済的・政治的・社会的な風土を背景として台頭した。I. Kreugerの粉飾決算は極端であったが，公表損益計算上，高い収益性と安定的な配当を維持することによって迅速・容易に資本調達（概して借入資本によるそれ）をすることは，本書の第1章でみたように，この国の20世紀初頭以来明確に顕在化する一国全体としての経済の拡大基調に沿うものであった。この場合いわゆる粉飾・逆粉飾決算は，本書の第3章でみたように，会計理論でも会計実務でも，景気変動調整政策或いは配当平準化政策の名の下に，半ば公然と承認されていた[1]。

　本章は，さしあたりI. Kreugerの拡張政策が，1929年世界恐慌の余波がこの国にも波及するのに伴って行き詰まり，STABがその設立以来反復してきた粉飾決算の発覚となったその過程を明らかにすることを直接的な課題とする。

　これまで手掛けてきた研究によれば，この国の近代的な会計の発展上主要

第5章　Svenska Tändsticksfabriks ABの拡張政策と粉飾決算 | 327

な様々な問題が集中的に発顕し，必ずしも体系化された形ではないとしても，おぼろげながらその全体像を示すようになるのは，戦間期とりわけその後半の1930年代であった。

　本章の第1節は，I. Kreugerの拡張政策の内容を素描する。第2節は，この拡張政策の下でI. Kreugerの主導の下に事業活動を続けたSTABの公表損益計算上の利益と配当とが，STABの実態と如何に乖離していたかを明らかにする。最後にSTABの公表損益計算上の利益と配当の虚像と実態の乖離が，折りしも重なった世界恐慌によるSTABの崩壊によって粉飾経理問題の発覚となり，それが，この国の近代会計開示制度の整備に向けて与えた影響を指摘する。

　この国の戦間期とりわけその後半期の1930年代に提起された会計上の諸問題の検討は，現実的には第二次世界大戦の勃発に阻まれて，一時的に中断した。この国は，第二次世界大戦の終熄も間近な1944年頃より，戦後の経済・政治・社会の方向性を射程に入れて，これらの諸問題の検討に着手し1960年代中葉頃までその体系的な整序を図ってきた。それと同時に，この国は，戦後状況の下で台頭する会計上の新しい諸問題に関する萌芽的な研究にも着手した。I. Kreugerの拡張政策とかれ及びKreuger Groupによる粉飾決算は，概して先進欧米諸国と比較して遅滞していたこの国の近代的な会計開示制度の整備への重要な契機となった。それは，この国の戦間期とりわけ1930年代に台頭した幾つかの主要な会計諸問題の一環として，それらと直接的・間接的に，或いは明示的・暗示的に関係しながら，この時期のこの国の近代的な会計学の全体像の形成に繋がっていったのである。

〈注〉
1)　Sillén, Oskar, *Nyare balansvärderingsprinciper*, 3. uppl., 1933., 4. uppl. 1944 (omarb. och utök.), P.A. Norstedt & Söners Förlag, Stockholm；Sillén, Oskar-Västhagen, Nils, *Balansvärderingsprinciper med särskild hänsyn till resultatberäkning vid växlande priser och penningsvärde*, 10. uppl. (ombesörjd av Signurd Löfgren), P.A. Norstedt & Söners Förlag Stockholm, 1970；大野文子稿「O. Sillénの貸借対照表評

価諸原則論―その論理構造を中心として―」明治大学短期大学紀要 第63号 1998年3月。

第1節　I. Kreuger の拡張政策

1. STAB の輪郭

　スウェーデンの戦間期は、第1章でみたように、短期的には二つの世界恐慌に挟まれた経済・政治・社会の構造的な転換期であった。その前半の1920年代は、戦中・戦後インフレーションの終熄と殆ど同時的に到来した戦後恐慌と長引く不況（1920-1924年）の下で徹底した産業合理化を推進した時代、後半の1930年代は、1929年の世界恐慌の波及を契機として計画・組織化された経済・政治・社会の形成（スウェーデン型混合経済の形成）に向けてギアの転換を図った時代であった。この転換は、1920年代の目まぐるしい政権交替劇の後、保守系のC.G. Ekmanを党首とする自由党政権（1930-1932年）を経て、「国民の家」を標榜するP.A. Hanssonを党首とする社会民主労働党が長期政権の座を獲得して以来、直面する失業と貧困の問題の解決に向けた新しい経済・社会政策と社会的な価値観の変化によって媒介された[1]。

　この転換期は、長期的には第二次世界大戦の終熄（1945年）より1970年までの高度な経済成長とその社会的な分配をめぐる制度的な枠組みの原型を創出した極めて重要な時代であった[2]。即ち「幾つかの点で1945-1970年代の繁栄した1/4世紀の経済的な奇跡は、それに先立ってなされた1920年代及び1930年代の技術的・組織的な進歩なしには、恐らく考えられなかった筈である。資本主義の新しい型即ち資本と労働との間の新しい均衡、相対的に調和ある政府と拡張する私的企業との間の調和的な協調もまた、その起源を戦間期に遡ることができるのである」[3]といわれている。

　この変動期は、この国の産業史或いは企業史の側面に限定していえば、この国の幾つかの産業部門における近代的で合理的に組織化された巨大企業の形成とその多国籍化に導いた極めて重要な時期であった。この国は、後発資

第5章 Svenska Tändsticksfabriks AB の拡張政策と粉飾決算 | 329

本主義国[4)]とはいえ,この国の幾つかの産業部門と諸企業とは,早くも1880年代に外国での現地生産のために従属会社の設立に着手し[5)],第一次世界大戦の勃発までに漸次的な国際化を図り,「苦難の1920年代」[6)]と呼ばれた産業合理化の時代にその本格的な展開期を迎えた。例えば,L.M. Ericsson 社,Sandviken 社,AGA 社,ASEA 社,Svenska Kullager Fabrikien 社 (SKF 社),Alfa-Laval 社などは,その例である[7)]。

本章で問題とするこの国のマッチ産業とその代表的な企業である Svenska Tändsticksfabriks AB[8)]も,この種の産業と企業であった。

STAB は,I. Kreuger が,既に同社の設立よりおよそ1世紀前にこの国の各地でも研究・開発・実用化されつつあった安全マッチの生産・販売に従事する小規模会社11社を1913年に合併してカルマール・トラスト AB Förenade Tändsticksfabrik (略称. AB Förenade)[9)]を形成したことを序曲として[10)],1917年に自らの主導の下に AB Förenade とこの国のマッチ産業界の老舗 Tändsticks Aktiebolaget Jönköping & Vulcan (略称. Jönköping & Vulcan AB,1903年設立)[11)]を合併した会社であった。

I. Kreuger は,この国の Småland 地域においてマッチ製造業を営む中産階級たる Kreuger 家一族の出身であった。かれは,AB Förenade の形成に先立って,工学士としてニューヨークの建築会社で不動産売買に関する実務経験を積んだ。かれは,当時,かれと同様に進取の気性に富んだ一青年 P. Toll と共に,1908年にストックホルムで The Kreuger and Toll Construction Company を設立し,建築・不動産販売に従事した[12)]。この建築会社は,設立後間もなくストックホルムで最大級の会社となり,スカンディナヴィア諸国にまでその活動領域を拡大していった。同社は,I. Kreuger が STAB を設立した1917年に STAB の持株会社 Kreuger & Toll AB となった[13)]。

STAB は,それ自体としては当時でもこの国の基幹産業を担う企業でなかった。それにも拘らず STAB は,設立以来ごく短期間に,既に AB Förenade や Jönköping & Vulcan AB の時代より開始していた国際マッチ市場への進出を更に推進し,アメリカを拠点とするマッチ国際独占体として脚光

を浴びるようになった。それは，I. Kreuger の知名度を高めた。かれは，STAB におけるマッチの生産・販売活動を基点に，更に各種の鉱工業部門や金融部門にも進出した。STAB をも含むこれらの活動は，総体としていわゆる Kreuger Group の活動として，I. Kreuger の国際的な名声と評価に繋がった。

Kreuger Group は，主として次のような四つの会社より構成されていた[14]。

AB Kreuger & Toll (Stockholm)
Svenska Tändsticksfabriks AB (略称．STAB：英名．The Swedish Match) (Stockholm)
International Match Corporation (略称．IMCO) (New York)
Continental Investment AG (Vaduz)

Kreuger Group は，その各社の関係の委細は省略するが，産業と金融の両面にわたる広範な活動と絶大な支配力によって，一大「マッチ帝国」(The Match Empire)[15]を作りあげたのである（Kreuger Group における各社の関係の委細は，付録1を参照）。

いわゆる Kreuger Group の事業活動に関する歴史は，この国の「戦間期における多国籍企業の展望と苦難に関する広範な一事例研究」[16]として有意味であるが，Kreuger Group に関する本格的・包括的な研究は，この国でさえ1970年代の初めに開始したに過ぎない[17]。

それでもそれらの研究成果に依拠しつつ，Kreuger Group の生成・発展・崩壊の過程を展望するとき，その基底を一貫して流れていたのは，I. Kreuger の徹底した拡張主義であった。この拡張主義は，マッチ産業の労働集約的性格と当時の生活必需品としての不断の需要によって増幅する，この国をも含む国際的な価格競争の激化と過剰生産による市場破壊に対する防衛であった。この拡張主義は，現象形態としてはこの国内外の経済動向に応じて様々な相貌を呈しながら，最終的には Kreuger Group の崩壊の道に繋がり，粉飾経理の発覚となった。

第5章　Svenska Tändsticksfabriks AB の拡張政策と粉飾決算 | 331

　次項では，I. Kreuger が，この拡張主義を AB Förenade の形成より Kreuger Group の崩壊にいたる全過程を通じてどのように貫徹していったか，この過程を Kreuger 時代前史 (1838-1917年)，Kreuger 時代前期 (1917-1923年)，Kreuger 時代後期 (1923-1931年) に大別[18]して，概観する。

2．Kreuger Group の拡張過程
(1)　Kreuger 時代前史

　Kreuger 時代前史は，I. Kreuger が，1830年代[19]以来，この国のマッチ産業の台頭期にこの国の各地で乱立・簇生してきた小規模マッチ工場の中でも主要な数社を F. Löwenadler が1903年に統合し Jönköping & Vulcan AB を形成[20]したことに対抗して，Jönköping & Vulcan AB の支配権域外にある小規模マッチ工場を1913年に統合し AB. Förenade を形成し[21]，1917年にかれ自身が，自らの主導の下に当時既にこの業界における老舗となっていた Jönköping & Förenade AB と合併し[22]，STAB を設立するまでの期間である。STAB の設立は，I. Kreuger がこの国のマッチ産業を独占的に掌握したことを意味した。I. Kreuger は，この国のマッチ産業への新規参入者として AB Förenade を Svenska Emissions AB[23]の援助の下に形成して以来，さしあたり国内マッチ市場で一定の地位を確立することに標的を絞り，1916年には AB Förenade の株式をストックホルム証券取引所 (Stockholmsbörsen) に上場した[24]。

　およそ1904-1914年にかけてこの国の産業は，非常な拡張期[25]であった。とはいえ多数の会社は，なお依然として資本の払底に直面しており，しばしば危機に陥った。この国は，第1章でみたように，第一次世界大戦の勃発まで資本の純輸入国であり，鉱工業部門も金融部門も小規模・分散的で，各々の部門の集中化も両部門の癒着或いは支配関係も希薄であった。それでもこの国は，第一次世界大戦中より国外投資を開始し，戦後間もない1918年には資本の純輸出国に転じていた[26]。

ストックホルム証券市場が近代化路線に沿って組織されたのは，19世紀末葉より20世紀初頭，これに伴ってこの国の近代的な証券市場が形成されたのは，上記の産業の非常な拡張期頃であった[27]。より巨大な会社の資本は，本格的な商品となり，この商品の買手は，当の産業資本家よりもはるかに富裕な階層の人々であった。将来に対する楽観主義と投機熱とは，個人と法人を問わず，株式の購買に走らせ，そのための資金調達を銀行借入に求めた[28]。この国の証券市場における株式発行は，第一次世界大戦の勃発を契機とする経済の集中的で急速な発展によって1917-1918年に記録的な数字となり，ストックホルム証券取引所における株式の出来高は頂点に達して，1980年までそれを凌駕することはなかったといわれる[29]。例えば，ストックホルム証券取引所に上場されている株式は，1913年末に19億 skr，1917年に40億 skr となった[30]。株式投機は，大衆心理的な現象となり，この国の会社も，これを利用してこれまで類をみなかった程大規模な新株発行に向かい，新株発行に必要な銀行からの借入資本は，戦争直後に記録的な水準に達した。即ちそれは，1918年末にはこの国の各商業銀行による貸付の43%，金額にして18億 skr となった[31]。当時の貨幣価値水準を考慮すれば，この金額は，既に異常であった。I. Kreuger が「マッチ帝国」の基礎（1917年の STAB の設立）を築くことができたのは，このような状況下であった。

とはいえかれもまた，マッチ産業の生成・発展に伴う峻烈な価格競争によって形成される過剰生産という問題の解決を国外進出に求めた。この場合かれが推進する国外進出の特徴の一つは，販売網の拡大のため，国外に代理店を設置するのではなくて，秘密裡に現地企業の所有権を獲得・買収する形をとったことであった。この買収政策によって獲得した販路と生産能力とは，この業界の老舗の Jönköping & Vulcan AB の代理店に匹敵するまでになっていた。とはいえ AB Förenade は，その成立の経緯が示すように，この老舗の支配権外にある小規模工場の寄せ集めであった。I. Kreuger は，AB Förenade の形成と殆ど同時的に生産設備の近代化計画に着手した。同社の生産能力は，1913-1917年にかけて1.7倍となり，この国のマッチ生産の1/3

第 5 章　Svenska Tändsticksfabriks AB の拡張政策と粉飾決算 | 333

程度を掌握し[32]，Jönköping & Vulcan AB との生産能力の格差の解消に努めた。それでも両社の総体的な生産能力は，近似値的には 1：3 であった[33]。AB Förenade は，生産設備の近代化計画の場合でも，新規設備の導入によらず，小規模でも近代的な設備を装備した技術力の高い工場の買収という形をとった。この点で AB Förenade は，地味な技術的研究と経営の健全性を重視してきたこの業界の老舗の Jönköping & Vulcan AB の路線と対照的であった。しかも I. Kreuger は，AB Förenade を形成するに当たって Svenska Emissions AB に資金援助を求めていたが，この銀行が，諸般の事情で資金貸付に手間どっていると，かれは大胆にも，AB Förenade の形成前の1912年に，Jönköping & Vulcan AB に対して Kreuger 一族の経営する小規模マッチ会社「クロイゲル企業」(別名．the Kalmarfactories：1912年に株式会社に改組)[34]との合併をもちかけた[35]。Jönköping & Vulcan AB の経営陣（特に Hay 及び Löwenadler）は，さしあたりこれを拒否した。その理由は，かれらが，「クロイゲル企業」にもそれを支援する Svenska Emissions AB にも不信の念を懐いており，Jönköping & Vulcan AB の側で，合併の場合の財産・資本の評価基準或いは過大評価の可能性について正確な情報を入手するか，Svenksa Emissions AB が「公正な基準」でこの合併問題を推進するべく，合併に関する全ての材料を公示するまでは，この合併問題は時期尚早として用心したからであった[36]。

　AB. Förenade と Jönköping & Vulcan AB. の合併問題が，現実問題として浮上したとき，Svenska Emissions AB は，AB Förenade の形成の場合と同様に，重要な役割を演じた。I. Kreuger が，Jönköping & Vulcan AB に1912年に合併問題で交渉を開始して以来，Svenska Emissions AB の側でもマッチ会社の側でも非常な変化が生起していた。

　この国の諸銀行は，この国の戦時経済の一般的動向に呼応して，拡張への新たな関心を高め，傾向的に積極的に危険負担をすることによって産業と癒着或いは銀行による産業の支配とによって巨額な利益を手にする道を射程に入れるようになった。このような状況の下で Svenka Emissions AB は，

1915年に新しい管理体制に入り，1917年には Svenska Handelsbanken（別名．Stockholms Handelsbank，または Handelsbanken）及び Skandinaviska Kredit AB（別名．Skandinavbanken）と連携した[37]。

マッチ産業の老舗の Jönköping & Vulcan AB の経営陣も，I. Kreuger が主導してきたマッチ事業との合併問題を一度は拒否したとしても，今ではそれを受け入れる姿勢を示した。I. Kreuger が，AB Förenade を設立後，第一次世界大戦の終熄前に Jönköping & Vulcan AB と自己の主導の下に合併できたのは，直接的には Jönköping & Vulcan AB の経営陣が，戦後状況の不確実性を射程に入れたマッチ産業の将来性に対する悲観的な予測と現実問題として国内外における価格競争の激化への危惧感によるものであった[38]。

I. Kreuger が，1912年に Jönköping & Vulcan AB に合併を申し入れたとき，同社の経営陣が危惧したように，かれは，STAB を形成したとき，資産・資本を過大評価していた[39]。それは，1932年の崩壊への序奏曲であった。しかも「AB Förenade の株式の水増しがなくても，[1917年の合併における]両社の評価額は，両社の現実の価値に対応していなかった。Jönköping & Vulcan AB の評価は，AB Förenade のそれと比較すると，非常に低かった」[40]。ここでは両社の合併条件の委細は省略し，STAB のその後の拡張と崩壊の過程を概観するために最初に確認しておくべき次の点を指摘するに留める。(1) 新設会社 STAB の株式数45万株，1株の額面100skr，株式資本45百万 skr，(2) STAB の株式数45万株のうち，Jönköping & Vulcan AB からの継承は，普通株（A-株）4.5万株（STAB の株式数の10％），優先株（B-株：議決権は普通株の1/1000）は，Jönköping & Vulcan AB の株主の手中に残し，社債とみなして，従来通り，固定的な6％の配当を提供すること，(3) STAB の株式数45万株のうち，AB Förenade からの継承は，普通株36万株（STAB の株式数の80％），(4) 1株の額面100skr，発行価額200 skr とすること[41]。

I. Kreuger は，この国のマッチ業界の老舗の Jönköping & Vulcan AB とのこのような合併条件の下でさしあたりマッチ国内独占体 STAB を形成し

第5章　Svenska Tändsticksfabriks AB の拡張政策と粉飾決算 | 335

た。資産・資本の過大評価とB-株の利用とは，I. Kreuger のその後の拡張路線においても常套手段の一つであり，その他の手段と絡み合いながら，Kreuger Group を崩壊に導いていったのである。

(2) Kreuger 時代前期

Kreuger 時代前期は，I. Kreuger が，STAB の設立というマッチ産業の国内独占体の形成より IMCO というマッチ国際独占体の形成に向けて，自社の拠点を国外に構築することに専念し，1923年にアメリカに STAB の従属会社 International Match Corporation（略称．IMCO）とその系列会社 Continental Investment AG を形成し，マッチ産業国内独占体より国際独占体の形成へという拡張主義への野望を実現した時期であった[42]。

I. Kreuger は，STAB を設立すると，既に AB Förenade の時代より着手していたマッチの生産・販売活動の国際化に向けて1918-1920年にかけて積極的な拡張政策を展開した[43]。この拡張政策の動機は，何よりも先ず，戦後この国のマッチ産業が，戦後の新しい国際的な政治的・経済的・社会的諸条件の変化[44]の下で，輸出市場の回復・確保という深刻な問題に直面していたことであった。拡張政策は，さしあたり STAB と現実的或いは潜在的な競争企業の獲得に焦点を絞った。拡張政策は，標的とする諸国の市場が混沌としており，現実的或いは潜在的な競争企業を支配下におくことが困難な場合，関連の諸国の政府に接近していわゆるマッチ融資（match loans）を提供し，政府保証のマッチ専売権を獲得する形をとった[45]。競争企業の獲得であれマッチ専売権の獲得であれ，I. Kreuger と STAB がこのような行動に走ったのは，「世界的な規模での過剰生産能力とその結果としての市場崩壊」[46]への危惧感であった。拡張政策は，とりわけ1920年に集中した。拡張政策は，戦後恐慌とそれに続く不況期に行き詰まりをみせた。そのときかれは，1922年の STAB の重役会で，戦後状況の下で STAB の進路の選択肢は，STAB の生産削減か国際市場に支配的な地位を確立することしかないと述べ，その存亡を国際市場の制覇に賭けることを表明した[47]。

かれの拡張政策の手法は，価格競争，市場協定，会社の買収，マッチ融資

と引換えにマッチ専売権の取得など，多様であった[48]。これらの手法の中でもかれがさしあたり特に推進したのは，マッチ融資であった。とはいえ拡張の最も基本的で反復的な方式は，会社の買収であった。買収は，地域的により広範であり，大抵の場合マッチ融資による専売権の獲得に先行した。マッチ専売権の取得の重要性は，それが，STABにとっては同社が買収によって既に取得した会社に対する支配権をより一層確実にするという点にあった。その重要性は，それを承認した政府にとっては外国資本と外国企業の侵入を持続的に容認することを意味するとしても，自国の産業と企業が外国資本と外国企業との競争力の格差のために無力感に晒されるよりはましな状態であると思われたからであった[49]。

拡張政策は，単に北欧諸国のみならず，その他のヨーロッパ大陸（例えば，ベルギー，オーストリア，ハンガリー，ドイツ，オランダ，スイスなど）にも及んだ[50]。1918-1920年の拡張期には，一つの会社の獲得が次の拡張への出発点となった。その指標の一つは，STABのイギリスの子会社 J. John Masters & Company（略称．Masters：その前身は，Jönköping & Vulcan AB がイングランドに1917年に設立した工場であり，1919年にSTABのイギリス子会社となり，イギリスのマッチ消費高の40％を獲得）が，イギリスの Bryant & May Ltd. と1920年にカルテル協定を締結したことであった[51]。

会社の獲得（或いは株式の買占め）に関わる取引は，非常に複雑であった。この複雑性は，この取引が一部は I. Kreuger 自身の名で一部は STAB が設立後でさえも AB Förenade の名で遂行され，しかもその大半が，極度に秘密裡に遂行されたことに起因した[52]。I. Kreuger は，この時期の拡張政策（とりわけ会社の獲得）に必要な資金を，1919年の後半にシンジケートとしてのマッチ・コンソーシアム（Match Consortium）[53]を設立するまで，主として銀行借入によって賄った[54]。このコンソーシアムを支えたのは，ここでも当時のこの国における最大級の二つの銀行 Skandinavbanken 及び Svenska Handelsbanken であった。このマッチ・コンソーシアムは，それ自体として固有な事業活動（例えば，輸出されたスウェーデン製マッチが，

第5章　Svenska Tändsticksfabriks ABの拡張政策と粉飾決算 | 337

輸出先で生産されているマッチとの価格競争に晒されることを排除し販路を確保すること，関税障壁を回避するために現地生産を開始する拠点として現地工場を買収・取得することなど[55]を営んだが，その目標は，迅速に利益を手にすることであった[56]。

I. Kreugerは，このマッチ・コンソーシアムからの資金60百万skrで1920年夏に集中的に国外投資を遂行した。とはいえこの拡張政策は，折しも重なった1920年末の経済状況の悪化で，当初，期待したような成果をあげることができなかった。STABの売上高と価格とは，それと共に低落し，STABは，流動性の非常な悪化に陥った[57]。1922年のこの国の銀行制度の危機（資本・信用市場の危機）[58]は，STABの投資資金の非常な払底を招いた。この払底は，I. Kreugerの更なる拡張計画を早急に実現に移すことを阻んだ。STABに対する競争相手からの威嚇は，この国の戦後恐慌とそれに続く最悪の不況期（1920-1922年）に再び増大した。それは，この時期における金本位制への復帰の過程に随伴した幾つかの諸国における通貨価値の下落とヨーロッパ大陸におけるマッチ工場の再建と拡張の結果であった[59]。I. Kreugerは，以前のように会社を買収することによって競争相手の威嚇を緩和しうる余地を狭められた。かれは，STABが，実態としては重大な財務問題に直面しているにも拘らず，この国内外の経済社会に対しては，この不況期にも健全で活発な事業活動を営んでいるという印象を与えるのに懸命であった[60]。

表5-1は，1929年世界恐慌の波及によってKreuger Groupが崩壊した結果，当時の政府の要請に従ってPrice Waterhouse & Co.が，Kreuger Groupを調査した結果判明したKreuger Groupの虚像と実態の乖離を，収益性について示した表である。この表をグラフで示したのが図5-1である。ここでは，Price Waterhouse & Co.の監査内容の委細に立ち入ることは避け，表5-1及び図5-1によって，I. Kreugerの拡張政策が，取引活動の複雑性と秘密主義によって公表利益と実態としての利益の乖離を如何に増幅していき，その崩壊に繋がっていったか，それを確認するに留める。

表5-1 STABの公表損益計算と修正損益計算

(単位：百万 skr)

年　度	公表損益計算			修正損益計算	
	税引前純利益	持分	収益性(%)	税引前純利益	収益性(%)
1918-1922	40.2	120.7	6.7	20.8	3.4
1923	16.3	177.4	9.2	3.4	1.9
1924	19.1	236.0	8.2	3.5	1.5
1925	28.5	289.1	9.8	−2.4	—
1926	32.3	287.4	10.9	−0.6	—
1927	40.4	406.2	10.0	6.6	1.6
1928	49.0	518.9	9.4	27.6	5.3
1929	54.2	529.9	10.2	14.7	2.8
1930	57.6	539.5	10.7	11.7	2.2
	337.6 (合計)		9.4 (平均)	85.3 (合計)	2.6 (平均)

出典：Hildebrand, Karl-Gustaf, *Expansion Crisis Reconstructio 1917-1939. The Swedish Match Company 1917-1930*, Studies in Business Internationalisation, Liber Förlag, Stockholm, 1985, p. 414 によって作成。

cf. (1) 持分は，株式資本・準備金・剰余金の合計額である。
(2) 修正損益計算上の税引前純利益合計約85百万 skr−未払税金約34百万 skr
 ＝税引後純利益合計約51百万 skr となる。(Hildebrand, Karl-Gustaf, *op. cit.*, p. 402.)
(3) 1918-1922年の収益性(%)は，この期間の税引前純利益合計の平均値を求め，この平均値と持分との関係で表示している。

　I. Kreuger は，1920年代の戦後不況が一層深刻化するのに伴って，その拡張政策を持続することは現状のままでは不可能になる筈であり，かのマッチ・コンソーシアムから提供されたシンジケート・ローンの60百万 skr でさえ拡張計画（投資活動）に利用しうるのは2/3程度であり，残余の20百万 skr は，既に供与されている信用を維持するための費用として充当されることを知っていた[61]。かれは，この現実に直面して，利用可能な資本規模を拡大し，資産と負債との健全な均衡を回復するために，このシンジケートの財務諸表（非公開）における外国株式の簿価を不断に切り上げた[62]。それでも STAB が，この国内外の銀行に所有している負債総額は，この簿価の切下げ操作とは全く別に，不況期に非常に増大した[63]。かれは，拡張政策を持続しながら，STAB にとって既に重荷となっていた広範の銀行債務を

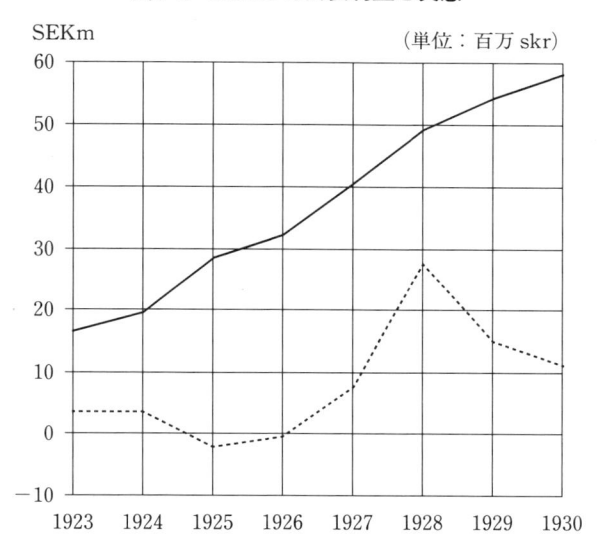

第 5 章 Svenska Tändsticksfabriks AB の拡張政策と粉飾決算 | 339

図5-1　STAB の公表利益と実態

出典：Karl-Gustaf Hildebrand, Karl-Gustaf, *op. cit.*, p. 192.

cf. 点線は Price Waterhouse & Co. の調査による利益を，実線は STAB の年次報告書による利益を示す。

縮小する道を模索した。

　I. Kreuger は，STAB が不況期に非常な難局に直面していても，長期的な目標即ち「安全マッチの世界的な規模での独占を実現すること」[64]を放棄することはなかった。かれは，この国の資本市場は狭隘過ぎて拡張計画に必要な資金を確実に手にすることはできないと考えた。かれは，国際的なマッチ産業の更なる征服に必要な資金調達のために，早くも1920年に外国の金融機関と交渉を開始し，アメリカ金融会社（The American Financing Company）の設立を企画した。それは，IMCO の設立による資本輸入に繋がる道であった[65]。I. Kreuger は，それに先立ってさしあたり直面している難局を乗り切るために1922年に STAB の増資計画を立てた[66]。この国の銀行業界は，かれに新株発行による資金利用の目的を問い，併せてマッチ・コンソーシアムの活動に関する STAB の責任を追及した。銀行は，アメリカ金

融会社の設立には積極的であった。銀行は，それによってかのシンジケート・ローンを幾分早めに現金で決済しうる可能性を手にすることができるという思惑があったからであった。I. Kreugerと銀行は，直面する問題の妥協点を見出すのに手間取り，1922年5月には交渉は決裂した[67]。I. Kreugerは，この増資計画に絡んでSTABの重役会にそれまで秘密裡に遂行してきたマッチ・コンソーシアムとSTABとの間の財政的な関係を報告することを余儀なくされた[68]。I. KreugerとSTABの重役会は，増資計画・新株発行によって調達する資金の用途・マッチ・コンソーシアムによる信用供与に対する持続的な責任問題などについて激しく対立したが，それでも一定の妥協点を見出した[69]。こうしてかれは，イギリス系アメリカの一金融グループ Higginson & Co. The Banking Firms of Higginson in London and Lee Higginson in the U.S.A. の援助で1922年にSTABの設立以来初めて新株発行を行った[70]。その規模は，STABの設立時の株式資本（45百万skr）と同額であり，株式資本は，倍増した[71]。もとよりこの新株発行の以前も以後も，公表損益計算上の損益は，逍遙株主としての投資家を満足させるのに十分な大きさであった。「STABの株主にとっては，1920年代初期の一般的な不況状態は，配当金が1921年及びそれ以後の幾年かの間，14%から12%に低下したことを意味したに過ぎず，経済不況の最も深刻な1921年でも，配当金は，宣言された利益の4/5に相当した」[72]。既述のように，一般にこの国の証券市場の取引所価格が頂点に達したのは，STABが設立された1917年であった。株価は，1918年に傾向的に下落し，1920年には壊滅的となった。その後株価の回復は，かなり遅れた。この国の諸会社の中でも最も健全であった会社でさえも，株価の低落による損失に苦しんだ。STABの株価は，200skrをはるかに超える地点より出発した。1918年末にはそれは，200skrに低落した。1920年後半にはそれは，更に低落した。1921年にはそれは，150skr以下に，1922年末には130-140skrとなった。1923年には株価は，年間を通じてそのままであった。1924年には株価は，改善の兆しを見せたが，安定せず，なお低迷した。このような低迷の後に株価は，上昇に転じた。1925年

第5章　Svenska Tändsticksfabriks AB の拡張政策と粉飾決算 | 341

末には株価は，200skr に上昇し，1926年には250skr を超えた。1927-1928年には株価は，過去最高の水準となり，350skr という目標値に達して，1928年秋には450skr 程度となった。とはいえこの高水準の株価は，短期的であった。1929年中に株価は，明白に低落して400skr となり，場合によっては300skr 以下となった。1930年には株価は，250skr 程度で安定した。1931年には株価は，市況全般の株価水準が悲観的となったことをうけて，200skr あたりを低迷した。この年の秋には株価は，劇的な低落を開始し，額面或いは額面以下の水準となり，1932年3月始めまでこの水準を維持した[73]。「記憶されるべきことは，STAB の株式は，実際には驚く程長期的に非常な高値をつけられていたということである。同時代の投資家たちは，株価の安定と新しい上昇に期待を寄せることが可能であった」[74]。

　I. Kreuger は，1922年の増資を皮切りに，本格的に国外進出を開始し，これに呼応して引き続き，1924年及び1927年に新株発行をした。その規模は，1924年には90百万 skr（1株の発行価額120skr の B-株），1927年にも90百万 skr（1株の発行価額230skr の B-株）であった。1927年には STAB の株式資本総額は，270百万 skr となった。STAB は，その設立以来10年間で資本規模を6倍に拡大した。それは，I. Kreuger 時代の頂点であった[75]。

　I. Kreuger が，1922年11月に最初の増資計画を現実に実行に移すことが可能であったのは，さしあたりイギリス系アメリカの一金融グループ Higginson & Co. The Banking Firms of Higginson in London and Lee Higginson in the U.S.A. との交渉に成功したことによった[76]。I. Kreuger は，過去に同社を援助した経験があった。この増資計画が浮上した頃，この国の内外における I. Kreuger と STAB に対する社会的・一般的な評価と信頼性は，自国の銀行業界を除いて，非常に高かった。STAB は，戦後恐慌と長引く不況期にも，表5-1及び図5-1が示すように，驚く程高い公表利益を計上し，国内外で「安定的な」地位を確立することに専念していた。I. Kreuger が1922年の増資計画を実現し，1923年に本格的に国際資本市場に参入できたのは，さしあたりこの「安定的な」地位という定評であった。I. Kreuger が関わり

をもった外国の銀行業界は，スウェーデンの銀行業界と異なり，I. Kreugerがかれらに提供した情報を十分に吟味することもなく，I. Kreugerが有利な条件で申しでた株式の発行に魅了された[77]。I. Kreugerが，1922年の増資計画に成功したより基本的な条件は，第1章でみたように，アメリカが，第一次世界大戦後，戦勝国の盟主となり，危険負担の可能な余剰資本を創出していたからであった[78]。I. Kreugerは，この資本を利用したのである。I. Kreugerは，このイギリス系アメリカの一金融グループの援助によって，最初の新株発行に踏み切った翌年の1923年に長期にわたって模索してきたマッチ国際独占体としての会社，即ちInternational Match Corporation（略称．IMCO）を設立した[79]。

I. Kreugerは，イギリス市場での新株発行に関する目論見書の中で，STABを健全で成功している会社であり将来の展望も明るいと宣伝し，新株発行の目的がマッチ産業における持続的な国際的投資に関わる資金調達であると述べた[80]。とはいえこの新株発行によって調達された資金は，銀行の国際的な取決めに従って，I. Kreuger及びSTABがこの国内外の信用機関から入手した多額の借款を減少させる目的でのみ利用され，かのマッチ・コンソーシアムの財政状態の改善に役立つことも，外国の固定資産への投資に関係することも殆どなかった[81]。

(3) Kreuger時代後期

Kreuger時代後期は，I. KreugerとSTABが，IMCOを拠点としながら，なお持続的で組織的な国際進出に向けて邁進し，I. KreugerとSTABの攻勢が，世界的な規模で展開した時期であった。STABは，表面的には収益性の高い企業としてこの国内外の注目を集めた。とはいえそれは，虚像であり，実態との乖離は，拡大しつつあった。STABは，生き残りを賭けて内延的・外延的に拡張路線をより激しく追求した。I. Kreugerの投資活動は，より投機的となり，その反響も，甚大であった。Kreuger Groupは，スウェーデンの「マッチ帝国」として，金融と産業をより広範に結合させた[82]。

I. Kreugerは，1920年代中葉には，「マッチ帝国」が，現実には危機的状

第5章 Svenska Tändsticksfabriks AB の拡張政策と粉飾決算 | 343

況にあり，引き続き専らマッチの製造と販売に集中すれば，この状態から脱出できないことを認識していた。Kreuger Group が崩壊すべきでないとすれば，巨額な利益を速やかに手にすることを必要としており，それには拡張しかなかった[83]。

Kreuger Group の諸活動は，1924-1926年頃まで，なお一部はマッチ融資による専売権の取得或いは賃貸権の獲得を指向していたが，それ以後概して自国における工的会社の株式の購入に集中した[84]。かれは，どんなに遅くとも1925年の始めには，自国の工的会社の株式に相当な投資をすることを決意していた。かれは，その時までにイギリス及びスイスにおける Kreuger Group の STAB の株式のために市場を組織することに成功していたからである[85]。こうしてかれは，1925年以後 STAB の崩壊まで，活発に国内投資活動に集中した。

マッチ融資と自国における工的会社の株式の購買のための資金調達は，一部は銀行からの借入によって，一部は外国で非常に沢山の株式を発行することによって賄った。Kreuger Group の二つの主軸企業即ち STAB 及び Kreuger & Toll の新株発行は，同一期間で総額1,100百万 skr 程度であった[86]。この数字は，当時，スウェーデンで発行されていた新株の82%程度を占めた。この投資の大部分は，外国の投資家によるものであった[87]。この国の証券市場は，I. Kreuger の発行した新株のごく一部を吸収したに過ぎない。

Kreuger Group がこの期間に如何なる会社の株式をどのようにして獲得したか，その委細は省略し，ここでは表5-2によって Kreuger Group がこの期間に株式を売買した会社とこれらの会社に Kreuger Group が占める持株比率を示すに留める[88]。

Kreuger 時代後期における公表利益とりわけ1924-1930年の期間のそれは，表5-1にみるように非常に高かった。配当金は1924年及び1925年には12%であったが，1926年から15%に上昇した。1927年以後準備金は上昇しなかったが，その時までに準備金は，200百万 skr になっていた。準備金は，当時，

表5-2 Kreuger Group によるスウェーデンの工的会社及び銀行の株式に対する投資

(単位：百万 skr)

会社名	購買								売却	Kreuger Group の持分
	1925	1926	1927	1928	1929	1930	1931-32	計	1925-32	
L.M. Ericsson	2.8	0.4	3.1	14.1	6.1	59.3	4.0	89.8	6.1[c]	72.5
Mexikanska Telefon AB Ericsson	—	0.1	0.5	—	—	4.9	—	5.5	—	d
Grängesberg	0.5	41.5	36.9	0.2	7.9	0.9	0.4	88.3	2.7	22.5
Pulp companies (the SCA group)	3.0	—	—	11.0	83.0	23.8	8.8	129.6	1.6	e
Boliden	—	—	.	—	57.9	2.9	18.6	79.4	—	99.0
Skandinaviska Banken[a]	1.7	6.1	5.5	0.9	0.1	—	—	14.3	0.7	11.5
Svenska Handelsbanken	.		2.9	6.0	0.1		0.1	9.1	.	5.5
Stockholms Intecknings Garanti AB[a]	0.1	.	0.1	0.8	0.1			1.1	0.7	11.0
Svenska Kullagerfabriken (SKF)	—	1.1	—	0.2	0.2	—	32.4	33.9	0.8	17.0
Stora Kopparberg	—	—	3.9	1.2	1.6	0.6	—	7.3	—	8.5
Separator	—	—	1.4	1.5				2.9	2.4	3.4
Östergötlands Enskilda Bank[ab]	0.5	0.3	1.0	.		0.2	0.1	2.1	.	17.0
Various banks shares	—	—	0.5	0.4	0.4	0.5	.	1.8	0.1	
Various industrial shares	—	.	0.5	0.5	0.1	—	1.8	4.0	0.5	
合計	8.6	50.6	56.3	36.8	157.5	93.1	66.2	469.1	15.6	

この表は、Glete, Jan, "The Kreuger Group and the Crisis on the Swedish Stockmarket" (*Scandinavian Journal of History* 1978: 3, p. 261) を参考に作成。

cf. [—] 印：購買・売却なし。
 [.] 印：5万 skr 以下の購買・売却。
 a．Kreuger Group は、既に1925年以前にこれらの銀行に相当な株式を所有していた。
 b．Norrköping Enshilda Banken も含む。これらの二つの銀行は1927年に合併した。
 c．L.M. Ericsson が1931年に ITT に売却した株式は、含まない。この売却は、I. Kreuger の死去まで行われなかったからである。
 d．この会社は、L.M. Ericsson によって統制されていた。
 e．Kreuger & Toll は、SCA を通じて製材・パルプ会社12社及び動力会社2社の株式を所有し、多数派株主となっていた。

第5章　Svenska Tändsticksfabriks ABの拡張政策と粉飾決算 | 345

STABの規模に対して相対的に小額であったが、準備金は、STABのこの時期の繁栄をまさに象徴していた。AB Förenadeの株式価額の引下げが、かねてより望まれていたように、実施されたからである。それには15百万skrの資金を要した。更にマッチ・コンソーシアムの時代から残っていた債務も弁済された[89]。STABは、1920年代末葉には、その設立当初と比べようもない程、非常に巨大な会社に成長していた。資産総額は、1923年より1930年には3倍程度増大した（237.5百万skrより690百万skrへ）。公表利益と資産は、Kreuger時代前期より後期にかけてSTABが相当な成功をおさめていたときには、少なくとも、その実態に呼応していた筈である。不況が過ぎ去り、それがもたらした財務問題は、1923年以後利用可能な資金の支援によって克服されていた[90]。

とはいえPrice Waterhouse & Co.の調査によれば、たとえSTABが、戦後恐慌と長引く不況期における財務問題をIMCO/Continentalの形成によって乗り切り、以後、これを拠点に産業と金融に跨がる広範な事業活動をその死去まで展開し、一定の成果をあげていたとしても、図5-1にみるように、STABは、1925-1926年には実態としては小額な損失を計上しており、1924-1927年の純資本に対する利益は、1.5%程度に過ぎなかった。実態としての利益が上昇に転じたのは次年度であり、純資本に対して5%を超えた。「〔たとえ実態としての利益が高い年度があっても〕その平均値は、依然として報告された利益よりも低く、このような状況の下で宣言された配当金は、極度に無謀なものであった」[91]。既述のSTABの形成の経緯が示すように、既にSTABの設立間もない1918-1919年でさえ、実態としての利益は、公表利益の1/2、1923年には1/4であった[92]。I. Kreugerは、1921年にSTABの当時の会長B. Hasselrotに宛てた書簡で時折協議した問題は、「宣言するのに相応しい利益水準の問題」[93]であった。STABの設立当初の頃には、公表利益の水準を引き上げることは、STABの威信の問題であったが、公表利益に対する戦時課税の効力が存続する限り、公表利益を極度な高水準に設定することはありえなかった。これに対して1921年の状況は、別であった。

STABの当時の監査役でI. Kreugerと良好な関係にあったN. Simonssonのメモ書きによれば,かれは,I. Kreugerと"Tändstickskonto (the Match Account)"に関して1921年末に意図的に行う大規模な記入について会話を交わしていた。それによれば,「年度決算が近づくと,この勘定で行われた大規模な記入は,一連の非常に多額な追加記入であった」[94]。これらの追加記入の大部分は,関連子会社の過剰在庫品や不良債権などであった[95]。

このようにI. Kreugerは,既にKreuger時代前史におけるAB Förenadeの形成以来,Kreuger時代後期まで首尾一貫して競争要因に触発されて顕在的・潜在的な国内外の諸企業の排除を目的とした拡張政策をとってきた。その拡張の手法は様々であった。例えば国内外におけるマッチ関連企業の株式の部分的な買占め・全部的な取得・取得の標的としたマッチ工場の所在する国家に対する融資と引換えにマッチ専売権の獲得或いは賃貸など[96]。かれは,その死去までにおよそ400事業(その事業は,鉱山業・製造業・通信業・建築業・銀行・輸出業など)を含む多国籍企業の頂点にいた[97]。およそこの拡張政策に必要な資本は,概して諸銀行からの借入に依存してきた。銀行からの借入資本によるマッチ会社の買収,それに随伴した資産・資本の過大評価,増資(1922年,1924年,1927年)による債務返済のための新たな借入など[98],こうした資本調達方式による拡大路線は,STABの財務構造の虚像と実態の乖離を不断に拡大していった[99]。その財務構造の虚像と実態の乖離は,かれの極度の秘密主義により明示されなかったか,或いは秘密主義を貫くことができない場合には会計上のいわゆる複記の論理によって帳尻を合わせ,糊塗されてきたのであった。こうしてかれの拡張政策は,Greuger Groupが崩壊するまで持続した。

この拡張政策を破綻させ「マッチ帝国」の崩壊を惹起した最大の根本的な原因は,この国にも若干の時間の遅れを伴って到来した1929年世界恐慌の余波であった。この経済危機の到来は,Kreuger時代前史からKreuger時代前期及び後期を通じてI. Kreugerが一貫して追求した大胆で危険に満ちた

第5章 Svenska Tändsticksfabriks AB の拡張政策と粉飾決算 | 347

拡張主義に潜んでいた諸矛盾を鋭く顕在化させたのであった[100]。

〈注〉
1) スウェーデンの戦間期の経済・政治・社会の動向については，大野文子稿「スウェーデンにおける近代会計学の形成―概観（1900年より1945年まで）―」(2) 明治大学短期大学紀要 第59号 1996年3月，119-163頁を参照。上記拙稿を執筆のために利用した諸文献は，本章では，文脈上，特別に必要としない限り，邦文・欧文書を問わず，全て記載省略。本章を執筆するに当たって新たに利用した文献のうち，ここでは特にJonung, Lars and Ohlsson, Rolf (eds.), *The Economic Development of Sweden since 1870*, An Elgar Reference Collection, Cheltenham, UK・Lyme, US, 1997 ; Magnusson, Lars, *An Economic History of Sweden*, Routledge Explorations in Economic History, Routledge, London and New York, 2000をあげておきたい。
2) ここにいうスウェーデン・モデルという言葉が含意するところは，必ずしも一義的ではないが，その基軸は，1938年締結の「サルトシェーバーデン協定」(Saltsjöbads-avtalet) 協定に象徴されている労使何れの側にとっても妥協的な協調路線とそのための連帯賃金政策であろう。この路線の底流は，この国が後発資本主義国として遅れた近代的な資本主義的工業化過程の道を踏みだして以来持続してきた経済の発展・拡大への指向と経済成長の結果に対する分配の在り方であろう。この問題に関する内外の諸文献も，（注1）と同様に，全て記載省略。
3) Hildebrand, Karl-Gustaf, *Expansion Crisis Reconstruction 1917-1939 : The Swedish Match Company, 1917-1939. Studies in Business Internationalisation*, Liber Förlag, Stockholm, 1985, pp. 53-54.
4) 後発資本主義国としてのスウェーデンの経済発展動向についても，上記の論文の76-119頁に記載している諸文献の他に，Jonung, Lars and Ohlsson, Rolf (eds.), *op. cit.*; Magnusson, Lars, *op. cit.* を参照。
5) Wikander, Ulla, *Kreuger's Match Monopolies 1925-1930 : Case Studies in Market Control through Public Monopolies*, Liber Förlag, Stockholm, 1979, p. 20.
6) Magnusson, Lars, *op. cit.*, pp. 160-167 ; Wikander, Ulla, *op. cit.*, p. 20.
7) Gustavson, Carl G., *The Small Giant : Sweden Enters the Industrial Era*, Ohio University Press, Athens, Ohio, London, 1986, p. ix ; Wikander, Ulla, *op. cit.*, p. 20.
8) Hildebrand, Karl-Gustaf, *op. cit.*, p. 43.
9) *Ibid.*, p. 37.
10) *Ibid.*, p. 72.
11) *Ibid.*, p. 31. スウェーデンにおけるマッチ産業の生成・発展とそれによる独占体の形成の全体像の把握には Cedershiöld., Gunnar och von Feilizen, Einar, *Den svenska Tändsticks Industriens Historien före de stora sammanslagningarna*, Natur och Kultur, Stockholm, 1945 及び Grotkopp, Wilhelm, *Den Svenska tändstickstrusten*,

Kooperative Förbundets Bokförlag, Stockholm, 1929 を参照。
12) Gustavson, Carl G., *op. cit.*, pp. 108-114 and 158.; Wikander, Ulla, *op. cit.*, p. 15; Nordstrom, Byron J. (ed.), *Dictionary of Scandinavian History*, Greenwood Press, Westport, Connecticut・London, England, 1986, p. 338.
13) Wikander, Ulla, *op. cit.*, p. 15.; Gustavson, Carl G., *op. cit.*, pp. 108-114 and p. 158; Magnusson, Lars, *op. cit.*, pp. 166-167.
14) Hildebrand, Karl-Gustaf, *op. cit.*, p. 421.
15) *Ibid.*
16) Wikander, Ulla, *op. cit.*, p. 15.
17) *Ibid.*; Glete, Jan, *The Kreuger Group and the Crisis on the Swedih and International Capital Markets*, Manuscript Part. I-IV, Scandinavian Journal of History, 1978 : 3, p. 257.
18) Hildebrand, Karl-Gustaf, *op. cit.*, p. 73.
19) *Ibid.*, p. 17.
20) *Ibid.*, p. 31.
21) *Ibid.*, p. 37.
22) *Ibid.*, p. 43.
23) Svenska Emissions AB は，1917年，この国における当時の最大級の銀行 Stockholms Handelsbanken 及び Skandinaviksa Kredit AB と合併した (*Ibid.*, pp. 36-38, 43, 59, 212, 430)。

Stockholms, Handelsbanken は，1871年に設立。後に Svenska Handelsbanken と改名。この銀行は，ストックホルム所在の商社に資金提供の目的で，Wallenberg 一族が1856年に設立した Stockholms Enskilda Bank (Scobbie, Irene, *Historical Dictionary of Sweden*, The Scarecrow Press, Inc. Metuchen, N.J., & London, 1995, pp. 223-225; Montgomery, G. Arthur, *The Rise of Modern Industry in Sweden*, P.S. King & Son, Ltd., London, 1939, p. 100 and p. 130; Magnusson, Lars, *op. cit.*, p. 170) の重役会より離脱・分派した人々が設立。この銀行は，この国における経済の低迷期の1880年代に急速に発展し，1883年には貸付水準は，Stockholms Enskilda Bank 及び Skandinaviska Kredit AB (1864年設立) と同一水準となった (Magnusson, Lars, *op. cit.*, p. 12; 大野, 前掲稿, 124-125頁)。Skandinaviska Kredit AB は，1864年に設立。1938年に Skandinavbanken と改名。この銀行は，イェーテボリーに設立 (Gustvson, Carl. G., *op. cit.*, pp. 140-141, 233)。1970年代に Wallenberg 一族の Stockholms Enskilda Bank と合併して Skandinaviska Enskilda Banken となる (Scott, Franklin D., *Sweden : The Nation's History*, University of Minnesota Press, Minneapolis, 1977, pp. 458- 459 : 大野, 前提稿, 90-91頁)。
24) Hassbring, Lars, *The International Development of the Swedish Match Company 1917-1924 : The Swedish Match Company 1917-1939, Studies in Business Internationalisation*, Liber Förlag, Stockholm, 1979, p. 260.

25) Glete, Jan, *op. cit.*, p. 252.
26) 大野，前掲稿，102-108頁。
27) Glete, Jan, *op. cit.*, p. 252.
28) *Ibid*.
29) Larsson, Mats and Lindgren, Håkan, "The Political Economy of Banking : Retail Banking and Corporate Finance in Sweden 1850-1939", Jonung, Lars and Ohlsson, Rolf (eds.), *op. cit.*, p. 657., Larsson, Mats, "State, Banks and Industry in Sweden, with Some Reference to the Scandinavian Countries", Harold, James/Lindgren, Håkan/Teichova, Alice (eds.), *The Role of Banks in the Interwar Economy*, Cambridge University Press, Cambridge and New York, 1991, pp. 37-48.
30) Glete, Jan, *op. cit.*, pp. 252-253.
31) *Ibid.*, p, 253.
32) Hildebrand, Karl-Gustaf, *op. cit.*, pp. 40-41.
33) Hassbring, Lars, *op. cit.*, p. 263.
34) Hildebrand, Karl-Gustaf, *op. cit.*, p. 37.
35) *Ibid*.
36) *Ibid.*, pp. 37-38.
37) *Ibid.*, p. 43.
38) *Ibid.*, p. 45.
39) *Ibid.*, pp. 45, 185.
40) *Ibid.*, p. 45.
41) *Ibid.*, pp. 43-44.
42) *Ibid.*, p. 166.
43) *Ibid.*, p. 74.
44) 第一次世界大戦後のアメリカ主導型の国際的・政治的・経済的な一般的な枠組みやその下でのスウェーデンの景気動向などの問題については，古川哲著「危機における資本主義の構造と産業循環」有斐閣 1972年；鶴田満彦著「独占資本主義分析論」有斐閣 1973年；入江節次郎・高橋哲雄編「講座 西洋経済史 IV 大恐慌前後」同文舘 1980年；長岡新吉・石坂昭雄編著「一般経済史」ミネルヴァ書房 1983年；Lundberg, Erik, *Business Cycles and Economic Policy* (Translated by J. Potter), George Allen & Unwin Ltd., London, 1957, エーリック・ルンドベルグ著/吉野俊彦訳「景気変動と経済政策―経済統制か金融政策か―」至誠堂 1964年を特に参照した。
45) Hildebrand, Karl-Gustaf, *op. cit.*, p. 166.
48) *Ibid*.
47) *Ibid*.
48) *Ibid.*, p. 173.
49) *Ibid.*, pp. 173-174.

50) *Ibid.*, p. 78.
51) *Ibid.*, p. 73.
52) *Ibid.*, p. 79.
53) *Ibid.*, p. 79, 189.
54) *Ibid.*, p. 79
55) *Ibid.*, pp. 168-169.
56) *Ibid.*, p. 79.
57) Hassbring, Lars, *op. cit.*, p. 270.
58) Hildebrand, Karl-Gustaf, *op. cit.*, p. 80.
59) Hassbring, Lars, *op. cit.*, pp. 270-271.
60) *Ibid.*, p. 271.
61) *Ibid.*, pp. 271-272.
62) *Ibid.*, p. 272.
63) *Ibid.*
64) *Ibid.*, p. 271
65) *Ibid.*, p. 272.
66) Hildebrand, Karl-Gustaf, *op. cit.*, p. 80.
67) *Ibid.*, p. 186.
68) Hassbring, Lars, *op. cit.*, p. 272.
69) *Ibid.*, p. 273.
70) *Ibid.*, p. 272.
71) Hildebrand, Karl-Gustaf, *op. cit.*, p. 191.
72) *Ibid.*, p. 185.
73) *Ibid.*, pp. 199-200.
74) *Ibid.*, p. 191 and 200.
75) *Ibid.*, p. 191.
76) Glete, Jan, *op. cit.*, p. 258., Hassbring, Lars, *op. cit.*, p. 272.
77) Hildebrand, Karl-Gustaf, *op. cit.*, p. 206.
78) Hassbring, Lars, *op. cit.*, p. 273.
79) *Ibid.*
80) *Ibid.*
81) *Ibid.*
82) Hildebrand, Karl-Gustaf, *op. cit.*, pp. 73-77.
83) Glete, Jan, *op. cit.*, p. 258.
84) *Ibid.*, p. 260.
85) *Ibid.*, pp. 260-261.
86) *Ibid.*, p. 260.
87) *Ibid.*
88) *Ibid.*, p. 261.（1927年頃より1932年までI. Kruegerが株式を購買した会社の持株比

率）
89) Hildebrand, Karl-Gustaf, *op. cit*., p. 191.
90) *Ibid*.
91) *Ibid*., pp. 191-192.
92) *Ibid*., p. 186.
93) *Ibid*.
94) *Ibid*.
95) *Ibid*.
96) Wikander, Ulla, *op. cit*., pp. 20-24.
97) Nordstrom, Byron J. (ed.), *op. cit*., p. 338.
98) Hildebrand, Karl-Gustaf, *op. cit*., p. 193.
99) *Ibid*., Part II. The Kreuger period, Chapter 2 (Finances : Shadow and substance), pp. 183-210.
100) Hildebrand, Karl-Gustaf, *op. cit*., p. 248.

第2節　粉飾経理の発覚

1．流動性の危機と公表損益の実態からの乖離

　STAB或いは「マッチ帝国」は，1929年の世界恐慌の勃発とそれに伴う世界的な不況が深刻化した1931-1932年に揺らぎ始め，STABは，I. Kruegerの死去1年前の1931年にその崩壊の前兆として流動性の危機に瀕していた[1]。

　同社の資金調達は，既述のように，設立以来複雑であったが，それでも傾向的にはB-株（議決権制限付株式：通常，普通株A-株の1/1000）の発行，この株式を担保とする銀行借入（または社債発行），それによる銀行借入の返還（または旧社債の償還）という経路を辿った。調達資金の用途は，主としてマッチ融資，それによるマッチ専売権の取得，専売権を取得した会社の株式の購買或いは支配権の掌握，更にはそれらを基礎とした会社の株式取得を更に推進することであった。

　STABの資金の流れは，流動性の危機に瀕した1931年には，概略，次のようであった。

表5-3　STAB 末期（1931）年の資金の流れ

（単位：百万 skr）

資金の調達	
B-株発行	132
控除：Kreuger & Toll による申込・未払分	−23
新規社債発行	60
控除：旧社債の償還	−24
新規銀行借入	220
合　計	365
資金の支払	
STAB によるマッチ融資と株式取得	172
（対ドイツ・ポーランド・ハンガリー）	
Kreuger & Toll への現金振替	170
IMCO/Continental への現金振替	15
合　計	357

出典：Hildebrand, Karl-Gustaf, *op. cit.*, p. 399.

　表5-3から明らかなように，1931年に STAB が流動性の逼迫に陥った最も直接的な主因は，かのマッチ融資と Kreuger Group において投機的な金融上の取引活動を担ってきた Kreuger & Toll 及び IMCO/Continental に関わるものであった。本章では論述の対象とはしないが，後にこの Kreuger Group の再建過程は，この種の活動を清算した上で，STAB を中心に進められるのである。とはいえ当面，STAB は，このような流動性の危機に瀕して Kreuger Group の崩壊間近な1931年にも新株発行と新規社債の発行を余儀なくされていたのであった[2]。

　STAB は，Kreuger 時代末期におけるのこのような資金の逼迫にも拘らず，「マッチ帝国」の威信を維持するために一定の公表利益の計上とそれに基づく配当を維持した。

　表5-1における1918-1930年の公表損益計算上の税引前純利益合計約337百万 skr と修正損益計算上の税引前純利益合計約85百万 skr との乖離の原因は，明示的な架空利益・暗示的な架空利益，内部利益，架空利益を基礎とした IMCO の配当金，Continental 及び Kreuger & Toll からの利子収益，損

失引当未計上額などであった。この約85百万skrより未払税金損失引当未計上額を控除した「修正税引後純利益」の合計は約51百万skrであった。ここより臨時的な未払負債約16百万skrと積立金取崩額約22百万skrの合計約38百万skrを控除した実態としての「正常な純利益」の概算は，約13百万skrに過ぎなかった[3]。

STABの1918-1930年における配当金総額は，約248百万skr，そのうちKreuger Group以外の株主（多分B-株所有者）に対するそれは，約209百万skrであった。この数字を実態としての純利益合計約51百万skrと比較するか，それとも「正常な純利益」約13百万skrと比較するかは別として，「この公表損益計算上の利益及び配当金と［実態としてのそれと］の間にある非常な不均衡により，同社は崩壊せざるをえなかった」[4]。

公表損益計算上の利益と実態としての「真実の利益」との乖離は，収益性の指標としての利回りの乖離にも現れていた。1918-1930年には，公表損益計算によれば，税引前公表純利益総額は，約337百万skr，これを平均持分との関係でみた平均利回りは9.4％であった。しかもこの数字は，問題とする全期間についてみれば，大差はなく，「資本の増加との安定的な関係で利回りを維持しようとする意図が感じられた」[5]といわれるように，利益平準化・配当安定化政策が作用していた。この政策は，第3章でもみたように，この国のこの時期の公表会計実務の一般的な風潮であった。修正損益計算によれば，これは2.6％に過ぎなかった。それは，I. Kreugerの威信という名目の下でのSTABの虚像と実態の乖離を浮き彫りにした。しかも実態としての収益性は，1925-1926年にはマイナスに転落したが，1928年以後，5.3％となった。この異常に高い収益性は，実態としての「真実の利益」の額の1/2以上が，この時期に短期所有の外国債（特にフランスのそれ）が，売却されたことに起因した[6]。更にIMCOの形成（1923年）より1930年までの期間で公表利益と実態としての「真実の利益」の乖離がマイナスとなった1925年についていえば，この年の税引前公表利益約29百万skr，架空利益の総額は約30百万skr，損失は約2.4百万skrであった[7]。架空利益項目は，ポーラ

ンドへの融資を基礎とした架空利子及び架空利益,休眠中の American Match Co. からの利子,マッチのボーナス付き販売,IMCO からの配当金に代わるプレミアム,資産勘定借方に認可料として計上されているアメリカでの販売,その他であった。総じていえば,1918-1930年という期間の税引前の実態としての「真実の利益」は,虚構としての公表利益の1/4程度を上回ったに過ぎず,宣言された配当の1/3程度であった[8]。

2. 世界恐慌の到来と Kreuger Group の崩壊

1929年のアメリカのウォール街を起点する世界恐慌は,幾分かの時間の遅れを伴って1931年にこの国にも到来した。それは,この国の様々な産業部門の企業の後退・閉鎖と失業の増大を伴いながら,1932年には最も深刻な局面に突入した。

この恐慌の引き金となったのは,Kreuger Group の崩壊であった[9]。

Kreuger Group の崩壊がこの恐慌の引き金となったのは,I. Kreuger が,1923年に IMCO/Continental を形成(資本輸入と B-株の導入)して以来,それを拠点に,国際資本市場への進出と国内証券市場の掌握をなし遂げ,I. Kreuger と Kreuger Group の産業と金融に対する経済的な支配力が強大となり,I. Kreuger の死去に伴う Kreuger Group の崩壊は,単に一会社の倒産・崩壊に留まることができなかったからである。

この間の事情は,こうであった。

既述のように,I. Kreuger は,戦中・戦後の幾年かの間に国際マッチ市場で確固たる地位を築いた。STAB が国際的に拡張する場合必要な資金提供をしたのは,さしあたりこの国における当時の最大級の二つの銀行即ち Skandinavbanken と Svenska Handelsbanken であった。I. Kreuger が事業家としての職歴を開始して以来短期間で非常な成功をおさめることが可能であった重要な条件の一つは,かれが,この二つの商業銀行と良好な関係を維持できたことであった。STAB は,この条件によって,戦中・戦後インフレーションの終熄と殆ど同時的に到来した戦後恐慌と長引く不況期にも,

第5章　Svenska Tändsticksfabriks AB の拡張政策と粉飾決算 | 355

不況に喘ぐ他企業をよそめに，高水準の公表利益の計上と配当を維持してきた。とはいえかれが，なお拡張路線を持続しようとすれば，戦後恐慌と長引く不況によって打撃を受けていたこの国の商業銀行からも証券市場からも資本を調達することはできなかった。救いの女神は，I. Kreuger 及び STAB の高水準の公表利益と配当の維持という外貌によって国際資本市場への本格的な参入即ちアメリカにおける IMCO/Continental Investment AG の形成に成功したことであった[10]。既述のように，I. Kreuger は，イギリス系アメリカ人の巨大な金融集団（Higginson & Co. The Banking of Higginson in London and Lee Higginson in the U.S.A.）との交渉を通じて，イギリス及びアメリカの資本市場でSTABへの巨額な資本投資・大規模な株式発行の糸口を開いた。かれは，この国内外の金融業者にこの情報を流した。この情報を十分に吟味せず，I. Kreuger の高収益・高配当の宣伝に魅了されたのは，外国の金融業者であった。STAB は，外国で大規模に株式を発行しうるこの国の最初の会社となった[11]。

　I. Kreuger は，1920年代中葉（1924-1925年）に国際マッチ市場への新規参入者による価格競争の激化という現実に直面して，従来のようにマッチの生産・販売のみに事業活動を集中する危険性に気づき，「マッチ帝国」の維持・存続のために，これまで開拓してきた国際的な金融網を利用して，持続的な拡張と巨額な利益を手にする道を模索した。それは，大規模な国際的な資本移転を基礎とした取引に集中することであった。それを可能にしたのは，次のような事情であった。第一に，戦後，アメリカ以外，戦勝国も敗戦国も，資本が払底していたが，アメリカの金融業界が，蓄積した巨額な資本の適切な投資対象の一つとして，I. Kreuger と Kreuger Group を選択したことであった。アメリカ金融業界の目には，I. Kreuger は，小国とはいえ安定的で高度に発展した近代工業国家における成功した事業家として映り，適切な投資対象と投資活動の協調者であると思われたのである。第二に，かれは，確立した市場網の中で2枚の切り札をもっていたことであった。その1枚は，資本の払底している諸国家に対するかのマッチ融資とマッチ専売権の取得を

基礎として，マッチ国際独占体によって確立された市場網を資本賃貸のために利用したことであった（例えば，Kreuger Group は，1920年代中葉以後，諸外国の中央政府に対する大規模な融資を行い，総額340百万ドルの18回の融資を15ヵ国に提供）。他の1枚は，外国の金融業界は，この国の幾つかの会社が資本投資に対する相当高い収益性を保証することを熟知していたが，かれらは，この国の証券市場に拠点がなかったことであった。これに対して I. Kreuger は，既にこの国の証券市場で確立していた地位特に Skandinavbanken を媒介としてこの国の諸銀行との良好な関係を通じて，STAB 及び Kreuger & Toll のために，この国の証券市場を統制することが可能であり，これによってこの国の証券市場での株式の購買は，Kreuger Group の活動の一部となっていた[12]。

I. Kreuger は，諸外国の政府貸付と株式購買の資金を，一部は銀行借入，一部は外国での大規模なクロイゲル株（Kreuger shares）の発行によって調達した。この期間（1925-1931年）に STAB 及び Kreuger & Toll の新株発行は，総額1,100百万 skr となったが，この数字は，当時，この国の証券市場で発行された新株の82％程度を占めた。この資金の大部分は，外国の投資家たちより調達され，この国の証券市場が吸収した部分は，僅少であった[13]。

I. Kreuger は，国内証券市場で確固たる地位を確立したことを背景に，少なくとも1925年初頭頃より国内証券市場に上場されている自国における巨大会社の株式の購買に着手した。購買経路は，ストックホルム証券取引所，そしてまた私的な個人であった。

Kreuger Group は，既に1924-1925年に，株価が上昇機運にある株式を売却して相当な資金を入手していた[14]。I. Kreuger は，この資金で1925年に自国の工的会社の株式5百万 skr を購買した。かれは，この半額以上を秘密裡に AB L.M. Ericsson の支配可能な株式数の1/2を取得・購買するために充当した。かれは，これを契機に1926-1928年にかけて各種の工的会社の株式の購買を続けた[15]。かれの株式購買が頂点に達したのは1929-1930年で

第5章　Svenska Tändsticksfabriks AB の拡張政策と粉飾決算 | 357

あった。この株式購買は，1928-1929年に Kreuger & Toll が行った大規模な新株発行によって賄われた[16]。

Kreuger Group による株式購買の中でも最大規模で戦略的に最も重要な購買は，商業銀行からのそれであった。商業銀行は，戦後恐慌以来この国の株式の最大所有者となっていた。商業銀行の中でも第一の売手は，Skandinavbanken であった。Kreuger Group は，この銀行が所有する Grängsberg 社 Bolidens Gruv AB 社及び SKF 社の株式を120百万 skr で購買した。この銀行は，それによって戦後不況より予想以上に早急に回復した。この銀行は，Kreuger Group と結合するという戦略を描いた。この戦略は，短期的には高い配当金をもたらしたが，長期的には経営の悪化に繋がっていった。この銀行は，Kreuger Group と密接な関係を維持し，Kreuger Group が1932年に崩壊したとき，史上最悪の危機に陥った[17]。

第二の売手は，Svenska Hadelsbanken であった。Kreuger & Toll は，1929年にこの銀行からパルプ株400百万 skr を購買した。

I. Kreuger は，この国の銀行業界の老舗 Stockholms Enskilda Bank とはあまり活発に接触することはなかった。この銀行は，かの Wallenberg 一族の銀行として，上記の二行に対して，はるかに財政的に健全であり，この一族の国際的なネット網は高度に発達しており，I. Kreuger のネット網とも独立していた[18]。

I. Kreuger は，1925年以後とりわけ1926年の Grängesberg 社の株式の購買以後，1930年或いは「マッチ帝国」の崩壊間近な1931-1932年まで，この国の代表的な工的会社の株式をこの国の証券市場より大量に購買し続けた[19]。それは，かれが，資本輸入と B-株発行に着手したことを転機として，表5-2にみるように，1925年以後この国の証券市場を通じて自国の巨大な工的会社の株式を購買しつつ，この国の経済に対する支配力を強化し，経済的な権力の掌握或いは移行を実現していく過程であった[20]。

既述のように，I. Kreuger は，1922年以後 STAB 及び Kreuger & Toll に資本輸入をするに当たって B-株を導入しており，この点で先駆者であっ

た[21]。この国の株式を外国で発行することは，I. Kreuger の先導的な活動がなくとも，発生した筈である。注目するべき点は，一部は少なくても，これらの株式の発行は，かれが確立した流通経路を通じて行われたことである。この国の巨大な工的会社の資金調達の国際化（資本輸入）は，当時の産業界の人々も重視するべき問題と見做し，I. Kreuger がその先駆者であったという事実は，かれと Kreuger Group の虚像と実態の乖離問題とは別に，かれの功績として今日この国で評価されている[22]。

既述のように，STAB 或いは「マッチ帝国」は，1929年の世界恐慌の勃発とそれに伴う世界的な不況が深刻化した1931-1932年に揺らぎ始め，STAB は，I. Kreuger の死去1年前の1931年にその崩壊の前兆として流動性の危機に瀕していた。

I. Kreuger は，1931年後半に救済のために，この国の諸銀行に Kreuger Group を支援することを求めたが，諸銀行は，この要求を拒否した。アメリカ資本市場もまた，Kreuger Group がこれまで行ってきたような人為的に高い価格で社債発行をすることを拒否した。

Kreuger Group は，再度，アメリカ及びイギリス市場で借入資金を調達しようとしたが，これも，無益な試みに終わった。I. Kreuger は，再度，国内の貸付市場に救済を求めたが，これも実現しなかった[23]。I. Kreuger は，最後の手段として1932年2月にいわゆる2月借款[24]（1932年2月23日：この国の中央銀行である Riksbanken と二つの商業銀行からのそれ）の獲得を交渉した。Riksbanken も二つの商業銀行も，I. Kreuger が，Kreuger Group の財政状態に関する報告書を提出するまで，これには応じられないという回答をしてきた。I. Kreuger は，1929年以後，かれの「マッチ帝国」が砂上の楼閣となっていることを知っていた[25]。とはいえ I. Kreuger にとっては，虚構の数字の上に成り立っている貸借対照表と損益計算書を整理して提出することは，余りにもぶざま過ぎて困惑せざるをえなかった。1932年に事態は絶望的となった。かれは，1932年3月自死し，これに伴って「マッチ帝国」は崩壊し，Kreuger 時代は終焉した。それは，この国の国民

第5章　Svenska Tändsticksfabriks AB の拡張政策と粉飾決算 | 359

史上，いわゆる I. Kreuger 事件として知られている。

　既述のように，I. Kreuger の拡張主義は，極度の秘密主義と結合していた。如何なるときにも，I. Kreuger に関する詳細で検証可能な情報は欠落しており，かれの秘密主義をかれの「プラスの資産」[26]とみなす好意的な評価さえ存在していた。時折，アメリカは，I. Kreuger と Kreuger Group に対してより良い情報の提供が必要であることを求めたが，このアメリカでさえ，I. Kreuger と Kreuger Group の，一見，明白に巨額の利益をもたらすその事業活動の秘密主義に苛立ったり，それをあからさまに攻撃することには躊躇いがあった。G. Blackstone は，STAB，IMCO 及びその従属会社の監査をするために，1927年に2ヵ月間，Stockholm に滞在した。I. Kreuger は，かれを歓待したが，監査資料の提供を制限していた。従属会社の貸借対照表は，非常に簡略化しており，口頭説明も不足していた。G. Blackstone によれば，I. Kreuger は，情報提供に関して「時代離れしており」[27]，I. Kreuger と Kreuger Group の情報所有者は，4-5名の幹部のみであり，かれらは，I. Kreuger の許可がなければ，その開示をすることもできなかった。I. Kreuger に対する情報提供の社会的な要請は，他の所でも提起された。かの L. Higginson は，1931年により良い会計情報の提供に対する必要性がアメリカの金融業界で増大しつつあることを報告した。とはいえ I. Kreuger の友人とアメリカにおける I. Kreuger の信奉者たちは，秘密主義の自由な行動こそ，I. Kreuger の才能を生かす道として，この情報開示の重要性を認識しなかった[28]。

　I. Kreuger が，その拡張主義に行き詰まり，国内資金に最終的な救済の道を求めたとき，I. Kreuger の名声は，内外共に最高潮に達していた。「I. Kreuger は，その初期の時代には，その事業活動について広く経済的・政治的に重要な地位にあるものとして，自己を印象づけることに成功した。そしてまたその秘密主義についてもそうであった。今では，それは，国際的な犯罪或いは国際的な関係に対する脅威と思われた。……かの2月借款の交渉中に，この国の諸銀行は，I. Kreuger が過去に提供してきた情報は信頼性が

ないという結論に到達していた。そしてアメリカでも，徹底した秘密主義は，過去のものとなりつつあるということは，明白であった」[29]。I. Kreuger の立場は，財政的な観点からもはや支持されなかったし，監査に対しても自己の立場を擁護する余地はなかった[30]。かれは，その当初の10年間は非常な難局にあった。後にはかれは，国際的な資本市場を巧みに利用することによって，自らを救済してきた。今では，かれは，市場が提供しうるあらゆる可能性を利用し尽くしており，救済の如何なるカードも残っていなかった。かれの様々な事業活動それ自体の幾つかは残る筈であった。とはいえかれ自身にはその道は残されていなかった。

　Kreuger Group の崩壊と Kreuger 時代の終焉は，単にこの国の経済のみならず，国際経済にも多大な影響を与えた。

　この国の証券市場は，さしあたり1週間閉鎖された[31]。Kreuger Group に貸付をしていた多数の銀行は，支払不能の危機に瀕した。銀行の損失は，総額828百万 skr，そのうち Skandinaviska Banken のそれは，410百万 skr を超えた[32]。政府は，総なめの崩壊より銀行制度を救済するために相当な資金を提供しなければならなかった。Kreuger Group がこの国の巨大な工的会社に所有している株式は，相当低めの価格で売却することを余儀なくされた。それらの株式の株価は，急速に低落し，多数の人々は富が喪失したことをようやく理解した。I. Kreurger と Kreuger Group の事業活動は，1923年の IMCO/Continental の形成以後，舞台の中心を国際資本市場に移していた。したがってまた，その崩壊は，国外の債権者及び投資家にも影響を与えた。これらは，相俟って，I. Kreuger と Kreuger Group の事業活動に対する監査要求となり，粉飾経理の発覚に繋がっていった。

　I. Kreuger が1932年にいわゆる2月借款（1932年2月23日：Riksbanken と二つの商業銀行からのそれ）の獲得を交渉する以前より[33]，Riksbanken は，Kreuger Group の財務状況に関する調査を既に開始し，政府もまた，Kreuger Group に関する一時支払猶予法（memoratorium）を議会に提出するべく準備していた[34]。I. Kreuger の訃報が報じられると（1932年3月12

日），政府と議会は，素早く行動し，この法律を施行した[35]。この法律は，さしあたり Kreuger & Toll と幾つかの関連会社及び関連の人々を適用対象とし，STAB を除外していた。STAB は，これとは別なやり方で支払の猶予期間を承認された。政府は，3月16日に Kreuger & Toll の重役会に特別調査委員会（the Kreuger Commission）を設置することを命じた[36]。STAB もこれを了解した。議長は，法務大臣経験者であり法律問題の一流な指導者 T. Northin，それ以外の構成員は，銀行代表であった[37]。即ち J. Wallenberg（Skandinaviska Enskilda Banken の専務取締役），E. Browalda（Svenska Handelsbanken の代表取締役であり財務上の再建問題に関する主要な銀行専門家），Prof. M. Fehr（「ストックホルム商科大学」の学長であり Riksbanken の理事の一人），B. Pritz（Skandinaviska Kreditaktiebolaget の代表であり，イェーテボリー所在の当時既にこの国の多国籍企業の一つであった Skandinaviska Kreditaktiebolaget の役職者）及び H. Stenbeck（このグループの顧問弁護士）であった。このうち Skandinaviska Kreditaktiebolaget の代表者は，Kreuger Group と古くより関わりがあったので，特別調査委員会に代表者を送り込むことはできない筈であったが，事の重大さに鑑みて参加を許可された[38]。

　特別調査委員会は，迅速・精力的に行動した。

　この委員会は，Kreuger Group に関する完全な調査のために国際的な監査法人 Price Waterhouse & Co. を招聘した。

　Price Waterhouse & Co. は，期間的には I. Kreuger が死去した1932年3月に予備的な調査を開始し，同年4-11月にかけて本格的な調査を行い，同年12月に終了した[39]。

　この監査は，当初，1932年3月31日現在の STAB の財政状態を調査することを目的としていた。調査の過程で，Kreuger Group を構成している STAB, Kreuger & Toll, Dutch Kreuger & Toll, Continental/IMCO という主要会社の状況には共通性がないということが明らかとなった[40]。明らかに調査の範囲は拡大し，Kreuger Group のマッチの製造・販売による

収益以外に，その他の事業・投資活動による収益をも含むようになり，したがってまた Kreuger Group 内の各会社間の内部会計・内部取引に関わる項目にも及んだ。これらの項目は，共通性もなく，虚偽或いは架空な項目であるように思われた[41]。Price Waterhouse & Co. は，政府の要請に従って Kreuger Group 内の各会社と各会社間の取引を正確に調査し，1932年4月より1932年11月の間に約60個の報告書を提出した[42]。

Price Waterhouse & Co. は，Kreuger Group を構成している四つの主要会社ごとに，直接的には1918-1930年という13年間の期間に絞って，それらの事業・投資活動を調査した（1930年の公表財務諸表は，I. Kreuger の生前に作成された最後のそれであった）。調査の基礎となった資料は，特に STAB の設立の翌年（1918年）より1930年にわたる税引前純利益・持分・収益性の動向であった。この調査のうち1918-1928年までのそれは，比較的簡略であったが，Kreuger Group の崩壊も近い1929-1930年のそれは，より詳細であった[43]。監査は，この13年間の STAB の公表損益計算書に基づくこれらの数字を確認することより出発して，少なくとも同社の実態を認識しうる「真実の数字」を把握することに全力投球したといわれる[44]。

今日，この国における粉飾決算の過去の代表的な事例としてしばしば引き合いにだされる I. Kreuger 事件に関する研究は，Price Waterhouse & Co. が1932年3月に着手し，同年4-11月までに政府に提出した約60個の報告書を基礎資料として，現代の人々が判読可能なように再編した資料を手掛かりとしている[45]。

Price Waterhouse & Co. の監査は，1932年3-12月まで続いた。この監査法人は，既に監査の準備段階（同年3月末）で，Kreuger & Toll の財政状態が擁護しうる状態にはなく，同社の破産の場合その資産は，同社が公約した全ての債務の弁済に十分ではないことを指摘し，それを公開するべきことを説いた[46]。この監査法人は，3月及び4月の記者会見で，「単に同社の財政状態に欠陥が存在するのみならず，最終の計算書類は，人々を誤解させるものを含んでおり，時折，犯罪的なそれも存在する」と述べた[47]。

第5章 Svenska Tändsticksfabriks AB の拡張政策と粉飾決算

　特別調査委員会の役割は，調査業務に留まらなかった。この委員会は，自らの立場を Kreuger & Toll に対する一種の監督委員会として認識していた。「実際，この調査団は，自己の責任を単に当面必要な調査に参加することだけではな［く］，この調査委員会の構成員は，［自己の立場を］債権者及び一般的な利害関係者の総体的に独立した代表者として認識」[48]していた。この委員会は，当初，調査対象とした Kreuger & Toll よりその調査範囲を拡大して STAB も含まざるをえない現実問題に直面した。STAB は，I. Kreuger の存命中には，かれが直接関与しなくても日常業務に支障をきたすことは殆どなかった。とはいえ I. Kreuger の死去の後，問題が最高責任者の判断を必要とする案件が発生した場合，その判断は，さしあたり特別調査委員会とりわけその議長と分権的な責任管理者の手に委ねられた。STAB 問題の最初の責任者は，B. Pritz であった。それに続いたのは，SKF と密接な関係にある Volvo 社の役職者 A. Gabrielsson であった[49]。

　1932年5月末に Kreuger & Toll は，もはや独立機関として維持できないことが判明した。特別調査委員会は，財産目録の作成を決定し，その作業を終了した[50]。

　特別調査委員会は，委員会破産申請書を添付した報告書を発行した。

　この報告書は，STAB の処理とその後の方向性に関する重要なコメントを含んでいた[51]。その内容は，STAB に関する綿密な調査の結果，同社の再建は可能であると思われること，それにはもっと時間をかけた詳細な調査を必要とし，この期間中は同社を特別な団体の管理下におくことが望ましいこと，特別調査委員会は，同社の国内外における債権者及びその他の利害関係者の代表を任命することが望ましいこと，その理由は，Kreuger Group の様々な持分をどの程度維持しうるかということが，一般的な関心事となっているからであること，そのために債務償却のための計画書と，可能ならば，株価を幾分でも維持するための計画書を作成するべきであるということを示唆していた。

　STAB の当面の処理とその後の方向性は，このコメントに従って進展し

た。政府は，同社を特別な団体の管理下におくため3名の管理者として，A. Gabrielsson, F. Ljunberg（Trumersの役職者），S. Wetter（ストックホルム在住の法律家）を任命した[52]。債務の償却に関する計画を実行に移すために，1932年8月，再建委員会が設立された。STAB, IMCO及びKreuger & Toll が所有しているマッチの製造のための資産を合併するという示唆は，1936年まで持続する筈の国際的な交渉の対象となった。総じてこれらの処理は，それによってSTABに関わる収益性の低い事業活動を除去することを狙いとしていた[53]。

Price Waterhouse & Co.による一連の調査は，Kreuger Groupの信じられないような財務的操作を暴き，Kreuger Groupの虚像と実態の乖離を指摘した。「即ちI. Kreugerは，利益と配当金を維持するために，様々な不正な手段に頼った。既に1918-1919年には，貸借対照表は，利益水準の人為的な引上げ・増大のために操作されていた。1920年以後，かなりの規模で架空項目の計上が行われていた。それに続く幾年間かは，Kreuger Groupが宣言していた利益の相当部分は，簿記上の操作によって創出されたものであり，特にKreuger Groupの在外会社についてはそうであった。Kreuger時代の残りの期間中，Kreuger & Toll及びSTABの経済状態を特徴づけたのは，過大評価された資産或いは実在しない資産によって，そしてまた簿記上の操作によって作出された虚偽の高額な利益であった。I. Kreugerは，その人生の末期には，自らが遂行した広範な非合法的な取引に起因する混乱に困惑するようになっていた」[54]。しかもその過程で発覚した重大な問題は，I. Kreugerが，「マッチ帝国」の崩壊を阻む最後の手段として，いわゆる2月借款と呼ばれた国立銀行及びこの国における最大級の二つの商業銀行から新規借入を求めていたとき，当時の首相C.G. Ekmanが，I. Kreugerから二回にわたり相当な寄付金を貰っていたことであった[55]。かれは，この寄付金の受領とその他の問題で，1932年8月辞職に追い込まれた。1932年9月，選挙となったが，この選挙は，本書の第1章でみたように，44年間にわたる社会民主労働党の長期政権の時代に導いた[56]。

第5章　Svenska Tändsticksfabriks ABの拡張政策と粉飾決算 | 365

「マッチ帝国」は，既述のように，STAB, AB Kreuger & Toll (Stockholm), IMCO (International Match Corporation) (New York) とその傘下の Continetal Investment AG (Vaduz) から構成されていた。STAB は，Kreuger & Toll の支社ではなくて，Kreuger & Toll が株式を所有する会社であり，I. Kreuger とかれの私的な仲間がそこに所有している株式を合算すれば，多数決を行使するのに十分な規模であった[57]。しかも「マッチ帝国」は，株式の所有関係の複雑さと事業活動の多様さ（とりわけ1924年以後の多角経営化への傾向）とによって，この国内外の経済社会と複雑に絡み合ってきた。この帝国の崩壊がこの国内外の経済社会に与える影響は，甚大であった[58]。その崩壊は，Kreuger Group に対して直接的に関与してきた諸銀行とそれを媒介とするこの国内外の銀行網を直撃し，多数の大小株主を困惑させ証券市場の混乱を招いた。当然のことながら，Kreuger Group の多くの会社は，清算手続きをとり，債務弁済のために余儀なく安値で売却されるか，難局に陥った。この種の会社のうちでも，Kreuger & Toll 及び IMCO は，破産以外の選択肢をもたなかった[59]。Kreuger Group が所有するマッチ産業以外の産業部門の会社とりわけ Svenska Cellulosa Aktiebolaget (略称, SCA.), Bolidens Gruv AB, L.M. Ericsson 社などは，将来，堅実に発展する可能性を内在しつつも，当面，苦渋した[60]。何れにせよ，Kreuger Group の崩壊と Price Waterhouse & Co. による監査は，Kreuger Group の虚像と実態の乖離を暴露し，株主も債権者も巨額な損失を被った。

　Kreuger Group が，その崩壊によって国際的な名声と威信を失い，それが社会的な不幸と醜聞として報道されても，一般大衆は，さしあたりその意味を理解できず，Kreuger Group の崩壊は，それに対する敵対者の陰謀或いは証券取引所の投機によって発生したという風評さえ飛び，その壊滅が不可避的であるという現実を納得することさえ，さしあたり論外であった[61]。

　Price Waterhouse & Co. を中心とした監査によって，「各種の架空な諸項目が斟酌され，過大評価が除去されたとき，Kreuger Group は依然として

非常に拡張的であるが，債務との関係では（それを弁済するには）全く不十分であることが判明した」[62]。「マッチ帝国」は，全体としては解体され，決して復興することはなかった。Kreuger Group は，財務的な取引の大抵の網脈を所有しており，全体としては崩壊以外の選択肢は存在しなかった。とりわけ Kreuger & Toll 及び IMCO についてはそうであった。

〈注〉
1) Hildebrand, Karl-Gustaf, *Expansion Crisis Reconstruction 1917-1939 : The Swedish Match Company 1917-1939, Studies in Business Internationalisation*, Liber Förlag, Stockholm, 1985, p. 393.
2) *Ibid*., p. 399.
3) *Ibid*., p. 401.
4) *Ibid*., p. 402.
5) *Ibid*.
6) *Ibid*., p. 403.
7) *Ibid*., p. 403 and Appendix I.
8) *Ibid*., p. 184.
9) Magnusson, Lars, *An Economic History of Sweden*, Routledge Explorations in Economic History, Routledge, London and New York, 2000, pp. 166-167.
10) Glete, Jan, *The Kreuger Group and the Crisis on the Swedish and International Capital Markets*, Manuscript Part I -IV, Scandinavian Journal of History, 1978/3, p. 259.
11) *Ibid*.
12) *Ibid*., pp. 259-260.
13) *Ibid*., p. 260.
14) *Ibid*., p. 262.
15) *Ibid*.
16) *Ibid*.
17) *Ibid*., p. 265.
18) *Ibid*.
19) *Ibid*., p. 266.
20) *Ibid*., p. 262.
21) *Ibid*., p. 266.
22) *Ibid*. この問題の委細については，同一著者の *Kreugerkoncerne och Krisen på Svensk Aktiemarknad, Studier om svenskt och internationell riskkapital under mellankrigstiden*, Almqvist & Wiksell International, Stockholm, 1998 を参照。

第5章 Svenska Tändsticksfabriks AB の拡張政策と粉飾決算 | 367

23) Magnusson, Lars, *op. cit.*, pp. 166-167.
24) Hildebrand, Karl-Gustaf, *op. cit.*, p. 196.
25) Magnusson, Lars, *op. cit.*, p. 167, Hildebrand, Karl-Gustaf, *op. cit.*, p. 196.
26) Hildebrand, Karl-Gustaf, *op. cit.*, p. 207.
27) *Ibid.*
28) *Ibid.*, p. 208.
29) *Ibid.*, p. 209.
30) *Ibid.*, pp. 209-210.
31) Nordstrom, Byron J. (ed.), *Dictionary of Scandinavian History*, Greenwood Press, Westport, Connecticut・London, England, 1986, p. 339.
32) Magnusson, Lars, *op. cit.*, pp. 166-167.
33) Hildebrand, Karl-Gustaf, *op. cit.*, p. 196.
34) *Ibid.*, p. 243.
35) *Ibid.*
36) *Ibid.*
37) *Ibid.*, pp. 243-244.
38) *Ibid.*
39) *Ibid.*, p. 244.
40) 四社は単独に行動していた。
41) Hildebrand, Karl-Gustaf, *op. cit.*, p. 400.
42) *Ibid.*
43) *Ibid.*, p. 401.
44) *Ibid.*
45) *Ibid.*, pp. 414-420.
46) *Ibid.*, p. 243.
47) *Ibid.*, p. 244.
48) *Ibid.*, p. 245.
49) *Ibid.*
50) *Ibid.*, p. 246.
51) *Ibid.*
52) *Ibid.*, pp. 246-247.
53) *Ibid.*
54) Glete, Jan, *op. cit.*, p. 258.
55) Andersson, Ingvar, *A History of Sweden*, 2nd ed., Natur och Kultur, Stockholm, 1970, p. 437.
56) Nordstrom, Byron J. (ed.), *op. cit.*, p. 339.
57) Hildebrand, Karl-Gustaf, *op. cit.*, p. 421.
58) *Ibid.*, p. 247.
59) *Ibid.*, p. 248.

60) *Ibid.*, pp. 249-251.
61) *Ibid.*, p. 248.
62) *Ibid.*

小　結

　これまでI. Kreugerが，主として秘密裡に推進してきたSTABの拡張政策が，どのようにして粉飾決算の発覚となったか，その過程を大まかに辿ってきた。

　国際的事件となったこの大規模な粉飾決算は，I. Kreuger自身の極度な秘密主義に貫かれた様々な手法（例えば，近代的な会計開示制度に必要な外部監査問題に限定してみれば，個々のグループ会社に個々の別人の監査人を雇用し，各監査人相互の連絡の遮断或いは監査制限，従業員も巻き込んだ各監査人の独立性の欠落，帳簿記録の信憑性を保証するべき諸文書の偽造など）によって，その崩壊まで明るみにでることはなかった。

　Price Waterhouse & Co.の監査を基礎したSTABの粉飾決算の詳細な内容の委細は別として，ここではI. KreugerとKreuger Groupによる拡張主義とその結果としての粉飾決算が，この国に近代的な会計の形成・発展に対して与えた様々な影響の中でも，この国の会計開示制度の形成・発展という点よりみてとりわけ重要な影響として特に次の点を指摘して，本章を閉じたいと思う。

　第一は，これを契機としたこの国の会計監査制度の発展である。

　時代は幾分遡るが，この国の近代的な会計学の始祖ともいうべきO. Sillénは，「ストックホルム商科大学」の商業技術論／企業経済学の助教授／教授職として教育・研究に従事すると同時に，1912-1932年まで「スウェーデン産業連盟」（1910年設立）の下部機関であった「株式会社産業情報サーヴィス」（1911年設立）でコンサルタント及び会計士として監査業務に関与してきた。かれが，公認会計士の資格を取得したのは，この国に公認会計士

制度が初めて導入された1912年であった[1]。当時,この国の公認会計士資格の認定機関は,さしあたり「ストックホルム商業会議所」(Stockholms Handelskammare)[2],それより幾分遅れて「イェーテボリー商業会議所」(Göteborgs Handelskammare) であった。「ストックホルム商業会議所」が最初に認定した公認会計士は, O. Sillén も含めて6名であった[3]。当時,この国の公認会計士の資格認定機関としての商業会議所が,公認会計士の公認要件として要請したのは,公認会計士資格取得の志願者は,制度としての諸教育機関で商業技術論/企業経済学を学び,監査技術に関する特別な知識を取得すること,そしてそれを所定の方式で証明するということであった。「ストックホルム商科大学」もまた,そのための特別な教育・研究課程を整備することを要請されていた。この大学における監査技術論は, O. Sillén の手によって商業技術論/企業経済学の重要な教育・研究科目の一つとして,初めて導入された科目であった[4]。その後1923年に公認会計士は, O. Sillén の主導の下にその組織「公認会計士協会」(Föreningen Auktoriserade Revisorer:略称. FAR.) を形成した[5]。FAR は,以後, 1976年に BNF (Bokföringsnämnde:英名. The Accounting Standard Board. この機関は,いわゆる良き商人の会計慣行の形成を目指して政府が設立した機関であり,この国で会計によって影響を受ける社会の全ての人々が参画することを原則とし,会計士・実業界・税務当局・証券取引所・労働組合代表より構成) が創設されるまで[6],会計監査問題の専門団体として機能してきた。STAB の崩壊とその粉飾決算の発覚は, Kreuger Group の会計監査業務に直接関与してきた公認会計士 A. Wendler[7] のみならず,この国の公認会計士制度それ自体に対する批判とその独立性及び責任分担という問題を社会的な焦眉の的にした[8]。O. Sillén は,勿論, I. Kreuger 事件には全く関与していなかったが,会計士の独立性の維持という立場よりこの機関を離れて,かれと師弟関係にあった3名の人々即ち F. Tjus, A. Erikson, N. Olsson と共に監査事務所 STEO (公認会計士事務所 Revisionsfirma STEO auktoriserade revisorer, 1932-1955年) を開設した[9]。I. Kreuger 事件の発生した頃,こ

の国の会計士監査制度に関する規定として適用されていたのは，1930年10月に商業会議所が採択した商業会議所法であった。同法は，同年12月に商業会議所共同委員会によって認可された後，1950年12月の若干の修正を経た後も，新しい法改正の作業が開始するまで，適用されてきた。この法規は，その委細は別として，公認会計士の監査業務の誠実・公正・慎重な履行と秘密厳守の規定を前提として，監査調書の10年間にわたる保管義務並び会計士監査受験義務を規定していた。I. Kreuger 事件は，これらの規定の遵守を要請すると同時に，第二次世界戦後の経済・政治・経済の動向を射程に入れた1944年株式会社法で全ての公会社に対して資本金の規模に応じた公認会計士・会計士補・その他の会計士による監査を義務づけ，同時に会社の諸機関に対する会計士の立場を強化する規定を盛り込んだ（例えば，§§104-110)[10]。

概してこの国における当時の公認会計士資格取得の要件も，公認会計士協会の動向も，先進欧米諸国のそれとは，必ずしも同一ではなかった。このことは，この国の近代的な資本主義的工業化過程以来のこの国の資本調達方式の特殊性とりわけ株式会社制度の発達の後進性（したがってまたこの国の国内における財務諸表公開制度の未熟性）と20世紀以来のこの国の特化された産業と企業の多国籍化の動向とある程度まで関係していた。したがってまたこの種の領域における制度的な発展に関する研究も希薄であった。とはいえ近年，この種の領域における制度的な整備を狙う関連の研究とそれに呼応するこの国の制度改革にはめざましいものがある。例えば，「イェーテボリー商科大学」に籍をおく S. Jönsson の著作「会計規制と中枢構造―会計政策発展の推進力―」(*Accounting Regulation and Elite Structures : Driving Forces in the Development of Accounting Policy*, 1988) や J. Flower の編集による「北欧諸国における財務報告の規制」(*The Regulation of Financial Report in the Nordic Countries*, 1994)，或いは FAR の月刊誌 *Balans* に記載される近年の一連の多数の論考は，その左証である。それらは，近年の経済の国際化への会計的な対応（国際会計基準へのスウェーデン的な適応の模索）を表象する。これらの諸文献よりわれわれは，FAR が近年一定の

第5章　Svenska Tändsticksfabriks AB の拡張政策と粉飾決算 | 371

歴史的な役割を終えて，それに代わるべき幾つかの関連の団体が，形成され，前進的な成果をあげていることを知ることができる。

　第二に，1944年株式会社法は，会計士監査に関する一連の規定と同時に，STAB の崩壊によって発覚した粉飾決算は，調査の結果，持株会社 Kreuger & Toll その他の関連会社の資本・信用諸取引の乱脈さと関わっていることが判明したことを受けて[11]，個別財務諸表の他に連結財務諸表の作成に関する一連の諸規定（例えば，§64・§74・§110・§103・§104・§107・§113・§119・§121・§221など）を導入したことであった[12]。とはいえ1944年株式会社法の連結財務諸表の作成規定は，その公開を要請するものではなかった。その公開を義務づけるのは，1975年株式会社法の制定（§§10-11）まで俟たなければならなかった[13]。

　第三は，I. Kreuger の産業と金融の両面にわたる国際的な活動は，この国の証券市場の発展に寄与したが，これは，この国の極度に立ち遅れていた会計情報の開示に対する社会的な要請を，第一及び第二の影響と相俟って，高めたことであった。I. Kreuger による国外証券市場での株式の発行と B-株の導入は，この国の資金調達のあり方に新しい道を開いた。とはいえ少なくてもこの国の会社とりわけ工的会社は，伝統的に，内部留保と銀行信用によって成長に必要な資金を調達してきた。内部留保は，相対的に低率な法人税率と寛大な税務控除（例えば1938-1955年の自由償却制度）[14]によって獲得された。1920年代及び1930年代恐慌で破産した会社の株式は，銀行が会社の所有権を継承する形で，銀行に集中し，銀行が法制上の規定に従って，これらの集中した株式を持株会社に移転した。このような状況の下で少なくても証券資本市場は，1970年代以前には資金調達の源泉として機能する余地は少なかった。証券市場の発展・活性化は，会社の会計情報とその開示要請を高めるようになった[15]。

　しかもこうして「マッチ帝国」が崩壊して再建の途に就く1938年には，既に第二次世界大戦の暗雲が立ちこめ，この国も戦時経済体制に入った。I. Kreuger 事件を契機として提起されたこれらの問題の検討は，全て戦後に

委ねられたのであった。

〈注〉
1) 大野文子稿「スウェーデンにおける近代会計学の形成—概観（1900年より1945年まで）—」(1) 明治大学短期大学紀要 第58号 1996年2月, 18-19頁。
2) Föreningen Auktoriserade Revisorer FAR, *Requirements for qualification as an auktoriserad revisor in Sweden*, A study undertaken by The Institute of Chartered Accountants in England and Wales. Föreningen Auktoriserade Revisorer FAR, Printed and published on behalf of The Anglo-Nordic Liaison Committee, Stockholm, 1979, p. 1; Föreningen Auktoriserade Revisorer FAR, *Professional Ethics for Auktoriserade Revisorer in Sweden : A practical guide for accountants*, A study undertaken by The Institute of Chartered Accountants in England and Wales. Föreningen Auktoriserade Revisorer FAR, The Anglo-Nordic Liaison Committee, Stockholm, 1980, p. 8; Mueller, Gehard G. *Accounting Practices in Sweden*, International Business Series, No. 2, University of Washington, 1962, p. 3, etc.
3) Wallenstedt, Eva, *Oskar Sillén : Professor och Praktiker*: *Några drag i företagsekonomiämnets tidiga utveckling vid Handelshögskolan i Stockholm*, Acta Universitatis Upsaliensis, Studia Oeconomiae Negotiorum 30, Uppsala, 1988, s. 21.
4) 大野文子稿「スウェーデンにおける近代会計学の形成—概観（1900年より1945年まで）—」(3) 明治大学短期大学紀要 第60号 1997年1月, 7頁。
5) Oldham, K. Michael, *Accounting Systems and Practice in Europe*, Gower Press, Franborough, 1975, Chap. 12 and p. 153.; International Practice Executiv Committee, American Institute of Certified Public Accountants, *Professional Accounting in 30 Countries*, The Committee, New York 1975, pp. 548-549 etc.
6) Flower, John (ed.), *The Regulation of Financial Reporting in the Nordic Countries*, Fritzes, Stockholm, 1994, pp. 191-192.
7) Wallenstedt, Eva, *op. cit.*, s. 249.
8) 大野, [1997], 前掲稿, 44頁。
9) Wallenstedt, Eva, *op. cit.*, ss. 243-245.
10) Rodhe, Knut, *Aktiebolagsrätt enligt 1944 års lag om aktiebolag*, 2. uppl., P.A. Norstedt & Söners Förlag, Stockholm, 1953, ss. 130-140; Glader, Mats/Bohman, Håkan/Boter, Håkan/Gabrielsson, Åke, *Företagsfomer i teori och tillämpning, En studie med inriktning på mindre och medelstora företag*, Utredning från statens industrieverk, SIND 1975 : 2, Liber Förlag, Stockholm, 1975, s. 33.
11) Ordeheide, Dieter and KPMG (eds.), *Transnational Accounting*, Vol. II, 1st. ed., Macmillan Press Ltd., Basingstoke, 1995, p. 2379; Wallenstedt, Eva, *op. cit.*, ss. 271 och 283.

12) Rodhe, Knut, *op. cit.*, ss. 198-202 ; Hansen, Palle (red.), *Handbok i redovisning*, Natur och Kultur, Stockholm, 1971, ss. 443-444.
13) Federation of Swedish Industries, *The Swedish Companies Act 1975 : With excerpts from the Accounting Act 1976*, Second revised ed., Stockholm, 1986.
14) 大野文子稿「スウェーデンにおける自由償却(1938-1955年)」明治大学短期大学紀要第66号 2000年3月。
15) Flower, John (ed.), *op. cit.*, p. 182.

付録 「マッチ帝国」

出典：Hildebrand, Karl-Gustaf, *op. cit*., pp. 422-425.

1. Kreuger & Toll グループ

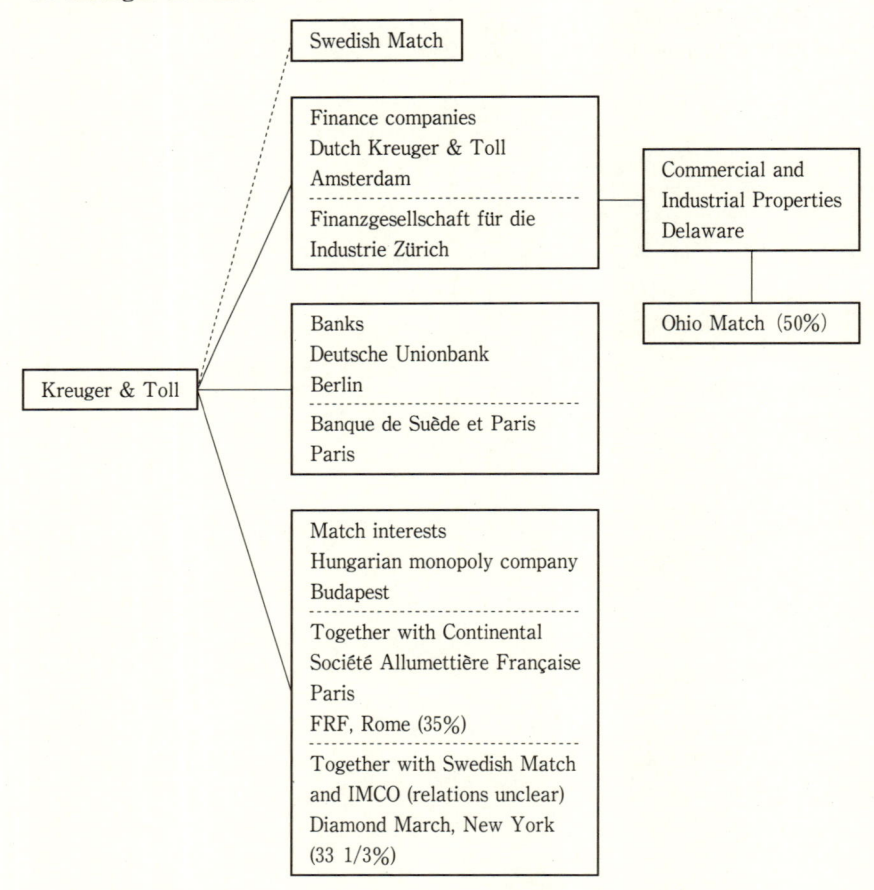

```
                        ┌─────────────────────┐
                        │ Swedish Match       │
                        └─────────────────────┘
                        ┌─────────────────────────────┐
                        │ Finance companies           │
                        │ Dutch Kreuger & Toll        │    ┌──────────────────────────┐
                        │ Amsterdam                   │    │ Commercial and           │
                        │ ─────────────────────────── │────│ Industrial Properties    │
                        │ Finanzgesellschaft für die  │    │ Delaware                 │
                        │ Industrie Zürich            │    └──────────────────────────┘
                        └─────────────────────────────┘                │
                        ┌─────────────────────────────┐    ┌──────────────────────────┐
                        │ Banks                       │    │ Ohio Match (50%)         │
                        │ Deutsche Unionbank          │    └──────────────────────────┘
┌───────────────┐       │ Berlin                      │
│ Kreuger & Toll│───────│ ─────────────────────────── │
└───────────────┘       │ Banque de Suède et Paris    │
                        │ Paris                       │
                        └─────────────────────────────┘
                        ┌─────────────────────────────┐
                        │ Match interests             │
                        │ Hungarian monopoly company  │
                        │ Budapest                    │
                        │ ─────────────────────────── │
                        │ Together with Continental   │
                        │ Société Allumettière        │
                        │ Française                   │
                        │ Paris                       │
                        │ FRF, Rome (35%)             │
                        │ ─────────────────────────── │
                        │ Together with Swedish Match │
                        │ and IMCO (relations unclear)│
                        │ Diamond March, New York     │
                        │ (33 1/3%)                   │
                        └─────────────────────────────┘
```

Kreuger & Toll は，マッチ産業の株式の他に，The Bolidens Gruv AB 社，L.M. Ericsson 社及び SCA 社の株式の主要部分を所有していた。

第5章 Svenska Tändsticksfabriks AB の拡張政策と粉飾決算 | 375

2．STAB グループ

```
                    ┌─────────────────────────┐
                    │ IMCO                    │
                    ├─────────────────────────┤
                    │ 15 Swedish affilates    │
                    │ among which:            │
                    │ Jönköping & Vulcan      │
                    │ Förenade                │
                    │ Export AB Norden        │
                    │ Alby Nya Kloratfabrik   │
                    │ Katrinefors             │
                    │ Two machine producing companies │
                    └─────────────────────────┘
```

Monopoly companies Süddeutsche Zündholz AG Norddeutsche Zündholz AG Berlin Deutsche Zündholzfabriken AG	Deutsche Zündwaren- Monopol- Gesellschaft 50%
Companies in Danzig, Lithuania, Romania and Peru	
One Yugoslavian company	

Swedish Match

Other foreign match interests Union Allumettière, Brussels (and others in Belgium)	Monopoly companies in Bulgaria and Bolivia
WIMCO, Bombay (and others in India, Burma and Ceylon)	
Daido Match Company, Kobe (etc.)	
Companies or majority holdings in Netherlands, Portugal, Siam, China and Mandsjuria	

Minority interests
British Match, London (30%)

Diamond Macth (33 1/3%, with Kreuger & Toll and IMCO)

Foreign sales companies and machine producers
Trummer & Co., London
Alsing Trading Co., London

Badische Maschinenfabrik, Karlsruhe (majority holding, together with Union Bank)

3. IMCO グループ

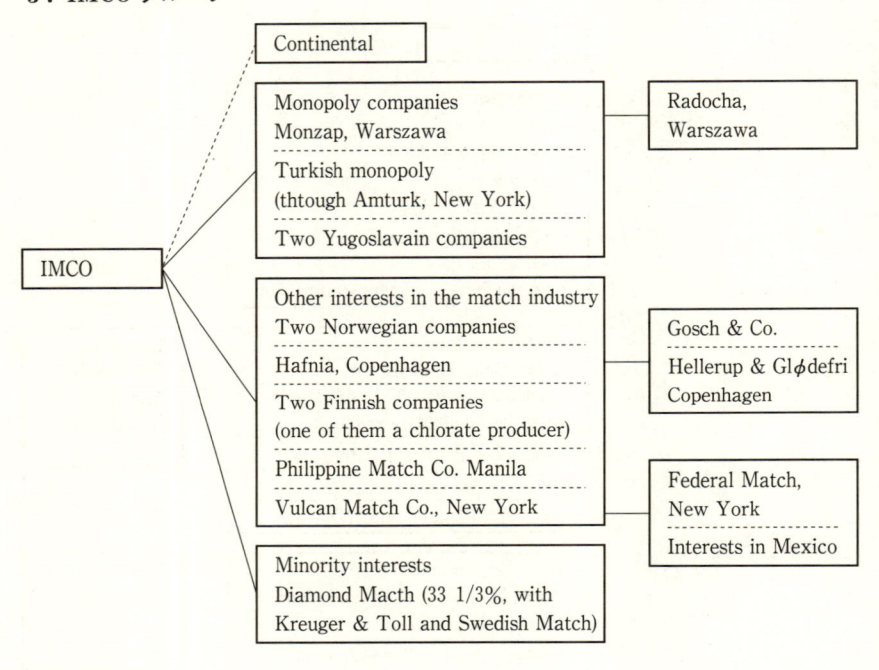

```
IMCO ─┬─ Continental
      │
      ├─ Monopoly companies
      │  Monzap, Warszawa ─────────── Radocha, Warszawa
      │  Turkish monopoly
      │  (thtough Amturk, New York)
      │  Two Yugoslavain companies
      │
      ├─ Other interests in the match industry
      │  Two Norwegian companies ──── Gosch & Co.
      │  Hafnia, Copenhagen ────────── Hellerup & Gl∮defri
      │  Two Finnish companies         Copenhagen
      │  (one of them a chlorate producer)
      │  Philippine Match Co. Manila ── Federal Match, New York
      │  Vulcan Match Co., New York ── Interests in Mexico
      │
      └─ Minority interests
         Diamond Macth (33 1/3%, with
         Kreuger & Toll and Swedish Match)
```

4. The Continental グループ

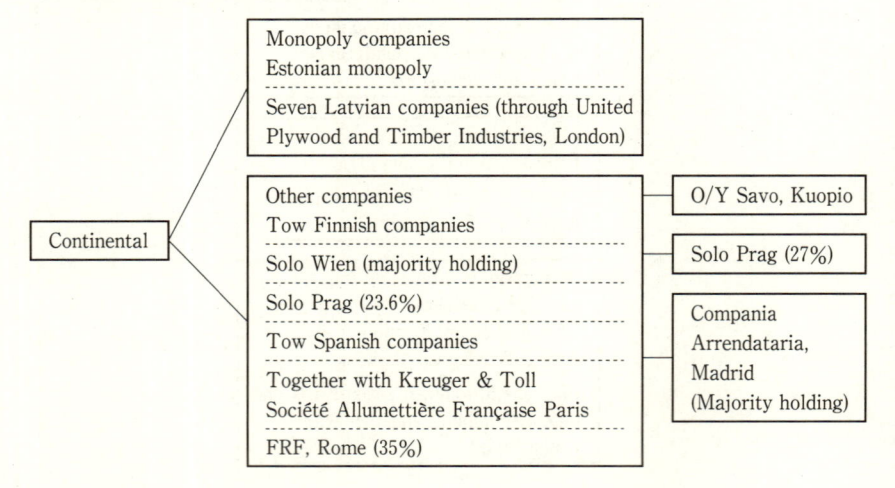

```
Continental ─┬─ Monopoly companies
             │  Estonian monopoly
             │  Seven Latvian companies (through United
             │  Plywood and Timber Industries, London)
             │
             └─ Other companies
                Tow Finnish companies ────── O/Y Savo, Kuopio
                Solo Wien (majority holding) ── Solo Prag (27%)
                Solo Prag (23.6%)
                Tow Spanish companies ─────── Compania Arrendataria,
                Together with Kreuger & Toll     Madrid
                Société Allumettière Française Paris  (Majority holding)
                FRF, Rome (35%)
```

第6章

スウェーデンにおける自由償却制度
(1938-1955年) の意義

序

　スウェーデンが，1931-1933年の深刻な不況からの脱出を求めて，政府の明確な意思の下に，スウェーデン型混合経済型の下で「計画・組織化された資本主義経済」の構築の道を本格的に模索し始めたのは，社会民主労働党が単独政権の座に就いてからであった。

　この時期に同党がその政策目標に従って導入した諸制度の中でも，本章で問題とする有形固定資産とりわけ機械・設備のいわゆる「自由償却制度」は，第7章で考察する「投資準備金制度」（及び「棚卸資産1/3評価減の制度」）と並んで，同党が企業会計とりわけ税務会計を景気調整的な手段として積極的に機能させることを狙った野心的な制度であり，一時期，国際的にも注目された。

　スウェーデンは，「自由償却制度」の導入に先立つ1920年代とりわけ1921-1922年の不況の後，産業合理化運動の時期を迎えた（第1章参照）。巨大な私的企業による峻烈な経営合理化競争が，会計実務にもたらした特徴的な現象の一つは，機械・設備の「1クローネ勘定」・秘密積立金の形成という現象であった。「自由償却制度」は，後述のように，政府の意図はどうあれ，

こうした会計実務を事後的に税務上正式に承認するためにその実施手続きを整備し，なお一層，大規模に普及・定着させる結果となった。もとより政府が，「投資準備金制度」と同様に，このような会計制度（租税制度）を制定した狙いは，しばしば，税務当局と私的企業との間で反復されてきた，機械・設備の耐用年数の査定をめぐる抗争に，私的企業の言い分に傾斜しつつ決着をつけることによって，私的企業の「企業財務の強化」・それによる不況対抗的な経済体質の構築の一端に資するということであった。その限りそれは，政府の立場からすれば，税制を明確に景気変動の調整・回避の用具の一つとして利用するという意思の現れであった。とはいえそれは，私的企業の立場からすれば，「企業財務の強化」により「損益調整」・期間利益と配当の平準化という名目の下に，殆ど無制限に近い恣意的で自由な償却による内部留保と設備投資の持続・拡大を文字通り合法的に行うことができる制度であった。

　この制度の制定後間もなく勃発した第二次世界大戦によって，スウェーデンも戦時経済体制に入った。この国は，矛盾と苦渋に満ちた中立政策によって直接的な戦禍より免れた。この国の学識経験者たちが，この制度の導入過程で予測していたような深刻な戦後不況は到来しなかった。この国の経済は，対内的・対外的な理由で，戦後間もなく予想外の好況期を迎えた。既にこの制度の導入過程で，この制度それ自体に内在するインフレーション助長的な危険性が指摘されていたが，この危惧感は，間もなく顕在化した。そのため政府は，1950年代に入り，当面，暫定的に，そして1950年代中葉には当時としては‘恒久的’に，この制度の仕組みを部分的に手直しして「自由償却の権利」を一部制限する措置を講じた。それでもこの制度は，政府の政策的な意図とは裏腹に，私的企業が旧来どおりに或いはそれ以上に，機械・設備の自由で弾力的な償却を続けることに味方した。この制度は，1990年代初頭における税制改革——それは，世界的な税制改革の流れに沿いながらも，なお，基本的には分権的な福祉国家の発展を指向した——の下で，「投資準備金制度」も含む一連の旧来の準備金制度の廃止と新しい準備金制度の制定と

第6章　スウェーデンにおける自由償却制度（1938-1955年）の意義 | 379

いう動向にも拘らず，30％定率法の容認という形で原則的に継承された。

　本章は，「自由償却制度」が，スウェーデン型混合経済の下で「計画・組織化された資本主義」の台頭・形成期における，会計制度（租税制度）の一つとして，「投資準備金制度」と同様に導入されたということを念頭におきつつ，さしあたり次の二つの問題を明らかにすることを課題とする。即ち第一は，スウェーデンが，20世紀初頭頃よりこの「自由償却制度」という税務制度を導入するまで，この国の私法上の減価償却規定（「1910年株式会社法」§56及び「1929年会計法」§9）及び税法上の減価償却規定（「1910年所得－財産税法令」及び「1929年地方所得税法」§29）の形成過程とその内容を概観することである。第二は，それを踏まえて1938年に導入された「自由償却制度」の基本的な仕組みとその後の制限措置の内容を明らかにすることである。

　その伏線にあるのは，これまで取り組んできたこの国の会計問題に関する歴史的な研究の結果と併せて，このような研究課題の解明を通じて，今後，スウェーデン型混合経済の下での企業会計の特性とその限界を考察する手掛かりの一つにしたいという問題意識である。

第1節　スウェーデンにおける減価償却規定（1900-1945年）：概観

1．スウェーデンにおける減価償却概念の萌芽

　文献上，スウェーデンにおいて「減価償却」（avskrivning）或いは「減価償却する」（att avskriva）という言葉が初めて使用されるようになったのは，1600年代であった[1]。それは，債権・債務を「無効にする」（att annullera）ことを意味した[2]。時期的には確定できないが，この言葉は，次第に「会計制度」（räkenskapsväsende）上の用語となり，さしあたり広く一般に「過去に記帳した簿記上の諸項目の［価値］を減少させること」を，後には「資産の価値が減少したことを考慮して，資産の簿価の切下げをすること」

(nedsättnig av ett tillgångs bokförda värde) を意味した[3]。この国で「減価償却」或いは「減価償却する」という言葉をいわゆる設備資産に限定し，設備資産の「計上された価額の規則的・計画的な引下げ」(en regelbunden och planmässig nedsättning av det redovisade värdet) を意味するものとして初めて使用するようになったのは，1700年代の末葉であった[4]。当時，このような意味での減価償却の対象となった資産は主として建物であった。この場合でも建物の「簿価の切下げ」について一般に最も正しい処理法として考えられていた方式は，減価償却法の先駆形態としての取替法，即ち建物の調達価額を調達の初年度に全額帳消しにして (att avföra)，「[当該建物]価額の規則的・計画的な引下げ」という意味での減価償却の実施を経営成績の悪い年度における「緊急手段」として利用することであった[5]。このような一般的な考え方に対して，例えば，この国の企業・産業史上古くより著名であった鉱山会社「Garpenbergs bruk 社」は，その1785年の帳簿[6]が示すように，「幾つかの建物勘定に対して一定の比率による規則的な減価償却」を実施していた[7]。この国の産業界が，同社のような減価償却実務を一般的なものとして認識し始めるようになったのは，およそ1世紀近く経った1870年代からであった[8]。とはいえこの国の産業界が，1800年代末葉に一般的・傾向的に減価償却の本質をどのようなものとして認識し，それに基づいてどのような減価償却をしていたか，それは，余り定かではないが，1900年代に入ってさえ，企業は，時として減価償却を全くしないか，それをする場合でも余りにも小額過ぎることも決して稀ではなく，企業が減価償却をするか否か，或いはそれをするとすればどの程度の減価償却費を計上するかという問題は，概して株主総会に対する企業の利益分配政策と結合していたといわれる[9]。この国の産業界が，このような減価償却実務から転じて，「規則的な減価償却」(regelbunden avskrivning) を定期的な決算書を作成するために純損益を確定するのに先立って実施するべき「全く普通な現象」(enhelt normal företeelse) として認識するようになったのは，「1910年株式会社法」(1910 års aktiebolagslag) §56が，資産の評価原則に関して明瞭な規定

第6章 スウェーデンにおける自由償却制度（1938-1955年）の意義│381

を導入してからであった[10]。

2．スウェーデンにおける私法上の減価償却規定の沿革（1900-1945年）：概観

スウェーデンにおける会計帳簿に関する最も古い法規定は，「1855年の商業帳簿及び商業計算書類に関する法令」（1855 års förodning om handelsböcker och handelsräkningar）である[11]。その委細は別として，この法令は，商人或いは事業家に対して初めて商業帳簿の作成を義務づけたスウェーデンにおける最初の法令であった。この法令は，この点で後の時代になって各界よりスウェーデンの近代会計関連法規の形成にとって極めて画期的な法令として評価され，「1895年株式会社法」（1895 års aktiebolagslag）の制定以来，「1910年株式会社法」を経て「1929年会計法」（1929 års bokföringslag）の登場まで，しばしば引き合いにだされてきた。とはいえこの法令は，貸借対照表上の資産評価に関する規定を具体的に定めたものではなかった[12]。

「1895年株式会社法」は，株式会社の制度的な承認のための法的支柱の一つとして，設立に関する準則主義を導入した[13]。その制度的な承認のもう一つの法的支柱である全社員有限責任制を原則的に承認した法規は，それより古い「1848年株式会社法」（1848 års aktiebolagslag）であった[14]。「1895年株式会社法」は，全条文§81条に及ぶ法規であったが[15]，貸借対照表の作成の場合適用されるべき評価規定の問題には全く言及せず，それを「1910年株式会社法」に先送りした。その理由は，この問題に関する諸外国の失敗とりわけドイツ貸借対照表価値論争における混乱を考慮したからであったといわれている[16]。

「1910年株式会社法」は，総体として，上記の「1895年株式会社法」の近代化を図り，「1944年株式会社法」（1944 års aktiebolagslag）の改正まで，およそ30年以上にわたって機能してきた[17]。

「1910年株式会社法」§56は，先ず会社の資産をその「実際の価額」（verkligt värde), 或いはその調達または製造のために要した原価に対応する価額を上回る金額で貸借対照表に計上することを禁止した。その上で同法§56は, 決算に先立って, 設備資産については耐用年数或いは利用またはそれに匹敵しうる原因によって発生する減価を考慮して, 取得原価または製造原価を基礎として「規則的な減価償却」をするべきことを規定した[18]。因みにいえば, この§56は, 設備資産に対する改良費即ち資本的支出による貸借対照表上の「当該資産の［簿価の］切上げ」(höijning av ifrågande tillgång) 以外, 「簿価の切上げ」(uppskvirning av ifrågande tillgång) を禁止していた。既述のように, 1900年代に入ってさえこの国の企業が, 減価償却を全くしないか, それをする場合でも余りにも小額過ぎることも決して稀ではなく, 企業が減価償却をするか否か, 或いはそれをするとすればどの程度の償却費を計上するかという問題は, 概して株主総会に対する企業の利益分配政策と結合していたといわれた。そのため, 「1910年株式会社法」が§56に減価償却に関する規定を盛り込んだとき, 各界の識者たちは, この規定を「スウェーデンの良き商業実務」(god svensk affäpraxis) の指標として一般に高く評価した[19]。とはいえこの§56が規定する減価償却は, せいぜい財産計算上のそれとして, 「当該資産の帳簿価額の本来的な減価」(egentlig värdenedsättningen av tillgångens bokförda värde) を, 「複式簿記の場合［当該］資産勘定に貸方記入すること (vid dubbel bokföring krediteringen av tillgångskontot) を意味」したに過ぎなかった[20]。この国で損益計算上の減価償却したがってまた「減価償却のより一層抽象的な費用としての性格」(avskrivnigens mera abstrakta kostnadskaraktär) が強調されるようになり, 減価償却費を費用（コスト）として損益計算書に計上するようになったのは, かの「動態的な貸借対照表観」(den dynamiska balansuupfattningen) が浸透し, 決算の場合「損益会計」(resultatredovisning) が主要な関心事となってからであったといわれる[21]。そしてこの抽象的なコスト概念としての減価償却費概念の形成を一層発達させたのは, 「内部原価会計」(intern kostnadsredovisning) の領域の発達であった[22]。

第6章　スウェーデンにおける自由償却制度（1938-1955年）の意義 | 383

　当時の産業界の人々は，「1910年株式会社法」§56を概して資産の過大評価（及び負債の過小評価）を禁止した評価の上限を定めた規定として解釈し，次節でみるように，「1クローネ勘定」・秘密積立金の形成を正当化する法的根拠として利用していた。後述の「1944年株式会社法」（1944 års aktiebolagslag）§100の規定とその解釈論の展開は，その延長線上で俎上にのぼった問題であった。

　「1910年株式会社法」§56は，その後同法の部分的な手直しにも拘らず，「1944年株式会社法」の改定に伴ってその§100に継承された[23]。1938年に導入された「自由償却制度」は，その後間もなく勃発した第二次世界大戦によって普及・定着を阻まれ，この制度が本格的に機能するようになるのは，終戦後であった。その点よりこの「1910年株式会社法」§56（そしてまた後の「1944年株式会社法」§100）は，少なくとも「自由償却制度」の制定以来それが本格的に機能するようになる戦後から1970年代の新株式会社法の制定まで，減価償却に関する私法上の規定として一定の地位を占めた（「1944年株式会社法」§100については後述）。

　「1910年株式会社法」§56（そしてまた後の「1944年株式会社法」§100）と共に，減価償却に関する私法上のもう一つの主要な規定は，「1929年会計法」（1929 års bokföringslag）§9であった[24]。

　「1929年会計法」は，その制定以来，スウェーデンの私法上の「会計規制の基礎」（いわゆる枠組法 den s k ramlagen）として存在してきた[25]。同法は，その基本的な理念として債権者保護を措定した。同法が，債権者保護を基本的な理念として措定したことは，同法が，さしあたりは「1855年商業帳簿及び商業計算書類に関する法令」或いは更に遡れば「1734年普通法」の部分法典として組み込まれた「商法典」の制定以来[26]，提起されてきた様々な諸問題とその時々に発布されてきた諸法令の流れの延長線上にあったことを想起すれば，それなりの妥当性をもつものであった。同法は，その適用範囲を株式会社など法人企業はもとよりそれ以外のあらゆる企業形態を対象とすることによって，「1910年株式会社法」よりももっと，「一般的な性格」[27]

を備えていた。同法は，そのような理念の下に，いわゆる「慎重な原則」（försiktighetsprincip）を標榜しつつ，評価規定の目的を「様々な資産が記載される場合その上限（en övre gräns）を示す」ことにおいた[28]。ここでは「慎重な原則」は，同法の最も重要な要請即ち「財務諸表は良き会計慣行（god redovisningssed）を維持するべきである」[29]という要請を表明するといわれた。同法は，後の時代になって各界より評価に関する詳細な規定が欠落していたと論評された[30]。それでも同法§9は，財産目録及び貸借対照表作成の場合遵守されるべき主たる原則として，「1910年株式会社法」§56の内容を踏まえて，資産評価はその「実際の価額」を超えてはならないことを規定した上で，設備資産は原価マイナス減価で評価するべきことを明記した[31]。但し同法は，簿価の切上げについては，直接的に禁止せず，「良き商人慣行を遵守する諸規定」（bestämmelserna om iakttagnde av god köpmannased）を考慮して，これを阻止することを念頭においており，それのみならず損益計算に影響を与えるあらゆる簿価の切上げも拒む内容のものとなっていたといわれる[32]。概して「1929年会計法」§9における減価償却問題の取扱いは，非常に簡略なものであった。その理由は，当時の立法者たちの考えによれば，「設備資産は企業資産の中でも特別な地位を占めており，……設備資産の評価に関する一般的な規則を緩和し，設備資産を評価する場合一定程度の自由（en viss frihet vid värderingen av anläggningstillgång）を承認」[33]した方がよいということであった。

だがまたここで注目すべき点は，この「1929年会計法」の制定の1年前に，法人所得税の決定のための基本的な規則を初めて定め[34]，後には「自由償却制度」の問題とも密接に関わるようになる「1928年地方所得税」（1928 års kommunalskattelag）§29は[35]，「1929年会計法」の制定をつうじて財務会計と密接な関係を維持するようになったことであった[36]。それは，「1929年会計法」の制定のより直接的な契機の一つが，「1928年地方所得税法」上の基本的な諸概念の明確化にあったからである。「1928年地方所得税法」の基本原理は，課税所得上課税所得（課税利益）の測定尺度が存在し，それは，

第6章 スウェーデンにおける自由償却制度（1938-1955年）の意義

財務会計上の測定尺度であるということであった（確定決算主義の承認）。そしてこの考えは，現在まで継承されている。即ち「財務会計上の諸規則は，税法が別段の規定をすることがなければ，遵守されるべきである。」[37] 但しここでも固定資産の減価償却については例外とされた。

「1944年株式会社法」は，総じて「1910年株式会社法」の制定以後のスウェーデンにおける経済社会の発展動向と第二次世界大戦後のこの国の経済再建を射程に入れた改正法であった。とりわけ1920年代不況期におけるこの国の産業合理化運動（例えば，合併・吸収などの企業淘汰と多国籍企業化など）[38] は連結財務諸表に関する規定の導入（§104）となり，第5章でみたように，1929年恐慌に伴う1930年代のI. Kruegerの倒産と粉飾経理の発覚[39]は，監査制度の強化に繋がる諸規定の導入の切っ掛けとなった[40]。

「1944年株式会社法」§100は，資産評価について「会計法に規定されている事柄と並んで，株式会社の財産目録，貸借対照表及び損益計算書に対しては，次の規定が適用される」[41] と述べ，株式会社の場合設備資産の評価及びその減価償却は，この規定の制約を受けることを指摘した。

同法§100は，先ず設備資産の貸借対照表価額は，最高限調達原価或いは製造原価で計上すべきこと，設備資産に対する減価償却費が，「適切な減価償却計画」（lämplig avskrivningsplan）に従って，毎年，計上すべきこと，この減価償却計画は，設備資産の耐用年数及び利用或いはその他これに匹敵しうる原因で発生する，設備資産の「減価」を基礎として樹立すべきこと，この場合でも，資産の「実際の価額」は，減価償却後の未償却残高を上回ってはならないことを規定した[42]（同法§100の前段の規定）。同法§100は，続いて設備資産の「実際の価額」が，一時的であるとは思われない理由によって，「適切な減価償却計画」によって算定される「帳簿価額」（bokföringsvärde）よりも相当程度低くなっている場合，「簿価の切下げ」（nedskrivning）をするか，「適切な減価償却計画」に従って計上された計画的な減価償却費の引上げ・増大をすべきこと，但し，それは，「一般的な記帳の諸原則及び良き商人慣行」（allmänna bokföringsgrunder och god köpmannased）

に合致していることを条件とすることを規定した[43]（同法§100の後段の規定）。そしてそのような処理をしてもなお計上された減価償却費が，「一般的な記帳の諸原則及び良き商人慣行」に照らして十分であると見做されない場合[44]，「特別償却」（extra avskrivning）を行うべきことを規定した[45]。

　当時の識者たちは，産業界の人々が，「1944年株式会社法」§100を様々に解釈することによって，恣意的な減価償却実務を慣行化している現状を指摘し，専門家としての立場よりこの規定に対して次のように論評した。

　産業界の人々によれば，同法§100の前段の規定は，実務上，しばしば，設備資産の「実際の価額」が，明らかに「帳簿価額」よりも高ければ，株式会社が「計画的減価償却」（planenlig avskrivning）をしないか，或いは減価償却費の計上を一定の期間中止・または延期するか，或いは減価償却費を引き下げ，それが「減価償却計画」（avskrivningsplan）に基づいて計上される減価償却費の額より乖離するようになることも許容する規定であると考えられている。だがまたこれとは逆に，株式会社が特に高利潤を手にした年度に，「減価償却計画」によって計上される減価償却費の額を上回って，株式会社の財政状態をより一層強化するという名目で，「特別償却」をすることも可能であるといわれている。しかもこのような手法は，いわゆる「一般的な簿記の諸原則と良き商人慣行」によるものとして，社会的にも承認してもよいと主張されている。とはいえ年次減価償却費は，「営業費」に相当し，その点で減価償却費の計上は，当該年度の営業成績の如何に拘らず毎期実施すべきである。即ち「設備資産の調達価額は，企業経済学的には，営業費——それは，当該資産が利用されると概算される期間中の事業活動に配分されるべきであるが——であることを考慮すれば，……産業界の人々が法規に適ったものとして実務上承認している上記のような手続きは，一般的な記帳の諸原則及び良き商人慣行に一致しないように思われる」[46]。したがってその濫用は，慎むべきである。

　産業界の人々によれば，同法§100の後段の規定は，実務上，しばしば，「減価償却計画」が適用される期間が余りにも長過ぎて，この計画に織り込

まれた耐用年数が，現実にそぐわなくなるという理由で，「減価償却計画」の変更・調整或いは簿価の切下げをするための法的根拠として利用しうる。同法§100の前段の規定に対する産業界の人々の解釈は論難されるべきであるが，機能的減価を惹起する生産方法の変化・新しい科学技術の開発・発明など，不断の技術革新の進行は，市場競争原理の下で不可避的である以上，産業界の人々が説くようなこのような措置は，法解釈論としても事実問題としても，承認されるべきである。この場合，「調整された減価償却計画に従って」(enligt en jämkad avskrivningsplan) 引き続き減価償却をすることが，「一般的な記帳の諸原則及び良き商人慣行」に背反するという批判があるとすれば，「直接的な特別償却」(omedelbar extraordinär avskrivning) 或いは「直接的な簿価の切下げ」(omedlebar nedskrivning) によって，これに対処すべきであり，減価償却計画の策定の場合予測不可能であった機能的減価の発生によって，「当該資産が全く利用されなくなり，それをつうじて総体として損失が発生すれば，残存価額まで簿価の切下げがなされなければならない」[47]。

このような論評から明らかなように，当時の識者たちは，産業界の人々に減価償却が設備資産の原価配分の手続きであり，毎期継続して行うべきことを説くと同時に，機能的減価を重視する産業界の動向を擁護したのであった。そして減価償却問題に対する産業界の人々によるこのような法解釈論と識者たちの見解は，既述のように，「1910年株式会社法」§56が適用されていた頃から，長期にわたって存続してきた支配的な法解釈論と見解であった。

少なくとも「1928年地方所得税法」§29及び「1929年会計法」§9が制定されるまで，1920年代の私法上の減価償却規定は，「1910年株式会社法」§56のみであった。この規定の下でも既に産業界の人々は，その法解釈論を通じて，次項で簡単に一瞥するように，「1クローネ勘定」・秘密積立金の形成など，設備資産に対する恣意的で自由な償却を半ば慣行的なものとしていた。1938年の「自由償却制度」の導入は，設備資産の償却問題に関する産業界のこうした動向を，単なる法解釈論という間接的な形ではなくて，直接的な形で公

然と承認することを意味した。

3. 1920年代の減価償却実務の一端：「1クローネ勘定」と秘密積立金の形成

1938年に導入された税務上の「自由償却制度」は，いわゆる設備資産に対する当時の私法上の減価償却諸規定と乖離する制度であった。「自由償却制度」は，直ぐ後にみるように，この私法上の減価償却諸規定に対して，当時のスウェーデン政府による一定の経済政策的な意図（耐用年数の査定をめぐる税務当局と私的企業との抗争を，私的企業に減価償却に対するかなり大幅な自由裁量権を承認することによって終止符を打ち，それによって企業財務を強化し，不況対抗的な経済の構築に寄与させるという意図)[48]の下に，企業サイドにいわゆる設備資産の減価償却について，若干の制限を付した上で，大幅な自由裁量権を承認する制度であった。この「自由償却制度」の基本的な枠組みとその後の制限措置をふりかえる前に，この制度の導入に先立つ時期とりわけ1920年代に，株式会社など法人企業が，上記でみたような私法上の減価償却規定に対して，実際にはどのような償却をしていたか，ここで簡単に一瞥しよう。

「器機が貸借対照表に1クローネで記載されているような健全な企業（solida företag）の場合には，器機勘定について全額償却すること（en fullständig avskrivning av verktygskontot）はしばしば見られるが，それは，設備資産の減価償却に関する最も適切な方法である。この方法は，当該企業が，残存している旧式の器機に対して如何なる巨額な特別償却をすることがなくても，最新かつ最良の器機を調達することを可能にする。秘密積立金（stilla reserver）は，人々がしばしば貸借対照表について要請する真実性（sanningsenlighet）及び明瞭性（tydlighet）［の原則］と完全に一致すると見做すことはできないとしても，1クローネまで全額償却すること……に対しては，如何なる反対もありえない。その理由は，この種の慎重な決算政策（en dyklig försiktig bokslutspolitik）は，余りにもしばしば行われる，器

第6章　スウェーデンにおける自由償却制度（1938-1955年）の意義 | 389

機勘定に対する過大評価（övervärdering）及び当該年度の営業損益に基づいて，それに対応して行われるべき減価償却よりも，はるかに優れたものと……見做さなければならないからである」[49]。

　上記の引用文は，当時のスウェーデンの公認会計士であり，「スウェーデン産業連盟」傘下の「株式会社産業情報サーヴィス」の経済組織部門の部長 S. Svensson が1920年代後半に出版した一著作「工業における減価償却の方法と固定資産台帳」（*Industriella Avskrivningsmetoder och Inventarieböcker*, 1927）[50]による。同書は，既述の「1855年の商業帳簿及び商業計算書類に関する法令」の解説より出発して，いわゆる設備資産に関する減価償却の基本的・一般的な思考とその計算原理・方法（例えば定額法と定率法など）を説明する。とはいえ折々かれは，いわゆる設備資産の減価償却問題に関する原理的な説明に加えて，現実の償却実務は，有形固定資産の費用配分の方法とされている減価償却それ自体に内在する不確実性の他に，見積り耐用年数の相当程度の恣意性（とりわけ機能的な減価を重視することによる耐用年数の短縮化）によることはもとより，決算手続上経営者の様々な政策的な配慮が介入することによって原理的なものから大幅に乖離していくことを指摘する[51]。

　「株式会社産業情報サーヴィス」は，既に別稿で指摘したように[52]，スウェーデンの近代的な会計学の形成上その始祖ともいうべき O. Sillén [53]が「ストックホルム商科大学」の助教授/教授として企業経済学の教育・研究に従事すると同時に，この領域での実務家（公認会計士及びコンサルタント）として産業界で指導的な役割を果すための拠点（少なくても1930年代に入って到来した I. Kreuger 帝国の崩壊による粉飾決算の発覚とそれに伴う「株式会社産業情報サーヴィス」からの退社まで）であった[54]。同社が当時のスウェーデンで商業技術論/企業経済学及びその一環としての近代的な会計の形成・発展にとって果していた一定の機能・役割を想起するとき，設備資産の「１クローネ勘定」・秘密積立金の形成という S. Svensson の指摘は，同社を拠点としたかれの会計士としての実務的な経験によるものと推定して

もよいであろう。事実，かれは，同書の「5. 決算書を作成する場合の減価償却問題と評価」の中で，次のようにいう，「減価償却［費］を決定する場合，……何よりも先ず答えるべき問題は，……これまでの経験によれば，企業が問題とする減価償却の対象となる資産は，どれだけの耐用年数をもっているかという問題である」[55]と。

ところでこの著作が出版された当時，株式会社の減価償却に対して適用されるスウェーデンの私法上の規定は，前述のように，「1910年株式会社法」§56の規定のみであり，それに対する産業界の一般的な法解釈は，この規定を資産評価の上限を定めた規定に過ぎないということであった。S. Svenssonもまた，それに倣った。即ちかれはいう，「この規定は，株式会社に対して，減価償却の規模に関してかなり多大に自由に操作しうる余地（spelrum）を与える。何故ならそれは，実施されるべき減価償却の計算とその［額］の決定について，或いは様々な種類の設備資産に対する減価償却率の規模に関する何らかの確定的な最低限度について，より詳細な諸規定を定めていないからである。この法律で言及されている減価は，減価償却——その規模は，［当該資産の］調達価額を経験的に算定される利用期間に割当することを通じて決定されなければならないが——を通じて補償されなければならない」[56]と。

上記の規定に関するこのような法解釈は，当時のスウェーデンの減価償却実務における恣意性を制度的に承認する支柱であった。法規が，減価償却費の計算法（例えば定額法と定率法の何れの方法を選択するかという問題）についても，最低限度の減価償却率の規模（例えば耐用年数の見積りとそれを規定する減価原因の限定）についても詳細な規定を定めていないとすれば，これらの問題を処理するに当たって依拠するべきものは，減価償却問題に関するまさに実務的な「経験」それ自体しかない。当時のこの国の様々な産業部門における株式会社の公表貸借対照表によれば，総体として減価償却率は，工場用建物1-2.5％，農場不動産0.5-5％，機械5-25％，器機10-30％，器械10-50％，鋳型など類似のモデル20-50％であったことが指摘されてい

る[57]。それは、まさに実務的な「経験」或いは「実務的な経験をつうじて計算される利用期間」(耐用年数) という名の下で各個別企業が適用するいわゆる設備資産の減価償却率を、如何なる産業部門のそれであり、また如何なる企業規模のそれであるかはここでは不明であるとしても、少なくてもかなりの幅のある、弾力的で恣意的なものにしていたことを示唆するであろう。S. Svensson はいう、「各々の工場についてみれば、[いわゆる設備資産の] 利用とその維持に関する条件は、非常に異なっているので、[われわれは,] 様々な工的企業については、商慣習上の減価償却率 (usancemässiga avskrivningsprocent) を確定することは、殆どできない。それ故に、減価償却は、各々個別的に計算されなければならない」[58]と。本項の始めに引き合いにだした「1クローネ勘定」・秘密積立金の形成という、1920年代のスウェーデンにおける減価償却実務の一端は、「1910年株式会社法」§56の規定に対する上記のような法解釈論の下で広く承認されていたのである。即ちスウェーデンの法律では、評価に関する諸規定は、株式会社に対してのみ提示されているに過ぎず (「株式会社法」§56)、これらの諸規定は、株式会社の資産の過大評価を禁止することを意図している。これに対して決算の上でなされる過小評価については、如何なる規定も全く存在せず、そのため法規の側面から、企業が、幾百万クローネもの価額の資産を如何に低い金額で記載してもそれを阻むような障害物は存在しない」[59]といわれていたのであった。しかも減価償却率の恣意性は、既に1920年代以前より納税申告の問題に絡んで常に注目され、幾度か国会でも動議事項となり、1915年には「スウェーデン産業連盟」もまた、議会に対して減価償却率表を提示するように、書簡で要請していた[60]。そしてこうした「1クローネ勘定」・秘密積立金の形成といういわゆる設備資産に関する当時のスウェーデンにおける会計実務の一端は、1920年代のこの国のいわゆる産業合理化運動と重なり合って進行していたのであった[61]。

　既述のように、1938年の「自由償却制度」という税務上の償却制度の導入は、こうした1920年代におけるスウェーデンの減価償却実務の一端にも垣間

見ることができるような，産業界でしばしばなされていた恣意的で自由な償却実務と税務上の課税所得算定のための償却控除との間で生じていた抗争を，国家の財政的・経済政策的な見地より，産業界の側に味方する形で終止符を打ち，自由な償却実務を承認しようとした制度であった[62]。

それでは，このような私法上の減価償却諸規定に対して（そしてその一般的な解釈論に対して），当時，税務上の減価償却価諸規定は，「自由償却制度」の導入までどのようなものであったか，次項で概観しよう。

4．スウェーデンにおける減価償却に関する税務上の諸規定の沿革（1910-1945年）：概観

近代スウェーデンにおいて，時期的に，税務上，償却控除を承認しようとする兆候がみられるようになったのは，19世紀末葉より20世紀初頭にかけてであった[63]。

とはいえそれを初めて明確に規定したのは，幾分後の「1910年所得―及び財産税法令」（1910 års inkomst-och förmögenhetsskatteförordning）であった[64]。

この法令は，「建物及び設備（器機）は，その維持保全にどんなに厳しい細心の注意を払っても，減価が発生する」ので，課税所得の算定の場合その控除を必要とすること，この控除は，「減価に応じた，一定の年次減価償却の形態」（en form av viss efter värdeminskningen afpassad årlig afskrivning）によるべきことを定め，減価償却の前史ともいうべきいわゆる取替法を退けた[65]。

その後の税務上の償却控除に関する諸規定の動向との関連で注目するべき問題の一つは，この「1910年所得―及び財産税法令」とは別に，特に鉱山業などの産業部門を対象として同年制定された「1910年国庫歳入法令」（1910 års bebillningsförordning）にみられた，「合理的な金額による償却控除」（avdrag med skäligt belopp）或いは「合理的な減価償却率」（skälig avskrivningsprocent）という文言とりわけ「合理的な」という言葉が使用さ

第6章　スウェーデンにおける自由償却制度（1938-1955年）の意義 | 393

れたことであった[66]。この言葉は，その委細は別として，その後，税務上の償却控除の問題における解釈の争点の一つとなり，その過程で会計実務におけるいわゆる「良き商人慣行」の問題を展開していく契機の一つとなったのであった[67]。

スウェーデンも，第一次世界大戦を挟む戦中・戦後インフレの終熄に続いて，1920年代には，概して他の先進工業諸国と同様に，産業合理化の時期を迎えていた。

それを背景としてこの頃より新たに着手される長期にわたる一連の税制改革の流れに沿って「1923年所得税専門家の答申書」（1923 års inkomstbeskatningssakningens betänkande）は，減価償却問題について，後の「自由償却制度」の導入との関連で注目するべき次のような提案をした。即ち「1855年の商業帳簿及び商業計算書類に関する法令」以来，法律によって「商業帳簿をつける義務のある納税者」が，事業所得を算定する場合，その算定は，「記帳」（bokföringen）が「一般に承認されている商人慣行に従って」（efter allmänt vedertagen köpmannased）秩序正しく行われているならば，「記帳」に基づくべきこと，この場合建物・機械・設備などは，耐用年数及び「磨耗」（slitning）を考慮して，「償却控除」（avdrag för amortering）するべきこと，控除は，原則として当該資産の耐用年数に応じた一定の金額で，幾年間かに配分するべきこと，配分は，当該資産の調達原価が，その所有目的に従って利用可能な期間中に全額なされるべきこと，ある年度の「収益」が「慣習的な減価償却」（sedvanlig avskrivning）を補償するために十分な金額でない場合，次年度にそれに相当する，より多額な減価償却をすべきことなどである[68]。この所得税専門家の提案は，直接的には何らかの法規定として具体化することはなかった[69]。

とはいえ翌年新たに設置された委員会即ち「1924年租税準備委員会」（1924 års skatteberedening）は，この「答申書」を踏まえて償却控除の問題も含む様々な税務上の問題を討議し，その結果を「1927年覚書」（en 1927 års framlagt P.M.）として公表した[70]。

この「1927年覚書」は, 償却控除の問題はもとよりその他の税務上の諸問題についても「1923年所得税専門家の答申書」が展開していた思考と関係していた[71]。それは, 先ず,「1923年所得税専門家の答申書」が, 建物・設備・機械などの「磨耗」を商業帳簿上の記録（調達原価）を基礎とする減価償却という手続きによって償却控除するべきことを具申している点を高く評価した。それは, このような評価を前提として,「1923年所得税専門家の答申書」以上に,「納税者が, 調達原価の範囲内で自ら年次償却を決定する自由」(frihet för den skattskylidige att inom ramen för anskaffningskosten själv bestämma de årliga avskrivningarna) という問題を考慮した[72]。それは, 更に, 税務当局が, 課税所得の算定の場合, この「帳簿上の減価償却」(bokförd avskrivning) が「明らかに不合理」(uppenbart oskälig) であると判明すれば, その場合にのみ, この「帳簿・記帳」を修正する権利があることを提案していた[73]。

「1924年租税準備委員会」は, この「1927年覚書」の公表に先立って, 税務当局が課税所得の算定の場合「帳簿上の減価償却」を「合理的な」という視点より修正する権利をもちうるか否か, その是非について幾つかの関連の諸機関（例えば「商業会議所」handelskammare,「スウェーデン産業連盟」,「スウェーデン銀行協会」Svenska bankföreing などその他）にその検討を委ねた[74]。これらの諸機関は, 税務当局に修正の権利を附与すれば, そのことは,「納税者が, 調達原価の範囲内で自ら年次償却を決定する自由」を広範囲にわたって実際に享受することを不可能にする危険があり, また「明らかに不合理な」という言葉の意味も不明確であると回答した[75]。当時の「財務租税裁判所」(Kammarrätten) もまた, これらの諸機関の見解とほぼ同一な見解を示し, とりわけ「不合理なという表現は, 明瞭性を欠き, 税法上許容される償却の規模について引き続き様々な疑義を生ずる原因となる」[76]と論評した。

「1927年覚書」はまた, 貨幣価値の変動と税務上の償却控除の関係という問題についても言及し, この関係で「減価償却は, 納税者が, 様々な所得年

第6章 スウェーデンにおける自由償却制度（1938-1955年）の意義 | 395

度の所得平準化を生みだすための一手段と見做しうる」[77]と主張した。とはいえこの覚書は，この問題は，将来討議されるべき問題としてそれ以上に立ち入った討議の対象とはしなかった。後の「自由償却制度」の導入との関連で，「1924年租税委員会」が公表した「1927年覚書」がとりわけ注目されるのは，後述のように，それが，基本的には「帳簿上の減価償却に関する控除の権利を法人に対して承認するべきである」[78]という提案をしていたことによる。とはいえこの提案は，「1928年法規」（1928 års lagstiftning）即ち「1928年地方所得税法」§29にも導入されることはなかった。

「1924年租税委員会」及びその「1927年覚書」の公布に続いて，新たに「1928年会社租税準備委員会」（1928 års bolagsskattteberedning）が設置された[79]。その主要な目的は，株式会社など法人企業に対する税制上の諸規則を提案することであった。この委員会は，この目的の下に，償却控除の問題についても徹底して論議し，その討議の結果を「意見書」（betänkande）として公表した。この「意見書」も，具体的に法制化の道に直結するものではなかった。それでもこの委員会は，懸案の幾つかの諸問題を整理し，その論点を深め，「自由償却制度」の法制化への道を模索したという点で，それなりの役割を果たした。そして「自由償却制度」を法制的に税法上承認するために最も直接的に影響力のある委員会が設置されるのは，1936年まで俟たなければならなかった。

この間，税制上，償却控除を実質的に規制した法規は，「1928年所得税法」§29であった。

周知のように，スウェーデンの租税制度は，歴史的には王室財政を賄うために「国税」と呼ばれた直接税の徴収に議会が一定の権限をもちながら，発展してきた[80]。

その発展の過程で，およそ19世紀中に，委細は別として，後に課税所得算定の場合の「減価控除」（värdeminskningsavdrag）の概念の形成に導くことになる幾つかの法令が制定された[81]。

この国で「減価控除」を法令上初めて承認したのは，既述の「1910年所

得-及び財産税法令」及び「1910年国庫歳入法令」であった。とはいえこれらの法令は，総体として課税所得を決定するための「基本的な諸規則」[82]を必ずしも整備していたわけではなく，その整備は，「1928年地方所得税」の制定まで俟たなければならなかった。

「1928年地方所得税」§29の規定は，事業所得の算定のための控除項目として，建物・機械など当時いわゆる資本的資産と呼ばれていた諸資産に関する減価償却規定を導入していた[83]。それは，減価原因として，時の経過・磨耗の他に，いわゆる陳腐化及びそれに匹敵しうる諸事象も承認した。勿論，それは，減耗性資産の償却及び特許権など法律上の特権並びに事実上の権利としての営業権の償却も承認した。

当時，スウェーデンの税法上，非常に重要な原則の一つは，しばしば指摘されるように，「租税年度の不可侵性」[84]の原則であった。税務当局は，この原則がいわゆる通常税額（国家の所得税と地方所得税の合計額）の算定の場合非常な不公平を招いているという納税者側の批判に応える形で，いわゆる通常税額の決定に関する諸規則を弾力化する路線を敷いた。この緩和措置は，とりわけ比例的な通常税額を支払う株式会社など法人企業に対して，最も寛大であった[85]。即ち税法は，「年次課税所得額の決定を，若干の制限を付した上で，企業の判断に委ねるべきこと」[86]を承認した。例えば，当該企業が，ある年度に秘密積立金を形成或いは増大しようとすれば，この積立金を，営業年度中に発生した損失を補填する目的で利用することがない限り，その大きさを納税申告書に明示すればよかった[87]（この国では申告制の導入は，1902年に一部開始）。しかも税務当局或いは立法当局は，このような緩和措置を，国家及び地方自治体の年次徴収税額の安定化（歳入の安定的な確保）及び会計理論の発展動向に留意しつつ企業に最も適合的な会計方法の適用（特にインフレーションの場合のそれ）に繋がるという理由で，擁護さえしてきたのであった[88]。即ち「課税は，当初，一般的な国家支出を賄う資金調達をすることを目的としたが，とはいえこの40年間（1930年代-1970年代），所得格差を平準化し，かつ財務的政策の一手段としても利用されてき

第6章 スウェーデンにおける自由償却制度（1938-1955年）の意義 | 397

た」[89]。

ところで先の「1928年会社租税委員会」は，既にその「意見書」の中で「1928年地方所得税法§29の減価償却規定は，概して，通則（normalregel）として維持するべきであるが，一部，緩和するべきである」[90]という見解を提示していた。この「意見書」は，このような立場より，先ず機械・器機・期限付きの幾つかの法的諸権利に関する「帳簿上の減価償却」を税務上の「償却控除」として承認する権利を，「幾つかの前提条件」の下で株式会社など法人企業のみならず，全ての企業形態に附与するべきことを提案した。次いでそれは，この「幾つかの前提条件」の問題に言及した。その委細は省略して，結論だけ示せば，「1924年租税準備委員会」が「1927年覚書」の中で提案した，「納税者が，調達原価の範囲内で自ら年次償却を決定する自由」を株式会社など法人企業のみならず，全ての企業形態に対して承認する前提は，先ず「帳簿上の減価償却と税務上の減価償却とが一致するべきこと」[91]，次いでこの場合企業が，既にこの条件を充足しているとして，企業が税務当局に「自由償却」をする権利を利用することを承認させるためには，企業が，「完全で明瞭な計算書類を作成していること（複式簿記記帳をしていること）が明らかであること」，しかも税務当局が，企業の計算書類によって企業が実施している減価償却の方法・手続きを追跡し，その方法・手続きが，償却性資産以外の資産に濫用されていないかどうか，或いはまた減価償却費の計上が，取得原価を基礎としたこの種の控除によって償却されうる金額を上回る金額で計上されていないかどうかということを検査・監視しうるということであった。そして「帳簿上の減価償却と税務上の減価償却との一致を保持するべきであるという［この前提条件の下で］到達される自由償却は，それ故に，各々の事業主自身がかかる願望をもっているか否かということに，依存するべきである」[92]と述べていたのであった。

これまで一瞥してきたように，1938年に導入される「自由償却制度」は，時期的には，既に1920年代中葉頃より幾度か設置された関連の委員会が討議し，その都度各々の委員会が意見表明をしてきた問題であった。とはいえそ

れらの各々の委員会による意見表明は，直接的に法案の形で議会に提出されることも，法規として日の目をみることもなかった。こうした動向の中で新たに「1936年租税委員会」(1936 års skattekommitté) が設置された。この委員会が設置されたとき，その主要な目的は，1929年恐慌に伴う1930年代不況に関連して，「将来の不況を抑えるか或いはそれに対して機先を制する手法」[93]を考案することであった。このような目的の下にこの委員会は，「自然人及び法人に対して直接的に課している国家の所得税を修正することについて，何らかの答申と提案をすることをその課題とした」[94]。「自由償却の権利」(den fria avskrivningsrätten) を法規定として盛り込むことを可能にしたのは，この委員会であった[95]。この委員会は，1937年9月に「委員会意見書」(Kommitténs betänkande) を提出した。この「委員会意見書」は，1938年国会における「地方所得税法」の修正のための決議の基礎となった。因みにいえば，「1936年租税委員会」は，上記の目的の下にその課題を果すために，本章で問題としている「自由償却の権利」の承認問題の他に，それに関連した一連の景気変動政策的な税務上の手法（棚卸資産有高評価と財産目録，景気調整のための投資準備金制度，年金引当金の設定問題など）についても討議し，その結果を答申した。各々の法案は，「自由償却の権利」に関する議案と共に，議会を通過した[96]。

　「1936年租税委員会」の勧告に従って成立した「自由償却制度」は，「徴税上の原則的な変化」[97]と呼ばれた。

　「1936年租税委員会」が，「自由償却の権利」の問題を討議したとき，その過程で様々な意見・解釈・論点が提示された。1938年国会で決議された法規は，様々な意見・解釈・論点をめぐる討議の結果えられた妥協の産物であった。ここでそれらの討議の過程に詳細に立ち入る必要はない。この法規が，その後1952年に暫定的に改定され，1955年に'当時としては恒久的な'法規として改定される経緯に照らして，既にこの委員会で，「自由償却の権利は，無制限な減価償却に対する権利 (rätt till obegränsade avskrivningar) を意味するか」[98]という問題が提起され，活発な論議が展開されていたことを指摘す

第6章 スウェーデンにおける自由償却制度（1938-1955年）の意義 | 399

るに留める。この制度の制定後間もなく勃発した第二次世界大戦は，中立維持をかかげるスウェーデンをも実質的に巻き込んだ。この国もまた，戦時経済体制に入った。1938年の「自由償却制度」に潜む様々な問題点——それらは，既にこの法案作成に到る過程で討議され，法案は，いわば玉虫色となった——が，白日の下に晒されるようになるのは，戦後になってからであった。

そこで次節では，「1936年租税委員会」で「自由償却の権利は，無制限な減価償却に対する権利を意味するか」という問題が既に提起されていたことを念頭に入れて，この制度の基本的な仕組みを明らかにしよう。なお，'当時としては恒久的な'という言葉は，1990年代初頭の税制改革までと言い直しした方が適切であろう。何故ならこの制度は，1990年代初頭の税制改革で一応廃止となったからである。もとよりこの税制改革の下でも，1930年代末葉に法制化されたこの制度を支える基本的な税務上の思考と手法は，原則的に承認されている[99]。

〈注〉
1) Västhagen, Nils, *De fria avskrivningarna 1938-1951, Del. I, Industrin*, Företagsekonomiska forskningsinstitutet vid Handelshögskolan i Stockholm, Gleerup Lund, 1953, s. 17.
2) Grandell, Axell, *Redovisningens utvecklingshistoria*, Tidskrifts AB Företagsekonomi, Lidköping, 1972, s. 101 följ.
3) Västhagen, Nils, *op. cit.*, *Del. I*, s. 17.
4) *Ibid*.
5) Sillén, Oskar, *Studier i Svensk Företagsekonomi : Uppsatser och Föredrag 1928-1943*, P.A. Norstedt & Söners Förlag, Stockholm, 1. uppl., 1943, s. 89.
6) Sillén, Oskar, "Några drag ur den svenska företagsekonomiska revisionens historia med särskild hänsyn till förvaltningsrevisionen", *Studier i ekonomi och historia*, Tillägnade Eli F. Heckscher på 65 årsdagen den 24 November 1944, Almqvist & Wiksells Boktryckeri AB, Uppsala, 1944, s. 195 och ss. 198-204.
7) Sillén, Oskar, [1943], *op. cit.*, s. 89 följ.
8) Västhagen, Nils, *op. cit.*, *Del. I*, s. 18.
9) Sillén, Oskar, [1943], *op. cit.*, s. 95.
10) *Ibid*., ss. 101-102.
11) この法令の生成の過程・目的・内容などの委細については，大野文子稿「スウェーデ

ンにおける株式会社の発展―同国の近代会計関連法規定の生成の史的背景として―」
(1) 明治大学短期大学紀要 第55号 1994年3月, 199頁及び235頁を参照。
12) Svensson, Seth, *Industriella avskrivningsmetoder och inventarieböcker*, Sveriges industrieförbund, Stockholm, 1927, ss. 9-12.
13) Glader, Mats/Bohman, Håkan/Boter, Håkan/Gabrielsson, Åke, *Företagsformer i teori och tillämpning : En studie med inriktning på mindre och medelstora företag*, Utredning från statens industriverk, SIND 1975 : 5, Liber Förlag, Stockholm, 1975, s. 24 ; Hammarskjöld, Hj. L., *Redogörelse för den utländiska bolag - och föreningensrättens utveckling och nuvarande ståndpunkt, den svenska bolagsrättens utveckling samt de svenska föreningarna (för ekonomiskt ändamål)*, Stockholm, 1890, ss. 87-88.
14) Glader, Mats/Bohman, Håkan/Boter, Håkan/Gabrielsson, Åke, *op. cit.*, s. 26.
15) Söderstrom, Erik (utgiv.), *Gällande lager om aktiebolag jämte tillhörande författningar*, med förklarande anmärkningar och präjudikat m.m. samt formulär, C.E. Fritzes K. Hofbokhandel Stockholm, 1906, ss. 350-372.
16) 大野文子稿「スウェーデンにおける株式会社の発展―同国の近代会計関連法規定の生成の史的背景として―」(3) 明治大学短期大学紀要, 第57号 1995年3月, 106頁及び110頁の注5を参照。
17) スウェーデンの近代株式会社及び株式会社法の生成・発展の動向については, 大野文子稿「スウェーデンにおける株式会社の発展―同国の近代会計関連法規定の生成の史的背景として―」(1)(2)(3) 明治大学短期大学紀要, 第55号 1994年3月・第56号 1995年2月・第57号 1995年3月を参照。なおこの問題に関連する参考文献は, これらの論文(1)(2)(3)に記載しているので, 本章では特別な場合を除いて記載省略。
18) Tauvon, Gerhard, *Om aktiebolag och deras förvaltning : Juridisk handbok för direktörer och styrelseledamöter m. fl. Jämte formulär och lagertexter*, Lars Hökerbergs Bokförlag, Stockholm, 1925, ss. 198-199.
19) Sillén, Oskar, [1943], *op. cit.*, s. 101.
20) Västhagen, Nils, *op. cit.*, Del. I, s. 18.
21) *Ibid.*, ss. 18-19.
22) *Ibid.*, s. 60. なおスウェーデンにおける「内部原価会計」に関する生成・発展の過程については, 財務会計と管理会計の結節点という視角よりこの国の原価計算の発展過程を辿った大野文子稿「スウェーデン工場簿記の発展―18世紀中葉より19世紀中葉にかけて―」明治大学短期大学紀要 第46号 1989年10月及び「近代スウェーデンにおける原価計算論研究の足跡:概観 (1900年より1945年まで)」明治大学短期大学紀要 第65号 1999年3月を参照。これらの論文で利用した諸文献は, 特別に引用する場合を除いて, 記載省略。
23) Rodhe, Knut, *Aktiebolagsrätt enligt 1944 års lag om aktiebolag*, 7. uppl., P.A. Norstedt & Söners Förlag, Stockholm, 1970, ss. 145-147.
24) この法律の概要とその後の改正点 (特に1977年のそれ) 及び関連の諸文献について

第6章　スウェーデンにおける自由償却制度（1938-1955年）の意義 | 401

は，大野，［1994年3月］，前掲稿，194-203頁の他，Ordeheide, Dieter and KPMG (eds.), *Transnational Accounting*, Vol. II, 1st. ed., Macmillan Press Ltd., Basingstoke, 1995, pp. 2377-2378 ; Bökmark, Jan/Svensson, Bo, *Bokföringslagen, kommentar till 1976 års lagstiftning*, Liber Förlag, Jurist-och Samhällsvetareförbundets Förlags AB, Stockholm, 1977, ss. 9-24を参照。

25) Ordeheide, Dieter and KPMG (eds.), *op. cit*., s. 2377 ; Westermark, Christer, *Den nya bokföringslagen, m. m*., Norstedts Juridik AB, Stockholm, 2000, s. 9.

26) 商法規定を部分法典として含むこの普通法は，スウェーデンの統一国家の形成に先立つ中世期以来この地方で地域別に施行されていた都市法と地方法とを，スウェーデンがかの大北方戦争に敗北して，偉大なる帝国の時代に終焉（1721年）を告げ，Fredrik 1治世下のいわゆる「自由の時代」を開幕するのに伴って，両者の統一を図った法律である。その委細については大野，［1994年3月］，前掲稿，207-213頁及び227-239頁を参照。この論文で利用した諸文献は，特別に引用する場合を除いて，記載省略。

27) Hansen, Palle (red.), *Handbok i redovisning*, Natur och Kultur, Stockholm, 1971, s. 247.

28) *Ibid*., ss. 297-298.

29) Ordeheide, Dieter and KPMG (eds.), *op. cit*., 1995, p. 2377.

30) *Ibid*., p. 2978.

31) Hembery, William och Sillén, Oskar, *Bokföringslagen av den 31 Maj 1929, Med förklarande anmärkningar, formulär och sakregister*, 8. uppl., P.A. Norstedt & Söners Förlag, Stockholm, 1970, ss. 69-87.

32) Västhagen, Nils, *op. cit*., Del. *I*, s. 60.

33) Hansen, Palle (red.), *op. cit*., s. 708.

34) Hanner, Per V.A., "Accounting and Taxation in Sweden in Relation to the Problem of Inflationary Profits", *Accounting Research*, Vol. 1, January, 1950, p. 259.

35) Flower, John (ed.), *The Regulation of Financial Reporting in the Nordic Countries*, Fritzes, Stockholm, 1994, p. 183.

36) *Ibid*., p. 201.

37) *Ibid*.

38) Svennilson, Ingvar, *Growth and Stagnation in European Eonomy*, United Nations Economic Commission for Europe, Geneva, 1954, pp. 128-149 ; Jonung, Lars and Ohlsson, Rolf (eds.), *The Economic Development of Sweden since 1870*, An Elgar Reference Collection, Cheltenham, UK・Lyme, US, 1997, Part II-4, Part XII-28 and 29 ; Lundberg, Erik, *Business Cycles and Economic Policy* (Translated by J. Potter), George Allen Unwin Ltd., London, 1957, Chap. 1 and 2, エーリック・ルンドベルグ著/吉野俊彦邦訳「景気変動と経済政策―経済統制か金融政策か―」至誠堂1964年，3-53頁。

39) I. Kruegerの粉飾経理問題については，本書の第5章を参照。ここでは多国籍企業と

しての同社の持株関係会社を軸とした独特な粉飾経理の実態を明らかにしている若干の文献を記載するに留める。Hassbring, Lars, *The International Development of the Swedish Match Company 1917-1924: The Swedish Match Company 1917-1939, Studies in Business Internationalization*, Liber Förlag, Stockholm, 1979 ; Lindgren, Håkan, *Corporate Growth: The Swedish Match Industry in its Global Setting, The Swedish Match Company 1917-1939, Studies in Business Internationalization*, Liber Förlag, 1979, 特に持分関係については, pp. 364 följ. Appendix 2 ; Hildebrand, Karl-Gustaf, *Expansion Crisis Reconstruction 1917-1933: The Swedish Match Company 1917-1938, Studies in Business Internationalization*, Liber Förlag, Stockholm, 1985, 特に独特な財務構造と粉飾経理の実態については, pp. 183-211, pp. 365-385 ; Glete, Jan, *The Kreuger Group and the Crisis on the Swedish and International Capital Markets*, Manuscript Part I-IV, Scandinavian Journal of History, 1978 : 3.

40) 「1944年株式会社法」§§111-113. Hemberg, William och Sillén, Oskar, *Bokföringslagen, m.m.*, 4. uppl. (omarb.), P.A. Norstedt & Söners Förlag, Stockholm, 1953, ss. 102-103. 1920年代の産業合理化時代の後1930年代不況の克服過程を背景としたスウェーデンの企業合同などに伴う連結財務諸表の「1944年株式会社法」への導入問題については, Rodhe, Knut, *Aktiebolagsrätt enligt 1944 års lag om aktiebolag*, 2. uppl., P.A. Norstedt & Söners Förlag, Stockholm, 1953, s. 20 och ss. 198-202を参照。また, 1932年の「クロイゲルの倒壊」(Kreuger crash) に伴うスウェーデンにおける監査制度の強化と「1944年株式会社法」の改定作業の着手という問題については, Flower, John (ed.), *op. cit.*, pp. 183-184 ; Ordeheide, Dieter and KPMG (eds.), *op. cit.*, Vol. II, p. 2379を参照。更にこの時期に公認会計士及びコンサンタントとしてO. Sillén が果した役割については Flower, John (ed.), *op. cit.*, p. 184 ; Wallenstedt, Eva, [1988], *Oskar. Sillén: Professor och Praktiker: Några drag i foretagsekonomiämnets tidiga utveckling vid Handelshögskolan i Stockholm*, Acta Universitatis Upsaliensis, Studia Oeconomiae Negotiorum 30, Uppsala, 1988, ss. 225-296 を参照。

41) Särtryck ur Sveriges Rikes Lag, *Aktiebolagslagen: Lagen den 14 Sept. 1944 om aktiebolag med tillhörande författningar och rättsfall*, Med inledning av Professor Håkan Nial, P.A. Norstedt & Söners Förlag, Stockholm, 1960, ss. 902-904.

42) Rodhe, Knut, [1953], *op. cit.*, ss. 142-148.

43) *Ibid.*, ss. 135-141.

44) Västhagen, Nils, [1953], *op. cit.*, Del. *I*, ss. 61-62.

45) Västhagen, Nils, *De fria avskrivningarna 1938-1951, Dell. II, Rederierna*, Företagsekonomiska forskningsinstitutet vid Handelshögskolan i Stockholm, Gleerup, Lund, 1956, s. 62.

46) Hansen, Palle (red.), *op. cit.*, ss. 298-299 ; Stenbeck, Einar/Wijnbladh, Mauritz/Nial, Håkan, *Den nya aktiebolagslagen*, P.A. Norstedt & Söners Förlag, Stock-

第6章　スウェーデンにおける自由償却制度（1938-1955年）の意義 | 403

holm, 1978, s. 332.
47) Hansen, Palle (red.), *op. cit.*, ss. 332-333 ; Stenbeck, Einar/Wijnbladh, Mauritz/ Nial, Håkan, *op. cit.*, s. 333.
48) Norr, Martin, "The Taxation of Corporate Income in Sweden : Some Special Features", *National Tax Journal*, 1959 : 12, p. 329.
49) Svensson, Seth, *op. cit.*, s. 25.
50) *Ibid.*
51) *Ibid.*, ss. 16-17.
52) 「株式会社産業情報サーヴィス」（AB Industribyrå）については，大野文子稿「スウェーデンにおける近代会計学の形成―概観（1900年より1945年まで）―」(3) 明治大学短期大学紀要，第60号 1997年1月，40-47頁を参照。
53) O. Sillén の足跡を示す資料は，大野文子稿「スウェーデンにおける近代会計学の形成―概観（1900年より1945年まで）―」(1)(2)(3) 明治大学短期大学紀要 第58号 1996年2月・第59号 1996年3月・第60号 1997年1月の中で様々な資料を記載しているが，本章では特に次の資料をあげておく。Engwall, Lars (red.), *Företagsekonomins rötter : Några bidrag till en företagsekonomisk doktrinhistoria*, Studentlitteratur, Lund, 1980, ss. 41-57 ; Wallenstedt, Eva, *Oskar Sillén : Professor och Praktiker : Några drag i företagsekonomiämnets tidiga utveckling vid Handelshögskolan i Stockholm*, Acta Universitatis Upsaliensis, Studia Oeconomiae Nagotiorum 30, Uppsala, 1988 ; Engwall, Lars (red.), *Föregångare inom företagsekonomin*, SNS Förlag, Stockholm, 1995, ss. 49-86.
54) O. Sillén の実務家としての足跡については，特に Wallenstedt, Eva, *op. cit.*, ss. 225-286を参照。
55) Svensson, Seth, *op. cit.*, s. 31.
56) *Ibid.*, s. 32.
57) *Ibid.*, s. 33.
58) *Ibid.*, s. 32.
59) *Ibid.*, s. 56.
60) *Ibid.*, s. 59.
61) Jonung, Lars and Ohlsson, Rolf (eds.), *op. cit.*, Part XII-29 ; Lundberg, Erik, *op. cit.*, Chap 2, 前掲訳書，3-20頁。
62) Norr, Martin, "Taxation and Stability : Guidance from Sweden", *Harvard Business Review*, Vol. 38, No. 1, January-February 1960, p. 52.
63) Västhagen, Nils, [1953], *op. cit.*, *Del. I*, s. 65.
64) *Ibid.*
65) *Ibid.*
66) *Ibid.*, s. 66.
67) Västhagen, Nils, [1953], *op. cit.*, *Del. I*, ss. 53-55. ; Hemberg, William och Sillén, Oskar, *op. cit.*, s. 25 ; af Klercker, B., *Resultatutjämning mellan olika beskattnings*

år vid beskattning av inkomst av rörelse enligt svensk rätt, 2. uppl., Stockholm, 1949, ss. 57. följ.
68) Västhagen, Nils, [1953], *op. cit*., Del. 1, s. 66.
69) *Ibid*.
70) *Ibid*.
71) *Ibid*., s. 67.
72) *Ibid*.
73) *Ibid*., ss. 67-68.
74) *Ibid*., s. 69.
75) *Ibid*., ss. 69-70.
76) *Ibid*., s. 70.
77) *Ibid*., s. 68.
78) *Ibid*., s. 69.
79) *Ibid*., s. 70.
80) 近代スウェーデンにおける所得税に関する基礎的な諸規定は,「国家の所得税に関する法令」(Lagen om statlig inkomstskatt) 及び「地方所得税法」(Kommunalskattelagen) の中に存在する (Sveriges Industriförbund/Svenska Arbetsgivareföreningen, *Företaget och Samhället*, SAFs förlagssektion, Stockholm, 1978, s. 77)。

「国家の所得—及び財産税に関する法令」は1910年に,「地方所得税」は1928年に,初めて登場した。とはいえ所得税それ自体は,スウェーデンにおける古い税制である。本文を補足する意味でこの国では所得税は,「1928年地方所得税」の制定までどのようにして徴収されてきたか,ここでは株式会社を中心としてその過程を一瞥しておきたい。

G. Vasa による国家統一以来16世紀末葉まで,スウェーデンの国家歳入(王室歳入)を賄ったのは,さしあたり王室自身の財産及び間接税(関税・過料など)であった。王室財政が様々な理由で逼迫するにつれて,歳入不足を賄ったのは,国税と呼ばれた直接税であった (Norr, Martin/Duffy, Frank J./Sterner, Harry, *Taxation in Sweden*, World Tax Series, Harvard Law School, International Program in Taxation, Litter, Brown and Company, Boston・Toronto, 1959, p. 72)。国王の政治的権力が如何に強力でも,議会の国王に対する影響力は,建国当初よりかなり多大で,国王が国税を徴収するためにはその都度議会の承認を必要とした。17世紀中葉には議会は,3年ごとに国王に国税の徴収権を承認するようになった (*Ibid*., p. 72)。この制度の下で,例えば,1710年の法令は,見積給与・賃金・年金に対して20%の徴税をすることを規定した (*Ibid*.)。この種の直接税は,その後も引き続き発布される法令(特に著名な法令は,1772年,1789年及び1800年のそれ)によって徴収された (*Ibid*.)。

1800年の法令は,既に所得を様々な範疇に区分し,範疇ごとに異なる税率を定めた。この制度は,1861年まで適用された (*Ibid*.)。近代スウェーデンの所得税に関す

第6章　スウェーデンにおける自由償却制度（1938-1955年）の意義 | 405

る基礎を築いたのは，1861年の税制改革であった（*Ibid.*）。この改革は，所得の範疇ごとに異なる税率を適用したこれまでの徴税方式を概して廃止し，課税所得を，不動産所得（income from real property）と資本所得或いは勤労所得（income from capital or labor：これは実質的には不動産所得以外の殆ど全ての所得を含む）に区分した。この課税所得の区分は，後の時代になって農業所得，農地以外の不動産所得，事業所得，勤労所得，資本所得，臨時的な諸経済活動より発生する所得に区分する先駆けとなった（日本興業銀行・興銀調査/192「スウェーデン経済と企業税制」1977, No. 6, p. 44, 小松芳明著「各国の租税制度　5訂版」第11章，スウェーデンの租税制度, 財経詳報社　1983年, 470-473頁）。この改革は，20世紀に入って徐々に注目されるようになったが，社会民主労働党が単独政権の座に就いて以来顕著となった累進税の導入に言及することはなかった。スウェーデンに累進税が初めて導入されたのは，1902年であった。この国に累進税が導入されて以来，その定着化とおよそ半世紀に及ぶその変動の一般的な動向については, Lindahl, Gustaf, *De progressiva inkomstskatterna i Sverige*, Robert Olssons Boktyckeri, Stockholm, 1952（特に株式会社については s. 55 följ.）を参照。また，1930年代以後，社会民主労働党政権下での累進課税の動向については, Sträng, Gunnar, *Fast ekonomisk politik och rättvis beskattning*, Sveriges Social Demokratiska Arbetsparti och Tidens Förlag, Stockholm, 1956, s. 33 följ. を参照。

　スウェーデンにおける税制の20世紀前半の発展動向を予告する一連の制度が導入されたのは，1902年であった（Norr, Martin/Duffy, Frank J./Sterner, Harry, *op. cit.*, p. 72）。

　1861年の税制改革以後1902年のこの税制改革まで，国家の所得税率は，個人と法人組織との区別なく，一律1％であった（*Ibid.*）。国家は，当時既に株式会社を独立した課税主体として承認していたが，株主の配当金を課税対象とはしなかった。国家は，20世紀初頭における納税申告制の一部導入まで，課税所得の算定を税務当局自身の手中に委ねており，課税所得の算定は，税務当局が行う見積りによって決まった。1900年には「地方所得税」の平均税率が5％であったように，1902年の税制改革に先立つこの時期には，所得税としてより大きな比重を占めたのは，国家の所得税よりも地方所得税であった（*Ibid.*）。このような租税構造を成立させた最も直接的な要因は，国教会の存在であった。加えてこの国が，建国当初より，様々な理由で伝統的に地方分権・地方自治に対する関心が比較的高かったことも，このような租税構造を成立させる土壌となっていた。この国は，1862年の地方行政組織の改革（地方議会に大幅な権限を委譲）とそれに続く1866年の制度改革を前提に，1902年の税制改革が開始する頃には，かなりの程度まで地方自治の確立を推進していた。この問題については，大野，[1996年3月]，前掲稿，101-107頁。この論文で参照した諸文献は，記載省略。とはいえ「地方税所得税」を支配する実質的な諸規定が導入されるのは，1928年まで俟たなければならなかった（*Ibid.*, p. 49.）。1902年の税制改革は，既述のようにこの国における税制の20世紀前半の発展動向を予告するものであった。

この改革は，概して新防衛計画を促進するために暫定的な新所得税法の導入を当面の最重要課題としたが，そこに導入された諸徴税方式——例えば，一部納税者に対する納税申告制度の承認，国家の所得税については最高税率5％を限度とする累進課税の採用，個人株主が取得する配当金に対する課税と株式会社に対する資本金の6％を最高限度とする課税所得からの配当金の控除，但しその税率は個人及び株式会社に対して同一とすることなど（Ibid., p. 72）——は，徐々に定着化に向かった。そしてこうした流れは，やがて持続的・恒常的な近代所得税法としての1910年の「国家の所得―及び財産税法令」の制定に結びついていった。例えば，個人の場合には当初は純資産の1/60を課税所得に加算し国家の所得税税率をその合算所得に適用し，最高税率6％を限度とする累進税率の引上げ，株式会社の場合には株式会社がその資本によって稼得した利益の額（所得の大きさ）との関係で税率が決まる累進課税の導入，株式会社の利益の額（所得の大きさ）が資本の5％以下の場合には2.5％，資本の100％以上の場合には5.2％を限度とすることなど，新しい制度を導入した（Ibid., pp. 72-73）。

　政府は，第一次世界大戦中の戦時経済体制下で，緊急的な重税措置を講じた。とはいえそれは，政府のそれまでの租税原則の重要な変化を随伴するものではなかった（Ibid., p. 73）。

　この国が，第一次世界大戦後間もなく着手したのは，1919年の税制改革であった。
　この税制改革は，後の時代にも継承されるいわゆる「変動税」（rörlig skatt）を導入した。この制度は，国家の所得税法が定める一定の税率を基礎税率として，議会が毎年，特別法によって各年度ごとに，基礎税率の一定の比率，例えば，100％，120％などを決定する制度である。それは，租税制度を弾力的なものとし，将来，新規の追加的な徴税を新たに必要とはしない制度であった（Ibid., pp. 72-73）。この税制改革はまた，この国では「地域控除」（orts avdrag）と呼ばれる制度を導入した。それは，地域ごとに異なる「生計費控除」を承認する制度であり，この目的のためにこの国の市町村（commune）を四つの地域に区分した。その本質は，一種の個人的な減免税であった（因みにいえば，1950年代末葉で地域控除の最も低い地域は，最も高い地域の12％程度となっていた）（Ibid., p. 73）。この税制改革は，更に，法人所得に対する累進税の基礎税率を，法人所得が資本の4％以下の場合の1.5％から資本の150％以上の場合の12％までを範囲として，個人に対する基礎税率に適用された変動税率と同一の税率を法人にも適用した。例えば，1920年にはこの税率は，155％，1921年より1924年には175％に上昇，1928年より1932年には145％に低落，1932年以後から上昇に転じて，1935年には180％となった（Ibid.）。

　1919年税制改革の翌年，地域控除の形態で国家の所得税に導入されていた生計費控除は，地方の所得税にも採用された。当初より存在していた，国家の所得税及び地方所得税に対する地域控除額の格差解消は，1958年まで俟たなければならなかった。

　政府が，長らく待望していた「地方所得税法」を制定したのは，1928年であった。それは，統治章典§57によって，独立した地方自治体は自らの歳出を賄うための徴税

第6章　スウェーデンにおける自由償却制度（1938-1955年）の意義 | 407

方式を地方自治体自らが決定すること，地方税は，地方政府が，地方財政を賄う唯一の租税であるが，しかも，それは，議会を通過した法令によって課せられるべきこと，税率を別とすれば，全国的に統一されていること，税率は，地方自治体の歳入の必要性に応じて，毎年，地域別に設定され，各自治体ごとに相違することなど，主要な基本原則を定めた（因みにいえば，自治体ごとに相違する税率の平準化という問題は，後に専門委員会の検討課題となった）(*Ibid*., p. 45, 65)。「1928年地方所得税法」は，その時々の状況に応じて部分的に修正されながらも，その基本的な思考は，この国の地方所得税の基礎として存続してきている。同年，政府は，その他の点でも様々な税務上の技術的な修正をしたが，それは，課税に対する基本的な思考と原理を変えるものではなかった。更にこの時期に政府・税務当局は，スウェーデンの法人企業に対して，それがこの国の他の法人企業（持株25％以上）から取得する配当を，銀行・保険会社・及び類似の同族会社などを別として，原則として非課税にした。この非課税の措置は，当初は国家の所得税目的で，後には地方税目的でとられた措置であった (*Ibid*., p. 73)。総じてこの国の「1910年国家の所得—及び財産税法」並びに「1928年地方所得税法」というこれらの近代税法は，その制定以来「自由償却制度」が導入される頃まで，総体として個人に対しては比例的な地方所得税と高度に累進的な国家の所得税を課し，株式会社など法人企業に対しては地方所得税及び国家の所得税共に比例的な租税を課していた。因みにいえば，株式会社など法人企業の場合地方所得税と国家の所得税の合計額（いわゆる通常税額）は，本章で問題としている「自由償却制度」が導入された1938年には会社の純利益の28％，1940年より1947年には37-39％程度，1948年以後46％であった (Hanner, Per V.A., *op. cit*., p. 259)。

81) Västhagen, Nils, [1953], *op. cit*., Del. *I*, s. 65.
82) Hanner, Per V.A., *op. cit*., p. 259.
83) Norr, Martin/Duffy, Frank J./Sterner, Harry, *op. cit*., p. 269. 7/3. 1.
84) Hanner, Per V.A., *op. cit*., p. 259.
85) *Ibid*., p. 260.
86) *Ibid*., p. 259.
87) Norr, Martin/Duffy, Frank J./Sterner, Harry, *op. cit*., pp. 72-73.
88) Hanner, Per V.A., *op. cit*., p. 259.
89) Sveriges Industriförbund/Svenska Arbetsgivareföreningen, *op. cit*., s. 76.，スウェーデンの1930年代頃からのこうした租税政策については，Norr, Martin, [1959], *op. cit*. 及び [1960], *op. cit*. を特に参照。
90) Västhagen, Nils, [1953], *op. cit*., Del. *I*, s. 69.
91) Norr, Martin, [1959], *op. cit*., p. 329.
92) Västhagen, Nils, [1953], *op. cit*., Del. *I*, s. 69.
93) Norr, Martin/Duffy, Frank J./Sterner, Harry, *op. cit*., p. 84.
94) Västhagen, Nils, [1953], *op. cit*., Del. *I*, ss. 70-71.
95) *Ibid*., s. 77.

96) Rosenqvist, Erik, *Den nya företagsbeskattningen*, Affärsekonomins Skriftserie, No. 43, 1955, s. 28, 投資準備金問題については，本書の第7章或いは大野文子稿「スウェーデンにおける投資準備金制度 1938-1955」明治大学短期大学紀要 第61号 1997年3月を参照。
97) Norr, Martin/Duffy, Frank J./Sterner, Harry, *op. cit.*, pp. 73-74.
98) Västhagen, Nils, [1953], *op. cit.*, *Del. I*, ss. 77. följ.; Hedborg, Gustaf, *Den begränsade avskrivningsrätten. M.M.*, P.A. Norstedt & Söners Förlag, Stockholm, 1952.
99) 1990年代のスウェーデンの税制改革問題については当面の課題ではないので，欧米の関連文献の記載はここでは避け，この改革の全体の流れとの関係で償却問題の問題の所在を把握しておくという意味合いより，藤岡純一著「現代の税制改革—世界的展開とスウェーデン・アメリカ—」（法律文化社 1992年）をあげておく。

第2節 「自由償却制度」の基本的な仕組みとその後の制限措置

1．「自由償却制度」の基本的な仕組み

これまでみてきたように，スウェーデンにおける株式会社など若干の法人企業は，20世紀初頭より1930年代にかけて，私法上の減価償却諸規定即ち「1910年株式会社法」§56及び「1929年会計法」§9とその解釈論を通じて，総体的・傾向的には短期償却を目指しながら，景気変動との関連で極めて弾力的な減価償却を実施してきた。この国が1902年に納税申告制を導入して以来，このような減価償却は，納税申告の際にしばしば税務当局との軋轢の火種となってきた[1]。

税務当局が，1938年の「自由償却制度」の導入まで承認してきた税務上の旧来の償却制度は，この制度の導入に伴ってそれと区別する意味で，一般に「拘束償却制度」（bunden avskrivning）[2]と呼ばれるようになった。この「拘束償却制度」は，「拘束償却計画書」（bunden avskrivningsplan）[3]即ち税務当局が，「企業が自ら作成し税務当局が承認した計画書」（uppgjord plan, som är godkända av taxeringsmyndigheterna）[4]に基づいて償却控除を承認する制度であった。この制度は，1950年代に入りさしあたりは暫定的

に，そして間もなく恒常的となった新制度の下では，「計画償却制度」(planenlig avskrivnging) と呼ばれるようになった[5]。この「拘束償却制度」は，既に少なくても20世紀初頭頃より減価償却について折々発布される諸法令とその解釈論を媒介として産業界に徐々に普及・定着し，慣行的なものとなったが，近代的な所得税法としての国家の「1910年所得－及び財産税法令」の制定（1910年）よりはるかに遅れて1928年に初めて制定された「1928年地方所得税法」§29で，明文化された。「拘束償却制度」は，税務上承認しうる償却法を定額法に限定していたが，耐用年数の規定要因として機能的減価も考慮して，平均償却率を機械・設備については10％程度，建物については2-4％程度（或いは2-3％程度）としていた[6]。この制度は，それ自体としては税務上の償却控除の問題に関わる制度であり，その限り私法上の減価償却諸規定に依拠する「簿記上の減価償却（avskrivning i bokföring）の実施を義務づけるものではなかった」[7]。換言すれば，この制度は，原則として，当該資産に対する税務上の減価償却額と私法上の減価償却諸規定に依拠する減価償却額との一致したがってまた当該資産の「税務上の残存価額と外部会計上の残存価額との一致」（överensstämmelse mellan det skattemässiga restvärdet och restvärdet enligt den externa redovisningen）[8] を必要とはしなかった。その例外は，例えば，企業が，ある年度に，「拘束償却計画書」に基づいて計上される償却額を下回る償却を行いその償却不足額を次年度以降に繰り越す場合，或いは企業が，当該資産の「実際の価額」が様々な理由で明らかに未償却残高以下に低落しているという判断に基づいて，評価減しようとする場合であった[9]。そのため税務当局は，実際問題としては，税務上の償却控除の是非を判断する場合，「簿記上の減価償却と税務上の償却（skattmässig avskrivning）とが，……一致している方が適切であろう」[10] という見解を抱いていた。

税務上の償却控除と私法上の減価償却諸規定に依拠した減価償却との抗争を惹起し，その軋轢が最も精鋭化してその決着を最終的に裁判に求めるようになった主要な問題の一つは，償却率の大小したがってまた耐用年数の査定

の問題であった[11]。

「自由償却制度」の導入の主たる狙いは、さしあたり税務当局と株式会社など若干の法人企業との間で反復する耐用年数の査定をめぐる「煩わしい抗争」[12]といわれてきた問題に決着をつけ、併せて「課税の延期」によって企業の「財政的な基盤の強化」(konsolidering)[13]を図り、「不況対抗的な経済を構築」[14]することであったといわれる。

スウェーデンが、「自由償却制度」を、第7章でみる「投資準備金制度」などその他の税務上の諸制度と共に導入したこの時期は、かの「国民の家」というスローガンの下に、P.A. Hanssonを党首とする社会民主労働党単独政権の時代（1936-1938年）の時代であった。それは、第1章でみたように、この国が、1929年世界恐慌に続く1930年代の不況期を、G. Myrdalの1933年の予算案添付書にみられるようなケインズに先行したケインズ的な手法を大胆に適用することによって、スウェーデン型混合経済の台頭・形成期に「計画・組織化された資本主義」の枠組みを模索していた時期であった[15]。1930年代の安定化政策は、可及的に高い雇用水準を維持しつつ、「循環的変動を平均化」[16]することを目的とした。この目的のためにとられた手法は、景気の後退期には赤字予算を組み、好況期には黒字予算を計上することであった。1937年の予算改革は、経常予算と資本予算を明確に区分した。その意図は、主として、公共部門の富の増大と、政府によるその経済の資本形成への貢献度を明白にすることであった[17]。この場合資金調達は、通常、資本予算を借款によって賄い、経常予算を租税によって賄うことを原則とした。とはいえ好況期には経常予算は黒字となるため、資本予算の一部を租税をもって充当し、後退期には経常予算は赤字となるため、その一部を借款によって賄った。「予算による均衡化原理」[18]を実際に適用することは、間もなく勃発した第二次世界大戦によって不可能となった。この原理は、戦後の1950年代の経済政策論争に多大な役割を果した。とはいえ現実問題として、ときの政府も野党も、各々の経済政策上の立場を擁護するために、予算の経常勘定と資本勘定の区分を巧みに利用した。例えば、政府は、財政政策をよ

第6章　スウェーデンにおける自由償却制度（1938-1955年）の意義 | 411

り制限的なものとすることを望むときには，経常勘定の赤字を増やすため，資本勘定から経常勘定へ支出項目を移動させ，野党は，減税の余地を示すために，経常勘定から資本勘定へ支出項目を移動させ，経常勘定の黒字を創造した[19]。こうして予算の資本勘定と経常勘定への区分は，「戦術的な政治戦略を助長させ，……複雑な簿記問題に焦点を合わせることによって，財政政策論争を多年にわたって妨げてきた」[20]といわれる。

　当時のスウェーデンの財政政策の理念とその手法とが，後の時代になって様々な問題を惹起したとしても，さしあたり1930年代の不況及びそれからの脱出過程において，偶発的な平価切下げに加えて，「民間投資に影響を与えるための単一の最も重要な政策措置は，恐らく，1938年における自由な減価償却基準の導入であった」[21]。1930年代のスウェーデンの短期的な財政政策は，概して公共事業及び個人消費に関わるものであり，「自由償却制度」は，「短期的な安定化の局面よりもむしろ長期的な能率の局面」[22]に関わるものとして，間もなく始まる不可避的な戦争がやがて終熄した後の経済状況に関する予測を射程に入れて，不況対抗的な景気変動政策として機能させることを意図していたといわれる。

　「自由償却制度」は，この権利を行使しうる主体を「適格性ある納税者」[23]とし，その条件として規則的に会計帳簿をつけている株式会社など若干の法人企業に限定した（非法人企業は適用除外）。この制度は，それを前提に，かれらが機械・設備を償却する場合，原則として完全に「自己の判断に基づいて」（efter skön）[24]償却する権利を附与した（但し建物は適用除外。その理由は，建物の建設は，政府機関の認可を必要とすること，その場合様々な事務手続きを踏まなければならないこと，そのためこの種の資産を直接的に規制することは，実用性の点でも実行可能性の点でも余り利点がないという判断によるものであった）[25]。この制度の下では，例えば，かれらが，機械・設備を調達した場合，それらの見積耐用年数の長短に拘らず，その調達年度中に全額償却することも，或いはかれらが適切と考えるならば，「経営成績が良好な年度には，より一層多額な償却を，経営成績が不良な年度に

は、より小額の償却をするか或いは全く償却をしない」[26]ことも可能であった。即ち税務当局は、各々の年度に如何なる償却率或いは償却額を利用するかという問題を、この「適格性ある納税者」の判断と選択に任した。この制度は、かれらに年次償却の規模に関して自由な選択権を原則として承認した上で、かれらがその権利を実際に行使するに当たっては二つの条件即ち「税務上の償却額は、納税者の帳簿を基礎とした簿記上の減価償却額と一致すること」[27]、及び「如何なる場合でも税務上の償却総額は、原始原価を超えてはならない」という条件を満たすべきことを要請した[28]（現在原価基準や取替原価基準は否認）[29]。因みにいえば、当然のことながら、「自由償却の権利」を「自らの判断に基づいて」利用しない法人企業及びこの権利行使の適用除外となっていた非法人企業は、「拘束償却制度」に従った。

「自由償却制度」は、その制定後間もなく勃発した第二次世界大戦に伴う戦時経済体制下でも徐々に産業界に浸透していった。とはいえこの制度が、産業界により一層普及・定着するようになるのは、戦後の1945年より1951年にかけてであった[30]。

「自由償却制度」を導入した当時、この国の産業界や学識経験者たちの大方の予想に反して、厳しい戦後不況は到来せず、戦後の好況期の下で、減価償却の進捗度と投資の拡大とはほぼ比例的に加速化していった[31]（章末の別図1.1を参照）。既述のように、スウェーデンの1920年代の文献でさえ、既に過大償却実務の一端として、機械・設備に関する名目的・備忘録的な「1クローネ勘定」のあることを指摘していたが、第二次世界大戦後のこの時期には、とりわけ巨大企業の多くは、「自由償却の権利」を利用して機械・設備の初年度全額償却或いは「1クローネ勘定」の計上に倦むことがなかった[32]。

前節で指摘したように、「自由償却制度」の法制化に導いた「1936年租税委員会」におけるこの問題に関する討議の過程で、「自由償却の権利は、無制限な減価償却の権利を意味するか」[33]という問題が既に提起され、各界からの活発な論議を招いた[34]。この場合この制度に内在する、好景気におけ

るインフレーション助長的な性格を指摘し，それに対する危惧感を表明する学識経験者もいなかったわけではなかった。とはいえ大半の論者は，この制度は，税務当局と株式会社など若干の法人企業の耐用年数の査定をめぐる抗争を回避し，併せて不況対抗的な企業の「財政的な基盤の強化」を図ることに寄与するという理由で，「自由償却の権利」を抑制することには反対であった。またこの制度のインフレーション助長的な性格を熟知している学識経験者の中にさえ，税務当局は，「自由償却の権利」を承認する場合，企業が「不合理な」償却をしない限りという前提条件を，暗黙裡に前提としており，税務当局は，企業が行う「不合理な」償却を当然制限する権利を有するので，「自由償却の権利」を抑制するための別段の規定を定めることを必要とはしないと説く人々も存在した[35]。そしてこの場合「不合理な」という言葉をめぐっても様々な解釈論が展開した。その委細は省略して，結論的にいえば，「不合理な」とは，「良き商人の会計慣行」・「健全な商慣行」と背反するということを意味し，「良き商人の会計慣行」・「健全な商慣行」とは，「慎重な」それであり，「高額な償却は，良き商人の慣行に矛盾しない」[36]という以外，その内容は不問に付された[37]。「自由償却制度」の導入問題を討議した「1936年租税委員会」において指摘されていたこの制度に潜む問題性は，さしあたり玉虫色の法案として議会を通過した。このような玉虫色の法案とその可決は，後にその改定に当たって，次のように釈明された。「なお一層疑義のある問題は，1938年に問題の諸規定が税法に導入されたとき，納税者が，自由償却の権利を，法規の制定者が意図していたと推定されうる償却額の程度を広範に超えて，利用するということが概ね判明しているという理由で，その権利を取消しすることが可能か否かという問題である。想起するべきことは，企業が自由償却をそのような程度まで利用するようになるということ，それ故にそのような場合には税務当局に，この権利の承認問題に干渉しうる可能性を認めるべきであったということを，当時，この法規の制定に関与した人々が既に念頭に入れていたことである。とはいえ様々な観点から完全に合目的な諸規定を作成することは困難であることを考慮して，こ

れについては何らかの詳細な規定を設けることはなかった。とはいえこの場合前提とされていることは，産業界の立場からも社会的な一般的な観点からも，望ましい実務が形成されるべきであるということであった」[38]。ここにいう「産業界の立場からも社会的な一般的な観点からも望ましい実務」を形成するということは，時期的には確定できないが来るべき戦後状況の下で，発生しうると推測された景気の後退（投資の不振）或いは景気の上昇（投資の過熱）など，何れの場合であるにせよ，景気変動に適合的な会計実務の形成（投資を刺激或いは抑制する会計実務）の形成を意味した。

この問題性が，現実に顕在化し，やがては「自由償却の権利」の一部制限という形で修正の是非が問われるようになるのは，この制度の実際的な適用の過程であった。それは，1952-1955年にかけて施行されたこの権利に対する暫定的な制限措置，1955年以後，当時としては'恒常的・持続的な'制限措置の実施に繫がるのであった。即ち「自由償却制度」より「制限償却制度」への移行という過程である。

上記のように，一部の学識経験者が，既に「自由償却制度」の導入過程でこの制度に潜在するインフレーション助長的な性格を指摘し，その後も第二次世界大戦後の好景気の下でこの制度が普及・定着するのに伴って，この制度を持続することに対して警告を発していたにも拘らず[39]，巨大企業を中心とする産業界は，この制度はいわゆる自己金融による企業成長と国際競争力の強化に寄与すると主張し，この制度の持続を望んだのであった[40]。

N. Västhagen は，この「自由償却制度」問題に関する詳細な実証研究に着手し，その調査結果を二部作として纏めた。即ち「自由減価償却 1938-1951 第1部工業」(*De fria avskrivningarna 1938-1951, Del. I, Industrin*, 1953) 及び「自由減価償却 1938-1951 第II部造船業」(*De fria avskrivningarna 1938-1951, Del. II, Rederierna*, 1956) である。第一部は，概して減価償却の機能（その企業経済的な局面と国民経済的な局面）を解説することより出発して，損益調整機能と資金調達機能・減価償却と投資・減価償却と景気変動・減価償却と良き商人慣行の問題を問い，次いで「自由償却の

第 6 章　スウェーデンにおける自由償却制度（1938-1955年）の意義｜415

権利」の法律的な側面（解釈論），調査・研究の資料収集の方法とその制約条件，減価償却・投資・利潤の関係など，総じて減価償却による自己金融機能の問題に焦点をおき，とくに機械製造業，木材加工・製紙業，織物業（大・小規模織物業）について分析した。第二部は，第一部で展開した所説を前提として，この国の伝統的な産業として少なくても戦後の一定期間まで国際競争力を備えていた造船産業について分析した。

　かれは，調査・研究の対象とするべき企業として，当時，資本金 百万 skr 以上の128社——その内訳は，機械製造業（36社），造船業（8社），木材加工・製紙業（32社），大規模織物業（29社），小規模織物業（23社）——を選択した[41]。かれは，1938-1951年間にわたって，各産業部門別に，実際の償却額（「自由償却制度」による償却額）と調達原価を基礎とする「拘束償却制度」及び再調達原価を基礎とする「拘束償却制度」という各制度の下で計上される償却額とを比較し，併せて償却額と投資活動との関連を調査し，その結果を各産業部門別に図式化した[42]（章末別図1.1-1.5を参照）。

　それによれば，時期的に各産業部門が「自由償却制度」を積極的に利用するようになったのは，必ずしも同時的ではないが，概してそれが普及・定着するようになるのは，第二次世界大戦後からであった。それに伴って何れの産業部門でも平均的に「自由償却制度」による償却額は，調達原価を基礎とする「拘束償却制度」を適用した場合のそれはもとより，インフレーションを考慮して再調達原価を基礎とする「拘束償却制度」を適用した場合のそれよりも大きかった。例えば，各産業部門の中でも最も早期に「自由償却制度」の導入に積極的であったとみられる機械製造業の場合，平均的に「自由償却制度」による償却額は，調達原価を基礎とする「拘束償却制度」を適用した場合のそれよりも50％程度，再調達原価を基礎とした「拘束償却制度」を適用した場合のそれよりも25％程度大きかった。それより遅れて「自由償却制度」の導入に積極的に取り組んだと推定される造船業及び木工加工・製紙業の場合も，平均的に機械製造業の場合とほぼ同様であった。大規模織物業の場合，平均的に「自由償却制度」による償却額は，調達原価を基礎とす

る「拘束償却制度」を適用した場合のそれよりも同じく50％程度，再調達原価を基礎とする「拘束償却制度」を適用した場合のそれよりも10％程度大きかった。もとより各産業部門内で個別企業が実施した「自由償却制度」による償却額の大きさは，個別企業の個別的な事情によって各産業部門の平均値とは乖離した。このような「自由償却制度」の下での実際の償却額と設備投資額との関係を示す「相関関数」(korrelationskoeficeient) が，0.61以上の企業は，機械製造業56％（34社中19社），造船業71％（7社中5社），木材加工・製紙業39％（28社中11社），大規模織物業52％（29社中15社），小規模織物業51％（18社中9社），総計51％（116社中59社）となっていた。そして実際の償却額と設備投資額の動向が殆ど一致している一会社の場合，その相関関数は0.98であった[43]。このことから少なくとも推測しうるのは，好況期の高利潤は，「自由償却制度」による多額な償却を可能とし，それに相当する減価償却資金が，更に高利潤によって刺激されて，設備投資に向かったということである。

　次項でみるように，こうした状況の下で政府は，「自由償却制度」を，過熱気味の景気の鎮静化という側面より，改めてその是非を問い，その結果，この制度に，1952年以後暫定的に一定の歯止めをかける措置（1952年以後取得の機械・設備に適用）をとり，1955年にこの措置を恒久化する法的措置（1956年より施行）を講じた[44]。即ちそれは，「帳簿償却制度」(räkenskaplig avskrivning) と呼ばれた制度である。既述のように，この制度は，1955年以後1990年代初頭の税制改革までそのまま存続したのみならず，この税制改革によっても，機械・設備の償却については30％定率法を承認する形で，依然として貫徹されている[45]。

2．帳簿償却制度への移行（「自由償却制度」に対する制限措置）

　「自由償却制度」の導入過程で既に論議の対象となった「自由償却の権利は，無制限な減価償却を意味するか」という問題，或いはまたそれに関連して提起された「自由償却制度」の下でも承認され難い「不合理な」償却とは

第6章　スウェーデンにおける自由償却制度（1938-1955年）の意義 | 417

何かという問題，更にはそこより展開した「良き商人慣行」・「健全な商人慣行」の意味内容をめぐる解釈論の展開など，「自由償却制度」をめぐる様々な論点の呈示と様々な批判にも拘らず，この制度は，その導入以来，とりわけ戦争直後からその暫定的な制限措置が開始する1950年代初頭まで，産業界に急速に普及・定着し，例えば，Electroulx社の1946-1947年の「自由償却」の事例にみるように，膨大な償却控除を許容してきた（章末別表2を参照）。

かねてよりこの問題を討議してきた「事業税委員会」は，1952年にその討議の結論の一つとして，「自由償却制度」は，株式会社など若干の法人企業に対して，いわゆる「制限償却制度」の下では不可能な，膨大な税務控除を許容し，需要が供給を上回り投資を刺激することよりも抑制することを必要とするような時期に，株式会社など若干の法人企業の投資活動の拡大に伴って増大する資金需要を賄い，更なる機械・設備の取得に駆り立てるという現状認識を示した[46]。

当時のスウェーデンの著名な会計士 Per V.A. Hanner は，雑誌論文の中で，この間の事情を，概略，次のように説明した。即ち，第二次世界大戦後（1946年頃から）のスウェーデンにおける低金利政策，傾向的なインフレーション，完全雇用（労働力不足），財貨の払底（とりわけ民間住宅の不足）という状況は，この国の企業家たちを投資に駆り立てたこと，しかも第二次世界大戦の勃発間近に制定された一連の投資刺激効果をもった税制は，この傾向を促進し過大投資傾向を創出しつつあったこと，この時期に政府の採択していた政策は，基本的には，資本財の過大需要・価格水準に対するインフレーション効果の下でインフレーションを阻止しつつ，非産業用の建物（住宅）への国家的な投資計画の余地を残すものであったこと，そのような流れの下で，政府は，1938年に導入した「自由償却制度」・「投資準備金」などその他の一連の投資刺激的な諸制度の改正に先立って，1951年に機械・設備と棚卸資産への投資抑制策として，例えば，投資税を導入したこと[47]。政府当局が，余儀なく投資抑制策に乗りだすようになるまで，例えば1948年には株式会社に対する法人所得税は，名目的にせよ46-50％程度に

達していた[48]。株式会社など法人企業は，既に1940年代末葉にこれだけの法人所得税を支払っても，「自由償却」とそれによって蓄積される資金によってなお設備投資の持続と拡大をなしうる程，巨額な内部留保をしていたし，それ以後もこの制度を，かかるものとして機能させてきた。それは，「自由償却制度」を制定した政府の当初の本来的な意図を離れて，制度それ自身がいわば企業の利害に傾斜しつつ，一人歩きをするようになってきたことを象徴していた。

現代スウェーデンにおける一会計学者 S. Jönsson もまた，この国の会計実務の発展と会計政策の形成[49]という視角からであるが，1930年代以後の社会民主労働党政権の下で着手されたスウェーデン型混合経済体制の台頭・形成期に政府が「計画・組織化された資本主義経済」の構築を目指して採択した租税政策を顧みて，Per V.A. Hanner と同様に，その問題性を指摘した。

S. Jönsson によれば，第二次世界大戦中のこの国の中立政策は，苦渋に満ちた選択であったが，この国は，それによって直接的な戦禍による産業基盤の崩壊と生産能力の壊滅という惨事を殆ど免れた。そのためこの国は，戦時経済より戦後経済への移行（新しい生産体制の開始）の場合には，戦禍の影響をもろに受けた諸外国の多大な戦後需要に支えられて，比較的順調に経済再建の道を開始した。1949年のこの国の通貨引下げは輸出に有利に作用し，朝鮮戦争ブームは需要超過に拍車をかけた。その結果としてこの国は，1950年代初頭には産業ブーム期を迎えた。このような状況の下で「自由償却制度」の導入過程で懸念された景気の過熱という危険は，非常に現実的な問題となった。とはいえさしあたり私的企業の高い収益性は，産業用の資本投資のための資金調達を可能とし，それによって私的企業は，信用市場からの圧迫を受けることなしに，安定成長をすることが容易であった。即ち「当時の税務上の諸規則は，自己金融に味方した」[50]。私的企業は，過熱気味の更なる投資意欲を満たすためには，なお一層多くの資本を必要とした。この資本需要は，当時の政府当局が策定した様々の福祉政策の実現のための諸条件に

第 6 章　スウェーデンにおける自由償却制度（1938-1955 年）の意義 | 419

抵触することになり，経済全体としてインフレーション傾向を招来する結果となった。「自由償却制度」に関する制限措置は，こうした状況に対する政府の対応策の一つであった。

　S. Jönsson によれば，スウェーデンにおいて第二次世界大戦後少なくとも 1960 年代まで，会計の発展動向を左右してきた主要な要因の一つは，国民的な福祉国家の構築を目指した産業と政府（議会）の合意であり，税制の在り方もそれに沿うべきものであった。換言すれば，「福祉の分配に関する最も重要な用具は，勿論，租税政策であった」[51]。「スウェーデンでは常に国家によって代表される社会——この国では，政治家たちによれば，国家と社会とは，同義語として使用されるが——の利害は，時折，産業界或いは経済学上の諸原則と敵対する。そして社会は，より上位の利害関係者なので，国家の租税政策の結果として発生する会計上の諸問題は，諸事情が許す限り，十分ではないとしても可能な限り解決されるべきである。会社は，諸帳簿に従って課税される。即ち租税目的で帳簿記録から全く独立した別の年次報告書が作成されることはない。……政府が，例えば，産業上の資本投資を刺激するために，税務上の刺激を利用することを欲するならば，会社は，その所得より，将来投資のために積立金に組み入れする部分より所得を控除することが可能である。会社は，帳簿上の所得に課税されるので，これらの，所得より控除可能な将来投資のために積立金に組み入れする部分は，損益計算上の費用項目及び貸借対照表上の非課税積立金——それは，‘負債’と‘持分’との間に計上されるが——として表示するべきである」[52]。税務上の「自由償却制度」の導入とその後の制限措置という問題もまた，産業界と政府（議会）の合意を原則としながら，「より上位の利害関係者」としての国家（社会）の立場より調整されるべきである。

　S. Jönsson が指摘するようなこうした事態に直面して政府がとった民間投資に対する政策は，以後，「短期的な安定化の局面に，即ち，民間投資の時期（タイミング）に影響を及ぼすことに……焦点が合わされた。このことは，1955 年の減価償却原則の［投資刺激的な効果の制限］強化と同様に，短期的

な金融及び財政政策措置についても当てはまる。減価償却原則の改正は，主として，民間投資を安定政策に……一層，敏感に反応させる方法として正当化された」[53]。即ちスウェーデンでは，「社会経済的なバランスを維持しようとする国家の努力は，就中，産業界の私的部門で行われている強烈な投資傾向を阻むことを目的とした諸手法の中に表明されている」[54]が，「帳簿償却制度」は，その手法の一つと考えられたのであった。政府（大蔵省）は，「事業税委員会」の答申を受けて，「投資準備金制度」などの改正案と共に，「自由償却制度」の改正のために作成した大蔵省原案（「所得税などにおける自由償却の一時的な制限に関する提案についての覚書」[55]を基礎として作成した原案）を議会に提出した。議会は，この原案を討議し，当面，1952年及び1953年の課税年度に限定して「自由償却に対して幾つかの制限を付す決議をした」[56]のであった。こうして政府は，さしあたりは暫定的に，後には恒久的に，「自由償却の権利をある程度制限」[57]する手段として，税務上，1938年の「自由償却制度」の導入以来適用されてきた旧制度を1955年に廃止し，それにとって代わる新制度を制定した。

　新制度は，先ず従来の「自由償却制度」を廃止し，これに代わって「帳簿償却制度」（räkenskaplig avskrivning）という方式を導入した。次いで「自由償却制度」の下でも，「自由償却の権利」を利用しなかった株式会社など若干の法人企業及びこの権利の適用対象外にあった非法人企業が利用してきた償却方式は，旧制度の下では「自由償却制度」との関係で「拘束償却制度」と呼ばれていたが，新制度は，この「拘束償却制度」を新たに「計画償却制度」（planenlig avskrivnig）という名の下に適用した。したがって新制度の下での税務上の償却控除を支えたのは，「帳簿償却制度」と旧来の「拘束償却制度」を改名した「計画償却制度」という二本の柱であった。

　新制度は，総体としてその適用対象となる企業を株式会社など若干の法人企業の他に，旧制度の下では「自由償却の権利」の行使の適用除外となっていた非法人企業（個人企業）にも「自由償却の権利」に代替する「帳簿償却の権利」を適用することを承認した。但し非法人企業がこの権利を行使しよ

うとする場合，その前提条件として非法人企業も，「1929年会計法」§9に従って[58]，「秩序ある記帳をなし，損益勘定による諸勘定の締切を行うこと……即ち，いわゆる完全簿記（s.k. fullständig bokföring）」[59]を実施していることを要請した。

　この制度が，それを前提に，その一方の支柱たる「自由償却制度」に代替する制度として導入した「帳簿償却制度」は，最も簡潔にいえば，機械・設備について「基本規則」(huvudregeln) として「30％-規則」(30％-regeln) と呼ばれた逓減残高償却法（30％定率法）の適用，「補足規則」(kompletteringsregeln) として「20％-規則」(20％-regeln) と呼ばれた定額法の適用，耐用年数3年以内の資産を「3年設備」(3 års inventarier) と呼び，その調達年度中に全額償却を承認することを，その基本的な骨子とした[60]（但しこの制度の下でも，建物は適用除外。「帳簿償却制度」も，旧制度と同様に，無形固定資産の償却にも適用されるが，この問題は，本章の直接的な課題ではないので，言及しない）。そして「帳簿償却制度」は，これらの資産が場合によって売却されるならば発生するかもしれない将来の利益が，課税所得となることを阻むために，これらの資産の取得原価に対する未償却残高が，計数的に把握可能であることを要請した[61]。したがってまた「帳簿償却」は，年次会計上の減価償却額と一致することを必要とした[62]。「帳簿償却制度」は，この前提の下で企業が，「当該資産の簿価が最も低くなるように」[63]，定率法または定額法を自由に選択しうる方式であった。

　「基本規則」即ち「30％-規則」は，機械・設備の見積平均耐用年数を7年程度として，機械・設備の帳簿上の期末残高（期首残高＋期中購入高－期中除却高）[64]の30％を税務上承認し，それを当該課税年度の償却控除の上限とする規則であった（「30％-規則」は概していわゆる定率法の適用を意味したが，逓減残高法であれば，それ以外の方法，例えば，算術級数法なども許容する方式であった）。企業は，この規則を文字通り利用すれば，当該資産の見積耐用年数に関わりなく，当該資産の取得年度に取得価額の30％を，2年度目に21％（未償却残高の30％）を償却することになり，2年間で取得価額

の51%を償却することが可能であった[65]。企業は，この「30%-規則」の枠内で，自由裁量によって完全に「自己の判断に基づいて」年次償却率を決定することができた。即ち企業は，如何なる年度でもこの上限よりもはるかに低い比率で償却控除をしてもよいし（例えば，初年度に取得価額の10%，2年度目に未償却残高の30%，3年度目にその20%など）[66]，或いは償却控除を全くしなくてもよい。その場合には償却控除は，自動的に幾分かは，次年度以降に延期され，次年度以降の減価償却上の基礎価額が，償却控除をしていた場合よりも高くなり，それに応じて償却控除も高くなるに過ぎない[67]。但し，企業がこの規則を適用する場合，機械・設備の全項目を対象としなければならない（換言すれば，機械・設備の範疇に入る個々の項目ごとに，異なる規則を適用してはならない）[68]。

「補足規則」即ち「20%-規則」は，「基本規則」を前提として，機械・設備の耐用年数を5年程度として，企業が，当該課税年度中に調達した機械・設備については取得価額の20%，それ以前の課税年度中に調達した機械・設備については当該年度を基準として1年前には40%，2年前には60%など，更に当該課税年度以後取得した機械・設備については毎年取得価額の20%の減価控除を承認する制度であった[69]。企業がこの規則をそのまま適用すれば，企業は，「［取得後］4年以上経過した機械・設備を，［貸借対照表に］記載する必要がない」[70]ことになる。但し，企業がこの規則を適用する場合，「30%-原則」の場合と同様に，機械・設備の全項目を対象としなければならない。

「帳簿償却制度」は，それ自体としては，基本規則「30%-規則」及び補足規則「20%-規則」を定めることによって納税者に対して旧来の「自由償却の権利」の恣意的な行使をある程度まで制限することが可能な筈であった。

とはいえこの新制度は，企業が「基本規則」或いは「補足規則」を選択適用することを承認するが，この場合企業が，償却進捗度或いはその他の状況を考慮して，随時（毎年），「基本原則」による減価償却費の計上より「補足原則」によるそれに切替えすることも承認する制度であった（章末別表1を

第6章　スウェーデンにおける自由償却制度（1938-1955年）の意義

参照）。そのため新制度の下でも企業は，自己のおかれたその時々の諸条件を考慮して，「基本規則」と「補足規則」を巧みに組み合わせることによって，かなり自由で弾力的な償却控除をすることが可能であった[71]。しかもこの新制度の下での「帳簿償却に関する諸規則は，納税申告の場合償却期間のより一層の短縮化とより多額な償却控除を承認するので，これらの諸規則は，決算政策と結合」[72]して，企業をとりまくその時々の外部的な与件とそれに制約された企業内部の様々な個別的な事情に応じて最適な選択肢を選択しうる道に繋がり，事態は，法律立案者たちの思惑通りには，必ずしも運ばなかった。更にこの新制度もまた，「自由償却の権利」の行使の場合と同様に，殆ど全ての産業部門に適用可能であったことを考慮すれば，その適用対象の拡大は，この制度の持ついわゆる「損益調整」→「秘密積立金の設定」[73]という機能を，個別企業的にも産業界全体としても，相当程度まで深化・増幅させた筈である。事実，1960年代後半或いは70年代に入ると，これらの問題は，「投資準備金制度」（1938年制定・1955年改定）との関連で，改めて決算政策という視角に照準を定めて検討されるようになり，様々な試算を基礎とした選択肢がモデルとして提示されるようになった[74]。加えていわゆる「3年設備」の概念とその取得年度における全額償却制の導入は，直接的には，当時進行する技術革新に対応する措置であったとしても，それもまた，「帳簿償却制度」が創出した上記のような作用を側面より支えるものであった。

なお，新制度も，建物については旧来どおり適用除外として3％直線法によることとし，基礎価額としては，機械・設備の場合と同様に，再評価価額或いは再調達価額を適用することを承認しなかった[75]。

こうした点よりみて新制度の下での「帳簿償却制度」は，「自由償却の権利」を制限する目的であったとしても，企業が，この制度の本来的な目的に沿ってこの制度を運用をしたか否か，またそれによって政府が，その所与の目的を達成することが可能であったか否かは，疑問である。むしろ概して企業は，「帳簿償却制度」の制定以来，「基本規則」と「補足規則」との様々な

組合せによる償却控除額を試算しながら,自己にとって最適な自由で弾力的な償却(とりわけ短期償却)を実施し続けてきたように思われる。そうだとすれば,それは,政府の当初の意図と相容れない結果を招いた筈である。

新制度がもう一つの柱として導入した「計画償却制度」は,その名称の変更はあっても,「かつてのいわゆる拘束償却制度」(den tidigare s.k. bundna avskrivningen)[76]に対応する規則として「拘束償却制度」による減価償却諸規定をそのまま継承した。そのためそれは,減価償却計算の基礎となる調達価額の計算に関する諸規則の変化を伴うこともなかった。換言すれば,「計画償却制度」は,機械・設備の固定資産の見積耐用年数を基礎とした直線法償却であった。この場合「償却計画」の中心課題は,見積耐用年数の決定及びその結果としての年次償却費の決定という問題であった。見積耐用年数の決定の場合,旧制度の場合と同様に,物質的減価の他に陳腐化などの機能的減価も考慮された。「帳簿償却制度」の場合税務上の償却控除額は,年次会計上の減価償却費との一致を必要とするが,「計画償却制度」の場合税務会計上の償却控除額は,特殊な状況を別として,年次会計上の減価償却費と一致しなくてもよい。但し「計画償却制度」の下で償却控除額が,帳簿上のそれよりも非常に高額となる場合,税務当局にそのことを開示しなければならない[77]。また企業は,特定年度に「償却計画書」に基づいて償却する償却額よりも小額な償却控除を行い,次年度以後に繰延控除してもよい。即ち各々の企業は,営業成績の良好な年度の到来まで,償却控除を延期・繰延する選択権を有する[78]。

しかも総体として,新制度は,この二つの支柱即ち「帳簿償却制度」と「計画償却制度」という二つの償却方式の弾力的な運用によって,償却費の恣意的計上を可能にする制度であった。例えば,企業は,或る年度には「帳簿償却制度」を選択し,翌年度には「計画償却制度」に移行することも可能であった。この制度は,企業に各々の年度末に当該年度における償却方式を自由に選択する権利を承認するので,企業は,この特典によって年次償却額を概して極大化したが,場合によって各々の年度末に欠損を生じ,償却限度

額に関する税法上の特典を享受できなければ，喪失した税法上の特典に相当する限度額を次年度に繰延することも可能であった[79]。

何れにせよ，設備・機械に対する税務上の償却控除にみられる大幅な自由は，「営業成績の良好な年度には相当な償却をすることによって，そして営業成績の良好でない年度には償却を抑制することによって，利益の平準化を助長し，……設備の価額を名目的な価額である1クローネの金額まで引き下げ，税額控除の獲得に役立てる」[80]。換言すれば，会社が機械・設備を購入し，直ちに1クローネの価格まで簿価の引下げをすれば，それは，秘密積立金の形成・増大となるが，このことは，「会社が，そのような秘密積立金が流動化されるまで，スウェーデン政府より無利子の借入が可能であることを意味する」[81]。この可能性は，投資活動の拡大・刺激の要因となったのであった。

企業は，その後，1960年代に入って，このような「帳簿償却制度」による税務上の恩典と投資準備金制度の選択権の行使など，その他の税務上の恩典との関連を，企業の流動性と収益性の改善という視点より比較検討し，企業にとって最も有利となる選択肢を決定するために，様々な試算をするようになった。その委細は別として，企業は，それらの試算に基づいて，1990年代初頭の税制改革までその時々の必要性に応じて，巧みにそれらの制度を利用してきたのであった。

3．「自由減価償却制度」/「帳簿減価償却制度」と「投資準備金制度」の適用事例の一端

これまでさしあたりスウェーデンの減価償却に関する私法上の規定及び税務上の規定の沿革を概観することより出発して，それを前提として税務上の「自由償却制度」の導入とその後の展開或いはその権利の制限を狙った「帳簿償却制度」の仕組みについて明らかにした。そしてこれらの法制上の減価償却規定が，その解釈論を媒介としながら，この国における設備・機械の償却の大幅な恣意性を許容してきたことを指摘した。特に「自由償却制度」/

「帳簿償却制度」という税務上の償却控除の制度は，その立法者の意図とは別に，それ自体が，個別企業の決算政策と結合しつつ，なおまた税務上のこれらの償却控除制度の導入と並んで同時に導入・修正されてきた「投資準備金制度」との比較考量の下に，様々な選択肢を創出してきたことを明らかにした（第7章参照）。

スウェーデンの減価償却諸規定それ自体は，原則として固定資産の簿価の切上げを否定していない[82]。1930年代恐慌に伴う不況期の後，この国は，社会民主労働党の採択した経済政策の下で戦中・戦後にわたり不断にインフレーション圧力に晒されてきた。とはいえこの国の企業が，一般的に固定資産の簿価の切上げを実施しないのは，再評価に対して税務上追加的な減価償却費の計上が承認されていないことによる。この国の企業は，その代わりに，いわゆる設備資産に対する過大な償却費の計上を通じて，秘密積立金の形成に導くようになる点まで，簿価の切下げをすることができる[83]。換言すれば，機械・設備に対する償却控除の自由性は，棚卸資産評価に対するそれと並んで，「相当程度まで……架空のインフレーション利益の計上を回避することに寄与してきた［が，同時にまた,］このようなスウェーデンの会計実務の発展動向及び多数の会社が蓄積してきた，しばしば生ずる過度の秘密積立金は，この国の税務上の規則が，少なくとも会社との関連では，余りにも自由であったことを示唆する」[84]。そして「スウェーデンの税務上の規則と会計実務とは，……スウェーデンの産業界が，特別に安定化することに寄与してきており，……幾百万クローネかの会社の秘密積立金は，価格の低落に対する保証であり，将来，営業成績が不良となった年度にも租税及び配当金の支払をするための保証」[85]として機能してきたのであった。

N. Västhagenの自由償却に関する実証分析が示しているように，スウェーデンの各産業部門の諸企業は，1938年の「自由償却制度」の導入以来，機械・設備の償却控除に関する税務上の寛大な恩典に浴してきた。

このような事例の一つは，The Swedish Ball Bearing Companyの1959年の年次報告書に「資本的資産に対する減価償却」という表題の下に示されて

第 6 章　スウェーデンにおける自由償却制度（1938-1955年）の意義 | 427

いる次のような記事である。

「不動産・機械などに対する減価償却は，[1959年には] 33.17百万 skr となる。[1958年には27.17百万 skr]……現行税法の立場からは，1955-1959年に取得した資産は，前もって完全に全額償却。建物などに対する減価償却は，通常の諸原則に従う。減価償却が，現在の税務上の規則によって制限されず，それまで同社が通常適用してきた諸原則に従ってなされていたとすれば，この年度の減価償却は，40百万 skr となっていた筈である」[86]。

この記事は，同社が「自由償却制度」から「帳簿償却制度」に移行することによって被った税務上の償却控除の喪失を伝えている。加えてそれは，更に遡り，同社が，1950年の旧制度の下では16百万 skr の償却控除の恩恵に浴していたが，1951年以後適用された暫定的措置の下では1951年に償却控除が，4.8百万 skr に低落したことを記している。こうして同社の場合，少なくても「自由償却制度」から「帳簿償却制度」への移行に伴って，「自由償却の権利」の行使によって享受する税務上の恩典は，著しく低落した。とはいえ同社は，その後10年近く経った1959年には，「投資準備金制度」を利用することによって投資準備金のための税額控除の恩典に浴し，「帳簿償却制度」に移行することによって被った税務上の償却控除の喪失を埋め合わせた。「帳簿償却制度」と「投資準備金制度」の選択適用のこうした事例は，他社にもみられた。例えば，同年，Volvo 社は，純益利益18百万 skr，投資準備金28百万 skr を計上し，このような会計処理を適切と見做した[87]。

これらの事例は，「自由償却制度」/「帳簿償却制度」と「投資準備金制度」との税務上の効果に対する比較考量による決算政策がそこに作用していることを窺わせる。

「政府が，税制上，……経済的な刺激を与えるために払う努力という点からみて国際的に最も長い歴史をもっていた国は，スウェーデンであった」[88]といわれている。その手法は，例えば本章で問題としてきた「自由償却制度」の他にも，棚卸資産原価の1/3までの簿価の切下げ，年金積立金のための選択的な相当の費用計上など，その手法は，様々であった。税制によって

経済全体に刺激を与えるという政府の意図が，果して実現されたか否かという問題は別として，このような税制は，私的企業の領域とりわけ企業会計の領域においては，会計処理の恣意性と不明瞭性をかなり増幅する結果を招いてきた。その顕著な事例としてしばしば引き合いにだされるのは，公表企業利益の決定の過程と会計士監査の実情である。

スウェーデンの私的企業の取締役たちは，公表企業利益を決定しようとする場合，こうした税制の問題を，当該企業のその他の対内的・対外的な問題と並んで，不断に考慮してきた。「取締役たちは，租税の効果，金融市場，労働交渉，その他様々な要素を重視」[89]した。「取締役たちは，会計年度末に，どれだけの利益を報告するべきかを決定しなければならない［が］，かれらは，そのような要素を来るべき賃金交渉，かれらが支払しようとする配当金の額の決定，及び配当金と所得との間の適切な関係を維持することに対する影響力であると考える。取締役たちが，近似値的にかれらが報告しようとしている利益を決定しようとする場合，かれらが，そのために，希望する数字を得ることができるよう，会計士たちに帳簿を修正する最も容易な方法を探るように命令する」[90]。或いはまた，「取締役たちは，先ずかれらが報告したいと思う利益を決定し，次いで会計士たちにこの選択された数字を算出するように命令する」[91]。例えば，G. Albinsson は，同国の或る工的企業における賃金・減価償却・償却後利益・配当金の関係について，1950-1954 年間の動向を分析しているが，それによれば，この期間中，それらの比率は，ほぼ，一定である[92]（章末別図 3 を参照）。これは，税制という一定の制度的な枠組みに内在している弾力性をはじめとしてその他の可能なあらゆる手段を利用しながら，公表企業利益の大きさを平準化しようとする取締役会の意向が働いていることを左証するといえるであろう。

このような事情は，当然に，この国における監査制度とりわけ外部監査の場合，公認会計士の監査業務の内容それ自体も制約する。公認会計士たちによれば，かれらが監査するべく受けとった計算書類など一連の書類，そこに適用されている会計手続，会社の資産に関する棚卸の状況或いは会社の管理

第6章 スウェーデンにおける自由償却制度（1938-1955年）の意義

状態については，かれらが論評するべき事柄は何もない。それでもかれらが，監査責任を負う当該企業の当該年度の財政状態とその事業活動の結果について，その是非を判断しなければならないとすれば，その場合かれらが注目すべき書類は，提出される貸借対照表及び損益計算書それ自体よりも，取締役会報告書において示されているこれらの書類に対するコメントである。それは，「ある程度まで，設備・機械の当該期間の償却控除が，正常であるか否か，正常値より過大であるか或いは過小であるかということを明らかにする」[93]。これによって財務諸表の読者は，財務諸表上の利益をこのコメントと照らし合わせて，読者自らが調整・［判断］することが可能となり，その限り「所得決定は，公表財務諸表に関する個人的・主観的な調整の問題となる」[94]。

例えば，この国の大抵のグラフ付きの年次報告書は，企業の設備投資と減価償却による資金調達の関係を開示しているが，その表示方法には統一性という問題への配慮もなく，表示内容に関する網羅性と概観性の適度な調和という問題への関心も希薄であった。そして年次報告書は，これらの問題を取締役会報告書に委ねる。例えば，Bofors 社は，1967年の取締役会報告書において，機械・設備・建物への投資，償却総額，投資準備金相当額の償却の動向を開示している[95]（章末別図2を参照）。これによれば，第7章でみるような投資準備金によって取得した資産に対する償却額は，全体として低いが，それは，この制度それ自体の基本的な枠組み[96]に依存する。この制度の枠組みに従って，凍結預金勘定への預金をしない場合，投資準備金に関する一般規定（§9.1）に従って凍結預金勘定に預金する場合，投資準備金に関する特別規定（§9.3）に従って凍結預金勘定に預金する場合，何れの三つの基本的な場合でも，少なくてもそれに相当する額だけ当該資産の簿価の切下げ（償却）を伴い，この簿価を基礎とした「正常な税務上の償却」が行われるので，投資準備金相当額の償却額は，投資準備金を設定しない場合の簿価を基礎とした償却額よりも，小額となる。この取締役会報告書は，もとよりそれ自体として，取締役たちの経営政策的な視点による経営の実態からの乖

離と経営の実態についての脚色があるとしても，当時のスウェーデンにおける「自由償却制度」・「投資準備金制度」・その他の税法上の手法の比較・考慮による設備投資と減価償却の関連或いはそれらの動向をある程度まで示すものとして，注目してよいであろう。

〈注〉
1) Norr, Martin/Duffy, Frank J./Sterner, Harry, *Taxation in Sweden*, World Tax Series, Harvard Law School, International Program in Taxation, Litter, Brown and Company, Boston・Toronto, 1959, p. 84.
2) Västhagen, Nils, *De fria avskrivningarna 1938-1951*, Del. I, Industrin, Företagsekonomiska forskningsinstitutet vid Handelshögskolan i Stockholm, Gleerup, Lund, 1953, s. 77.
3) *Ibid*.
4) Olsson, Jan/Rosendahl, Göran/Ruijsernaars, Harry, *Elementär företagsekonomi*, Studentlitteratur, Lund, 1975, s. 134.
5) Elefving, Folke, *Om avskrinvning vid inkomsttaxeringen*, 2. uppl., Gumperts Förlag, Göteborg, 1939, s. 3.
6) Norr, Martin/Duffy, Frank J./Sterner, Harry, *op. cit*., p. 86.
7) Elefving, Folke, *op. cit*., s. 3.
8) Olsson, Jan/Rosendahl, Göran/Ruijsernaars, Harry, *op. cit*., s. 134.
9) Hedborg, Gustaf, *Den begränsade avskrivningsrätten M.M*., P.A. Norstedt & Söners Förlag, Stockholm, 1952, s. 24.
10) Elefving, Folke, *op. cit*., s. 3.
11) Svensson, Seth, *Industriella avskrivningsmetoder och inventarieböcker*, Sveriges Industriförbund, Stockholm, 1927, s. 59.
12) Norr, Martin/Duffy, Frank J./Sterner, Harry, *op. cit*., p. 86.
13) Kuylenstierna, Carl W.U, *Beskattning av aktiebolags inkomst : Några synpuntter*, Särtryck ur Studier i Svenskt Näringsliv, Stockholm, 1942, p. 7.
14) Norr, Martin/Duffy, Frank J./Sterner, Harry, *op. cit*., p. 270.
15) この箇所は，直接的には大野文子稿「スウェーデンにおける投資準備金制度の基本構造 1938-1955」明治大学短期大学紀要第 61号 1997年 3月，2頁より引用。スウェーデン型混合経済の下での「計画・組織化された資本主義」の枠組みの形成問題と参考文献については，大野文子稿「スウェーデンにおける近代会計学の形成—概観（1900年より1945年まで）—」(2) 明治大学短期大学紀要 第59号 1996年 3月，119-164頁及び本書の第 1章を参照。
16) Lindbeck, Assar, *Swedish Economic Policy*, The Macmillan Press, Ltd., London, 1975, A. リンドベック著/永山泰彦・高宗昭敏・島和俊・小林逸太共訳「スウェーデン

第 6 章　スウェーデンにおける自由償却制度（1938-1955年）の意義 | 431

の経済政策」東海大学出版会 1981年，84頁。
17) 同上書。
18) 同上書。
19) 同上訳書，85-86頁。
20) 同上訳書，86頁。
21) 同上訳書，95頁。
22) 同上書。
23) Norr, Martin/Duffy, Frank J./Sterner, Harry, *op. cit.*, p. 84.
24) Jarnerup, S. and Carbo, S., *De nya bestämmelserna rörande företagsbeskattning*, P. A. Norstedt & Söners Förlag, Stockholm, 1955, s. 15.
25) Hanner, Per V.A., "The Prevention of Overinvestment: The Swedish Tax Experiment", *Accounting Research*, April 1952, p. 181.
26) Norr, Martin/Duffy, Frank J./Sterner, Harry, *op. cit.*, p. 83.
27) Hedborg, Gustaf, *op. cit.*, s. 24 och s. 79.
28) Norr, Martin/Duffy, Frank J./Sterner, Harry, *op. cit.*, pp. 84, 271.
29) Elefving, Folke, *op. cit.*, s. 4.
30) Västhagen, Nils, *op. cit.*, *Del. I*, ss. 147-149.
31) *Ibid.*, s. 84 och ss. 101-133.
32) Norr, Martin/Duffy, Frank J./Sterner, Harry, *op. cit.*, p. 86.
33) Västhagen, Nils, *op. cit.*, *Del. I*, ss. 77-83.
34) この時期の論争については，Welinder, Carsten, *Företagens inkomstbeskattning*, Gleerup, Lund, 1941, s. 86f.; af. Klecker, B., *Resultatutjämning mellan olika beskattningsår vid beskattning av inkomst av rörelse enligt svensk rätt*, 2. uppl., Stockholm, 1949, ss. 222 och 321-322; Lunder, G./Hedborg, S., *Skattebok för näringslivet*, 2. uppl., Stockholm, 1951, s. 30; Hedborg, Gustaf, s. 25; Annel, E., *Värderingsfrågor i bokslutet*, Svensk Skattetidning, Stockholm, 1950, s. 346 följ.; Sandsrtöm, K.G.A., *Om beskattning av rörelse enligt svensk rätt*, 3, uppl., Norstedts Juridik, Stockholm, 1951, s. 222.
35) Västhagen, Nils, *op. cit.*, *Del. I*, s. 72.
36) *Ibid.*, ss. 74-75.
37) *Ibid.*, ss. 76-78.
38) Hedborg, Gustaf, *op. cit.*, s. 23.
39) Lindberger, Lars, *Investeringsverksamhet och sparande: Balansproblem på lång och kort sikt, Penningsvärdeundersökningen Del. III*, SOU 1956:10, Stockholm, 1956, s. 256,
40) Västhagen, Nils, *op. cit.*, *Del. I*, s. 29. Norr, Martin/Duffy, Frank J./Sterner, Harry, *op. cit.*, p. 272.
41) Västhagen, Nils, *op. cit.*, *Del. I*, s. 91.
42) *Ibid.*, ss. 147-149.

43) *Ibid.*, Kap. 7, Avskrivningar och Investerigar hos Några av de i undersökningen ingående Företagen, ss. 177-197.
44) Hedborg, Gustaf, *op. cit.*, s. 23.
45) Gustafsson, Leif (ed.), *Business Laws in the Nordic Countries: Legal and Tax Aspects*, Norstedts Juridik, Stockholm, 1998, pp. 247-249.
46) Norr, Martin/Duffy, Frank J./Sterner, Harry, *op. cit.*, p. 86.
47) Hanner, Per V.A., *op. cit.*, p. 181. 投資税の骨子については，大野，[1997年3月]，前掲稿，49-52頁を参照。
48) Hanner, Per V.A., *op. cit.*, p. 182.
49) Jönsson, Sten, *Acounting Regulation and Elite Structures: Driving Forces in the Development of Accounting Policy*, Göteborg School of Economics, John Willey & Sons, Chichester・New York・Brisbane・Toronto・Sigapore, 1988.
50) *Ibid.*, p. 8.
51) *Ibid.*
52) *Ibid.*, pp. 12-13.
53) Lindbeck, Assar, *op. cit.*, 前掲訳書，84頁。
54) Hedborg, Gustaf, *op. cit.*, s. 9.
55) *Ibid.*, s. 14.
56) *Ibid.*, s. 7.
57) *Ibid.*, s. 7.
58) Jönsson, Lundmark Birgitta, *Resultatmättning och bokslutspolitik*, Studentlitteratur, Lund, 1977, s. 134.
59) Jarnerup, S./Carbo, S., *op. cit.*, s. 15.
60) Olsson, Jan/Rosendahl, Göran/Ruijsernaars, Harry, *op. cit.*, s. 134.
61) Jarnerup, S./Carbo, S., *op. cit.*, ss. 15-16; Norr, Martin/Duffy, Frank J./Sterner, Harry, *op. cit.*, 276.
62) Hansen, Palle (red.), *Handbok i redovisning*, Natur och Kultur, Stockholm, 1971, s. 708.
63) *Ibid.*
64) Norr, Martin/Duffy, Frank J./Sterner, Harry, *op. cit.*, p. 277.
65) *Ibid.*, p. 87 and p. 277.; Sveriges Industriförbund, *Arosmässan 1919 Förhandlingar : Konjunktur, Politik och Företagsbeskattning*, Uttalande av K.A. Wallenberg, Stockholm, 1920, s. 41.
66) Norr, Martin/Duffy, Frank J./Sterner, Harry, *op. cit.*, p. 87.
67) *Ibid.*, 272.
68) *Ibid.*, p. 276; Olsson, Jan/Rosendahl, Göran/Ruijsernaars, Harry, *op. cit.*, s. 134.
69) 過年度に遡る償却控除のための定額法適用に関する算式と詳細な具体的な計算方法については，Jarnerup, S./Carbo, S., *op. cit.*, ss. 21-27を参照。
70) Olsson, Jan/Rosendahl, Göran/Ruijsernaars, Harry, *op. cit.*, s. 134. 因みにいえば，

第6章 スウェーデンにおける自由償却制度 (1938-1955年) の意義 | 433

この制度は、企業が一会計期間中に一定の購入価格で購入契約を締結した機械・設備が、当該会計期間末に引渡未了で、しかも期中にそれらの市場価格が契約価格よりも低落しており、その後も引き続き低落傾向を辿ると予想される場合、契約価格を低落した市場価格まで事前に評価減し、評価減した価格を引渡終了後の償却基準価額とすることを承認した。しばしばこのような措置の対象となったのは、船舶であった。造船業界における国際的な規模での不断に激しい価格競争或いは価格低落傾向と、船舶の建造期間の長期性とが、その理由であった。例えば企業が、新しい船舶の購入のために、1957年に1958年引渡の契約を締結した場合、この契約については評価減をすることはできないが、1957年に1959年引渡の契約を締結した場合、この契約については10%、1957年に1960年引渡の契約を締結した場合、この契約については15%、1957年に1961年以後引渡の契約を締結した場合、この契約については20%の評価減をすることができた。これと同様に企業が、機械・設備を購入するために、様々な理由（例えば、その機械・設備の製造過程における技術的な特殊性、その機械・設備の利用による特別な経済的な機会の入手の可能性、その機械・設備の一過性の品不足など）で、特別に高い価格の支払をしなければならない場合にも、企業は、特別な理由による価格騰貴分を税務上控除することもできた。ここでもこの控除後の価格が、償却基準価額となるために、造船業を除いて、実利性は低かった。造船業は、第二次世界大戦直後の財貨の払底による物価騰貴の影響をもろに受けていたからである (Västhagen, Nils, *op. cit.*, *Del II*, ss. 128-134)。

71) Norr, Martin/Duffy, Frank J./Sterner, Harry, *op. cit.*, pp. 276-283.
72) Jönsson, Lundmark Birgitta, *op. cit.*, s. 121.
73) Hedborg, Gustaf, *op. cit.*, s. 9.
74) 30％逓減償却法と20％直線法の組合せによる償却控除額の試算に関する事例と様々な参考文献については、大野、[1997年3月]、前掲稿で言及しているが、特に下記の文献は、比較的単純化された試算に関する事例によってこの制度に関する基本的な枠組みを提示している点で注目してよい。Schnitzer, Martin, *The Swedish Investment Reserve : A Device for Economic Stabilization*, American Enterprise Institute for Public Policy Research, Washington, July, 1967, pp. 57-58 ; Johansson, Sven-Erik, "An Appraisal of the Swedish System of Investment Reserves", *International Journal of Accounting*, Education and Research, University of Illinois, Vol. 1. Fall, 1965, pp. 87-88 ; Jönsson, Lundmark Birgitta, *op. cit.*, ss. 149 följ., osw.
75) Västhagen, Nils, "Tax Policy and Business Firm's Investment Activities", *Skandinaviska Banken Quarterly Review*, 62. at 70., Vol. 38, No. 3, July, 1957 ; Norr, Martin/Duffy, Frank J./Sterner, Harry, *op. cit.*, p. 84 and p. 271 ; Schnitzer, Martin, *op. cit.*, s. 58.
76) Jarnerup, S./Carbo, S., *op. cit.*, s. 16.
77) Norr, Martin/Duffy, Frank J./Sterner, Harry, *op. cit.*, pp. 283-284.
78) *Ibid.*, pp. 284-285.
79) 換言すれば、「拘束償却制度は、……当該資産が、計画的に (planenligt) に、経済的

に利用可能と見做される期間中に,償却されるべきことを意味する。この場合,帳簿上の減価償却と税務会計上の償却控除との間に,何らかの一致がなければならないということは,原則として維持しがたい。[企業が]或る年度に税務控除——当該年度の事業活動が,損失を示すにせよ或いは黒字を示すにせよ——を利用しなかったとすれば,この利用しなかった控除分を,次年度移行に繰延することが可能である。

　これに対して自由償却制度の場合,帳簿上の減価償却と税務上の償却控除との間の一致は絶対的に必要である。このことは,常に,帳簿上実施された減価償却は,課税の場合,有用・有効な控除として見做されることを意味する。損失が発生した年度或いは利益の低い年度に機械を償却しなければならないとしても,この場合[納税者は,税務上承認されている]この控除の権利を,全額或いは部分的に利用することができない。そのような場合,かれは,拘束償却制度に移行してもよく,帳簿上実施したいと思う償却を行い,税務上許容される償却控除を次年度移行に繰延してもよい。これと同様な状況はまた,納税者が,帳簿上の減価償却を,かれが拘束償却をする場合には当然なしうる筈の控除額に相当する金額よりも,より低い金額で償却したいと思う場合にもまた,生ずる。そのような場合,納税者が,より高額な控除を利用しようとすれば,これは,拘束償却に移行することを通じてのみ行うことが可能である」(Hedborg, Gustaf, *op. cit*., ss. 24-25, och s. 79)。

80) Hanner, Per V.A., "Accounting and Taxation in Sweden in Relation to the Problem of Inflationary Profits", *Accounting Research*, Vol. 1, January 1950, p. 263.
81) Hanner, Per V.A., [1952], *op. cit*., p. 182.
82) 「1944年株式会社法」の資産評価に関する特別規定。Hanner, Per V.A., [1950], *op. cit*., p. 259.
83) MacNeil, J.H., "Accounting for Inflation Abroad", *The Journal of Accounting*, August 1961, p. 72.
84) Hanner, Per V.A., [1950], *op. cit*., p. 263.
85) *Ibid*., p. 265.
86) MacNeil, J.H., *op. cit*., s. 72. この事例は,スウェーデンの巨大株式会社が,1938年の「自由償却制度」より1955年に'恒久化'した「帳簿償却制度」への移行という法的措置に伴って,「自由償却制度」と同時に導入されたが,さしあたりは「自由償却制度」に比べて比較的関心の薄かった投資準備金への関心を深め,やがてはこの二つの制度の比較考量により,自己にとって最も適切・有利な選択肢をとった過程の一面を示唆している。これに対して特別な制限なしに「自由償却の権利」の行使が本格化する戦後には,例えば,スウェーデンの著名な電気器機メーカーElectrolux 社は,1946年及び1947年に「自由償却の権利」を行使して,機械・設備の未償却残高に対して各々74%及び69%の償却をしていたことが明らかとなっている (The Taxation and Research Committee of the Association of Certified and Corporate Accountants, *Accounting for Inflation: A Study of Techniques under Conditions of Changing Price Levels*, Gee and Company Publishers Ltd., London, 1952, p. 132)。更にまた,

第 6 章　スウェーデンにおける自由償却制度（1938-1955年）の意義 | 435

かつてはスウェーデンの伝統的な輸出産業として国際市場に名をはせたこともある船舶・造船業における巨大な一株式会社もまた，1億 skr の23隻の船舶の簿価を，23 skr で計上し，「自由償却制度」の恩典を享受した（Västhagen, Nils, *De fria avskrivningarna 1938-1951, Del II, Rederierna*, Företagsekonomiska forskningsinstitutet vid Handelshögskolan i Stockholm, Gleerup, Lund, 1956, ss. 84-87, *Das Abschreibungsproblem in Schweden*, ZfhF, Heft 5,1954, S. 250）。政府が，「自由償却制度」に対する制限或いはこの制度より「帳簿償却制度」への移行措置を余儀なく講じた背景には，このような償却の実態があったのである。

87) MacNeil, J.H., *op. cit*., p. 72.
88) Davidson, Sidney, "Depreciation, Income Taxes and Growth", *Accounting Research*, July 1957, p. 203.
89) *Ibid*.
90) *Ibid*.
91) Shelton, John, P., "A Tax Incentive for Stabilizing Business Investment", *National Tax Journal*, September 1956, p. 232.
92) Albinsson, Göran, *Företagsvinster : ett samhällsintresse ? En kort orientring om vinsterna och deras plats i det ekonomikska livet*, Studieförbundet, Näringsliv och Samhälle, Stockholm, 1956, s. 35.
93) Davidson, Sidney, *op. cit*., p. 203.
94) *Ibid*., p. 204.
95) Ahlqvist, Ann-Christin /Åberg, Eva-Lena, *Finansieringsanalysen i årsredovisningen*, Studentlitteratur, Lund, 1969, s. 41.
96) 投資準備金制度の基本的な枠組みについては，本書の第7章及び大野，［1997年3月］，前掲稿，34-37頁を参照。

小　結

　スウェーデンは，欧米資本主義諸国の間では，後発資本主義国として，1870年代頃より遅れた近代的な資本主義的工業化過程にようやく着手し，第一次世界大戦の勃発に伴いいち早く中立政策——これもまた第二次世界大戦のそれと同様に矛盾と苦渋を含む選択であったが——を世界に向かって表明することによって，戦時利益を手にし，この戦争の終熄時には，特化された工業資本主義国として，世界市場の片隅とはいえ，一定の地位を占めるようになっていた。とはいえこの工業化過程は，さしあたり国民生活の改善・物

的豊かさには直結せず，1920年代に入っても劣悪な労働条件・疾病・失業などは，不断に労働争議を招いていた。スウェーデンの企業会計も，このような経済的・社会的な状況に規定されて，その本格的な教育・研究を開始するのは，1909年の「ストックホルム商科大学」の設立まで俟たなければならなかった。それは，当初は，中世紀以来この国と密接な関係にあった主としてドイツ・オランダのそれより[1]，そして1920年代頃から，この国の近代的な会計の始祖ともいうべき O. Sillén のアメリカ研修旅行を契機として，アメリカのそれより影響を受けた。

この国の近代的な会計の教育・研究は，1930年代には，もとよりドイツ及びアメリカの関連の諸文献に依拠しつつも，一方では，O. Sillén の主著の一つ「より新しい貸借対照表評価諸原則」(*Nyare balansvärderingsprinciper*, 1. uppl., 1931, 10, uppl., 1970) に象徴されるように，財務会計領域における当時のスウェーデンに適合的な財務会計論の台頭（貸借対照表評価原則としての現実容認・現実擁護論である「景気調整の原則」の措定）[2]，他方では A. ter Vehn の著作の一つ「総原価計算の標準化. Volvo 社，SKF 社，ASEA 社，及び L.M. Ericsson 社の原価簿記を考慮して」(*Självkostnadsberäkningenstandardisering, med hänsyn tagen till den kalkylerande bokföringen hos Volvo, SKF, ASES och L.M. Ericsson*, 1937)[3]（この著作は，1940年代中葉の著名な「M-プラーネン」の形成に多大な貢献）にみるように，財務会計と管理会計の領域の結節点としての原価計算論に関する統一化運動に絡みつつ，スウェーデンに適合的な原価計算論の形成を主要な関心事として，相対的な独自性を次第に打ちだしていった。

それと同時にこの時期には政府が，その経済政策とりわけ不況対抗的な景気変動政策の一環として会計制度（租税制度）を機能させようとする明確な意思の下に，これまでみてきたような「自由償却制度」の導入など一連の措置を講じた。その結果は，政府の当初の意図はどうあれ，総体として私的企業の利益留保の増大と設備拡大投資に有利に作用し，私的企業を税制上特別に優遇することになった。そのため政府が導入した「自由償却制度」が，一

国経済全体に及ぼした影響として景気の過熱・インフレーションの助長という失敗に終わったという点で，この制度の欠陥を指摘する人々もいる。その是非を，様々な視角より問うことも，確かに重要な問題であろう。とはいえ本章を閉じるに当たって，本章の目的に即してより重要な問題として認識するべきことは，「投資準備金制度」なども含めてこの時期に導入した会計制度（租税政策）は，結果として私的企業に有利に働いたとしても，それは，スウェーデン型混合経済それ自体に内在する一つの必然性或いはその限界ではないかということである。スウェーデン型混合経済は，確かに市場原理を働かせながら，社会全体としての所得と富の再分配機構によって所得と富の分配の公平化を図ろうとする，大胆で偉大な一つの実験であろう。第1章でみたように，その実験は，1930年代の社会民主労働党の政権下の大蔵大臣であり経済学者としても著名な E. Wigforss の主導の下に，経済政策問題のブレインの一人として参画した G. Myrdal の著作の一つ「福祉国家を越えて」(*Beyond the Welfare State,* 1960) に象徴されるように[4]，少なくともこのような経済機構が，世界的な規模で拡大・定着することがない限り，成功の可能性は低い。換言すれば，福祉国家より福祉世界へという理想が実現される前提が整わないかぎり，私的企業は，国内的な競争要因はもとより国際的な競争的な要因によって，私的企業の行動原理を基本的には貫かざるをえず，「自由償却制度」が，それを導入した政府の意図からは離れて，私的企業にとって短期的には有利となるような結果を招来したとしても，それは，こうした経済体制それ自体に内在する限界の一つを示唆するように思われる。しかも私的企業は，本章で問題としてきた「自由償却制度」のような税制上の手段を積極的に利用することによって，より短期的には多額な利潤を手にし，それを新規投資の拡大のために充当することができたとしても，私的企業は，自らのために自らを律することができなければ，税制上のこうした手段を利用することによって，より長期的にはその安定的な成長の基盤を自ら喪失することになる可能性も回避できないように思われる。

〈注〉
1) 大野文子稿「スウェーデンにおける複式簿記の伝来事情」(1)・(2)　明治大学短期大学紀要　第36号 1985年1月・第37号 1985年3月及び「18世紀中葉より19世紀中葉のスウェーデンにおける商業簿記の発展」(1)・(2)・(3)　明治大学短期大学紀要　第38号 1986年1月・第39号 1987年3月・第44号 1989年3月を参照。
2) 本書の第3章及び大野文子稿「O. Sillén の貸借対照表評価諸原則論―その論理構造を中心として―」明治大学短期大学紀要　第63号 1998年3月を参照。
3) 大野文子稿「スウェーデンにおける近代会計学の形成―概観（1900年より1945年まで）―」(3)　明治大学短期大学紀要，第60号 1997年1月及び「近代スウェーデンにおける原価計算論研究の足跡：概観（1900年より1945年まで）」明治大学短期大学紀要　第65号 1999年3月を参照。
4) この時期に社会民主労働党が，大蔵大臣 E. Wigforss の主導の下に，G. Myrdal も含めてこの国の卓越した経済理論家たちを参画させて取り組んだ経済政策問題の動向と関連の文献は，大野文子稿「スウェーデンにおける近代会計学の形成」(2)　明治大学短期大学紀要　第59号 1996年3月, 147-167頁の他，特に Jonung, Lars and Ohlsson, Rolf (eds.), *The Economic Development of Sweden since 1870*, An Elgar Reference Collection, Cheltenham, UK・Lyme, US, 1997, pp. 702-743を参照。

第6章 スウェーデンにおける自由償却制度（1938-1955年）の意義 | 439

別図1．業種別償却の動向

1.1. 機械製造業

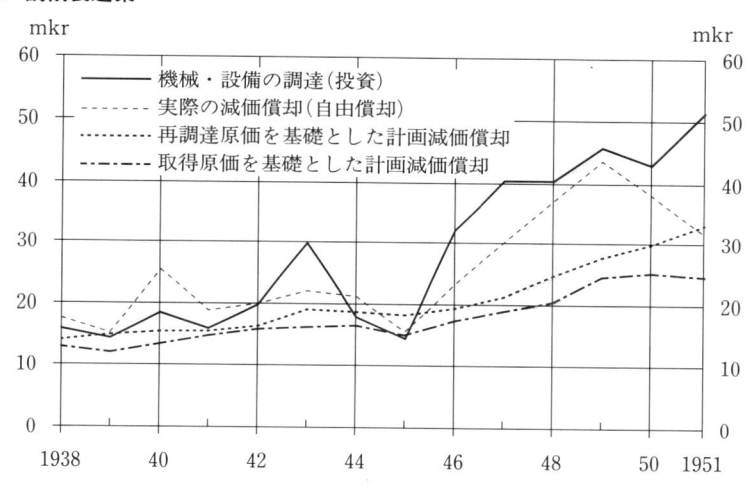

- 機械・設備の調達（投資）
- 実際の減価償却（自由償却）
- 再調達原価を基礎とした計画減価償却
- 取得原価を基礎とした計画減価償却

1.2. 造船業

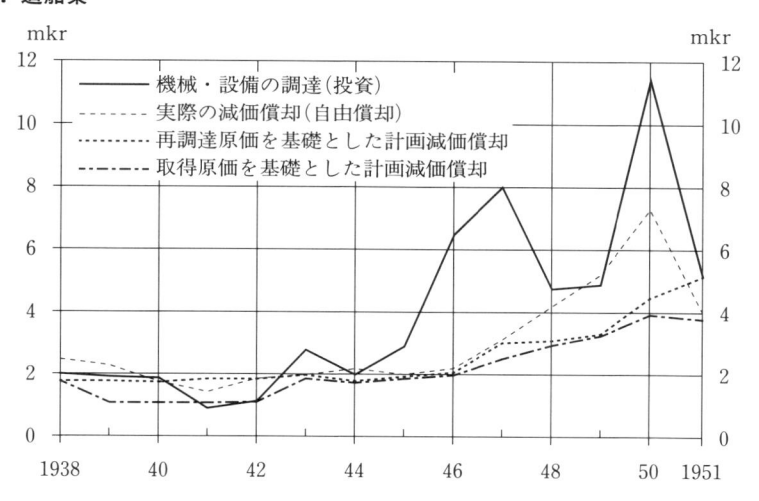

- 機械・設備の調達（投資）
- 実際の減価償却（自由償却）
- 再調達原価を基礎とした計画減価償却
- 取得原価を基礎とした計画減価償却

1.3. 材木加工・製紙業

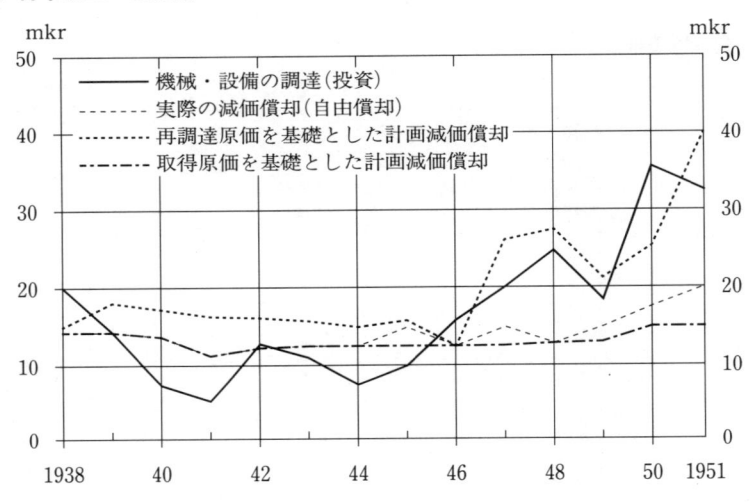

凡例：
— 機械・設備の調達（投資）
---- 実際の減価償却（自由償却）
······ 再調達原価を基礎とした計画減価償却
—·— 取得原価を基礎とした計画減価償却

1.4. 大規模織物業

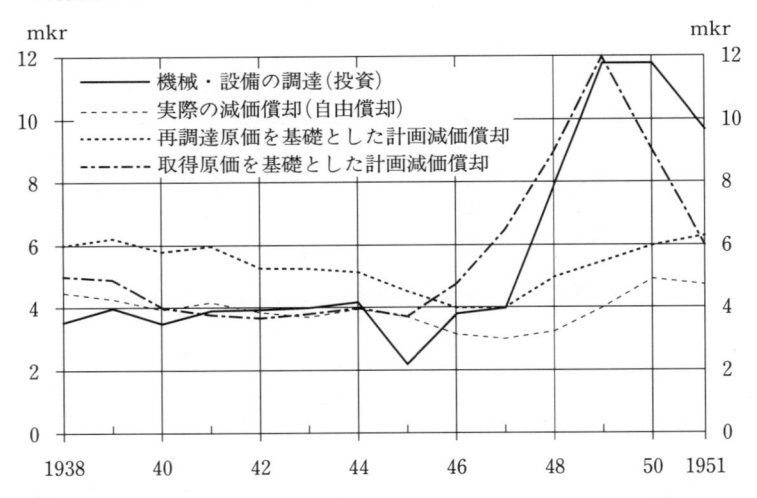

凡例：
— 機械・設備の調達（投資）
---- 実際の減価償却（自由償却）
······ 再調達原価を基礎とした計画減価償却
—·— 取得原価を基礎とした計画減価償却

出典：Västhagen, Nils, *De fria avskrivningarna 1938-1951, Del I. Industrin*, Företagsekonomiska Forskningsinstitutet vid Handelshögskolan i Stockholm, Gleerup, Lund, 1953, ss. 147-149.

第6章　スウェーデンにおける自由償却制度（1938-1955年）の意義 | 441

1.5. 小規模織物業

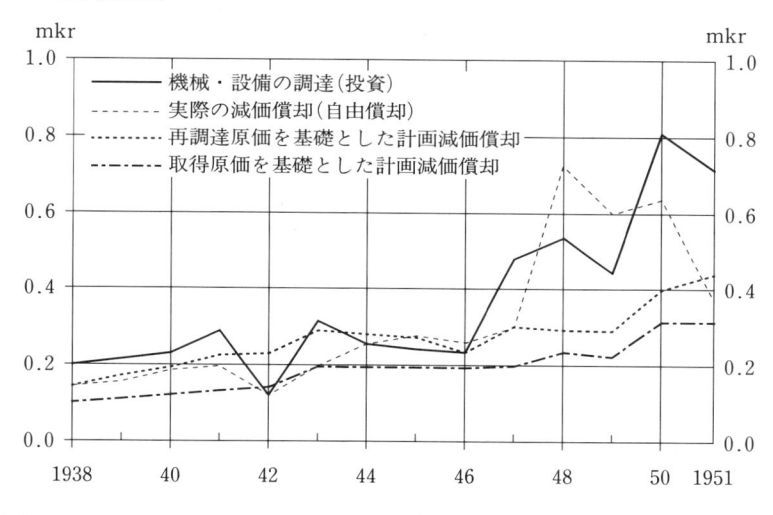

- 機械・設備の調達（投資）
- 実際の減価償却（自由償却）
- 再調達原価を基礎とした計画減価償却
- 取得原価を基礎とした計画減価償却

出典：Västhagen, Nils, *De fria avskrivningarna 1938-1951, Del I. Industrin*, Företagsekonomiska Forskningsinstitutet vid Handelshögskolan i Stockholm, Gleerup, Lund, 1953, ss. 147-149.

別図2．Borfors 社の1967年の新規設備投資と減価償却

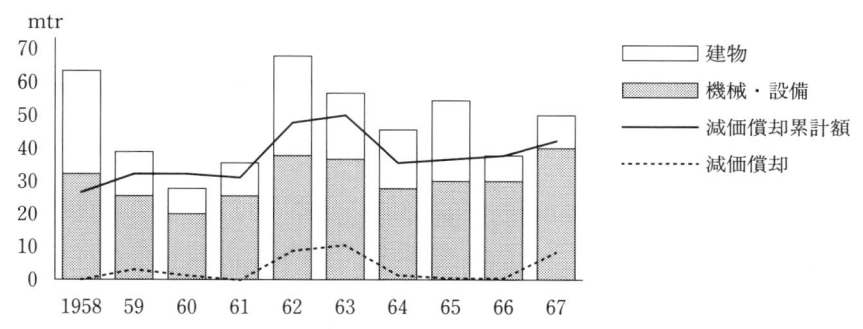

- 建物
- 機械・設備
- 減価償却累計額
- 減価償却

出典：Ahlqvist, Ann-Christian/Åberg, Eva-Lena, *Finansieringsanalysen i årsredovisningen*, Studentlitteratur, Lund, 1969, s. 41.

別図3. 工的企業の賃金・減価償却・利潤及び配当　1950-1954

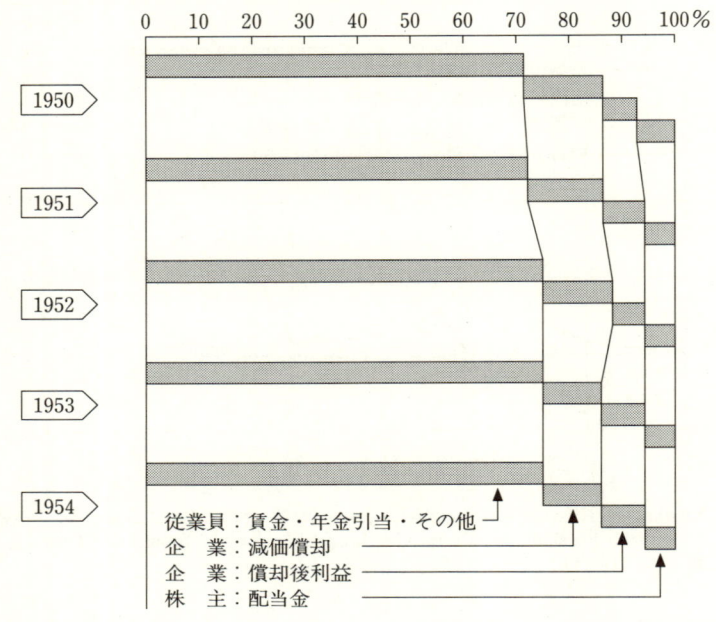

従業員：賃金・年金引当・その他
企　業：減価償却
企　業：償却後利益
株　主：配当金

出典：Albinnson, Göran, *Företagsvinster : ett samhällsintresse ? En kort orientering om vinsterna och deras plats i det ekonomiska lievet*, Studieförbundet Näringsliv och Samhälle, Stockholm, 1956, s. 35.

別表1．帳簿償却制度の事例

機械の取得原価100,000 skr　耐用年数5年　残存価格0

年度	償却方法	償　　却		未償却残高	償却率
1	定率法	30%	30,000 skr	70,000 skr	30.0%
2	定率法	30%	21,000 skr	49,000 skr	21.0%
3	定率法	30%	14,700 skr	34,300 skr	14.4%
4	直線法	20%	20,000 skr	14,300 skr	20.0%
5	直線法	20%	14,300 skr	0 skr	14.3%

1．この事例では定率法を適用しているが，例えば，算術級数法など，逓減残高償却法であれば，如何なる方法でもよい。
2．5年度目の減価償却累計額は，原始原価を超えないという限定条項による。

出典：Schnitzer, Martin, *The Swedish Investment Resrerves : A Device for Economic Stabilization*, American Enterprise Institute for Public Policy Research, Washington, 1967, p. 58より作成（大野文子「スウェーデンにおける投資準備金制度の基本構造1938-1955」明治大学短期大学紀要　第61号1997年3月，46頁を参照）。

別表2. Electrolux社の自由償却　1946-1947

年	期首残高	期中取得高	合　計	償却費	償却率	期末残高
1946	775,762	2,498,669	3,274,431	2,437,105	74%	837,326
1947	837,236	2,609,349	3,446,585	2,389,478	69%	1,057,107

出典：The Taxation and Research Committee of the Association of Certified and Corporate Accountants, *Accounting for Inflation: A Study of Techniques under Conditions of Changing Price Levels,* Gee and Company Ltd., London, 1952, p. 132.

第7章

スウェーデンにおける投資準備金制度
(1938-1955年) の意義

序

　スウェーデンの法人所得税法は，私的株式会社などの納税申告書の作成・税務上の所得の算定という本来的な役割と同時に，国家の経済・財政政策の一環としての景気対策的な役割を担い，私的株式会社などに対して租税負担の延期（繰延）を可能にする様々な投資準備金（investerigsfonder）の設定を許容してきた[1]。そのためこれらの「投資準備金は，社会経済的な機能並びに企業経済的な機能を有［し］」，社会経済的には国家・政府による「景気調整」（konjunkturutjämning）という機能を，企業経済的には「免税利益による投資の遂行」（investerning med obeskattade vinstmedel）という機能[2]を果してきたといわれる。この種の「投資準備金制度」は，1938年に，私的株式会社・協同組合・貯蓄銀行（sparbank）を適用対象として，初めて暫定的・試験的に導入され，その後1947年に当時としては'恒久的'な制度として承認され，1955年に，その理念と企業経済的な計算の仕組みを継承しながらも，大幅な改正によって税制上の恩典を拡大して以来，幾度か法改正を伴いながら，徐々に制度的に整備され，企業経済的には，「損益調整的な用具」（resultatregleringsinstrument）[3]の一つとして，1990年の税制改革に

よって廃止されるまで，およそ半世紀にわたって広く利用されてきた。この種の投資準備金は，その導入以来，その他の投資準備金より区別され，特別に「景気変動投資準備金」(konjunkturinvesterigsfond) 或いは「景気調整投資準備金」(investeringsfonder för konjunkturutjämning)[4]と呼ばれている（以下，本章ではこの種の「景気変動投資準備金」或いは「景気調整投資準備金」を特別にその他の投資準備金と区別する必要がある場合を除いて，便宜上，単に「投資準備金」と呼ぶ）。

このような「投資準備金制度」は，一言でいえば，私的株式会社などに対して，景気の好況期には法定準備金・債務調整準備金・法人税など控除前の利益の一定額（比率）を，将来の投資のためという名目で積み立てることを許容し，景気の後退期或いは不況期には主として政府の管轄下にある労働市場庁（arbetsmarknadsstyrelse）の承認或いは命令によって取り崩させ，投資と雇用の維持・拡大という国家の経済的な政策目標を遂行する手段の一つとして機能させる制度である。

スウェーデンが，投資と雇用の調整（特に拡大）を目標とした投資準備金という税法上の制度を，最初に暫定的・試験的に導入した時期は，かの「国民の家」というスローガンの下に，P.A. Hanssonを党首とする社会民主労働党の単独政権（1936-1939年）の時代であった。それは，この国が，1929年の世界恐慌の影響による不況をG. Myrdalの1933年の予算案添付書に見るようなケインズに先行したケインズ的手法を大胆に適用することによってほぼ脱し，スウェーデン型混合経済型の台頭・形成期において「計画・組織化された資本主義」の枠組みを模索していた時期であった[5]。もとよりこの頃，スウェーデンは，第二次世界大戦勃発を目前にひかえた国際政治的な状況の下で，戦時経済体制のための備蓄・配給制を敷きつつ，苦渋に満ちた中立維持政策を模索していた。そのため投資準備金制度の実際的な適用とそれに伴う一層の法整備が具体的に問題になるのには，第二次世界大戦の終熄を俟たなければならなかった。スウェーデンは，第二次世界大戦中も，中立政策を掲げることによって直接的な戦火に晒されることを免れた。この国は，

第7章　スウェーデンにおける投資準備金制度（1938-1955年）の意義

1940年代に入って既に大戦の結末が予測されるようになると，大戦の終焉を俟たずに，戦後経済の再建・復興の方向性をめぐる検討・討議を開始していた。大戦の終熄と共にスウェーデンは，戦時中に検討・討議していた再建・復興計画をいち早く実施に移していった。こうした状況の下で私的株式会社などは，戦時体制下で単に税法上の制度として試験的・暫定的に導入されたが，実際には全く利用することのなかった「投資準備金制度」を，徐々に導入するようになった。それに伴って政府が，この制度を広く普及・定着させていくことを阻害する，1938年法の幾つかの不備な点も明らかとなった。そのため政府は，1938年法を幾度か修正し，その度にこの制度の適用範囲を拡大していった。とはいえ幾度かの改正にも拘らず，1938年に初めて導入された「投資準備金制度」の基本的な理念と企業経済的な仕組みとは，1990年の税制改革によってこの制度が廃止となるまで，基本的には変わらなかった。

投資準備金制度の社会経済的な投資及び雇用の維持・拡大効果は，既にこの国内外の経済学者たちによる沢山の調査の結果，政府予測よりもはるかに低いといわれている。それにも拘らずこの制度が，およそ50年もの長期にわたって存続してきたのは何故か。本章の目的は，その理由を明らかにし，こうした制度が，スウェーデン型混合経済の台頭・形成期にどのような機能・役割を果したかを考察することである。

本章の第1節は，このような「投資準備金制度」が，スウェーデン型混合経済の台頭・形成期における税務（財政）或いは経済政策の一つとして導入されたということを念頭におきながら，さしあたりこの制度が1938年に初めて暫定的・試験的に導入されて以来，それが，制度的にその基本的な枠組みを整え，以後，この制度が広くこの国の産業界で利用されるようになるまで（1955年改正法の制定まで），その過程を辿る。第2節は，それを前提として，この制度の企業経済的な基本的な仕組みを明らかにする。スウェーデン型混合経済の台頭・形成期におけるこの制度の機能・役割は，これらの問題を解明することによって明らかになるであろう。

このような目的の下にこの制度の基本的な構造を解明しようとする場合，

とりわけ留意するべき問題は,「投資準備金制度」は, それが暫定的・試験的に導入された1938年に, この制度と並んで同時に導入された一連の極度に弾力的な「企業優遇税制」[6]（例えば, 第6章でみた「自由償却制度」はもとより, 本章では直接的には論及していないが棚卸資産簿価切下げを骨子とする棚卸資産評価優遇制度としての「棚卸資産準備金」Lagerreservefondや「投資税」など）或いはスウェーデンの私的株式会社などのとる様々な決算政策（会計政策）と複雑に絡み合いながら, 広く産業界に普及・定着し, 企業経済的な資本蓄積効果をもたらしてきたという点である。投資準備金制度の企業経済的な制度的な効果とりわけその企業経済的な収益的な資本蓄積効果という問題は, このような幾つかの税制上の諸制度との関連で, 再度, 検討されるべきであろう。

〈注〉
1) わが国の経済学者たちの間では, investeringsfondの和訳としては, 投資基金という言葉が定着しているようであるが, その会計処理という点からみて,「投資準備金」とした。投資積立金としてもよいであろう。
2) Hallgren, Örjan, *Finansiell metodik*, Studentlitteratur, Lund, 6. uppl., 1977, s. 72.
3) 本章で問題とする「投資準備金」は, 本来的には, スウェーデンの税法特に法人所得税法が, より直接的には景気調整的な手段として初めて許容した投資準備金であり, 私的株式会社などに対する税制上の恩典は, そのための手段となっている。これに対してこの国の税法特に法人所得税法は, このような景気調整的な機能というよりは, 当初より私的企業に租税負担の延期（繰延）或いは軽減を目的とした各種の投資準備金の設定を承認している。例えば, 比較的古くより設定されてきたいわゆる大火災準備金（de s. k. eldsvådefonderna）即ち什器・棚卸資産火災焼失投資準備金（investeringsfond för förlorade inventarier resp. för förlorade lagertillgångar）, 船舶処分投資準備金（investeringsfond för avyttrat fartyg）, 不動産再調達準備金及び新調達準備金（fond för återanskaffning av fastighet och nyanskaffningsfond）などはもとより, 比較的新しい時代（1974年）に暫定的に初めて導入された, 企業の社会的な環境整備と労働環境整備のための「労働環境改善投資準備金」（arbetsmiljöfond）などは, その代表的なものである（Jönsson, Lundmark Birgitta, *Resultatmättning och bokslutspolitik*, Studentlitteratur, Lund, 1977, s. 136）。因みにいえば, 1974年税法は, この「労働環境改善投資準備金」制度以外にも, 特殊な投資準備金の設定を強制する幾つかの諸規則を導入した。この場合労働環境改善投資準備金も含む特殊な投資準備金の設定と取崩しに関する企業経済的な基本的な仕組みとは, 基本的には, 少なくても「投資準

備金」に関する1955年法の下でのそれを踏襲した。
4) Jönsson, Lundmark, Birgitta, *op. cit.*, ss. 136-137.
5) 社会民主労働党政権下の当時のスウェーデンの経済情勢とそれに対する政府の対策の概要については，本書の第1章及び大野文子稿「スウェーデンにおける近代会計学の形成―概観（1900年より1945年まで）―」(2) 明治大学短期大学紀要 第59号 1996年3月を参照のこと。
6) スウェーデンにおける景気対策的で同時に企業優遇的な税務上の諸制度のうち，本章で問題とする「投資準備金制度」及び前章で問題とした「自由償却制度」に関連して時折引合いにだす「投資税」及び「棚卸資産簿価切下の制度」については，その骨子だけを，両章を補足する意味で，本章の最後に付記次項として記載した。

第1節　投資準備金制度の導入

1．投資準備金に関する1938年の法令（K.F. om Investeringsfond av år 1938）

「景気平準化のための投資準備金」という景気調整的な税法上の措置を最初に提案したのは，かの「スウェーデン産業連盟」（Sveriges Industriförbund）であった。同連盟は，既に別稿で指摘したように[1]，その設立（1909年）以来，スウェーデンが，遅れた近代的な資本主義的工業化過程を推進し，それを一先ず終了した1910年代の半ば頃より第二次世界大戦の勃発までの期間には，「計画・組織化された資本主義」への構築の過程で展開した徹底した産業合理化運動の主要な担い手として，「スウェーデン技術連盟」と共に，積極的な役割を果してきた民間団体の一つである。

「スウェーデン産業連盟」は，1938年，大蔵省への覚え書きの中で，「景気変動を平準化するという目的で」（i konjunkturutjämnande syfte），投資に関して産業界に便益を与える一種の積立金（準備金）の設定に関する法規の制定を提案した。同連盟は，この種の積立金を「景気調整準備金」（konjunkturutjämningsfond）と命名した。大蔵省は，法案作成の過程でこれを「景気変動投資準備金」（konjunkturinvesteringsfond）と変更した。その理由は，不明である[2]。

大蔵省は，この法案を1938年国会に提案するに当たって，この法案の主旨を，概略，次のように説明した。即ち，近年，スウェーデンの経済社会が全体として，可能な限り生産と雇用の変動を平準化し，かつ生産と雇用を促進するという問題が，国家の様々な活動領域で非常な関心を呼び集めてきていること，そのため，近年，政府は，できるだけ生産と雇用の一定水準を維持するための様々な措置を講じてきていること，とりわけ不況期には政府は，一定の部門での国家及び地方自治体を主体とした経済活動を増大することに努めてきたこと，大蔵省見解によれば，政府のこのような措置がより一層効果をあげるためには，景気が後退或いは低迷する時期には，社会的な見地からみて望ましい建築工事（特に民間住宅建設）・それに必要な機械及び什器の生産を促進し，景気が回復して活況を呈する時期には，消費財の生産を促進し，産業界が，それによって全体として投資と雇用を維持・拡大する可能性と機会を増大しうるように，何らかの法的措置を講ずることであると[3]。

議会は，この政府提案を可決し，ここに「1938年6月17日の投資準備金に関する法令」（Kungliga Förodningen om Investeringsfond av år 1938）が，登場した（以下，便宜上，この法令を1938年法と呼ぶ。なお，1938年法以後，その改定に伴う幾つかの新しい法令についても，同様に取り扱う）。この法令は，既に当時，機械及びその他の恒常的な利用を目的とした什器・機械（船舶も含む）に対する「自由償却制度」と共に，税務当局が，「地方所得税」（kommunal inkomstskatt）及び「国家の所得税及び財産税」（statlig inkomst-och förmögenhetsskatt）を査定する場合[4]，私的株式会社などに対して「建物並びに什器及び商品在庫に対する景気変動準備金への引当のための控除」（avdrag för avsättning till konjunkturinvesteringsfonder för byggnader samt för inventarier och varulager）をするという権利を承認するものであった[5]。1938年法は，その後，幾度か修正されたが，そこで提示された基本的な目的と構想とは，この制度の廃止まで継承されたのであった[6]。

この法令は，原則的には，政府管轄下の労働市場庁が，景気の好況期には

私的株式会社などに対して毎期，法定準備金・債務調整準備金・法人税など控除前の利益より，一定額をいわゆる景気調整投資準備金として税額控除の条件で積み立てることを承認し，景気の後退期或いは不況期にはその取崩しを承認或いは命令することによって私的資本の投資と雇用を促進させ，景気変動の波動をできるだけ平準化することを目標としていた[7]。それは，例えば，「自由償却制度」や「棚卸資産評価制度」と並んで，更に1950年代に入ると「投資税」も含めて，私的株式会社など（私的資本）に対して税制上の恩典（租税負担の延期或いは繰延）を附与しつつ，私的株式会社などを景気循環の平準化という国家的な課題に巻き込むことを狙った[8]，まさしく E. Lundberg のいう意味での経済安定化装置としての税法上の諸方策の一つであった[9]。

　投資準備金制度は，1938年に，当初，期間を限って（即ち1938-1941年まで）暫定的・試験的に導入された[10]。この1938年法は，更に1942年に試験的・暫定的に適用期間を延長するために，新しい法令（「投資準備金に関する1942年の法令」（K.F. om Investeringsfond av år 1942）にとって代わられた。それ以後，投資準備金に関する法令は，「経験と経済的な風土の変化の結果として」[11]，幾度か改正・改善を重ねつつ，産業界に広く定着し，1990年の税制改革によって，企業優遇的な税額控除を制度的に長期にわたって承認してきた諸準備金の設定に関する従来の諸手法が，加速度償却を別として，大半，廃止されるまで[12]，およそ半世紀にわたって存続した。本章の直接的な目的との関連でとりわけ注目したい改正法は，1947年法及び1955年法である。その理由は，前者は，1938年に試験的・暫定的に導入した「投資準備金制度」を当時は少なくとも'恒久的'な制度として承認したこと，後者は，「投資準備金制度」を私的株式会社などにとって，その他の税制上の恩典である「自由償却制度」（この制度は，1955年にインフレーションの抑制という名目で廃止，30％逓減残高償却法-20％直線法にとって代われたが）などに対してより一層魅力的なものにし，なおかつ1947年法の制定以後も未解決のままとなってきた旧諸規定に対する様々な批判・反対を一掃

することによって，税制を「景気調整の用具」(konjunkturutjämnande instrument) として，景気変動を緩和させるという一般的な経済政策に適合させることを狙っていたこと[13]，そしてこの二つの改正法は，「投資準備金制度」の基本的な枠組みを確立したことなどである。

スウェーデンで最初に制定された景気調整的な「投資準備金制度」に関する1938年法の骨子は，次のようであった[14]。

(1) 私的株式会社などは，法定準備金・債務調整準備金・法人税など控除前の税務上の年次所得のうち，最高限20％まで[15]，二種類の投資準備金即ち「建物建築投資準備金」(IF för byggnad) 並びに「什器及び商品在庫投資準備金」(IF för inventarie och varulager) を設定することを条件として，税額控除を受けることができる。前者の投資準備金は，新築された建物の減価償却 (avskrivning) のために利用可能であり，後者の投資準備金は，調達された機械及び什器の減価償却並びに原材料・半製品・製品の簿価切下げ (nedskrivning) のために利用可能である[16]。

(2) 私的株式会社などは，政府が，労働市場庁^{cf}を通じて，景気の動向が刺激を必要とすると判断した場合，過去に設定された投資準備金相当額を所定の企画されていた投資或いはその投資の一部に着手するために，所定の期間内に利用することを要請される。この要請は，強制的である。私的株式会社などが所定の期間内にこの要請に応じなかった場合，当該の投資準備金の設定以来3％で複利計算された元利合計額は，税務上の所得と見做され，当該課税年度の税率による納税義務を負う。

(3) 私的株式会社などが，当該の投資準備金を設定してから15年間，労働市場庁が，景気調整のためにその取崩しを承認或いは命令しなかったならば，当該の投資準備金の設定以来2％で複利計算された元利合計額（＝当初の投資準備金設定額の35％増）は，税務上の所得と見做され，当該課税年度の税率による納税義務を負う。

(4) 私的株式会社などが，政府の承認或いは命令なしに，投資準備金

の一部或いは全額を取り崩した場合，当該投資準備金の設定以来3％で複利計算された元利合計額のうち取崩相当分は，税務上の所得と見做され，当該課税年度の税率による納税義務を負う。

(5) 私的株式会社などが，政府が承認或いは命令した直後に，機械或いは機械・装置の獲得のために投資準備金を利用した場合，当該年度及び次年度以後，税務上の所得を縮小させる目的で，投資準備金の利用によって賄った資産の額を貸借対照表に記載し，この価額を基礎として当該資産に対する減価償却費を計上してはならない。これに対して当該企業が，この資産の獲得のためにその他の資金源泉によって投資準備金を補充した場合，この資産を補充資金の額で貸借対照表に記載し，税務上所定の減価償却費を計上することができる。

cf. 労働市場庁は，スウェーデンの雇用政策の実施に対して責任を負う政府機関である。それは，労働者，経営者及び政府の各代表より成る。その構成は，スウェーデン労働組合総連合（LO）の代表者2名，ホワイトカラーの労働者の中央組織（TCO）の代表者1名，専門的な職業組合連合（SACO）の代表者1名，婦人労働者の代表者1名，農業雇用主の団体たる全国農業経営者同盟（RLF）の代表者1名，スウェーデン経営者連盟（SAF）の代表者2名，政府代表者3名である。労働市場庁は，例えば，投資準備金の管理のような，様々な雇用創造的な手段の実施，公共雇用事業の実施，応急的な公共事業の遂行に適する企画の立案，そのような公共事業の開始と停止の指示，建造物の建設の開始に関する認可，労働者の職業的・地理的な可動性を刺激すること，産業界の動向と雇用に関する州・県単位毎の労働局の調査を基礎として年2回行う経済予測などに責任を負う（Schnitzer, Martin, *The Swedish Investment Reserves : A Device for Economic Stabilization*, American Enterprise Institute for Public Policy Research, Washington, July 1967, pp. 13-14）。

労働市場庁は，例えば，投資準備金の取崩しの時期，利用の際の具体的な目標（建設・購買・備蓄・開発/調査など）の特化，適用対象（例えば，労働市場庁が，一定の時期に投資準備金の取崩しを承認或いは命令する場合，その承認或いは命令は，投資準備金を設定している全ての私的株式会社などの投資準備金を対象とするのか，それとも特定な企業或いは業種のそれであるのか，更には，特定の目標のために設定された投資準備金を他の目標の実現のために転用することが可能であるか否か）などについて指導・指図・決定する大幅な自由裁量権を有していた（Shelton, John P., "A Tax Incentive for Stabilizing Business Investment", *National Tax Journal*, September 1956, p. 242）。

投資準備金の取崩しに関する承認或いは命令は，具体的には，様々である（Johansson,

Sven-Erik, "An Appraisal of the Swedish System of Investment Reserves", *International Journal of Accounting*, Education and Research, University of Illinois, Vol. 1, Fall, 1965, p. 89)。例えば、労働市場庁が、一般的な景気動向に加えて、季節的或いは地域的な特殊条件のために、一定の産業或いは地域の雇用率が低いと推定するとき、その産業或いはその地域に所在する産業（或いは私的株式会社など）に対して、投資準備金の取崩しを承認する場合、労働市場庁が、投資準備金を設定している全ての私的株式会社などに対して、所定の投資計画の実施のために、投資準備金の取崩しの申請と公的承認を条件として、投資準備金の取崩しを一般的に承認或いは命令する場合（本章で問題とする期間に限定すれば、これは、後述のように、労働市場庁が、1958-1959年及び1962-1963年に初めて景気刺激的な効果を狙って私的株式会社などに対して投資準備金の取崩しを承認或いは命令した事例、及び1960-1961年に景気抑制・デフレーション的な効果を狙って私的株式会社などに対して投資準備金の取崩しを承認或いは命令した事例が該当）（Mildner, Erwin and Scott, Ira, "An Innovation in Fiscal Policy: The Swedish Investment Reserve System", *National Tax Journal*, Vol. XV, National Tax Association, 1962, p. 280)、労働市場庁が、私的株式会社などに対して、投資準備金の設定に伴って同時にその取崩しを承認する場合などである。しかもこの承認或いは命令の内容も、例えば、自然的な条件に規定されるのみならず、不断に国際的な景気変動の影響に晒される伝統的な輸出産業の一つである製材産業に対しては、1959年にはその特殊性を特別に配慮して、投資準備金の一括取崩しも許可したように、その時々の諸条件に呼応して、弾力的なものとなっている。

　スウェーデンは、このような「投資準備金制度」を導入して間もなく、第二次世界大戦の勃発によって、戦時経済体制に入ることを余儀なくされた。戦時経済体制の下で私的株式会社などが、どの程度まで投資準備金を設定したか、またこの制度が、その実際的な運用に当たって社会経済的にも企業経済的にも、現実的にどのような制度的な不備に直面したか、定かではない。またこの税制を暫定的・試験的に導入した関連の当事者たちが、この期間に、どの程度までこの新しい制度それ自体の構造を更に検討し、この制度を定着させていくための制度的な一層の整備という作業を進めていたかも明らかではない。関連の当事者たちが、この制度を現実に利用する産業界の意向に照らして、この制度の現実的な運用上の諸問題を指摘し、法規定の本格的な改定作業に着手するようになったのは、第二次世界大戦後であった。

　早くも大戦終結後の1945年に、労働市場庁は、私的株式会社などが、「投資準備金制度」を利用して景気の後退期或いは不況期に直接的に投資活動に

第 7 章　スウェーデンにおける投資準備金制度（1938-1955年）の意義 | 455

充当しうる流動資金を入手する具体策を模索し，討議を重ねた。この討議の過程でとりわけ強調されたことは，次の点であった。即ち関連の当事者たちは，私的株式会社などは，投資準備金を設定して租税の延期（或いは繰延）という税制上の恩典を利用しようとする場合，当然，設定した投資準備金相当額の流動資金を自ら何らかの具体的な形で現実的に用意しておく筈であると考えていたこと，但し法規は，その具体的な手法を各企業の自由裁量に任せたこと（例えば，法規は，各企業に対して，投資準備金設定相当額の政府公債・株式会社の社債などを購買することも，或いは，如何なる形態によるにせよ，投資準備金設定相当額の流動資金の維持を別段に要請することもなかったこと），私的株式会社などが設定する投資準備金総額それ自体は，税務上の所得から控除してきた過去からの累積額を表示するに過ぎず，次節でみるように，その設定それ自体も，損益勘定への借方記入と「投資準備金勘定」（investment reserve a/c）への貸方記入（その取崩しの場合には，その反対記入）という単なる簿記上の記帳手続に過ぎないこと，それにも拘らず関連の当事者たちは，私的株式会社などが，投資準備金の設定に伴って，「不況期に直接的に利用しうる流動資金を創造していること」[17]を予定していたということであった。

　討議の結果到達した政府或いは労働市場庁の見解は，私的株式会社などが，関連の諸機関に投資準備金の設定を報告する場合，投資計画案を具体的に作成・準備し，投資準備金取崩しの承認或いは命令を受けたときには，当該の投資計画を即座に実施できるようにしておくべきこと，但し，投資計画案の作成・準備は，労働市場庁など政府当局との相談によるべきこと，投資準備金の制度的な目的に照らして，最も有益な投資は，政府当局が，景気の動向との関連で望ましい投資活動の水準を維持するための諸手段を講ずる時点で，直ちに実行に移すことが可能な投資計画であるべきこと，この点より最も有益な投資計画として第一優先順位を占める計画は，建設活動に関するそれであること，その理由は，「投資準備金制度」と同時に導入された第 6 章でみたような「自由償却制度」は，機械及び什器を対象としており，建物を適用

除外とし，しかも建物は，年次，2-3％程度の償却率であるために，租税の延期（繰延）という点では，その効果が最も多大であるということであった[18]。但し「自由償却制度」が，1955年――この時期には，「投資準備金制度」の現実的な効果を高めるための制度的な枠組みを整備した1955年法制定が制定された時期であるが――に廃止され，それに代わって30％逓減残高償却法-20％直線法が採用されたときも，建物は適用除外であり，その限り建物に対する投資準備金の設定による税務効果は変わらなかった。

1945年の労働市場庁の見解以後，投資準備金に関する1938年法の不備に対して提起された批判は様々であったが，特に論議の的になった点は，何よりも先ず投資と雇用刺激的な効果という問題であった。

上記のように，投資準備金に関する1938年法は，その設定目的として建物の建設を含む四つの目的を規定していた。その後，現実問題として私的株式会社などが投資準備金を設定した場合，1945年の労働委員会の見解通り，その設定目的は，概算，建物の建設80％程度，機械・什器の取得15％程度，棚卸資産の備蓄4％程度，鉱山の開発1％程度であった[19]。このような実態を背景に，投資準備金に関する1938年法の投資と雇用刺激的な効果という点より批判の焦点となった問題の一つは，投資準備金の設定目的を特定の目的に限定することが果して賢明な方策か否か，投資準備金をより一層景気刺激的な効果のあるその他の支出に充当することは可能か否か，設定目的を限定することは資源の非経済的な利用となるような投資活動の分野を人為的に更に創出することにはならないかという問題であった[20]。これに関連して同時にまた問題となったことは，投資準備金の取崩しの承認或いは命令は，必ずしも景気の動向を先取りしてなされるとは限らず，それどころか，概して遅れがちであること，しかも，仮にその時期が社会経済的にみて適切な時期であったとしても，私的株式会社などにとっては，投資計画を実施に移す場合に時間的な制約或いは制限を受けるため，それがこの制度の社会経済的な目標である投資と雇用の維持・拡大に果して十分に寄与しうるかという問題であった。即ち私的株式会社などの立場よりすれば，投資準備金の取崩しに

第7章　スウェーデンにおける投資準備金制度（1938-1955年）の意義│457

よる投資計画の実施の時期は将来の不確実な時期であること，労働市場庁の立場よりすれば，投資準備金の取崩しを承認或いは命令するそのタイミングの決定，その取崩し規模の決定，個々の取崩し申請者の決定など極めて厄介な問題を伴い，適切な時期に投資準備金の取崩しの承認或いは命令をすることは容易でないこと，そして何れの側からみても重要な点は，投資準備金の取崩しによる投資計画の実施の時期は，私的株式会社などにとって必ずしも合理的な時期であるとは限らず，社会経済的には概して遅れがちであり，景気が低迷より脱したときにも，その効果は持続するということであった[21]。

　加えて，前述のように，投資準備金に関する1938年法は，私的株式会社に，各企業が設定した投資準備金に相応するべき流動資金を別段に積立しておくことを要請するものではなかった[22]。繰り返していうが，投資準備金の設定とその取崩しそれ自体は，単に帳簿上の手続き即ち損益勘定への借方記入及び投資準備金勘定への貸方記入（取崩しの場合にはその反対記入）という手続きに過ぎなかった[23]。そのため必ずしもこの制度は，私的株式会社などが，景気の好況期に投資準備金を設定し，景気の後退期或いは不況期に労働市場庁の要請で投資準備金を取り崩しても，それが，所定の目的の投資を現実的に刺激することには直結しなかった。したがってこの点からも，この法令の意図する景気対策的な効果は，希薄であるといわれた[24]。

　更に，投資準備金に関する1938年法は，上記のその骨子(5)で示しているように，私的株式会社などが，この準備金の取崩しによって調達した諸資産については，税務上の所得の算定の場合，減価償却費の計上を禁止した。その理由は，減価償却費の二重計上を回避するということであった。その限り投資準備金の設定は，私的株式会社などに対して，「事後支出控除」（post-expenditure deduction）ではなくて「事前支出という選択肢」（alternative of pre-expenditure）を提供したに過ぎなかった。そのため投資準備金に関する1938年法は，私的株式会社などに節税の可能性を提供するものではなくて，単に，「租税の延期」（tax postponement）の機会を提供するに過ぎないこと，もとより事前支出控除としての投資準備金の設定は，私的株式会社

などに対して，事後支出控除としての減価償却費の計上の場合よりも，投資活動に関する遙かに多大な自由裁量権を附与すること，とはいえこの1938年法の私的株式会社などに対する税制上の恩典は，その他の税制上のそれと比べて妙味も薄く，私的株式会社などの積極的な投資誘因とはならないともいわれた[25]。

投資準備金のこのような投資と雇用の維持・拡大効果に対する批判と連動して同時に論議されたもう一つの問題は，対インフレーション問題であった。1938年法が，私的株式会社などに税額控除を承認或いは命令する投資準備金の設定それ自体は，「準備金の無税の保有」(tax-free retention of the reserve) に繋がる。そのためこの討議の過程で指摘されたことは，私的株式会社などは，投資準備金の設定については選択権を附与されていること，私的株式会社などが，その選択権の行使によって投資準備金を設定する場合，それは，景気の動向次第では「過剰流動性」(excess liquidity) をもたらすということであった[26]。もとより「投資準備金制度」の導入の主たる目的は，投資と雇用の維持・拡大効果即ち景気刺激的な効果にあり，過剰流動性の問題は，戦後，スウェーデンが傾向的には不断にインフレーション基調であるにも拘らず，租税の延期（繰延）の問題程には，関連の当事者たちの関心を呼び起こすことはなかった。そして租税の延期（繰延）の問題は，その後，投資準備金の「収益性」(lönsamhet) の問題として，例えば，S.-E. Johansson と H. Edenkammar の共著『投資準備金の収益性』(*Investerings-fonders lönsamhet*, 1968) に典型的に象徴されるような投資モデルの形成にまで結びついていくのである。

直ぐ次にみるように，「投資準備金制度」の恒久性（1990年の税制改革まで）を制度的に承認した1947年法も，これらの批判に応える如何なる具体的な改善策も講じなかった。些か先走りするが，そのため労働市場庁は，私的株式会社などに対して，1947年法の適用を1952年より1954年にかけて一時的に中止した。その間，1952年に設置された検討委員会は，2年以上にわたってその制度的な不備を補う方策を模索した。そして政府は，この委員会の検

討結果を踏まえて，1955年に投資準備金に関する新しい法令を交付した[27]。

2．投資準備金に関する1947年の法令（K.F. om Investeringsfond av år 1947）

投資準備金に関する1947年の法改正は，同年，政府が手がけたスウェーデンの税務構造に関する広範な修正の一環であった[28]。

1947年法の骨子は，次のようであった[29]。

(1) 私的株式会社などは，事業活動による所得（法定準備金・債務調整準備金・法人税など控除前の所得）の20％まで，将来のための投資準備金として，毎年，税務上，控除可能なものとして，積立してもよい。

(2) 私的株式会社などは，投資準備金を設定する場合，その具体的な設定目的を特定しなければならない。その場合意図される目的は，機械及び什器・装置の取得，建物の建設，棚卸資産の備蓄，鉱山開発である。私的株式会社などは，投資準備金を設定する場合，その目的を一つ或いは複数目的にしておくことも可能である。但し私的株式会社などは，この場合でも個々の目的別に投資準備金を設定しなければならない。

(3) 私的株式会社などが，税務目的に沿って投資準備金を設定した場合，単に，帳簿上の準備金の計上という手続きを踏めばよい。私的株式会社などは，投資準備金の設定に伴って，この投資準備金設定相当額の具体的な諸資産を，特定の銀行勘定或いはその他の形態で貸借対照表に別段に計上することを要請されない。そのため私的株式会社などは，投資準備金の最終的な処分まで，帳簿上の準備金の額を，その事業運営上の資本の一部として自由に利用し続けることが可能である。

(4) 私的株式会社などは，労働市場庁の承認或いは命令によらなければ，投資準備金を取り崩してはならない。労働市場庁は，一般的な雇用問題に関する中央当局として，失業対策・景気安定化のために，私的株式会社などに，適宜，その取崩しを承認し，また私的株式会社などの要請に従って，その取崩しを許可する権限を有する。

(5) 私的株式会社などが,投資準備金による税制上の恩典を利用しようとする場合,それは,労働市場庁の承認或いは命令によって,投資準備金の一部或いは全額の取崩しをする場合に限定される。私的株式会社などが,労働市場庁の承認或いは命令なしに投資準備金を取り崩した場合,当該投資準備金の設定以来3％で複利計算された元利合計額のうち取崩相当分は,税務上の所得と見做され,当該課税年度の税率による納税義務を負う。更に私的株式会社などは,労働市場庁の承認或いは命令によっても投資準備金の取崩しをしなかった場合,投資準備金を設定して以来10年経過後,投資準備金の設定以来2％で複利計算された10年間分の元利合計を10年目の年度末の課税可能な所得と見做され,当該年度の税率による納税義務を負う。

(6) 私的株式会社などは,投資準備金によって取得した資産については,正規の償却或いは簿価の切下げなどをしてはならない。即ち私的株式会社などは,既に投資準備金を設定した段階で,それらの資産を投資準備金の取崩しによって取得する金額の限度まで事前になし崩し償却したものと見做され,二重控除をしてはならない。

1947年法の最も重要な意義は,既述のように,投資準備金という制度を試験的・暫定的なものから,'恒久的な'制度（1990年の税制改革まで）として承認したことであった。とはいえこの改正法は,1938年法では明記されていなかった幾つかの事項を補足的に追加或いは修正したに過ぎなかった。この改正法は,補足的な追加事項として,例えば,投資準備金の設定は,明確に設定目的別に行うべきこと,四つの種類の投資準備金を各々建築投資準備金,什器・機械準備金,棚卸資産投資準備金,鉱山作業投資準備金に区分したこと,投資準備金の設定それ自体は単に記帳上の手続きに過ぎず,そのための特定な流動資金の積立とは区別されるべきこと,投資準備金の一部或いは全額利用による機械・什器の取得の際の減価償却即ち二重税額控除の排除の規定などを盛り込んだ。この改正法は,修正事項として,例えば,私的株式会社などが,投資準備金の取崩しに関する労働市場庁の承認或いは命令に呼応

第 7 章　スウェーデンにおける投資準備金制度（1938-1955年）の意義 | 461

しなかった場合，旧法が，投資準備金の設定以後15年間経過後に 3 ％の元利合計額を税務上の所得と見做したのに対して，10年間経過後に 2 ％の元利合計額を税務上の所得と見做したこと，旧法が，投資準備金の設定対象を単に当該資産の新規取得に限定していたのに対して，新法は，投資準備金の設定対象を修繕・維持のための支出にも拡大することなどを盛り込んだ。1938年法の下で設定された投資準備金の規模は，同法の試験的・暫定的な性格のために小規模であったといわれたが，この制度を当時としては'恒久的'なものとして承認したこの改正法の下でも，その実質的な内容は，旧法と大差がなかったために，社会経済的にも企業経済的にもその効果は，余り変わらなかった[30]。

　1947年法が制定された後も，幾年かは，この国の経済発展は，比較的順調であり，雇用不安の陰りも薄く，失業率も低かった。したがって労働市場庁が，政府主導型の民間投資と雇用の拡大政策上，私的株式会社などに対して投資準備金の取崩しを承認或いは命令する必要はなかった[31]。しかも1947年法によって「投資準備金制度」が，当時としては'恒久的'な制度として承認されたとしても，私的株式会社などにとってそこでの税制上の恩典は，相対的には余り魅力的でないために，この制度に寄せる関心も依然として低く，設定する投資準備金の規模も，個別的にも全体的にも小さかった。その規模の拡大は，次にみる1955年法の制定まで俟たなければならなかった。1955年法は，私的株式会社などに対して投資準備金の設定と取崩しによる税制上の恩典を拡大した。そのため同法が制定された翌年の1956年には，私的株式会社などが設定する投資準備金は，個別的にも全体的にも急激に増大し，過去からの蓄積分を含む投資準備金総額は，余り定かではないが，概算，2.5億 skr 程度となっていたといわれ[32]，その後もそれは傾向的に増大し，最初の取崩しの承認或いは命令が下された1958-1959年（特に1959年春季）には，概算3.5億 skr 程度にまで膨れ上がっていたと推定されている。

　N. Västhagen（1906-1965年）は，第 2 章でみたように，スウェーデンの近代的な会計学の形成期において後発大学として出発した「イェーテボリー

商科大学」で，この形成期における主要な担い手であり先学者の一人であった A. ter Vehn の許で，会計及び企業財務問題について研究し，後にこの形成期の最初の始祖ともいうべき碩学 O. Sillén が，「ストックホルム商科大学」を退職するのに伴って，かれの後任としてこの大学に就任した。かれは，これらの先学者たちが，この国の近代的な会計学上の諸領域の一つとして，明示的或いは暗示的に提示していた諸問題と取り組み，独自の領域を確立した。かれは，企業財務の立場より，1947年法の「投資準備金制度」の効果を論じて，「投資準備金制度」の景気循環政策とりわけ投資と雇用の刺激政策としてのその効果は非常に小さかったこと，その理由として，この時期には景気が比較的順調であったことに加えて，1947年法が，私的株式会社などに対して，投資準備金の設定後，一定の期間が経過した後には税務上の所得として振戻しすることを要請しているという点をあげた[33]。

3．景気調整のための投資準備金に関する1955年の法令（K. F. om Investeringsfonder för Konjunkturutjämning av år 1955）

スウェーデン政府は，1952年に経済政策の観点よりスウェーデンの事業税の全体系を再検討するために，事業税委員会（Committee on Business Taxation）を設置した。この委員会は2年以上にわたってその作業を進めたが，とりわけその作業の中心的な課題の一つとして取り組んだ問題は，1938年の投資準備金に関する法令の効果という問題であった。この委員会はこの問題について学習・検討し，その結果を委員会報告書として政府に提出した。政府はこれに基づいて1955年5月に法改正をした。当然のことながら，1955年法の制定によって1947年法は廃止となった。但し，1947年法によって設定された投資準備金は，一定の修正をした上で1947年法の適用を受けた。その結果1938年法及び1947年法の適用によって設定されている投資準備金は，各々区別され，別様の納税申告様式に従うことになった[34]。

1995年法は，その基本的な目的と構想という点では1938年の法規定のそれを継承しながらも[35]，この法改正の直接的な狙いを，私的株式会社などに

とって投資準備金の税制上の恩典を1947年法以上にもっとより魅力的なものとし、同時に投資準備金に関する古い諸規定に対する反対を一掃することに定めた[36]。この法令はまた、1938年の投資準備金に関する法規定の制定と同様に同年導入した、第6章でみた「自由償却制度」という税制上の恩典が1955年に廃止されたことに伴って、その恩典を一部補償する手段となった[37]。

　1955年法の主要な改正点は、次のようであった[38]。

　(1)　許容される税額控除の範囲：私的株式会社などは、毎年、法定準備金・債務調整準備金・国の所得税或いは地方所得税控除前の事業活動による所得の40％まで、「事業活動投資準備金」（IF för rörelse）として、税額控除を受けることが可能である（InvF. §3）。この場合私的株式会社などは、投資準備金を、1947年法が規定していたように四つの利用目的に従って各々個別的に区分することを要請されない。私的株式会社などが、森林所有によって収入を取得する場合、将来の森林利用のために「林業経営投資準備金」（IF för skogsbruk）として森林からの総収入の10％まで、税額控除を受けることができる（InvF. §3）。

　(2)　国立銀行（＝中央銀行）への預金義務：私的株式会社などは、毎年、事業活動のための投資準備金の40％相当額を、また森林利用のための投資準備金の10％相当額を、「国立銀行における無利子の特別な凍結預金勘定」（särskilt räntefritt sparkonto hos Riksbanken）[39]に預金しなければならない（InvF. §5による凍結預金勘定への預金義務）。この勘定は、「事業活動投資勘定」（konto för investering i rörelse）或いは「林業経営投資勘定」（konto för investering i skogsbruk）と呼ばれる。この預金の時期は、投資準備金の設定がなされた事業年度の納税申告書の提出の日付より、遅滞してはならない[40]。私的株式会社などは、事業活動のための投資準備金の場合には残余の60％、森林経営のための投資準備金の場合には残余の90％を、当該企業内に留保し、事業活動による資本として利用しうる。

(3) 投資準備金の取崩し：私的株式会社などは，その清算の場合を除いて，投資準備金を設定した最初の5年間，国立銀行に預託したこの預金を，労働市場庁の承認或いは命令によらず，引きだしすることはできない。私的株式会社などは，これに違反した場合，当該の投資準備金＋その10％相当額を過料として税務上の所得に加算しなければならない。但し私的株式会社などは，この5年間に投資準備金を取り崩すことがなければ，労働市場庁の承認或いは命令がなくても，投資準備金の設定目的に沿った投資をする場合，投資準備金の30％まで取り崩すことができる（同時に国立銀行は，当該企業の凍結預金勘定に預託されている金額の30％を放出する）。これは，いわゆる「自由部門」(fri sektor) と呼ばれる。更に私的株式会社などは，不況期に労働市場庁の承認或いは命令の下に投資準備金を利用する場合，いわゆる自由部門を除いて，利用する投資準備金の額の10％相当額の特別税額控除を受けることができる。投資準備金の濫用は，罰則をもって禁止される。なおまた私的株式会社などは，将来における投資準備金の設定相当額を，当該年度に利用してもよい。

1955年法の改正点の一つは，1947年法による四つの種類の投資準備金を「事業活動投資準備金」という名称の下に統合し，併せて林業経営を促進する目的で，投資準備金の設定を林業経営に従事している私的株式会社などにまで拡大し，それを「林業経営投資準備金」と命名したことであった。それは，1952年の事業税委員会の勧告によるものであった。私的株式会社などが所有する森林の伐採と植樹・育成による収入は，通常，農業経営或いは林業経営による所得と見做された。これに対して製紙或いはパルプ産業による所得は，事業活動による所得と見做された。その限り，これらの諸産業の所得は，1955年法以前でも，「投資準備金制度」による税額控除を承認されていた。1955年法は，農業経営或いは林業経営による所得に対して「投資準備金制度」による税額控除も承認し，その適用範囲を拡大したのであった[41]。

更に1955年法の改正点の一つは，投資準備金の設定に伴う国立銀行への無

利子の凍結預金制度を導入したことであった。その最も直接的・名目的な狙いは，それ以前の法令に対して時折繰り返される次のような非難，即ち私的株式会社などは，投資準備金の設定による税額控除という特権と事業内におけるあらゆる資金の連続的な利用という[42]，二つの特権を享受しうるという非難をかわし，「企業が，投資準備金の設定に伴って得られる租税負担の節約分のうち相当多大な部分を［預金によって拘束し，租税負担の節約という便益・恩典を］抑制する（att dra in）」[43]ということであった[44]。とはいえそれは，実質的には，私的株式会社などが，この凍結預金制度によって過剰流動性の問題をある程度まで回避し，同時に所定の投資計画を実施する場合にそれを現実的な資金調達源として利用することを意図していた。因みにいえば，1955年法の下では，国立銀行の凍結預金勘定への積立義務は，投資準備金の設定額の40％相当額であったが，1957年には46％（この比率は，私的株式会社などが，投資準備金を設定しなかった場合税務上の所得と見做される金額に相当）に修正された。その理由は，当時のこの国の所得税及び地方所得税の実効税率と歩調を合わせるためであった[45]。即ち「46％というこの比率は，それが法人税率（約50％）以下に幾分かでも留まるべきであるという意向の下に，周到に熟慮して選択されたのであった[46]」。これに対して投資準備金の設定を承認されているその他の組織体，例えば，協同組合の場合には，設定される預金は，40％，税率は，40-45％，であった。更に1960年には政府は，私的株式会社の自由な選択権によって，設定された投資準備金の全額相当額即ち100％の預託をする途も開き，併せてそれを推進する目的で，更なる特別控除を許容したのであった。そして「国立銀行への［凍結預金のための］払込は，一時的な課税として，また凍結預金勘定における資金は，投資準備金に対する修正項目即ち自己資本に対する修正と見做しうる」[47]とされたのであった。1955年法は，投資準備金の利用に関して新たにいわゆる「自由部門」を設定した。その狙いは，「投資準備金制度」の自由な利用を刺激することであった。但し，上記のように，この「自由部門」の場合には，私的株式会社などは，通常，投資準備金の取崩しの場合承

認されている10%の特別控除を受けることはできなかった[48]。

1955年法は，上記のような主要な改正以外，労働市場庁の承認或いは命令による投資準備金の取崩しとその景気安定的・調整的な役割，投資準備金の四つの設定目的，投資準備金の取崩しによる機械・什器（及び棚卸資産）に関する二重償却或いは控除の排除，その他，1947年法の内容をほぼ踏襲した。既に指摘したように，1955年法の制定直後，私的株式会社などの投資準備金の設定額は，著しく増大した。しかもそれは，その後も引続き増大傾向を辿った。そしてまたそれと共に，1955年法もまた，部分的に改正されていった。とはいえここでは，1955年法以後の法改正の動向には，立ち入らない。その理由は，次節で例示によって投資準備金の基本的な仕組みを明らかにするという本章の目的にとっては，1955年法の概要を把握していれば，ある程度まで足りるからである。因みにいえば，1960年に凍結預金勘定への100%預金という制度の下で国立銀行に預託された投資準備金総額は，概算，7.7億skr程度（法人課税対象純利益総額の30%相当額）となったといわれている[49]。

〈注〉

1) スウェーデン産業連盟の活動の概要については，大野文子稿「スウェーデンにおける近代会計学の形成―概観（1900年より1945年まで）―」(3)　明治大学短期大学紀要　第60号　1996年2月，40-47頁を参照のこと。
2) Kellgren, Sune, *Om Konjunkturinvesteringsfonder och deras redovisningstekniska problem*, Handelshögskolan i Göteborg, Skriftserie Nr. 7, Gumperts Förlag, Göteborg, 1959. s. 7.
3) *Ibid.*
4) スウェーデンの財政・租税制度の基本構造については，岡沢憲芙・奥島孝康編「スウェーデンの経済―福祉国家の政治経済学―」早稲田大学出版部　1994年　第5章；スウェーデン社会研究所編「新版　スウェーデンハンドブック」1992年　第6章；同「スウェーデンハンドブック」1987年　第6章；藤岡純一著「現代の税制改革―世界的展開とスウェーデン・アメリカ―」法律文化社　1992年　III スウェーデンの1989年税制改革委員会報告；クーパース・アンド・ライブランド/インターナショナル・タックス・ネットワーク編著/中央新光監査法人国際本部監訳「海外税制ガイドブック」〈1991年版〉」中央経済社　1991年，631-642頁；アーサーアンダーセン編「ヨーロッパ各国の税制　主

第7章　スウェーデンにおける投資準備金制度（1938-1955年）の意義 | 467

要20カ国の最新税制の概要 1992/93年報」中央経済社 1992年，181-191頁；中元文徳編著「世界100カ国の法人税」中央経済社 1992年，289-291頁；スウェーデン社会研究所編「スウェーデン社会研究月報」Vol. 21 No. 12及び Vol. 23 No. 9；川崎一彦著「日瑞新時代の幕あき」財団法人スウェーデン交流センター 1988年，72-73頁などを参照のこと。

5) Kellgren, Sune, *op. cit*., s. 8.
6) Shelton, John P., "A Tax Incentive for Stabilizing Business Investment", *National Tax Journal*, September, 1956, p. 242.
7) Norr, Martin/Duffy, Frank J./Sterner, Harry, *Taxation in Sweden*, World Tax Series, Harvard Law School, International Program in Taxation, Litter, Brown Company, Boston・Toronto, 1959, p. 214. なお投資準備金の取崩しの承認或いは命令を下す権限は，原則として，労働市場庁にあるが，例外として，次の場合には，政府が直接的にそれを承認或いは命令する。即ち，直接投資の形であれ子会社の形であれ，スウェーデンの私的株式会社が，外国で事業活動を行い，その製品を外国で販売するために投資準備金を利用する場合，スウェーデンの伝統的な産業としても，国際的な景気動向に鋭敏で，しかも不況期にも景気の低迷からの脱出を概して先導する林業経営が，その事業活動の改善・拡大のために「投資準備金」を利用する場合，私的株式会社などが，道路・上下水道の装備或いは宅地造成などのために投資準備金を利用する場合である（*Ibid*., p. 221）。
8) *Ibid*., p. 90.
9) Lundberg, Erik, *Business Cycles and Economic Policy* (Translated by J. Potter), George Allen & Unwin Ltd., London, 1957, エーリック・ルンドベルク著/吉野俊彦訳「景気変動と経済政策―経済統制か金融政策か―」至誠堂 1964年，39頁。
10) Schnitzer, Martin, *The Swedish Investment Reserves : A Device for Economic Stabilization*, American Enterprise Institute for Public Policy Research, Washington, July, 1967, p. 20；Kellgren, Sune, *op. cit*., s. 19.
11) Norr, Martin/Duffy, Frank J./Sterner, Harry, *op. cit*., p. 90.
12) Riksskatteverket, *Skatte-och taxeringsförfattningarna, Inkomst året 1995*, 1996 års taxering, Skatteförvaltningen, 1996, ss. 473-478；Förenigen Auktoriserade Revisorer FAR, *Key to Understanding Swedish Financial Statements,* 1990 (affärsvärlden, 1990), p. 8；Södersten, Bo, "The Swedish Tax Reform : How Will it Affect the Economy ?" *Current Sweden*, No. 375, October, 1990；藤岡純一著，前掲書，111頁。
13) Kellgren, Sune, *op. cit*., ss. 8-9.
14) Shelton, John P., *op. cit*., pp. 241-242.
15) この税額控除は，より正確にいうと，1938年法の下では，建物に対する投資準備金の設定限度額が，当該課税年度における法人税など各種の控除項目控除前の利益の10％或いは株式資本金の2％に，機械/装置或いは棚卸資産に対する投資準備金が，法人税など各種の控除項目控除前の利益の20％或いは株式資本金の4％に限定され，投資準

備金が設定された年度より起算して7年経過しても利用されなかった場合，その準備金は，その時点で税務上の所得に振り戻しされ，場合によっては，2％或いは3％の利子を加算して，税額控除が行われた時点での税率で，課税される（Norr, Martin/Duffy, Frank J./Sterner, Harry, *op. cit*., p. 215；Johansson, Sven-Erik and Edenhammar, Hans, *Investeringsfonders Lönsamhet*, Ekonomiska Forskningsinstitutet vid Handelshögskolan i Stockholm, P.A. Norstedt & Söners Förlag, Stockholm, 1968, ss. 11-12.

16) *Ibid*., s. 10；Kellgren, Sune, *op. cit*., s. 16. なお1942年には，鉱山開発のための調査・その準備作業などのために，「鉱山作業投資準備金」（IF för arbet i gruv）の設定が可能となった（Johansson, Sven-Erik and Edenhammar, Hans, *op. cit*., s. 10）。

17) Shelton, John P., *op. cit*., p. 242.

18) *Ibid*.；Norr, Martin, Duffy, Frank J./Sterner, Harry, *op. cit*., p. 224.

19) *Ibid*., p. 242.

20) Shelton, John P., *op. cit*., p. 244.

21) Johansson, Sven-Erik, "An Appraisal of the Swedish System of Investment Reserves", *International Journal of Accounting*, University of Illinois, Vol. 1. Fall, 1965, p. 89.

22) Shelton, John P., *op. cit*., p. 245.

23) Johansson, Sven-Erik, [1965], *op. cit*., p. 86. 即ち「投資準備金の設定は，財産としての資産を具体的に分離していることを何ら意味するものではなくて，それは，当該企業の記帳上の手続き（en åtgärd i företagets bokföring）に過ぎない。即ち（借方）損益勘定×××（貸方）投資準備金勘定×××（となる。）」(Olsson, Jan/Rosendahl, Göran/Ruijsernaars, Harry, *Elementär företagsekonomi*, Studentlitteratur, Lund, 1975, s. 115)。

24) Shelton, John P., *op. cit*., p. 245.

25) *Ibid*., p. 243；King, Mervyn A. and Fullerton, Don (eds.), *The Taxation of Income from Capital: A Comparative Study of the United States, the United Kingdom, Sweden and West German*, University of Chicago Press, Chicago and London, 1984, p. 101.

26) Schnitzer, Matin, *op. cit*., p. 20.

27) Mildner, Erwin and Scott, Ira, "An Innovation in Fiscal Policy: The Swedish Investment Reserve System", *National Tax Journal*, Vol. XV, National Tax Association, 1962, p. 276.；Schnitzer, Martin, *op. cit*., pp. 21-22.

28) Norr, Martin/Duffy, Frank J./Sterner, Harry, *op. cit*., p. 215 and Chap. 2. 2/1.

29) *Ibid*., p. 215-217.；Johansson, Sven-Erik/Edenhammar, Hans, *op. cit*., ss. 10-14.

30) Norr, Martin/Duffy, Frank J./Sterner, Harry, *op. cit*., pp. 215-217. 1938年法は，投資準備金の目的別設定を明記せず，什器及び棚卸資産に対する投資準備金を一括処理することを許容した。1947年法は，この両者を区分し，前者については，当該課税年度に調達或いは改造された船舶に対する減価償却も許容し，また棚卸資産投資準備

第7章 スウェーデンにおける投資準備金制度（1938-1955年）の意義 | 469

金については，それが，スウェーデン産の製品の外国での販売を促進することを目的としていることを明らかにした。この法令の下では，投資準備金は，建物・什器・商品在庫・鉱山作業に対するそれ（四種類）に明確に区分されるようになった（Johansson, Sven-Erik and Edehammar, Hans, op. cit., ss. 10-11）。

31) Norr, Martin/Duffy, Frank J./Sterner, Harry, op. cit., p. 91.
32) Ibid., p. 217 and 6/2.
33) Västhagen, Nils, "Tax Policy and Business Firm's Investment Activities", Skandinaviska Banken Quarterly Review, 62 at 70. Vol. 38, No. 3, July, 1957 ; Engwall, Lars (red.), Föregångare inom företagsekonomin, SNS Förlag, Stockholm, 1955, ss. 279-298.
34) Kellgren, Sune, op. cit., s. 8.
35) Shelton, John P., op. cit., p. 243 and p. 245.
36) Norr, Martin/Duffy, Frank J./Sterner, Harry, op. cit., p. 217.
37) Johansson, Sven-Erik, op. cit., p. 85.; Hanner, Per V.A., "Accounting and Taxation in Sweden in Relation to the Problem of inflationary Profits", Accounting Research, January, Vol. 1, 1950, pp. 262-264. 1955年法が，私的株式会社などに対して投資準備金の税法上の恩典を拡大することを狙ったとき，例えば，「1955年法に関する諸規定の目的は，諸企業に課税の延期（uppskov med beskattning）の機会を提供することであり，直接的に投資を企画することにあるのではない」（Welinder, Carsten, Skattepolitik, LiberLöromedel, Gleerup, Lund 1976, s. 129）とさえ評されたのであった。概して1955年法まで「投資準備金の設定に関する諸企業の関心は希薄であったが，それは特に，諸企業は什器の減価償却及び棚卸資産評価切下をしうる権利を非常に広範にわたって所有しており，その結果，投資準備金の設定に対するより一層多大な刺激は存在しなかったことによるものと見做されていたのであった」（Johansson, Sven-Erik and Edehammar, Hans, op. cit., s. 13）。
38) Shelton, John P., op. cit., p. 243 and 245. ; Norr, Martin/Duffy, Frank J./Sterner, Harry, op. cit., pp. 90-91 and 219-220 ; Johansson, Sven-Erik op. cit., pp. 276-277.
39) Olsson, Jan/Rosendahl, Göran/Ruijsernaars, Harry, op. cit., s. 116.
40) Kellgren, Sune, op. cit., ss. 51-52.
41) Norr, Martin/Duffy, Frank J./Sterner, Harry, op. cit., p. 219. ; Kellgren, Sune, op. cit., s. 11.
42) この点について一般には，「……即ち投資準備金の設定は，直接的には，投資準備金を設定しない選択肢と比較すれば，流動性の改善を意味することになる」（Olsson, Jan/Rosendahl, Göran/Ruijsernaars, Hary, op. cit., s. 116）といわれている。
43) Jönsson, Lundmark Birgitta, op. cit., s. 137.
44) Norr, Martin, /Duffy, Frank J./Sterner, Harry, op. cit., p. 220.
45) Schnitzer, Martin, op. cit., p. 21.
46) Johansson, Sven-Erik, op. cit., s. 86.
47) Asztély, Sandor, Finansiell Planering, Studierådet vid Afförsbankerna, P.A.

Norstedt & Söners Förlag, Stockholm, 1977, ss. 15-16. 1955年法が, 凍結預金勘定への払込 (預金) を私的株式会社などに義務づけた当時, この払込の性格については, 様々な解釈論が展開した。その論争の本質は, 最終的には投資準備金の性格規定にまで遡るものであった。その委細については, Kellgren, Sune, *op. cit.*, s. 23 ; Hanner, Per V.A., *Årsredovisning i praktiken 11. (100 större svenska aktiebolags årsredovisningar 1951-1962)*, Företagsekonomiska Forskningsinstitutet vid Handelshögskolan i Stockholm, 1964, p. 198.
48) Norr, Martin, /Duffy, Frank J./Sterner, Harry, *op. cit.*, p. 220 ; Johansson, Sven -Erik, *op. cit.*, p. 89.
49) Schnitzer, Martin, *op. cit.*, p. 54.

第2節 「投資準備金制度」の基本的な仕組み:例示

　前節で指摘したように,「投資準備金制度」は, 社会経済的には, 政府による景気調整政策の一環とりわけ不況対策として, 私的株式会社などに対して, 景気の好況期には法定準備金・債務調整準備金・法人税などの控除前の利益の一部を将来の投資という名目で積み立てることを許容し, 景気の後退期或いは不況期には, 主として, 労働市場庁の承認或いは命令によって取り崩させ, 投資と雇用の維持・拡大という国家の経済的な政策目標を遂行する手段として機能させる制度である。同時にそれは, 企業経済的には, 私的株式会社などに対して, 投資控除・租税の延期 (繰延) の権利を選択的に附与することによって, 投資計画の遂行或いは資本の蓄積を促進させる制度である。このような「投資準備金制度」は, 1938年に初めて暫定的・試験的に導入されて以来, 1947年に恒久的な制度として承認され, 1955年に, 当初の理念と仕組みを前提としながらも, 私的株式会社などにとってこの制度を魅力あるものとするために大幅に改正され, 以後, 部分的な改正を伴いつつ, 1990年の税制改革による廃止まで, 長期にわたって存続してきた。

　私的株式会社などは, このような「投資準備金制度」を現実的に適用する場合, 具体的にはどのように会計処理をするのであろうか。

　本節では, 投資準備金の設定とその取崩しに関する基本的な会計処理の仕

組みを明らかにする。

1．投資準備金の設定

投資準備金の設定と取崩しとは，一部は損益に，また一部は企業への或いは企業からの支払の流れに影響するといわれている[1]。

さしあたり一株式会社による投資準備金の設定について，次のような最も単純な事例を想定する[2]。その設定に関する処理は，原則的には，1955年法によるものとする。

事例：(1)税引き前の利益：2,000skr.
　　　(2)投資準備金の設定額：税引き前の利益の40％
　　　(3)法人税など：税率55％
　　　(4)強制的な預金：投資準備金の46％
　　　　（預金率は，1955年には40％，1956年には46％，その後の法改正で最高限100％になる。）

この株式会社が，投資準備金の設定に関する選択権を行使する場合，設定される投資準備金額は，2,000skr×0.40＝800skr，法人税などの支払額は，(2,000skr－800skr)×0.55＝660skr，強制的な凍結預金額は，1956年預金率によるとすれば，800skr×0.46＝368skr となる。

これらの取引を関連の勘定口座で示せば，次頁上のようになる。

この株式会社が，上記と同様の条件の下で，投資準備金の設定に関する選択権を行使しない場合（「ゼロ－選択肢」noll-alternativ），法人税などの支払額は，2,000×0.55＝1,100skr となる。これに対してこの株式会社が，上記と同様の条件の下で，投資準備金の設定に関する選択権を行使した場合，同社の税引前の計上利益は，2,000skr－800skr＝1,200skr，租税負担額は，(2,000skr－800skr)×0.55＝660skr となる。その結果この株式会社が延期（繰延）する租税負担額は，1,100skr－660skr＝440skr，この株式会社が手

投資準備金			
次期繰越	800	損　益	800

損　金			
投資準備金	800	投資準備金及び法人	
法人税等	660	税等控除前利益	
純利益	540		2000
	2000		2000

期末 B/S

現金	800	投資準備金	800

にする「余剰流動性」(likviditetstillskott) も，1,100skr（投資準備金を設定しない場合の税額）－660skr（投資準備金を設定した場合の税額）＝440skr 相当額となる。とはいえこの株式会社は，投資準備金の設定額800skrの46％即ち368skr を国立銀行の凍結勘定に無利子で預金し，凍結する（att frisa）ために，この「余剰流動性」は，僅かに72skr（＝国立銀行の凍結勘定への預金前の余剰流動性の額440skr－国立銀行への預金額368skr）に過ぎない。但しこの株式会社は，投資準備金の設定によって，長期的には国立銀行に368skr の「預金残高」(tillgodohavande) を有することになる。この会社が，投資準備金を設定しない場合負担する法人税などは，いわば，貨幣を失わせる原因（或いは貨幣の無駄）となる[3]。

投資準備金に関する法規が制定されて以来，このような投資準備金の性格については，様々な観点より討議されてきた。とはいえ今日一般に承認されている見解によれば，投資準備金は，その実際的な目標からみて，「その他の非課税の諸準備金」(övriga obeskattade reserver) と同一視され，投資準備金のおよそ半分は，「租税の繰延」(latent skatteskuld: deferred tax liability)，残余の半分は，「自己資本」(eget kapital) として機能していると推定される[4]。

2．投資準備金の取崩し

　投資準備金の設定に関して上記と同一の条件の下で，この株式会社が，投資準備金の取崩しに関する一般規定（§9.1）によって，xxxI 年の始めに，労働市場庁の承認或いは命令に従って投資準備金800skr を建物建設のために取り崩したとする。

　この株式会社が，建物建設のために投資準備金800skr を取り崩した場合，当該建物の取得原価は，取り崩した投資準備金相当額だけ，既に自動的に切下げ（償却）されることになる。この切下げ（償却）は，計上損益の大きさには影響・関係しない。何故ならそれは，「投資準備金の振戻し分」（återförd investeringsfond）と相殺されているからである。またこの株式会社は，二重償却の回避と当該資産の総取得原価の100％以上の償却の禁止（固定資産再評価の禁止）という条件によって，投資準備金の取崩しによる当該資産の取得原価相当分については，如何なる方法によるにせよ，税務上，一般に承認されている標準的な償却期間（見積耐用年数）を基礎として，「当該建物に対して減価償却控除をする権利」（rätt till värdeminskningsavdrag på byggnaden）を行使することはできず，償却は，「ただ一回きりの償却（簿価切下げ）」（en engångs nedskrivning）となる。この株式会社は，これらの取引を損益勘定及び損益計算書に明示しなければならない[5]。

　更にこの株式会社は，労働市場庁の承認或いは命令に従って建物建設のために投資準備金を取り崩しているので，「10％特別投資控除」（tioprocentigt investeringsavdrag）の権利を行使することができる。この場合この株式会社が，租税負担の軽減という恩典に浴するのは，間接的である。換言すれば，この株式会社の租税負担が，この会社にとって有利に，即ち「正（プラス）の方向」（i positiv riktning）に作用するのは，納税申告の際に承認される10％特別投資控除を基礎とすることによるのである[6]。

　これらの取引を関連の勘定口座で示せば，次頁上のようになる。

　この株式会社が，過去に建物投資準備金という名目で投資準備金を設定しているにも拘らず，建物の建設を投資準備金の取崩しに関する一般規定（§

建　　物					投資準備金			
預　　金	368	投資準備金	800		損　　益	800	前期繰越	800
借入金等	432	次期繰越	0					
	800		800					

損　　益			
建　　物	800	投資準備金	800

9.1）と関わりなく「別段に」(isolerat) 行う場合, この会社の租税負担は, 建物投資準備金という名目で投資準備金の設定をせず, したがってまた投資準備金の設定による税額控除（当該資産の簿価引下げ）の恩恵にも浴していない場合（ゼロ－選択肢の場合）よりも大きくなる。その理由は, この株式会社が過去に投資準備金の設定に伴って承認された税額控除相当分（利子も含む）は, 税務上の所得として振戻しされるからである。とはいえこの「租税負担の増加分」(merskatt) は, 例えば, 機械及び什器に対する「過大減価償却」(överavskrivning) 或いは「棚卸資産の簿価切下げ」(lagernedskrivning) など, 様々な損益調整的な手続きを通じて, しばしば中和化される[7]。

　以上は, 私的株式会社などが, 投資準備金の設定と取崩しをする際の最も基本的・原則的な事例である。投資準備金制度の運用に関するこのような処理は,「投資準備金制度」を最初に試験的・暫定的に導入した1938年法はもとより,「投資準備金制度」を, 1990年の税制改革による廃止まで, 恒久的制度として確立した1947年法でも, 必ずしも明示的ではなかったとしても, 暗黙裡に予定されていた（但し, 具体的な法定上の数値は, 別である）。そしてそれは,「投資準備金制度」を普及させることを狙って改定された1955年法によって, 明示されたのであった。

　その後, 投資準備金に関する法令は, その廃止まで, スウェーデンの経済

第7章　スウェーデンにおける投資準備金制度（1938-1955年）の意義 | 475

社会のその時々の要請に呼応して，幾度か改定されてきた。投資準備金制度の1955年法以後の改定動向は，本章の直接的な目的ではないので，特別に立ち入る必要はない。とはいえ私的株式会社などが，「投資準備金制度」（とりわけその取崩し）を現実に適用しようとする場合，その他の税務上の諸制度や損益調整的な決算諸手続きとの関連で，様々な比較・考量が働き，この制度の運用をめぐる様々な選択肢を勘案する。その場合，「投資準備金制度」の適用に関する様々な如何なる選択肢においても，しばしば引き合いにだされるのは，後の時代になって，投資準備金の取崩しに関する上記の一般規定（§9.1）に対する例外規定として新たに追加された特別規定（§9.3）である。「投資準備金制度」のほぼ完璧な姿態としてのその仕組みを明らかにしておくことは，その運用形態を知り，「投資準備金制度」のもつ本来的・基本的な資本蓄積機能をより一層明らかにするために，有効な手だてとなるであろう。この意味から，特別規定に基づく「投資準備金制度」（とりわけその取崩し）の基本的・具体的な仕組みについて，ここで極く簡単に触れておきたい。

上記の株式会社が，投資準備金の取崩しに関する特別規定（§9.3）に基づいて労働市場庁の承認或いは命令によって投資準備金の取崩しをする場合，次のような三つの限定条件に従う[8]。

　　限定条件：(1)取崩し可能な投資準備金：設定額の75％．
　　　　　　　(2)投資準備金による償却可能な限度額：75％．
　　　　　　　(3)特別投資控除の権利：なし

この株式会社が，この特別規定に従って投資準備金を取り崩した場合，投資準備金の取崩高は，投資準備金設定額800skr×0.75＝600skr，投資準備金の取崩しに伴う強制的な凍結預金の引きだしは，投資準備金の設定に伴う強制的な預金368×0.75＝276skr となる。

これらの取引を勘定記入で示せば，次のようになる。

建　　物			
凍 結 勘 定	276	損　　　益	600
借 入 金 等	524	次 期 繰 越	200
	800		800

投資準備金			
損　　　益	600	前 期 繰 越	800
次 期 繰 越	200		
	800		800

損　　益			
建　　物	600	投資準備金	600

　この株式会社は，この特別規定によれば，如何なる投資控除も受けることはできないので，「租税負担の軽減による間接的な損益の改善」(indirekt resultatförbättring på grund av att minska skattekostnader) の余地はない[9]。

　なおまた一般的には，概して私的株式会社などは，この特別規定に従って投資準備金の取崩しをする場合，各々設定した投資準備金のうち拘束的な部分25％が蓄積されていくことを回避する目的で，時折，労働市場諸機関と協調して，所定の投資を様々な段階に区分し，第一段階は，投資準備金の75％を以て償却し，第二段階は，残存する投資準備金の75％を以て償却し，更に第三段階以後も，同様の仕方で償却していくような方法をとる。この場合には問題はもっと複雑になるが，ここではこれ以上立ち入らない。

3．「投資準備金制度」の企業経済的な効果：若干の検討

　上記の例示は，投資準備金制度の具体的な仕組みに関する最も基本的・原則的な事例である。

　このような「投資準備金制度」は，企業経済的には，流動性と収益性という点よりみて，どのような効果をおさめたか。この問題は，何よりも先ず，当時のその他の税務上の諸制度とりわけ第6章で問題とした「自由償却制度」（或いは1955年以後は30％逓減残高償却法-20％直線法），「棚卸資産評価制度」，「投資税制度」などとの関連で，検討しなければならないであろう。

第7章　スウェーデンにおける投資準備金制度（1938-1955年）の意義 | 477

更にこの問題は，それを踏まえた上で，私的株式会社などのとる，損益調整的な諸手続きを含む様々な決算政策との関連で，改めて吟味されなければならないであろう。

　ここでは問題の単純化のために，これらの問題に立ち入らず，上記に例示した最も基本的・原則的な事例を，投資準備金の設定の時期よりその取崩しに至る時間的な流れに沿って再考し，投資準備金の設定と取崩しそれ自体が，抽象的・原理的な問題として損益計算にどのような影響を与えるかという問題に簡単に触れておきたいと思う。この場合，さしあたり投資準備金の設定と取崩しによる企業への或いは企業からの支払の流れという視点より，最も基本的・原則的な次の三つの選択肢を設定し，個々の選択肢について，投資準備金の設定と取崩しそれ自体が，抽象的・原理的な問題として損益計算に与える影響を一瞥する。即ち(1)投資準備金の設定に伴い，凍結預金勘定への預金をしない場合，(2)投資準備金に関する一般規定（§9.1）に従って，投資準備金の設定に伴い，凍結預金勘定への預金をする場合，(3)投資準備金に関する特別規定（§9.3）に従って，投資準備金の設定に伴い，凍結預金勘定への預金をする場合である[10]。

　(1)　投資準備金の設定に伴い，凍結預金勘定への預金をしない場合

　上記の株式会社が，投資準備金を設定する場合，この会社の損益は，その設定の時点では，それを設定しない場合（ゼロー選択肢の場合）よりも小さくなる。

　それ以後，それは，損益計算には直接的には影響しない。「投資控除」(investeringsavdrag)は，投資準備金に関する一般規定（§9.1）に基づく事例で既にみたように，租税負担の軽減を通じてのみ，間接的に損益計算に影響するに過ぎない。「投資控除」の問題を別とすれば，投資準備金の設定は，それに相応する額だけ当該資産の簿価の切下げ（償却）を伴い，この簿価を基礎とした「正常な税務上の減価償却」(normal skattemässig avskrivning)は，投資準備金を設定しない場合の簿価を基礎としたそれよりも小さくなるか，或いは「帳消し」(att bortfalla)されることになるので，

損益は，ゼロー選択肢の場合よりも大きくなり，「租税負担の増大」となる。

(2) 投資準備金に関する一般規定（§9.1）に従って，投資資準備金の設定に伴い，凍結預金勘定への預金をする場合

この株式会社が，投資準備金の設定に伴い，国立銀行の凍結預金勘定に預金した場合，既にみたように，延期（繰延）される租税負担額は，ゼロー選択肢の場合の税額（2,000skr×0.55）－投資準備金を設定した場合の税額〔(2,000skr－800skr)×0.55〕＝440skr，投資準備金の設定に伴い同時になされる凍結預金勘定への払込額（強制的な預金額）は，368skr（＝800skr×0.46）となる。

その後，この株式会社は，投資準備金の取崩しによって凍結預金勘定から368skrを国立銀行より払戻しされる場合，払戻しされた課税年度の納税申告に当って「10％特別投資控除」の権利を行使し，80skr（＝投資準備金の設定額800skr×投資控除率0.1）の特別投資控除を受ける。とはいえこの事例でも，凍結預金の払戻しの時点以後将来にかけては，税務上正常な減価償却費の計上額は，(1)の場合と同様の理由で小さくなるので，損益は，ゼロー選択肢の場合よりも大きくなり，「租税負担の増大」となる。

(3) 投資準備金の取崩しに関する特別規定（§9.3）に従って，投資準備金の設定に伴い，凍結預金勘定への預金をする場合

この事例でも，(2)の場合と同様に，この株式会社は，さしあたり投資準備金の設定に伴い国立銀行の凍結預金勘定に預金した場合，既にみたように，延期（繰延）される租税負担額は440skr，投資準備金の設定に伴い同時になされる凍結預金勘定への払込額（強制的な預金額）は368skr（＝800skr×0.46）となる。

その後，この株式会社が，投資準備金の取崩しに関する特別規定（§9.3）に従って投資準備金を取り崩す場合，凍結預金勘定（強制的な預金）からの払戻額は，276skr（＝368skr×0.75）となる。これは，償却される。とはいえこの事例でも，凍結預金の払戻しの時点以後将来にかけては，税務上正常な減価償却費の計上額は，(1)の場合と同様な理由で小さくなるので，損益

第 7 章　スウェーデンにおける投資準備金制度（1938-1955年）の意義 | 479

は，ゼロ－選択肢の場合よりも大きくなり，租税負担の増大となる。

　この三つの選択肢は，極めて単純な事例である。投資が，既に示唆したように，段階的に行われる場合には，このいわゆる「支払に関する時系列モデル」(betalningarnas tids mönster)[11]は，もっと複雑となるであろう。それでもここで確認しておきたいことは，少なくても最も基本的・原則的な支払に関する三つの選択肢の何れの場合でも，投資準備金の設定それ自体は，この三つの何れの選択肢の場合であっても，損益計算上の効果としては，租税負担の延期（繰延）となるが，その軽減（節税）には直結しないということである。

　この各々の選択肢における支払の流れは，私的株式会社などが，投資準備金の設定と取崩しをする場合，その収益性 (lönsamhet) を判断する基礎となる。

　投資準備金に関する法令は，私的株式会社などが投資準備金を設定する場合，当該企業が将来一定の投資対象に対して投資準備金を取り崩すことを，法的に強制するものではない。例えば，私的株式会社などは，投資準備金を将来税務上の所得に振り戻すという選択肢を選ぶことも自由である。また私的株式会社などは，投資準備金を設定する場合，政府或いは労働市場庁が，将来の何時の時点で取崩しの認可或いは命令を下すかということについても未知である。とはいえ私的株式会社などは，投資準備金の取崩しに関する特別規定（§9.3）に従って，労働市場庁より，将来設定する投資準備金を，既にそれに先立って取崩しするという暫定的な認可を得る場合，設定される投資準備金の額の75％を何時の時点で自由に支配・処分しうるかということを既知のものとして受け取る。私的株式会社などが，そのような認可を得ているか，或いは「自由部門」を計画的・積極的に自由に利用することを念頭に入れている場合，総体として，投資準備金の設定と取崩しに関する選択権を行使するか否かという問題については，上記の「支払に関する時系列モデル」に従って判断する筈である。私的株式会社などは，それ以外の場合には，「決算戦略的な考慮」(bokslutstaktisk övervägand)[12]に基づいて，投資準

備金の設定と既に設定したその取崩しとに関する選択権を行使する筈である。投資準備金の設定それ自体は，損益計算上の効果としては，租税負担の延期（繰延）であり，その軽減（節税）には直結しないとしても，それが，「決算戦略的な考慮」と絡み合うときには，その限りではない。その端的な証拠は，機械・什器（船舶も含む）に対する「自由償却制度」或いは30％逓減残高償却法-20％直線法の適用と建物建設に対する投資準備金制度の併用である。しかも不断にインフレーション基調を辿ってきたスウェーデン経済の実情を考慮すれば，単なる租税負担の延期（繰延）でさえも，十分に租税負担の軽減（節税）に結びつく可能性をもっているであろう[13]。

多数の研究者や政府関係筋は，私的株式会社などが，こうした「決算戦略的な考量」から，かれらにとっては，固定資産の減価償却をめぐって，流動性と収益性という点で，税務上，投資準備金の設定・取崩しに関する選択権を行使する方が有利か，それとも自由償却に関するそれを行使する方が有利かという問題について，様々な設例・仮説・条件設定による，非常に沢山の試算をしている。本章では，それらの試算の妥当性を個別的に検討することを直接的な目的とはしない。ここでは，これまでみてきたような選択権の行使に関する抽象的・基本的な仕組みを補足する意味で，第2章であげた「ストックホルム商科大学」の教授 S.-E. Johansson の試算[14]を紹介して，本節を閉じたいと思う。

S.-E. Johansson は，さしあたり流動性の側面より，私的株式会社などが，建物建設について投資準備金の設定と取崩しに関する選択権を行使するか，それとも「自由償却制度」のそれを行使するかを問い，概略，次のようにいう。即ち，私的株式会社などが，投資準備金をその設定目的に従って取り崩す場合，例えば，建物或いは機械などへの新しい投資原価は，最高限度100％まで，当該資産の取得年度中に，投資準備金勘定へ借方記入されること，私的株式会社などは，当該資産については，以後税務上の減価償却控除をすることはできないこと，とはいえこの会社は，国立銀行より投資準備金設定額の46％相当額の預金を引きだし，更に投資準備金設定額の10％相当額

第7章 スウェーデンにおける投資準備金制度 (1938-1955年) の意義

の「特別投資控除」(a special investment deduction) を受けることが可能であること，この点で投資準備金の取崩しによる「全体としての流動性の効果」(total liquidity effect) は，「自由償却制度」による効果とほぼ同一であること，但し私的株式会社などは，この投資については「如何なる正常な控除可能な減価償却引当金」(any normal deductible allowances for depreciation) も設定できないこと，換言すれば，この場合には，「正常な減価償却引当金」(normal allowances for depreciation) の設定による税務上の節約はないこと。

S.-E. Johansson は，次いで収益性の側面より建物建設における同様な問題を問い，次のような仮定の場合，少なくとも建物建設について正常な税務上の減価償却法 (normal tax depreciation) によるよりも，投資準備金の設定と取崩しに関する権利を行使した方が，投資収益の改善に繋がると説く。

仮定：(1)建物原価100：投資準備金を利用
　　　(2)通常の税務上の減価償却率（直線法）：2.5％
　　　(3)税率：5％
　　　(4)税引き後の資本コスト：8％
　　　(5)収益性指数：税引き後の純現在価額を利用
　　　(6)租税：年度末払い
　　　(7)投資がなされる年度始めに国立銀行より払い戻しされた現金を受領

	現在価額
投資準備金の利用による建物への投資の純現在価額の増加	
国立銀行による現金の払い戻し分（0.46×100）	46.0
特別投資控除による節税分（0.5×0.1×100×0.926）	4.6
通常の税務上の減価償却による節税喪失分	
（0.5×0.025×100×11.925）	(14.9)
	35.7

〈注〉
1) Jönsson, Lundmark Birgitta, *Resultatmättning och bokslutspolitik*, Studentlitteratur, Lund, 1977, s. 144. 本章では、投資準備金の設定と取崩しの基本的な仕組みの説明には、その原理的で基本的な枠組みを明らかにするという主旨より、幾つかの適切な事例が記載されている同書を、主として参照した。企業財務論の立場より投資準備金制度の収益性の問題に関する具体的で実証的な事例については、上記の著作の他に本章でも幾度か既に参照している。Kellgren, Sune, *Om Konjunkturinvesteringsfonder och deras redovisningstekniska problem*, Handelshögskolan i Göteborg, Skriftserie Nr. 7, Gumperts Förlag, Göteborg, 1959. 及び Johansson, Sven-Erik and Edenhammar, Hans, *Investeringsfonders lönsamhet*, Ekonomiska Forskningsinstitutet vid Handelshögskolan i Stockholm, P.A. Norstedt & Söners Förlag, Stockholm, 1968などを参照。
2) Jönsson, Lundmark Birgitta, *op. cit*., s. 144.
3) *Ibid*.
4) *Ibid*., s. 145.
5) *Ibid*.
6) *Ibid*.
7) *Ibid*., s. 146.
8) *Ibid*.
9) *Ibid*.
10) *Ibid*., s. 148.
11) *Ibid*.
12) *Ibid*., s. 149. スウェーデンの私的株式会社などは、法人税など税引前の損益の算定に当たって、制度的に承認されている様々な「損益調整的な諸手続」(resulutatreglerande åtgäder) を、その時々の「決算戦略的な考慮」に基づいて利用してきた。本章で問題としている投資準備金制度の企業財務的な効果という問題も、本来的にはその他の様々な損益調整的な諸手続きを射程に入れて考察するべきであろう。それは将来に委ねるとして、さしあたりここでは、Birgitta Jönsson Lundmark が同書で例示している、「投資準備金制度」とその他の損益調整的な諸手続きとの比較考量による決算政策に関する二つの選択肢の事例のみを引き合いにだしておくに留める。

　同書の指摘を俟つまでもなく、私的株式会社などが、投資準備金の設定及び取崩しに関する選択権を行使する場合、それが、制度的に承認されているその他の損益調整的な諸手続きと競合することがなければ、その選択権の行使即ち投資準備金の設定と取崩しとは、収益的となる。この場合には、租税負担の延期（繰延）は、インフレーション要因を考慮しない場合でも、私的株式会社などにとっては、十分に魅力的なものとなる。これに対して、その選択権の行使が制度的に承認されているその他の損益調整的な手続きと競合するならば、選択権の行使に踏み切るか否か、その明確な判断基準はない (Jönsson, Lundmark Birgitta, *op. cit*. s. 149)。

　投資準備金の設定及び取崩しに関する選択権の行使が、その他の損益調整的な諸手

第7章　スウェーデンにおける投資準備金制度（1938-1955年）の意義│483

続きと競合しない典型的な事例は，建物投資準備金の設定と取崩しの場合である。建物の減価償却は，損益調整的な諸手続き上「最も弾力性が低い」（den minst flexibiliteten）。その理由は，基本的には，税務上承認されている建物の耐用年数は，機械・什器（船舶も含む）のそれよりも著しく長期的であり（20-30年程度），償却率も低率（2.5％程度）で，私的株式会社などは，納税申告の際に建物減価償却費の大きさを変更できないからである。そのため私的株式会社などはこれを考慮して，何よりも先ず，建物投資準備金の設定とそれに伴う国立銀行への凍結預金によって投資控除及び特別投資控除に与るような選択をする筈である（*Ibid.*, s. 150）。私的株式会社などは，建物投資準備金の設定と取崩しという選択権を行使した後に，「限界的な損益調整的な手続きとして」（som den marginella resultatreglerande åtgärden），さしあたり機械及び什器に対する「減価償却控除」（värdeminskningsavdrag），次いで「棚卸資産準備金の増加」（lagerreservökining）（棚卸資産簿価切下げ）という手続きを採択すれば，税務上の損益という点では有利となる筈である。その理由は，私的株式会社などは，さしあたり機械・什器の場合，「制度的に許容される最低限度の期末価額」（det längst tillåtna UB-värdet）に対して，30％逓減残高償却法-20％直線法を適用し，次いで当該年度には棚卸資産簿価引下げの手続きを見送っても，次年度には100％の範囲でこの手続きを利用できるからである。私的株式会社などが様々な理由で，ある年度に損益調整的な諸手続きによって棚卸資産準備金を増加させることができずに，その代わりに投資準備金を設定をする場合，それが収益的な結果をもたらすか否かということを判断するためには，当該年度以降将来にわたって生起すると予測される諸現象を視界に入れて，長期的な展望（少なくとも次年度決算年度のそれ）に関する予測を必要とするであろう（*Ibid*）。既に本章でこれまで参照してきた諸文献もまた，このことを指摘している。

　一般に，税引前の所定の「境界利益」（tröskelvinsten）が，投資準備金の規模の程度を定め，最高限税引き前の年次利益の40％相当額の投資準備金の設定という原則（1955年法）が，この「境界利益」の大きさを限定するということ，それが，投資準備金の設定がその他の損益調整的な手続きと競合する場合，投資準備金の収益性を判断するために最も重要であるといわれる（*Ibid.*, s. 150）。同書は，この点より，問題の分析を2期間に限定し（「2期間分析」tvåperiodanalys），次のような事例とそれに対する二つの決算政策選択肢を提示する（*Ibid.*, ss. 150-151）。この場合，同書は，更に，各々の決算選択肢を投資準備金の設定取崩しに伴う支払の流れに沿って，収益性の観点より分析しているが，本章では，選択肢の原型のみを示すに留める。

決算選択肢(1)
　　仮定：(1)損益調整手続き……棚卸資産簿価切下の手続きは第1年度に限度額一杯利用
　　　　　(2)棚卸資産簿価切下による投資準備金の減少
　　　　　(3)税引前希望計上利益……………… 1年度　300tkr，2年度　300tkr
　　　　　(4)税引前及び損益調整手続前利益…… 1年度 1,500tkr，2年度 1,800tkr

決算選択肢(2)
仮定：(1)損益調整手続き……棚卸資産簿価切下げの手続きは1年度に100tkr限度額まで同一金額の投資準備金を設定
(2)第2年度……「前年度に行使しなかった棚卸資産簿価切下げ」(den förlorade lagernedskrivningen) の権利回復。投資準備金の設定額は，それに相当する分だけ減少
(3)税引前希望計上利益……………………1年度　300tkr，2年度　300tkr
(4)税引前及び損益調整手続前利益……1年度　1,500tkr，2年度　1,800tkr

決算選択肢(1)による試算				(単位：tkr)
	第1年度		第2年度	
税引前希望計上利益		300		300
税引前及び損益調整手続前利益		1,500		1,800
減価償却及び簿価切下げ（最高限度額）				
建　物	300		300	
機械及び什器	400		400	
棚卸資産準備金増加額	500	1,200	500	1,200
投資準備金設定額の余地	(120)cf	0		240
税引前計上利益		300		360

cf. 第1年度には，(1,500−1,200)×0.4＝120の投資準備資金設定額の余地はあるが，設定しない。

決算選択肢(2)による試算				(単位：tkr)
	第1年度		第2年度	
税引前希望計上利益		300		300
税引前及び損益調整手続前利益		1,500		1,800
減価償却及び簿価切下げ				
建　物	300		300	
機械及び什器	400		400	
棚卸資産準備金増加額	400	1,100	600	1,300
投資準備金設定額	(160)	100		200
税引前計上利益		300		300

13) Åkerblom, Matz, *Inflationsjustera justera Din Årsredovisning*, Studentlitteratur Lund, 1977, ss. 57-60.

14) Johansson, Sven-Erik, "An Apprisal of the Swedish System of Investment Reserves", *International Journal of Accounting*, Education and Research, Vol. 1, fall, 1965, p. 87.

小　結

　労働市場庁が，投資及び雇用を刺激することを目標として，初めて私的株式会社などに対して投資準備金の取崩しを承認或いは命令し，それに従って私的株式会社などが投資準備金を取り崩したのは，1958-1959年の景気の後退期であった。このとき投資準備金を取り崩した私的株式会社などの総数，およそ600社以上，取崩総額，概算，10億 skr 程度（この金額は，この期間における私的株式会社などによる産業投資総額のほぼ1/5程度相当)[1]，その使途は，住宅建設，道路整備，森林作業，機械・装置の取得であった。「投資準備金制度」の基本目的である民間投資の刺激と雇用創造という点からみて最も効果的であったといわれた使途は，民間住宅建設であった。とはいえこの取崩しは，時期的には概して失敗であったといわれている。その理由は，労働市場庁の承認或いは命令に従って私的株式会社などが，投資準備金の取崩しによって現実に投資計画を着工した時期には，景気は既に回復基調に転じており，しかもその累積的な効果は，1960年のブーム期にも続いたからであった[2]。

　労働市場庁は，1962-1963年の景気の後退期にも，投資及び雇用を刺激することを目標として，私的株式会社などに対して投資準備金の取崩しを承認或いは命令した。この承認或いは命令に先立って既に1962年4月の段階で建築業界では，近い将来に失業の発生とりわけ1962-1963年の冬季にその増大に見舞われることが予想された。そのため労働市場庁は，さしあたり1962年5月に次のような付帯条件の下で，私的株式会社などが，建物建設のために投資準備金を取り崩すことを歓迎する旨，承認或いは命令ではなくて単なる通達の形で伝達した。その付帯条件とは，私的株式会社などによる投資準備

金の取崩しは，建物建設目的に限定すること，工事着工の時期は，1962年11月1日より1963年5月1日までとするということであった。この時投資準備金を取り崩した私的株式会社などの総数，およそ554社，取崩総額，概算，70億skr程度（投資準備金累計の概算30％）であった（因みにいえば，1962年初めで投資準備金累計は，概算，230億skr程度）。また1962-1963年冬季に企画された投資活動に従事した労働力は，産業用建築工事における私的投資活動が雇用する総労働力の25-30％程度であった[3]。更に労働市場庁は，1962年11月末にも，私的株式会社などが，通常利用している機械・装置への投資のために，投資準備金を取り崩すことを承認した。この場合付帯条件は，1962年に造船業を含む機械工業に対する受注が低下していることを背景として，私的株式会社などは，雇用に対する望ましい効果を期待できる1962年中に投資準備金を取り崩すべきこと，しかも1963年5月1日までに機械・装置に対する資本投資に現実に着手するということであった。このとき投資準備金を取り崩した私的株式会社などは，主として機械工業び造船業であった[4]。1962-1963年の投資準備金の取崩しは，総体としては，そのタイミングという点では，先の1958-1959年の場合よりも，はるかに強力に投資及び雇用を刺激し，多大な投資及び雇用の維持・拡大に繋がったといわれている[5]。とはいえ，この2回にわたる投資準備金の取崩しの実際的な効果は概して複合的であり，この取崩しが景気刺激的な財政・税務上の用具としてそれ自体どの程度効果的であったかということについては，必ずしも確かではなく，しかもその効果は政府の期待したような結果とはならず，せいぜい5％程度とされている[6]。

この2回にわたる労働市場庁による投資準備金の取崩しの承認或いは命令は，投資と雇用の刺激・維持・拡大を狙ったものであった。これに対して労働市場庁は，1960-1961年には「投資準備金制度」を初めて意識的に対インフレーション的な方策として利用し，「デフレーション的な効果」[7]を期待して，私的株式会社などに対して投資準備金の全額（100％）を国立銀行に凍結預金することを承認或いは命令した。この承認或いは命令によって私

第 7 章 スウェーデンにおける投資準備金制度（1938-1955年）の意義 | 487

的株式会社などの預金は，国立銀行が採択した通貨の一般的な引締政策と相俟って，各商業銀行の流動性を低下させた[8]。とはいえこの場合も含めて，一般に「投資準備金制度」は，対インフレーション的な効果という点でも，経済安定化装置としてのその「非効率性」[9]が指摘されたのであった[10]。

　スウェーデンは，1930年代に社会民主労働党が単独政権の座に就いて以来，同党主導の長期にわたる単独或いは連立政権の下で，スウェーデン型混合経済体制の構築を前提とした「計画・組織化された資本主義」へ向けて，投資と雇用の維持・拡大を標榜し，景気調整的な意味合いの様々な実験的な施策を，官民両部門に導入・廃止・復活させてきた。その中でもこの国の政府が，景気変動を抑制する経済安定化装置としてとりわけ重視したのは，投資計画であった。社会民主労働党主導型の政府は，公共投資部門とりわけ政府部門の投資については，伸縮的な長期予算制度を採択し，不況期の赤字予算と好況期の黒字予算によって，不況期には政府支出の拡大を媒介として景気の回復を，好況期には政府支出の抑制を媒介として過熱した景気の鎮静化を狙った。政府は，この公共部門投資とりわけ政府部門の投資に着手するために，経常予算とは別枠の資本予算の措置を講じた。資本予算は，一般臨時予算制の下で，公共投資準備金を設定し，雇用の改善と調整の手段として，公共事業（道路・建設・森林事業など）や民間企業への政府発注のために利用し，経済安定化装置としては，極めて弾力的な性格をもっている（但し，住宅建築貸付資金は，別枠）。政府は，民間投資部門については，一般的な金融政策（利子政策・公開市場政策・支払準備率操作）の他に，本章で問題としてきた，「投資準備金制度」に典型的に象徴されるような，民間投資活動を調整する様々な制度を導入してきた[11]。本章で問題としてきた「投資準備金制度」もまた，当時の政府にとって，スウェーデン型混合経済体制の構築を前提とした，投資と雇用の維持・拡大という経済政策目標に沿って，このような民間投資活動を刺激或いは調整する制度の一つであった。「投資準備金制度」は，スウェーデン政府が，その他の同種の税制上の諸制度とりわけ第6章で問題とした「自由償却制度」の他にも，「棚卸資産準備金制度」・「投

資税制度」などと共に、税制を投資と雇用を刺激するための経済安定化装置として機能させることを狙ったものであった[12]。

既に指摘したように、「投資準備金制度」の導入の本来的な狙いは、税制を通じて（或いは税制を機能させて）、投資と雇用の刺激・維持・拡大など、景気刺激的な効果（或いは場合によって景気抑制的な効果）を創出することにあり、その社会経済的な機能は、安定的成長のための有効な景気調整的な手段として機能させることであった。とはいえこの制度は、本章で問題とした期間に限定していえば、労働市場庁による2回にわたる取崩しに関する承認或いは命令の場合でも、インフレーションの抑制のための100％凍結預金命令の場合でも、必ずしもその効果は、政府の期待通りには運ばなかった。「投資準備金制度」は、1955年以後もスウェーデンの経済社会の要請に呼応して幾度か部分的に修正されてきたが、それによっても、その景気刺激的・調整的な効果は余り変わらなかった。それにも拘らず、1938年に初めて導入されて以来1990年の税制改革によって廃止されるまで、「投資準備金制度」が50年もの長期にわたって存続してきたのは何故か。

この疑問に答える一つの手掛かりとなるのは「投資準備金制度」の景気調整機能を疑問視するか或いは否定的な見解を示す人々、或いはそれとは別に「投資準備金制度」それ自体に対して様々な視点より批判的な人々でさえも、投資準備金の設定と取崩しに対する選択権を行使するのは、主として巨大企業であるということを等しく共通に指摘・承認していることである。

原則として労働市場庁の承認或いは命令の下に、私的株式会社などが、投資準備金の設定と取崩しの選択権の行使によってこの制度の便益を受ける場合、それらの諸企業は、概して、法定準備金・損益調整準備金・法人税などの控除前に既に膨大な利益を手にすることが可能な、より巨大企業或いは「過去において高い利潤を手にしてきた企業」[13]である。巨大企業は、様々な投資計画を殆ど持続的に実施するための十分な流動資金を保有するか、或いは資金調達能力を保持しており、多額な投資収益が見込まれるときには、「投資準備金」の取崩しの承認或いは命令がなくても、新しい当該の投資に

第7章　スウェーデンにおける投資準備金制度（1938-1955年）の意義

着手する。それにも拘らず巨大企業が，「投資準備金制度」による投資に着手するのは，多額の投資収益への期待以上に，別の投資誘因が作用しているからである[14]。この誘因とは，「政府と企業との間の任意な協力関係」或いはスウェーデン型混合経済体制の下での「労働者，経営者，政府との間の非常に多大な協調関係」[15]を基礎として，その設定に関する私的株式会社などの選択権の行使によって，本章の第2節でみたようなその基本的な仕組みによる税制上の恩典（租税負担の延期・繰延）を利用することであった。即ち「[投資準備金制度がその制定以来]維持してきた基本的な特徴の一つは，一企業内で投資準備金を法律の規定に基づいて設定すれば，それは，その設定年度の当該企業の税務上の利益したがってまたその税務負担（skattebelastning）を縮小することである」[16]といわれるのである。もとより第2節でみたように，「投資準備金制度」それ自体は，私的株式会社などに対して格段の余剰流動性（資金的なゆとり）の改善も収益性の増大ももたらすわけではない。それでもこの制度による租税負担の延期（繰延）は，政府当局の努力にも拘らず，スウェーデン経済が，不断に構造的なインフレーション要因に晒されてきたことを考慮するならば，かなりの実質的な節税効果をもたらすといってよいであろう[17]。その限り「投資準備金制度」は，これらの巨大企業に有利に作用する。とはいえこの場合の前提条件は，私的株式会社などが，投資準備金の取崩しに関する労働市場庁の承認或いは命令に呼応して，所定の期間中に投資をすることであった。そのため私的株式会社などが投資準備金を効率的に利用するには，投資支出のタイミングしたがってまた投資準備金の取崩しの承認或いは命令を受ける時期を予測することを必要とする。とはいえ如何なる巨大企業の場合でも，せいぜい予測しうるのは，原則として，その承認或いは命令が景気の後退期となるという程度であった。それだけに私的株式会社などにとっては，その他の税制上の優遇措置とりわけ「自由償却制度」などの問題との関連で，様々な決算政策を策定することは，極めて現実的で切実な問題となった。

　労働市場庁は，その後も，1990年の税制改革によるこの法令の廃止まで，

「投資準備金制度」を維持し，景気の動向との絡み合いでその取崩しを承認或いは命令し，その時々に「投資準備金制度」に関する法令を改正しつつ，この制度を景気刺激的な財政・税務上の用具として利用してきた。私的株式会社など（とりわけ巨大な私的株式会社など）は，原則としてその承認或いは命令に服しながらも，時としてはそれに反する行動にもでた。この場合私的株式会社などがこのような行動にでるための主要な判断基準は，労働市場庁の承認或いは命令に服することによる租税負担の延期（繰延）或いはその結果としての節税という便益の大きさと，それに背反しても別の投資に着手することによって得られる投資収益の大きさとの比較・考量であった。

　「投資準備金制度」に関する1955年法以後の，労働市場庁及び私的株式会社などの動向は，本章の対象とする期間外なので，立ち入らない。本章では，投資準備金制度が，1930年代に入って初めて社会民主労働党が長期政権の座に就いたことを契機として，投資と雇用の安定化を図りつつ，私的企業の資本蓄積の促進と国際競争力の強化及びそれを前提とする富の拡大と分配の社会的な調整によって，スウェーデン型混合経済体制の下で「計画・組織化された資本主義」の構築を指向し，より直接的には景気調整的な租税政策の一環として導入されたこと，私的株式会社などは，労使間或いは政府を含む三者間の一定の社会的な合意の下に，既にみたようなこの制度の仕組みを，その他の税制或いは個々の企業の決算政策との関連で，弾力的に運用し，比較的安定的な経済成長を遂げていったこと，社会民主労働党の長期政権下で策定・推進された普遍的な平等主義思想による手厚い福祉政策の実現もまた，「投資準備金制度」に象徴されるような様々な企業優遇税制による資本蓄積・生産の拡大・国際競争力の強化などによる物的基盤・福祉財源としての富と所得の創出機構の確立とそれを前提とする所得分配機構の形成を条件としており，「投資準備金制度」は，このような物的基盤の確立にも幾分かは寄与したこと，とはいえこの制度もまた，現実問題として巨大企業に有利に作用するが，それもまた，第6章で「自由償却制度」の問題を考察したとき既に指摘したように，スウェーデン型混合経済体制の内在的な特性或いは限

界であることを想起して，本章を閉じたいと思う。

〈注〉
1) Schnitzer, Martin, *The Swedish Investment Reserves : A Device for Economic Stabilization*, American Enterprise Institute for Public Policy Research, Washington, July 1967, p. 53.
2) *Ibid.*, p. 42. この概算10億skr程度の金額は，私的株式会社など600社が，政府或いは労働市場庁の承認或いは命令に従って取り崩した7億skrの他に，政府が，直接的に利用した部分3億skr程度を含む。
3) Johansson, Sven-Erik, *Lönsamhetsbedömning av avsättningar till investeringsfond och utnyttjande av en befintlig investeringsfond*, EFI Företagsekonomiska Forskningsinstitutet vid Handelshögskolan i Stockholm, 1959, s. 89.
4) Schnitzer, Martin, *op. cit.*, p. 54.
5) *Ibid.*, p. 42.
6) Eliason, Gunnar, *Investment Funds in Operation*, Konjunkturinstitutet, Occasional paper 2, Stockholm, 1965 ; Praski, Sverker, *Econometric Investment Functions and an Attempt to Evaluate the Investment Policy in Sweden 1960-1973*, ACTA Universitatis Upsaliensia, Studia Oeconomiae Upsaliensia 5, Uppsala, 1978, pp. 98-99.
7) Mildner, Erwin and Scott, Ira, "An Innovation in Fiscal Policy : The Swedish Investment Reserve System", *National Tax Journal*, Vol. XV, National Tax Association, 1962, p. 280.
8) Schnitzer, Martin, *op. cit.*, p. 42.
9) Sandberg, Lars A., "A Comment on An Innovation in Fiscal Policy : The Swedish Investment Reserve System", *National Tax Journal*, Vol. XVI, 1963, p. 107.
10) Mildner, Erwin and Scott, Ira, *op. cit.*, p. 276.
11) 武藤光朗編「福祉国家論　北欧三国を巡って」社会思想社　1974年，120-124頁。
12) Schnitzer, Martin, *op. cit.*, pp. 54-55.
13) Lindbeck, Assar, *Swedish Econoic Policy*, The Macmillan Press Ltd., 1975, A. リンドベック著/永山泰彦・高宗昭敏・島和俊・小林逸太共訳「スウェーデンの経済政策」東海大学出版会　1981年，140頁。
14) Schnitzer, Martin, *op. cit.*, p. 55.
15) *Ibid.*, p. 56.
16) Johansson, Sven-Erik and Edenhammar, Hans, *Investeringsfonders lönsamhet*, Ekonomiska Forskningens institutet vid Handelshögskolan, i Stockholm, P.A. Norstedt & Söners Förlag, Stockholm, 1968, s. 10 ; Johansson, Sven-Erik, *op. cit.*, ss. 5-8.
17) 投資準備金制度の運用による租税負担の延期（繰延）の効果について，例えば，San-

dor Asztély は，次のように述べている。即ち「企業の目標設定が，租税支払の軽減にある場合，その決算政策は，できるだけ有利な税務上の結果となる税引き前の損益を計上するように，現行の諸規定を考慮して行うべきである。このことは，原則として，控除可能な棚卸資産控除と固定資産に対する過大減価償却などの形態で当該企業に最大限まで無税の準備金 (obeskattade reserver) を形成することを通じて，及び投資準備金の設定を利用することを通じて，税務上の所得を引き下げることを意味する」(Asztély, Sandor, *Investerings planering*, Esselte Studium, Akademiförlaget, 1977, s. 63) と。またインフレーション要因を考慮した投資準備金制度による租税の延期による節税効果の具体例については，Åkerblom, Mats, *Inflationsustera din års redovisning*, Studentlitteratur, Lund, 1977, ss. 57-60を参照のこと。

付記事項

1．「投資税」(investeringsskatt) の骨子

社会民主労働党主導型のスウェーデン政府は，投資準備金を，1960-1961年には反インフレ的な方策として利用した。政府は，このときには，私的株式会社などに，投資準備金設定額の全額 (100%) を税制上の恩典の下に国立銀行に預金することを承認した。とはいえその効果は，複合的であった[1]。もとよりこれによって各商業銀行の流動性は，低下した。それは，国立銀行がその他の金融・財政政策を同時に実施したからであった。

政府は，1947年に投資準備金制度を恒常的な制度 (1990年の税制改革まで) として承認して以来，1950年代に入って，「投資準備金制度」それ自体は，景気の好況期にも不況期にも対応するべき景気調整的な狙いをもって導入されたにも拘らず，インフレーション抑制的な効果は，景気刺激的な効果以上に期待薄であったことから，反インフレーション的な方策として，1951年に投資に対する直接税を導入した。これは，当初は「投資税」(investeringsskatt)，後には「投資控除」(investeringsavgift) と呼ばれた。政府は，投資税を，その他の信用規制と共に，1950年代の相当の期間 (1952年及び1953年，1955年及び1956年) にわたって反インフレーション的な手法として利用した。「投資税」は，その後，「投資準備金制度」(1990年の税

第7章　スウェーデンにおける投資準備金制度（1938-1955年）の意義 | 493

制改革で廃止）や「自由償却制度」或いは30％逓減残高償却法-20％直線法（この種の加速度減価償却或いは弾力的減価償却は，1990年の税制改革後も存続）のように，長期にわたって存続することはなかった。それにも拘らずここで簡単に投資税の骨子を明らかにするのは，投資税が当時のスウェーデンにおける「投資準備金制度」や「自由償却制度」などと並んで或いはそれと絡み合いながら，政府の景気調整的な機能を担い，同時に企業経済的にも税制上の恩典を附与するものであったからである[2]。

「投資税」は，基本的には，私的株式会社などに対して，景気の好況期には資本的支出（capital expenditures）に過料を課して投資を延期させ，景気の後退期には，その回復を刺激するような投資・資本的支出を促す制度である[3]。

政府は，「投資税」に関する諸規定を年々変更した。ここでは「投資税」に関する最も基本的・典型的な枠組みを提示している1957年の法規定に従って，「投資税」の適用対象，「投資税」の対象となる投資の内容，「投資税」の適用除外，「投資税」の計算と税率などの問題について一瞥する。

(1) 「投資税」の適用対象

「投資税」の適用対象は，所得の三つの主要な源泉即ち林業経営を含む農業不動産，その他の不動産，事業活動による所得との関連で，投資活動を営む自然人或いは法人である（Inv.§1）[4]。株式会社原子力（AB Atomenergi）や煙草専売公社のように，自治体が90％資本所有している公益法人は，その対象外とする（Inv.§1）。この法律の適用を受ける主体は，概して私的に事業活動を営む個人或いは法人である[5]。

(2) 「投資税」の対象となる投資の内容

一般に「投資税」が課せられる投資は，次のような投資の場合である。

①新しい建物の建設のための支出，現存する建物の建替・改良・拡張のための支出，現存する建物の修繕と維持のための支出（但し修繕の場合には納税者は，当該資産の通常の保存及び維持のために，当該資産の評価額の２％の範囲で税額控除を承認されている。また農業用の建物の場合にはその範囲

は，1%)。

②見積耐用年数3年以上の新設或いは利用中の機械及び装置のための支出[6]。既に「自由償却制度」の場合に言及したように，耐用年数3年以内の機械・装置も，減価償却目的では，所得税法上，特別な取扱いを受ける。この種の資産は，その取得年度に全額償却してもよい。

建物取得の場合，事業活動の遂行を目的として新築の建物購買のため発生する支出は，「投資税」の対象となるが，事業目的の遂行であっても既存の建物購買のため発生する支出は，その対象とはならない (Inv. §3)。これに対して機械及び装置の場合，その支出が，新しい機械及び装置の購買のためであるか，それとも既存の機械及び装置の購買のためであるか否かを問わず，それは，「投資税」の対象となる。とはいえ既存の機械及び装置の取得が，当該事業の全部或いは一部取得による場合，「投資税」は適用されない (Inv. §4)。鉱山及び鉱区の場合，当期の営業費としては控除されない鉱物資源の採掘及び開発のための支出は，「投資税」の対象となる (Inv. §4.c)。棚卸資産の増価は，「投資税法」の適用を受けない[7]。

(3) 投資税の適用除外

次の各支出は，特に「投資税」の適用除外とする[8]。

① 防衛目的のための支出 (Inv. §5)
② 外国子会社への投資或いは外国で請負契約を遂行するための投資 (Inv. §4)
③ 少なくとも1,000立法メートルの容積の石油貯蔵施設に対する投資 (Inv. §5)
④ 電力生産或いは送電施設に対する投資 (Inv. §5)
⑤ 営利目的のためのバスに対する投資 (Inv. §5)
⑥ 総トン数300トンの営業用或いは漁業用の船舶に対する支出及び漁業目的の施設に対する支出 (Inv. §5)
⑦ 車輌のための支出 (Inv. §5)
⑧ 住宅のための支出 (Inv. §§2a, 3a and 4a)

第7章　スウェーデンにおける投資準備金制度（1938-1955年）の意義 | 495

諸資産が，通常，保険の適用対象とならない地滑り・洪水・その他の類似の出来事によって喪失するか，或いは損害を受けた場合，その修繕或いは取替のための支出は，「投資税」を免除される。諸資産が，通常，保険の適用対象となっている火災・難破・或いはその他の出来事によって喪失するか，或いは損害を受けた場合，その修繕或いは取替のための支出は，保険金額の20％を超えない範囲で，「投資税」の免除を受ける。これらの諸資産は，保険をかけられていない場合，取得原価の200％まで，「投資税」を免除される。諸資産が，強制的な買上げによって喪失した場合，その取替のための支出は，取替価格の200％まで投資税を免除される[9]。

(4)　「投資税」の計算と税率

「投資税」は，その査定の基礎価額として，当該年度の投資総額のうち，3万 skr（1956年には2万 skr）を上回る投資総額とし，各々個々の投資取引の額を問わない。「投資税」の税率は，法令上の免除額を超える税務上の投資支出に対して，12％とする。とはいえこの租税は，「特別税」（special tax）と呼ばれる。「特別税」は，国税及び地方税の場合，税額控除が可能であるが[10]，納税者がこの控除を全額或いは一部できない場合，1962年の査定時まで延期することができる[11]（Inv. § 10）。

「投資税」は，それが最初に暫定的に導入されて以来，幾度か，断続的にせよ，利用された。とはいえその後「投資税」は，スウェーデン経済の低落傾向の結果として，1958年或いは1959年に廃止となった。「投資税」の投資抑制的な効果は，非常に多様な要素がそこに絡んでいるために，正確な大きさを算定することはできないといわれる。しかも「投資税」は，その導入の本来的な目標であったインフレーション抑制的な調整機能を発揮させることはできず，逆に，生産の増大とインフレーションの緩和に繋がるような投資を削減することによって，インフレーションを促進したといわれる。即ち1958年の「投資税」の廃止は，同時にとられたその他の手法と相俟って，同年，貨幣的に換算すれば，公的部門の投資支出の概算2倍程度の私的投資支出の拡大に，またスウェーデンの産業投資については，1957年の投資額の

概算10％程度を増大することに寄与したといわれる。

2.「棚卸資産簿価引下げ」（自由評価）の骨子

第3章で検討したO. Sillénの著作「より新しい貸借対照表評価諸原則」(*Nyare balansvärderingsprinciper*, l. uppl., 1931, 10. uppl., 1970) の中で明らかにしたように，税法は，スウェーデンの場合棚卸資産評価については既に1938年の「自由償却制度」の導入以前に，私的株式会社などに対して，大幅な自由評価を慣行的に承認していた。補章でみる1944年株式会社法の年次決算における棚卸資産評価の原則（§100）は，棚卸資産の評価については，価格変動が在庫品に及ぼす影響を考慮して，「いわゆる最低限評価の原則」(den s k lägsta värdetsprincipen) を規定していた[12]。本書の第6章でみたような「自由価償却制度」を導入した1938年の税制改革は，棚卸資産の自由評価については，別段の規定を設けることはなかった。即ち税法は，納税者の帳簿上計上される棚卸資産価額は，それがいわゆる「健全な会計慣行」と一致する限り，それを承認した[13]。自由評価という慣行の下で，私的株式会社などが，棚卸資産評価の場合最も一般的に利用したのは，棚卸資産評価については低価法を適用し，時価か原価か何れか低い価額の20％相当額を棚卸資産価額とすることであった。その結果，私的株式会社などは，棚卸資産控除による膨大な棚卸資産準備金を抱えていたのである。税法が，棚卸資産の評価について私的株式会社など（経営者）による計上利益の統制・操作を許容したのは，価格変動期における年次利益の安定化という名目によるものであった。特にこのような意味での棚卸資産の自由評価・その簿価の切下げをしばしば実施したのは，林業経営であった。そこでの巨大な在庫，回転率の低さ，国際的な市況に鋭敏にかつ激しく呼応するその価格変動など，これらの要因が重なり合って，このような評価法を定着させていたのである。

1950年代に入ってスウェーデン経済が，インフレーション基調であることが顕著になるにつれて，棚卸資産控除は，棚卸資産投資を一層刺激し，インフレーションを加速させるようになった。そのため税法は，棚卸資産の

評価自由の権利を一時的に制限するようになった。そして1955年には税法は，棚卸資産控除を低価法上の原価の40％までとしたのであった[14]。

〈注〉
1) Schnitzer, Matin, *The Swedish Investment Reserves : A Device for Economic Stabilzation*, American Enterprise Institute for Public Policy Research, Washington, July, 1967, p. 42.
2) Norr, Martin/Duffy, Frank J./Sterner, Harry, *The Taxation in Sweden*, World Tax Series, Havard Law School, International Program in Taxation, Litter, Brown and Company, Boston・Toronto, 1959, 2/2. 2 and pp. 156-157.
3) *Ibid.*, p. 157.
4) 所得のこの三つの源泉については，Norr, Martin/Duffy, Frank J./Sterner, Harry, [1959], *op. cit.*, 6/1. 1 a を参照のこと。
5) *Ibid.*, pp. 158-159.
6) *Ibid.*, p. 159.
7) *Ibid.*, 10/1. 2.
8) *Ibid.*, pp. 159-160.
9) *Ibid.*, p. 160.
10) *Ibid.*, 7/2. 9.
11) *Ibid.*, pp. 160-161.
12) Rodhe, Knut, *Aaktiebolagsrätt enligt 1944 års lag om aktiebolag*, 7. uppl., P.A. Norstedt & och Söners Förlag, Stokholm, 1970, ss. 148-149.
13) Norr, Martin/Duffy, Frank J./Sterner, Harry, *op. cit.*, 6/5. 1. a.
14) *Ibid.*, 6/5. 1. b.

終 章

　本書の目的は，スウェーデン型混合経済或いはいわゆるスウェーデン・モデルの台頭・形成期である戦間期におけるこの国の主要な会計問題を検討することを手掛かりとして，それらがこの国の混合経済或いはいわゆるスウェーデン・モデルの台頭・形成期に果した役割を明らかにすることであった。

　本書の序章で述べたように，筆者がこの国の戦間期における会計問題に関心を寄せる引金となったのは，わが国の高度成長期に，北ヨーロッパの一国スウェーデンの経済社会と市民生活について国内外から流入してくる沢山の情報であった。その情報は，主としてこの国の経済政策・社会政策・社会福祉など，所得と富の分配の問題或いはスウェーデン型混合経済体制の特徴の一つである「高福祉・高負担」に関する問題であった。所得と富の分配の問題或いは「高福祉・高負担」の功罪をめぐる論争はさておき，筆者の関心事は，その前提としての「高福祉・高負担」に耐えうる所得と富を創出する個別経済主体とりわけ私的企業の経営活動とそこでの会計実践の動向であった。こうして筆者のスウェーデンの会計問題に関する研究が開始した。

　当時の（そして恐らく今も），日本語で執筆されたスウェーデンの企業と会計に関して利用しうる資料も参考文献も少ない状況の下では，研究は，欧米文献を頼りにこの国へのパチョリーの複式簿記論の伝来事情にまで遡って開始することを余儀なくされた。それに伴って研究は，当然のことながら，G. Vasa によるこの国の建国より「高福祉・高負担」の経済社会・スウェーデン型混合経済の台頭・形成期（戦間期）或いはそれ以後の経済社会の発展の歴史研究を随伴した。

　スウェーデンは，1950年代初頭に完全雇用と基礎的な社会保障を達成した。

499

それは，さしあたり経済発展と共に先進工業諸国に共通して発顕する構造的な特質の一つとして認識され，いわゆる福祉国家論が台頭した。とはいえ1970年代後半より80年代にかけていわゆる福祉国家なるものの実態は，各国の自然的・地理的条件と歴史的・文化的な条件によって多種・多様であることが意識されるに伴って，その類型化が開始した。類型化の委細は別として，少なくても基本的には，それは，標準的な生活保障を指向する普遍主義的・制度的な型と最低限の生活保障を指向する限定的な型に大別しうるであろう。その類別化の背景にあるものは，完全雇用と社会保障を担う政治勢力（政権担当者/政権担当政党）或いは制度とその基底に横たわる経済・社会・政治哲学や人間観であろう。

　第1章は，本書の目的に沿って，先ず問題とする戦間期即ちこの国の混合経済の台頭・形成の過程を一瞥し，それを通じてその特徴を明らかにした。第2章以下の序奏である。スウェーデンは，普遍主義的・制度的な福祉国家であり，その経済体制は，混合経済体制である。その特徴は，一言でいえば，個々の経済主体とりわけ私的企業の経済活動の相互調整を基本的に市場機構に委ね，それを前提としてこの国が，高度に特化された貿易・産業・技術立国として存立していくために，それを支える個々の経済主体とりわけ私的企業の国際競争力の不断の維持・拡大を政府の重要な経済政策目標の一つとして定め，その目標の実現に向けて政府が可能な限り私的企業の経済活動を支援しつつ，所得と富の分配の問題を，民主的な討議による合意形成を条件とする国民の政治的な選択路線の問題として，私的個人の基本的な人権と選択の自由を明示的にも暗示的にも承認する高度に成熟した市民社会の原理が定着している経済である。

　この国が，特化された技術・産業・貿易立国としての国家形成を求める道は，それ自体としては，近代的な資本主義的工業化過程の開始以前からの伝統であった。この国は，遅れた近代的な資本主義的工業化過程を本格的に開始しそれが一先ず完了する第一次世界大戦の開始時には，既に北ヨーロッパ諸国或いは欧米を中心とした先進工業諸国の一角に小国とはいえ特化された

技術・産業・貿易立国としてその地位を確立していた。この国は，二つの恐慌を含む戦間期には当初は政治勢力の拡大の途上にありやがては長期政権の座に就く筈の社会民主労働党の支援の下で，ますます特化された技術・産業・貿易立国の道を模索した。この国の戦間期即ちこの国の混合経済の台頭・形成期に，政治勢力を拡大し政治権力を掌握していく社会民主労働党にとって，その政策理念に沿った政策課題の一つとして，私的企業の国際競争力を強化することは，当時，最も緊迫していた雇用の確保・意図的な財政赤字・公共投資（主として民間住宅建設）などの問題を別とすれば，重点的な項目の一つであった。そこより私的企業とそこでの会計問題もまた，政府の明確な経済・政治・社会哲学と意思を基礎とする政策理念と政策課題を前提に，明示的にも暗示的にも私的企業の国際競争力の強化のために，私的企業の徹底した利害或いは便益を擁護・支援するための標的の一つであった。その点でスウェーデンにおける会計とりわけ私的企業におけるその役割は，しばしばいわれるような会計の社会的機能・役割という言葉が含意するそれ（例えば，会計の利害関係調整機能とか会計の資本家的階級性の暴露とか会計情報の利用者に対する有用な会計情報の提供・開示など）とは，明らかに異なっていた。

　この国の戦間期とりわけ1930年代における政権の主たる担い手である社会民主労働党は，その明確な政治哲学と意思に従って，私的企業の国際競争力の維持・強化のために，私的企業の会計実務を徹底して擁護・支援した。それは，本書の第2章でみたような会計に関する高等教育・研究機関が，教育・研究目標を産業界の要請に応え，産業界を国際的競争力を強化するという立場より嚮導することに定めたことに顕著に顕れていた。第3章は，この時期の財務会計論の重要な研究領域であり後に財務会計論の体系的な構築に導いた貸借対照表評価諸原則に関して，この国の近代的な会計学の始祖であるO. Sillénの所説を紹介することを通じて，それが現実のこの国の私的企業の会計実践の徹底した擁護論であることを明らかにした。第4章は，国際競争力の維持・強化という視点より，1920年代初頭の恐慌・不況対策として

この国の殆どの産業部門に及んだ徹底した産業合理化運動の一環としての原価計算の標準化問題を概観した。そしてその過程で提起された標準原価計算と予算統制の問題を契機として、この国の古典的・伝統的な管理会計論の生成・発展とその体系化への萌芽が見られることを指摘した。第5章は、この国の戦間期の開始前に小規模マッチ工場として台頭し、20世紀初頭の企業合同によって国内マッチ産業の独占的な掌握に成功し、やがては国際的な金融独占体として世界史の場に踊りでた Svenska Tändasticksfabriks AB（英名：The Swedish Match）の拡張政策と粉飾決算を概観し、それがこの国の近代会計開示制度の整備（証券市場の整備・連結財務諸表作成のための株式会社法の改正など）に連なっていくことを明らかにした。第5章及び第6章は、基本的には国家による税制を通じて私的企業の資本蓄積を促進し、同時に景気調整的な目的で会計を利用する「自由償却制度」及び「投資準備金制度」の基本的な仕組みを明らかにした。

　本書で取り扱ったスウェーデンの戦間期における何れの主要な会計問題も、私的企業の会計実務が、様々な名目（例えば、配当平準化・利益調整などの名目）の下に、利益操作をしていること、そしてそれが、時の政府の政策によって手厚い擁護・支援を受け、正当化されていることを示していた。その限り戦間期におけるこの国の会計問題が果した役割は、まさに国家の明確な意思と国策を貫徹していく多様な手段の一つであったという点に求められるであろう。会計とは、抽象的・一般的に規定するとすれば、特定の経済主体の経済活動の記録・測定と伝達の一手段である。この測定と伝達の手段に附与されるその具体的な機能・役割は、特定の経済主体が存在する経済体制或いは経済機構の在り方によって、規定されるであろう。スウェーデンの場合戦間期に発顕した主要な会計問題がこの国の経済社会に果した役割は、第1章でみたような混合経済の台頭・生成という混合経済の基本的な理念とその具体化という点より理論的にも実務的にも徹底した私的企業会計の擁護・支援であったことをここで指摘・確認したいと思う。それが、果して現実問題として国家の思惑通りに進んだか否かは、別問題である。その顕著な事例は、

本書の第6章及び第7章でみた「自由償却制度」及び「投資準備金制度」の事例である。これらの制度は，直接的には巨大な私的企業に有利に働き，たとえ法人税などを通じて多大な租税負担をしたとしても，なお，企業間格差を温存させる結果となったからである。

スウェーデン型混合経済が，少なくても自由主義経済機構を前提とし，とりわけそのために特化された技術・産業・貿易立国として存立するために国際競争力の維持・拡大を前提とする限り，このような問題は，一国経済における混合経済の形成・発展という限界を示唆しているように思われる。G. Myrdal の「福祉国家を越えて」が象徴するように，一国福祉国家より世界福祉社会の到来を指向しうるような国際的な諸条件が存在しない限り，この前提は，成立しえないのではないであろうか。

なお，戦間期におけるこの国の主要な会計問題の中でも，法的制度会計とりわけ1910年株式会社法の会計関連諸規定及び1929年会計法の問題については本書の補章として取り上げた。

わたくしは，過去にこの国の近代会計関連法規定の史的前提としてこの国の株式会社の生成・発展の歴史について考察した。資本の商品化（株式の自由な譲渡と移転）を可能とする近代株式会社の制度的な成立・承認のための法的支柱は，設立に関する準則主義・全社員有限責任制・債権者保護規定であった。これらの法的支柱がこの国で基本的に整備されるのは，1895年の株式会社法であった。この株式会社法をより近代化した法典は，1910年の株式会社法であった。それ以後この国の株式会社法の改正のための主要な問題点の一つは，第5章でみた I. Kreuger の拡張主義と Kreuger Group の粉飾決算で引き合いにだしたように，コンツェルン規定の導入問題であった。この国は，第二次世界大戦の終熄も間近な1944年に，I. Kreuger 事件という国際的な醜聞と戦後状況を射程に入れて，1944年に株式会社法を改定した。1944年株式会社法も1929年会計法も1970年代中葉まで適用された。

なお付言すれば，本書の補章で明らかにしているように，この国の戦間期における法的制度会計（会計開示制度）を支える法律は，税法を別とすれば，

1848年に初めて制定され幾度か改正されてきた株式会社法及び1929年に初めて登場した「会計法」を中心とする。会計法は，1928年の「地方所得税法」の制定に伴い，さしあたり会計上の諸概念や意味を明確化するという名目で制定された法律であり，債権者保護理念を標榜しながら，商人に対して商業帳簿の作成を義務づけたが，今日，一般的には会計における「枠組法」(rahmlag) として認識されている。この二つの法律を支える基本的な論理は，資産の過大評価の禁止が良き商人による慎重な会計慣行の遵守になるという論理である。この論理は，少なくても本書の第1章より第7章の各章にわたって指摘してきた戦間期のこの国の産業界における強度に資本蓄積指向的な会計実践を，制度上，事後的に追認するか事前的に推進する結果となっている。留意するべき点は，それが，当時の社会民主労働党政権による政府の経済・政治・社会哲学に支えられた明確な意思と政策理念によるということである。

この国で法的制度会計（会計開示制度）の問題が本格的に討議されるようになるのは，第二次世界大戦以後であり，とりわけそれを促進した要因は，この国の多国籍企業の進展と証券市場の整備という条件であった。もとよりこの国の国際的な巨大企業は，第4章で原価計算の標準化問題をめぐる，例えば ASEA 社対 Volvo 社の対立にみるように，既に戦間期の開始前より国際市場に進出し，現地法人として進出先の会計処理に従っていた。こうした特定な企業を別とすれば，この国の財務会計の処理基準は，極度に個別的であり，外国投資家にとって判読しがたいものであった。戦後の1970年代後半における会計法の改訂・株式会社法の改訂は，そうした国際的な開示要求と国際的な批判に対するこの国の適応の努力の現れであろう。

なお，本書の課題とりわけ補章で問題とした戦間期におけるこの国の法的制度会計の中でも，企業税制に関する総体的・体系的な考察は，全くしていない。本論及び補章で考察した諸問題も，企業税制に関する基礎的・組織的な研究とその脈絡の中で，再度，考察することが必要であろう。筆者に残された課題である。

これまでみてきたように，スウェーデンの混合経済の台頭・形成期としての戦間期に発顕した主要な会計問題は，総体として，この国の政権担当者の経済・政治・社会哲学或いはその背後にある人間観を基礎とする経済政策によって保護・助成された。各々の問題は，その問題解決の過程で様々な論点を浮き彫りにしつつ，おぼろげながらもこの国の近代会計の全体像を形造っていった。それが，完全に開花するのは終戦後の1950年代頃より1960年代中葉頃であった。それ以後，この国も，国際経済社会における新しい諸条件に触発されて，その領域の拡大とその手法の変革など，国際的な動向を睨みながら，20世紀末葉より21世紀にかけて変貌を遂げつつある。この問題についても，今後の研究に委ねたい。

補 章

スウェーデンの戦間期における
会計諸規定の動向
—— 特に1910年株式会社法及び
1929年会計法におけるそれを中心として ——

序

　既述のように，スウェーデン型混合経済の台頭・形成期においてこの国の企業会計が果した機能・役割は，社会民主労働党政権の経済・政治・社会哲学に沿って推進された技術・貿易立国としての国際競争力の維持・促進のために，私的企業の資本蓄積を会計的な側面からの徹底的な擁護・推進にあった。それが，結果的に企業間格差をもたらしたとしても，社会民主労働党の当時の主要なブレインであったG. Myrdalが主張するように，現実問題としてさしあたり一国福祉国家を指向せざるを得ない限り，不可避的であった。この国が，自由で平等な生存権の尊重を前提とした「豊かな社会」を実現するためには，技術・貿易立国として自国の国際競争力を維持・促進することが条件であるとしても，この条件を充足するには，なお国際的な紛争の解決（世界の貧困の克服）による国際社会の安定を必要としており，それは，何よりも先ず自国の利益のために将来的に克服されるべき課題であった。

　スウェーデン型混合経済の台頭・形成期に社会民主労働党が採択した私的企業への徹底した資本蓄積政策を会計的な側面から法的・制度的に支えたのは，総体として高度に累進的な性格の1928年制定の地方所得税法及び同党が

主として1930年代以来，景気対抗的な経済政策の一環としてその時々に採択してきた各種の税法令を別とすれば，1910年株式会社法（1910 års lag om aktiebolag）及び1929年会計法（Bokföringslagen av 1929 år）であった。

1910年株式会社法は，この国の近代的な株式会社法の出発点であった1848年株式会社法（1848 års lag om aktiebolag：その最大の意義は，全社員の有限責任制の明定）及びそれに続く1895年株式会社法（1895 års lag om aktiebolag：その最大の意義は設立に関する準則主義の導入）の近代化を図った株式会社法であった。同法は，その後，その時々に部分的に若干の改定を伴いながらも，1944年株式会社法（1944 års lag om aktiebolag：その最大の意義は，財務諸表公開制度の整備及びそれに関連した連結財務諸表の作成の義務化，但しその公開制の義務化は，第二次世界大戦後）まで，その基本的な枠組みを維持してきた。1929年会計法は，この国の近代的な資本主義的工業化過程の開始期に，「近代スウェーデンの所得税の基礎を築いた」[1]1861年の税制改革[2]以前より確立・継承されてきた徴税権に関する基本的な制度上の原則——それは，より直接的には1809年の統治章典による国王と国会との権力の均衡の確立・議会制民主主義を前提として，「課税に対する絶対的な権力は，国会に附与されていること，したがって……この国の公経済に影響を与える法律は，国王の名の下にのみ交付してよいこと」[3]，「個々の自治体が，それ自身として必要とする徴税は，地方自治体法によって決定するべきこと，［但し］国会が，［地方自治体法による］地方所得税を統制する実質的な諸規定を規定するべきである」[4]という原則——に従って1928年地方所得税法が制定されたのに伴って，この地方所得税法上の幾つかの基本的な諸概念を明確化する必要上，さしあたり企業会計（とりわけ財務会計）の底流にある基本的な思考とその手法を解明することをその制度の最大の課題としていた。この「会計法」の制定を契機に，この国の企業会計は，会計上の（とりわけ財務会計上の）諸概念・諸原則・諸手続きなどの本質に関する本格的な論議を徐々に開始し，それと絡み合いながら税務会計上の確定決算主義の形成へと導いていった。その顕著な事例の一つは，N. Västhagen[5]が，「イェーテ

ボリー商科大学」における碩学 A. ter Vehn[6]に師事しながら博士論文として出版した著作「官房簿記及び営業簿記における収入と支出の概念」(*In-komst-och utgiftsbegreppen i förvaltningsbokföring och affösbokföring*, 1950) であろう。「会計法」は，その制定以来，その後のこうした検討・論議を通じてその性格を明確化し，いわゆる企業会計上の「枠組法」(Ram-lag) として認識されるようになった。この法律は，その後の経済社会の変化に呼応して，今日まで2回ほど改定されたが (1976年会計法及び1999年会計法)，その底流にある基本的な会計的思考は，変わっていない。

この補章の課題は，最初に1910年株式会計法，次いで1929年会計法の全体的な概要と会計諸規定の骨子を明らかにすることによって，資本蓄積を指向する当時の現実の企業会計実務が，いわゆる法的制度会計とりわけ株式会社法及び会計法上，如何に容認・正当化（支援）されたかということを論証することである。

この場合最初にお断りしておかなければならないのは，1910年株式会社法とその会計諸規定については，文献入手の都合によって1925年改定版を使用せざるを得なかったことである。この改定版[7]は，1910年株式会社法の制定以来，1916年・1922年・1924年に行われた部分的改定を含む。この株式会社法は，それ以後も1944年株式会社法の制定まで更に部分的改定（即ち1932年・1936年・1937年・1941年改定）[8]を重ねた。とはいえこの補章の課題にとって1932年・1936年・1937年の改定版を文献入手の都合で無視することを余儀なくされても，さほど大きな誤りを犯すことにはならないであろう。

確かに1944年株式会社法の制定の背景は，1910年以後のこの国の経済・政治・社会の発展とりわけ1910年株式会社法が存立の基礎としていたそれらの諸条件の変化であった（例えば，株式会社という企業形態のこの国における支配的な地位の獲得とそれに伴うコンツェルンの形成及びそこへの就業人口の増大など)。1910年株式会社法は，株式会社における一般株主及び株式会社に対する第三者たる債権者を対取締役会或いは会社それ自体との関係で保護することを対象としたが，これらの諸条件の変化は，旧来の利害関係者層

とは異なる新しい利害関係者層を創出し，それは，「1933年北欧諸国会議」で北欧諸国共通な株式会社法の制定の編纂作業を開始する契機となった。第二次世界大戦の勃発は，その作業の続行を阻み，この国は，単独で株式会社法改正の作業に着手し，「法案起草準備委員会」(Lagsberedningskommittén) は，1941年に新草案 (1944年株式会社法の基礎) を提示した。この委員会が重視した主たる問題は，株式資本金の最低限度額の引上げ (5千skr より1万skr への引上げ)，規模別規定の適用の否認，ワンマン会社の承認，株式会社の設立に関する諸規則の厳格化及び詳細化 (例えば，現物出資に関するそれ) と資本充実諸原則の強化 (例えば，法定準備金の設定額を株式資本の20％に引上げ)，会社機関としての株主総会とそこでの議決権の行使及び少数株主の権利の拡大，その対極として管理・執行機関である取締役会の支配権の拡大，監査制度の改善 (とりわけ監査役のその他の会社機関に対する立場の強化と専門的な監査人としての公認会計士制度の導入)，株主・債権者・一般大衆への企業状態に対する会計情報開示に関する諸規則の整備 (例えば，貸借対照表と損益計算書の形式に関するシェマーの提示，取締役会報告書における幾つかの情報開示，コンツェルン会計及び企業間合併に関する諸規則の導入) などの問題であった。これらの提案は，株式資本金の最低限度額の引上げという点を除いて，1944年株式会社法に大筋で盛り込まれた[9]。

　既に本書の第1章で指摘したように，この国の戦間期における経済の基本動向は，総体的には拡大基調を辿った。もとより戦中・戦後インフレーションに続く戦後恐慌の到来とその後の長引く不況とそこからの脱出過程であった1920年代と，1929年にアメリカを起点とした世界恐慌がこの国へ若干の時間の遅れを伴って波及した1930年代とは，顕著に対照的であった。それにも拘らず経済の拡大基調とそれを可能にした個別経済主体とりわけ私的企業の資本蓄積指向は，各々の年代に個別的・現象的には様々な形で発顕したとしても，一貫していた。しかも本書の第5章でみたような I. Kreuger を主導とする Kreuger Group の拡張主義と極度の秘密主義による粉飾経理と

その発覚とは，1929年世界恐慌のこの国への波及を契機としていた。1944年株式会社法の諸規定の相当部分は，この事件の経済的・政治的・社会的な影響と直接的にも間接的にも無縁ではあり得なかった。それが，法的制度会計に組み込まれるまでには，勿論，一定の時間を必要とした。その限り，この補章の課題に沿ってこの国の戦間期における個別経済主体とりわけ私的企業の資本蓄積指向とその立法政策的な処理との関連という問題の大まかな動向を探ろうとする場合，1910年株式会社法の1924年改定版に依拠しながら，1932年以後の動向をも探らざるを得ないとしても，寛容にお赦し頂きたいと思うのである。

　この補章は，先ず「第1節　1910年株式会社法前史概観：その1」という表題の下に，さしあたりこの国の最初の近代的な株式会社法としての1848年法株式会社法における全社員有限責任の法定化問題に照準を定め，同法の簡略な諸規定を概観することより出発する。この補章は，次いで「第2節　1910年株式会社法前史概観：その2」という表題の下に，1895年株式会社法における設立に関する準則主義の法定化問題を中心に，同法の諸規定を一瞥し，その制度的承認を確認する。この補章は，この1910年株式会社法前史の動向を踏まえて，「第3節　1910年株式会社法：その骨子と会計諸規定の概要」という表題の下に，1910年株式会社法の骨子と会計諸規定の概要を明らかにし，それを媒介としてその制度的な特殊スウェーデン的な立法政策的な役割を考察する。更にこの補章は，「第4節　スウェーデンにおける1929年会計法」という表題の下に，戦間期に制定され，今日ではいわゆるこの国の企業会計の「枠組法」と呼ばれている1929年会計法の諸規定の概要を明らかにし，同じくそれを媒介としてその制度的な役割を考察する。最後に1910年株式会社法及びその改定並びに1929年会計法とが，戦間期に台頭・形成されたスウェーデン型混合経済体制に対して現実に果した役割を問い，それが，如何に現実容認の論理であったかを指摘したいと思う。

　本題に入るに先立って，些か蛇足ながら，この国の法制一般の基本的な特徴に触れておきたいと思う。その理由は，この国の混合経済の台頭・形成期

としての戦間期における企業会計が果した役割という問題との関連で，この時期の法的制度会計の大枠を定めていた株式会社法上の会計諸規定及び会計法の役割を考察しようとする場合，これらの法律の基底に在るこの国の法制一般の基本的な特徴を踏まえておくことが必要であると思われるからである。

「この国の法律は，ローマ法及び大陸法の影響を受けながらも，大陸法でも英米法でもない。それは，本質的にスカンディナヴィア的なものであり，長期にわたる国内的な発展の産物である。法律による統制という伝統は，スウェーデンの古い時代からのもの」[10]であり，しばしば引用される格言即ち"Land ska med lag byggas"（国家は，法律によって建設されるべきである）という格言は，これを端的に象徴する。「主としてこの国の法律は，その性格として，判例法［などより成る不文法］というよりはむしろ成文法（制定法）である。国王と国会との権力の分割という制度論にも拘らず，現実的［問題として］立法権は，……国会に附与されている。国会は，諸法律を制定或いは廃止する権力を掌握していることによって，立法 (legistration) に対する最終的な統制権を所有し行使」[11]する。典型的には，諸法律は，政府が作成し国会に提出し，国会がその賛否・修正を決める。政府提案の法案を作成する場合，専門委員会による集中的な研究・作業が先行し，その結果は，しばしば公開される。例えば，本書の第6章及び第7章でみたような，かの1938年の「自由償却制度」及び経済安定化のための「投資準備金制度」の制定並びに1955年のその修正に関する税法令の公布・施行の過程は，その事例である[12]。国王と国会の間で立法権を制度的に分割することは，現在，実際的には意味がないが，それでも国王と国会の賛同を要する法律はLag（ラーグ），国会のみの議決による法律はFörordning（フェルウードニング）（法令：略称.KF）として表現している。この補章で問題とする株式会社法も会計法もLag（ラーグ）である。これに対して概して戦間期には法人所得税の算定に重要な意味を有していた税法上の法律は，地方所得税（kommunalskattelag）（コミュナールスカッテラーグ）を別とすれば，法令の形をとる[13]。何れにせよ，この国の法制一般の基本的な特徴を最初に念頭に入れておくことは，この補章で問題とする会計関連法規の有する内在的

補　章　スウェーデンの戦間期における会計諸規定の動向 | 513

な意味や効果を考える基礎となる筈である。

〈注〉
1) Norr, Martin/Duffy, Frank J./Sterner, Harry, *Taxation in Sweden*, World Tax Series, Harvard Law School, International Program in Taxation, Litter, Brown and Company, Bostone・Toronto, 1959, p. 72.
2) 1861年の税制改革の問題については，本書　第6章　第1節・注80)（404-407頁）を参照のこと。
3) Norr, Martin/Duffy, Frank J./Sterner, Harry, *op. cit*., p. 7.
4) *Ibid*., p. 49.
5) Nils Västhagen の教育・研究者としての足跡については，Engwall, Lars (red.), *Föregångare inom företagsekonomin*, SNS Förlag, Stockholm, 1995, ss. 273-285.
6) A. ter Vehn の教育・研究者としての足跡については，大野文子稿「スウェーデンにおける近代会計学の形成—概観（1900年より1945年まで）—」(3) 明治大学短期大学紀要　第60号　1997年1月，115-182頁；Engwall, Lars (red.), [1995], *op. cit*., ss. 109-123を参照。
7) Tauvon, Gerhard, *Om aktiebolag och deras förvaltning: Juridik handbok för direktörer och styrelseledamöter m.fl. Jämte formlär och lagertexter*, Lars Hökerbergs Bokförlag, Stockholm, 1925.
8) Glader, Mats/Bohman, Håkan/Boter, Håkan/Gabrielsson, Åke, *Företagsformer i teori och tillämpning: En studie med inriktning på mindre och medelstora företag*, Utredning från statens industriverk SIND 1975:5, Liber Förlag, Stockholm, 1975, s. 31.
9) *Ibid.,* ss. 32-34；Norr, Martin/Duffy, Frank J./Sterner, Harry, *op. cit*., p. 51.
10) *Ibid*.
11) *Ibid*.
12) *Ibid*.
13) *Ibid*., p. 54.；クーパース・アンド・ライブランド/インターナショナル・タックス・ネットワーク編著　中央新光監査法人国際本部監訳「海外税制ガイドブック」〈1991年版〉中央経済社，1991年，631-642頁；アーサー　アンダーセン編「ヨーロッパ各国の税制—主要20ヵ国の最新税制の概要—1992/93年報」中央経済社 1992年，180-191頁。

第1節　1910年株式会社法前史概観：その1
―― 1848年株式会社法の意義：有限責任制の承認問題を中心として ――

1. 実業界における有限責任思考の普及と「法律委員会」の見解

　スウェーデンにおける企業の各種の法律形態の台頭・形成の過程で一般にbolag（ブゥーラーグ）と呼ばれていた「経済活動のための二人ないしは複数以上の人々による組織体」[1]の資本を，譲渡自由な株式に分割し，その出資者（株主）の責任を株式の引受価額を限度とすることを求めて，既に17世紀初頭以来1848年の株式会社法の制定まで，試行錯誤の過程が反復されてきた。その過程で少なくてもかの1734年普通法の部分法典としての商法典[2]の制定に前後する時期より，法解釈論を媒介とするにせよそうでないにせよ，株式会社というbolag（ブゥーラーグ）における出資者（株主）の責任を株式の引受価額を限度とするという見解は，事実問題として実業界に或る程度まで普及し，半ば暗黙裡に承認されるようになっていた。この場合この国でも「諸外国で当時普及していた見解に従って，出資者・社員を人的連帯責任より解除すること（befrielsen från personligt och solidariskt ansvar）は，特別な恩典と考えられ，その恩典［に与るに］は，国家の承認を必要とし，その承認は，国家が企業の定款（bolagsordning）を認可する形式」[3]を一般に採用していた。即ち有限責任制の承認は，設立に関する立法主義（とりわけ当時一般的であった許可主義）と絡み合いつつ展開してきた。

　とはいえこのような形式は，19世紀以来，顕著となる認可状なき株式会社の乱立という状況の下で，実業界にとって桎梏となった。実業界は，有限責任制の承認という問題を株式会社の設立に関する立法主義（許可主義）の問題とは別問題として処理することさえ要望していた。後述のように，1848年株式会社法は，17世紀初頭以来，国家が株式会社の設立に関して定めていたいたが，現実的には形骸化していた特許主義（oktrojsystem）を廃止し，許可主義（tillståndsystem）を法定上明認した。とはいえその後も，益々進行する認可状なき株式会社の乱立は，設立に関する許可主義の下での法的

諸規制を殆ど形骸化し,既にこの段階で制度的に止揚するべき状態に達していたのであった[4]。

政府は,株式会社の社員の有限責任と設立に関する許可主義更には準則主義の法認という実業界の要請を背景として,この問題を検討するために「法律委員会」(Lagskommitén:別名.法案審議小委員会 Lagsutskottet)[5] を設置した。

当時の文献によれば,「1848年株式会社法は,スウェーデンのより初期の時代における法律制度の発展とその当時の会社制度の状況に関する綿密な知識の所産と考えるよりも,むしろ諸外国の法律と諸外国の法律制度に関する一般的な理論と研究の所産として考えても,さほど大きな誤りを犯すことにはならない」[6]といわれていた。この見解は,既述のように,この国の法制度の歴史的な形成過程より抽出される一般的な特徴と外見的には必ずしも合致しないが,この国の「法律」・「法令」などの制定過程で,他国のそれを顧みることもその常套手段の一つであったと解すれば,それなりに妥当するであろう。この「法律委員会」が,出資者の有限責任を法的に明認することを討議したとき,さしあたりその手掛かりとしたのは,この国の実業界でしばしば受け入れられてきたイギリス法的な思考ではなくて,フランス法的な思考(1809年のフランス商法典のそれ)であったといわれる[7]。1848年株式会社法が,「諸外国の法律制度に関する一般的な理論と研究の所産」として,たとえ19世紀初頭以来,「かのフランスの法規」(den franska lagstiftningen)の国際的な影響力が如何に多大であったとしても,何故,フランス法的な思考に依拠し,イギリス法的な思考を範としなかったか,その理由は,定かではない。同様に,後述のように,1895年株式会社法が,設立に関する「許可主義」より「準則主義」に移行したとき,この法典編纂に先立って設置された「1885年会社委員会」(1885-års bolagskommitén:この委員会は,企業の様々な法律形態について当時既に未熟ながら制定されていた諸法規を再吟味・再検討する目的で設置)が,フランス法的な思考より転じてドイツ法的な思考を範としたといわれているが[8],この場合についてもその理由は定か

ではない。

「法律委員会」が、政府の要請を受けて、株式会社という企業の法律形態における有限責任制及び設立に関する許可主義という問題の検討に着手したとき、この問題に関する基本的な認識は、次のようであった。即ち第一に、出資者（社員）の有限責任を原則とする会社の設立が法認されるとすれば、この種の会社は、非常に広範な商業・その他の事業活動を営むことを目的とした会社であるか、或いは社会的・公共的な視点から重要性の高い国内各地の水上・陸上交通機関の整備（例えば運河の敷設・鉄道の開設など）を促進することを目的とした会社であるべきこと、第二に、この種の会社の設立と運営は、私的個人の経済的能力を超え、しかもその事業活動の遂行とそれによる利益獲得の可能性は、相当な不確実性を随伴し、私的個人が、この種の事業活動の遂行に随伴する危険負担を引き受けることも、かれが出資した所定の金額を超えて多大な責任を負うことも望まないこと、第三に、この種の会社の設立は、概して社会的・公共的に有益な経済的機関或いは企画として機能することを目的とするために、しばしば政府自らが、それに参画し、私的個人の能力の限界を補い、その事業活動を援助・促進するように働きかけるということも稀ではないということであった[9]。

「法律委員会」が、このような認識を基礎として当面講ずるべき必要な措置として考えたことは、この種の会社を合名会社及び合資会社より区別するための法律即ち株式会社法を別に制定することであった。

「法律委員会」が、株式会社という企業の法律形態について特別法としての草案を作成する場合最も留意した点は、株式会社という企業の法律形態を合名会社及び合資会社という企業のそれと区別する一般的な指標を明確化することであった。この委員会は、株式会社という企業の法律形態の一般的な指標として次の点をあげた。即ち①株式会社の資本は、株式より成り、この株式は、その所有者（社員）が完全に自由に他人に譲渡・移転可能であること、②社員の危険負担は、かれらが投資した金額を限度とするべきこと、会社の管理・運営は、一定の人々に委ねられるが、これらの人々の責任は、か

れらに委ねられた業務の範囲に限定すべきであり，かれらは，追徴・増徴などの責任を負うべきでないこと，③会社の商号は，誰であれ私的個人の氏名を使用してはならないこと，④私的個人が設立・運営する企業が如何なる法律形態をとるにせよ，その企業が，私的個人の利益を優先させ，公共の利益を侵害する危険があってはならないこと，⑤このような会社の設立は，社会的・公共的な安全性という点より経済問題を処理する権限のある政府の認可によるべきこと，⑥なおまた一般大衆・社会に対する公示規定に基づくべきであるということなどであった。1848年の株式会社法が，社員の有限責任制を明定し，同時に設立に関する旧来の特許主義より許可主義に転じたとき，それは，この「法律委員会」のかかる見解を基礎としていた[10]。

政府は，この「法律委員会」のかかる見解を踏まえて，スウェーデンにおける株式会社に関する固有な法規定を初めて制定するために草案を作成し，1844-1845年の国会に提出した[11]。

「法律委員会」は，政府草案の修正を求めた。政府は，それを受けて8条より成る修正案を作成したが，「法律委員会」は，この修正案の更なる修正を要請した。最高裁（Högsta Domstolen：略称. HD）もまた，この草案の様々な問題点を指摘した。政府は，それに従ってなお草案を練り上げ，1848年国会に提出した。国会は，この草案を可決した。ここにこの国の最初の近代的な株式会社法としての1848年株式会社法が成立した。

1848年株式会社法は，社員の有限責任を明認する場合それに必要な直接的な条件として，第一に，資本を株式に分割するべきこと，第二に，株式は，記名式或いは無記名式とするべきこと，第三に，政府が当該株式会社の定款を認可することをあげたに過ぎなかった。その理由は，株式会社というbolag（ブゥーラーグ）に特徴的なその他の法的諸条件は，単に株式会社の定款に対する政府の許可状を直接的・個別的に取得するための前提条件に過ぎないということであった[12]。因みにいえば，スウェーデンでは，1848年の株式会社法の制定以前より，設立に関する特許主義を前提として株式を基礎とするbolag（ブゥーラーグ）の共同出資者は，一般に傾向的に概して二つのグループより成立すると説かれてき

た。その一つは,会社のリーダー(hufvudperson)或いは本来的な出資者(egentlig principant)のグループを構成する幾人かの人々,他の一つは,単なる資金の提供者(förlagsgifvare)或いは匿名社員(tyst bolagsman)ないしは合資会社の有限責任社員(kommanditist)にほぼ相当するその他の人々であった。1848年株式会社法(1848 års lag om aktiebolag)は,このような見解に与さなかった。同法は,この法律の適用対象となる株式会社という企業形態は,かの一般法の適用領域にも民法の適用領域にも入らない特殊な法領域でのみ適用されるべき組織体であるという見解の下に,その適用対象を「純粋な株式会社」(rent aktiebolaget)[13]に限定し,合資会社或いは匿名会社を除外した[14]。

このような理由づけの是非は別として,1848年株式会社法は,資本の商品化(株式の自由な譲渡・移転)の法的支柱の一つである全社員の有限責任制を明認した。その法的支柱のもう一つは,設立に関する準則主義の承認であるが,同法は,なお依然として許可主義に留まった。

2. 会計関連諸規定の発展に対する展望

1848年株式会社法は,全社員の有限責任制の法認と共にその対極にある債権者保護に関する若干の諸規定を定めた(例えば,申込・引受された株式の払込に関する規定を明示し,株式会社の定款に利益分配の限度額に関する規定を設けるべきこと)。同法は,設立に関する許可主義に留まりながらも,株式会社の公示に関する諸規定も定めた(例えば,株式会社の設立を公的新聞に公告するべきこと,またその定款を地方裁判所に記録として記載するべきこと)。同法は,会社機関として機能するべき取締役会(styrelse)に関する規定も定めた。当時,この国の実業界では,事実上,既に会社機関として取締役会(及び取締役ではないが,後述のverkställande direktörerと呼ばれる経営者も含む)の他に,株主総会と監査役が存在し,一定の機能を担っていた[15]。それにも拘らず同法は,これらの機関に言及することはなかった。同法は,取締役会は,会社のために訴をなし,責任を負うべきこと

を規定し，同時に，全社員の有限責任制を原則的に承認しつつも，この取締役会は，この法律に明示された幾つかの前提条件の下では，締結した契約・債務関係に対して人的責任を負うべきことさえ承認した[16]。この点では同法は，条件付にせよ，取締役会の人的責任を承認するなど，全社員の有限責任制という概念の今日的な意味（間接無限責任の排除）と明らかに抵触するような規定さえ僅かに15条しかない条文の中に設けたのであった。それらは全て，1848年株式会社法の近代株式会社法としての未熟性を象徴し，いずれはもっと整備・体系化されるべき筈であった。同法の規定が，有限責任制というような株式会社にとって最も重要で基本的な問題についてさえ曖昧な点を残したことは，その後間もなく同法をめぐる様々な論争を惹起する引き金となった。とはいえ債権者保護規定・公示規定・会社機関としての取締役会に関する諸規定は，素朴で不完全とはいえ，将来，展開されるべき諸規定の布石であった。

3．1848年株式会社法の実際的な適用状況と政府の対応

　上記の「法律委員会」が，株式会社というbolag（ブゥーラーグ）の社員の有限責任制と設立に関する許可主義を提案したとき，政府が極めて経済的な色彩の濃厚なこの法規定に対してどの程度支配力をもつかという問題に言及した。同委員会がそのような問題に言及したのは，一部は，株式会社を問題とする法領域は，かの「1734年普通法」における商法典の範疇にも民法の範疇にも入らない法領域の問題であるという見解を擁護すること，一部は，この委員会が作成した草案が言及しているように，当時，株式会社という企業の法律形態は，少なくとも一般大衆の利害或いはより広範囲な人々と利害関係のある事業活動のように「特殊な状況で適用されるべき組織形態」[17]と考えたからであったといわれる。とはいえこれらの点は，法律上，明確に明文化されたわけではなく，そのため1848年株式会社法の制定後も，その実際的な適用という問題になると，事態は，必ずしも順調ではなかった。例えば，政府が，この株式会社法を株式会社という企業の法律形態に一般的に適用しようとする場合，

その例外として特別な産業分野で事業活動を遂行する企業を対象とした特別法を制定してその下に委ねようとしても，この種の企業を株式会社という企業の法律形態とは異なる形態と考えるべきではないという理由によって，この種の企業に対する特別法の制定もさしあたり阻まれた。過渡期的な現象として全く一時的にせよ，判例が，株式会社という企業の法律形態の一般的な適用の可能性を否決したことさえあった。1848年株式会社法は，当初より銀行業務を営む事業活動を適用対象より除外していた。そのため政府は，その後，1886年11月19日の法令（K.F. om den 19 nov. 1886）は，銀行業務を営む事業活動には別段の法規定が存在することを改めて示唆し，1848年株式会社法が，株式会社という企業の法律形態で銀行業務を営む企業を対象とはしないことをより鮮明にしたのも，こうした事情によるものであった[18]。加えて1848年株式会社法は，一部は1879年5月30日の法令（K.F. om den 30 maj 1879：1890年廃止），一部は「1887年の商業登記などに関する法律」（1887 års lag om handelsregister m.m）の制定によって修正を受けたが，以後，1890年までそのまま適用されてきたのであった[19]。1879年の法令及び1887年の商業登記などに関する法律の委細は別として，ここで注目しておくべきことは，前者の法令は，株式会社に対して取締役会またはその構成員の選出につき，当該会社の取締役会が所在する地域の下級地方裁判所（Rådstuguätt）に届出・登記すべきこと，後者の法律は，株式会社の定款が政府の認可を得た場合株式会社の登記義務の範囲を拡大し（例えば登記義務に株式資本の規模・取締役会の構成の問題を含むことなど），更にこれらの情報を「公開」（publicering）して外部に周知させること，この場合公開制との関連で問題となる商号署名権者については別段の規定をすることはなかったが，後の1910年株式会社法で明定されるいわゆるVD（verkställande directör：専務取締役とでも称するべきの）と呼ばれる経営者が，場合によっては商号署名権者として登場していること（この経営者の地位については後述），全ての定款は，商業登記簿（handelsregister）に付録として保管するべきことことである[20]。

ところで1800年代中葉には，諸外国とりわけアメリカ及びイングランドでは，株式会社法規に関する新しい諸規定の制定作業が開始していた。これらの諸国では株式会社の設立の場合その設立をそれぞれ「個別的に認可するという体系」[21]は放棄され，株式会社の設立は，準則主義に移行した。

既述のようにスウェーデンの場合認可主義より準則主義への制度的な移行は，1895年株式会社法（1895 års lag om aktiebolag）の制定まで俟たなければならなかった[22]。

とはいえ認可状なき株式会社の乱立という当時のスウェーデンの経済社会における現実と1848年の株式会社法が定めた設立に対する許可主義との抗争は，深刻であった[23]。そしてその抗争の過程で社員の責任問題についても，実業界では，時折，様々な疑義と混乱が生じた。その主たる理由は，結論的にいえば，第一に，1848年の株式会社法は，株式会社という企業の法律形態における全社員の有限責任制を原則的に承認し，併せて設立に関する許可主義を規定したが，既述のように，この株式会社法それ自体が，有限責任制問題については幾つかの曖昧さを残していたこと，第二に，認可状なき株式会社の乱立という当時のスウェーデンの経済社会において，同法の設立に関する許可主義は，既に同法の制定に前後して現実にそぐわないものとなっていたことであった。とはいえこの問題の解決は，同法の制定以後ほぼ半世紀の歳月を要し，1895年の株式会社法の制定まで引き延ばされたのであった。

こうして1848年株式会社法の規定は，直接的には設立に関する許可主義とその全社員の有限責任制を規定したことから，既に経済的な事実として認可状なき株式会社が設立される場合その設立の合法性と社員の責任問題をめぐって幾つかの曖昧な点を残していた。けれども同法の制定の結果として，認可状なしに株式会社が設立される場合重要視されるようになった問題は，その会社の営む事業活動の特性という問題ではなくて，当該企業の法律形態とその機構の問題であった。そしてこれに伴って当然浮上してきた問題は，同法では明認されたが，それ以前には暗黙の前提として少なくても明示されてこなかった問題即ち株式会社という企業の法律形態における社員の責任に

ついて「実定法上の規則」[24] (positiv regel) を認可状なき株式会社についても適用するという問題であったのである。

　ところで1848年株式会社法が，直接的には設立に関する許可主義を規定した結果として，政府は，個々の株式会社が設立される場合調査をなし，それが株式会社という企業という法律形態をとることによって実際にどんな利点があるかという問題に判断を下さなければならなくなった。1870年代まで政府は，法の要請に従って実際にこの調査と判断に関与したようである。例えば1850年代には政府は，一連の企業とりわけ製造会社・鉱山会社・運河会社の設立の認可を拒否した。とはいえ1870年代以後には政府は，この認可の手続きを簡略化し，調査の力点を概して定款を補足し，より完全なものにすることにおくようになった。1880年代初頭には政府は，幾つかの比較的小規模な株式会社の設立に対して認可状を附与することを拒否したが，その理由は，これらの企業は，株式会社という企業の法律形態を適用するには余りにも小規模であるということであった[25]。この時期には認可状の取得による国家の援助という恩典を期待して，比較的小規模な株式会社の設立が隆盛を極めたが，そのような株式会社の設立が可能であった法的な理由は，1848年株式会社法が，「株式資本金の最低限度額に関する諸規定」(bestämmerlser om lägsta aktiekapital) を設けていないことであった。そのため株式資本金の小規模な株式会社の設立も，法的に容易に承認された。例えば，1881年に事業活動を営んでいたおよそ1,200社の株式会社の中でも，80社は，株式資本金5千skr以下，約1/4社は，株式資本金2.5万skr以下，他方，最大規模の株式会社の株式資本金は，1億skrであった[26]。このように，この時期にスウェーデンで設立された株式会社の規模は様々であり，大・小規模な株式会社の乱立状態は，普通であった。そしてそれは，1850年代の中葉に開始し，70年代に遅れた近代的な資本主義的工業化過程を本格的に開始するこの国の経済社会の動向とりわけ産業基盤の整備が，政府の外国借款による資本供与によってなされ，国内資本市場の狭隘性と未熟性の下で，外国借款によって節約された国内資本は，技術革新的な投資に充当され，しかも規模の

利益の追求は，一般投資家からの資本調達によるよりも同一産業部門内或いは異種産業部門間の大規模な吸収・合併によって促進されるという経済社会の動向を反映していた[27]。1848年株式会社法が「株式資本金の最低限度額に関する諸規則」を規定していなかったことから，政府は，認可状なき株式会社の設立を阻むことに苦慮したが，それでも阻止できず，同法の制定以後19世紀の末葉まで，認可状なき株式会社の設立は，途絶することはなかった。この時期に設立された認可状なき株式会社は，1890年現在で約200社であった。それらの株式会社は，その営む事業活動の内容よりみれば，大まかには，鉱山会社と精錬所（grufvebolag och hyttebo lag），製造会社（bruksbolag），商的会社などであった[28]。

こうして1848年の株式会社法の制定以後，スウェーデンの経済社会では，その法規定それ自体には様々な曖昧性を含むとしても，経済的な事実問題としては，法解釈を媒介としながら，株式を基礎とし社員の有限責任制を標榜する株式会社が認可状なしに設立される一方，特殊の事業活動を営む企業に対してはその性格の検討を通じて個別的にそれぞれ当該の法律を制定しつつ，1848年株式会社法にいう株式会社という企業の法律形態の概念と内容を明確化しようとする試行錯誤の過程が，19世紀末葉の1895年株式会社法の制定まで続いたのであった。そしてこのような過程の後に，1895年株式会社法は，初めて設立に関する準則主義に立脚し，81条より成る近代的な株式会社法の基本的な原型を提示したのであった[29]。1910年株式会社法は，この1895年株式会社法を基礎としながら，その一層の精緻化と「近代化」を図り，20世紀初頭のスウェーデンの経済社会における要請に応えて，幾つかの新しい内容をそこに盛り込んだのである。

〈注〉
1) Glader, Mats/Bohman, Håkan/Boter, Håkan/Gabrielsson, Åke, *Företagsformer i teori och tillämpning : En studie med inriktning på mindre och medelstora företag*, Utredning från statens industriverk SIND 1975 : 5, Liber Förlag, Stockholm, 1975, s. 18.

2) 大野文子稿「スウェーデンにおける株式会社の発展―同国の近代会計関連法規定の生成の史的背景として―」(1) 明治大学短期大学紀要 第55号 1994年3月, 227-246頁。
3) Glader, Mats/Bohman, Håkan/Boter, Håkan/Gabrielsson, Åke, *op. cit.*, s. 24.
4) 大野文子稿「スウェーデンにおける株式会社の発展―同国の近代会計関連法規定の生成の史的背景として―」(2) 明治大学短期大学紀要 第56号 1995年2月, 91-101頁。
5) Hammarskjöld, Hj. L., *Redogörelse för den utländiska bolag och föreningsrättens utveckling och nuvarande ståndpunkt, den svenska bolagsrättens utveckling samt de svenska föreningarana (för ekonomiskt ändamål)*, Stockholm, 1890., s. 84.
6) *Ibid.*, s. 88.
7) Glader, Mats/Bohman, Håkan/Boter, Håkan/Gabrielsson, Åke, *op. cit.*, s. 24.
8) Nial, Håkan, *Aktiebolagsrätt : Föreläsningar över 1944 års aktiebolagslag*, P.A. Norstedt & Söner, Stockholm, 1946, s. 10.
9) Hammarskjöld, Hj. L., *op. cit.*, s. 84.
10) *Ibid.*
11) *Ibid.*, s. 85 ; Glader, Mats/Bohman, Håkan/Boter, Håkan/Gabrielsson, Åke, *op. cit.*, s. 24.
12) Hammarskjöld, Hj. L., *op. cit.*, s. 83 ; 大野文子稿「スウェーデンにおける株式会社の発展―同国の近代会計関連法規定の生成の史的背景として―」(3) 明治大学短期大学紀要 第57号 1995年3月, 73頁 ; Glader, Mats/Bohman, Håkan/Boter, Håkan/Gabrielsson, Åke, *op. cit.*, s. 25.
13) Hammarskjöld, Hj. L., *op. cit.*, s. 83.
14) Glader, Mats/Bohman, Håkan/Boter, Håkan/Gabrielsson, Åke, *op. cit.*, s. 25.
15) 大野, [1994年3月], [1995年2月], [1995年3月], 前掲稿, これらの論文では, この国の株式会社の形成・発展の具体例を列挙し, 会社内部機関の在り方の多様な実態を明らかにした。
16) Glader, Mats/Bohman, Håkan/Boter, Håkan/Gabrielsson, Åke, *op. cit.*, s. 25.
17) *Ibid.*, s. 24.
18) Hammarskjöld, Hj. L., *op. cit.*, s. 85.
19) その委細は, 大野, [1994年3月], [1995年2月], [1995年3月], 前掲稿。
20) Hammarskjöld, Hj. L., *op. cit.*, ss. 85-87.
21) Glader, Mats/Bohman, Håkan/Boter, Håkan/Gabrielsson, Åke, *op. cit.*, s. 25.
22) Philipson, Berndt, *Aktiebolagsrätt i populär framställning med kommentar till 1944 års lag*, Svenska Tryckeriaktiebolaget, Stockholm, 1947, s. 10.
23) この間の事情について, 一瞥しよう。既にスウェーデンでは1848年の株式会社法の制定に先立って1844-1845年の国会 (この議会は, 1809年の統治章典の下で四つの身分より構成) で, 政府は, 株式会社の定款に対する国王の認可状がなければ, 株式会社の設立を禁止するという条項を同法に盛り込むことを提案した。とはいえ同法は, 国王の反対によってこの禁止条項を設けることができなかった。同法は, 基本的にはいわ

補　章　スウェーデンの戦間期における会計諸規定の動向 | 525

ゆる「法令」(förordning)ではなくて「法律」(lag)であり国王の賛同を必要とすること，しかも当時，国会は，身分制であり，現在では殆ど実質的に意味のない国王の賛同という条件が法律成立の不可欠の条件であった。産業界は，近代的な資本主義的工業化過程の本格的な開始期の到来を近い将来に控えており，認可状なき株式会社の設立という問題は，政府にとっても産業界にとっても現実的に深刻な問題であった。この動向に拍車をかけたのは，1848年株式会社法それ自体が上記の禁止条項を明記していないことを論拠として，株式会社の設立は，政府の認可状がなくても可能であるという法解釈論であった。この解釈を支持・賛同する場合そこに提示された論理は，株式会社の設立の場合特許状或いは認可状を取得することは，それによって株式会社が，その事業活動に対する国家の資金援助を獲得することを目的としており，特許状或いは認可状を取得することそれ自体が，必ずしも株式会社が法人格を取得する要件とはならないという論理であった。このことは，上述の1887年商業登記などに関する法律でも前提とされていた。この法律は，そこで問題となる株式会社とは，現行の株式会社法に基づいて株式会社の定款に対する政府の認可状を取得した会社と解釈するべきこと，それ以外の株式を基礎とする会社は，この法律が予定している会社とは異なるその他の会社の範疇に属すること，株式会社が，その定款に対する政府の認可状を取得した場合取締役会員の氏名を届出・登記すべきこと，但し商号にその氏名を記載してはならないことなどを規定し (Hammarskjöld, Hj. L., *op. cit*., s. 85)，併せて1848年株式会社法の下では株式会社というbolag（ブゥーラーグ）の全ての出資者は，有限責任であることを強調したのであった (*Ibid*., s. 86)。

　1848年株式会社法は，株式会社の設立に関する許可主義を前提として，原則として全社員の有限責任制を定めたが，同時にまた株式会社がその会社の定款に対する政府の認可状なしに事業活動に入る場合，会社のために何らかの契約関係を締結する人は誰でも，第三者に対しては人的責任を負うという規定を含んでいた。とはいえこの規定は，幾つかの点で曖昧さを残していた。第一は，ここで問題となる株式会社とは，例えばその設立の時期が何時であれ，会社の事業活動の開始期を過去に遡ることが可能であるとしても，定款に対する政府の認可状によって設立された株式会社のみを対象とするのか，それともそれ以外の株式会社をも対象とするのかという問題である。第二は，ここで問題となる株式会社の社員の責任が複数以上の人々に課せられる場合，その責任とは，連帯責任を意味するのか，それとも責任の分担を意味するのかという問題である。第三は，株式会社のために何らかの契約関係を締結する場合，契約関係の締結者とは，自ら契約関係を締結する人々だけを意味するのか，それとも自ら契約関係を締結する人々及びその代理権者をも含むのかという問題である。第四は，ここで問題となっている規定は，仮にこの規定がなくても当然問題となる筈の社員の責任を強化する目的で設けられたと解されるが，この規定よりもっと厳格な責任が一般に出資者に課せられる場合でも，適用されるべきか否かという問題である (*Ibid*., ss. 86-87)。

　1848年株式会社法が，認可状なき株式会社を現実問題として例外的に「［企業の］特殊な一法律形態」(en särskild associationsform) (*Ibid*., s. 87) として，どのように

して承認することができるか否かという問題は，一般には，ここで論点とされた上記の四つの問題の中でも第一の問題に対する解釈に依存するといわれた。そしてこの場合ここで問題となる株式会社とは，概してその定款に対する政府の認可状によって設立された株式会社だけを対象とするのではなくて，それ以外の株式会社をも対象とすると解された。しかもこの問題は，1848年株式会社法の下で，一定の法解釈を媒介とするにせよ，認可状なき株式会社の設立が許容されるとすれば，それは，どの程度まで可能であるかという問題だけではなくて，そのような株式会社の設立が可能となる前提は何かという問題も含んでいた。この問題に対する当時の一般的な見解によれば，認可状なき組織体 bolag を株式会社となし，この種の bolag に特に特許主義或いは認可主義に基づいて設立された株式会社に適用される規則を部分的に適用するためには，会社の資本を記名式或いは無記名式の株式に分割するだけでは十分でないこと，そして会社の資本を株式に分割することは，会社の定款に関する政府の認可状がなくとも，完全に合法的な株式会社が存立するための唯一の直接的な条件であるが，問題の焦点は，政府の認可状がなくても株式会社という bolag が存立するための間接的な条件即ち認可状の取得にはどんな条件が必要であるかという点に絞られるといわれた。この点に関連して提起された疑問は，1848年株式会社法を，当該企業の事業活動に固有の特性によって一般により厳格な責任が問われるような組織体に対して適用することが果して可能であるかということであった。この疑問は，資本を株式に分割するという直接的な条件以外のその他の条件を設定すれば，それによって緩和或いは消失するといわれた。また更に提起された疑問は，株式会社の定款が政府によって認可されなくともこの会社が形式的には株式会社として設立される場合，この認可状なき株式会社が，認可状のある株式会社と同様の各種の目的で設立されると考えうるかということであった。このような疑問がどの程度重視されるべきかということは，上記に提起した四つの問題の中でも，特に第二或いは第三の問題に対する解釈・見解に或る程度まで影響された。そしてまたそれは，1848年株式会社法が社員の責任問題を比較的緩やかに考えて，その適用対象となる人々を比較的多数の人々としようとしているのか，それとももっと厳格に考えて，その適用対象となる人々を少数の人々に限定しようとしているのかということによって制約されたのであった（*Ibid*., ss. 87-88）。

24) *Ibid*., s. 88.
25) Glader, Mats/Bohman, Håkan/Boter, Håkan/Gabrielsson, Åke, *op. cit*., s. 25 ; Nilsson, C.A., *Business Incorporation in Sweden: A Study of Enterprise 1849-1896, Economy History,* Vol. II, Gleerup, Lund, 1959, p. 41 ff.
26) Glader, Mats Bohman, Håkan/Boter, Håkan/Gabriellsson, Åke, *op. cit*., s. 25.
27) この問題について別に稿を改めて考察したいが，この補章を将来の研究を展望に入れて執筆するに当たって，様々な示唆を与えてくれた文献の中でとりわけ有益であった若干の文献をあげれば，Rydén, Bengt, *Mergers in Swedish Industry : An Empirical Analysis of Corporate Mergers in Swedish Industry, : An Empirical Analysis of Corporate Mergers in Swedish Industry 1946-69*, Almqvist &Wiksell, Stockholm,

1972, pp. 3-20 ; von Essen, Reinhold, *The Seven Swedens*, Almqvist ＆Wiksell International, Stockholm, 1984, pp. 25-90 ; Hörnell, Erik and Vahlne, Jan-Erik, *Multinationals : The Swedish Case*, Croom Helm Ltd., London ＆ Sydney, 1986, pp. 3-12 ; Blomström, Magnus and Meller, Patricio (eds.), *Diverging Paths : Comparing a Century of Scandinavian and Latin American Economic Development*, Inter-American Development Bank, Washington, D.C., 1991, pp. 15-66 などである。

28) 鉱山会社と精錬所の場合，その株式の額面は，殆ど明示されていない。この種の会社の定款が共同出資者の責任問題に言及する場合，最もしばしばみられる表現は，例えば，「全ての株主は，かれらが資産請求権を有する場合と同様な程度と条件で，負債に対しても責任を負う」（Hammarskjöld, Hj. L., *op. cit*., s. 88）というような表現である。これらの表現は，より古い時代の定款にみられる表現と同様に，何よりも先ず第一義的には「人的責任の分担」（en delad personlig ansvar）という仮定に関係する。但しその意味するところは，その責任は，各人の持分に相応するべきであるということを排除するものではなかった。そして鉱山会社と精錬所の幾つかの事例は，既述の1855年鉱山法§60の規定を引用しながら，この問題にはっきりと言及したといわれているが，その委細は，分かっていない。これらの鉱山会社と精錬所が株式の額面を明示する場合，その意図は，その社員の人的責任を排除することであったといわれている。

工的企業の場合，それは全体として，通常，認可状のある株式会社と非常に類似していた。これらの会社はまた，しばしばある一定期間の経過後に認可状を取得して認可状なき株式会社からの転換を図った。少なくともこれらの株式会社の多くの場合，共同出資者もまた，政府による定款に対する認可状に依存することなく，人的責任より解除されることを求めた。けれどもその組織体の構成員は，通常，「追加的な出資義務」（tillskottsplikt）を課せられた。だがまた或る場合には，個々の共同出資者は，その持分・出資額に応じて責任を負うということが，既に触れたような不明瞭さを伴いながらも，言及されていたのである。

商的会社の場合，それは少なくとも利益の獲得をその固有で，かつ主要な目的として，本来的な意味での株式会社というbolag（ブゥーラーグ）の範疇に入る会社は，少数の幾つかの会社に過ぎなかった。その大半は，各種の組合を形成した。これらの組合の商業活動は，何よりも先ず，その組織体の構成員に必要な生活必需品の調達・分配をすることに力点をおいた。この場合，個々の組合契約はその組合員の責任問題に言及したが，この契約もしばしば曖昧な点を残していた。そのため商的活動を営むために認可状のない株式会社が設立された場合，その責任問題をめぐって様々な解釈と疑義が生じた。そしてその混乱の収拾は，19世紀末葉に新たに制定された協同組合法などによって図られたのであった。更に認可状なき商的株式会社の中でも特殊な性格の会社は，都市でのアルコール販売を目的として設立された会社，或いは燃料用の石油販売を目的として特別法によって設立され，少なくても組合（förening）に非常に近い会社・組織体であった。

その他に認可状のない株式会社として設立された会社は，修理作業を目的とした作業所，銀行業務の遂行を目的とした会社（例えば相互銀行 bankfolken），船舶運行のための会社，多かれ少なかれ純粋に大衆娯楽目的の会社（例えばプールの設置と造園，ホテルと劇場の設立），運河・港湾施設の整備・雑誌の発刊と電話銅線の敷設などの目的で設立された会社などである。これらの会社は，相互銀行を除いて，たとえ定款の作成の際に責任問題を念頭においても，それを明確に言及することは回避した。けれども相互銀行の場合，通常，一般には，連帯責任を引き受けることが義務づけられた。他方，それ以外の各種の会社・組織体の場合，完全な人的責任をしばしば明確に排除することが想定されている。各種組合その他の，今ここで問題としてきた企業の法律形態の多くは，その事業目的の特殊性の故に，組織体・会社と見做すことは不適当であると考えられたのである（Hammarskjöld, Hj. L., *op. cit.*, s. 88）。

29) Söderström, Erik (utgiv)., *Gällande lagar om aktiebolag jämte tillhörande författningar, med förklarande anmärkningar och präjudikat m.m. samt formulär*, C.E. Eritzes K. Hofbokhandel, Stockholm, 1906, ss. 350-372.

第2節　1910年株式会社法前史概観：その2
―― 1895年株式会社法の意義：準則主義の承認問題を中心として ――

1．許可主義の形骸化と「会社委員会」(1885年) の見解

　スウェーデンでは「この国の最初の株式会社法が制定される以前より，社員が会社に対して出資額を限度としてのみ責任を負う会社（株式会社）が存在しており，通常，これらの会社は，その会社に対する国家の認可状を取得」[1]することによって法人となり，権利・義務の主体として行動してきた。1848年株式会社法も，株式会社は，その設立に関して政府の個別的な認可状を取得することによって法人格を取得するという設立に関するこの立法主義を明認した。とはいえこの法律の制定以後政府による株式会社の適格性に関する審査は，19世紀中葉以後ますます拡大するこの国の経済自由主義への傾斜とその下での認可状なき株式会社の乱立という状況を背景として，漸次に緩やかとなっていった。1895年株式会社法は，当時のスウェーデンの実業界におけるこのような動向を受けて株式会社の設立に関する許可主義の体系より準則主義の体系に移行し，一定の形式と公示規定を遵守さえすれば，自由

に株式会社を設立しうることを制度的に初めて承認したのであった。1895年株式会社法の諸規定は，「1885年会社委員会」（1885 års bolagskommitté）の作業を基礎として制定され，設立に関する準則主義への移行とそれに随伴する諸規定を導入した。1895年株式会社法は，全条文81ヵ条より成り，一連の経過措置を経て，1897年1月1日より施行された。なお同法は，銀行・保険業務などの事業活動を営む会社については適用除外として，特別法に委ねた。政府は，この法律の施行に伴って1848年株式会社法を当然のことながら廃止し，またこの法律に盛り込まれた公示制度に関する諸規定に関連して，新たに登記などの関連法規も制定した。

政府は，1895年株式会社法の制定の場合にも，1848年株式会社法の制定の場合と同様に，法典編纂に先立って，1885年に企業の様々な法律形態について当時既に未熟ながら制定されていた諸法規を再吟味・再検討する目的で，「1885年会社委員会」を設置した[2]。この委員会は，直ちに，当時のスウェーデンの経済社会でより古い時代よりいわゆるbolag（ブウーラーグ）という名の下に存立・機能してきた今日の共同経営店の前身及び合名会社や新たに登場しつつあった社団・財団・協同組合など，各種の企業の法律形態に関する関連諸法規の整備と並んで，株式会社に関する関連諸法規の再吟味・再検討の作業に着手したのであった。

「1885年会社委員会」が，設立に関する許可主義の体系より準則主義の体系への移行という問題についてその草案の理由書で特に強調したことは，次の点であった。即ち第一に，株式会社の設立について政府の手に認可権が委ねられる場合その目的は，当該企業の事業活動が，当然に人的責任を解除してもよいような内容の事業活動であるか否かを審査することにあること，第二に，実業界の人々は，過去数十年にわたって株式会社という企業の法律形態を，それが，いわゆる認可状を取得したものであれ，そうでないものであれ，スウェーデンの経済社会に着実に普及させ，それによって株式会社という企業の法律形態の設立と管理・運営について或る程度習熟し，実際的な経験を蓄積してきたこと，第三に，この点よりみれば，株式会社を設立し管

理・運営するために政府の認可状を取得するということは、その重要性を喪失し、殆ど形骸化してしまっていること、第四に、それにも拘らず依然として株式会社の設立の場合政府が、認可状の附与ということを要請するとすれば、その当面の意義は、株式会社という企業の法律形態に関する一連の全般的な法的規定（例えば、株式会社の設立、その管理・運営、清算・解散、その他の諸規定）が未だに整備されていないためであること、第五に、その限り認可状の附与という要請は、それによって株式会社の定款を補完し、株式会社関連法規の不備を補うという意味合いしかないこと[3]、それ故に「この法規（株式会社法）に最も重要な諸規定が定められ、かつ会社の定款がこの法規の諸規定を補完する場合には、今や、『準則主義の体系』(normativt system)に移行すべき時期が恐らく熟している筈」[4]であるということであった。1895年株式会社法は、「1885年会社委員会」が設立に関する許可主義の体系より準則主義の体系への移行という問題についてその草案の理由書で特に強調した上記の点を尊重し、準則主義の体系への移行を図った。即ち1895年株式会社法は、「貨幣或いは財貨を出資し、各出資額或いはこの法律の定める諸規定に従って出資義務を負う以外事業活動より生ずる債務に対して責任を負うことなく、bolag（ブゥーラーグ）として事業活動を遂行しようとする人々は、株式会社を設立することができる」（同法§1の1）と述べ、社員の有限責任制を明認し、更に「株主は、株式に対して全額払込をした場合、それ以上の如何なる投資もする必要はない」（同法§31）と規定し、追徴・増徴義務のないことを明示した。

　1895年株式会社法は、この有限責任制を前提に、「株式会社は、以下に定める方法で登記されなければならない」（同法§1の2）と規定することによって、全社員の有限責任制の対極にある債権者保護を何よりも先ず登記・公示主義によって図るべきことを示唆した。1848年株式会社法が、設立に関する許可主義に立脚して、全社員の有限責任制を定めたとき、株式会社の設立と増資・減資手続などの問題と関連して第三者保護の途を模索した。そして同法は、「形式一及び公示に関する諸規定」(form-och publicitetsföreskrifter）の整備を媒介として，それが可能となる筈であると考えていたといわれる[5]。とはいえ1848年株式会社法は，このような考えを具体的な条文として明定することはなかったのであった。1895年株式会社法は，「株式会社は登記によって初めて法人格を取得し，権利・義務の主体となり，裁判所或いはその他の当局の面前で原告・被告となりうる」（同法§2の1）と述べ，登記が株式会社の法人格を承認する条件であることを明記した。

2．最低資本金制を基軸とする資本（株式）の制度：概観

「1885年会社委員会」が，設立に関する準則主義の体系への移行を提案するに当たってとりわけ留意した問題は，いわゆる「最低資本金」（minimiaktiekapital）の制度を基軸とする資本（株式）の制度に関する諸規定と公示制度に関する諸規定の整備の問題であった。この委員会が，「最低資本金」の制度の導入を提案した主たる理由は，第一に，株式会社が，全社員の有限責任制の下で自由に譲渡移転可能な株式により資本を調達する場合，株式会社の唯一の信用基盤は，株式会社の一定規模の資本であること，この資本規模は，株式会社という企業の法律形態で営む事業活動の内容より判断して，最低限度2.5万 skr 程度とするべきこと，第二に，既述のように1848年株式会社法は，株式会社の資本規模に関する如何なる制限も設けなかったこと，そのため同法の制定以来，政府に認可状の取得を申請して株式会社の設立に着手しようとする企業の中には，事業活動の内容に照らしてみれば，明らかに株式資本の調達を必要とはしないような小規模企業があり，それらの企業が認可状の申請によって株式会社を設立しようとする場合その目的は，いわゆる法人成りを狙って，税法上の恩典に浴することにあること，この種の小規模企業は，その内容に照らしてみれば，人的責任を負った別様の企業の法律形態として設立されることが望ましく，かかる小規模企業の乱立を阻むためにも，「最低資本金」という制度的な枠組みを設定する必要性があること，第三に，更に「最低資本金」の維持・遵守という制度的な枠組みを設定することは，株式会社が，資本の集中・集積機構として存立するために必要な法

的支柱である全社員有限責任とその対極にある債権者保護を，政府の直接的な統制によらず，株式会社に対する登記・公示制度の整備を通じて可能とする途に繫がる筈であること，第四に，しかも経済的な事実問題として，1848年株式会社法の制定以後顕著となった認可状なき株式会社の設立の傾向的な増大にも拘らず，この種の株式会社の法的性格は，依然として不明確であること，とはいえこの種の株式会社も，登記・公示制度を整備すれば，それによって「特別な法主体」(särskild rättssubjekt)[6]となりうるということであった。

　1895年株式会社法は，「1885年会社委員会」が準則主義への移行を提案するに当たってとりわけ問題とした事柄を考慮に入れて，準則主義を法認する場合「最低資本金」の制度を基軸とした資本（株式）の制度に関する諸規定と登記・公示制度に関する諸規定を導入した[7]。但し，1895年株式会社法は，当時，既に株式会社という企業の法律形態で事業活動を遂行していた中・小規模の諸企業への配慮より，「最低資本金」を，0.5万 skr まで引下げた[8] (因みにいえば，政府は，1895年株式会社法の制定後も，株式会社法を更に整備するために，新たに「株式会社調査委員会」(aktiebolagsutredning)[9]を設置した。この委員会は，以後，貨幣価値の変動を考慮して幾度か「最低資本金」の引上げを提案した。とはいえこの委員会の提案にも拘らず，この金額の引上げは，1910年株式会社法及び1944年株式法でも実現せず，1975年新株式会社法の制定まで据え置かれた。新株式会社法は，それを 5 万 skr に引上げた[10])。

　1895年株式会社法が，「最低資本金」の制度を基軸として整備・充実を求めた資本（株式）の制度に関する諸規定の委細は別として，当時のこの国の資本（株式）の制度の骨格に関する諸規定をここで一瞥しておこう。

　第一は，「最低資本金」の維持とそれに関連する株式の引受・払込に関する諸規定であった。それは，①株式資本は，スウェーデン通貨で等額均一な額面より成り，この株式を部分株のように分割してはならないこと（同法§3の1及び2)，②株式資本の規模は，最低限度0.5万 skr 以上，その規模

の拡大は，定款変更の手続きによって可能であること，1株の額面額は，50 skr，但し株式資本の規模が1万skr以内の場合，最低限度10skrとすべきこと，「最低資本金」（minimikapital）は，「最高資本金」（maximikapital）の1/3以内とすべきこと（同法§3の3），③株式資本には有価証券たる株券を発行するべきであり，株券の発行は，会社の登記と株式に対する全額払込を終了することを条件とすべきこと（同法§4の2），その違反は，5 skrより5百skrの罰金に処せられるべきこと（同法§77の1），④株式の割引発行は禁止すべきこと（同法§5の3），⑤株式会社の設立の場合株式の申込・引受人は，会社の成立後遅くとも2年以内に株式の全額払込をすべきこと（同法§5の1），⑥かれが所定の期間にそれを懈怠した場合，かれは債務証書（förbindelse）を提出すべきこと（同法§5の2），かれは，その支払期限より起算して1年につき5％の利子の支払をすべきこと（同法§6の1），⑦株式の申込・引受人が，所定の期間内に払込を懈怠した場合或いは上記の債務証書の提出を懈怠した場合，督促後1ヵ月以内にそれに応じなければ，取締役会は，株式引受人の地位（権利株）の喪失を宣告すべきこと（同法§6の2），この場合既に払込済金額は，償還請求できないこと（同法§6の4），⑧「株式引受人の地位（権利株）が，上記の事実に基づいて喪失し，会社の財産が，株式払込の所定の期間が経過して2年以内に……破産財団に移る場合，この株式引受人は，債権者の権利が，株式引受人の地位（権利株）に依存する限り，かつまた株式引受人の地位（権利株）が，他の人々によって遂行されていることが明白でない限り，なお残余の払込を遂行すべき義務を負うこと」（同法§7），その他を定めた。これらの諸規定は，例えば，いわゆる権利株の喪失に対する債権者保護規定に見るように，第三者保護が，全社員の有限責任制と準則主義の承認のために不可欠であることを明示していた。

　第二は，発起人による定款の作成に始まり設立登記によって終了する株式会社の設立に関する一連の諸規定であった。

　これらの規定を一瞥すれば，①発起人が作成する定款の記載事項（同法§

8：この条項は，会社の事業活動目的・会社の取締役会の所在地・株式資本金の額或いは定款変更の手続きによらずこの株式資本金の額を下回るか上回る場合その最低資本金の額或いは最高資本金の額・株式の記名式或いは無記名式の別・額面額及び株式の割当の有無・株式の種類とその内容とりわけ優先株式の優先権の内容・取締役会の構成及びその意思決定の原則・取締役会が執行する会社の管理運営を検査するために選出される監査役の数・総会の招集手続と議題及び議事日程などの株主への通知方法・総会での投票権の行使と意思決定権の行使のために適用される原則などを規定，同法§18：商号及び年次の定時総会開催の回数及びその時期並びに議題などを記載すべきことを規定)，②発起人の数（同法§9：この条項は，発起人の数は最低限度5名となし，この国に居住すべきことを規定)，③株式会社の商号（同法§10：商号は，他の会社と識別可能であり，かつ株式会社ABという用語を付すべきことを規定)，④株式会社の設立の設立に関する発起設立（simultantbildning）と募集設立（succesivbildning）の手続き（同法§11：この条項は，発起人が発起設立によって会社を設立する場合，それに関する契約によるべきことを規定，同法§12の1：この条項は，発起人が募集設立によって会社を設立する場合，定款のコピー2部が，当該株式会社の本店がストックホルムに所在し，かつその取締役会が同地に所在する場合には，ストックホルム市庁の執政官（Öfverståthållarämbetet）に，また取締役会がその他の地域（県）に所在する場合には，当該県庁の官職者（Behållningshavande i länet）に提出すべきこと，当該のコピーの1部は，募集設立に関する情報と知識を入手することを希望する人に対して閲覧に供するために，保存すべきこと，他の1部は，発起人に提出すべきことを規定)，及び定款が上記同法の§§8-9の規定に違反する場合上記関連機関のとるべき措置（同法§12の2)，⑤発起人による株式申込証の作成とその記載事項とりわけ各発起人が引き受けるべき株式の総数・発起人による現物出資及び発起人が受け取る特別利益或いはかれらが享受する会社設備などに対する利用権（同法§13の1：この条項は，募集設立の場合に作成される株式申込証は，発起人が自筆によって署名し，確認済の定款のコピー並びに上記の同法§12で言及している書類のコピー1部を添付すべきこと及び

発起人の引き受ける株式数並びにその期間——株式申込証の作成日より起算して1年以内——を規定，同法§14：株式申込証の記載事項として各発起人が引き受ける株式の数・かれらが現物出資をすること或いは特別利益を受領するか会社設備の特別な利用権を享受する場合それを明示すべきことを規定），⑥発起人の懈怠による株式申込の無効（同法§16：この条項は，発起人は，株式会社の設立に関する問題を吟味するために，定時総会の招集通知の場合適用する手続きに準じて，株式申込証に規定された所定の期間内に会合を開催することを通知する義務を負い，かれらが所定の期間内にそれを懈怠した場合株式申込は無効とすべきことを規定），⑦株式割当の基準の明示（同法§17の1），⑧創立総会における定款の採択（同法18の1）などを主たる内容としていた。

　ここで注目したいことは，第一に，スウェーデンの株式会社における株式資本の規模及び一株の最低券面額（株式資本金の規模が0.5万skrの場合50skr，或いは最低資本金の規模が1万skrの場合1株の額面額は最低限度10skr，「最低資本金」は「最高資本金」の1/3以内）は，当時の諸外国のそれらと比較すれば相対的に低かったといわれていることである。その理由は，この国の近代的な資本主義的工業化過程の本格的な開始期の担い手は，比較的小規模な資本所有者であり，かれらは，各種の産業分野における科学・技術者たちの手による，各種の科学技術の独自な開発或いは外国で発明・開発されたそれの一層の改良とそのスウェーデン的な適用への不断の努力を背景として（本書の第1章を参照），近代的な技術革新を実用化することを求めて，工的企業を株式会社という企業の法律形態で設立したという事情によるものであった[11]。第二に，「1885年会社委員会」は，株式会社の機関構成と設立に関する登記事項という問題に照らして，出資者としのて株主の数が余りにも少数となってはならず，かかる観点よりすれば発起人の数は，5名以下であってはならないこと，しかもかれらは，スウェーデンに居住すべきこと，発起人は，発起設立或いは募集設立の場合，株式の全部或いは一定部分を申込・引受すべきこと，発起人が所定の5名以下となった場合株式会社は，解散すべきことなどを説いたことであった。この委員会のこのような見解は，

上記の各条項より明らかであるように，1895年株式会社法における一連の諸規定，例えば，発起人の数とその現物出資及び特別利益に関する規定（同法§9及び§14），株式会社の解散事由に関する一般規定（同法§54：この条項は，発起人の数が5名以下となる場合或いは正当に検証された貸借対照表によって株式資本金が2/3以下となるか定款所定の最低限度額が喪失した場合，その後3ヵ月以内に発起人の充足或いは株式資本金の充足がなされなければ，会社は，解散及びそのための清算手続をとるべきことを規定，同法§56：この条項は，会社の財産が破産状態になった場合解散及びそのための清算手続をとるべきことを規定）及び一般規定以外の事由で株式会社を解散する場合適用すべき規定（同法§58：この条項は，解散事由が明示されていない場合適用すべき清算人の選出とその任務を規定），株式会社の解散の申請と一般新聞或いは地方新聞への公示に関する規定（同法§55）などとして結実していたことである。第三に，1895年株式会社法が，このような一連の規定を設けるに当たって念頭においた株式会社の概念は，当時のスウェーデンにおける伝統的な株式会社の概念即ち少なくても「そこそこの数の人々の間でなされる協同」(samverkan mellan ett inte alltför litet antal personer)[12]のための結合体という概念であったということである。そのため同法は，今日，しばしば見るようないわゆるワン・マン会社の存在を承認することはできなかった（同法§9）（因みにいえば，いわゆるワン・マン会社が制度的に初めて承認されたのは，1944年株式会社法であるが，同法もまた，発起人の数を5名とした）。第五に，「1885年会社委員会」は，法案作成の過程で株式資本の募集手続として「発起設立」と「募集設立」とを区別した。同委員会は，この二つの手続きを区別するべき論拠として一般大衆が財政的に不健全な株式会社に投資することを阻むことをあげ，前者の場合発起人自身が株式資本金の全額を申込・引受・払込する義務を負うことから，その設立手続は，簡略化されてよいこと，これに対して後者の場合，一般大衆が株式資本の相当部分を申込・引受・払込をすることを原則とするために，それにはより厳格な設立手続を必要とすると主張した。同委員会のこのような見解も，断片的ではあるが，既述のよ

補　章　スウェーデンの戦間期における会計諸規定の動向 | 537

うに，同法§§11-13，§§15-16，§17の1，その他の条項として導入されたのであった。

　既述のように，1848年株式会社法は，設立に関する許可主義を前提として，全社員の有限責任制を基本的には明認し，極めて稚拙ながら，株式会社という「企業の資本充実に関する諸規定」（bestämmelser om företagenskonsolidering）[13]を導入していたが，有限責任制の対極にある債権者保護を標榜する諸原則を具体的に整備するという点では，必ずしも十分ではなかった。1895年株式会社法は，その法文全体にわたって，有限責任制の対極にある債権者保護に関する思考を色濃く滲ませていたが，わけてもそれを端的に示したのは，1848年株式会社法における株式会社という「企業の資本充実に関する諸規定」を継承しつつその一層の整備を図り，「強制準備金による資本充実の制度」（system med konsolidering genom bundna fonder）[14]を導入したことであった。即ち同法は，①株式会社は，その年次利益の中より，少なくともその10％を準備金（reservfond）として設定すべきこと，この準備金が，株式払込資本の10％相当額となった場合或いは定款所定の金額より多額となった場合，以後準備金の設定は，不要とすべきこと，準備金の額が，その設定限度額以下となった場合，再度準備金の設定の措置を講ずべきこと（同法§29の1），②いわゆる株式プレミアムは，準備金に組入れすべきこと（同法§29の2），③減資に伴う減資差益も，同様な処理をすべきこと（同法§30の3），④準備金の取崩は，欠損補填の場合にのみ決議されうるべきこと，但しこの欠損は，全体としての企業活動によって発生し，正規の確認された貸借対照表上計上されたものであるべきこと（同法§29の3），⑤株式会社の存続期間中は，株主に対する分配は，前年度の正規の確認された貸借対照表上の利益を財源とすべきであるが，この分配は，利益の一部が準備金として設定された後にすべきこと（同法§30の1），⑥分配可能な利益の全額或いはその一部が，準備金の設定以外の目的で処分可能か否かは，株主総会の決議によるべきこと（同法§30の2）などを明示したのであった（因みにいえば，この種の規定は，1910年株式会社法にも継承されたが，準備金制度の一層の

強化・充実を図ったのは，一方では旧来の準備金の規模を拡大し，他方では新準備金として債務調整準備金 (skuldregeringsfond) を新たに設定した1944年株式会社法であった[15])。

1895年株式会社法は，上記のような「最低資本金」の制度と資本（株式）の制度との関連で，増資と減資の手続きについても一連の諸規定を設けた。

増資の手続きに関する諸規定の主たる内容は，①新株発行による増資は，何よりも先ず，定款所定の株式資本金が全額払込されるまで行われるべきでないこと（同法§22の1），②増資の決議は，それが定款変更を伴うにせよそうでないにせよ，登記すべきこと，登記の申請をする場合取締役会員は，その申請書に定款所定の株式資本金が全額払込されたことを明示する自筆署名付きの証明書を添付すべきこと（同法§22の2），③新株発行の決議が実行に移されるのは，この登記後であるべきこと，新株払込の所定期間は，新株発行の決議が登記された日より起算して1ヵ年以内とすべきこと，この所定期間の終了後遅くとも1ヵ月後に，取締役会員は，新株払込の金額に関する報告書を自筆署名付きで登記のために提出すべきこと（同法§22の3），④新株払込の懈怠がある場合同法§6及び§7で規定されている規則を準用すべきこと（同法§23），その他であった。減資の手続きに関する諸規定の主たる内容は，①株式会社の設立に際して株式を発行する場合株式資本金が，定款所定の最低資本金の額を下回らないことを条件として，一定の償還計画に従って，将来，株式償還によって減資してもよいという保留条項を付してもよいこと（同法§25の1），この保留条項も，定款に記載及び登記すべきこと（同法§25の2），②一定の償還計画に従って減資する場合を除き，株式資本金の減資に関する決議は，裁判所の認可を要すべきこと（同法§26の1），この認可申請書は，その決議が登記済であることを明示した証明書及び既知の全ての債権者名簿を添付すべきこと（同法§26の2），③株式会社は，上記①及び②による減資の場合を除き，自己株式の取得或いはその質入をすべきでないこと（同法§27），その他であった。

1895年株式会社法は，上記のような「最低資本金」の制度と資本（株式）

の制度及び増資と減資の手続きに関する一連の諸規定を前提として，株式会社の解散とそれに伴う清算が債権者の利害（債務弁済）と株主の権利（残余財産請求権）の問題に多大な影響を及ぼすことを考慮して，清算と解散の手続きについても一連の諸規定を設けた。

清算と解散の手続きに関する諸規定は，主として第一に，株式会社の解散及びそのために清算手続をとるべき事由を列挙すること，第二に，解散のための清算手続の説明をその内容とした。

1895年株式会社法が，株式会社の解散のための手続きをとるべき事由として列挙した事由は，①「最低資本金」の制度が維持されざる事由が発生した場合（同法§21：この条項は，株式払込の所定の期間の終了後遅くても6ヵ月以内に株式資本金の払込が，定款所定の最低資本金の額を下回る場合，株式会社は，株式払込の所定期間の期限が到来したときに解散されたものと見做されるべきこと，そしてそれに対する登記をすべきことを規定），②株主数が5名以下となるか，或いは正規の貸借対照表によって確定された株式資本金が2/3以下或いは定款所定の金額よりも少なくなって，3ヵ月以内に不足する株主の数或いは不足する株式資本金の額を補填できない場合（同法§54），③株式会社の登記の申請をするべき人（取締役会）が存在しないことが判明した場合（同法§55の1：この条項は，株主或いは債権者は，管轄の裁判所或いは裁判官に会社の解散を申請しうるべきこと，この申請が管轄の裁判所或いは裁判官によって証明される場合この裁判所或いは裁判官は，解散の時期を明示した公告書を発行し，解散予定時の少なくても3ヵ月以内に一般新聞及び地方新聞に公告すべきこと，管轄の裁判所或いは裁判官は，要求次第で善意の1名の人或いは複数以上の第三者を任命し，かれ或いはかれらが，清算人として会社の代表者となるべきことを命じてもよいことを規定，同法§55の2：この条項は，管轄の裁判所或いは裁判官は，当該株式会社の清算表明の仕方をめぐる決議などについて遅滞なく登記所に通達すべきことを規定），④株式会社の財産が破産財団の手に委ねられる場合（同法§56：この条項は，破産申請が，管轄の裁判所或いは裁判官に提出された日或いは債権者の破産に関する申請によって公的な訴状が発布された日に，株

式会社は，解散されたと見做されるべきことを規定)，⑤同法§55及び§56に規定された理由以外のその他の理由による場合（同法§58の1）などであった。

1895年株式会社法は，解散のためにとるべき清算手続として，①株式会社の解散は，清算人による清算手続に従うべきこと，清算人は，遅滞なく株式会社の「知られざる債権者」(aktiebolagets okände borgenär) に対して年次総会を開催し，資産と負債の一覧表を提出すべきこと（同法§59の1），②清算人は，清算によって会社の財産を換金化すべきこと（同法§59の2），③上記の同法§55及び§56に規定された理由以外のその他の理由で株式会社が解散される場合，定款或いは会社の決議の結果として1名或いは複数以上の清算人が選出されなければ，取締役会員が清算人となって清算をすべきこと（同法§58の1），④清算人がその期間中に会社を代表する資格と義務については，取締役会に関する規定を準用すべきこと，但しかれが，公的競売以外の方法で当該企業の固定資産を売却する場合当該企業によって全権委任されるべきこと（同法§60），⑤株式会社の清算の場合商号は，清算という文言を付すべきこと，商号署名に関する一般規則に対する違反或いは商号署名の懈怠は，罰則規定を適用すべきこと（同法§61），⑥清算の場合既知の債務が弁済されるまで会社の資産は，株主に分配されるべきでないこと（同法§62の1），⑦清算が終了した場合その登記の申請を遅滞なく行うべきこと（同法§62の2），⑧株主が，清算手続上財産分配などについて不満があれば，かれは，清算が決定された日より起算して1ヵ年以内に告訴すべきこと（同法§63），⑨清算の場合取締役会員または清算人或いは株主がこの法律或いは定款に違反した場合かれは，その違反によって生ずる全ての損害に対して連帯して責任を負うべきこと（同法§65）などを定めた。

3．登記・公示制度の整備：概観

1895年株式会社法における設立に関する準則主義の体系への移行は，一方ではこれまで概観してきたような「最低資本金」の制度を基軸とした資本（株式）の制度に関する諸規定を支柱としていたが，この制度は，既述の事

柄より窺い知ることができるように，そのもう一つの支柱である登記・公示制度の導入或いは強化と固く結合していた。

　1895年株式会社法は，この登記・公示制度に関する主たる諸規定として，①株式会社の登記に関する申請は，会社の取締役会が行うべきこと（同法§19の１），登記申請の場合締役会員の氏名・国籍・住所を明示すべきこと，及び会社の商号署名が取締役会員の全ての人々ではなくて一部の人々によって行われる場合その商号署名権者の氏名・国籍・住所を明示すべきこと（同法§19の２），②幾種類かの書類を添付すべきこと（同法§19の２：この条項は，取締役会員の自筆署名付きの正規の定款のコピー２部，定款の採択及び取締役会の選出がなされたことを明示する創立総会の議事録，株式の申込状況とそれにより株式資本がどれだけの規模となるかを明示する書類，発起設立の場合には締結された契約書の原本など，募集設立の場合には設立書類・株式申込証の原本及び確認済のコピー・会社の設立に関する議事録などを添付すべきことを規定），③登記申請は，文書によるべきこと，登記と公示には，所定の料金（登記料）の支払をすべきこと，代理人が登記申請をする場合或いはかれがそれを郵送でする場合その申請書の署名は，証明書付きであるべきこと（同法§67の１），④登記申請は，この申請がそれぞれ所定の規則を遵守しない場合，定款或いは登記所に申請すべき決議が所定の方法に違反する場合，定款或いはその決議が同法・法律・法令に矛盾する場合，却下すべきこと，とりわけ取締役会員が提示する報告書によって株式資本の規模が定款所定の最低資本金の額に達しない場合，或いはその払込資本金の額が，少なくとも株式資本金の1/2に達しない場合，却下すべきこと（同法§68の１），⑤登記所は，登記申請を却下する場合，遅滞なく申請者にそれを伝達するか，或いはその理由を明示した文書を送付すべきこと，申請者がそれに対して政府に異議申立をしようとすれば，それは，却下が確定した日より起算して60日後にすべきこと（同法§68の２），⑥登記所が，登記申請を受理する場合，登記事項として要請する事項（同法§69の１：この条項は，登記申請の場合の登記事項として例えば，定款採択の期日・会社の商号・会社の事業活動の目的・本店（取締役会）

の所在地・「取締役会が提示した報告書によって明示される株式資本金の額」したがってまた株式資本金の最低限度額及びその最高限度額・株式の額面額及び株式の記名式或いは無記名式の別・登記の時点での払込済株式資本金の額と全額払込済の時期・総会招集の手続き及びその株主への通達方法，取締役会員の氏名と住所・取締役会員の中でも商号署名権者の氏名・同法§25及び§28などの規定に従って株式資本金を一定の償還計画に従って減資する場合減資は，定款所定の株式資本金の最低限度額を下回るべきでないという保留条項，或いは定款所定の優先株式の優先権の内容に関する事項などを列挙すべきことを規定）を記載すべきこと，⑦登記所は，これらの記載事項を遅滞なく一般の新聞に公示すべきこと（同法§71の1），⑧スウェーデン全国の株式会社の登記簿を毎年印刷し，登記所に保存すべきこと（同法§71の2），⑨商号の変更などを含む定款変更の登記は，その修正に関する議事録のコピーを添付すべきこと（同法§70の2），⑩政府は，登記書への記載事項，登記及び公示の経費，全国的な登記簿の作成の時期とその方法などに関するより詳細な規則を別段に定めるべきこと（同法§72），⑪この規定に従って登記所に記載され一般新聞に公示されている事項は，特別な事情がない限り，第三者がそれを周知しているものと見做されるべきであり，公示がなされるまで登記事項或いは定款規定の保留条項は，第三者に対して法的な効力をもたないこと（同法§75），⑫登記事項が不利となると考える人は誰でも，登記差し止めに関する訴をストックホルム下級裁判所（Stockholmsrådstugurätt）に提起することが可能たるべきこと（同法§73），⑬登記所への申請の場合故意に不正な登記をする人は，刑法に別段の定めがない限り，50skrより2千skrの罰金を支払うべきこと（同法§76）などを定めた。

　以上が，1895年株式会社法における準則主義規定の導入とそれに随伴した資本（株式）の制度の骨子に関する諸規定であった。

4．会社機関の整備：概観

　1895年株式会社法は，このような資本（株式）の制度との関連で，会社機

関(株主総会・取締役会・監査役)についても一連の諸規定を導入した。

(1) 株主総会

1848年株式会社法は,株主総会については明白な規定を設けなかった。この場合株主総会に関わる問題は,個々の株式会社の個別的な定款で規定された。そのためその後「株主総会でどのようにして意思決定がなされるべきかということに関する特別な規定は,個々の相互に異なる企業の中より発展してきたようである」[16]。1895年株式会社法は,株主総会に関して§§32-39を中心に,その法律上の地位・総会開催の手続き・議決権の行使・少数株主の保護などに関する諸規定を設けた。

1895年株式会社法は,「会社の問題の処理に株主が参加する権利は,株主総会で行使される」(同法§32の1)と述べ,株主総会を以て株主の権利行使の場・株主の意思決定機関として規定した。同法が,これまで個々の株式会社が定款に定めた株主総会に関する諸規定に従って開催してきた株主総会に関する実業界の様々な動向と同法の規定する株主の意思決定機関という認識に照らして,株主総会に関して導入した一連の諸規定の中でも主たるものを列挙すれば,①株主総会は,その招集の時期を基準として定時総会(ordinarie bolagsstämma)と臨時総会(extra bolagsstämma)とに区別すべきこと(同法§36及び同法§37),②取締役会は,各会計年度の終了後8ヵ月以内に定時総会を開催すべきこと(同法§36の1),③定時総会では取締役会は,取締役会報告書,過年度の貸借対照表,監査役が作成した監査に関する意見表明書を提出すべきこと(同法§36の2),これによって「株主には企業の利益分配を決定するという義務が負わされる」[17]こと,④取締役会は,取締役会報告書と貸借対照表を少なくとも定時総会の開催の1ヵ月前に,監査役に提出すべきこと,取締役会は,定時総会の開催の少なくとも8日前に,株主が,この取締役会報告書及びそれに対する監査役の意見表明書のコピーを閲覧できるように整えるべきこと(同法§48の2),⑤定時総会では,上記の計算書類の他に,その報告書が関連する期間中の取締役会に対する責任解除の確認問題を審議すべきこと(同法§49の1),⑥取締役会は,定時総会の

開催の少なくとも8日前に，株主が議事について閲覧可能であるべきこと（同法§§36の2），⑦株主は，定時総会の議事に付すべき案件があれば，少なくともその開催の14日前に取締役会に届出すべきこと（同法§36の3），議事日程にのぼっていない案件の審議は，総会に出席した全株主の同意を必要とすべきこと（同法§36），⑧臨時総会は，取締役会の判断に基づいて招集されるべきこと，即ち「企業の取締役会は，臨時総会を開催することが適当であると判明すれば，それを招集する権利をもつ」[18]べきこと（同法§37の1），⑨「少数株主の利益を保護するために」[19]定款所定の株式資本金の総額の少なくとも1/10或いはそれより幾分少なめの株式資本金を所有する株主が臨時総会の開催を要求した場合，取締役会は，臨時総会の招集の通達をすべきこと（即ち少数株主は，臨時総会の招集を取締役会に要請する権利を所有すべきこと），このような少数株主が，定時総会における上記の案件の決議の延期を求めその後2ヵ月以内に臨時総会の開催を要請すれば，この決議の延期は，承認されるべきこと（同法§49の2），⑩臨時総会の招集状に記載されていない議事は，審議すべきでないこと（同法§37の3），⑪取締役会が，株主による臨時総会の開催の要請があってから遅くとも14日以内に，定款に別段の規定がない限り，1ヵ月以内に臨時総会の開催の通知を懈怠した場合，或いは所定の方法で定時総会に株主を招集することを懈怠した場合，市当局は，株主の届出によって遅滞なく総会の開催を通達すべきこと（同法§38），⑫取締役会或いは取締役会員または株主が，総会の決議が，正当な方法によらなかったと考える場合，或いは決議が法律・法令・定款の規定などに違反すると考える場合，その決議の日より起算して2ヵ月以内に会社に対して訴を提起してもよいこと（同法§39の1），⑬総会の決議に対する不服申立に関するこの条項は，§16に規定された事項（同法§16：この条項は，会社を募集設立する場合発起人が，会社の設立に関する問題を審査するため会議を開催すべきことを規定）にも適用されるべきこと（同法§39の2），⑭株主総会で議決権を行使できる人は，株式会社の案件に関する審議に参加することを正式に届出した株主であるべきこと（同法§32の1），株主或いはその代理人の私的利害が

会社のそれと抗争する場合，かれらは，その審議事項の議決に参加してはならないこと，したがって取締役会員は，かれらの責任解除の議決・監査役の選挙に参加してはならないこと（同法§32の1），⑮取締役会は，総会の議事録をつけるように配慮すべきこと，この議事録は，株主による審議事項並びに株主の行使しうる議決権の数を記載すべきこと，株主は，定時総会の開催後遅くとも14日後に，この議事録を閲覧可能であるべきこと（同法§32の3），⑯株主総会の決議は，定款に別段の規定なき場合，一株一議決権とすべきこと，議決権の行使は，代理人によっても可能であるべきこと，株主総会の議決は，原則として過半数とすべきこと，賛否両論の決議は，籤引或いは議長の裁可によるべきこと（同法§34），株式会社の事業活動の目的に関する定款の規定の修正決議または優先株の発行に関する決議は，全社員の同意を要すること，またこの決議が，相互に連続した定時総会と臨時総会でなされる場合，その決議は，全株式資本金の少なくとも3/4に相当する株主が出席し，その中の3/4の株主によって賛同されるべきこと（同法§33の1），会社の事業活動目的の変更或いは優先株発行の承認以外の理由による定款変更並びに株式会社の解散理由について§54で明示されている理由（同法§54：この条項は，株主の数が5名以下となった場合，確定済の貸借対照表によって株式資本金が2/3以下になったことが判明した場合，或いは株式資本定款所定の金額よりも減少したことが判明した場合，その後3ヵ月以内に株主の補充或いは株式資本金の補塡がなされなければ，それを理由として会社を解散すべきことを規定）とは別な理由で株式会社を解散するという決議は，全社員の同意を必要とすべきこと，この決議が，2回の定時総会の継続審議事項として処理される場合，その決議が有効となるためには最終的には議決権者の少なくとも2/3の賛同を得るべきこと（同法§39の2），株式会社の財産が破産財団の手に移り，登記の終了後裁判所の決定より起算して1年以内にそれが開始することによって減資手続がとられる場合その決議も，同様な条件を満たすべきこと（同法§26・§33・§56），⑰定款変更に関する決議は，登記をすべきこと，取締役会は，遅滞なくこの決議の届出をなすべきこと，この場合この総会の議事録の

コピー2部が添付されるべきこと（同法§35）などであった。
(2) 取締役会

1895年株式会社法は，意思決定機関としての株主総会に関する諸規定に続いていわゆる業務執行機関としての取締役会について，同法§§40-49の規定を中心にその法律上の地位・選出方法・その任務などを定めた。

1895年株式会社法は，先ず取締役会の法定上の地位について，「株式会社は，取締役会によって代表されるべきである」（同法§40の1）と述べ，「法定上の代理人（ombud）として……会社を代表して原告・被告となるべきである」（同法44の1）と規定し，会社の対外的な代表者たるべきことを規定した。

1895年株式会社法は，それを前提として取締役会については，概略，次のような規定を設けた。即ち①取締役会は，「一人或いは複数の構成員より成り，かれらは，スウェーデンに居住しているスウェーデン人或いはノルウェー人であるべきこと，但し政府の承認によってその構成員は，その1/3まで外国人，或いは外国居住のスウェーデン人或いはノルウェー人でもよいこと」（同法§40の2），②取締役会は，監査役（後述）と並んで，定款の採択の後に，創立総会で選挙によって選出すべきこと（同法§18の3），③取締役会員の任期は，最高限度5ヵ年とすべきこと，但しかれらは，その任期満了以前でも総会の決議によって解任されうるべきこと（同法§40の3），④取締役会員の変更は，遅滞なく登記すべきこと（同法§40の3），取締役会員は，共同して会社のために行動すべきこと，株式会社に関する文書は，株式会社の名を以て署名されるべきこと，その場合当該企業は，会社の商号を指定すべきこと，そのため定款に別段の規定がない限り，「商号署名が法的に効力をもつためには」[20]全ての取締役会員が，連帯して商号署名をすべきこと（同法§42の1-3），⑤取締役会の決議は，定款に別段の規定がない限り，取締役会に出席した議決権者の過半数によるべきこと，但し賛否両論の場合決議は，取締役会の議長の裁定によるべきこと（同法§45の1），⑥取締役会員は，その私的利害が会社のそれと抗争する案件に関する決議には参加してはなら

ないこと（同法§45の2），⑦取締役会がその課題を遂行する場合取締役会は，株主総会が取り決めた諸規則を，それが法律・法令・定款に違反しない限り，遵守すべきこと（同法§46），⑧取締役会は，株主名簿を作成し，その株式の原始取得者の氏名及び所有権の変更を記載すべきこと，この名簿は，株主に閲覧されうるべきこと（同法§47の1），⑨取締役会の取締役会報告書，貸借対照表，監査人の意見表明が定時総会に提出される場合，定時総会は，取締役会に対する責任解除の確認に関する審議をすべきこと（同法§49の1），⑩取締役会は，少数株主（株式資本金の少なくとも1/10を占める株主）が，この計算書類などの決議に対して継続審議事項としてその後2ヵ月以内に臨時総会の開催を要求する場合，その要求を承認すべきこと（同法§49の2），⑪取締役会員は，作成された取締役会報告書或いは貸借対照表に誤謬のあることを知りながら，それらの書類を定時総会に提出し，それらの計算書類が確認されて取締役会の責任解除が確定された場合，その効果が推定しうる限り，取締役会員に対しては，これらの書類が定時総会に提出された日より起算して2ヵ年以内に訴を提することが可能であるべきこと（同法§49の3），⑫取締役会が毎年定時総会に提出する取締役会報告書は，当該事業年度中に事業活動より生じた利益或いは損失を表示すべきこと（同法§48の1），⑬取締役会員がその職責に関して定められた諸規定を遵守することを懈怠した場合事情次第でかれは，5 skr より5百 skr の罰金の支払をすべきこと（同法§77）などを定めた。

(3) 監査役

1895年株式会社法は，株式会社の管理・運営の実態に関する「1885年会社委員会」の認識，即ち株式会社の管理・運営を直接担当する取締役会に対してこれまでなされてきた統制・統括は，株主にとっても債権者にとっても十分ではなかったという認識に従って，監査役の強化を図り，同時に監査役がその任務について重大な誤りを犯した場合この監査役に対する損害賠償責任を明示することを求めた。

同法は，そのため監査役については，概略，次のような内容の規定を設け

た。即ち，①1名或いは複数以上の監査役が，取締役会による会社の管理・運営の状況と会社の計算書類を検査し，監査の場合毎年文書による監査役の意見表明を提出すべきこと（同法§50の1），②監査役の任期は，2ヵ年とすべきこと，但し監査役の在任期間以前でも，株主総会の決議によって監査役を解任することが可能であるべきこと（同法§50の2），③監査役は，取締役会と同様に，会社が通達し法律・法令・定款に違反しない個々の規定を遵守する責任を負うべきこと（同法§50及び§46），④監査役は，恒常的に，会社の全ての帳簿，計算書類，その他の書類を閲覧可能であり，監査役が取締役会による会社の管理・運営に関する情報の提供を要求する場合，取締役会は，これを拒否すべきではないこと（同法§51の1），⑤監査役が，管理について審査する必要がある場合，監査役は，文書でその理由を明示して，取締役会に臨時総会の招集を要請しうるべきこと（同法§51の2），この場合同法§38の規定（同法§38：この条項は，少数株主による特別総会招集の要請の権利を規定）を準用すべきこと（同法§51），⑥監査役が意見表明をする場合誤りと知りつつ不正な情報を提供する場合，監査役が取締役会報告書或いは貸借対照表で示された会社の経営状態に関する情報についてコメントすることを意図的に懈怠する場合，監査役がその課題を遂行するに当たって不注意であった場合，監査役は，そこより生ずる損害に対して連帯責任を負うべきこと，但し監査役に対する訴は，株主総会で監査役の意見表明がなされた日より起算して2ヵ年以内でなければならないこと（同法§52），⑦株主総会で監査役の意見表明がなされた日より起算して2ヵ年以内に破産が生じた場合，破産財団は，同法§52に規定されている訴を提してもよいこと（同法§53）などである。

　1895年株式会社法は，上述のように，取締役会報告書，貸借対照表，監査人の意見表明書の株主総会への提出を規定したが，貸借対照表の具体的な作成に関する規定とりわけ当時諸外国で問題となり結局は失敗に帰してしまったような諸規定の問題（例えば資産の評価原則をめぐる諸規定の問題）に言及することは全くなかった[21]。それは，1910年株式会社法の制定に先送り

されたのであった。

　スゥエーデンの近代的な会計の始祖となったO. Sillénは，1910年の株式会社法が新たに導入した評価規定の解釈問題も含む著作「より新しい貸借対照表評価諸原則」(*Nyare balansvärderingsprinciper*, 1. uppl., 1931, 10. uppl., 1970) を最初は単独で，1958年以後は「ルンド大学」の企業経済学の教授であったN. Västhagenとの共著の形で幾度か改訂した。改訂の理由は，1910年株式会社法の制定以後（より正確にいえば同著の初版以後）のこの国の経済の発展動向であった。近代的な資本主義的工業化過程の遅れたこの国も，第一次世界大戦の開始頃には特化された産業の技術・貿易立国として国際市場で一定の地位を占めるようになっていた。このような産業の担い手たる幾つかの巨大企業は，第一次世界大戦中に政府が採択した巧みな中立政策と参戦諸国の経済的な疲弊を利用しながら，なお一層強力に国際市場への参入を推進することを求めて，コンツェルンの形成・拡大と多国籍化の道に向かった。経済自由主義を標榜した1910年株式会社法は，既にその制定の時点で過去の遺物となりつつあった。この法律は，この国のこうした経済の発展動向に呼応して幾度か部分的な修正・改定を重ねた。O. Sillénがこの著作を幾度も改訂したのも，法改正の結果であった。とはいえコンツェルンの形成・拡大と多国籍化に象徴されるようなこの国の経済の発展動向は，1910年株式会社法の部分的な修正・改定によって補足できるような程度のものではなかった。それが，1910年株式会社法より1944年株式会社法へという潮流を形成していった事情であることは，周知の事実である[22]（その施行は，第二次世界大戦後）。

〈注〉
1) Glader, Mats/Bohman, Håkan/Boter, Håkan/Gabrielsson, Åke, *Företagsformer i teori och tillämpning : En studie med inriktning på mindre och medelstora företag*, Utredning från statens industriverk SIND 1975 : 2, Liber Förlag, Stockholm, 1975, s. 38.
2) *Ibid*., s. 26.

3) *Ibid.*
4) *Ibid.*
5) *Ibid.*, s. 39.
6) *Ibid.*, s. 26.
7) Söderström, Erik (utgiv.), *Gällande lagar om aktiebolag jämte tillhöllande författ-ningar, med förklarande anmärkningar och präjdiskat m.m. samt formulär*, C.E. Fritzes K. Hofbokhandel, Stockholm, 1906, ss. 350-372. なお本文中で引き合いにだした1895年株式会社法各条文は、この著作の上記 ss. 350-372における抄訳による。
8) Glader, Mats/Bohman, Håkan/Boter, Håkan/Gabrielsson, Åke, *op. cit.*, s. 27.
9) *Ibid.*, s. 38.
10) この問題の委細については、Rodhe, Knut, *Aktiebolagsrätt Enligt 1975 års lag om aktiebolag*, 8. uppl. (omarb.), P.A. Norstedt & Söners Förlag, Stockholm, 1976 を参照のこと。
11) Glader, Mats/Bohman, Håkan/Boter, Håkan/Gabrielsson, Åke, *op. cit.*, s. 27.
12) *Ibid.*, s. 38.
13) *Ibid.*, s. 39.
14) *Ibid.*
15) 1944年株式会社法の概要及び本章で直接問題としている準備金制度に関する同法の規定の内容は、この補論の範囲ではないので、立ち入らない。
16) *Ibid.*, s. 27.
17) *Ibid.*
18) *Ibid.*, s. 28.
19) *Ibid.*
20) *Ibid.*
21) *Ibid.*
22) この法典の概要については通読済みのスウェーデン語版の各種の解説書の中でも、Rodhe, Knut, *Aktibolagrätt enligt 1944 års lag om aktiebolag*, 7. uppl., P.A. Norstedt&Söners Förlag, Stockholm 1970 が最も体系的・理論的であるように思われる。

第3節　1910年株式会社法：その骨子と会計諸規定の概要

1．1895年株式会社法の改正要求と「新会社委員会」(1905年設置)の見解

　19世紀末葉より20世紀初頭にかけて、スウェーデンは、産業の非常な拡張期であった。それに呼応してこの1895年株式会社法が施行されて間もなく、既にこの法律の修正を求める要請が、各界より提出された。それらの要請は、

例えば、不健全な株式会社に対して一般株主及び債権者を保護すること、取締役会の株式会社の管理・運用問題に対する株主の統制力の強化とそのための会社機関の整備、少数株主の立場の改善、これらの問題に関連して会計士制度の導入など、極めて重要な問題を含んでいた。政府は、そのため1905年に「新会社委員会」（En ny bolagskommitté）を設置し、この委員会に諸問題の検討を委ねた。委員会は、1908年に新しい法規に関する草案を政府に提出した[1]。

「新会社委員会」は、不健全な株式会社に対して一般株主及び債権者を保護するための最善の措置は、株式会社の設立と増資の手続きを現在よりももっと効果的なものとすれば達成されること、これは、公示制度に関する諸規定（publicitetsbestämmelser）を厳格にすることによって実現可能となる筈であること、取締役会の株式会社に対する管理・運営を株主が統制することは、監査制度の強化によって可能となる筈であると主張した[2]。

「新会社委員会」は、株式会社の設立の場合発起設立による方が、募集設立にるよりも簡便でよいという考え方（それは、当時、この国の実業界に一般に広く普及しているのみならず、制度的にも1895年株式会社法で承認されていた考え方）を、第三者に対する保護規定の強化・改善の一環として斥けた。このような視角より同委員会は、とりわけ発起人が現物出資をする場合にはその背後にある条件を一般大衆に周知させること、また登記は、株式資本金が払込されたことを条件とするべきことを力説した[3]。更に「新会社委員会」は、資本充実原則の内容を旧法通りに大まかな点では基本的に継承するとしても、年次利益の概念を明確化すること、及びこれまでしばしば行われている準備金からの役員賞与の支払という実業界の慣行を禁ずるべきことを説いた[4]。

とはいえ「新会社委員会」は、これらの問題に関連して株式資本金の規模を旧来の最低限度額0.5万skrより引上げする問題や発起人の数の変更の問題には言及しなかった。「新会社委員会」は、株式会社は、その出資者（株主）の数が5名以下になった場合、1895年株式会社法の規定通りに解散する

べきこと，とはいえこのことは，いわゆる「ワン・マン会社」(ensamans-aktiebolag）の成立・存立を否定することにはならないと主張した。事実，当時のスウェーデンの実業界では，自己の所有する株式の僅かに4株をその近親者たちに譲渡することによって株式会社を設立することも，珍しいことではなかった。そのため「新会社委員会」は，このワン・マン会社に関する具体的な取扱いという問題は，先送りした[5]（因みにいえばこのワン・マン会社或いは少数の株主より成る株式会社の運営を阻む可能性は，実務上，存在しないという理由で，この種の会社を株式会社法の規定によって承認するようになるのは，1944年株式会社法の制定まで俟たなければならなかった[6]）。

「新会社委員会」は，少数株主の立場を改善するために，増資の場合旧株主による優先的な新株引受権を承認し，株式配当（fondemission）に対する諸条件を規制することを主張した。1910年株式会社法は，この提案を踏まえて新株引受権，株式配当などに関する規定を導入すると同時に，更に定款に別段の定めがない限り，如何なる株主の議決権も，それが自己の所有する株式のそれであれ或いは他人の所有する株式の議決権の委任によるものであれ，株主総会で議決権のある株式資本の1/5を超える議決権を行使できないこと，総会の開催或いは総会の招集までに議決権者の氏名を明示すべきこと，定款変更のような株式会社の基本的な規則を変更する場合過半数の原則を強化すべきこと，少数株主にも監査役を選出する権利を提供すべきであることなどを規定したのであった[7]。

「新会社委員会」は，株主総会は，意思決定機関であり，取締役会は，執行機関として株主の利害を保護すべきこと，「企業に経済的な利害関係を所有している人々だけが，共同決定権を所有すべきこと」[8]，取締役会は，株主の地位を保護するためには，第三者の利害を擁護する責務を負うとしても，株主の利益の保護という観点から自己の権限を制限されるべきこと，例えば，取締役会が，その職責上の報酬（löneförmån）を自ら決定することは，不適当であること，少数株主が，その報酬の額の是非を裁判所の検査に委ねる

補　章　スウェーデンの戦間期における会計諸規定の動向 | 553

ことのできる権利も承認すべきこと，これによって取締役会委員が不当に多額な報酬を取得する機会が，阻まれる筈であると主張した。「新会社委員会」のこのような主張も，1910年株式会社法において大筋で受け入れられたのであった[9]。

　「新会社委員会」は，少数株主を十分に保護する途は，「少数株主に，取締役会の管理・運営と会社の計算書類を検査する監査役を公的機関によって選出する機会を提供すること」[10]であると考えた。同委員会は，このような考え方の下に，先ず監査役の選出問題は，1895年株式会社法の規定を踏襲し，監査役は，株主総会によって選出すべきこと，但し定款に別段の定めがあれば，1名或いは複数以上の監査役は，別様に選出してもよいこと，監査役に対する唯一の条件は，かれが会社のお抱え従業員であってはならないことを強調した。同委員会は，概して「監査役は，容易に大多数の株主に対して従属的な関係・立場におかれる」[11]こと，また選任された監査役も，場合によっては監査に関する十分な知識も欠如しているという当時のスウェーデンの現実を想起して，監査役が，「法律上正式に承認された職業的会計士」であるべきか否かを検討した。この立場から同委員会は，監査役の地位を強化する目的で，監査役の資格をより明確に明示する諸規定を導入するべきことを力説した。更に同委員会は，株主総会が，監査役に対して諸規則を課しても，実業界は，監査役がそれらの諸規則に拘束されないことを場合によっては承認しているという現実を考慮して，監査役は，株主総会が監査役の法定上の任務を制限するような諸規則を課しても，遵守する必要はないと主張した。この考え方も，1910年株式会社法に継承されて，同法は，それを明定すると共に，監査役に対して，事情によっては，総会の招集権を附与することを承認したのであった[12]（因みにいえばスウェーデンで公認会計士監査制度が，株式会社法上明認されたのは，1910年株式会社法よりもっと後の1944年株式会社法の下であった[13]）。

　「新会社委員会」は，貸借対照表の作成は，利益分配の基礎であること，株式会社の債権者の立場を考慮すれば，この場合最も重要な問題は，株式会

社の資産が過大評価されることを阻止するべきこと，この点から資産の帳簿価額は，実際の価額よりも高い価額で記載すべきでないこと，これに対して資産の帳簿価額が，実際の価額よりも低い場合には，その取得または製造の場合に要した価額で記載すべきこと，また或る種の産業分野では景気変動を考慮して意識的に資産の過小評価をすることが，実務上慣行として行われているという事実に照らして，資産の過小評価を禁止する法規定を導入することが果して適切かどうかという問題も検討すべきことを説いた。1910年株式会社法は，同委員会のこのような討議の結果を踏まえて，一連の資産評価に関する諸規定を導入し，同時にまた，総会で確定された貸借対照表を登記所に提出することを通じて公示制度を強化することが準則主義の徹底に伴う株主及び債権者の利益の擁護のために必要であることを説いた[14]（因みにいえばスウェーデンで貸借対照表と損益計算書のシェマーとその計算原則が明示されたのは，1944年の株式会社法であった[15]）。

2．1910年株式会社法の構成

1910年株式会社法は，既述のように，全社員の有限責任制と準則主義を制度的に承認した1895年株式会社法の近代化を図った法律であり，その制定以来，1944年株式会社法の制定まで幾度か部分的な改定を重ねてきた。本節では，文献入手の都合で，概して同法の1925年版（1916年・1922年・1924年改定を含む）を手掛かりとして1910年株式会社法の輪郭を概観しよう。

既述の1895年株式会社法が，81ヵ条の条文を個別的に列挙したのに対して，1910年株式会社法は，141ヵ条の条文を一定の表題に従って編成して提示した[16]。即ち「緒論」（§§1-3）・「株式会社の設立」（§§4-25）・「株券及び株主名簿」（§§26-28）・「株式資本の払込とその増資及び減資」（§§29-51）・「株式に対する自由な支配処分権の制限」（§52）・「準備金と利益分配及び貸借対照表」（§§53-56）・「取締役会と商号署名」（§§57-71）・「監査」（§§72-75）・「総会」（§§76-86）・「取締役会・発起人・監査役に対する訴」（§§87-90）・「定款変更など」（§§91-94）・「総会の決議に対する異議申立」（§§

補　章　スウェーデンの戦間期における会計諸規定の動向 | 555

95-96)・「清算と解散」（§§97-119)・「登記」（§§120-131)・「罰則規定」（§§132-134)・「特別規定」（§§135-141)。1910年株式会社法は，以後，時代の要請に応じて幾度か部分的な修正を重ねつつ，1944年株式会社法の改正までその内容を拡大していった。戦後状況を見据えて改定された1944年株式会社法は，そこに新しい諸規定を盛り込みながらも，1910年株式会社法の構成を基本的には継承した[17]。

　1910年株式会社法は，株式会社法に従って設立される組織体としてのbolag<small>ブーラーグ</small>即ち株式会社の特徴は，第一に，資本を一定数の株式に分割し，株式の所有者たる株主は，自己が引き受けた株式の引受価額を限度とする出資義務を負うのみで，会社債権者に対しては如何なる債務弁済責任もなく（同法§1の1)，しかも出資者が，株式の引受・払込によって出資義務を遂行する限り，かれは，如何なる追徴・増徴の義務も負わないこと（同法§48の1)，第二に，株式会社は，特許－登記所（Patent-och Registreringsverket) への設立登記により，権利を獲得し義務を負い，裁判所などその他の諸機関の面前で権利と義務の主体となりうること即ち法人（juridisk person) として法人格を取得すること（同法§22の1)，第三に，定款に会社の内部的な組織とその運営に関するより詳細な諸規定を設けること（同法§5・§6・§17の1) をあげた。これらは，何れも今日いうところの全社員の有限責任制・設立に関する準則主義（及び準則主義と合体している公示制度の推進)・会社内部の自治規範に関する会社機関の問題である。

　第1節及び第2節で，1910年株式会社法前史として，全社員の有限責任制と設立に関する準則主義の法定問題に言及しているので，本節では論点を概して会社内部の自治規範に関する会社機関の問題とそれを前提とした会計諸規定の問題に絞ってもよいであろう[18]。とはいえここではさしあたり，全社員の有限責任制と設立に関する準則主義の法定問題に関連して，1910年株式会社法における資本（株式）に関する諸規定の中でも幾つかの基本的なものを概観し，その概要を確認することから出発したいと思う。その理由は，会社内部の自治規範に関する会社機関の問題もそれを前提とした会計諸規定

の問題も，資本（株式）の制度に関する諸規定を前提としているからである。

3. 資本（株式）の制度：概観
(1) 株主名簿の法的機能の重視

1910年株式会社法は，「取締役会は，株式会社の全ての株式を遅滞なく株主名簿（aktiebok）に記載すべきである」（同法§28の1）と述べ，株主名簿とは，共同出資者（delägare）として，会社の設立の場合はもとより増資における新株発行の場合も含めて，株式の申込・引受をした株主の氏名・持株数・その他を登録した名簿であることを言明した。同法は，株主名簿への記載は，株式の譲受・相続及び合併などの包括的承継・競落・贈与の場合（同法§28の4），或いは株式は分割不可能なため株式を共同所有する場合共同所有権者の全氏名を株主名簿に記載し投票権の行使を共同の代理人に附与する場合（同法§3の3），その他の諸問題を決定する場合（例えば§52の4：この条項は，株式の償還及び買取請求権の問題を決定する場合株主たるべき者について規定）など，会社との関係で株主たるべき者を確定することは，株式資本金の確定のため不可欠であるとして，株主名簿が果す法的機能を重視した。

(2) 株式会社の自己資本の構成

1910年株式会社法は，株式会社の自己資本は，株式資本金（aktiekapital），準備金（reservefond）及び利益（vinst）より成ること，株式資本金の額は，定款に明示すべきこと（同法§5の1），株式資本金の最低限度額は，0.5万skrを下回ってはならないこと（同法§2の1），但し株式資本金が，定款変更の手続きを踏まずに，この最低限度額を下回るか或いは上回る場合，その限りではないこと（同法§2の2），株式は，1株，50skrとすべきこと，但し株式資本金の最低限度額が，5万skrを上回ることがない限り，1株，最低限10skrとしてもよいこと（同法§3の1），株式の割引発行は禁止すべきこと（同法§3の2），株式は化体され，有価証券としての株券となり，株券は流通すべきこと（同法§3の3），株式資本金は，所定の手続きによって

増資（同法§§48-64）或いは減資（同法§§65-69）すべきこと[19]，後述のように，準備金は，一定の前提の下に，会社の財政状態の強化を目的として設定すべきこと（同法§§53-56）[20]，利益は，任意積立金（dispositonsfond）並びに繰越利益及びその他の項目より構成されるべきこと（同法§53の1-3）[21]などを規定していた。

(3) 株式資本の払込・増資・減資：概観

発起人による定款の作成とその署名は，株式会社を設立するための最初の手続きである。1910年株式会社法は，株式会社の設立の場合発起人（stiftare）は，スウェーデンに居住するスウェーデン国民たるべきこと及びその数5名とすべきこと（同法§4），発起人は定款を作成し，自筆証明付きの署名をすべきこと（同法§5の1-3）を規定した。同法は，この定款の記載事項として，①会社の事業活動の目的，②株式資本金の額，或いは株式資本金の額が，定款変更の手続きを踏まずに最低限度額を下回るか或いは上回ってもよい場合，その資本金の最低限度額及び最高限度額，③株式が表示するべき金額，④会社の取締役会の所在地（国内），⑤取締役会の構成の仕方及びその意思決定の方法，⑥株主総会の招集方法・その他の通達事項を株主に告知する方法並びに株主総会の招集のため所定の招集手続をとるべき時期（同法§5の1-6），その他（同法§§6-7）をあげた。定款の記載事項の中でも同法§§6-7によるそれは，主として発起人の権利に関する問題及び株式発行に関する問題を中心としていた。即ち前者の問題は，発起人が受けるべき特別利益（利益配当の優先権・新株引受の優先権・会社設備の特権的な利用権），発起人による現物出資，発起人による財産引受権，発起人が受けるべき報酬の額などに関する規定，後者の問題は，株式の種類とその数特に優先株式及び償還株式の発行に関する規定であった。

1910年株式会社法は，発起人は，その作成した定款を一般新聞及び地方新聞（当該会社の取締役会の所在地で発行される地方新聞）に公示すべきこと，並びに株式の発行がプレミアム付き発行による場合，払込価額を公示すべきこと（同法§8の1-2），定款のコピー2部及び定款などの公告を掲載して

いる新聞のコピー1部を管轄官庁（会社の取締役会がストックホルムに所在している場合はその知事，それが地方所在の場合は当該県の管轄官庁）に提出すべきこと，管轄官庁は，定款のコピー2部のうち，その1部を，当該会社の設立に関する情報の入手を望む人々の閲覧に供するため保存すべきこと，他の1部を，管轄官庁による認証印を付し，発起人に返却すべきこと，併せて定款の作成が，株式会社法上の諸規定を遵守しない場合・株式会社法上の諸規定に違反する条項を含む場合，同法§8に規定されている事項に違反する内容を含む場合，この定款の作成は無効（同法§9）となることを規定した。

株式会社の設立は，定款の作成及び株式の発行に関する事項の決定を基礎として，株式の引受その他の手続きを必要とする。この場合発起人が株式総数を引き受ける発起設立と発起人がその一部を引き受け，残余の株式を発起人以外の出資者にこれを求める募集設立がある。1910年株式会社法が重視した設立手続は，募集設立であった。同法は，「株式の申込は，［発起人が作成した］株式申込証（teckningslista）で行われるべきである」（同法§10の1）と述べ，株式の申込は，発起人の作成する株式申込証という正式な法定文書によるべきことを規定した。一般に株式申込証は，会社組織の大綱に係わる法定事項を記載し，株式申込証による株式の申込は，設立登記と連動して，株式会社の対社会的な株式資本調達の意思表明であり，資本の結合様式の一形態としての株式会社の設立という経済的な意義を表象する。1910年株式会社法は，このような株式申込証の意義を踏まえて，株式申込証は，同法§9の規定の内容を含むことを条件に，その記載事項として①株式申込人が，その申込に基づいて払込責任を果すべき方法，②定款の公示以後1年以内に開催すべき創立総会（konstituerande stämma）の時期，③プレミアム付き株式を発行する場合その発行価額，④定款に株式資本金の最低-及び最高限度額（minimi-och maximikapital）が明示されているが，申込されるべき株式資本がその最高限度額を超えない場合，その金額の大きさ（同法§10の2），⑤発起人は，最低1株の株式引受をすべきこと，募集設立の場合発起人が引

き受けた株式の総数及び株式の申込が募集株式の総数を上回る場合，株式申込人への株式割当の根拠に関する情報（同法§10の3）などを列挙し，併せて株式申込の有効性の有無（同法§§11-13）に言及した。

　創立総会は，株式引受人をもって構成される設立中の会社の決議機関であるが，1910年株式会社法は，「発起人は，定時総会（ordinarie bolagsstämma）の招集の場合に適用される手続きに従って創立総会の開催を通知する」（§14の1）と述べ，その招集手続の概要を示した。

　「発起人は，この創立総会で，同法§9の規定の内容を含む定款，株式申込証，基本定款が§7（同法§7：この条項は，発起人による現物出資及び発起人の受けるべき特別利益を規定）で言及した規定を含む場合これに関連して作成される書類，会社にとって重要な諸事情を明示した発起人による署名付きの報告書を提出」（同法§14の2）しなければならない。発起人は，「この創立総会で，株式資本金が定款に従って最低限度投資されるべき金額を充足していることが株式申込証を通じて確認されたならば，……株式申込金額が，募集の最高限度額を上回る場合，株式申込人に株式の割当を行い，募集の最高限度額を上回る申込は，無効であることを宣言すべきである」（§15の1）。創立総会は，会社の設立に関する諸問題を議題としうるが，主たる法定事項は，第一に，取締役会及び監査役を選任すること（同法§16の1），第二に，選任された取締役会及び監査役が，法定事項及び書類を調査し，創立総会で報告することであった（同法§24）。同法は，第一の法定事項に関して取締役の任期は，5年以内（同法§57の5），監査役の任期は，2年以内とすること（§72の3），創立総会でかれらを選任できなかった場合，取締役会は，少なくとも1ヵ月後に定時総会の場合適用される手続きに従って特別総会（särskild stämma）の開催の通知をすべきこと，及び取締役会がそれを懈怠した場合，関係官庁は，その会社の取締役会が所在する地域で，株主の申請によって特別総会を招集すべきこと（同法§16の2），第二の法定事項に関して株主が，創立総会で取締役会及び監査役の報告を聴いて，変態設立に関する事項を不当としたときは，これを変更できることを規定した（同法§24の1）。

その目的は，変態設立に関して現物出資及び財産引受が，それらの財産の過大評価によって資本充実原則に違反し，それによって他の社員・債権者の利益を損なう危険を事前に阻むことであった。同法は，前述のように，これと同種の危険（例えば，発起人の報酬と特別利益及び会社の負担に帰せられる設立費用などの問題）についても言及した。

　1910年株式会社法は，「株式会社は，登記前には権利を取得し義務を負うことはできない」（同法§22）と述べ，株式会社というbolag（ブウーラーグ）は，登記によってのみ権利・義務の主体として法人格を取得することを言明した。登記は，一般に一定の事項を広く社会に公示するために公開された公簿に記載することである。登記制度は，取引関係に入る第三者に対してその権利の内容を明らかにし，不測の損害を阻むことを目的とする制度であり，取引の安全性を保護する上で重要な機能を果す。商業登記・法人登記など権利主体の登記は，このような制度の一つである。1910年株式会社法は，株式会社における登記の一般的な諸手続きについて総体的に§§120-131に規定しているが，その中でもこの登記制度と商号署名について商号登記は，他の登記事項と同様に「文書で行われるべきこと」（同法§121の1），各種の登記文書は商号署名を必要とし，商号署名が登記手続の一環として極めて重要であることを強調した。同法は，これに関連して商号署名権者の選出につき，「原則として商号署名権は，……定款に別段の規定を設けるか或いは総会で選出してもよい」（同法§60の1）ことを明示した。商号は，商人が営業活動を営む上で自己を表示するために使用する名称であり，各種文書が会社を代表して発行されていることを表明する。商号署名権者は，自己或いは自己の代理人を通じて裁判所及び当局の面前において会社を代表することができ，同時に第三者との関係でも会社を代表して商行為をすることができる（同法§58）。

　1910年株式会社法は，このような商号署名を含む登記手続の一つとして株式会社の設立登記の手続きについて，概略，次のように規定した。

　株式会社は，特許-登記所への設立登記前には，権利・義務の主体となり，或いは裁判で原告・被告となることができない（同法§22の1）。設立登記は，

取締役会が行う（同法§23の1）。設立登記の前提は，①創立総会での定款の採択，②創立総会での取締役会及び監査役の選任，③申込・引受された株式資本金が，定款所定の最低限度額を充足していること，④投資家が，株式資本金のこの最低限度額の少なくとも1/2を，定款の規定によって現金またはその他の形態で払込をしていること（同法§21）などである。取締役会による設立登記の場合明示すべき事項は，①発起人と取締役会員（及び取締役会が選任する代理人）の氏名，②国籍，③住所（同法§23の1）など，またこの登記に添付すべき書類は，①定款及び§14の2で明示されている書類（例えば株主名簿など），②創立総会の議事録で公証人或いは取締役会員による署名付きの確認されたコピーなど，③定款につき公証人或いは取締役会員による署名付きの確認されたコピー，④取締役会員による自筆証明のある署名付きの書類で，株式の申込数・株式の割当数・株式資本金の払込額・この払込額が定款に準拠して貨幣或いは現物形態で遂行されたことを示す証明書（同法§23の4），⑤その他の事項に関してこの法律が§3・§57・§63で規定する政府認可の証明書である（§3・§57・§63：これらの条項でいう政府認可の証明書は，概して株式会社の経営陣として外国の市民及び外国に居住するスウェーデン人が関与する場合，必要とする政府認可の証明書である[22]）。

1910年株式会社法が，これらの登記事項に関連して重視した問題は，発起人が，現物出資について法外な過大評価をなし，不当に多額な特別利益を享受し，創立総会で財産或いは利益につき不正確な情報を提供する場合，発起人に，連帯して会社に対する損害賠償責任を求め（同法§24），上記のように財産の過大評価による資本充実原則に違反することを禁じ，併せて意図的な会社の乱立・詐欺を阻むことであった。

1910年株式会社法は，「株式会社の設立後遅くとも2年以内に株式に対する全額払込がなされるべきである」（同法§29）と述べ，法定期間内での株式資本金の払込を規定した。同法は，§§30-32で，その委細は省略するが，この法定期間内に株式資本金の払込を懈怠した場合適用される法定上の処理手続について言及した後，「株式払込の所定の期間終了後遅くとも6ヵ月以内

に，株式資本金全額の払込の届出を……登記所に報告するべきこと」（同法§33の1），「上記の所定の期間内に定款の規定に基づいて，最低資本金額に相当する株式に対する全額払込が正規になされることがない場合，登記所は，会社の取締役会に対して，遅滞なく全額払込の届出をすることを要請した文書を交付するが，この文書の交付以後1ヵ月以内に，［取締役会が］全額払込が完了した旨の正規の届出をしない場合，この会社は，清算に入らなければならない」（同法§33の2）として，株式会社の信用の基礎としての申込・引受済の株式資本金の全額払込を規定し，資本充実原則の貫徹による会社の資本的基盤の健全化と強化を求めた。

　1910年株式会社法は，資本増加の方法として新株の申込・引受による増資と利益の株式資本金への組入れによる増資をあげた。

　同法は，「上記に言及されている増資の決議（＝新株の申込による増資の決議）は，総会によってのみ行われる」（§35の2）と述べ，増資の問題は，原則として株主総会の決議事項であることを明記した。いわゆる授権資本制度をとらない場合新株の発行は，資本増加に関する定款変更の手続きを不可欠とし，株主総会の特別決議を必要とする。同法は，新株発行の決議が株主総会の特別決議たることを法文上明示していないが，上記の条文にいう総会の決議は，特別決議であることを含意する。同法は，「新株の申込による株式資本金の増加は，その決議の場合に株式資本金が表象している金額の全額払込とその登記が済むまでは，行われてはならない」（同法§35の2）と述べ，株式申込による引受済株式資本の全額払込を条件とすることを規定した。同法は，続いて増資の決議の場合明示するべき事項として，①増資額，②新株申込・引受の優先権（＝新株引受権）とこの権利を行使しうる期間，③株式に対して払込するべき金額，④株式割当の根拠，その他を規定し（同法§36の1），更に現物出資の場合，取締役会は，現物出資に関する文書及びこの現物出資が会社にとって重視される諸事情を明示する報告書を提出すべきことを規定した（同法§37の1‐2）。

　1910年株式会社法は，これらの諸規定によって増資手続の場合にも資本

（株式）の制度の基軸である資本充実原則を貫くことを指向した。因みにいえば，1910年株式会社法は，「取締役会は，§§35-45及び§95の規定に抵触することがなければ，株主総会の承認を前提として，株式資本の増資に関する決議をしてもよく，……この場合にはその旨を登記所に届出するべきである」（§46）と述べ，増資の決議権の基本原則（＝株主総会による決議）の例外として，取締役会による増資決議を承認した。法は，その常套手段として原則規定よりも例外規定を，現実問題としては傾向的により一般化し，支配的原則とするようになるが，ここではその委細に立ち入らない。

1910年株式会社法は，「株式資本の増資に関する総会の決議は，それが定款の変更を含むか否かに拘らず，取締役会によって，登記所に届出すべきである」（同法§38の1）と述べ，増資決議の有効性もまた，登記によることを明定した。同法は，続いて増資に関する決議は，一般の新聞あるいは取締役会の所在地の地方新聞に公示すべきこと（同法§41），株式資本金の増資決議が行われてから遅くとも1年以内に，全額払込をすべきこと（同法§44の1），払込の懈怠は，§30（同法§30：この条項は，株式会社の設立に際して要請される株式資本金の払込の懈怠に対する処理を規定）及び§31（同法§31：この条項は，株式会社の設立に際して要請される株式資本金の払込の懈怠により株式権が喪失し会社財産が破産財団に移された場合，株式申込人が負うべき義務を規定）の規定を準用すべきこと（同法§44の2），新株払込の所定の期間が経過した後に遅くとも6ヵ月以内に，取締役会は，全額払込済の増資額を，所定の書類と共に，登記所に届出をすべきこと（同法§45），上記のように取締役会が，例外的に増資の決議権を所有する場合でも，新株に対する全額払込は，総会が取締役会の決議を承認してから遅くとも1年以内に行われるべきこと（同法§46の2），それに先立って登記所への届出をすべきことなどを規定した（同法§45の1）。

1910年株式会社法は，「株式資本金の増加はまた，……節約された利潤部分を株式資本金に振替えることによっても可能であり，……この場合§35の規定（同法§35：この条項は，総会の決議に基づく新株発行による増資を規定）

を準用する」（同法§47の1）と述べ，利益の資本化を明示した。一般に，利益処分に関する株主総会の決議によって配当されるべき利益の全部或いは一部を資本組入することは，その金額だけ会社の資本の増加となり，同時に会社の有する資金が利益配当として流出することを阻み，内部蓄積する手段となっている。利益の資本組入は，利益処分の一方法として利益処分に関する株主総会の決議を必要とし，原理的には株主の利益に関係する問題であり，定款或いは取締役会の決議事項ではない。当時，この国の法曹界も実業界も，利益処分に関する株主総会の決議も新株発行による増資の決議も峻別することなく，利益の資本組入の場合には新株の発行の必要性がないことを説いたに過ぎない。

1910年株式会社法は，取締役会は，この増資に関する決議も§41の1（同法§41の1：この条項は，取締役会が株式資本の増資に関する決議を一般新聞或いは取締役会の所在地の地方新聞に公示するべきことを規定）が規定する方法で公示すべきこと，公示の場合，旧株式資本金の規模も明示すべきこと（同法§41の2），取締役会は，利益の資本化による増資の決議も，所定の書類を添付して登記すべきこと（同法§47の4）などを規定した。その上で同法は，「株式について全額払込がなされた場合，株主は，更なる追加投資をする義務はない」（同法§48）と述べ，ここでも有限責任の原則を遵守すべきことを確認した。

一般に株式会社の「資本は損益計算の基準をなし，会社債権者に対する担保として会社に留保すべき純資産額を示し，会社信用の基礎をなす」[23]ために，安易にそれを減少してはならない。とはいえ株式会社がその事業活動の遂行のために当初に予定したよりも多額な資本を必要とはせず資本規模が過剰であることが判明した場合，或いはその事業活動が多大な損失を計上し欠損状態となったことが判明した場合，株式会社法は，株主及び債権者の利益を保護する名目で厳格な手続きによる減資を承認している。

1910年株式会社法は，「§49の規定（同法§49：この条項は，償還株式による減資を規定）による減資の場合を除いて，株式資本金の減資に関する決議は，

総会の決議によってのみ可能である」(同法§50の1)と述べ，この場合，減資の規模・目的・方法を明示し，取締役会は，この減資の決議を遅滞なく，それに関連した書類と共に登記所に届出をすべきことを規定した（同法§50の1）。

1910年株式会社法は，§§49-51で減資の手続きに関する諸規定を設けているが，株式会社が減資をする目的には必ずしも明確に言及していない。それでも§§49-51の条文を熟読することから判明することは，償還株式の償却と損失処理に力点をおいていることである。

1910年株式会社法は，「会社の定款が，株式資本金の最低-及び最高限度額に関する規定を含む場合，……所定の根拠に基づいて一定の株式の償還によって株式資本金を減額してもよい，但し最低資本金以下の場合は，この限りではない」(同法§49の1) と述べ，株式償還による減資を明定した。株式償還 (inlösen av aktie) は，事前に利益による株式償却を予定して発行される株式の種類であり，通常，優先株として発行される。優先株は，会社にとって固定的な負担を伴うため，好況期にこれを償還して固定的な負担を除くことなど，概して金融操作に融通性をもたせる[24]。同法は，「償還株式による減資の場合，取締役会は遅滞なく，登記による届出をすべきこと」(同法§49の2) と述べ，総会の決議を必要としないことを明記した。

減資は，会社債権者の担保の減少を随伴する。そのため会社債権者の保護を図ることが必要である。1910年株式会社法は，減資が，準備金の取崩を含む場合，減資に関する決議は，「地方裁判所の認可なしに実施してはならないこと，……この認可の申請は，決議が登記されたという証拠及び［名前の］分かっている全債権者名簿を提出すること，裁判所は，未知の債権者に対して文書で裁判所にそれらの債権を届出する旨の催告をすべきこと，……裁判所に名簿が記載されているか或いは裁判所に届出した債権者は，届出した債権につき完全に支払がなされていること，或いは株式資本金の減資に同意していること，或いは裁判所によって承認された担保がかれらの債権に対応して設定されていたことが確認されるならば，この申請は，承認されなけ

ればならない」（同法§50の２）として，減資の場合債権者保護の手続きを踏むべきことを要請した。そして同法は，「§50（同法§50：この条項は，総体として，株式の償還による減資に関する決議について規定）による株式資本金の減資に関する決議について必ずしも全株主が同意しない場合，相次ぐ２回の総会（１回は定時総会，２回は臨時総会）で，少なくとも投票者の2/3の人々による賛同を得なければ有効ではない」（§93の１）こと，また「権利の異なる株式が存在［し］，それらの株式について同一の金額で減資し，準備金がそれに充当されるという決議をする場合，投票に参加したそのような株式所有者の全員の賛同或いはその3/4の賛同がなければ有効ではない」（§93の１）こと，その他を規定した。何れにせよ，1910年株式会社法における減資手続きに関する諸規定は，かなり詳細であるが，それは，「資本減少が直接又は間接に会社債権者の利益を害する虞れある」[25]ために，その保護の途を拓いておくことに立法政策的な意図があったと思われる。

(4) 株式会社の清算と解散：概観

1910株式会社法は，「§33（同法§33：この条項は，会社の設立の場合所定期間内に株式の全額払込とその登記義務の懈怠を規定）に規定されている場合の他に，会社は次のような場合清算に入らなければならない」（同法§97）と述べ，第一に，株式資本金が，定款に規定されている額の2/3或いはそれ以下まで喪失した場合，第二に，株主数が５名以下となり３ヵ月以内にその充足ができない場合，第三に，定款所定の会社の事業活動に関する期間が終了した場合，第四に，定款の規定に従い会社がその事業活動を停止しなければならない事情が発生した場合を列挙した。取締役会は，決算の結果とりわけ上記の第一の事例が発生していることが判明した場合，遅滞なく総会で報告すべきこと（同法§98の１），損失の計算の場合資産は，その「実際の価額」で評価すべきこと，恒常的な利用を目的とした資産は，原価マイナス減価で評価してよいこと（同法§98の３）を規定し，清算と解散に伴う第三者への債務弁済と株主の残余財産持分権の問題に注意を喚起した。

一般に「清算手続は現務の結了，債権の取立，債務の弁済，残余財産の分

配を以て完了」[26]する。清算の場合，通常，清算貸借対照表を作成する。その作成目的は，①債務超過の原因の有無についての調査，債務超過の疑義の確認，社員が出資した会社財産による会社債務の完済不足の事実の確認，②社員または会社債権者に清算会社の解散当時及びその後の財産状態を知悉せしめることにある[27]。即ち清算貸借対照表は，債務の弁済及び財産分配の基礎である。そのため清算貸借対照表は，財産の換価を予定しており，その計上項目の種類（実体的な積極財産及び負債並びに前者の後者を超える差額）と資産評価の原則が問題となる。1910年株式会社法は，このような清算貸借対照表の作成を要請することはなかったが，それでも資産評価の原則として流動資産については売却価値，固定資産については原価マイナス減価によるという評価二元論を提示した。この場合，清算手続の趣旨からみれば，資産は全て換価性あるものとして売却価値を前提とすべきであろう。とはいえ現実問題として清算状態の場合設備資産は存在しなくなるので，この評価二元論は，売却価値による評価の結果と実質的には乖離しないであろう。同法が，何故このような評価二元論を提示したか，その理由は定かではないが，推測が許されるとすれば，法源としての当時の先進欧米諸国における評価学説の影響ではないかと思われる。

　1910年株式会社法は，取締役会は，上記の第一・第二・第三・第四の事由による清算手続を懈怠した場合，かれの債務及び会社に対して発生した債務に責任を負うべきこと（同法§98の4），登記所に届出する資格のある取締役会が存在しない場合，株主及び債権者などは，裁判所に清算開始の時期に関する審査の申請をなし，裁判所は，清算開始の時期の少なくとも3ヵ月前に一般の新聞或いは会社の取締役会の所在地する地方新聞に公告すべきこと（同法§99の1）を規定した。

　1910年株式会社法は，「総会が§93の2に従って会社が清算に入るべきことを決議した場合，或いは§37（同法§37：この条項は，株式資本金の増資に関する決議の場合明示すべき事項を規定）或いは§97（同法§97：この条項は，株式会社が清算手続をとるべき場合を規定，但し株式会社の設立の場合株式資本金の

所定金額の払込が不履行となった場合を除く）に規定されている理由で清算を遂行すべきであることを決議した場合，総会は一人或いは複数以上の清算人を……選出すべきこと」（同法§100），また清算手続が，株主の申請によって裁判所の手に委ねられる場合「裁判所が，……一人或いは複数以上の清算人（管財人）を選出し，会社の財産をその保護の下におき，監督させることが可能である」（同法§99の1）と述べ，清算が，債権者及び株主の利益に与える影響に鑑み，清算人の選出を要請した。同法は，清算人が踏むべき手続きに言及し，①清算人は，清算に際して遅滞なく会社が清算に入ったことを届出るべきこと（同法§105の1），②取締役会は，清算人が選出された場合，遅滞なく，会社の管理に関する報告書を総会に提出すべきこと（同法§106の1），③清算人は，取締役会のこの報告書を監査役に引き渡すべきこと，監査役は，この報告書を監査し，その結果を4週間以内に監査報告書として清算人に提示すべきこと，清算人は，取締役会報告書及び監査報告書を，遅滞なく総会に提出すべきこと（同法§106の2）などを規定した。同法は，これらの手続きの結果として，「総会では，これらの報告書が関係する期間中の取締役会に対する責任解除の確認の問題（frågan om beviljande av ansvarsfrihet åt styrelse）を審議すべきである」（同法§106の2）と述べ，取締役会の会計責任の設定と解除の問題に言及した。

1910年株式会社法はまた，「裁判所は，全株式資本金の少なくとも1/10の株式資本金を占める株主の要請で，利害関係のない裁定人に，清算人の業務管理を監督することを命ずることができる」（同法§107の1）と述べ，清算の場合にも少数株主の保護に配慮した。清算人に対する監督者としての裁定人は，「清算人は，裁定人に，かれが……何時でも会社の現金及びその他の資産を棚卸し，会社の全ての帳簿・計算書類・及びその他の書類を検査しうる機会を提供しなければならない。この裁定人は，状況により必要な場合は何時でも，株主総会を招集し，総会で意見を述べることができる」（同法§107の2）と規定しているように，裁判所の管轄の下で，その雇用と解雇，会社からの正当な報酬を受ける権利（同法§107の5），「裁定人が選出された

場合，会社の財産は，裁定人の同意なしに売却することはできないこと」（同法§108の4）など，いわば第三者的機関として，清算人の恣意性を抑制し，少数株主の権利及び債権者を保護する役割を強調した。このような裁定人制度は，その背後に取締役会或いは総会の名による清算人の専横が潜在していたことを示唆するであろう。同法は，「清算人は，当該会計年度が終了して2年以内に当該年度の管理に関する報告書を作成し，株主の閲覧に供すべきこと」（同法§109の1），「年次総会で指定された期日が経過し，全ての判明している負債が，支払済みとなった後に，会社の資産は配分されるべきこと」（同法§112の1），「清算人が，その業務の遂行に際して明らかに嫌悪感を示すか或いは懈怠すれば，裁定人は，裁判所にその状態を届出すべきこと，裁判所は，清算人に聴聞した後にかれを辞職させ，他の人を選任できること」（同法§113）など，これらの規定は，全てこの点に係わるものと見做してよいであろう。

　1910年株式会社法は，このような清算手続を踏むことによって，「株主は，会社が留保している資産から，全株式資本金との関係でかれに帰属するものを受領する権利がある」（同法§114の1）と規定し，株主の残余財産請求権を明認した。

4．会社の機関

　1910年株式会社法は，名目的にせよ三権分立の思考に擬えて，会社の内部機関として，株主総会・取締役会・監査役に関する規定を設け，その法的地位を明確化した。

　(1) 株主総会

　1910年株式会社法は，「株主は，会社の問題の処理に参加する権利を所有し，その権利は，総会で行使される」（同法§76）と述べ，株主名簿にその氏名などが記載されている記名株券の保有者，無記名株券の所有者（innehavare）は，有価証券としての株式の提示或いは株式に対する所有権を立証することによって，投票権の行使が可能であることを規定した（同法§76）。投票

権は，原則として一株一議決権とする（同法§79の2）。不在株主の投票権は，代理人によって行使してもよい（同法§79の3）[28]。

1910年株式会社法は，総会には定時総会と特別総会があるが，定時総会は，各会計年度の終了後8ヵ月以内に開催すべきこと（同法§82），特別総会の開催は，別段の規定によるべきことを指示し，総会の招集権者は，原則として取締役会であり，総会の開催地は，定款に別段の規定がない場合，取締役会が所在する地域で，定款の規定する方法に従い，所定の期間内に開催すべきこと（同法§80の1）を明示した。

株式会社の株主総会に関する問題で最も重要な問題は，たとえ形式的とはいえ意思決定機関としての株主総会の意義に鑑み，議決権の行使問題であろう。1910年株式会社法が議決権の行使について最も直截に言及しているのは，「総会」（同法§§76-85）に関する諸規定の中でも§79の規定であった。その主たる内容は，①株主総会で議決権を所有する株主は，株式の払込が完了した株式たることを明記することによって資本充実原則を遵守すべきことを強調したこと（但しその内容は，旧法のそれと格段の相違があったわけではなく，大まかな点では旧法をそのまま踏襲しながら，年次利益概念の明確化を指向したこと）[29]，②それを前提に投票権は一株一議決権とし（同法§79の2），不在株主の投票権は，代理人が行使しうること（同法§79の3）を明定し，それによっていわゆる「経済民主主義」の原理を確認したこと，③更にそれを前提に，定款に別段の規定がない場合，「如何なる株主も，……総会で議決権のある株式資本金の1/5を超える投票権を行使できない」（§79の4）と規定することによって，少数株主保護の強化・改善を図ったことであった[30]。少数株主保護の強化・改善への指向は，既述のように，株式会社の清算・解散手続における裁判所の任命による清算人に対する第三者的機関として裁定人を選出する場合にも，また，後述のように，各県の行政機関による1名の監査役の選任に関する規定（§74の1）の場合にもみられた。そして既述の株主名簿の整備に関する一連の諸規定（§§26-51）は，議決権の行使・少数株主の保護・資本充実原則の維持を具体化するために不可欠な規定

補　章　スウェーデンの戦間期における会計諸規定の動向 | 571

とされた。

　1910年株式会社法は，定時総会の開催手続・そこでの案件（Arende）と報告事項（Föredragningslista）・その他についても一連の諸規定を設けた。

　それらの諸規定の主たる内容を列挙すれば，①株主総会は，定款に別段の規定がない場合或いは株主総会の決議に依らない場合，取締役会の所在地で開催すべきこと（同法§80の1），②総会の招集は，取締役会が，定款所定の方法と期間内で遂行すべきこと（同法§80の1），③取締役会は，所定の招集手続を総会開催の遅くとも2週間前にとるべきこと（特別総会の場合はその開催の1週間前にとるべきこと）（同法§80の2），④定時総会の招集は，原則として年1回とするが，「決議の有効性」（giltighet av beslut）は過半数を条件とし，この条件を充足するために2回の相互に連続した総会の開催を必要とすることもあること（同法§80の3），⑤定時総会は，各会計年度の終了後8ヵ月以内に開催し，取締役会は，取締役会報告書（förvaltningsberättelse）と貸借対照表（balansräkning）及び損益計算書（vinst-och förluströkning）を監査報告書（revisorernasberättelse）と共に提出すべきこと（同法§82），⑥この総会は，先ず上記の貸借対照表を，必要に応じて修正・追加をした上で，原則として確定すべきこと（同法§85の1），所定の期間の取締役会報告書に対する取締役会の責任解除の承認問題（frågan om beviljande av ansvarsfrihet åt styrelsen för den tid förvaltningsberättelsen omfattar）を審議すべきこと（同法§85の1），上記の貸借対照表の確定は，全株式資本金の少なくとも1/10を有する株主の要求があれば，この定時総会の開催後4-8週間後に開催される次の総会まで延期すべきこと（同法§85の2），⑦「取締役会は，貸借対照表の確定について，株主の要求があり，それが会社の不利益とならない［限り］，会社の所有する資産の価額及び会社のその他の状態を判断する際に影響しうる事情についてより詳細な情報を提供する……義務がある」こと（同法§85の3），⑧取締役会は，貸借対照表の確定後1ヵ月以内に，貸借対照表及び損益計算書並びに取締役会報告書を登記所に送付すべきこと（同法§85の4），⑨取締役会（及び発起人並びに監査

役)の「責任解除」(ansvarsfrihet)の決議は，少なくとも全株式資本金の1/5を代表する株主たちが反対投票をする限り，承認されたものとは見做されるべきでないこと（同法§86の1），この場合反対投票をする株主たちが所有する株式は，取締役会報告書が提出される総会開催の少なくとも6ヵ月前に株主名簿に記載されているべきこと（同法§86の2），「この規定の目的は，取締役会に対する反対派が，その［解任を決める総会開催の］時期が近づくにつれて，会社の株式を購入し，それによって責任解除問題に必要な投票数を取得することを禁止する」[31]ため，⑩その他であった。

　これらの内容の委細は別として，ここで留意したいのは，1910年株式会社法の実態が，この法律を制定する場合多大な役割を果した既述の「新会社委員会」の提案（例えば，その提案の一つ即ち，不健全な株式会社に対して一般株主及び債権者を保護すること，そのために株式会社の設立と増資の手続きをより効果的なものとすること，それには公示制度に関する諸規定を厳格化し，監査制度の強化によって取締役会の株式会社に対する管理・運営を株主が統制すべきであるという提案）の趣旨に照らしてどのようなものであったかという問題である。例えば，上記の⑦「取締役会は，貸借対照表の確定について，株主の要求があり，それが会社の不利益とならない［限り］，云々……」という規定より，「会社の不利益とならない」ということが，公示規定それ自身の在り方よりも優先されていることを読み取ることができる。一般に株式会社法会計上伝統的に措定されてきた会計責任の設定と解除という課題或いは定時総会における貸借対照表の確定という問題，更にその前提としての株主名簿の整備に関する諸規定の問題もまた，この文脈の流れの中で理解すべきであろう。そして当時のこの国の実業界の中でも，堅実経営を指向する人々が，定時総会の開催間際になって意図的に株式の取得に駆ける人々の存在を会社の存立それ自体のへの威嚇と感じ，株主名簿の整備に関する諸規定の徹底を求めたとしても，例えば，本書の第5章でI. Kreugerグループの台頭・形成・発展・崩壊の過程についてみたような事例は，必ずしも特殊事例として片隅に追いやることはできず，この種の事例は，その程度

と規模を別とすれば，資本の論理として存在していた筈であり，さもなければ1910年株式会社法が，このような規定を格段に強調する必要性もなかったのではないであろうか。

(2) 取締役会

株式会社の大多数の株主は，株主として自ら会社の経営に直接参加し担当することはできないため，これを自らが選任する他の機関に委ねる。この機関は，一般に取締役会と呼ばれている。この意味での取締役会は，取締役会員全員によって構成される会社の執行機関である。この機関が，その権限の行使のために機関意思を決定するために開催する会議をも取締役会ということもある。両者は，厳密には，概念的に峻別されるべきであろう[32]。1910年株式会社法は，両者を明確に峻別する用語を使用していないため，条文の文脈から判断するしかない。何れにせよ，問題は，株主は，取締役の選任を媒介として間接的に会社の経営を統制するに過ぎないことである。そのため取締役の選任決議は，株主の利害と多大な関係を有し，その選任決議に関する諸規定は，非常に重要である。

1910年株式会社法は，「株式会社については，一人或いは複数の構成員より成る取締役会が存在すべきであり，……この取締役会は，株式会社法の規定に従って，会社の問題を管理することができる」（同法§57の1-2）と述べ，その一般的な任務がいわゆる業務執行機関として「会社の問題を管理すること」であることを明記した。

1910年株式会社法は，取締役会が会社の一般的な任務を遂行する場合遵守すべき諸規則を設けているが，これらの諸規則の委細は別として，留意すべき点は，取締役会が，会社との関係でその一般的な任務を遂行する場合，「裁量によって」（efter gottfinnande）売買活動をする自由を制約することを対象とした諸規則と，取締役会が会社を代表することによって，取締役会と外部との関係（第三者との関係）に関する諸規則とを概念的に区別していることである[33]。当時の法曹界は，前者の諸規則の主たる内容を取締役会の「内部的職権」（befogenhet）に関する問題を決定すること，後者の諸規

則のそれを取締役会の「外部的職権」(behörighet) に関する問題を決定することにあるとした（この補章では，befogenhet を「内部的職権」，behörighet を「外部的職権」と訳したが，それは，その内容に即して便宜上付けた和訳である。両者の言葉の原義に即していえば，両者の相違は，そこに対外的な法律関係の存在の有無が関わっていることに留意しておきたい）。

当時のこの国の法曹界の見解によれば，取締役会が，その「内部的職権」及び「外部的職権」として会社の問題を管理する場合，各々について然るべき配慮をするべきこと，とはいえ同法は，これに関して明白な規定をしていないので，§70の1の規定（同法§70の1：この条項は，故意に或いは不注意に会社に損害を与えた取締役会員は，連帯してその損害賠償責任を負うことを規定）を準用するべきであること，第三者に対する損害賠償責任は，§135の規定（同法§135：この条項は，その1でこの株式会社法或いは定款に対する違反により会社に損害を与えた者は，その損害に対して連帯責任を負うべきこと，その2で取締役会の構成員或いは清算人或いは株主がこの株式会社法或いは定款に対する違反により第三者が損害を受けた場合，かれらが連帯して責任を負うべきことを規定）によると説いていた[34]。取締役会の「内部的職権」は，「［会社の］内部的な関係即ち取締役会と会社それ自身及び会社の所有者との関係……で，取締役会に帰属する権利或いは能力を意味し」[35]，その「外部的職権」は，「取締役会と［会社の］外部的な関係上，［取締役会が有する］能力を意味する」[36]。取締役会は，その「内部的職権」の行使の場合株主総会に決定権が帰属する案件については，会社を代表して意思決定をすることはできないこと，会社の定款或いは総会によって定められる個別規定（särskilda föreskrifter）を遵守する義務があり（同法§59の1），「これによって取締役会の内部的職権は制限される」[37]。

取締役会は，商号登記その他の書類登記の署名権者として会社の代表者であり，第三者との関係で自ら或いは代理人によって会社を代表して売買活動を行い，裁判所或いはその他の当局の面前において会社を代表して行動することができる（同法§58）。とはいえ取締役会は，その「内部的職権」の行使

を制限されるように，「外部的職権」の行使もまた，同一の規定によって制限される。但しこの制限は，取締役会がそれを知らない場合，第三者に対して影響力をもたない。「それ故に，取締役会が，その『内部的職権』の限度を超えてその『外部的職権』を濫用することは，原則として，少なくても不注意（vårdslöshet）と見做され」[38]，罰則規定の対象となる。

　1910年株式会社法は，取締役会が業務執行機関に内在する「内部的職権」・「外部的職権」の濫用を阻止するために，「取締役会の構成員は，次のような種類の問題の審議に参加することはできない」（同法§62の2）と述べ，取締役会の業務として「不適格」（jäv）な業務を列挙した。例えば，①取締役会と会社との間の契約に関する問題として取締役会員の給与或いはその他の報酬に関する問題，会社による取締役会員自身への贈与問題，取締役会員に対する訴訟問題など，②取締役会員が，会社の利害と対立して，会社と第三者との間で交わす契約問題，会社より第三者への贈与問題などを例示した。更に同法は，「会社の定款に別段の規定がない限り，取締役会の決議として有効な決議は，多数決によること，賛否両論の場合取締役会の議長が決定権を握る」（同法§62）と述べ，合議体としての取締役会が行う意思決定の方法を明示した。加えて同法は，取締役会が議事録をとりそれを保存することを規定していないにせよ，当時のこの国の法曹界の見解は，議事録によって取締役会の業務の適格性を維持することを要請し，これによって取締役会の「内部的職権」・「外部的職権」の濫用をたとえ名目的にせよ幾分でも阻もうとした[39]。このような職能規定を設定したことは，現実問題として取締役会の職権濫用と専横が蔓延っていたからであろう。本書の第3章でみた当時の貸借対照表評価実務の実情は，これを端的に表象する一事例である。

　1910年株式会社法は，このような意義を有する取締役会の構成に関してかなり詳細な規定を設けた。それらの諸規定の主たる内容を列挙すれば，①取締役会の構成は，会社の定款に規定すべきこと，定款に別段の規定がない場合，総会で選任決議すべきこと（同法§57の3），②取締役会は，一人或いは複数以上の人々より構成すべきこと（同法§57の1），③取締役会員は，原則

として，スウェーデンに居住する市民たるべきこと，但し政府が，取締役会の総数の1/3以内で外国の市民或いは外国に居住している市民が，取締役会員に成ることを承認する場合は別であること（同法§57の4），及び株主たることをその資格として必要としないこと，④取締役会員を選任した者（株主総会或いは政府）は，その決議・決定によって，就任期間（最高限度5年間）が終了する以前に，かれをその職務より解任することが可能であること（同法§57の5），或いはかれ自ら何時でも辞任することが可能であること，但しこの辞任の場合会社に届出することを条件とすること（同法§57の5），⑤取締役会員として，正規の構成員の他に，一人或いは複数以上の代理人が存在してもよいこと，この代理人に対しては，取締役会員に関する規定を準用するべきこと（同法§71の1），⑥取締役会員が，任期未満で解任或いは辞任により欠員となり，しかも代理人が存在しない場合，取締役会は，遅滞なくこれを補充するべき責任があるが，総会の承認を条件として，次回の定時総会までその選出を延期してもよいこと（同法§57の6）などであった。

1910年株式会社法は，取締役会が，複数の取締役より構成される場合，その内部で業務及び責任分担をするべきことを予定していた。取締役会員の各々或いは場合によっては取締役会員以外の者が，その任に当たった。通常，取締役会員以外の者が会社の業務を分担する場合，Verkställande directör（略称．VD：ここでは専務取締役とでも和訳しておくことにする）と命名される経営者が選出された。同法は，VDについて直接的・明示的な規定を設けることはなかったが，当時のこの国の実業界の慣行として，VDは，会社を代表して行う重要な案件に関与することはできないが，会社の日常的な業務遂行と責任分担をしていた。取締役会を開催する場合，VDを除く取締役会の構成員の一人，より大規模な会社の場合，同じくVDを除く取締役会員の中より複数の人々が，議長として選出された。

ここにいうVDは，この国に独特な制度であるが，実業界は，その選任・業務について個別的に指示書を作成していたようである。参考までに，1920年代中葉頃，法曹界がその雛形としてあげた指示書の一例を示し，法規

株式会社 Pennan の VD に関する指示書（1924年9月12日の取締役会で確定）

§1　VDは，当該会社の取締役会に対して，法律・定款・総会の決議により或いは別様に，取締役会に依存する全ての手続きが，正当にとられていること，及び会社にとって最も良き方法で遂行されていること，並びに……会社の利害関係者を保護し，かれらを最高に満足させることに責任を負う。

§2　VDは，その職務を遂行する場合，取締役会が通達する諸規定が，株式会社法或いは定款に違反しない限り，それらの諸規定に準拠する義務を負う。

§3　VDは，より重要度の低い諸問題を決議する場合，取締役会に参加することができる。

§4　VDは，より重要度の高い諸問題については，取締役会の議長と相談し，或いは議長が不在の場合には取締役会の他の構成員と相談する義務を負うべきであり，及びこの場合意見が分かれるならば，この問題は，全体として取締役会の決定に委ねる義務を負うべきである。

§5　最も重要な問題は，あらゆる状況の下で，全体としての取締役会に具申されるべきである。

§6　§3及び§4に関するような問題の場合でも，全体として意思決定することは，取締役会に任されている。

§7　問題が，取締役会が取り扱うべき案件である場合，VDは次の責任を負う。
① 取締役会の議長の下に取締役会の招集を要請すること。
② 取締役会の議長の要請で，最適な時期に，取締役会員より成る会合の招集を伝えること，また要請があれば，取締役会員の代理人も含む会合の招集を伝えること。
③ この会合に先立って，この会合で議題とするべき案件を準備すること。
④ この会合で議題となる案件を説明し，決議のための提案を提示すること。
⑤ この会合で議事録をつけること。
⑥ この会合後2週間以内にVDが署名した議事録は，この会合の議長が修正するために，或いは議長が選任されていない場合には，この会合に出席していた取締役会の他の構成員に送付すること。
⑦ 次回の取締役会の会合でこの議事録を報告すること。

§8　VDは，更に次のような義務を負う。
① 取締役会に，一部は，§4で規定されている方法で決議された全ての事項を，また一部は，§3に従い，かれによって決定され，取締役会に報告しておくことが適切である全ての事項を伝達すること。
② 取締役会にその他の重用な諸事象と諸事情を報告し，取締役会が，それらを関知するようにすべきこと。
③ 取締役会が署名した文書類を揃えておくこと。
④ 取締役会の決議を遂行すること。

　　　　Anders Frisk,　　　　　Karl Johansson,　　　　　John Höök.

出典：Tauvon, Gehard, *Om aktiebolag och deras förvaltning, Juridisk handbok för direktörer och styrelseledamöter m.fl. jämte formulär och lagtexter*, Lars Hökerbergs Bokförlag, Stockholm, 1925, ss. 150-152.

の間隙を埋めることにしよう。

(3) 監査役

1910年株式会社法は，初めて監査に関する諸規定を導入した。

同法は，「監査役（revision）の職務が，取締役会の管理及び会社の計算書類を検査することである」（同法§72の1）と述べ，この点より取締役会が監査役に対して負うべき主たる職務として，①一人或いは複数の監査役に，随時，会社の現金その他の資産について財産目録を作成しうる機会を提供すること，②監査役に，随時，会社の全ての帳簿・計算書類及びその他の書類を検査する機会を提供すること，③監査役は，随時，取締役会の遂行する会社の管理・運営について必要な情報を入手しうること，取締役会は，監査役のこの要請を拒否してはならないこと（同法§74の1）などを列挙した。

1910年株式会社法は，監査役の選任・任期・その他，監査役に関する一連の諸規定を設けた。その主たる内容は，①原則として監査役の選出は，総会によるが，会社の定款によって，別様に選出してもよいこと（同法§72の2），②会社のため或いは取締役会のために働いている人々は，監査役として選出してならないこと（同法§72の3），③取締役会が，少数株主の保護の立場より，1名の監査役の選出を各県の行政機関に対して要請することも可能であること，この場合この監査役は，その他の監査役と共に，取締役会の管理・運営及び会社の計算書類の検査をする義務を負うこと，この監査役を選任する提案は，総会に提出すべきこと，総会が，この提案を承認した場合，或いは株式資本金総額の少なくとも1/5を代表する株式資本を所有する株主が，この提案に同意する場合，取締役会は，1週間以内に各県の行政機関に監査役の選任を提案する責任を負い，取締役会が，これを懈怠した場合，各々の株主が同様な提案する権利を自由に行使できること（同法§74の1），④監査役の就任期間は，次回の総会開催までとし，2年を超えてはならないこと，総会或いはその他の，監査役の選任者は，監査役の就任期間が終了する以前でも，監査役を解任でき，総会で選任された監査役が，その就任期間前に辞職し，その代理人が存在しない場合，取締役会は，遅滞なく，新しい監査役

を選出する責任があること（同法§72の4），⑤上記§72の3‐4の規定は，国の行政機関によって選任された監査役についても適用され，これらの監査役も，会社より正当な報酬を得ることができること（同法§73の2）などであった。

1910年株式会社法は，監査役が，各会計年度に総会の開催の少なくとも2週間前に，取締役会に，取締役会報告書，貸借対照表及び損益計算書並びにこれらの書類について監査報告書を作成し，各会計年度の定時総会の1週間前に取締役会に提出しなければならないことを規定した（同法§74の3）。

当時の法曹界がこの株式会社法における監査役問題で最も重視した問題は，取締役会と監査役との間の関係であった。この場合留意事項となった問題は，監査役が，取締役会に対する直接的な助言者或いは協力者となることを如何にして阻むかということであった。即ち「監査役は，一般的に，取締役会に助言をすべきでないこと，或いは取締役が望むような［会計］手続きを承認することを要請されてはならない」[40] という問題であった。これは，敷衍すれば，今日，一般に強調されている監査役監査，或いは第三者としての公認会計士監査制度における監査人の独立性の問題である。この国の監査制度，より正確にいえば公認会計士監査制度の発展は，会計士会計学として発展してきたイギリスの場合はもとよりその他の欧米諸国の場合よりも著しく遅れた。その理由は，複合的であるが，Jan Glete によるかの I. Kreuger 事件と証券市場の動向に関する研究が示唆しているように[41]，それにはこの国における証券市場の発展の特殊性が絡んでいることは確かであろう。既述のようにこの国に初めて公認会計士資格制度を承認したのは，1912年，ストックホルム商業会議所であり，O. Sillén ら6名の者がその第1号となり，その後1923年，かれの主導の下にかの FAR（公認会計士協会）が設立された。以後，少なくとも，1970年代初頭まで商業会議所管轄による公認会計士（auktoriserad revisor）及び会計士補（godkänd granskningsman）並びにそれ以外の国家的資格のない会計士（revisor）が，監査機能を担ってきた[42]。その委細は別として，この過程で1944年株式会社法は，I. Kreuger 事

件を教訓として，全ての公会社に対して会計士監査を義務化し，しかも株式資本金2百万skr以上の会社には公認会計士監査を，それ以下の資本規模の会社には，公認会計士・会計士補・会計士の何れかによる監査を受けるべきことを規定した[43]。

5．年次会計

1910年株式会社法は，「取締役会は，各会計年度の終了後8ヵ月以内に定時総会を開催し，……取締役会報告書及び損益計算書並びに貸借対照表と監査報告書を提出しなければならない」(§82) と述べ，取締役会の会計責任の解除が，これらの報告書の承認によるべきことを規定した。とはいえ同法は，これらの報告書の概念・作成方法・その雛型などを直接的に明示することはなく，論点の中心を概して資産の評価基準においた。この問題が，公表会計上占める重要性はいうまでもないが，ここでは当時のスウェーデンの産業界が，この規定を中心に一定の法解釈を媒介としてどのような会計実務を展開しようとしていたかということに照準を移して，1910年株式会社法の下での年次会計の相貌を幾分かでも明らかにし，同法の立法政策上の意味を考察する手掛かりとしよう。

(1) 貸借対照表 (balansräkning)

貸借対照表に関する当時の法曹界の一般的な見解は，「貸借対照表は……簿記上の期末残高勘定を再現し，……財産目録の集約であり，当該会計年度末の会社の［財産］状態に関する一覧表である。［その限り］貸借対照表は，会社の商業帳簿を基礎にして作成され，……商業帳簿に一致する。……貸借対照表は，……その借方に資産を記載し，その貸方に負債及び自己資本を記載する。借方合計と貸方合計は，一致する」[44]ということであった。この場合貸借対照表は，複式簿記の記録を基礎として誘導法によって作成されるが，決算の結果借方側に計上される資産に適用される諸規定の主要目的は，「会社の［財産］状態の過大評価と，これに随伴する過大な利益分配の提示を阻止すること」[45]であった。

1910年株式会社法は，このような視角より貸借対照表借方に計上される資産を，次節で言及するかの「商業諸帳簿及び計算書類に関する法令」と同様に，流動資産（rörelsemelel）と設備資産（anläggningsmedel）とに大別した（同法§56の1）。前者は，会社が，主として直接的な販売または製造による販売のために所有する資産（棚卸資産）及び当座性資産（例えば現金及び債権）であり，後者は，恒常的な利用を目的とした資産（例えば不動産・備品・特許権或いはこれに類似した資産）であった（同法§56の1及び2）。これらの資産の貸借対照表価額は，原則として，その「実際の価額」（verkligt värde）或いはその調達または製造に要した原価を上回る価額で評価すべきでないこと（同法§56の1），流動資産とりわけ当座性資産としての債権は，その回収が不確実な場合，回収可能と見込まれる価額で記載し，回収不能見積額を償却すべきこと（同法§56の3），設備資産は，①その「実際の価額」が，取得原価或いは製造原価よりも低い場合でも，取得原価或いは製造原価で計上すべきこと，但し時の経過・利用・その他の原因で発生する「価値減少」（värdeminskning）を減価償却（avskrivning）すべきこと，或いは「そのような減価償却の代わりに，特別な更新基金（en särshild förnyelsefond）を設定してもよいこと」（同法§56の4），②設備資産の「改良」（förbättring）のために投下された資本は，設備資産の価額に加算されるべきこと（資本的支出）（同法§56の4）などをその内容とした。なおこの法律は，資産の貸借対照表能力について今日でもしばしば問題となる繰延資産項目（同法は，会社の設立費・組織－管理費を例示するに過ぎなかったが）及び自己株式についてはそれを否認し，営業権（買入暖簾）についてはそれを承認した（同法§56の8）。

　当時の法曹界は，1910年株式会社法上の貸借対照表上の借方項目として計上される資産の貸借対照表能力とその評価諸規定の主要目的を，既述のように，「会社の［財産］状態の過大評価と，これに随伴する過大な利益分配の提示を阻止すること」[46]であるという見解に立脚して，これらの諸規定について，更に次のように論評した。即ち「貸借対照表の観点からすれば，資産

を……最高限度許容される価額よりも低い価額で計上することを阻むものは何もない。資産をより低い価額で計上することによって，……会社は，自ら慎重な利益分配政策（försiktig vinstutdelningspolitik）をとらざるをえず，……これによって会社が経済的な危機の到来に直面したとき，会社を保護する。それ故に，資産の価値を低く評価することは，良き商人の慣行（god köpmannased）に一致する。とはいえこの種の評価がそのまま課税所得の算定という観点より承認されるか否かは別である」[47]と。ここで留意すべき点は，資産の過小評価が良き商人の慣行に一致するという解釈である。この解釈は，第4節で一瞥する1929年会計法の基底的思考として継承されていること，しかもこの1929年会計法が，この国の税務問題の長期にわたる悲願であった1928年地方所得税法の制定に伴い，税務所得算定上の諸概念の明確化とその諸原則の解明という要請を受けて制定されたことを想起するとき，この解釈から，既に戦間期の開幕前即ち後発資本主義国としてのこの国の近代的な資本主義的工業化過程の終了期における私的企業の資本蓄積指向を擁護する意図を読み取ることが可能であろう。更に留意しておくべき問題は，当時の法曹界は，「貸借対照表に資産がその実際の価額より低い価額で計上される場合，これに伴って自己資本として計上される額もまた，その実際の価額を下回るようになる。[この差額]は，いわゆる秘密積立金（en s k dold reserve）を形成する」[48]と指摘していることである。加えて当時の法曹界は，資産評価が，1910年株式会社法上の諸規定に従って評価される場合，それに関するより詳細な記録は財産目録に存在すること，秘密積立金の形成に対して「この問題への対応の仕方を決定するに当たって考慮に入れるべき点は，一方では株主が，他方では会社の外部者が，共に……会社の状態について見抜き，それが，会社にとって不都合（olägenhet）になるということ」[49]を強調する。そこよりわれわれは，資産の過小評価・秘密積立金の形成という問題が，かの「商業帳簿及び計算書類に関する法令」に規定される以前より，この国における商人の会計実践の伝統として暗黙裡に承認されてきたとしても，それが「会社にとって不都合となる」ほど歴然と明示的に白日の下に晒

補　章　スウェーデンの戦間期における会計諸規定の動向 | 583

されるようになることだけは回避したいという，資本の側の論理を読み取ることができるであろう。

　1910年株式会社法は，貸借対照表貸方の計上項目として計上される負債及び自己資本についても，それ自体としては必ずしも明確で体系的な概念規定をしたわけではなかった。

　当時の法曹界の見解は，負債諸項目は，名目的にその金額が一定しているため，一般に別段の説明を必要としないこと，とはいえ留意するべき項目は，納税納付金（utskuld）であること，この項目は，会社が既に獲得した所得或いはその他の所得に対して会社に課せられる租税公課であること，但しこの租税公課は，会計年度と法人所得税算定の期間的な齟齬のために，ある程度予測によって事前に算定すること，それは，通常，租税準備金（skattefond）という名称を付せられているが，自己資本の一部としての準備金（fond）ではなくて負債（skuld）として認識すべきであるという見解であった。貸借対照表貸方項目の一つとして計上されるいわゆる「更新基金」は，借方設備資産に対する価値減少（減価償却）に呼応する減価償却累計額を示し，「［その設備］資産の価額が，……徐々に喪失してきたこと」[50]を意味すると解された。

　これに対して貸借対照表貸方に計上される自己資本は，株式資本金（aktiekapital）・準備金（reservefond）・利益留保（fonderad vinst：原義は資金化された利益であるが，ここでは関連諸規定との関係で利益留保という訳語とする）より構成されると説かれた[51]。

　このうち準備金及び利益留保の問題は，次の損益計算書との関連で言及する。

(2)　損益計算書（vinst-och förlusträkning）

　1910年株式会社法は，損益計算書に関する直截な概念規定もその作成方法もその一般的なシェマーも提示することはなかった。

　当時の法曹界の見解によれば，「株式会社法上の損益計算書は，通常の記帳手続たる［簿記］上発生する損益勘定に対応し，……会社の利益或いは損

失を計上・表示する。換言すれば，［それは，資本の追加投資・減資を除く］会社の自己資本の増加或いは減少を表示」[52]した。この利益項目は，①「一つ或いは幾つかの個別的な積立金」（en eller flera särskilda fonder）として設定され，通常「任意積立金」（dispositionsfond）或いは時折「利益留保性の利益積立金」（reserverad vinstmedels fond）・「利益調整積立金」（vinstregleringsfond）と呼ばれるような種類の積立金，及び§53の3の規定（同法§53の2：この条項は，確定された貸借対照表によれば全体としての事業活動に伴って発生し，将来において自由に処分・支配するために設定された積立金によっては補塡できない損失補塡のために設定された積立金reservfondの減少について規定）によって「将来，自由に支配・処分するために設定される積立金」（till framtida förfogande avsatta medel）（「資金化されるか或いは留保された利潤」（fonderad eller reserverad vinst）と呼ばれるような種類の積立金，②「積立金として処理されざる利益」（ofonderad vinst：未処分利益）として「損益勘定に残存する利潤」（å vinst- och förlustkonto kvarstående vinst）より成る[53]。

1910年株式会社法は，既述のように株式会社の自己資本が，株式資本金・準備金・利益より構成されることを規定していた。この中でも同法がとりわけ問題とした項目は，準備金（reservfond）という項目であった。1910年株式会社法は，「株式会社の年次利潤から，場合によっては前年度より存在・発生していた損失を補塡するために必要とする額を控除した後に，少なくともその1/10を準備金として設定するべきこと，……この準備金の設定額が，法定所定の額を上回り，取締役会の構成員或いはその他の人々に報酬（賞与）として提供されるべき利益まで食い込むべきではないこと，準備金として設定されるべき金額の計算の場合，それが，払込済株式資本金の10％相当額に達した場合或いは定款で規定されうる金額を上回る金額に達した場合，年次利益からそれ以上に準備金への引当を中止することも可能なこと，この準備金が所定の金額を下回るようになった場合，再度，年次利益からの引当をすべきこと」（同法§53の1），更にプレミア付き株式を発行する場合株式

の額面金額を上回って払い込まれた金額も，準備金とすべきこと，減資に伴い発生する減資差益もまた，準備金とすべきこと（同法§50の2及び§53の2）などを規定した。上記に引用した条文でいう準備金は，何れも引用にみるように reservfond と表現されている。この中でも年次利益からの控除としての準備金は，利益留保性のそれを意味することは法規の条文より明白であるが，株式プレミアム及び減資差益の性格規定を欠落したままで，この準備金の取崩は，確定された貸借対照表を基礎として判明した損失補塡の場合に限定されるべきこと（同法§53の3）を規定したに過ぎなかった。

1910年株式会社法は，株主への利益分配について，先ず「株主への株式資本の償還は，§49（同法§49：この条項は，株式資本金が最低額限度を上回ることを条件として総会での減資の承認を規定）及び§50（同法§50：この条項は，総会の承認による減資の手続きを規定）による以外実施してはならない」（同法§54の1）と述べ，減資手続による株主への株式資本の償還と利益分配の概念を区別すべきことを規定した。同法は，次いで資本配当禁止の立場より「確定された貸借対照表に存在する利益のみが，処分可能である」（同法§54の1）として処分可能な利益の大枠を定め，更にこの処分可能な利益の大枠より，上記の欠損補塡・法定準備金の設定・任意積立金など各種の準備金/積立金を設定すべきこと，その後に株主への配当可能な利益を算定すべきことを規定した。

(3) 取締役会報告書（förvaltningsberättelse）

1910年株式会社法は，「§82（同法§82：この条項は，取締役会は，各会計年度の終了後8ヵ月以内に，定時総会を開催し，取締役会報告書並びに過年度の貸借対照表及び損益計算書と共に監査報告書を提出すべきことを規定）が言及している総会の開催の少なくとも1ヵ月前に，取締役会は，監査役に対して取締役会による自筆署名付きの取締役会報告書並びに過年度の貸借対照表及び損益計算書を提出する。……監査役は，［これらの報告書を監査し監査報告書を作成し］，遅くとも総会の開催1週間前に，……株主の閲覧に供しなければならない」（同法§74の1）と述べ，取締役会報告書が監査役の監査を必要

とすることを規定した。取締役会報告書の監査（及び経営報告書・貸借対照表・損益計算書に関する監査報告書の株主総会での承認）は，その目的として取締役会の出資者たる株主層への資本の管理・運用に関して設定された受託責任の解除を措定していた。（同法§85の1：この条項は，§82による総会即ち定時総会は，貸借対照表が，必要とされる修正・追加を付して確定すべきこと，及びこの総会で取締役会の責任解除の問題も決議すべきことを規定。なお付言すれば，§85の2は，貸借対照表の確定或いはその責任解除の承認は，少なくとも株式資本金の1/10をなす株主の要請があれば，定時総会の開催後4週間-8週間の間に開催すべき次回の総会まで延期すべきことを規定，§85の3は，取締役会は，株主が，会社の資産価額の評価及び会社のその他の経営状態に関する判断をする場合その判断に影響しうる事情に関して詳細な情報を要求すれば，それを提供する義務があること，但しそれが，会社にとり「損害を与えることがないことを［条件とすること］」を規定，また§86の1は，取締役会に対する定時総会での責任解除は，株式資本金の1/5を代表する株主が，取締役会が提出した取締役会報告書などに反対投票をした場合その限りではないことを規定，§86の2は，この場合反対投票した株主は，定時総会開催の少なくとも6ヵ月以前より株主名簿に記載されている株主であることを規定，§86の3は，取締役会が定時総会に提出した取締役会報告書などに対する株主の提訴が，定時総会の6ヵ月以内になされなかった場合，取締役会が提出した取締役会報告書などは，承認されたものと見做すべきことを規定，§86の4は，定時総会で取締役会報告書などが承認されても，取締役会員の管理行為が，刑事上違反となるそれである場合，株主の提訴が可能であることを規定，§87の1は，定時総会或いは連続する2回目の総会で取締役会が提出した取締役会報告書などが承認されなかった場合，上記の§86の1及び2で規定されている株主は，会社を代表して取締役会の管理に対する提訴をすることができることを規定，§87の2は，この提訴の遂行を他の者が阻止してはならないことを規定)[54]。

　1910年株式会社法は，この取締役会報告書の目的について，最も直接的には「当期に実施された減価償却とその理由を説明すべきこと」（同法§69の2）と規定したに過ぎない。この「減価償却は，［設備資産に関して］事前

に作成された年次減価償却計画に従って遂行されるべき」[55]であった。

とはいえ,当時の法曹界の見解によれば,取締役会報告書を新たに導入した目的は,秘密裡になされる利益の過小表示を阻止すること即ち秘密積立金の形成を阻止すること或いは減価償却が十分な規模で遂行されたか否かをチェックすることであった[56]。即ち取締役会報告書が,通常,記載するべき事項は,①当該年度に発生した会社に関するより重要な出来事,②損益計算,③所定の貸借対照表(期末貸借対照表),時としては前年度に確定された貸借対照表による当該年度始めの財政状態に関する計算,④「未処分利益」の処分或いは損失補填に関する提案などであった。取締役会は,取締役会報告書にこれらの事項を記載した上で,署名し,監査役に提出すべきこと,その提出は,少なくともそれが提示される年次総会の開催1ヵ月前とするべきであった[57]。

とはいえ1910年株式会社法は,処分可能な利益の計算について具体的で明瞭な規定を直接的に規定することはなかった。そこで法規の条文より眼を転じて,当時の法曹界が想定していた取締役会報告書・貸借対照表(期首及び期末のそれ)・損益計算書の雛形を紹介し,法規の間隙を埋めることにしよう。

取締役会報告書

株式会社 Pennan の取締役会は,1926年に次のような取締役会報告書を作成する。

同社は,当該年度中に norrköping に支店を設立することを通じてその事業活動を拡大してきている。……これに対してこの会社は,同社がこれまで Stockholm に所有していた不動産を売却した。

この会社の当該年度中の事業活動及び当該年度末の状態は,その他の点については,次のようにして作成された計算書類が参照される。

期首貸借対照表（単位 skr）

借方
- 設備資産
  - 不動産（ストックホルム） ……………… 65,000：—
  - 什器 ……………………………………… 36,000：— 　101,000：—
- 流動資産
  - 商品 ……………………………………… 80,315：—
  - 債権（得意先等） ……………………… 30,112：50
  - 銀行預金 ………………………………… 9,775：10
  - 現金 ……………………………………… 　872：52 　121,075：12
  - 　　　　　　　　　　　合　　計　　222,075：12

貸方
- 負債
  - 不動産抵当権設定（ストックホルム） ……… 50,000：—
  - 銀行借入金 ……………………………… 42,800：—
  - 支払手形 ………………………………… 7,500：—
  - その他の債務 …………………………… 12,350：— 　112,650：—
- 自己資本
  - 株式資本金 ……………………………… 100,000：—
  - 準備金 …………………………………… 1,000：—
  - 利益 ……………………………………… 8,425：12 　109,425：12
  - 　　　　　　　　　　　合　　計　　222,075：12

この貸借対照表は，前期の決算期に作成された貸借対照表である。

1926年の定時総会の決議によって，この貸借対照表上の利益8,425：12（skr）は，次のように処分される。

- 準備金 ……………………………………… 1,000：—
- 任意積立金 ………………………………… 1,500：—
- 損益勘定への振替 ………………………… 　425：12 　2,925：12
- 配当金 ……………………………………………………… 5,500：—
- 　　　　　　　　　　　合　　計　　8,425：12

損益計算書（単位 skr.）

前年度から損益勘定に存在している利益 …………………………… 425：12

利益項目
- 事業活動による総年次利益 ……………… 70,028：13
- 利子 ……………………………………… 379：10
- 所有不動産（ストックホルム）の1/4の売却益 ……… 3,000：— 　73,407：23
- 　　　　　　　　　　　合　　計　　73,832：35

損失項目
- 賃銀 ……………………………………… 44,149：45

補　章　スウェーデンの戦間期における会計諸規定の動向

```
  一般的な間接費………………………………   6,032：48
  利子………………………………………………   7,728：18
  租税公課…………………………………………   1,150：—
  不確実な債権の価値喪失の償却分……………     352：—
  租税準備金設定…………………………………   2,500：—
  更新基金設定……………………………………   3,969：52      65,881：63
純利益
  損益勘定前年度繰越利益………………………     425：12
  当期利益…………………………………………   7,525：60       7,950：72
                                            合　　　計       73,832：35
```

　更新基金の設定は，次のような原則により，設備資産に対する価値が，このように処理することがなければ，減価償却される金額に対応すると見做される。

```
  店舗の什器に対する減価償却．調達価額の 8％ ………   1,493：52
  機械に対する減価償却．調達価額の10％ …………       2,476：—
                                              合　　　計       3,969：52


  会社の自己資本．期首 ……………………………   109,425：12
  利益分配（配当金）によるこの自己資本の減少……   5,500：—
                                              残　　　高       103,925：12
  年度利益による自己資本の増加……………………   7,526：60
  会社の自己資本．期末 ……………………………   111,450：72
```

期末貸借対照表（単位 skr.）

借方
```
設備資産
  不動産（ノルシェーピング）……………………   40,000：—
  什器（ストックホルム）…………………………   24,500：—
    （ノルシェーピング）…………………………   16,000：—
  AB. Hermanfors の株式所有 ……………………    2,500：—       83,000：—
流動資産
  商品（ストックホルム）…………………………   78,873：97
    （ノルシェーピング）…………………………   40,100：79
  債権（得意先等）…………………………………   32,410：01
  銀行預金……………………………………………    8,616：11
  現金…………………………………………………      602：12      160,603：—
                                            合　　　計       243,603：—
```

貸方
```
負債
  不動産抵当権設定（ノルシェーピング）…………   25,000：—
```

銀行借入金	42,000：—	
支払手形	37,000：—	
その他の負債	20,652：28	
未払利子	1,030：48	
租税準備金	2,500：—	128,182：76
控除項目		
更新基金		3,969：52
振　　替		132,152：28
自己資本		
株式資本金	100,000：—	
準備金	2,000：—	
任意積立金	1,500：—	
未処分利益	7,950：72	111,450：72
合　　計		243,603：—

　このような計算の結果として総会で自由に支配・処分可能な利益は，7,950：72である。損益計算書上で賃金に関して記載された金額としては，1,587：50の賞与 (tantien) を含むので，法律によって年次利益より少なくとも911：31 [＝(7,525：60＋1,587：50)÷10] の準備金の設定が行われるべきである。(単位 skr.)

　取締役会は，自由に支配・処分し得る利益が次のように処分されることを提案する。(単位 skr.)

準備金の設定	1,000：—	
任意積立金の設定	1,000：—	
定時総会以後株主への分配	5,000：—	
当該年度の損益勘定への振替	950：72	
合　　計		7,950：72

Stockholm　3月2日　1927

Anders Frisk,　　　　Karl Johansson,　　　　John Höök.

注意書き

……省　　　略……

出典：Tauvon, Gerhard, op. cit., ss. 153-157.

　以上の取締役会報告書の雛型は，株式会社 Pennan の事業活動が利益を計上しうる場合のそれである。

　この取締役会報告書の雛型は，注意書きで，同社の事業活動が損失を計上

> **監査報告書**
>
> 　株式会社 Pennan の監査役としての資格で，同社の1926年の取締役会の取締役会報告書及び計算書類を検査するということを引き受け署名して，次の報告書を提出する。
>
> 　われわれが実施した検査は，就中，この会社の［資産等の］価額書類（värdehandling）及び会社財産の保証書（försäkringen av dess egendom）を含む。この点で取締役会が整え，われわれは，われわれが明らかに確信している内部統制の問題を考慮して，什器及び在庫品の棚卸に参画する必要があるとは見做さなかったし，同様にまた計算書類につき数字上完璧な監査をする必要があるとも見做さなかった。
>
> 　取締役会の取締役会報告書に含まれている貸借対照表並びに損益計算書は，この会社の計算書類と一致している。これらの計算書類は，秩序正しく記帳されており，正当に証拠書類として検証能力がある。われわれには，その他の点でも，取締役会が遂行する経営管理に対して論難すべき理由は見当たらない。それ故に，われわれは，この会社の取締役会の，取締役会報告書の係わる期間について責任解除（ansvarsfrihet）を承認してもよい。
>
> 　われわれは，取締役会が取締役会報告書の中で提示している次のような提案即ち利益の使用を株主総会に委ねるという提案（現存する損失補塡のために処分するという提案）を承認した。
>
> 　Stockholm　3月30日　1927年
> 　　　　Bengt Korén　　　　　Magnus Liljeblad

出典：Tauvon, Gerhard, *op. cit*., ss. 158-159.

する場合のそれについても説明しているが，ここでは省略する。

　既述のように取締役会は，取締役会報告書に貸借対照表及び損益計算書を添付して，監査役に提示しなければならない。

　1910年株式会社法は，監査問題についてもその具体的な様式などを直接規定することはなかった。そこでここでも当時この国の産業界における監査報告書の雛型として提示されていたものを紹介し，法規定の間隙を埋める一助

としよう。

1910年株式会社法が導入した取締役会報告書と監査問題とは、より直接的に結合していた。

この国に初めて公認会計士制度が導入されたのは、1912年、その制度を承認したのは、「ストックホルム商業会議所」(Kommerskollegium i Stockholm) であった[58]。この国の近代監査制度の生成・発展にとって先導的な役割を果したのは、既に別稿[59]でみたように、「ストックホルム商科大学」の教育・研究者であり、同時に実務家（会計士及びコンサルタント）として活躍したO. Sillénであった。かれは、1905年に「ケルン商科大学」を卒業後1912年に「ストックホルム商科大学」に助教授として就任するまで産業界で実務的な経験を積みながら、1912年に商業会議所管轄による公認会計士試験制度が制定されると、この国における最初の資格取得者6名の中の一人となった[60]。この制度的な承認の下にこの国で「公認会計士協会」(Föreningen Auktoriserade Revisorer：略称，FAR) が設立されたのは、1923年であった[61]。さしあたり、この国の公認会計士資格取得の要件も「公認会計士協会」の動向も、当時の欧米諸国のそれとは、かなり相違していた。それは、この国の近代的な資本主義的工業化過程の開始以前にまで遡ることのできる国内の資本調達の特殊性特に株式会社制度の発達の後進性（したがってまた国内財務諸表公開制度の未熟性）と20世紀の開幕に前後する頃からのこの国の諸産業と諸企業の多国籍化の動向とある程度まで関係する（因みにいえば、この時期に多国籍企業として国外進出したこの国の企業は、概して進出先の会計制度に準拠し、国内会計制度との関連は希薄であった）。したがってまた会計の制度的な発展に関する研究も比較的希薄であり、同時に一国全体としての会計制度の整備も遅かった[62]。

この国でも、概して、監査と取締役会報告書或いは両者の密接な関係は、O. Sillénの一論考「スウェーデン企業経済学上の監査の歴史より示される幾つかの特徴，経営監査を特に考慮して」(Några drag ur den svenska företagsekonomiska revisions historia med särskild hänsyn till förvaltningsrevisionen）から明らかなように[63]，1910年株式会社法における取締役会報告書の導入及び1912年の職業的監査人としての公認会計士の制度的承認以前より，存在してきた。かれは，「営利企業の計算書類及び資金管理に関する純粋に形式的・計数的な検査（den formella, siffermässiga granskningen）の他に，[当該企業の]採択する経済的・技術的な処理に関する実物的で批判的な検証（en saklig, kritisk prövning）が必要とされる。これは，単に下級の有資格者が行う諸手続きを対象とするのみならず，営利企業の所有者（delägare）の数が益々増大し，その事業活動の規模が益々拡大する場合には，企業の経営陣による管理（företagsledningensförvaltning）をも対象とする。このことは，特に次のような企業形態の場合即ち所有者の全員が自ら計算書類を検査すること或いは経営管理に参加する権利を所有していない企業形態……特に株式会社及び財団の場合である」[64]と述べ，いわゆる所有と経営の分離（一株一議決権制度の下での多数の出資者の無機能資本家化）の進展に伴う所有による経営監視機能の必要性を指摘した。そこよりかれは，かかる経営監視の実態を1600年代以後のいわゆる前期独占としての幾つかの巨大企業に関する会計資料に遡って調査した結果，結論的に次のようにいう，「それ故にわれわれは，次のことを主張することが可能である。即ち強制的な検査に関するスウェーデンの法規定（de svenska lagbestämmelserna angående obligatorisk granskning）は，単に本来的な計算資料のみならず，営利企業の経営陣の管理手続（affärsledningens förvaltnings åtgärder）をも対象とする」[65]と。

1910年株式会社法下でのこれまで述べてきたような取締役会報告書などに関する監査規定の大枠の本格的な見直しを迫ったのは，何よりも先ず本書の第5章で既に言及したかのI. Kreugerが主導してきたかの「I. Kreuger事件」（1932年同社の崩壊）であった。既述のように，O. Sillénは，1910年株式会社法上の取締役会報告書などと監査報告書の関係を指摘していた。教育・研究者であると同時に会計士及びコンサルタントという実務家としてのかれが，この事件の発生をどのように認識しどのような行動を起こしたか。

この問題は，1944年株式会社法の制定の諸事情を想起すれば，主要な問題であることが明らかであるので，ここで大まかに触れておきたいと思う。

O. Sillén は，この事件の発生まで，会計士及びコンサルタントという実務家としてのかれの大まかな足跡（別表）が示すように，「スウェーデン産業連盟」の下部機関として設立された「株式会社産業情報サーヴィス」（AB Industribyrå）を拠点に実業界で活躍していた。かれは，この事件が発生すると，もとよりかれはこの事件には無関係であったが，「株式会社産業情報サーヴィス」を辞任した。

その辞任の理由は，この事件以後一段と強調されるようになった会計士の独立性に関する論議であった。即ち「この事件に続いて［設置された］調査委員会で，STAB 社の監査役がどのようにしてその課題を遂行してきたかということに対する批判が発生したことであった。」[66] 調査団は，この「クロイゲル諸企業」（Kreugerföretagen）の帳簿の欠陥を暴き，その監査報告書を「昼行灯のように最も無意味なもの」[67] 呼んだ。しかも当時のマスコミは，1930年以来，Kreuger Group の会計士であった A. Wendler が，多面にわたって I. Kreuger と個人的に癒着していることを報じたのみならず，時の政府の一部も関与していたことを報じ，政権交替劇にまで及んだことを伝えた（政権交替劇の事情については本書第1章を参照）。マスコミによる批判は，この A. Wendler のみならず，この国の公認会計士認証の手続き（auktorisationsförfarande）の問題にも及んだ。時の経済学者 Gustav Cassel は，例えば，「スヴェンスカ・ダーグブラーデット」（Svenska Dagbladet）で発言し，発生した問題を実際に知ろうとするならば，「監査制度全体の急進的な再成（en radikal omläggning av hela revirorsväsendet）が緊急に必要である」[68] という見解を表明した。それ以上に激しい論難は，O. Lindahl のそれであった。かれは，当時，新聞「監査とその責任」（Revision och dess ansvarige）の編集者であったが，商業会議所の公認会計士の資格認定制度を批判し，信頼に足る会計士業界を形成することが不幸にも総体的にできていないと述べた[69]。

補　章　スウェーデンの戦間期における会計諸規定の動向 | 595

　このような状況の下でO. Sillénは,「株式会社産業情報サーヴィス」を辞職した後, かれは, さしあたりSvenska Handelsbankenにおけるコンサルタント業務及びAB Sveriges litrografiska tryckerieriの監査役業務に就任した。

　Kreuger Groupの監査に関して暴きだされた好ましからざる状況について論議が深まる中で,「公認会計士は,[かれが従事している会社に]拘束されるべきでなく, 私的な業務或いは一般的な業務を通じてその雇用者に対して何らかの依存関係があってはならないという諸規定が, 不断に現実性を帯びてきた。」[70]

　「株式会社産業情報サーヴィス」は, 既述のように「スウェーデン産業連盟」の下部機関であったので, O. Sillénはそこからの独立性を維持するために同社を辞任して間もなく, かれが, 過去に「ストックホルム商科大学」で教えた学生3名即ち会計士たるF. Tjus, A. Erikson, N. OlssoniiとともにSTEOを形成した。

　「マッチ帝国」が崩壊した頃, この国にはおよそ50人程度の会計士たちが存在したが, この帝国の崩壊で設立された全ての調査委員会（utredning）の作業をこなすには十分ではなく, 時の政府は, イギリスに本拠をおく監査法人Price Waterhouse & Co.に調査を依頼した。O. Sillénは, 1920年にアメリカ研修旅行の折りに同社のアメリカ支店を訪問していた。STEOは, この監査法人とその子会社によるKreuger Groupの粉飾経理に関する広範な調査に関与した。当然のことながら, これらの調査は, O. Sillénの名の下に遂行された。その調査対象は, Kreuger & Tollの破産財団, I. Kreugerの個人名義の放棄された遺産（urarva）及びスウェーデンの様々な銀行であった。この調査は, この国の殆ど全ての会社を含んでいた。この調査は, STEOの発展にとって重要であった。当面の課題より幾分時期的にはずれるが, O. Sillénの会計士としての仕事は年々増加し, かれは, 1940-1941年には28社の株式会社の監査人であった。これらの株式会社は, 業種の点でも資本規模の点でも多様であった。例えば, 資本規模の分布は,

0.3-75mskr、その中でも ASEA 社、Esselte 社及び Sandviken 社は、最大級の会社であったが、多様な規模と業種のおよそ半分程度は、「株式会社産業情報サーヴィス」の時代からのものであった[71]。そしてかれは、1950年代に年金生活者となると、1955年に自己の監査事務所 O. Silléns revisioonsbyrå を Sveavägen 59に設立し、1965年逝去するまで、そこを拠点に監査及びコンサルタント業務に従事した。

　O. Sillén が「株式会社産業情報サーヴィス」とりわけその会計部門を拠点とする活動によりその恩恵を受けた非常に多数の会社の中でも、資本規模の点で当初最大級の会社は、ASEA 社、Separator 社、Reymersholm 社、Mo och Domsjö 社、次いで1919年以後、Svenska Handelsbanken であった。

　O. Sillén がこの銀行に関与した背景は、スウェーデンの産業の株式を担保とする銀行信用の供与が、第一次世界大戦中に非常に増大したことであった[72]。銀行調査官によれば、当時、商業銀行が株式会社に信用を供与する場合、当該会社の資産状態に注目することは殆どなく、投機的な株式と判断される株式に巨額な信用が提供されたということは、経済の不安定要因となった。それは、恐らく、これらの企業が寄せる将来の展望の不確実性と、銀行がこの種の会社に信用を提供することに対する安全性への不信感を含んでいた。この銀行の VD C. Frik は、このような状況の下で1919年7月末に O. Sillén と接触した[73]。

　銀行の立場は、O. Sillén にとっては幾つか複雑な問題を伴うものであった。その理由は、公認会計士諸規定（auktorisationsbestämmelserna）によれば、会計士は、一般的或いは特殊業務に携わることを禁止されていたことである。この間隙を縫ってかれがこの銀行と関わることを可能にしたのは、銀行側の弁明即ちかれにこの銀行の理論的な相談役（コンサルタント）としての役割のみを依頼して、その限りかれの公認会計士としての完全な独立性を維持・保証するということであった。

　かれは、こうして Gimo-Österby Bruks AB 社、STAB 社、AB Axel Christiernsson 社及び AB Nordiska Armaturfabrikerna 社の調査をした。

STAB社は，この銀行の立場からすれば如何なる損失も計上していない会社であったが，同社の後の動向を考慮すれば，かれが，既に同社の崩壊の10年前に同社の行先に危惧感を懐いていたということは，興味深い。

〈注〉
1) Glader, Mats/Bohman, Håkan/Boter, Håkan/Gabrielsson, Åke, *Företagsformer i teori och tillämpning : En studie med inriktning på mindre och medelstora företag*, Utredning från statens industriverk SIND 1975 : 5, Liber Förlag, Stockholm, 1975, s. 28.
2) *Ibid*., s. 29.
3) *Ibid*.
4) *Ibid*.
5) *Ibid*.
6) *Ibid*., s. 32.
7) *Ibid*., s. 29.
8) *Ibid*., s. 32.
9) *Ibid*., s. 30.
10) *Ibid*.
11) *Ibid*.
12) *Ibid*.
13) *Ibid*., s. 33. スウェーデンにおける公認会計士制度の生成とその発展動向については，別稿を予定している。ここでは，Eva Wallenstedt がその主著 *Oskar Sillén : Professor och Praktiker : Några drag i företagsekonomiämnets tidiga utveckling vid Handelshögskolan i Stockholm*, Acta Universitatis Upsaliensis, Studia Oeconomiae Negotiorum 30, Uppsala, 1988 おいてスウェーデンの近代的な会計学の発展上 Oskar Sillén が演じた役割を歴史的に克明に辿りながら，この問題について詳細に論じていることを指摘するに留める。
14) Glader, Mats,/Bohman, Håkan/Boter, Håkan/Gabrielsson, Åke, *op. cit*., s. 30.
15) *Ibid*., s. 33.
16) Tauvon, Gerhard, *Om aktiebolag och deras förvaltning : Juridik handbok för direktörer och styrelseledamöter m.fl. Jämte formulär och lagertexter*, Lars Hökerbergs Bokförlag, Stockholm, 1925.
17) 1944年株式会社法は，全文228条より成り，次のような構成をとる。即ち「序」(§§1-3)・「株式会社の設立」(§§4-33)・「株券及び株主名簿」(§§34-39)・「株式資本の払込」(§§40-47)・「株式資本の増資」(§§48-64)・「株式資本の減資」(§§65-69)・「株式譲渡」(§70)・「準備金及び債務調整準備金等」(§§71-76)・「取締役会・VD及び商号署名」(§§77-97)・「取締役会及びVDの年次会計」(§§98-104)・「監査」(§§

105-113)・「総会」(§§114-127)・「取締役会・VD・発起人・監査人・検査人或いは株主に対する訴」(§§128-132)・「会社の定款などの変更」(§§133-137)・「総会の決議に対する訴」(§§138-139)・「清算および解散」(§§140-174)・「合併」(§§175-176)・「株式取得に対する禁止」(§§177-187)・「登記」(§§188-205)・「登記所の決定に対する抗告」(§206)・「損害賠償」(§§207-212)・「罰則規定」(§§213-218)・「一般規定」(§§219-228)。Nial, Håkan, *Aktiebolagsrätt: Föreläsningar över 1944 års aktiebolagslag*, P.A. Norstedt & Söner Stockholm, 1946, ss. 231-319.

18) 既述のように，スウェーデンの株式会社法は，会社内部の自治規範の問題に関しても大陸系株式会社法と英米法系株式会社法とも異なる。それでもこの二つの法体系では，この問題が歴史的にどのようにして生成・発展したか，その基本的な動向を踏まえておくことは，スウェーデンの株式会社法上の会社内部の自治規範の問題を考察しようとする場合，その前提となるであろう。そのために，安藤英義著「新版 商法会計制度論―商法会計制度の系統的及び歴史的研究」白桃書房 1997年；新山雄三著「ドイツ監査役制度の生成と意義―ドイツ近代株式会社法の構造と機能―」東京商事法務研究会 1999年；武市春男著「イギリス会社法」国元書房 1970年5月；山浦久司著「英国株式会社制度論」白桃書房 1993年；田中英夫編集代表「英米法辞典」東京大学出版会 1991年などを参照。

19) Tauvon, Gerhard, *op. cit.*, s. 123 och s. 127.
20) *Ibid.*, ss. 103-104.
21) *Ibid.*, s. 74 och ss. 104-106.
22) *Ibid.*, s. 44.
23) 大隅健一郎・今井宏著「最新会社法概説 [新版]」有斐閣 1991年，220頁。
24) 「新法律学辞典」(第三版) 有斐閣 1990年，708-709頁。
25) 田中耕太郎著「貸借対照表法の論理」有斐閣 1948年，144頁。
26) 同上書，132頁。
27) 同上書。
28) Tauvon, Gerhard, *op. cit.*, s. 205.
29) Glader, Mats, /Bohman, Håkan/Boter, Håkan/Gabrielsson, Åke, *op. cit.*, s. 30.
30) Tauvon, Gerhard, *op. cit.*, s. 208.
31) *Ibid.*, ss. 102-103.
32) 大隅健一郎・今井宏著，前掲書，126-127頁。
33) Tauvon, Gerhard, *op. cit.*, ss. 29-32.
34) *Ibid.*, s. 30.
35) *Ibid.*
36) *Ibid.*
37) *Ibid.*, s. 32.
38) *Ibid.*, ss. 32-33.
39) *Ibid.*, ss. 35-36.
40) *Ibid.*, s. 67.

41) Glete, Jan, *Kreugerkoncern och krisen på svensk aktiemarknad : Studier om svenskt och internationellt riskkapital under mellankrigstiden*, Almqvist & Wiksell International, Stockholm, 1981, ss. 28-60.
42) Wallenstedt, Eva, [1988], *op. cit*., ss. 218-242；近澤宏治稿「スウェーデンの会計士監査制度の現状」『会計』第80巻第4号 10月号 1961年10月, 54-68頁。
43) Nial, Håkan, *Aktiebolagsrätt : Föreläsningar över 1944 års aktiebolagslag*, P.A. Norstedt & Söner, Stockholm, 1946 ; Rodhe, Knut, *Aktiebolagsrätt enligt 1944 års lag om aktiebolag*, 2. uppl., P.A. Norstedt & Söners Förlag, Stockholm, 1953.
44) Tauvon, Gerhard, *op. cit*., s. 52.
45) *Ibid*., s. 37.
46) *Ibid*.
47) *Ibid*., s. 71.
48) *Ibid*., s. 72.
49) *Ibid*.
50) *Ibid*., s. 73., och. s. 107.
51) *Ibid*., ss, 74-75.
52) *Ibid*.
53) 本文①の積立金の設定と取崩については *Ibid*., s. 23. och ss. 104-105, 本文②の積立金の設定と取崩については *Ibid*., s. 74. och ss. 104-106を参照。
54) *Ibid*., ss. 101-102.
55) *Ibid*., s. 78.
56) *Ibid*., ss. 80.
57) *Ibid*., ss. 80-81.
58) Föreningen Auktoriserade Revisorer FAR, *Requirements for qualification as an auktoriserad revisor in Sweden*, A study undertaken by The Institute of Chartered Accountants in England and Wales, Föreningen Auktoriserade Revisorer FAR, Printed and published on behalf of The Anglo-Nordic Liaison Committee, Stockholm, 1979, p. 1 ; Föreningen Auktoriserade Revisorer FAR, *Professional Ethics for Auktoriserade Revisorer in Sweden : A Practical Guide for Accountants*, A study undertaken by The Institute of Chartered Accountants in England and Wales, Föreningen Auktoriserade Revisorer FAR, The Anglo-Nordic Liaison Committee, Stockholm, 1980, p. 8 ; Mueller, Gerhard, G., *Accounting Practices in Sweden*, International Business Series, No. 2, University of Washington, 1962, p. 3, etc.
59) 大野文子稿「スウェーデンにおける近代会計学の形成—概観（1900年より1945年まで）—」(1)(2)(3), 明治大学短期大学紀要 第58号 1996年2月・第59号 1996年3月・第60号 1997年1月。
60) Wallenstedt, Eva, *op. cit*., s. 21.
61) Oldham, K. Michael, *Accounting Systems and Practice in Europe*, Gower Press,

Farnborough 1975, Chap. 12, p. 153 ; International Practice Executive Committee, American Institute of Certified Public Accountants, *Professional Accounting in 30 Countries*, The Committee, New York, 1975, pp. 548-549 etc.

62) 大野, [1996年2月], 前掲稿, 18頁. とはいえこの国は, 近年, この種の領域における制度的な整備を狙う関連の研究とそれに呼応する制度改革をかなり急速に進めている。例えば,「イェーテボリー商科大学」で教鞭をとっている Sten Jönsson の著作「会計規制と中枢構造—会計政策の発展の諸力—」(*Accounting Regulation and Elite Structures* : Forces in the Development of Accounting Policy, Götebovg School of Economics, John Wiley & Sons, Chichester・New York ・Brisbne・Toronto・Singapore, 1988, Chap. 5, The Institutional Setting to the Elite, pp. 101-126) や Flower, John (ed.),「北欧諸国における財務報告書の規制」(*The Regulation to Financial Report in the Nordic Countries*, Fritzes, Stockholm, 1994, pp. 181-230), 或いは FAR の月刊誌 *Balans* に掲載される近年における一連の多数の論考は, その左証である。これらの諸文献よりわれわれは, 既に FAR が, 近年, 一定の歴史的な役割を終えて, それに代替するべき幾つかの関連の団体が形成され, 短期的に相当な成果をあげていることを知ることができる。

63) Sillén, Oskar, "Några drag ur den svenska företagsekonomiska revisionens historia med särskild hänsyn till förvaltningsrevisionen", *Studier i ekonomi och historia : Tillägnade Eli F. Heckscher på 65årsdagen den 24 November 1944*, Almqvist & Wiksells Boktryckeri AB, Uppsala, 1945, ss. 193-212.

64) Sillén, Oskar, *op. cit.*, s. 193.

65) *Ibid.*, s. 212.

66) Wallenstedt, Eva, "Oskar Sillén, Professor och Praktiker", *Balans*, FAR, 1989 : 12, pp. 50-56, Reprint Series, 1990/7, s. 1.

67) *Ibid.*

68) *Ibid.*

69) *Ibid.*

70) *Ibid.*, s. 2.

71) *Ibid.*, ss. 2-3.

72) *Ibid.*, s. 3.

73) *Ibid.*

別表　O. Sillén の会計士/コンサルタントとしての足跡
1. Oskar Sillén が関与した業務

1912—1914年

年　度	業　務　内　容	依　頼　者　名
1912—1914	監査委員会（Revsionskommitté）の委員及び書記	スウェーデン産業連盟
1912—1914	簿記・総原価計算・販売等の組織の再編援助	鉄工所・機械製造企業・製材工場・木材パルプ及び製紙工場・製粉所、陶器タイル及び石炭産業・卸売商・その他工的企業
1912—1914	資金調達及び簿記に関する案件の調査・答申	
1913	コンサルタント業務	地方自治体課税委員（Kommunal-skattekommitterade）
	ストックホルム市の資材調達及び上下水道並びにメーラル湖造船所の再編に関する調査・答申の援助	ストックホルム市建築局（Stockholms stads byggnadskontor）
	簿記の部分的な再編に対する提案	王立電信庁（Kungl. Telegrafverket）
1913—1914	国有林及び国有地の記帳の修正に関する予備的な調査と提案	王立農業省（Kungl. Jordbruksdepartmentet）
1914	スウェーデンの食料資源の生産に関する様々な調査・答申並びにストックホルム4大工場の缶詰生産の点検	陸軍管理（Arméförvaltningen）
	関税局（Tullverket）の現行簿記システム及び事務方式並びにその動機に関する意見表明	1914年関税委員会（1914 års Tullkommission）
	各種の大・中規模の監査	特に工的企業

出典：Eva Wallenstedt, [1988], *op. cit.*, s. 234.

2. Oskar Sillén が関与した会社名

1913—1921年

年度	企 業 名	株式資本金	業 種 名
1913	AB Lidköpings mekaniska verkstad	360	機械工業
1914	AB Hiertas bokförlag	372	出版業
1915	Lessebo AB	1,026	材木・製紙工業
	AB Sveriges litrografiska tryckerier	15,650	印刷業
	Säfveåns AB	2,000	材木工業
	AB Lux	3,000	金属工業
1916	Bernström & C:o AB	302	商業
	Gunnebo bruks nya AB	1,200	鉄工業
1917	Fabrikaktiebolaget Sulfitsprit	664	化学工業
	Norra Östergötlands järnvägsaktiebolag	1,300	鉄道業
	AB Separator	28,000	機械工業
1918	Lifförsäkrings—AB Nordstjernan	2,000	保険業
	Hemsjö kraftaktiebolag	5,077	エネルギー産業
	AB Lindingö villastad	3,250	不動産業
1919	AB Bergslagen gemensamma kraftförvaltn.	818	エネルギー産業
	AB Elevator	1,400	機械工業
	Skandinaviska Kreditaktiebolaget	87,188	銀行業
	AB Svenska Handelsbanken	60,709	銀行業
1920	AB Agra margarinfabrik	2,500	食品工業
	Allmänna Svenska Elektiriska AB	75,000	電気工業
1921	Slagteri AB i Stockholm	520	食品工業
	Byggnadsaktiebolaget Manhem	2,184	不動産業
	Reymersholms gamla industriaktiebolag	32,918	機械工業
	Mo och Domsjö AB	19,910	材木工業

＊金額欄の単位：tskr

出典：Eva Wallenstedt, [1988], *op. cit.*, s. 236.

3. Oskar Sillén の監査業務

1928—1931/32年

会 社 名	株式資本金	業 種	期 間
Förlagsaktiegolaget Iduna	1,320	不動産管理	1928—1931/32
Byggnadsaktiebolaget Manhem	2,184	同上	同上
Rosenlunds fabrikers AB	1,000	同上	1928
Allmänna Kredit-försäkrings AB	1,000	保 険 業	1931/32
Försäkrings AB Valkyrian	600	同上	1928—1931/32
Svenska Personal-pensionskassan	支払保証準備金	同上	1929/30—1931/32
AB Bergslagens gemensamma kraftförvaltning	1,510	電力・動力産業	1928—1931/32
Reymersholms gamla Industri AB.	11,137	化学工業	同上
AB Skattefri sprit	400	同上	同上
AB Svensk sprit	900	同上	同上
Slagteri AB	1,560	食品工業	同上
AB Avancemotor	2,000	金属・機械工業	1928—1928/29
AB Elevator	1,040	同上	1928—1931/32
AB Plåtmanufaktur	3,530	同上	同上
Allmänna Svenskt Elektriska AB (ASEA)	75,000	同上	同上
AB Nordiska armaturfabrikerna	8,250	同上	1929/30—1931/32
Sandvikens jernverks AB	16,000	同上	1930/31—1931/32
Säfveåns AB	3,000	製紙・パルプ工業等	1928—1929/30
Thorsviks AB	250	同上	1931/32
AB Svenska bokfölaget P.A Norstedt & Söner-Albert Bonnier	6,300	印刷 製紙工業	1928/29—1931/32
Pappemballage AB	350	同上	1930/31—1931/32
AB P.A. Norstedt & Söner	9,600	同上	1928—1931/32
AB Sveriges litrogafiska tryckerier.	40,085	同上	同上
Svenska Bensin—Petroleum AB B P	1,500	流 通 業	同上
Surahammars bruks AB	500	製 造 業	1931/32

＊金額欄の単位：tskr

出典：Eva Wallenstedt, [1988], op. cit., s. 244.

4．STEO が関与した上場会社の監査

1933年

会　　社　　名	株式資本金 (Mskr)	会計士名
Allmänna Svenska Elektriska AB	75	Sillén
Bergvik & Ala Nya AB	28	Sillén
Billeruds AB	28	Tjus
AB Elektrolux	60	Erikson
Ford Motor Company AB	5	Sillén
Gälfe-Dala Järnvägs-AB	13	Erikson
Korsnäs Sågverks AB	21	Sillén
AB Nordiska armaturfabrikerna	8	Sillén
AB Plåtmanufaktur	4	Sillén
Brandförsäkrings AB Norrland	2	Olsson
Sandvikens Jernverks AB	16	Sillén
Stockholms Intecknings Garanti AB	18	Olsson
Stockholms Superfosfat Fabriks AB	9	Olsson
AB Sveriges Litografiska tryckerier	43	Sillén
Lifförsäkrings-AB Victoria	0.5	Erikson

出典：Eva Wallenstedt, [1988], *op. cit.*, s. 249.

5. Oskar Sillén が会計士であった会社

1940—1941年

会　社　名	株式資本金	業　種
Förlagsaktiebolaget Iduna	1,320	不動産管理
Byggnadsaktiebolaget Manhem	2,184	同上
Fastighetsaktiebolaget Nilco	250	同上
Fastighetsaktiebolag Thovi	250	同上
Svenska Personal-pensionskassan	—	保　険　業
Försäkringsaktiebolaget Valkyrian	600	同上
Surahammars Bruks AB	500	製　造　業
AB Bergslagens gemensamma kraftförvaltning	3,000	電気・エネルギー工業
AB Svensk sprit	900	化学工業
ASEA	75,000	金属・機械工業
AB Liljeholmens Kabelfabrik	1,500	同上
E.A. Bergs Fabriks Aktiebolag	900	同上
Graham Brothers Aktiebolag	1,000	同上
Kockums Mekaniska Verkstads AB	5,000	同上
Aktiebolaget Plåtmanufaktur	4,500	同上
Sandvikens Jernverks Aktiebolag	20,000	同上
Svenska Murbruksaktiebolaget	400	石材・粘土等天然資源掘削業
AB Svenska Bokförlaget P.A. Norstedt & Sönner-Albert Bonnier	6,300	出版・製紙業
AB Sveriges Litografiska Tryckerier	43,395	同上
Aktiebolaget P.A. Norstedt & Söner	9,600	同上
Tolls Byggnadsaktiegbolag	1,000	代理店・請負業等
AB Bensin-& Oljekompaniet	500	流　通　業
Aktiebolaget Eskilstunamagasinet	800	同上
Ford Motor Company AB	5,000	同上
Sand-& Grusaktiebolaget Jehander	715	同上
Automobilfirma Ernst Nilson & C:o AB	750	同上
Svenska Bensin—Petroleum AB BP	2,500	同上
AB Wahlund & Grönblad	1,200	同上

＊金額欄の単位：tskr

出典：Eva Wallenstedt, [1988], op. cit., s. 250

6. Oskar Sillén が関与した上場会社

1913—1958年

会　社　名	株式資本金 (tskr.)	期　間	継　承　者
AB Sveriges litografiska tryckerier	15,650	1913—1955/56	S. Löfgren
Allmänna Svenska Elektiriska AB	75,000	1918—1953	S. Hagström
AB Plåtmanufaktur	3,530	1919—1944	F. Tjus A. Erikson
Reymesholm Gamla Industri AB	11,137	1928—1931	—
AB Nordiska armaturfabrikerna	8,250	1929—1937	N. Olsson
Sandvikens Jernverks AB	16,000	1929—1956	S. Löfgren
Berkvik & Ala Nya AB	28,125	1932—1936	P.O. Öhrlig
Korsnäs Sågverks AB	21,000	1932—1938	V. Bergman
Ford Motor Company AB	5,000	1933—1958	N. Olsson

出典：Eva Wallenstedt, [1988], *op. cit.*, s. 252.

第4節　スウェーデンにおける1929年会計法

　一般にスウェーデンの会計法（Bokföringslagen/Årsredovisningslagen）は，最初の1929年法より1976年改正法及び1999年改正法をも含めて，この国の企業会計を制度的に規制する「いわゆる枠組法」（en så kallad ramlag）[1]であるといわれる。会計法が「いわゆる枠組法」と呼ばれる由縁は，それが，1929年法から1999年法に至るまで，「発生する記帳上の諸問題（uppkommande bokföringsfrågor）の具体的な解決が問題となる場合，記帳義務（bokföringsskyldighet）は，良き会計慣習（god redovisningssed）に合致するように遂行すべきであること」を首尾一貫して指示してきている点に求められるといわれる[2]。「良き会計慣習」への準拠という問題は，例えば，1929年法の場合§3に[3]，1976年法の場合§2に[4]に規定されていたが，1999年会計法は，この問題の重要性に鑑みて，さしあたりこの問題を別段の独立的な法規を設けて処理することを予定していた[5]。とはいえそれは，実現しなかった。1999年会計法は，時代の要請に応じた諸問題をそこに盛り込みながら，1929年法を形式的にも内容的にも著しく整備・拡大・体系化したが，少なくとも「良き会計慣習」との一致という問題との関連で「決算（bokslut）或いはその内容特に期間的な評価或いは評価諸原則をめぐる実質的な諸規定については，各旧法との相違という点では，如何なる相違も含んでいない」[6]。

　本節では，この国の「いわゆる枠組法」としての「会計法」の原点であった1929年会計の制定の経緯と輪郭を概観することより出発して，そこでの「良き会計慣習」という言葉の含意を明らかにし，それを前提に資産評価諸規定の概容を素描することを通じて，同法が，スウェーデン型混合経済の台頭・形成期に果した立法政策上の一定の役割を明らかにしたい。

1．1929年会計法前史：債権者保護思考の台頭・形成

　「この国の企業経営に関する会計（den företagsekonomiska redovisningen) も長い歴史があり，……［その］発展の様々な段階で様々な会計目標 (redovisningssyften) が前景にでてきた」[7]。概して北欧諸国の教育・研究者によって執筆されたこの国の会計史をテーマとした包括的な文献は少ないが，A. Grandell の「会計発展史」(*Redovisningens utvecklingshistoria*, 1972) は，象形文字の時代よりコンピュータの利用が普及する時代までおよそ5000年間にわたるこの国の会計の発展の概容を明らかにしているという点で，小著ながら非常に貴重な資料である。かれがこの「会計発展史」で指摘した問題の一つは，この国でも会計目標は，さしあたり企業の清算・解散を前提としていわゆる全体損益の算定，もう少し後の時代になると継続企業・期間計算を前提として第一義的には一定時点における企業の経済状態の報告，更に後には企業の経営管理の重要な用具として機能することを指向するということであった。

会計目標として継続企業・期間計算を前提とする一定時点における企業の経済状態の報告を指向するということは，「債権者 (långivare) からの要求であった。債権者は，自己の資金を事業活動のために自由に使用することを［企業の所有者或いは経営者に］委任した人々であった。かれらは，自己の利害を守るために会計の発展を迫った」[8]。これは，今日，一般には会計における債権者保護思考といわれている問題であるが，本節で問題とする1929年会計法は，会計に関する「いわゆる枠組法」として初めて債権者保護を会計目標として措定した成文法である。

「会計法」の「いわゆる枠組法」としてのこのような性格に鑑みて，さしあたりこの国の債権者保護思考に対する法的整備の台頭より1929年会計法の制定に至る一連の過程を概観することより出発しよう。

(1) 「1734年普通法における商法15章」の商業帳簿作成の規定

1929年会計法が会計目標として措定する債権者保護思考の起源は，この国でもかなり古い時代にまで遡ることができるが，1929年会計法はもとより1976年会計法及び1999年会計法の制定過程でもしばしば引き合いにだされる商事立法は，この国の統一的な法典として制定された「1734年スウェーデン

王国普通法」(Sveriges Rikes Allmänna Lag：略称．1734年普通法）の部分法典として組み込まれた商法15章における商業帳簿及び計算書類の作成義務を負う経済主体の範囲と商業帳簿及び計算書類の作成に関する規定であった[9]。

1734年普通法は，この国が，16世紀中葉の G. Vasa による統一国家の形成以来，都市と農村との分離という政策の下で施行されてきた地域別の都市法と地方法を統合し，統一国家としてのこの国の法典形成を目的として制定された[10]。この普通法は，文字通り統一的な一般法として商事を規定する商法（Handelsbalken）・刑法（Straffbalken）・訴訟法（Rättengångsbalken）・強制執行法（Utsökningsbalken）の他にも，婚姻法（Giftermålsbalken）・土地法（Jordbalken）・建造物法（Byggnadsbalken）・その他などを部分法典として包含していた[11]。

1929年会計法との関連でこの普通法の部分法典としての商法15章について注目するべき点は多々あるが，同会計法制定の主意とこの補章の目的に照らしてとりわけ重視するべき点として次の二点をあげたいと思う。

第一は，この商法15章は，断片的で簡略ではあるが，当時一般に bolag（ブゥーラーク）と呼ばれていた「経済活動のための二人ないしは複数以上の人々による組織体」[12]の形成と解散・その構成員の責任・この法律の適用範囲の問題などに言及していたことである。この法律で定める bolag（ブゥーラーク）は，後の研究によれば，その構成員相互間の平等な関係及び連帯無限責任を前提とする「今日のスウェーデンの企業の法律形態としての個人商店の前身（företagsgångare till våra enkla bolag）及び合名会社（handelsbolag）」[13]に関するものであることが明らかとなっている。この商法15章は，当時，ここにいう bolag（ブゥーラーク）の概念及びこの法律の適用範囲の問題をめぐって様々な法解釈論を惹起したが，それ以後制定された商事関連法が，この商法15章に規定されている bolag（ブゥーラーク）の概念とその適用範囲の問題に直接言及することは比較的稀であった。それでもこの点に関して18世紀末葉より19世紀末葉にわたり制定された商事関連法の中でも若干注目するべき法規をあげれば，「1789年6月28日の各々の組

織体の責務に関する法令」(Kungl. Förordningen den 28 Juni 1789 om skyldighet för hwart och ett enskild bolag）及び「1818年及び1830年の破産法」(Konkurslagarna af 1818 och 1830)，直ぐ後にみる「1855年5月4日の商業帳簿及び計算書類に関する法令」(Kungl. Förordningen ang. handelsböcker och handelsrsräkningar av den 4 Maj 1855：略称. 1855年法令），更には「1887年7月31日の商法15章の付則条項に関する法律」(Lag ang. tillägg till 15 Kap Handelsbalken den Juli 1887) などであった[14]。

　第二は，この商法15章は，商取引に関する諸帳簿が，商人が商取引に従事する場合契約及び誓約を遵守し，真実な商取引を遂行したということを証明する完全な信憑・証拠書類として機能すべきであると規定していたことである[15]。その後政府の定めた「1773年8月26日の破産に関する法令」(Kungl. Förordningen den 26 Augusti om konkus) は，破産債務者による虚偽の商業帳簿と虚偽の計算書類の作成に対する罰則規定を設けた。更にこの罰則規定は，既述の「1818年7月13日の破産法」でも検討された。とはいえそれは，商業帳簿の作成を債権者保護・詐欺破産の阻止というような問題との関連で，商人或いは一定の経済主体に対して法的に義務づけるということはなく，破産法上のこの種の罰則規定は，「1866年破産法」(Konkuslag af 1866) の制定まで俟たなければならなかった。この法律は，商人という概念を記帳義務の問題と関連づけた。この点で次にみる「1855年5月4日の商業帳簿及び計算書類に関する法令」は，商人或いは事業家に対して初めて商業帳簿の作成を義務づけ，「売買取引上の諸帳簿が，場合によっては完全な証拠物件 (fullt bevis) として妥当するということを規定していた」[16]という点で，後のスウェーデンにおける会計関連法規の形成にとって画期的なことであった。

　何れにせよ1734年普通法の部分法典としての商法15章は，企業に対する資本提供者（より正確にいえば貸付資本の提供者）としての債権者と受託者との責任関係とりわけ会計責任の設定と解除に関する問題を初めて法的に問題にした。このことは，今日いういわゆる受託責任を中心とする企業会計の基本的な枠組みの形成とりわけ法的制度会計のそれの始点であった。「会計の

中核は，責任関係である。……そのような責任関係は，契約或いは法律によって確定される。……そのような会計責任が有意味であるためには，多数の条件が充足されなければならないが，［とりわけ］①責任範囲の限定，②誰が誰に対して責任を負うか，③如何にして会計責任が充足されるべきかを決定しなければならない」[17]。この点で1734年普通法の部分法典としての商法15章における規定のもつ意味に留意したいと思う。

　(2)「1855年5月4日の商業帳簿及び計算書類に関する法令」

　1929年会計法を貫く会計目標として措定されている債権者保護思考は，1734年普通法の部分法典としての商法15章における商業帳簿作成の関する規定の後，上記のような様々の法規の制定を伴いながら，やがて「1855年5月4日の商業帳簿及び計算書類に関する法令」（略称．1855年法令）の発布となった。この法令は，総体として28項目より成ったが，その力点は，主として1734年普通法において論争を反復した「記帳義務」(bokföringsskyldighet) を随伴する事業活動とは何かを明確化するために，「記帳義務を免除される事業活動を詳細に規定し，……［併せて］強制的に記帳するべき商業帳簿及び計算書類を日記帳 (dagbok)，書簡 (brevbok)，財産目録台帳 (inventariebok) に限定した」[18]ことであった。この法令は，先の1734年法が，諸帳簿及び計算書類の証拠としての信憑性を文書によって裏づけることを要請したように，諸帳簿及び計算書類が，市長及び議会の面前での「宣誓による」(med ed) 或いは口頭によるなど，無形の方法によるのではなくて，「有形な方法」(fysisk form) で留めおかれることを要請した。この法令は，そのような要請の下に，日記帳は，取引の発生順の記録として毎日記帳すべきこと，一度記帳した取引事象は，勝手に修正・抹消すべきではなく，また追加記帳もすべきではないこと，諸帳簿に余白を残すべきではないこと，必要な修正は，修正した日付を明記し，明瞭性を維持すべきこと，財産目録台帳は，「事業活動の開始時における全ての資産と負債の目録であり，毎年，年度末に［作成される］貸借対照表によって補完されるべきこと」[19]，商業帳簿は，作成後，10年間保管すべきことなどを規定していた。

この法令は，それ自体としては商人の売買計算書は，商業帳簿を基礎として作成すべきこと，商人間の信用関係は，確実に決済すべきこと，商業帳簿作成の義務の適用範囲などに関する問題を大まかに規定したに過ぎない。とはいえこの法令は，その後のこの国の各種の商事関連法の制定の場合必ずといってよい程引き合いにだされ，論議の対象となってきたのであった。しかも経済社会の発展は，とりわけ①記帳義務の内容，②記帳義務を遂行するために必要な諸帳簿（bokföringsböcker）と商業文書（handelsdocument）の種類，③諸帳簿の形態及び諸帳簿の偽造を阻む安全性の程度，④資産の評価問題を中心に[20]，この150年間，論議を反復してきた問題であった。これらの問題の検討が本格的・総体的に開始するのは，1929年会計法の制定まで俟たなければならなかった。

2. 1929年会計法の制定の経緯

　上記の1855年法令は，その制定から75年後に廃止となり，それにとって代わったのが，1929年会計法であった。

　既にこの法令の制定に先立つ17世紀初頭頃より19世紀末葉頃にかけて，この国の株式会社としてのいわゆるbolag（ブゥーラーク）も，発展途上にあった。株式の自由な譲渡・移転（資本の商品化）による資本の集中・集積は，競争と信用に媒介されるが，それを制度的に承認するための最も基本的な法的支柱は，全社員の有限責任制（及びその対極としての債権者保護・資本充実原則など）と設立に関する準則主義である。本章の第1節でみたように，この国が，全社員有限責任制を法的に承認したのは「1848年株式会社法」（1848 års aktiebolagslag），設立に関する準則主義を導入したのは「1895年株式会社法」（1895 års aktiebolagslag），その近代化を図ったのは「1910年株式会社法」（1910 års aktiebolagslag）であった[21]。これらの株式会社法は，もとより企業会計に関する「いわゆる枠組法」ではなかった。

　1929年会計法が制定されるこの頃，この国は，既にいわゆるスウェーデン型混合経済の台頭・形成期に入っていた。ここでの私的企業の会計は，理論

補　章　スウェーデンの戦間期における会計諸規定の動向 | 613

的にも実践的にも当時の政府の経済政策目標に沿って，強度に資本蓄積指向的であった。このような時期でさえこの国は，未だ企業会計に関する「いわゆる枠組法」として，「1855年法令」を適用していたのである。とはいえこのことは，20世紀に入っても「1855年法令」を適用し続けることを是としていたことを意味しない。既に19世紀末葉より時の政府は，各界からの要請を受けて「1855年法令」の改訂作業を開始し，1903年3月4日の国会に最初の政府提案を提出した[22]。その提案に含まれる最大の問題は，①この法令による商業帳簿及び計算書類の作成に関する上記の諸規定は，過去に法解釈をめぐって疑義を生じてきた諸問題の内容を明確化しながら，同時に補充・拡大すべきこと，②この場合政府がこれらの問題に介入すべき限度はどの程度までかという問題であった。商務省（kommerskollegium）は，この提案に対する意見表明として，「1855年法令」の諸規定を全般的に再検討する必要性を強調した。政府は，これを受けて1912年9月17日に記帳問題についてさしあたり法務省内で政府の同意と援助の下に討議・調査・答申するために特別の専門家たちを招集し，かれらにこの問題の検討を全面的に委任した。かれらは，1916年1月29日に「1885年法令」の幾つかの部分についてその文言の修正及びそれに伴うその他の関連法規の改正を提案した。この提案は，政府・実業界・その他，各界から様々な反響を呼んだ。政府は，この提案とそれに対する各界からの反応を考慮しつつ，この問題に関する法案の骨子をまとめ，商務省及びこの国の各地の商業会議所（Handelskammar i riket）にコメントを求めた。法務省も，これに呼応して，再度，特別の専門家たちを招集し，かれらに法案作成のための論議・検討を求めた。政府は，このような過程を通じて法案の骨子を一部修正し，1926年3月26日に正式な法案を作成し，法制審議会（lagrådet）に回送した。法制審議会は，審議の結果を1926年12月3日に公表した。その後も引き続き法務省は，この法案の一部を修正した。法務省は，この法案の一部修正のために，それまで法制審議会の委員であった会計士W. Hembergの他に，新たに「ストックホルム商科大学」の教授及び会計士/コンサルタントであるO. Sillénを専門家として召喚した。

そして政府は，この法案を1929年の国会に提出し，同年5月31日に会計法として公布したのであった[23]。

その後この会計法は，§1（この法律の適用範囲を規定）の幾度かの修正（例えば，1930年4月25日の法律による不動産所有者組合 Bostadsrättsförening, 1934年5月4日の法律による海運通関手続代行業者 Utövare av skeppsklareringsrörelse, 1948年4月30日の法律による農・林業の共同事業組合 sambruksförening への適用など）及び§15（この法律の遵守違反に対する罰則規定）の部分的修正などを別とすれば，1975年代の新株式会社法の制定に連動する1976年の会計法の制定まで，ほぼそのまま適用されてきたのである。

3．1929年会計法の会計関連法上の一般的な位置づけ

1929年会計法の制定の経緯から明らかとなったように，この法律は，1734年普通法の部分法典として組み込まれた商法15章において bolag（ブゥーラーク）と呼ばれた経済組織体の商業帳簿作成の義務とこの法律の適用範囲に関する問題を契機に，1855年法令の発布を経て，20世紀20年代末葉に制定された法律である。この法律の制定の最も直接的な動機は，本章の「序」で指摘したように，1928年に20世紀初頭以来から歴代政府の念願であった「地方所得税法」の制定に伴い，税法上の諸概念と企業会計上の諸概念の区分・明確化をすることであった。

1929年会計法は，直ぐ後に素描するように，会計目標として債権者保護を措定し，記帳されるべき帳簿の種類，実施すべき一般的な記帳手続，事業活動に関する帳簿より開示すべき会計情報などに関する問題を規定していた。

欧米諸国の文献によれば，過去にこの法律をもってドイツのいわゆる正規の簿記の諸原則との類似性を指摘する論者[24]や，いわゆるアメリカ流の一般に承認された会計原則に相当するものを成分法化したものと解する論者[25]も存在した。この場合ドイツ流の正規の簿記の諸原則の本質をどのように解するかということが改めて問われなければならないであろう。周知の

ように，ドイツ流の正規の簿記の諸原則は，本来，1897年のドイツ商法238条1項（商人に対する正規の簿記の諸原則による商業帳簿の作成の義務を規定）にその起源をもつが，今日，この原則は，単に記録原則のみならず財務諸表の作成原則（実質的な会計処理原則）をも包含する公正妥当な会計慣行と解される。加えてアメリカ流の一般に承認された会計原則の概念も，1929年世界恐慌を契機とする1930年代におけるアメリカの証券市場の混乱を克服することを目的として投資家保護の理念を標榜しつつ，かのAICPA及びAAAを中心として公認会計士の会計的判断のよるべき基準として形成されてきたものである。

これに対してスウェーデンの会計法の歴史的な形成過程を顧みるとき，その形成の直接的な動機も理由は，必ずしもドイツやアメリカと同一ではなく，その点では1929年会計法の諸原則は，ドイツ流の正規の簿記の諸原則或いは一般に承認された会計原則と同一ではなく，それらの原則との類似性或いは関連性というような視角より取り上げることは，必ずしも正鵠を得たものとはいいがたいように思われる。けれどもこの会計法§§3-13の記帳義務の遂行の仕方に関する諸規定特にその§3は，記帳の一般的な諸原則の問題に関連して「良き商人の慣習」（god köpmannased）の遵守ということを規定していること，そしてそれは，1929年会計法が債権者保護を，1976年会計法が投資家保護を，更には1999年会計法が従業員をも含む社会的な利害関係の調整を会計目標として措定したときにも，依然としてその底流にあることを想起するならば，1929年会計法に関する上記のような評価は，それなりに承認してもよいであろう[26]。

この場合若干留意すべき点は，本章の「序」で指摘したように，この国の法系は，総体として大陸法と英米法の双方の影響を受けながらもそれ独自の歴史的・経済的な諸条件の生成・発達に呼応しつつ，必要に応じて個別的に立法措置（法律 Lag 或いは法令 Förordning の形の措置）を講じてきているために非常に複雑であり[27]，このことは，会計法についても当てはまるということである。それは，会計関連法上の会計法の位置づけをこれまで

曖昧にしてきた一因であった。1999年会計法は，それを「枠組と明細諸規定を結合したもの」(en kombination av ramlag och detaljförskirifter) として認識し，その「包括的原則」(den övergripande principen) として「記帳義務は，良き会計慣習（god redovisningssed）と一致して遂行されるべきである」[28]ということを，§11に規定したのである[29]。

4．1929年会計法の概要

1929年会計法は，条文の前文に続く§§1-15と付則より成る。

前文は，国会の承認・国王の名の下にこの法律が制定されることを述べ，会計法の目的・会計法の内容・記帳義務の役割などについて簡潔に言及する。

会計法の目的は，何よりも先ず債権者保護を会計目標とする立場より，事業活動を営む一定の経済主体に商業帳簿の作成を義務づけ，当該経済主体が，その作成より入手する会計情報を基礎に事業活動を遂行し，不断に事業活動の経過・方法などを概観・検討・或いは統制し，これによって事業活動の安全な運営を行いつつ，債権者の経済活動主体に対する債権回収の確実性を保証することである。したがってこの法律は，一般的な税務上の利害を充足することを直接的な課題とはしない。このことは，例えば，会計法は，債権者保護の立場より資産の過大評価を阻止することに力点をおくが，これに対して税法は，国家財政の維持という立場より在庫品や有価証券の一定限度以下の引下げを禁止するということになる。

会計法の§§1-2は，記帳義務の意味と記帳義務の適用除外を規定[30]，§§3-13は，記帳義務の遂行の仕方を規定，§14は，会計法と他の法律または法令の関係を規定，§15は，記帳義務違反に対する罰則を規定，付則は，1929年会計法の制定によって「1855年法令」を原則的に廃止すること，会計法は，1930年1月1日から施行されること，この場合でも会計法がとって代わった「1855年法令」における「§§21-24及び§28の規定は，なお依然として適用される」[31]と述べ，1734年普通法における部分法典として制定された商法15章の規定以来，商人或いは一定の経済主体に関する商業帳簿の作成についてそ

の基本的な考え方については,「会計法は如何なる点でも修正・変更されていない」[32]と明言した。

1929年会計法§§1-2の記帳義務の意味とその適用除外に関する諸規定は,この会計法がとって代わった「1855年法令」以前の1734年普通法における部分法典としての商法典15章でも既に問題となっていた。1929年会計法も,さしあたり記帳義務者としての商人概念との関連でこの問題を論議したが,決着をつけることができなかった。1976年会計法も,この問題については同様であったが,それでも商業部門以外のその他の部門について個別立法によって処理するべきことを規定した。1999年会計法は,会計法の「いわゆる枠組法」としての性格を重視し,それに即して表現を単純化して「事業家」(närlingsidkare)という言葉をもって包括した[33]。

記帳義務の遂行の仕方を規定した§§3-13の概要は次のようであった。§3:記帳(bokföring)は,「記帳の一般的な諸原則に一致し,良き商人の慣習を遵守して」(i överensstämmelse med allmänna bokföringsgrunder och med iakttagande av god köpmannased)行うべきこと[34],§4:①「記帳」は,各会計年度に「記帳義務者の期首及び期末の経営状態及び事業活動の経過」表示するために行うべきこと,②事業活動の経過を把握するためには「継続的な簿記」(löpande bokföring)に必要な「日記帳」(dagbok)及び「その他の商業帳簿」(övriga handelsböcker)を,経営状態を把握するためには「財産目録」(inventarium)及び「貸借対照表」(balansräkning)を作成すべきこと[35],§5:①商業帳簿は,適切なルーズリーフ・システム或いはカード・システムを採用していない場合,製本し,連続番号で頁数或いは見出しをつけるべきこと,「日記帳」及び「資産台帳」(inventariebok)は,ルーズリーフ・システム或いはカード・システムを利用してはならないこと,②商業帳簿は,長期保存のためにインク・タイプ・その他の方法によって記帳すべきこと,記帳を「一般に行われている簿記の諸原則に従って」(enligt gängse bokföringsregler)連続して行うべきである場合,余白を残したり,消しゴムなどで帳簿記録を抹消してはならないこ

と，記帳の修正・記帳の追加は，その正当性が証明可能であるべきこと（信憑書類としての記帳の完全性と長期保存性）[36]，§6：①「日記帳」への取引事象の記帳は，「継続的な簿記」により毎日，各項目ごとに継続して行うべきこと，②特に債権・債務に関する情報は，「明瞭性で概観的に」（klart och överskådligt sätt）で提供すべきこと[37]，§7：①「財産目録」は，記帳義務者の全ての資産及び負債を記載すべきこと，それらの資産及び負債は，各項目ごとに明示し，各項目ごとにその「価額」（värde）を付すべきこと，これによって資産と負債の価額の差額を表示すべきこと，②年金支払義務及び抵当権設定物件の記帳などは，脚注表示すべきこと[38]，§8：貸借対照表は，財産目録の総括的な要約であり，そこに計上される諸項目は，適切な主要項目ごとに配列すべきこと[39]，§9：財産目録及び貸借対照表を作成する場合さらに遵守すべきことは，①記帳義務者の諸資産は，「その実際の価額」を上回る評価をしてはならないこと，②「記帳義務者にとり永続的な利用を目的とした諸資産」とりわけ設備資産は，「その実際の価額」が，それらの資産の調達或いは製造のために要した原価より低くても，この原価で評価してもよいこと，但しこの場合耐用年数及び利用或いはそれに匹敵しうるその他の原因で発生した「当該資産の価値減少」（tillgångs värdeminskning）に相当する金額を毎年減価償却すべきこと，③「不確実な債権（osäkra fordringar）は，支払されると見込まれる金額」で記載すべきこと，回収不能な債権は，資産として記載すべきでないこと[40]，§10：記帳義務者は，財産目録及び貸借対照表に署名し，確認すべきこと，記帳義務者が無限責任社員より成る経済組織体としてのbolag（ブゥーラーク）である場合，署名は，社員全員によるべきこと[41]，§11：会計年度は原則として1年とすべきこと[42]，§12：受領した書簡・計算書・その他の書類などは，秩序正しく保存すべきこと，送付した書類は，複写し，同様に秩序正しく保存すべきこと[43]，§13：各種の商業帳簿とその付録・その他の信憑書類及びそのコピーは，10年間，保存すべきこと[44]。1929年会計法は，上記§§3-13で記帳義務の遂行の仕方を規定した後，更に§14：会計法と他の法律または法令との関係で，他の法律または

補　章　スウェーデンの戦間期における会計諸規定の動向 | 619

法令により別段の諸規定が問題となる場合，会計法の諸規定は適用除外とすべきこと[45]，§15：記帳義務違反に対する責任は，刑法の規定により責任追及されるべきこと[46]を規定した。

　上記の規定を一瞥すれば，付則が，「1855年法令」における「§§21-24及び§28の規定は，なお依然として適用される」[47]と述べ，1734年普通法における部分法典としての商法制定以来の商人或いは一定の経済主体における商業帳簿の作成に関する基本的な考え方については，「会計法は如何なる点でも修正・変更されていない」[48]ということの意味を一層明確に理解しうる。「1855年法令」の§§21-24及び§28の規定は，一定の経済組織体における債権者保護を基軸とした商業帳簿及び計算書類の作成義務とその信憑書類としての役立ちを下記のように規定していたのである[49]。

§21. 商人が作成する計算書類は，かれの商業帳簿と正確に一致すべきである。
§22. 商人の相互の間で，……自由な信用供与の契約を締結している場合，信用供与をした商人は，別段の規定がなければ，通常，商慣行（handelsbruk）が規定する期間内に相手にこれに関する計算書類を手渡・送付する義務を負う。この計算書類を受領した人が，それが不正であるということが判明すれば，かれは，計算書類を手渡・送付した商人に対して，遅滞なく確実にこのことを告知する義務を負う。或いはかれが，この商人に直接面談することができなければ，かれは，この書類を受領してから3ヵ月以内にこの計算書類に対する異議申立を政府行政機関（KB）に届出する義務を負う。かれが，この義務を懈怠し，かれの商業帳簿を基礎として作成し，かれがその商人より受領した計算書類［の内容］とは一致しない計算書類を，上記の所定の期間内に，その商人に確実に手渡・送付することがなければ，かれは，その商人より受領した計算書類を承認したものを見做される筈である。
§23. 商人が，自由な信用供与の契約なしに商人に対して商品を掛売した場合，別段に明白な規定が存在しない限り，その商品に対する計算書を，この掛売が商業帳簿に記載された年度末より起算して遅くとも3ヵ月以内に，その債務者（売掛先）に対して手渡・送付しなければならない。
§24. 商人が，この計算書類を債務者（売掛先）に対して手渡・送付し，その受領者がそれを受領してから3ヵ月以内に債権者（買掛先）に対して，その計算書類を承認できないということを確実に告知しないか，或いは……裁判所にそれに対する異議申立をしなければ，この計算書類は，支払期限の到来した債務証書と同様に差押の対象として有効である。債務者が，署名してその計算書類を承認した場合

　　　　も，同一の規定が適用される。
　§28. この法令で商人に対して規定されていることは，§1及び§2によって商業帳簿をつけるその他の人々にも，全ての点で適用される。

　こうして1929年会計法は，何よりも先ず，一定の事業体が営利を目的として事業活動を営む場合，この事業体における債権者保護を会計目標として措定し，個々の事業体に対して商業帳簿の作成を義務づけ，個々の事業体は，それによって事業活動の動向とその結果について概観・統制しながら「健全な」事業活動を遂行すべきこと，それでも場合によって支払不能となった場合これまで遂行してきた記帳義務の結果に基づいてそのことを直接的に債権者に報告すべきことを狙っていたのである。

5．1929年会計法における「良き商人の慣習」の遵守と「慎重な原則」の意味

(1)「良き商人の慣習」の遵守

　1929年会計法が制定された当時から論議を呼んだ問題の一つは，記帳義務者の範疇をめぐる問題であった[50]。この問題は，その論議の過程で各界より同法§§1-2の規定における様々な曖昧性と不備な点が指摘される都度，個別的な立法措置を講じながら徐々に概念の明確化と純化を図ってきた。そして1976年会計法は，既述のように記帳義務者をもって原則として全ての「事業家」(näringsidkare) を対象とするという表現に修正し，この問題に一応の決着をつけたのである。

　この問題を除けば，1929年会計法が制定された当時から最も重視された問題は，同法§3の規定即ち「記帳は一般的な記帳の諸原則に一致し，良き商人の慣習を遵守して行われるべきである」という規定であった。

　会計法は，直接的な会計目標としては，1929年会計法の場合には債権者保護，1976年会計法の場合には投資家保護，1999年会計法の場合には従業員をも含むより広義な意味での企業を取り巻く利害関係者の利害関係の調整に力点を置く。とはいえ会計法の措定する会計目標の重点が，時代の要請に従っ

補　章　スウェーデンの戦間期における会計諸規定の動向 | 621

てその位相を変えながらも，この国の会計問題に関する「いわゆる枠組法」としての会計法の基底を一貫して流れるのは，債権者保護・良き商人の会計慣習/良き会計慣習の遵守・慎重な原則である[51]。この点で1929年会計法§3の規定即ち「記帳は一般的な記帳の諸原則に一致し，良き商人の慣習を遵守して（i överensstämmelse med allmänna bokföringsgrunder och med iakttagane av god köpmannased）行われるべきである」という規定（1976年会計法§2及び1999年会計法§11）は，1929年会計法の制定以来の「上位原則」（överordnad princip）[52]として機能してきた。

1929年会計法の§3のいう「良き商人の慣習」（god köpmannased）は，1976年会計法§2及び1999年会計法§11では「良き会計慣習」（god redovisningssed）という表現に改正されたが，その原型は，1929年会計法§3が規定する「良き商人の慣習」であった。

1929年会計法§3が当時「良き商人の慣習」という規定を設けたとき，この言葉の解釈をめぐって様々な解釈論が展開した。その中でも最も一般的・代表的な解釈は，この法律制定の最終段階での法制審議会の委員として参画したO. Sillén[53]のそれであった。かれの見解は，その委細は別として，①慣習（sed/sedvänja）とは，一定程度の浸透性をもって実際に行われている実務であること，②'一般に承認されている商人の慣習'（allmänt vedertagen köpmannased）という場合問題となる実務は，概して大部分の事業家或いは代表的な産業部門の場合行われている実務であること，③「良き商人の慣習」という文言でいう商人とは，会計法§1が規定する記帳義務者と解釈されるべきなので，「良き商人の慣習」とは，会計法§1で規定する商人の慣習を意味し，「健全な」（sund）それであること，④「良き商人の慣習」が「健全な」慣習であるということは，それが，信頼しうる方法による説明の可能性と正当性の承認及び影響力の有効性の証明可能性を具備していること，⑤「良き商人の慣習」の内容は，時代の経済動向によって変化・進展すること，この場合「良き商人の慣習」の形成は，優れた専門家の意見或いは法規が演繹的にその内容に影響を与えることも稀ではないが，より重要な点

は，論理的な演繹よりも，実務に携わる人々の「自由な判断及び評価」であると説いた[54]。

O. Sillén の「良き商人の慣習」に対するこのような見解は，筆者の知る限り当時の最も一般的な見解である。「良き商人の慣習」或いは「良き会計慣習」の問題は，スウェーデン・モデルの再検討が潜在的に開始した1960年代末葉よりその再構築を求める試みが顕在化する1980年代頃にかけて再び俎上にのぼるようになった[55]。例えば，「イェーテボリー商科大学」の S. Jönsson は，会計政策の構築という視角より会計規制の問題を主題としながら，「良き会計慣習」の問題に言及し，その特性として①多数の人々による頻発性，②所与の諸規範と矛盾しない確立されたパタン，③長期安定性，④慣習からの乖離の可能性，⑤個人的な判断・意見の相違，⑥現存する慣習に先行する古い慣習の存在，その他をあげる[56]。

このように「慣習」・「良き商人の慣習」の内容は，時代と共に変容するが，本章ではそれが，基本的には，多数の現実の会計実践の中から生起してきたということを主張していることを確認すればよい。即ち1929年会計法§3（1976年会計法§2・1999年会計法§11）が規定する「良き商人の慣習」/「良き会計慣行」とは，昔も今もこの国の法的制度会計上，実質的には「代表的な諸産業界の各会社によって実務上利用されている会計諸原則」と解釈され，「この国の各会社が実際に行っている実務」の基底を流れる簿記（記帳）・会計の諸原則を問題としてきており，「そのことが，この国の各会社ごとに行われる簿記・会計の諸原則の広範な相違をもたらす結果となっている」[57]といわれるのである。

1929年会計法は，「上位原則」である「良き商人の慣習」の遵守を規定したとき，その「記帳義務」(bokföringsskildighet) の基礎として記帳作業の「検証可能な処理」(verifikationshanterig)・「年代順及び継続的な記帳」(kronologisk och löpande bokföring)・「組織的な記帳」(systematisk bokföring)・「帳簿締切の作業」(bokslutsarbete)・商業帳簿及び計算書類などの「保存作業」(arkitiverigsarbete) をあげた[58]。新しい情報処理技術の導

入に呼応した1976年会計法§2もまた、それを基本的には継承した。

1929年会計法が記帳義務の内容として発生した取引事象を年代的・組織的・継続的に記録することを規定したとき、記帳義務者の範囲の問題と共に争点となった問題は、年代的・組織的・継続的な記帳方式としての「一般的な簿記の諸原則」（allmänna bokföringsgrunder）が、複式簿記のそれを意味するかどうかという問題であった。逐語訳的な解釈は、結論的には、この「記帳形態」（bokföringens form）は必ずしも複式簿記によるそれを意味しないということであった。その論拠としてさしあたり提示されたことは、少なくとも1929年会計法の制定まで効力のあった「1855年法令」が全ての記帳義務者に対して単式簿記の利用を承認していること、既述のように1929年会計法は、同法令の§§21-24及び§28の規定を継承していること、その限り1929年会計法§3にいう「一般的な記帳の諸原則」による記帳義務者が作成するべき商業帳簿及び計算書類は、「日記帳及び資産台帳」（dagbok och inventariebok）のみであり、それ以外のその他の諸帳簿を含むことを原則として要請しなかった[59]という点であった。とはいえこの論拠の基底に潜む思考は、「一般的な簿記の諸原則」に適合的な商業帳簿及び計算書類が如何なる内容・性質のものから構成されるかということを決定する場合重視すべきことは、「記帳義務のある企業の規模及び記帳義務のある企業が、どんな記帳方法・記帳形態を適用しようとするかという問題は、記帳義務者自らが決定すべき個々の特別な必要性と事情を考慮して、……記帳義務者に対して最大限度の自由を与える」[60]という思考であった。この点よりこの問題について提示された見解は、先ず、第一義的には、1929年会計法§3の規定する「一般的な記帳の諸原則」は、「記帳の本質」（bokföringens beskaffenhet）に関わる最低限度の一般的な要請とされ、記帳義務者に対して日記帳及び資産台帳の作成のみを「1855年法令」に倣って指すものとされた。

その上で提示されたことは、とはいえ現実に記帳する場合「健全な営業活動体（sunt affärsliv）における慣行（sed och bruk）を考慮しなければならないということは、……当然の理」[61]であり、この法規の条文の個々の諸規

定は，そのことを示唆している点に留意すべきであること，例えば，既述のように，§4は，①記帳は，各会計年度に「記帳義務者の期首及び期末の経営状態及び事業活動の経過」を表示するために行うべきこと，②事業活動の経過を把握するためには継続的な記帳に必要な「日記帳」及び「その他の商業帳簿」を，経営状態を把握するためには「財産目録」及び「貸借対照表」を作成すべきこと，§5は，記帳を「一般に行われている記帳の諸原則（gängse bokföringsregler）に従って」遂行すべきこと，この場合事業活動の規模及びその特性を考慮すべきこと，§6は，「事業活動の業種及び範囲」を考慮して記帳すべきことを前提としていること[62]，こうした点よりみれば，会計法§3が規定する「一般的な簿記の諸原則」は，「われわれが，この法律の規定を適用する場合，何らかの限定的な逐語的な解釈を決してすべきではなく，記帳技術の発展（bokföringsteknikensutveckling）及び健全な商人的な見解（sund köpmannamässig uppfattning）を注目すべきである」[63]ことを示唆していること，現今の記帳技術の発展と健全な商人的な見解を考慮すれば，ここにいう「記帳形態」（bokföringens form）として妥当するのは複式簿記であり，「一般的な簿記の諸原則」とは，複式簿記のそれとして解釈するのが妥当であること，「一般的な簿記の諸原則と良き商人の慣行」（allmänna bokföringsgrunder och god köpmannased）という表現は，会計に関する「枠組法」としての会計法以外の多くの法律，例えば1944年株式会社法（1944 års Lag om aktiebolag）（§100）でも[64]，更に当時の税法にもみられるということであった。因みにいえば，会計法上，簿記形態として複式簿記によるべきことを義務づけるのは，1976年会計法§9である[65]。

　1929年会計法§3にいう「良き商人の慣行」が含意することは，それが，既述のように，基本的には，多様な現実の会計実践の中から生起してきたという主張から導きだされるということであり，その限り重要な問題は，当時のこの国の会計実践の動向である。この問題については既に幾つかの拙稿で考察しているが，その典型的な事例の一つは，本書の第3章で取り上げた，O. Sillénが資産の評価基準をめぐって設定した「景気変動調整の原則」（資

産の過大評価禁止・過小評価是認)[66]にみるように、スウェーデン型混合経済の台頭・形成期における景気対抗的な国際競争力の維持・増大という国策に沿う経済政策の一環として、会計的側面から企業財務の健全化と強化に繋がる会計実践であった。

1929年会計法§3の規定によって適用される簿記形態が、現実問題として一般には複式簿記であると解釈されたとしても、同法§6は、「継続した記帳が行われる場合に……遵守すべきことは、事業活動によって発生した債権及び債務に関する情報、……［更には］連帯債務補償に関する情報が一目瞭然に表示されることである」[67]と述べ、同法§8は、この要請に基づいて作成・公表するべき計算書類（財務諸表）は「財産目録」及び「貸借対照表」であること[68]、この貸借対照表が、複式簿記を基礎として誘導法によって作成されるとしても、それは、「財産目録の概観的な要約」[69]であること、即ち「財産目録と貸借対照表との間には如何なる原則的な相違も存在しないこと、両者の相違点は、財産目録がより明細であり、貸借対照表はより集約的である点に過ぎない」[70]とされた。この国の法的制度会計問題の本格的な取組みは、1929年会計法の制定以後間もなく発生した、1930年代初頭のかのI. Kreugerが主導するこの国の多国籍企業における粉飾決算の発覚と証券市場の混乱を契機として開始した。その取組みの結果は、1944年株式会社法（1944 års aktiebolagslag）が、株式会社に対して貸借対照表の他に損益計算書の作成を義務づけ、それらの財務諸表の雛形（シェマー）を提示し、併せて連結財務諸表作成に関する規定（§104）を導入したことであった（§§98-104)[71]（連結財務諸表公開の義務化は1975年株式会社法§§10-11[72]）。とはいえ会計法が、貸借対照表の他に損益計算書の作成・公表を義務づけ、その雛形（シェマー）を提示するのは、1976年会計法の制定まで俟たなければならなかった。

(2)「慎重な原則」

1929年会計法§3にいう「良き商人の慣習」は、上記のような会計実務の中から育成されてきた会計問題に関する「枠組法」における「上位原則」で

あった。

この「上位原則」の主意を最も端的に表明した規定は，§9の貸借対照表上の資産評価に関する諸規定であった。

同法同条項は，①記帳義務者の資産は，その「実際の価額」(verkligt värde) を超えて財産目録及び貸借対照表に記載してはならないこと，②記帳義務者にとり長期的な使用を目的とする資産は，「その実際の価額が」それらの資産の調達或いは製造のための原価より低い場合でも，それらの資産の調達或いは製造のために要した金額で記載してもよいこと，但しこの場合には耐用年数及び利用或いはその他のこれと匹敵しうる原因によって発生したこれらの資産の「価値減少」(värdeminskning) に対応する金額が毎年減価償却されるべきであること，そのような減価償却の代わりに，それに相当する金額を，負債の側に設定する特別な価値減少勘定 (särskilt värdeminskningskonto) に記載してもよいこと[73]，ここで問題となる資産が，その調達或いは製造のためのコストより高い金額で記入されるか，或いはこの種の資産が前年度の資産の価額よりも高く評価されるならば，貸借対照表上，評価増された金額を表示すべきこと，③不確実な債権は，支払可能と見積りされる金額でのみ計上すべきこと，価値の喪失した債権 (värdelös fordring) は，資産として記載してはならないこと[74]を規定していた。

この条項の力点は，財産目録及び貸借対照表に全ての資産と負債を計上すること，及びこれらの資産の評価が，「正当な記帳の諸原則に従って」行われることにあった。ここにいう「正当な」(rätt) とは，1929年会計法§3にいう「良き商人の慣習」・「健全な商人の会計実務」に照らして評価が「正当な」それであることを意味し，それは，1929年会計法が会計目標として措定した債権者保護の立場から，資産の過大評価を禁止することを意味した。その理由は，全ての資産価値の過大評価は，「記帳されている自己資本ないしは利益の同様な額の増大（或いは損失の減少）を伴う」からである[75]。もとよりあらゆる条件の下で「正当な」評価諸原則は存在しない。換言すれば，「評価諸原則は，それを設定する会計目標によって相違」[76]し，評価諸原則

の設定目的は，より基本的には会計目標によって規定される。例えば，会計目標が債権者保護にある場合，通常，作成される貸借対照表は財産貸借対照表であるが，時としては債権者の申立による強制破産の場合には清算貸借対照表が作成されること，これに対して会計目標が，一定期間の企業活動の結果として発生した「成果」(resultat) としての「損益」(vinst eller förlust) の把握にある場合，作成される貸借対照表は損益貸借対照表となる。とはいえ何れの貸借対照表であっても，「資産の過小評価に対する如何なる禁止条項も存在しないので，当該企業とその記帳義務者の純財産は，その記帳が表示するよりもはるかに高い価値をもっているということになる」[77]。しかも資産の過大評価を禁止することによって「[財産]状態が，多分，実際には財産目録及び貸借対照表が表示するよりもはるかに良好な状態にあるという事情は，……いかなる危険も意味しない。この状態は，債権者に対する怠慢を表示することにはならない」[78]。

1929年会計法の「良き商人の慣習」は，およそ50年近くも経って制定された1976年会計法でも「良き会計慣習」として，表現を変えながらも継承され，1999年会計法でも更に内容を拡大した。もとより1976年法会計法及び1999年会計法にいう「良き会計慣習」の実質的な内容なこの国の時代の要請を受けて会計目標としての債権者保護，債権者保護より投資家保護，投資家保護より企業をとりまく外部利害関係者の利害調整を標榜している。

北ヨーロッパの小国スウェーデンは，その建国以来の歴史が示すように，不断に諸外国の影響とりわけさしあたりは，ハンザ同盟以来のドイツ・オランダの，後にはイギリスの，更にもっと後には，アメリカのそれを受けながら，技術・貿易立国として国際社会の動向に適応してきた。この国の会計制度とりわけ法的会計制度の形成・発展も同様であった。

少なくとも第二次世界大戦の終熄まで（より正確にいえば，ナチスドイツの敗北の兆しが明らかとなるまで），この国の会計制度により直接的で多大な影響を与えたのは，ドイツであった[79]。

この国の制度会計は，特定の経済主体の自己規制を尊重するよりは，どん

な名称であれ主として株式会社法及び税法を基礎として一定程度の公的規制を加える手法を必然的に伴ってきた。1929年会計法は，1928年制定の地方所得税法の産物であった。この税法は，株式会社に対する徴税の基礎であり，その規定の多くは，今日でも妥当する。この税法は，財務報告と税法報告における諸概念を統一的に定義することを求めた。その場合討議された問題の一つは，如何にして基本的な会計諸概念を定義するかということであった。1929年会計法の制定は，この問題と連動しており[80]，同法が会計目標として措定した債権者保護・「良き商人の慣習」・「慎重な原則」・資産の過大評価の禁止という一連の論理は，この国の近代的な資本主義的工業化過程の開始以来，経済体制の如何を問わず，私的企業の国際競争力の維持・拡大路線に沿った資本蓄積に対する国家的な支援を表象した。

この会計法の制定後間もなく1932年のかのI. Kreugerによる粉飾経理の発覚[81]は，この国の会計監査制度の整備への本格的な取組みの幕開けとなった。I. Kreuger事件の影響で破産した多数の会社は，銀行が継承した。この国は，1930年代には社会民主労働党政権の下で議会制民主主義による「強い国家」を指向し，経済的権力は私的企業より国家に移行しつつあった。それは，いわゆるスウェーデンモデルの台頭・形成期であり，投資刺激の一手段が，本書の第6章及び第7章でみたかの「自由償却制度」や「投資準備金制度」であった[82]。国家は，その経済政策目標の実現のために，経済規制に積極的であった。会計規制の目的は，放漫経営の会社に対する健全経営の会社の保護であった[83]。O. Sillénは，この事件の後始末の責任を負い，全ての公開会社に公認会計士監査制度を導入するべきことを証券取引所に勧告した[84]。政府は，これを尊重し，1944年株式会社法に連結財務諸表作成規定[85]と並んで損益計算書及び貸借対照表の公開規定を導入した。

1945-1970年までこの国は，成長と資本の払底した時代にあった。

第二次世界大戦後，この国は戦争による被害を最小限に留めることができた。この国の会社は，ヨーロッパの再建による輸出需要の増大に必要な資金をさしあたりは内部留保の放出により賄った。内部留保は，政府の支援によ

る株式会社に対する実質的には低率の税率のおかげであった[86]。政府は，資本市場も規制し，結果的には株式市場が相対的に自立的に活動する余地を狭めた。国内市場向けの資金調達を必要とした部門は，政府の援助による住宅建設と年金計画の実施であった。資金需要は，銀行規制によって賄った。会計問題に対する主要な関心事は，なお依然として投資家に対する財務報告問題にはなく，政府の租税問題であった。

実業界は，資本市場の活性化の一環として「会計の質的改善によって投資家たちが年次報告書を手にして不安を感じない」ように「良き会計」に対する賞賛競争さえ試みた[87]。

1952年に北欧諸国は，1962年のEUの成立を射程に入れて北欧共同体の実現を模索することを開始し，1969年に北欧共同体会計法を提案した。それは，北欧諸国内外の諸事情で成立しなかった。とはいえこの運動は，北欧各国で一連の新しい会計関連法の制定に繋がっていった。その場合何れの諸国も財務諸表作成問題に関して「良き会計慣習」という言葉を導入しており，それは持続的な効果をもっていた[88]。スウェーデンに限定していえば，1975年会社法及び1976年会計法も，既述のように同様であった。

スウェーデンは，1970-1980年には石油危機とインフレーションに見舞われた。

政府は，少なくとも1960年代後半より1970年代前半まで依然として国民的視点より最高の権力者であった。もとより古典的なスウェーデン・モデルは，1960年代中葉より潜在的には行き詰っていたが，それが顕在化するようになったのは，1973年の石油危機・ブレトンウッズ体制の崩壊に伴う経済の低迷・低下傾向，それを決定的にしたのは，1976年選挙による社会民主労働党政権の敗北であった。その後の連立政権は，原子力問題を争点に合意に達することができず，政府・国家の権力は，相対的に弱体化した。1980年代の到来と共にスウェーデン・モデルの再検討・再構築の模索が開始した。

伝統的にこの国の巨大企業は，輸出指向的であった。しかもそれは，既に初期段階で外国での現地生産の拠点を構築していた。1950年以後進展した

EU統合問題は，1980年代に加速化した。この国の巨大企業は，1970-1980年代中葉に急速に EU 内部の会社を獲得していた。この国の1990年代初頭の税制改革（税率・控除率の引下げ）[89]は，これに呼応していた。それと同時に，この国の多国籍企業は，国際会計基準へ接近することを模索するようになった。とりわけ問題の一つは，この国の多国籍企業による欧米諸国の会社の買収・株式の取得による営業権の評価問題であった。伝統的な会計専門家団体 FAR は，営業権の短期償却を主張したが，実業界は，アメリカ流の GAAP の原則に従って長期償却に賛同した。

この国は，これらの動向に前後して初めて会計基準設定の問題の本格的な取組みを開始した。

これまで伝統的に会計基準の作成に積極的に提言し，様々な勧告書を公表してきたのは，FAR (Föreningen Auktoriserade Revisorer : The Swedish Institute of Authorized Public Accountants, 1923年設立) であった。FAR の勧告書は，会計実務と密接に関係しており，「良き商人の会計慣習を標準化すること」[90]及び会計に適用される諸法律を解釈し，効率的な会計方法を促進することを目的としてきた。1975年株式会社法の制定に伴い新たに設置されたのは，BFN (Bokföringsnämnde : The Accounting Standards Boad, 1976年設立) であった。BFN は，「良き商人の慣習を発展させ，会社が如何にして会計諸法律の要請を実現するかということについて忠告し，勧告書を作成し，実務の発展へ順応し，潜在的な会計問題を検証する」[91]かということを目的としていた。この機関は，政府設立の機関であり，この機関には会計によって影響を受ける社会の全ての人々が参画することを原則とし，会計士・実業界・税務当局・証券取引所・学会員・労働組合代表を含んだ。この組織は，FAR より一層直接的に租税問題及び法的制度問題と結合していた。更に1989年に「公開会社のための会計基準設定機能に集中」する目的で設立されたのは，RR (Redovisningsrådet : The Financial Accounting Standards Council) であった。その委細は別として，その勧告は，「良き商人の会計慣習」を法的に正式に承認することを狙いとしていた[92]。

補　章　スウェーデンの戦間期における会計諸規定の動向 | 631

　このように「良き商人の慣習」という問題は，1929年会計法に初めて盛り込まれて以来，徐々に，さしあたりは FAR の会計問題に関する助言・勧告の根拠として，そして1970年代中葉には BFN，1980年代末葉には RR のような各種の機関による会計基準設定の運動に連動して，展開してきた。なお因みにいえば，1976年会計法は，より直接的には戦後の OA 機器の発展・普及に加えて，さしあたりはブレトンウッズ体制の崩壊に随伴するこの国の通貨問題の処理をめぐる実業界と税務当局との対立を招来した。この場合実業界は，「良き会計慣習に従うことを望んだ。それは，保守主義に依拠していた」[93]と評される点は留意すべきであろう。1980年代に顕著となるこの国における多国籍企業の一層の発展による外国企業の買収或いは株式取得による営業権の評価問題とこれを契機とするドイツ系の法的処理よりアメリカ系の GAAP への接近，そして1999年会計法は，北欧共同体の形成の挫折に続く EU 加盟問題を背景として国際会計基準へのスウェーデン的な適応を主要な目的の一つとしたのであった。ここに1929年会計法が，債権者保護・「良き商人の慣習」・「慎重な原則」という論理を提示して以来，会計法は，その時々の時代の要請に呼応しながら，外国人にとっては一見理解し難い会計実務と法体系を会計基準として定式化していく起点となったということを，その意義として指摘し，本節を閉じたいと思う。

〈注〉
1) Westermark, Christer, *Den nya bokföringslagen m.m.*, Norstedts Juridik AB, Stockholm, 2000, s. 9 ; Ordeheid, Dieter and KPMG (eds.), *Transnational Accounting*, Vol. II, Macmillan Press Ltd., Basingstoke, 1995, p. 2377（ramlag というスウェーデン語は，一般には「枠組法」と和訳されるようであるが，本章では会計法がこの国の法的制度会計に占める意義を考慮して敢えて「基本法」とする方がよいかもしれない）。
2) Westermark, Christer, *op. cit.*, s. 9.
3) Hemberg, William och Sillén, Oskar, *Bokföringslagen av den 31 Maj 1929, Med förklarande anmärkningar, formulär och sakregister*, P.A. Norstedt & Söners Förlag, 8. uppl., Stockholm, 1970, s. 23.
4) Auktoriserade Revisorers Serviceaktiebolag, *Swedish Accounting & Auditing :*

Laws, Standards and Practices, Stockholm, 1991, p. 23.
5) Westermark, Christer, op. cit., ss. 245-258.
6) Ibid., s. 9.
7) Ibid., s. 11.
8) Ibid., ss. 11-12.
9) 大野文子稿「スウェーデンにおける株式会社の発展―同国の近代会計関連法規定の生成の史的背景として―」(1) 明治大学短期大学紀要 第56号 1994年3月, 232-234頁。
10) Scott, Franklin D., *Sweden : The Nation's History*, University of Minnesota Press, Minneapolis, 1977, p. 245 ; Gustafsson, Leif (ed.), *Business Laws in the Nordic Countries : Legal and Tax Aspects*, Norstedts Juridik, Stockholm, 1998, pp. 39-40.
11) 大野, 前掲稿, 228頁。
12) Glader, Mats/Bohman, Håkan/Boter, Håkan/Gabrielsson, Åke, *Företagsformer i teori och tillämpning : En studie med inriktning på mindre och medelstora företag*, Utredning från statens industriverk, SIND 1975 : 5, Liber Förlag, Stockholm, 1975, s. 18.
13) Philipson, Berndt, *Aktiebolagsrätt i populär framställning med kommentar till 1944 års lag*, Svenska Tryckeriaktiebolaget, Stockholm, 1947, s. 9.
14) 大野, 前掲稿, 235-236頁。この論文で参照した諸文献は記載省略；Hammarskjöld, Hj. L., *Redogörelse för den utländiska bolag- och föreningsrättens utveckling och nuvarande ståndpunkt, den svenska bolagsrättens utveckling* samt de svenska föreningarna (för ekonomiskt ändamål), Stockholom, 1890, ss. 55-57 ; Glader, Mats/Bohman, Håkan/Boter, Håkan/Gabrielsson, Åke, op. cit., s. 19.
15) 大野, 前掲稿, 199頁。この論文で参照した諸文献は記載省略。
16) Westermark, Christer, op. cit., s. 12。
17) Jönsson, Sten, *Accounting Regulation and Elite Structures : Driving Forces in the Development of Accounting Policy*, Göteborg School of Economics, John Wiley & Sons, Chichester・New York ・ Brisbane・Toronto・Singapore, 1988, p. 1.
18) Westermark, Christer, op. cit., s. 12.
19) Ibid.
20) Ibid.
21) 大野文子稿「スウェーデンにおける株式会社の発展―同国の近代会計関連法規定の生成の史的背景として―」(2)及び(3) 明治大学短期大学紀要 第56号 1995年2月・第57号 1995年3月。この論文で参照した諸文献は記載省略。
22) Hemberg, William och Sillén, Oskar, op. cit., 18. uppl., s. 7.
23) 大野, [1994年3月], 前掲稿, 197-198頁。この論文で参照した諸文献は記載省略。
Hemberg, William och Sillén, Oskar, op. cit., ss. 7-8.
24) 例えば, Mueller, Gerhard, G., *Accounting Practices in Sweden*, International Business Series, No 2. University of Washington, 1962, p. 4.

25) 例えば，International Practice Executive Committee, American Institute of Certified Public Accountants, *Professional, Accounting in 30 Countries,* The Committee, New York, 1975, p. 547.
26) 1929年会計法は，その後時代の要請によって1976及び1999年に改正された。1976年会計法及び1999年会計法の問題は，別に稿を改めて考察したい。ここでは前者が，第二次世界大戦の終熄より1960年代末葉までのこの国の経済発展したがってまたそれを促進した新しい情報処理技術の導入とこの国の証券市場の発達により，後者が，1970年代の石油危機を契機とする新しい国際経済秩序の構築とそれに呼応する国際会計基準への適合を模索したものであることを指摘するに留める。
27) 大隅健一郎著「商法総則　新版」(法律学全集27) 有斐閣 1992年，14頁。スウェーデン社会研究所「新版　スウェーデンハンドブック」早稲田大学出版部 1992年，184-185頁。
28) Westermark, Christer, *op. cit.*, s. 12.
29) *Ibid.*, ss. 215-249.
30) Hemberg, William och Sillén, Oskar, *op. cit.*, 8. uppl., ss. 13-15 och s. 23.
31) *Ibid.*, s. 93.
32) *Ibid.*, s. 10.
33) Westermark, Christer, *op. cit.*, s. 280. Kap. 2 §2.
34) Hemberg, William och Sillén, Oskar, *op. cit.*, 8. uppl., s. 24.
35) *Ibid.*, s. 27.
36) *Ibid.*, s. 34.
37) *Ibid.*, ss. 40-41.
38) *Ibid.*, s. 58.
39) *Ibid.*, s. 66.
40) *Ibid.*, ss. 69-70.
41) *Ibid.*, s. 87.
42) *Ibid.*, s. 88.
43) *Ibid.*, s. 89.
44) *Ibid.*, s. 90.
45) *Ibid.*, s. 92.
46) *Ibid.*
47) *Ibid.*, s. 10.
48) *Ibid.*
49) 「1855年法令」のこれらの条項は，Hemberg, William och Sillén, Oskar, *Bokförings-lagen av den 31 Maj 1929, Med förklarande anmärkningar, formulär och sakregister*, 4. (omarb.) uppl., P.A. Norstedt & Söners, Stockholm, 1953, ss. 129-130より抜粋。
50) この問題については，Hemberg, William och Sillén, Oskar, *op. cit.*, 8. uppl., ss. 9-13を参照。

51) Ordeheid, Dieter and KPMG (eds.), *op. cit.*, *Transnational Accounting*, 1995, Vol. II, p. 2377.
52) Westermark, Christer, *op. cit.*, s. 12.
53) かれの教育・研究者及びコンサルタント・会計士としての足跡については, 大野文子稿「スウェーデンにおける近代会計学の形成」(3) 明治大学短期大学紀要 第60号 1997年1月を参照。この論文で参照した諸文献は記載省略。
54) *Skandinaviska Bankens Kvartalsskrift årg. 1944* nr 1, s., 7-8.
55) Milner, Henry/ Wadensjö, Eskill (eds.), *Gösta Rehn, the Swedish Model and Labour Market Policies : International and national perspectives*, Ashgate, Aldershot・Burlington USA・Singapore・Sydney, 2001, pp. 13-49 and pp. 73-74 ; Gould, Arthur, *Developments in Swedish Social Policy : Resisting Dionysus*, Palgrave, New York, 2001, pp. 38-59 ; Ryner, J. Magnus, *Capitalist Restructuring : Globalisation and the Third Way : Lessons from the Swedish Model*, Routlege, London and New York, 2002, pp. 79-98, 123-158.
56) Jönnson, Sten, *op. cit.*, pp. 89-94.
57) Ordelheid, Dieter and KPMG (eds.), *op. cit.*, Vol. II. p. 2377.
58) Bökmark, Jan/Svensson, Bo, *Bokföringslagen, kommentar till 1976 års lagstiftning*, Liber Förslag, Jurist-och Samhällsvetareförbundets Förlags AB, Stockholm, 1977, s. 31.
59) William Hemberg och Sillén, Oskar, *op. cit.*, 8. uppl., ss. 27-33.
60) *Ibid.*, s. 25.
61) *Ibid.*, s. 28.
62) *Ibid.*, s. 27.
63) *Ibid.*, s. 25.
64) Rodhe, Knut, *Aktiebolagsrätt enligt 1944 års lag om aktiebolag*, 2. uppl., P.A. Norstedt & Söners Förlag, Stockholm, 1953, ss. 141-156.
65) Bökamrk, Jan/Svensson, Bo, *op. cit.*, s. 63.
66) 大野文子稿「O. Sillénの貸借対照表評価諸原則論—その論理構造を中心として—」明治大学短期大学紀要 第63号 1998年3月を参照。この論文で参照した諸文献は記載省略。
67) Hemberg, William och Sillén, Oskar, *op. cit.*, 8. uppl., ss. 40-41.
68) *Ibid.*, ss. 27-33.
69) *Ibid.*, s. 66.
70) *Ibid.*
71) Rodhe, Knut, *op. cit.*, ss. 141-163.
72) Federation of Swedish Industies, *The Swedish Companies Act 1975 : With Excerpts from the Accounting Act 1976*, Second revised ed., Stockholm, 1986, Kap. 11 §§10-11., pp. 81-82.
73) Hemberg, William och Sillén, Oskar, *op. cit.*, 8. uppl., s. 69.

74) *Ibid*., s. 70.
75) *Ibid*.
76) *Ibid*., s. 71.
77) *Ibid*., ss. 70-71.
78) *Ibid*., s. 71.
79) Kedner, Gösta., "Framtida svensk redovisningslagstiftning", *Balans*, No. 4. 1990, ss. 53-54, 1990.
80) Flower, John (ed.), *The Regulation of Financial Reporting in the Nordic Countries*, Fritzes Stockholm, 1994, p. 183.
81) この問題については，大野文子稿「Svenska Tändsticksfabriks AB の拡張政策と粉飾決算の発覚—戦間期における近代スウェーデン会計の一側面—」明治大学短期大学紀要　第70号 2002年3月を参照。この論文で参照した諸文献は記載省略。
82) この問題については，大野文子稿「スウェーデンにおける自由償却」明治大学短期大学紀要　第66号 2000年3月を参照。この論文で参照した諸文献は記載省略。
83) Flower, John (ed.), *op. cit*., p. 184.
84) Wallenstedt, Eva, *Oskar Sillén : Professor och Praktiker : Några drag i företagsekonomiämnets tidiga utvecklings vid Handelshögskolan i Stockholm*, Acta Universitatis Upsaliensis, Studia Oeconomiae Negotiorum 30, Uppsala, 1988.
85) Rundfeldt, R., *Tendenser i börsbolagens årsredovisningar 1992*, Stockholms Fondbörs Bokföringsnämnden, Stockholm, 1992.
86) Flower, John (ed.), *op. cit*., p. 185.
87) *Ibid*.
88) *Ibid*., p. 241.
89) 藤岡純一著「現代の税制改革—世界的展開とスウェーデン・アメリカ—」法律文化社 1992年，89-191頁。
90) Flower, John (ed.), *op. cit*., p. 192.
91) *Ibid*., p. 193.
92) *Ibid*.
93) *Ibid*., p. 189 ; Asztély, Sandor, *Principer av betydelse för svensk årsredovisningspraxis : ett försök till systematisering*, särtryck ur Handelshögskolan i Götebory 1923-1971, en minnesbok, Akademilitteratur, Stockholm, 1978, ss. 7-13.

小　結

　スウェーデンの戦間期は，いわゆるスウェーデン型混合経済の台頭・形成期であった。

本書の第1章より第7章は，この時期にこの国で発顕した様々な会計問題の中でもこの経済体制の台頭・形成にとって重要と思われる幾つかの問題を選択し，その内容を解明し，何れも一国福祉国家の形成という枠内では，極度に資本蓄積指向的なものにならざるをえないということを指摘した。
　この補章は，これらの各章で組織的・体系的に言及していないこの国の法的制度会計の問題に焦点を定め，戦間期にその大枠を規定した1910年株式会社法（1924年版を使用）及び今日ではこの国の企業会計の「枠組法」と評されるようになった最初の会計法即ち1929年会計法における諸規定を，さしあたり法規の条文に即しながらできるだけ正確に辿ることより出発して，その全体像を明らかにすることに努めた。この場合，些か蛇足ながら，競争と信用に媒介された資本の集中・集積機構としての近代株式会社の制度的承認という点より，さしあたり1910年株式会社法に先行してこの国で最初に制定された1848年株式会社法（その最大の意義は，全社員有限責任制の明認）及びそれに続く1895年株式会社法（その最大の意義は，設立に関する準則主義の明認）に遡り，その制定の経緯と資本（株式）の制度を中心とした諸規定を一瞥した。それを前提として1910年株式会社法については，資本（株式）の制度に関する基本的な諸規定を踏まえた上で，会計諸規定の主たる内容を明らかにした。更に1929年会計法の制定の基本的な意義とその底流にある会計思考としての「良き会計慣行」の問題を探った。
　1910年株式会社法は，その制度的目標として不健全な株式会社の設立を阻むという趣旨より，登記制度の充実と開示制度を要請し，併せて株式会社という企業形態の経営活動の円滑な管理・運営のために，会社機関の整備に関する諸規定の導入を求めた。この場合各諸規定に，折に触れて付せられる条件は，登記・開示制度の問題についても，会社の内部機関の整備に関する問題についても「会社にとって不都合にならない限り……」或いは「良き商人の会計慣行に云々……」という文言であった。1910年株式会社法が，たとえ名目的にせよ，会社の管理・運営につき株主総会・取締役会・監査役制度を導入し，それらに関連して少数株主の保護政策に配慮したとしても，例えば，

公表企業利益の計上に極めて重要な意味をもつ資産評価に関する諸規定は、当時のこの国における私的企業の会計実践それ自体の法認に過ぎなかった。1929年会計法は、最も直接的には、念願であった1928年地方所得税法の制定の後を受けて、会計上の諸概念の明確化を求めて制定されたとしても、その底流にあるのは、「良き商人の会計慣行の遵守」という思考であり、この思考を具体的に表明する原則は、「慎重な評価の原則」に収斂していった。その限り1910年株式会社法も1929年会計法も、戦間期におけるこの国の企業会計がスウェーデン型混合経済の台頭・形成期に果した資本蓄積機能を、直接的に法文それ自体によって或いは間接的に法文の解釈によって、制度的に保障・促進していたといわざるをえないであろう。もとより1910年株式会社法及び1929年会計法がそれだけしか現実的な効果をもたなかったというつもりもないし、そのように即断することも早計過ぎるであろう。ここでは一般に法と経済の交錯といわれる問題が、戦間期におけるスウェーデン型混合経済の台頭・形成期にこのような形で顕れ、このような役割を現実問題として演じていたということをことを確認して、この補章を閉じたいと思う。

主要参考文献

Adamsson, Rolf/Jörnberg, Lennart
  Problem i svenska ekonomiki historia, Gleerup, Lund, 1972.
Adler-Karlsson, Gunnar
  Functional Socialism : A Swedish Theory for Democratics Organisation (*with additional Articles of* "Functional Capitalism Japan" *and* "A Method of Land socialization"), English translate and published by Bokförlaget Prisma AB, 1967, グンナー・アドラー＝カールソン著/丸尾直美・永山康彦訳「機能的社会主義―中道経済への道―」ダイヤモンド社 1974年。
af. Klercker, B.
  Resultatutjämning mellan olika beskattningsår vid beskattning av inkomst av rörelse enligt svensk rätt, 2. uppl., Stockholm, 1949.
Ahlberg, Alf
  "Psykologin i näringslivets tjänst", Strömberg, C.A. (red.), *Företagsekonomisk handbok, Del I*, Nordisk Rotogravyr, Stockholm, 1945, ss. 58-86.
Ahlqvist, Ann-Christin/Åberg, Eva-Lena
  Finasieringsanalysen i årsredovisningen, Studentlitteratur, Lund, 1969.
Albinsson, Göran
  Företagsvinster : Ett samhällsintresse ? En kort orientering om visnterna och deras plats i det ekonomikska livet, Studieförbundet, Näringsliv och Samhälle, Stockholm, 1956.
Anderson, Ernst
  Praktisk kurs i bokföring för minuthandel med tillämpning af dubbla Bokhålleriet i förenklade former, 1. uppl., Albert Bonniers Förlag, Stockholm, 1896.
  Praktisk kurs i bokföring för minuthandel med tillämpning af dubbla Bokhålleriet i förenklade former, 2. uppl., Albert Bonniers Förlag, Stockholm, 1910.
Andersson, Ingvar
  A History of Sweden, 2nd ed., Natur och Kultur, Stockholm, 1970,
Andrén, Sven G.
  Om förvaltningsberättelsen : Ett led i svenska aktiebolags årsredovisning, Handelshögskolan i Göteborg, Skriftserie Nr 1, Gumperts Förlag, Göteborg, 1955.
Annel, E.

Värderingsfrågor i bokslutet, Svensk Skattetidning, Stockholm, 1950.

Asztély, Sandor
Professor Albert ter Vehn 65 Jahre alt, Betriebswirtschaftliche Foschung und Praxis, 17. Jg., 1965.
Investerings planering, Esselte Studium, Akademiförlaget, 1977.
Finansiell planering, Studierådet vid Affärsbankerna, P.A. Norstedt & Söners Förlag, Stockholm, 1977.
Principer av betydelse för svensk årsredovisningspraxis : Ett försök till sysematisering, särtryck ur Handelshögskolan i Göteborg 1923-1971, en minnesbok, Akademilitteratur, Stockholm, 1978.

Asztély, Sandor (red.)
Budgetering och redovisning som instrument för styrning, P.A. Norstedt & Söners, Stockholm, 1974.

Auktoriserade Revisorers Serviceaktiebolag
Swedish Accounting and Auditing : Laws, Standards and Practices, Stockholm, 1991.

Barnad, Chester. I.
The Functions of the Executive, Harvard University Press, Cambridge, Mass., 1938, C. I. バーナード著/田村競監訳「経営者の役割―その職能と組織―」ダイヤモンド社 1956年.

Battersby, Thomas
The Perfect Double Entry and the Perfect Prime Cost and Profit Demonstrator (on the Department System) for Iron and Founders, Machinists, Engineers, Shipbuilders, Manufactures, Manchester, 1878.

Beije, Rupert (red.)
Svenskt affärslexikon : Handbok för affärsmän, Medéns Förlag, Stockholm, 1948.

Belfrage, K. och Hörlin, H. (utgiv.)
Handel och industri 1926-1927, Praktisk handbok för affärsmän under medverkan av ett flertal fackmän Del. I-II, Stockholm, 1929.

Bentham, Jeremy
Introduction to the Principles of Morals and Legislation, Clarendon Press, Oxford, 1789, J. ベンサム著/田制佐重訳「功利論」春秋社 1928 年, 1823年版訳.

Bergström, Sören och Ådahl Andreas
Företaget i samhället : En presentation av olika företagsmiljöner, 4. uppl., Akademilitteratur, Stockholm, 1977.

Blomström, Magnus and Meller, Patricio (eds.)
Diverging Paths : Comparing a Century of Scandinavian and Latin American Economic Development, Inter-American Development Bank, Washington, D.C., 1991.

Bondeson, Gustaf

主要参考文献 | 641

Finansiell information om öppen redovisning till vidgad läsekrets, P.A. Norstedt & Söners Förlag, Stockholm, 1971.

God årsredovisning : Goda relationer, Studieförbundet, Närlingsliv och Samhälle, Stockholm, 1965.

Bökmark, Jan/Svensson, Bo

Bokföringslagen, kommentar till 1976 års lagstiftning, Liber Förlag, Jurist-och Samhällsvetareförbundets Förlags AB, Stockholm, 1977.

Calmes, Albert

Der Fabrikbetrieb : Die Organisation, die Buchhaltung und die Selbstkostenberechnung industrieller Betriebe, 1. Aufl., Verlag von G.A. Gloeckner in Leipzig, 1906.

Der Fabrikbetrieb : Die organisation, die Buchhaltung und die Selbstkostenberechnung industrieller Betriebe, 2. Aufl., Verlag von G.A. Gloeckner in Leipzig, 1908, svensk översättning : Organisation, bokföring och självkostnadsberäkning för industriella företag, Sveriges Indusriförbund, Fabriksorganisation, Stockholm, 1911.

Canning, John B.

The Economics of Accountancy : A Critical Analysis of Accounting Theory, The Ronald Press Company, New York, 1922.

Carlson, Benny

"Gustav Cassel", Jonung, Christina/Ståhlberg, Ann-Charlotte (red.), Ekonomporträtt. Svenska ekonomer under 300 år, SNS Förlag, Stockholm, 1990.

Carlson, Sune

A Study on the Pure Theory of Production, P.S. King & Son, London, 1939.

"Företagsekonomin som akademiskt läroämne : En historiskt översikt", Ekonomen, Jubileumsnummer tillägnat Oskar Sillén, December 1943, ss. 110-125.

"Företagsekonomiens ställning till övriga socialvetenskaper", Ekonomisk Tidskrift, 44. Nr. 3, 1942, ss. 200-205.

Affärsföretagets statistik, Affärsekonomi, Stockholm, 1944.

Företagslendning och företagsledare, Nordisk Rotogravyr, Stockholm, 1945.

"Tidigare svensk företagsekonomi", Engwall, Lars (red.), Företagsekonominsrötter, Studentlitteratur, Lund, 1980.

Executive Behaviour : A Study of the Workload and Working Methods of Managing Directors, Strömbergs, Stockholm, 1951.

Företagsekonomins pionjäre, Kaseri vid Företagsekonomiska Institutionens Jubileumsmiddag, den 2 April, 1984, Working Paper, Företagsekonomiska Institutionen vid Uppsala Universitet, 1984.

Cederschiöld, Gunnar och von Feilitzen, Einar, Den svenska tändsticks industriens historien före de stora sammanslagningarna, Natur och Kultur, Stockholm, 1945.

Chamberlin, Edward H.

The Theory of Monopolistic Competition : A Re-orientation of the Theory of Value, Harvard University Press, 1939, E.H. チェンバリン著/青山秀夫訳「独占的競争の理論―価値論の新しい方向―」至誠堂 1966年.

Towards a More General Theory of Value, Oxford University Press, New York, 1957.

Chamberlin, Edward H. (ed.)

Monopoly and Competition and Their Regulation, Macmillan, London, 1954.

Childs, Marquis W.

Sweden : The Middle Way, Original ed., Yale University Press, New Haven and London, 1936, revised ed., 1961.

Sweden : The Middle Way, 9 th, The Murray Printing Company, Massachusetts, 1974.

Church, A. Hamilton

"The Proper Distribution of Establishment Charges", *The Engineering Magazine*, Vol. I~IV, July to December 1901.

Cipolla, Carlo M. (ed.)

The Fonta Economic History of Europe : Contemporary Economies, Scandinavia 1914-1970, Collins/Fonta Books, 1977.

The Fonta Economic History of Europe : The Emergence of Industrial Societies 2, The Nordic Countries 1850-1944, Collins/Fonta Books, 1977.

Clark, J. Maurice

Studies in the Economics of Overhead Costs, Univercity of Chicago Press, Chicago and London, 1923.

Coase, R.

"The Nature of the Firm", *Economica N. S.*, 4, 1937, ss. 396-405.

Courtin, Carl

Anvisning till det enkla och dubbla Bokhålleriet, 1. uppl., Stockholm, 1883.

Anvisning till det enkla och dubbla Bokhålleriet, 2. uppl., Stockholm, 1910.

Dahmén, Erik

Svensk industriell företagarverksamhet : Kausalanlys av den industriella utvecklingen 1919-1939, Industriens Utredningsinstitut, Stockholm, 1950.

"Den industriella omvandlingen under mellankrigstiden", Adamsson, Rolf/Jörberg, Lennart (utgiv.), *Problem i svensk ekonomisk historia*, Gleerup, Lund, 1972.

"The Interwar Years : Industry in Transformation", Jonung, Lars and Ohlsson, Rolf (eds.), *The Economic Development of Sweden since 1870*, An Elgar Reference Collection, Cheltenham, UK・Lyme, US, 1997.

Dahmén, Erik och Eliasson, Gunnar (red.)

Industriell utveckling i sverige, Almqvist & Wiksell International, Stockholm, 1980.

Danielsson, Albert

On Measurement and Analysis of Standard Costs, FFI The Business Research Institute at The Stockholm School of Economics, P.A. Norstedt & Söners Förlag, Stockholm, 1963.

　　Företagsekonomi : En översikt, Studentlitteratur, 1. uppl., Lund, 1975.

　　Företagsekonomi : En översikt, Studentlitteratur, reviderade 2. uppl., Lund, 1977.

　　Företagsekonomi : En översikt, Studentlitteratur, reviderade 3. uppl., Lund, 1983.

Davidson, Alexander

　　Two Models of Welfare : The Origins and Development of the Welfare State in Sweden and New Zealand, 1888-1988, Uppsala, 1989.

Davidson, Sidney

　　"Depreciation, Income Taxes and Growth", *Accounting Research*, July, 1957.

De Geer, H.

　　Rationalisering i sverige, SNS Förlag, Stockholm, 1978.

Dean, Joe

　　Statistical Determination of Costs : With Special Reference to Marginal Costs, The University of Chicago, Chicago, 1936.

Dorn, Gerhard

　　Die entwicklung der industriellen Kostenrechnung in Deutschland, Verlag Dunker & Humbolt, Berlin, 1961, 久保田音二郎監修/平林喜博訳「ドイツ原価計算の発展」同文舘 1967年.

Elefving, Folke

　　Om avskrinvning vid inkomsttaxeringen, 2. uppl., Gumperts Förlag, Göteborg, 1939.

Eliasson, Gunnar.

　　Investment Funds in Operation, Konjunkturinstitutet, Occasional Paper 2, Stockholm, 1965.

　　Kreditmarknaden och industrins investeringar, Almqvist & Wiksell, Stockholm, 1967.

En inom Sveriges Mekanförbund tillsatt kommitté

　　Sveriges mekanförbund normalkontoplan med kmmentar av professor Albert ter Vehn, 1. uppl., Stockholm. 1945.

　　Sveriges mekanförbund normalkontoplan med kmmentar av professor Albert ter Vehn, 3. uppl., Stockholm, 1957.

Engwall, Lars (red.)

　　Företagsekonominsrötter : Några bidrag till en företagsekonomisk doktrinhistoria, Studentlitteratur, Lund, 1980.

　　Föregångare inom företagsekonomin, SNS Förlag, Stockholm, 1995.

Engwall, Lars (ed.)

　　Economics in Sweden : An Evaluation of Swedish Research in Economics, Rouledge, London and New York, 1992.

Engwall, Lars/Gunnarsson, Elving/Wallerstedt, Eva
Foregin Inspiration of Swedish Business Administration, Working Paper, 1987 : 3, Företagsekonomiska Institutionen vid Uppsala Universitet, Department of Business Administration, University of Uppsala, 1987.

Eriksson, Göran
Företagens tillväxt och finansierung, Almqvist & Wiksell International, Stockholm, 1975.

Erikson, Robert/Hansen, Erik Jørgen/Ringen, Stein and Uusitala, Hannu (eds.)
The Scandinavian Model : Welfare States and Welfare Research, M.E. Sharpe, Inc., New York, 1987.

Fayol, H.
"Administration industrielle et générale", *Bulletin de la Société de l'Industrie Minérale*, 1916 : 3 (omtryck : Paris, 1917).

Federation of Swedish Industries
The Swedish Companies Act 1975 : With excerpts form the Accounting Act 1976, Second revised ed., Stockholm, 1986.

Fisher, Irving
The Nature of Capital and Income, Macmillan, New York, 1906.

Fliesberg, Carl
Teoretisk praktisk handbok i bokhålleri, Umeå, 1871.

Flower, John (ed.)
The Regulation of Financial Reporting in the Nordic Countries, Fritzes, Stockholm, 1994.

Forsberg, Erik August
Industriell ekonomi, Sveriges Industriförbund, Stockholm, 1916.

Frenckner, Trygve Paulsson
Budgetering, resultatplanering, intern resultatanalys, Affärsekonomi & Företagsekonomiska forskningsinstitutet vid Handelshögskolan i Stockholm, Stockholm, 1953.
Kostnadsfördelning och internprestationsbedömning, Diss. Företagsekonomiska forskningsinstitutet vid Handelshögskolan i Stockholm, Norstedts, Stockholm, 1954.
"Ekonomisysten i Sverige : lite historia", Samuelson, Lars A (ed.), *Ekonomi*, P.A. Norstedt & Söners Förlag, Stockholm, 1978.
Begrepp inom ekonomistyring : en översikt, Studentlitteratur, Lund, 1983.

Fritz, Martin/Nyrgren, Ingemar/Olsson, Sven-Olof/Olsson, Ulf
The Adaptable Nation : Essays in Swedish Economy during the Second World War, Almqvist & Wiksell International, Stockholm, 1982.

Föreningen Auktoriserade Revisorer FAR
Redovisning i intlationstider : Om inflations och prisförändringars inverkan på

företagens resultatrappotering, P.A. Norstedt & Söners Förlag, Stockholm, 1975.
Requirements for qualification as an auktoriserad revisor in Sweden, A study undertaken by The Institute of Chartered Accountants in England and Wales. Föreningen Auktoriserade Revisorer FAR, Printed and published on behalf of The Anglo-Nordic Liaison Committee, Stockholm, 1979.
Professional Ethics for Auktoriserade Revisorer in Sweden : A Practical Guide for Accountants, A study undertaken by The Institute of Chartered Accountants in England and Wales. Föreningen Auktoriserade Revisorer FAR, The Anglo-Nordic Liaison Committee, Stockholm, 1980.
Key to Understanding Swedish Financial Statements 1990, Affärsvärlden, 1990.

Företagsekonomiska Studier i Göteborg
Aktuellâ redoviningens problem : Albert ter Vehn 80 årsdagen, Göteborg, 1981.

Garcke, Emile/Fells, J.M
Factory Accounts : Their Principles and Practice, A Handbook for Accountants and Manufactures, Grosby Lockwood and Co., London, 1887. (Reprinted by The Hosei University Press, Tokyo.)

Garner, S. Paul
Evolution of Cost Accounting to 1925, University of Alabama Press, Alabama, 1954, ポール・ガーナー著/品田誠平・米田清貴・園田平三郎・敷田禮二共訳「原価計算の発展―1925年まで―」一粒社 1958年.

Gilman, Stephen
Accounting Concepts of Profit, Ronald Press, New York, 1939, S. ギルマン著/片野一郎検閲・久野光郎訳「ギルマン会計学」上・中・下 同文舘 1965年.

Glader, Mats/Bohman, Håkan/Boter, Håkan/Gabrielsson, Åke
Företagsformer i teori och tillämpning : En studie med inriktning på mindre och medelstora företag, Utredning från statens industriverk, SIND 1975 : 5, Liber Förlag, Stockholm, 1975.

Glete, Jan
The Kreuger Group and the Crisis on the Swedish and International Capital Markets, Manuscript Part I-IV, Scandinavian Journal of History, Almqvist & Wiksell, Stockholm, 1978 : 3.
Kreugerkoncerne och krisen på svensk aktiemarknad : Studier om svenskt och internationellt riskkapital under mellankrigstiden, Almqvist & Wiksell International, Stockholm, 1981.

Gould, Arthur
Developments in Swedish Social Policy : Resisting Dionysus, Palgrave, New York, 2001.

Grandell, Axell
Redovisningens utvecklingshistoria, Tidskrifts AB Företagsekonomi, Lidköping,

1972.

Grotkopp, Wilhelm
Den svenska tändstickstrusten, Kooperativa Förbundets Bokförlag, Stockholm, 1929.

Gunnarsson, Elving
Behandling av kostnadsbegrepp i ekonomutbildningen fram till 1940-talets mitt, Delrapport inom forskningprogramämnet, Företagsekonomins utredning som stödts av Humanitisk-samhällsvetenskapliga Forskningrådet, Uppsala Universitet, Reprocentralen HSC, Uppsala, 1985.

Från Hansa till Handelshögskola. Svensk ekonomundervisgning fram till 1909, Acta Universitatis Upsaliensis, Studia Oeconomiae Negotiorum 29, Uppsala, 1988.

Företagsekonomins ursprung, Reprint Series 1990: 1, Företagsekonominska Institutionen vid Uppsala Universitet, Uppala, 1990.

Gustafsson, Leif (ed.)
Business Laws in the Nordic Countries : Legal and Tax Aspects, Norstedts Juridik, Stockholm, 1998.

Gustavson, Carl G.
The Small Giant : Sweden Enters the Industrial Era, Ohio University Press, Athens, Ohio, London, 1986.

Gutenberg, Erick
Betriebswirtshaftslehre als Wissenschaft, Scherpe-Verlag, Krefeld, 1957.
Untersuchungen über die Investionsentscheidungen industrieller unternehmen, Westdeutscher Verlag, Köln, 1959.

Hallgren, Örjan
Finansiell metodik, Studentlitteratur, 6. uppl., Lund, 1977.

Hammarskjöld, Hj. L.
Redogörelse för den utländiska bolag och föreningensrättens utveckling och nuvarande ståndpunkt, den svenska bolagsrättens utveckling samt de svenska föreningarna (för ekonomiskt ändamål), Stockholm, 1890.

Hanner, Per V.A.
"Accounting and Taxation in Sweden in Relation to the Problem of Inflationary Profits", *Accounting Research*, Vol. 1, January 1950.
"The Prevention of Overinvestment: The Swedish Tax Experiment", *Accounting Research*, April 1952.
Årsredovisning i praktiken I (100 större svenska aktiebolags årsredoviningar 1949-1951), EFI Företagsekonomiska Forskningsinstitutet vid Handelshögskolan i Stockholm, P.A. Norstedt & Söners, Stockholm, 1953.
Årsredovisning i praktiken II (100 större svenska aktiebolags årsredoviningar 1951-1962), EFI Företagsekonomiska Forskningsinstitutet vid Handelshögskolan i Stockholm, P.A. Norstedt & Söners, Stockholm, 1964.

"Inledande översikt över diskuterade metoder", Föreningen Auktoriserade Revisorer, *Redovisning i inflationstider : Om inflations och prisförändringars inverkan på företagens resultatrapportering*, P.A. Norstedt & Söners Förlag, Stockholm, 1975.

Hansen, Alvin H.
Economic Issues of the 1960s, McGrow-Hill Book Company, Inc., New York · Toronto · London, 1960.

Hansen, Palle (red.)
Handbok i redovisning, Natur och Kultur, Stockholm, 1971.

Hansson, Björn
"The Stockholm School and the Development of Dynamic Method", Sandelin, Bo (ed.), *The History of Swedish Economic Thought*, Routlege, London & New York, 1991.

Harold, James/Lindgren, Håkan/Teichova, Alice (eds.)
The Role of Banks in the Interwar Economy, Cambridge University Press, Cambridge and New York, 1991.

Hassbring, Lars
The International Development of the Swedish Match Company 1917-1924 : The Swedish Match Company 1917-1939, Studies in Business Internationalisation, Liber Förlag, Stockholm, 1979.

Hax, Karl
Albert ter Vehn zur vollendung des 65 : Lebensjahres, ZfbF., 17. Jg., 1965.
Oskar Sillén und Nils Västhagen+, ZfbF., 18. Jg., 1966.

Heckscher, Eli F.
"Aktiebolagsformen och dess svagheter", *Svenska productionsproblem*, Heckscher, Eli F., Albert Bonniers Förlag, Stockholm, 1918.
An Economic History of Sweden (Translated by Göran Ohlin), Havard University Press, Cambridge, Mass, 1954.
Studier i ekonomi och historia : tillägnade Eli F. Heckscher på 65-årsdagen den 24 november 1944, Almqvist & Wiksells Boktryckeri AB, Uppsala, 1945.

Hedborg, Gustaf
Den begränsade avskrivningsrätten M.M., P.A. Norstedt & Söners Förlag, Stockholm, 1952.

Hemberg, William och Sillén, Oskar
Bokföringslagen av den 31 Maj 1929, Med förklarande anmärkningar, formulär och sakregister, 4. (omarb.), uppl., P.A. Norstedt & Söners Förlag, Stockholm, 1953.
Bokföringslagen av den 31 Maj 1929 : Med förklarande anmärkningar, formulär och sakregister, 5. uppl., P.A. Norstedt Söners Förlag, Stockholm, 1958.
Bokföringslagen av den 31 Maj 1929 : Med Förklarande anmärkningar, formulär och

sakregister, 8. uppl., P.A. Norstedt & Söners Förlag, Stockholm, 1970.

Hensmann, Jan
Die entwicklung der betriebswirtschaftslehre in skandinavien unter besonderer berücksichtgung Schwedens, Leel/Ostriefriesland, 1969.

Hildebrand, Karl-Gustaf
Expansion Crisis Reconstruction 1917-1939 : The Swedish Match Company 1917-1939, Studies in Business Internationalization, Liber Förlag, Stockholm, 1985.

Hörnell, Erik and Vahlne, Jan-Erik
Multinationals : The Swedish Case, Croom Helm, Ltd., London & Sydney, 1986.

International Practice Executive Committee, American Institute of Certified Public Accountants, *Professional Accounting in 30 Countries*, The Committee, New York, 1975.

Isaac, Alfred
Die entwicklung der betriebswirtschaftslehre in Deutschland seit 1898, Betriebs-und Finanzwirtschaftliche Forschungen, II. Serie, Heft 8. Industriverlag Spaeth & Lind, Berlin, 1923.

Isacson, Maths and Magnusson, Lars
Proto-industrialisation in Scandinavia : Craft Skills in the Industrial Revolution, Berg Publisher Ltd., New York, 1987.

Ivestedt, Ragner
Företagsekonomi : En orientering om företagets intäkter, kostnader, vinst och utdelning, Tidens Förlag, Stockholm, 1962.

Jarnerup, S. och Carbo, S.
De nya bestämmelserna rörande företagsbskattning, P.A. Norstedt & Söners Förlag, Stockholm, 1955.

Johansson, Sven-Erik
Lönsamhetsbedömning av avsättingar till investeringsfond och utnyttjande av en befintlig investeringfond, EFI Företagsekonomiska Forskningsinstitutet vid Handelshögskolan i Stockholm, P.A. Norstedt & Söners Förlag, Stockholm, 1959.

Skatt-investering-värdering, EFI Företagsekonomiska Forskningsinstitutet vid Handelshögskolan i Stockholm, Stockholm, 1961.

"An Appraisal of the Swedish System of Investment Reserves", *International Journal of Accounting*, Education and Research, University of Illinois, Vol. 1, Fall, 1965.

"Vinst, övervinst och inflationskrav på företags resultatredovisning i dagens samhälle. Perspektiv på inflation", *Svenska Bankföreningen*, Stockholm, 1974.

Johansson, Sven-Erik/Edenhammar, Hans
Investeringsfonders Lönsamhet, EFI Ekonomiska Forskningsinsintitutet vid Handel-

shögskolan i Stockholm, P.A. Norstedt & Söners Förlag, Stockholm, 1968.

Johansson, Sven-Erik/Nyström, Bengt A./Ryoström, Erik
Aktuella företagslagar : En orientering, Jurist och Sammhällsvetareförbundets Förlags AB, Stockholm, 1974.

Jonung, Christina/Ståhlberg, Ann-Charlotte (red.)
Ekonomporträtt. Svenska ekonomer under 300 år, SNS Förlag, Stockholm, 1990.

Jonung, Lars (ed.)
The Stockholm School of Economics Revisited, Cambridge University Press, Cambridge, New York and Melbourne, 1991.
Swedish Economic Thought, Explorations and Advances, Routledge, London and New York, 1993.

Jonung, Lars and Ohlsson, Rolf (eds.)
The Economic Development of Sweden since 1870, An Elgar Reference Collection, Cheltenham, UK · Lyme, US, 1997.

Jönsson, Lundmark Birgitta
Resultatmättning och bokslutspolitik, Studentlitteratur, Lund, 1977
"Redovisningsprinciper", *Aktuella Redovisningens Problem : Albert ter Vehn 80 år*, Företagsekonomiska Studier i Göteborg, Göteborg, 1981.

Jönsson, Sten
Accounting Regulation and Elite Structures : Driving Forces in the Development of Accounting Policy, Göteborg School of Economics, John Willey & Sons, Chichester · New York · Brisbane · Toronto · Singapore, 1988.

Jörberg, Lennart
"Några tillväxfaktorer i 1800-taltets svenska industriella utveckling" Rundström (red.), *Kring Industialismens Genombrott i Sverige*, Norstedt & Söners Förlag, Stockholm, 1966.

Karlbom, Torvald
Käringsliv-samhälle-demokrati, Tidens Förlag, Stockholm, 1966.

Kazamaki Eugenia
Firm Search : Sectoral Shifts and Unemployment, Almgvist & Wiksell International, Stockholm, 1991.

Kedner, Gösta
Bokförings och Aktiebolags Lagarna, Studentlitteratur, Lund, 1976.
"Framtida svensk redovisningslagstiftning", *Balans*, No. 4, 1990.

Kellgren, Sune
Om konjunkturinvesteringsfonder och deras redovisningstekniska problem, Handelshögskolan i Göteborg, Skriftserie Nr. 7, Gumperts Förlag, Göteborg, 1959.

Keynes, John Maynard
The General Theory of Employment, Interest and Money, Macmillan, London, 1936.

Essays in Persuation, Macmillan, London, 1931, J. M. ケインズ著/救仁郷繁訳「説得評論集」ペリカン社 1969年.

King, Mervyn A. and Fullerton, Don (eds.)
The Taxation of Income from Capital : A Comparative Study of the United States, the United Kingdom, Sweden and West Germany, University of Chicago Press, Chicago and London, 1984.

Knight, Frank. H
Risk, Uncertainty and Profit, Boston, Mass. and New York, 1921, 奥隅栄喜訳「危険・不確実性および利潤」(現代経済学名著選書 6) 文雅堂書店 1949年, 1921年版訳.
The Ethics of Competition, G. Allen & Unwin Ltd., London, 1935.
Freedom and Reform, Haper & Brothers, New York, 1947.
On the History and Method of Economics, University of Chicago Press, Chicago, 1956.

Koblik, Steven (ed.)
Sweden's Development from Poverty to Affluence 1750-1970, University of Minnesota Press, Minneapolis, 1975.

Kristensson, Folke
Studier i svenska textila industriers struktur, Industriens Utredningsinstitut, Stockholm, 1946. (ak. avh.)
Postorder : Företagsekonomiska studier över en distributionsform, Affärsekonomiska Forskningsinstitutet vid Handelshögskolan i Stockholm, Meddelande Nr. 29, Stockholm, 1949.

Kristensson, Herger
De socialekonomiska grupperna och samhällsekonomin, LT : S Förlag, Stockholm, 1951.

Kristensson, Robert Emanuel
Industriella självlvkostnader och deras beräkning, Sveriges Industriförbund, Stockholm, 1923.
"Bokföring för handels-och industrieföretag", *Handel och industri, 1926-1927, Praktiska handbok för affärsmän under medverkan av ett flertal fackmän* (utgiv. av Belfrage, K. och Hörlin, H.), *Del. II*, 1929, ss. 733-799.

Kuylenstierna, Carl W.U.
Beskattning av aktiebolags inkomst : Några synpunkter, Särtryck ur Studier i Svenskt Näringsliv, Stockholm, 1942.

Kärnekull, Olof
"Om den fabriksmässiga driftens praktiska organizationen", *Handel och industri 1926-1927, Praktiska handbok för affärsmän under medverkan av ett flertat fackmän* (utgiv. av. Belfrage, K och Hörlin, H), Del, II, 1929, ss. 627-704.

Lagerman, Sten/Turlock, Bengt
   Företaget och dess roll i samhället, LTs förlag/LTK, Kristianstad, 1971.
Larsson, Mats
   "State, Banks and Industry in Sweden, with Some Reference to the Scandinavian Countries", Harold, James/Lindgren, Håkan/Teichova, Alice, (eds.), *The Role of Banks in the Interwar Economy*, Cambridge University Press, Cambridge and New York, 1991.
   En ekonomisk historia 1850-1985, Almqvist & Wiksell, Stockholm, 1991.
Larsson, Mats/Lindgren, Håkan
   "The Political Economy of Banking: Retail Banking and Corporate Finance in Sweden 1850-1939", Jonung, Lars and Rolf Ohlsson, Rolf (eds.), *The Economic Development of Sweden since 1870*, An Elgar Reference Collection, Chelteham, UK・Lyme, USA, 1997.
Lehmann, M.R.
   Die Industrielle Kalkulation, Speath & Linde, Berlin & Wien, 1925, 山邊六郎訳「レーマン原価計算論」高陽書院 1934年.
Leitner, Friedrich
   Die Selbstkostenberechnung industrieller Betriebe, J.D. Sauerlander, Frankfurt a.M, 1908.
Lewin, Leif
   Ideology and Strategy : A Century of Swedish Politics, Cambridge University Press, Cambridge, New York, New Rocbella, Melbourne, Sydney, 1985.
Liljeblad, Ragnar
   Moderna kostnadsberäknings-och redovisningspriciper, Nordiskt Tidskrift för Teknisk Ekonomi, September, 1938.
Liljeblad, Ragnar (utarb.)
   Kostnadsberäkning och kostnadsredovisning inom mekanisk verkstadindustri med särskild hänsyn till penningsvariationer, Sveriges Mekanförbund, Stockholm, 1952.
Lindahl, Gustaf
   De progressiva inkomstskatterna i Sverige, Robert Olssons Boktryckeri, Stockholm, 1952
Lindbeck, Assar
   Swedish Economic Policy, The Macmillan Press, Ltd., London, 1975, A. リンドベック著/永山泰彦・高宗昭敏・島　和俊・小林逸太共訳「スウェーデンの経済政策」東海大学出版会 1981.
Lindberger, Lars
   Investeringsverksamhet och sparande : Balansproblem på lång och kort sikt, Penningsvärdeundersökningen Del 3, SOU, 1956 : 10, Stockholm, 1956.

Lindgren, Håkan
　Corporate Growth : The Swedish Match Industry in its Global Setting, The Swedish Match Company 1917-1939, Studies in Business Internationalization., Liber Förlag, Stockholm, 1979.
Littleton, Analias Charles
　Accounting Evolution to 1900, The American Institute Publishing Co., Inc., New York, 1933, A.C. リトルトン著/片野一郎訳「会計発展史」同文舘 1960年.
Lord Roll of lpsden (ed.)
　The Mixed Economy, The Macmillan Press Ltd., London and Basingstoke, 1982.
Lundberg, Erik
　Business Cycles and Economic Policy (Translated by J. Potter), George Allen & Unwin Ltd., London, 1957, エーリック・ルンドベルグ著/吉野俊彦訳「景気変動と経済政策―経済統制か金融政策か―」至誠堂 1964年.
　"Ekonomiska utvecklingstendenser i Sverige under mellankrigsperioden", Adamsson, Rolf/Jörberg, Lennart (utgiv.), *Problem i svensk ekonomisk historia*, Gleerup, Lund, 1972.
Lunder, G./Hedborg, S.
　Skattebok för näringslivet, 2 uppl., Stockholm, 1951.
Lundström, R. (red.),
　Kring industrialismens genombrott i Sverige, Almqvist & Wiksell, Stockholm, 1966.
Löffelholz, Josef
　"Albert ter Vehn 65 Jahre alt", *Zeitschrift för Betriebswirtschaft*, 35 Jg., 1965.
　"Zum Tode Oskar Silléns und Nils Västhagens", *Zeitschrift för Betriebswirtshaft*, 36 Jg., 1966.
MacNeil, J.H.
　"Accounting for Inflation Abroad", *The Journal of Accounting*, August 1961.
Madsen, Vagn/Asztély, Sandor
　Budgetering, P.A. Norstedt & Söners Förlag, Stockholm, 1973.
Magnusson, Lars
　An Economic History of Sweden, Routledge Explorations in Economic History, Routledge, London and New York, 2000.
　"Gustav Cassel, popularizer and enigmatic Walrasian", Sandelin, Bo (ed.), *The History of Swedish Economic Thought*, Routledge, London and New York, 1991.
　"The Economist as Popularizer: The Emergency of Swedish Economics 1900-30", Jonung, Lars (ed.), *Swedish Economic Thought*, Routledge, London and New York, 1993.
Mahlberg, Walter
　Die Notwendigkeit der Goldmarkverrechnung im Vehrkehr, Gloeckner, Leipzig, 1922.
　Bilanzteknik und Bewertung bei schwankender Währung, 1. Aufl., Gloekner, Liepzig,

1921.
Bilanzteknik und Bewertung bei schwankender Währung, 2. Aufl., Gloekner, Liepzig, 1922.
Der Tageswert in der Bilanz, Gloeckner, Leipzig, 1925.
"Die Betriebswirtshaftslehre als Wissenschaft", Schmalenbach, Eugen/Schmidt, Fritz/Walb, Ernst (eds.), *Grundriß der Betriebswirtschaftslehre, Vol. 2 : Die Betriebsverwaltung*, Gloeckner, Leipzing, 1926, SS. 44-54.

Marcus, Fil och Rydman, Chetredaktör E.
Köpmän i samverkan : Sveriges Köpmannaförbunds Jubileumsskrift 1883-1958, Sveriges Köpmannaförbund, AB Svensk Litteratur (Esselte AB), Stockholm, 1958.

Marshall, Alfred
Principles of Economics : An Introductory Volume, Macmillan, London, 1890.
Principles of Economics : An Introductory Volume, 8th ed., Macmillan, London, 1920.

Mattson, Nils
Balanskonstruktion & beskattningseffekter, P.A. Norstedt & Söners Förlag, Stockholm, 1974.

May, George Olvier
Financial Accounting : A Distillation of Experience, The Macmillan Company, New York, 1943, Fifteenth Printing, 1964, G.O. メイ著/木村重義訳「財務会計：経験の蒸留」同文舘 1970年.

Mayo, Elton
The Human Problems of an Industrial Civilization, The Macmillan Company, New York, 1933.

Mellerowicz, Konrad.
Kosten und Kostenrechnung, Band I und II, 1. Aufl., Water de Gruyter, Berlin, 1930.
Kosten und Kostenrechnung, Band I und II, 3. Aufl., Water de Gruyter, Berlin, 1933.
Kosten und Kostenrechnung, Band I und II, 4. durchges Aufl., Water de Gruyter, Berlin, 1964.

Metcalfe, Henry
The Cost of Manufactures and the Administration of Workshops, Public and Private, 1. st ed., John Wiley and Sons, New York, 1885.
The Cost of Manufactures and the Administration of Workshops, Public and Private, 3 rd. ed., John wiley and Sons, New York, 1900.

Mildner, Erwin and Scott, Ira
"An Innovation in Fiscal Policy : The Swedish Investment Reserve System", *National Tax Journal*, Vol. XV, National Tax Association, Ohio, 1962.

Milner, Henry/Wadensjö, Eskil (eds.)
Gösta Rehn, the Swedish Model and Labour Market Policies : International and

National Perspectives, Ashgate, Aldershot・Burlington USA・Singapore・Sydney, 2001.
Misgeld, Klaus/Molin, Karl/Amrak, Klaus (eds.)
  Creating Social Democracy : A Century of the Social Democratic Labor Party in Sweden, The Pennsylvania State University Press, Pennsylvania, 1992.
Modig, H.
  Järnvägens efterfrågan och den svenska industrin 1860-1914, Ekonomiska historiska studier, Uppsala, 1971.
Montgomery, G. Arthur
  The Rise of Modern Industry in Sweden, P.S. King & Son, Ltd., London, 1939.
Mueller, Gerhard G.
  Accounting Practices in Sweden, International Business Series, No. 2, University of Washington, 1962.
  International Accounting, Macmillan, New York, 1967.
Muten, Leif/Taxén, Karl
  "Sweden", *Foreign Tax Polices and Economic Growth*, Columbia University Press, New York, 1966.
Myrdal, Gunnar
  Prisbildningsprobleme och föränderligheten, Almqvist & Wiksell, Uppsala, 1927.
  The Political Element in the Development of Economic Theory (Original ed., 1930, Translated from the German by Paul Streeten), Routledge & K. Paul, London, 1961, G. ミュルダール著/山田雄三・佐藤隆三訳「経済学説と政治的要素」春秋社 1967年．
  The Political Element in the Development of Economic Theory, with a new introduction by Richard Swedberg, Transactions Publishers, New Brunswick and London, 1990.
  Konjunktur och offetling hushållning : En utredning, Kooperativa Förbundets Bokförlag, Stockholm, 1933.
  An American Dilemma : The Negro Problem and Modern Democracy, Vol. I-II, Happer & Brothers, New York, 1962.
  An American Dilemma : The Negro Problem and Modern Democracy, Vol. I-II, with a new introduction by Sissela Bok, Transaction Publishers, New Brunswick and London, 1996.
  Economic Theory and Under-developed Regions, Gerald Duckworth, London, 1952, G. ミュルダール著/小原敬士訳「経済理論と低開発地域」東洋経済新報社 1969年．
  Economic Theory and Under-developed Regions, Haper & Row, New York, 1971.
  Beyond the Welfare State : Economic Planning in the Welfare States and its International Implications, Yale University Press, Gerald Duckworth, London, 1960, G. ミュルダール著/北川一雄監訳「福祉国家を越えて」ダイヤモンド社 1970年．

    Asian Drama : An Inquiry into the Poverty of Nations, Vol. I-III, Pantheon, New York, 1968.

    Asian Drama : An Inquiry into the Poverty of Nations, An Abridgement by S.S. King, Vintage Books, New York, 1971, 板垣与一監訳/小浪充実・木村修三訳「アジアのドラマ」縮刷版上下 東洋経済新報社 1974.

    Objectivity in Social Research, Pantheon, New York, 1969, ミュルダール著/丸尾直美訳「社会科学と価値判断」竹内書店 1971年.

Myrdal, Gunnar/Myrdal, Alva

    Kris i befolkningsfrågan, Bonniers, Stockholm, 1934.

Nanneson, Ludvig

    Rationell lantbruksbokföring : Dess teoretiska och praktiska genomförande, Fritzes, Stockholm, 1913.

    Jordbruksekonomi för de lägre lantbruksläroverken och självstudium, Fritzes, Stockholm, 1924.

Nanneson, Ludvig/Nilsson, Erik

    Jordbrukets bokföring : Lärobok för skolor och självstudium, Fritzes, Stockholm, 1937.

Nasenius, Jan/Ritter, Kristin

    Delad välfärd, Svensk socialpolitik förr och nu, 1974, J. ナセニウス・K. リッテル 共著/高須祐三・エイコデューク共訳「スウェーデンの社会政策―分かち合う福祉―」海外社会福祉選書8 光生館 1979年.

Newman, Otto and de Zoysa, Richard

    The Promise of the Third Way : Globalization and Social Justice, Palgrave, New York, 2001.

Nial, Håkan

    "Inledning", *Aktiebolagslagen av den 14 sept. 1944 om Aktiebolag med tillhöllande författningar och rättsfall*, P.A. Söners Förlag, Stockholm, 1944.

    Aktiebolagsrätt : Föreläsningar över 1944 års aktiebolagslag, P.A. Norstedt & Söner, Stockholm, 1946.

Nilsson, C.A.

    Business Incorporation in Sweden : A Study of Enterprise 1849-1896, Economy History, Vol. II., Gleerup, Lund, 1959.

Nilsen, Henrik S. (ed.), Munch-Petersen, Thomas (Translated)

    Scandinavian during the Second World War, University of Minnesota Press, Minneapolis, 1983.

Nordstrom, Byorn J.

    The History of Sweden, Greenwood Press, Westport, Connecticut・London, 2002.

Nordstrom, Byron J. (ed.)

    Dictionary of Scandinavian History, Greenwood Press, Westport, Connecticut・London, England, 1986.

Norr, Martin
"The Taxation of Corporate Income in Sweden : Some Special Features", *National Tax Journal*, 1959 : 12.
"Taxation and Stability : Guidance from Sweden", *Harvard Business Review*, Vol. 38, No. 1, 1960 : 1-2.

Norr, Martin/Duffy, Frank J./Sterner, Harry
Taxation in Sweden, World Tax Series, Harvard Law School, International Program in Taxation, Litter, Brown and Company, Boston · Toronto, 1959.

Näslund, B.
Företagsekonominsutveckling och några synpunkter på dess roll i skogsbruket, Skogen, 52 nr 22, 1962.
Modeller för skogliga transporter, EFI, Stockholm, 1964.

Oldham, K. Michael
Accounting Systems and Practice in Europe, Gower Press, Farnborough, 1975.

Olsen, Gregg M.
The Struggle for Economic Democracy in Sweden, Avebury, Aldershot · Brookfield USA · Hong Kong · Singapore · Sydney, 1992.

Olsson, Jan/Rosendahl, Göran/Ruijsernaars, Harry
Elementär företagsekonomi, Studentlitteratur, Lund, 1975.

Ordeheide, Dieter and KPMG (eds.)
Transnational Accounting, Vol. II, 1 st. ed., Macmillan Press Ltd., Basingstoke, 1995.
Transnational Accounting, Vol. III, 2 nd. ed., Palgrave, Basingstoke, 2001.

Ottoson, Bertil/Modig, Cecilia/Dahl, Arne/Stridsman, Kjell/Hjelm, Hans-Erik
Den svenska sociallagstiftningen Framväxt och nulägens materialistisk analys, Wahlström & Widstrand, Stockholm, 1974.

Papahristodoulou, Christos
Inventions, Innovations and Economic Growth in Sweden : An Appraisal of the Schumpeterian Theory, Acta Universitatis Upsaliensis, Studia Oeconomiae Negotiorum 12, Almqvist & Wiksell International, Uppsala, 1987.

Paton, William Andrew
Accounting Theory, Ronald Press, New York, 1922.
Advanced Accounting, Macmillan, New York, 1941.

Paton, William Andrew/Littleton, Analias Charles
An Introduction to Corporate Accounting Standards, A.A.A., Chicago, 1940, 中島省吾訳「会社会計基準序説」(改訳) 森山書店 1958年.

Paton, William Andrew/Paton, William Andrew Jr.
Assets Accounting, New York, 1952.

Peiser, Herbert
Grundlagen der Betriebsrechnung im Maschinenbauanstalten, Berlin, 1919.

Penndorf, Balduin
Geschichte der Buchhaltung in Deutschland, G.A. Gloeckner, Leipzig, 1913.

Per Gotthard, /Karlmark, Stefan/Palmer, Eugen/Thuresson, Urban
Företaget på obestånd : En praktisk vägledning, Norstedts Juridik, Stockholm, 1992.

Philipson, Berndt
Aktiebolagsrätt i populär framställning med kommentar till 1944 års lag, Svenska Tryckeriaktiebolaget, Stockholm, 1947.

Praski, Sverker
Econometric Investment Functions and an Attempt to evaluate the Investment Policy in Sweden 1960-1973, Acta Universitatis Upsaliensis, Studia Oeconomiae Upsaliensia 5, Uppsala, 1978.

Riksskatteverket
Skatte-och taxeringsförfattningarna, Inkomst året 1995. 1996 års taxering, Skatteförvalttning, 1996.

Robinson, Joan
The Economics of Imperfect Competition, Macmillan & Co., Ltd, London, 1933, 加藤泰男訳「不完全競争の経済学」文雅堂 1956.（1950年版訳）
Introduction to the Theory of Employment, Macmillan & Co., Ltd., London, 1937.
Essays in the Theory of Employment, The Macmillan Company, New York, 1937.
The Rate of Interest and Other Essays, Macmillan, London, 1952.
The Accumulation of Capital, Routledge and K. Paul, London, 1956.
Essays in the Theory of Economic Growth, Macmillan, London, 1962.

Rodhe, Knut
Aktiebolagsrätt enligt 1944 års lag om aktiebolag, 2. uppl., P.A. Norstedt & Söners Förlag, Stockholm, 1953.
Aktiebolagsrätt enligt 1944 års lag om aktiebolag, 7. uppl., P.A. Norstedt & Söners Förlag, Stockholm, 1970.
Aktiebolagsrätt enligt 1944 års lag om aktiebolag, 8. uppl. (omarb.), P.A. Norstedt & Söners Förlag, Stockholm, 1976.
Aktiebolagsrätt : Enligt 1975 års lag om akitiebolag, 7. uppl., P.A. Norstedt & Söners Förlag, Stockholm, 1975.
Aktiebolagsrätt : Enligt 1975 års lag om akitiebolag, 8. uppl. (omarb.), P.A. Norstedt & Söners Förlag, Stockholm, 1976.

Roethlisberger, F.I. and Dickson, W.J.
Management and the Worker, Harvard University Press, Cambridge, 1939.

Roots, Ilmar
"Varför ska kostnad vara en periodiserad utgift? Redovisningensgrundbegrepp i historiskt perspektiv", *Balans*, FAR Årgång 23, 1997 : 6-7.

Rosenqvist, Erik

Den nya företagsbeskattningen, Affärsekonomins Skriftserie, No. 43, 1955.

Rostow, Walt Whitman

The Stages of Economic Growth : A Non-Communist Manifesto, Cambridge University Press, London, 1959, W.W. ロストウ著/木村健康・久保まち子・村上泰亮共訳「経済成長の諸段階――一つの非共産主義宣言―」ダイヤモンド社 1961年.

The Process of Economic Growth, Oxford University Press, 2 nd ed. (Enlarged), Clarendon Press, Oxford, 1960, W.W. ロストウ著/酒井正三郎・北川一雄訳「経済成長の過程」(増補版) 東洋経済新報社 1965年.

Rundfeldt, R.

Tendenser i börsbolagens årsredovisningar 1992, Stockholms Fondbörs Bokföringsnämnden, Stockholm, 1992.

Rydén, Bengt

Mergers in Swedish Industry : An Empirical Analysis of Coporate Mergers in Swedish Industry 1946-69, Almqvist & Wiksell, Stockholm, 1972.

Ryner, J. Magnus

Capitalist Restructuring : Globalisation and the Third Way, Lessons from the Smedish Model, Routledge, London and New York, 2002.

Samuelson, Lars A.

Models of Accounting Information Systems : The Swedish Case, Studentlitteratur, Lund, 1990.

"A Comment on an Innovation in Fisical Policy : The Swedish Investment Reserve System", *National Tax Journal*, Vol. XVI, 1963.

Samuelson, Lars A. (red.)

Ekonomi, P.A. Norstedt & Söners Förlag, Stockholm, 1978.

Sandelin, Bo (ed.)

The History of Swedish Economic Thought, Routledge, London and New York, 1991.

Sandström, K.G.A.

Om beskattning för inkomst enligt svensk rätt, 3. uppl., Norstedt Juridik, Stockholm, 1951.

Scase, Richard

Social Democracy in Capitalist Society : Working Class and Politics in Britain and Sweden, Croom Helm, London, 1977, R. スケース著/萩野浩基監訳「社会民主主義の動向―福祉国家と労働者階級―」早稲田大学出版会 1979年.

Schmalenbach, Eugen

"Die general Unkossten als Produktionskosten in der Bilanz der Aktiegesellschaft", *Zeitschrift für handelswissenschaftliche Forschung*, 1907 : 2, SS. 23-36.

"Theori der Produktionskosten-Ermittelung", *Zeitschrift für handelswissenshaftliche Forschung*, 1908 : 3, SS. 40-65.

"Die Abschreibung", *Zeitschrift für handelswissenshaftliche Forshung*, 1908 : 3, SS. 81-

88.
Grundlagen dynamischer Bilanzlehre, 3. Aufl., Gloeckner, Leipzig, 1919.
Dynamische Bilanz, 7. Aufl., Leipzig, 1939, エ・シュマーレンバッハ著/土岐政藏訳「動的貸借対照表論」森山書店 1959年.
Dynamische Bilanz, 12. Aufl., Westdeutscher Verlag, Köln und Oppladen, 1955, エ・シュマーレンバッハ著/土岐政藏訳「十二版・動的貸借対照表」森山書店 1959年.
Grundlagen der Selbstkostenrechnung und Preispolitik, 3. Aufl., Gloeckner, Leipzig, 1925.
Grundlagen der Selbstkostenrechnung und Preispolitik, 4. Aufl., Gloeckner, Leipzig 1927.
Grundlagen der Selbstkostenrechnung und Preispolitik, 5 (neubearb.), Aufl, Gloeckner, Leipzig, 1930.
Grundlagen der Selbstkostenrechnung und Preispolitik, 6 (erweit.), Aufl., Gloeckner, Leipzig, 1934, エ・シュマーレンバッハ著/土岐政藏訳「原価計算と価格政策」森山書店 1954年.
Der Kontenrahmen, 1. Aufl., Gloeckner, Leipzig, 1927, 4 (neubearb.), Aufl., Gloeckner, Leipzig, 1935, エ・シュマーレンバッハ著/土岐政藏 訳「コンテンラーメン―標準勘定組織―」森山書店 1953年.

Schmidt, Fritz
Die Organische Bilanz im Rahmen der Wirtschaft, 1. Aufl., Gloeckner, Leipzig, 1921.
Die Organische Bilanz im Rahmen der Wirtschaft, 2. Aufl., Gloeckner, Leipzig, 1922.
Über Wiederbeschaffningspreise des Umsätztages in Kalkulation und Volkswirtshaft, Industrieverlag Spaeth & Linde, Berlin-Wien, 1923.
Die industriekonjunktur : Ein Rechenfehler? Industrieverlag Spaeth & Linde, Berlin-Wien, 1927.
Die Organische Tageswertbilanz, 3 durchges und erw., Gloeckner, Leipzig, 1929, F. シュミット著/山下勝治訳「シュミット有機観貸借対照表学説」(改正増補第3版) 同文舘 1934年.

Schmidtke, Oliver (ed.)
The Third Way Transformation of Social Democracy : Normative Claims and Policy Initiatives in the 21 st Century, Ashgate, Burlington, 2002.

Schneider, Erich
Theorie der Produktion, Springer, Wien, 1934.
Einführung in die Grundfragen des industriellen Rechnungswesens, G.E.C. Gad, Kobenhavn, 1939.

Schnitzer, Martin
The Swedish Investment Reserves : A Device for Economic Stabilization, American Enterprise Institute for Public Policy Research, Washington, July 1967.

Schulz, H. Roy

"Enhetlighet i industriell självkostnadsberäkning", *Teknisk Tidskrift*, 53, nr 38, 39, 1923.

Scobbie, Irene
Sweden, Nations of the Modern World, Ernest Benn Ltd., London, 1972.
Historical Dictionary of Sweden, The Scarecrow Press, Inc., Metuchen, N.J. & London, 1995.

Scott, Franklin D.
Sweden : The Nation's History, University of Minnesota Press, Minneapolis, 1977.

Scott, Lars and Urry, John
The End of Organized Capitalism, Polity Press, Cambridge, 1987.

Shelton, John P.
"A Tax Incentive for Stabilizing Business Investment", *National Tax Journal*, September 1956.

Sillén, Oskar
Grunddragen av industriell självkostnadsberäkning, Sveriges Industriförbund, Publikationer, Avdelning Organisation, No. 5, Aktiebolaget Nordisk Bokhandeln, Stockholm, 1913.
Moderna Bokföringsmetoder med särskild hänsyn till fabriks-och varuhandelsföretag, Första Delen, 1. uppl., P.A. Norstedt & Söners Förlag, Stockholm, 1915.
Moderna Bokföringsmetoder med särskild hänsyn till fabriks-och varuhandelsföretag, Första Delen, 3. uppl., P.A. Norstedt & Söners Förlag, Stockholm, 1929.
Industriella självkostnader och deras beräkning, Sveriges Industiriförbund, Stockholm, 1923.
Fabriksorganisation och driftkalkyler, Oslo, 1925.
"Zur Geschichte der Betriebswirtschaftslehre in Schweden. En Überblick über die betriebswirtschaftliche Literatur Schwedens bis zum Jahre 1900", *Zeitchrift für Handelswissenschaft und Handelspraxis*, 22. Jg., 1929 Teil I (Heft 2, SS. 55-61) und Teil II (Heft 4, SS. 118-124), en svensk översättning finns i "Studier i Svensk Företagsekonomi" av Oskar Sillén, 1. uppl., 1943, 3. uppl., 1946.
Nyare Balansvärderingsprinciper, 1. uppl., P.A. Norstedt & Söners Förlag, Stockholm, 1931.
Nyare balansvärderingsprinciper, 3. uppl., P.A. Norstedt & Söners Förlag, Stockholm, 1933.
Nyare balansvärderingsprinciper, 4. uppl. (omarb. och utök.), P.A. Norstedt & Söners Förlag, Stockholm, 1944.
"Affärsvinst=Beskattningsbar inkomst?" Sillén, Oskar, *Studier i Svensk Företagsekonomi : Uppsatser och Föredrag 1928-1943*, P.A. Norstedt & Söners Förlag, Stockholm, 1943.
"Fiktiva vinster om vikten av försiktig bokstutsvärdering i kristider", Sillén Oskar,

Studier i Svensk Företagsekonomi : Uppsatser och Föredrag 1928-1943, P.A. Norstedt & Söners Förlag, Stockholm, 1943.

"Balansanalystiska undersökningar angående kapitalanvänding och kapitalanskaffning i olika svenska näringsgranar", Sillén, Oskar, *Studier i Svensk Företagsekonomi : Uppsatser och Föredrag 1928-1943*, P.A. Norstedt & Söners Förlag Stockholm, 1943.

"Översikt över den företagsekonomiska litteraturen i Sverige fram till år 1900", *Studier i Svensk Företagsekonomi, Uppsatser och Föredrag 1928-1943*, P.A. Norstedt & Söners Förlag, Stockholm, 1943.

Studier i Svensk Företagsekonomi : Uppsatser och Föredrag 1928-1943, P.A. Norstedt & Söners Förlag, Stockholm, 1. uppl., 1943, 3. uppl. (omarb. och utök.), 1946.

"Några drag ur den svenska företagsekonomiska revisionens historia med särskild hänsyn till förvaltningsrevisionen", *Studier i ekonomi och historia, Tillägnade Eli F. Heckscher på 65 årsdagen den 24 November 1944*, Almqvist & Wiksells Boktryckeri AB, Uppsala, 1944.

Sillén, Oskar-Hanner, P.A.

Företagsekonomiska synpunkter på varulagervärdering i årsbalansen med särskild hänsyn till penningvärdevariationer : Företagsbeskattningskommitténsbetänkande, Industriförbundets meddelande, 1954 : 7.

Sillén, Oskar-Västhagen, Nils

Balansvärderingsprinciper med särskild hänsyn tagen till resultatberäkning vid växlande priser och penningsvärde, 10. uppl. (ombesörjd av Signurd Löfgren), P.A. Norstedt & Söners Förlag, Stockholm, 1970.

Siven, Claes Henric

"Expectation and Plan : The Microeconomics of the Stockholm School", Jonung, Lars (ed.), *The Stockholm School of Economics* (Revised), Cambridge University Press, 1991.

Skare, Leif H./Västhagen, Nils/Johansson, Sven-Erik

Industriell självkostnadsberäkning och bokföring, P.A. Norstedt & Söners Förlag, Stockholm, 1946.

Industriell kostnadsberäkning och redovisning, 7. uppl., P.A. Norstedt & Söners Förlag, Stockholm, 1969.

Solomons, David

"The Historical Development of Costing", Solomons, David (ed.), *Studies in Costing*, Sweet and Maxwell, London, 1952, pp. 1-52.

Stenbeck, Einar/Wijnbladh, Mauritz/Nial, Håkan

Den nya aktiebolagslagen, P.A. Norstedt & Söners Förlag, Stockholm, 1978.

Sternberg, Sven (utarb.)

Mekanförbundets Normalkontoplan (inkl. Bilagor med bokföringsexempel), Sveriges Mekanförbund, Stockholm, 1947.

Mekanförbundets Normalkontoplan : Kortfattad orientering, Sveriges Mekanförbund, Stockholm, 1948.

Sträng, Gunnar
Fast ekonomisk politik och rättvis beskattning, Sveriges Social Demokratiska Arbetsparti och Tidens Förlag, Stockholm, 1956.

Sternberg, Sven (utarb.), *Mekanförbundets normalkontoplan : Kortfottad orientering*, Sveriges Mekanförbund, Stockholm, 1948.

Strömberg, G.A. (red.)
Företagsekouomisk handbook Del II, Nordisk Rotogravyr, Stockholm, 1945.

Svennilson, Ingvar
Growth and Stagnation in European Economy, United Nations Economic Commission for Europe, Geneva, 1954.

Svenska Arbetsgivare Föreningen
Bokslut inför företags nämnden : En kortfattad handling rörande utforming av informationer kring företagets bokslut, Stockholm, 1947.

Svenska Bankföreningen
Perspektiv på inflation, Stockholm, 1974.

Svensson, Seth
Industriella avskrivningsmetoder och inventarieböcker, Sveriges industrieförbund, Stockholm, 1927.

Sveriges Indusriförbund
Mekanförbundets Normalkontoplan, Kortfattad Orientering, Utarbetad av Sven Stenberg, Publikation, Stockholm, 1948.

Redovisningplan med företagsfall : En föreställningsram för redovisningenssyften, principer och instruktioner, Per Edberg AB, Stockholm, 1975.

Arosmässan 1919 Förhandlingar : Konjunktur, Politik och Företagsbeskattning, Uttalande av K.A. Wallenberg, Stockholm, 1920.

Sveriges Industriförbund/Svenska Arbetsgivareföreningen
Företaget och samhället, SAFs förlagssektion, Stockholm, 1978.

Sveriges Mekanförbund
Merkanförbundets normalkontoplan : Kortfattad orientering, Publikation, Stockholm, 1957.

Redovisningsplan : En föreställningsram för redovisningens syften, principer och instruktioner, Med företagsfall, Publikation, Stockholm, 1975.

Företaget och samhället, Svenska Arbetsgivareföreningen, Stockholm, 1978.

Swedenbory, Birgitta
The Multinational Operations of Swedish Firms : An Analysis of Determinants and

Effects, Almqvist & Wiksell International, Stockholm, 1979.
Sweeney, Henry. W.
　　　Stabilized Accounting, Harper & Brothers, New York and London, 1936.
Sällfors, C. Tarras
　　　Kontorsarbetets rationalisering, Förlagsaktiebolaget Aff ärsekonomi, Stockholm, 1933.
　　　Arbetsstudier inom industrin, Sveriges Industriforbund, Stockholm (med fler följand upplagor), 1936.
Särtryck ur Sveriges Rikes Lag
　　　Lag om Aktiebolaga, given Stockholms slot den 14 September 1944.
　　　Aktiebolagslagen : Lagen den 14 Sept. 1944 om aktiebolag med tillhörande författningar och rättsfall, Med inledning av Professor Håkan Nial, P.A. Norstedt & Söners Förlag, Stockholm, 1960.
Södersten, Bo
　　　"The Swedish Tax Reform : How Will it Effect the Economy ?", *Current Sweden*, No. 375, Oct. 1990.
Söderström, Erik (utgiv.)
　　　Gällande lagar om aktiebolag jämte tillhörande författningar, med förklarande anmärkningar och präjudikat m.m. samt formulär, C.E. Fritzes K. Hofbokhandel, Stockholm, 1906.
Tauvon, Gerhard
　　　Om aktiebolag och deras förvaltning : Juridik handbok för direktörer och styrelseledamöter m. fl. Jämte formulär och lagertexter, Lars Hökerbergs Bokförlag, Stockholm, 1925.
Taylor, Frederick Winslow
　　　The Principles of Scientific Management, New York & London, 1911, svensk översättning : Rationell arbetsledning, med förord av Axel Hultkranz, verkställande direktör i Sveriges Industriförbund, Uppsala, 1913, F.W. テイラー著/上野陽一訳編「科学的管理法」産業能率短期大学出版部 第Ⅲ部所収 1957年.
　　　Shop Management, Harper, New York & London, 1911, svensk översättning : Rationell Verkstadsledning, med förord av Axel Hultkranz, verkställande direktör i Sveriges Industriförbund, Uppsala, 1923, F.W. テイラー著/上野陽一訳編「科学的管理法」産業能率短期大学出版部 第Ⅱ部所収 1957年.
　　　A Piece-Rate System : Being a Step Toward Partial Solution of the Labor Problem, Theommes Press, Bristol, 1919, F.W. テイラー著/上野陽一訳編「科学的管理法」産業能率短期大学出版部 第Ⅰ部所収 1957年.
Teichova, Alice/Gourvish, Terry/Pogány, Agnes (eds.)
　　　Universal Banking in the Twentieth Century : Finace, Industry and the State in North and Central Furope, Edward Elgar, Aldershot ; England, 1994.

ter Vehn, Albert

"Den industriella självkostnadsberäkningens standardiseringen i Sverige", *Affärsekonomi* 1934 : 10, Stockholm, 1934.

"Standardiseirngsfrågan och den kalkylerande bokföringen hos L.M. Ericsson", *Affärsekonomi* 1934 : 15, Stockholm, 1934.

"Diskussion av några grundbegrepp i STF-planen", *Affärsekonomi* 1934 : 18, Stockholm, 1934.

"Standardiserngsfrågan och ASEAs kalkylerande bokföring", *Affärsekonomi* 1934 : 13, Stockholm, 1934.

"Standardiseringsfrågan och den kalkylerande bokföringen hos SKF och Volvo", *Affärsekonomi* 1934 : 11, Stockholm, 1934.

"Innehållsöversikt och detaljkritik av STF-planen", *Affärsekonomi* 1935 : 6, Stockholm, 1935.

"De omstridda principerna i STF-planen och Kompromissförslaget i Gabrielssons promemoria", *Affärsekonomi* 1935 : 12. Stockholm, 1935.

Självkostnadsberäkningens standardisering, med hänsyn tagen till den kalkylerande bokföringen hos Volvo, SKF, ASEA och L.M. Ericsson, Handelshögskolan i Göteborg, Gumperts Förlag, 1936.

Mekanförbudets normalkontoplan, Stockholm, 1957.

Kompendium i finansieringsteknik, 1957 års uppl., Göteborg, 1957.

Kompendium i balanslära, 1965 års uppl., Göteborg, 1965.

Kompendium : Indelning till företags ekonomien, 1965 års uppl., Göteborg, 1965.

Företagsekonomiska studier i Göteborg, Aktuella Redvisnings problem, BAS, 1981.

The Federation of Swedish Industries

The Swedish Companies Act 1975 : With Excerpts from the Accounting Act 1976, Second Revised ed., Stockholm, 1986.

The Taxation and Research Committee of the Association of Certified and Coporate Accountants

Accounting for Inflation : A Study of Techniques under Conditions of Changing Price Levels, Gee and Company Publishers Ltd., London, 1952

Thunholm, Lars-Erik

Svenskt Kreditväsen, KF Rabén & Sjögren, Stockholm, 1967.

Tilton, Tim

The Political Theory of Social Democracy : Through the Welfare State to Socialism, Clarendon Press, Oxford, 1991.

Törnqvist, Gerhard

Om försäljning, Industriförbundet Organisation 20., Industriförbundet, Stockholm, 1925.

Kostnadsanalys och prissättning i detaljaffärer, AEF : s skritfserie 1, Stockholm, 1929.

Industriell rationalisering i praktiken (Under medverkan av K.W. Luhr och E. Thorelli.), Förlags AB Affärsekonomi, Stockholm, 1931.

"Kostnadsberäkning inom kvarindustrin", *Affärsekonomi* 1932 : 3, Stockholm, 1932.

"Kostnaddberäkning inom cementindustrin", *Affärsekonomi* 1932 : 7, Stockholm, 1932.

"Några syspunkter på kostnadsberäkningen inom textilindustrin", *Affärsekonomi* 1932 : 8/9, Stockholm, 1932.

"Kostnadsberäkningen inom den grafisk industrin", *Affärsekonomi* 1932 : 12, Stockholm, 1932.

"Kalkylering av mashinutbyte", *Affärsekonomi* 1932 : 15, Stockholm, 1932.

Distributionsvägarna i kritisk belysning, En framställning av den distribuerande handelns funktioner, AEF : s skriftserie 3, Stockholm, 1933.

"Vad är standardkostnadsberäkning?", *Affärsekonomi* 1933 : 6, Stockholm, 1933.

"Nya vägar för tidsredovisningen och kostnadsanalys inom spinneriindustrin", *Affärsekonomi* 1933 : 11, Stockholm, 1933.

"Finns det några fel på timkostnadsberäkningen?", *Affärsekonomi* 1936 : 16, Stockholm, 1936.

"Kostnadsberäkning och ekonomisk politik", *Affärsekonomi* 1936 : 16, Stockholm, 1936.

Varudistributionerns struktur och Kostnader, Förlags AB Affärsekonomi, Stockholm, 1946.

Ullman, Monica & Wernström, Stig
Företag & Economi, Liber Läromedel, Lund, 1976.

Victorin, Anders
Scandinavian Studies in Law 1993, Juristförlaget, Stockholm, 1995.

von Essen, Reinhold
The Seven Swedes, Almqvist & Wiksell International, Stockholm, 1984.

von Neumann, John and Morgenstern, Oskar
The Theory of Games and Economic Behavior, University Press, Princeton, 1944.

von Stackelberg, Heinrich
Grundlagen einer reinen Kostentheori, Reprint of the 1932 ed. published by J. Springer, Wien, 1932.

Västhagen, Nils
Affärsbokföringsgrunder, 1. uppl., Liber Läromedel, Lund, 1945.
Affärsbokföringsgrunder, 7. uppl., Liber Läromedel, Gleerup, Lund, 1962.
Inkomst-och utgiftsbegreppen i förvaltningsbokföring och affärsbokföring, Gleerup, Lund, 1950.
De fria avskrivningarna 1938-1951, Del. I, Industrin, Företagsekonomiska forskningsinstitutet vid Handelshögskolan i Stockholm, Gleerup, Lund, 1953.

De fria avskrivningarna 1938-1951, Del. II, Rederierna, Företagsekonomiska forskningsinstitutet vid Handelshögskolan i Stockholm, Gleerup, Lund, 1956.

"Tax Policy and Business Firm's Investment Activities", *Skandinaviska Banken Quarterly Review*, 62. at 70. Vol. 38, No. 3, July, 1957.

"Das Abschreibungsproblem in Schweden", *Zeitschrift für handelswissenschaftliche Forschung*, Heft 5, 1954.

"Das Experiment der Abschreibungsfreiheit in Schweden mit besonderer Berücksichtigung Industrieunternehmungens", *Betriebswirtschaftlicher*, Verlag Dr. Th. Gabler, Wiesbaden, 1961.

Wallenstedt, Eva

Oskar Sillén : Som Docent vid Handelshögskolan i Stockholm, 1912-1915, Working Paper 1985 : 2, Företagsekonomiska Institutionen vid Uppsala Universitet.

Oskar Sillén : Professor och Praktiker : Några drag i företagsekonomiämnets tidiga utveckling vid Handelshögskolan i Stockholm, Acta Universitatis Upsaliensis, Studia Oeconomiae Negotiorum 30, Uppsala, 1988.

"*Oskar Sillén* 'Professor och Praktiker' ", *Balans*, FAR, 1989 : 12.

"*Oskar Sillén* 'Revisor och Rådgivare' ", *Balans*, FAR, 1989 : 12.

"Oskar Sillén-banbrytare inom svensk företagsekonomi", Engwall, Lars (red.), *Föregångare inom företagsekonomin*, SNS Förlag, Stockholm, 1995

Welinder, Carsten.

Företagens inkomstbeskattning, Gleerup, Lund, 1941.

"Inkomstbegreppet inom ekonomisk theory och bokföringspraxis", *Studier i Ekonomi och Historia, Tillägnade Eli F. Heckscher på 65-årsdagen den 24 November 1944*, Almqvist & Wicksells Boktryckeri AB., Uppsala, 1944.

Skattepolitik, LiberLörmedel, Gleerup, Lund, 1976.

Westerlund, Gunnar

"Personall Organisation", *Företagsekonomisk handbok, Del. II*, Nordisk Rotogravyr, Stockholm, 1945, ss. 627-704.

Westermark, Christer

Den nya bokföringslagen m.m., Norstedts Juridik AB., Stockholm, 2000.

Whyman, Philip

Sweden and the 'Third Way' : A macroeconomic evaluation, Ashgate, Burlington, 2003.

Wikander, Ulla

Kreuger's Match Monopolies 1925-1930 : Case Studies in Market Control through Public Monopolies, Liber Förlag, Stockholm, 1979.

Åkerblom, Mats

Inflationsjustera Din årsredovisning, Studentlitteratur, Lund, 1977.

主要参考文献

邦文献

アーサー アンダーセン 編
『ヨーロッパ各国の税制―主要20ヵ国の最新税制の概要―1992/93年報』中央経済社 1992年.

淺羽二郎 著/論稿
『会計原則の基礎構造』有斐閣 1959年.
『ドイツ会計学序説』森山書店 1966年.
『現代会計学の展開』白桃書房 1969年.
『制度会計論の基礎』同文舘 1975年.
『理論会計学の基礎』白桃書房 1978年.
『会計測定構造の基礎』中央経済社 1983年.
『財務会計論』森山書店 1984年.
『管理会計論の基調』文眞堂 1991年.
『報告会計論の基調』森山書店 1994年.
「ドイツ原価計算制度の成立―Gerhard Dorn の所説―」『武蔵大学論集』第10巻第2号 1962年.
「ドイツ原価計算制度の展開(1)―G. Dorn の所説―」『武蔵大学論集』第11巻第5号 1963年.
「ドイツ原価計算制度の展開(2)―G. Dorn の所説―」『武蔵大学論集』第12巻第3号 1964年.
「ドイツ原価計算制度の成熟―G. Dorn の所説―」『武蔵大学論集』第12巻第6号 1965年.
「原価会計の生成と会計機能の変化」『武蔵大学論集』第34巻第5号 1987年.
「会計責任概念の変容」『会計』第103巻2月号.
「ドイツ原価計算制度形成過程の論理」『会計』第132巻第2号 1987年.
「間接費配賦計算構造の展開―会計機能の展開と経営管理組織―」『武蔵大学論集』第35巻第2・3号 1987年.
「会計理論形成における諸問題―管理会計の体系理解に関して―」『武蔵大学論集』経済学部40周年記念論文集 第37巻第2-5号 1990年.

荒井政治・竹岡敬温 編
『概説西洋経済史』有斐閣 1985年.

新井光吉 著
『ニューディールの福祉国家』白桃書房 1993年.

安藤英義 著
『新版 商法会計制度論―商法会計制度の系統的及び歴史的研究―』白桃書房 1997年.

池上淳・林健・淡路剛久 編
『21世紀への政治経済学―政府の失敗と市場の失敗を越えて―』有斐閣 1991年.

石坂昭雄・壽永欣三郎・諸田実・山下幸夫 共著
『商業史』有斐閣 1980年.

石坂昭雄・船山榮一・宮野啓二・諸田実 共著
　『西洋経済史』有斐閣 1981年.
泉谷勝美 著
　『中世イタリア簿記史論』森山書店 1964年.
伊藤博 著
　『管理会計の世紀』同文舘 1992年.
井上清 著
　『ヨーロッパ会計史』森山書店 1968年.
　『ドイツ簿記会計史』有斐閣 1980年.
井上泰男 著
　『ドイツ管理会計論』白桃書房 1961年.
入江節次郎・高橋哲雄 編
　『講座 西洋経済史 IV 大恐慌前後』同文舘 1980年.
岩尾裕純 著
　『大企業の営業秘密』新日本出版社 1978年.
岩田巌 著
　『利潤計算原理』同文舘 1956年.
岩波講座
　『世界歴史 10 中世 4』岩波書店 1970年.
　『世界歴史 11 中世 5』岩波書店 1970年.
　『世界歴史 14 近世 1』岩波書店 1969年.
上田貞次郎 著
　『株式会社経済論』富山書房 1913.
上原孝吉 著
　『簿記の歴史』一橋出版 1987年.
牛尾真造 著
　『経営学説史』日本評論新社 1956年.
占部都美 著
　『企業形態論』白桃書房 1968年.
　『経営形態論』（占部都美著作集 11）白桃書房 1980年.
江村稔 著
　『複式簿記生成発達史論』中央経済社 1953年.
大内兵衛・向坂逸郎 監修
　『世界史と現代』（体系 国家独占資本主義 ①）河出書房新社 1974年.
　『米国の国家独占資本主義』（体系 国家独占資本主義 ③）河出書房新社 1974年.
大木彬彦 稿
　「スウェーデンの経済と企業税制」『興銀調査 192』日本興行銀行 1977年, No. 6.
大隅健一郎 著
　『新版株式会社法変遷論』有斐閣 1987年.

『商法総則新版』(法律学全集27) 有斐閣 1992．
大住達夫 著
　『株式会社会計の法的考察』白桃書房 1952年．
太田哲三・岩田巌・片野一郎 著
　『貨幣価値変動会計』産業図書 1947年．
太田哲三・黒澤清・佐藤孝一・山下勝治・番場嘉一郎 監修
　『原価計算辞典』中央経済社 1968年．
太田哲三・佐藤孝一・番場嘉一郎 監修
　『会計学大辞典』中央経済社 1971年．
大塚久雄 著
　『株式会社発生史論―個別資本の歴史的研究　第一部―』中央公論社 1963年．
　『株式会社発生史論』中央公論社 1964年．
　『近代欧州経済史序説』(大塚久雄著作集 第2巻) 岩波書店 1969．
大塚久雄 編
　『西洋経済史』(第2版)(経済学全集 4) 筑摩書房 1977年．
大塚久雄・高橋幸八郎・松田智雄 編
　『西洋経済史講座』全5巻 岩波書店 1960年．
大即英夫・君塚芳郎・近藤禎夫・敷田禮二・中村美智夫・成田修身 著
　『原価計算』有斐閣 1972年．
大野信三 著
　『現代経済学史』千倉書房 1964年．
　『経済学史　上』創価大学通信教育部 創価大学出版会 1981年．
　『経済学史　下』創価大学通信教育部 創価大学出版会 1988年．
大橋英五 著
　『独占企業と減価償却』(現代資本主義叢書 31) 大月書店 1985年．
岡沢憲芙 著
　『スウェーデンは，いま』早稲田大学出版部 1987年．
　『スウェーデンの現代政治』東京大学出版会 1988年．
　『スウェーデンの挑戦』岩波新書 1991年．
　『スウェーデンを検証する』早稲田大学出版部 1993年．
岡沢憲芙・奥島孝康 編
　『スウェーデンの経済』早稲田大学出版部 1994年．
　『スウェーデンの政治』早稲田大学出版部 1994年．
　『スウェーデンの社会』早稲田大学出版部 1994年．
岡野加穂留 著
　『世界の会議　ヨーロッパ [111]』ぎょうせい 1983年．
岡本清 著
　『米国標準原価発達史』白桃書房 1969年．
　『原価計算』(四訂版) 国元書房 1990年．

岡本人志 著
　『経営経済学の形成』森山書店 1977年.
岡山敏 著
　『シュバルツ簿記書の研究―ドイツ会計史の研究―』同文舘 1980年.
角瀬保雄 著
　『企業秘密』東洋経済新報社 1980年.
角田文衛 著
　『北欧史』山川出版社 1974年.
梶山力 訳『ゾンバルト高度資本主義』（7版）有斐閣 1949年.
片岡康彦 著
　『イタリア簿記史論』森山書店 1988年.
片岡義雄 著
　『増訂・パチョーリ簿記論の研究』（第2版）森山書店 1967年.
片岡義雄・片岡康彦 訳
　『ウルフ会計史』法政大学出版局 1977年.
片野一郎 著
　『インフレーション会計の焦点』国元書房 1959年.
　『貨幣価値変動会計』同文舘 1962年.
加藤寛・内野達郎 編
　『経済政策教室―現代の理論と政策課題を探る―』有斐閣選書 1986年.
川口弘 著
　『福祉国家の光と影―ストックホルム通信―』日本経済評論社 1974年.
川崎一彦 著
　『日瑞新時代の幕あき』財団法人スウェーデン交流センター 1988年.
関西学院大学会計学研究室 編
　『現代会計の史的展開』森山書店 1973年.
神田忠雄 著
　『現代資本主義と会計』法政大学出版局 1971年.
上林正矩 著
　『新版・経営学総論』春秋社 1969年.
機械振興協会経済研究所
　「スウェーデン　フィンランドの紙パ産業」『海外産業調査』1976年.
岸悦三 著
　『会計生成史』同文舘 1975年.
　『会計前史』同文舘 1983年.
木下悦二 編
　『現代の世界経済―資本主義の運命―』有斐閣 1981年.
木村重義 編
　『体系会計学辞典』ダイヤモンド社 1969年.

木村尚三郎 編
　『封建社会の崩壊』（東大教養西洋史 2）東京創元社 1981年．
木村和三郎 著
　『原価計算論研究』日本評論社 1944年．
木村和三郎・小島男佐夫 著
　『工業会計入門』森山書店 1965年．
　『新版・簿記学入門』森山書店 1967年．
国弘員人 著
　『全訂・企業形態論』泉文堂 1979年．
クーパース・アンド・ライブランド/インターナショナル・タックス・ネットワーク 編
　　著/中央新光監査法人国際本部 監訳
　『海外税制ガイドブック』〈1991年版〉中央経済社 1991年．
久保田音二郎 著
　『間接費会計論』巌松堂書店 1942年．
　『間接費計算論』森山書店 1953年．
久保田音二郎 監修/平林喜博 訳
　『ドイツ原価計算の発展』同文舘 1967年．
熊野聰 著
　『北の農民ヴァイキング―実力と友情の社会―』平凡社 1983年．
黒澤清 著
　『改訂簿記原理』森山書店 1961年．
　『会計学の基礎』（補訂）千倉書房 1967年．
　『原価会計論』千倉書房 1957年．
黒澤清 編
　『体系近代会計学 V 原価会計論』中央経済社 1981年．
　『体系近代会計学 VI 会計史および会計学史』中央経済社 1982年．
　『体系近代会計学 VIII インフレーション会計』中央経済社 1982年．
　『体系近代会計学 XIV 理論会計学』中央経済社 1981年．
経営学研究会 編
　『米国の経営学』森山書店 1936年．
経営学研究グループ 編
　『経営学 企業と経営の理論』亜紀書房 1968年．
　『経営学史』亜紀書房 1972年．
神戸大学会計学研究室 編
　「『帳簿組織』及び『帳簿組織の発展』」『第 4 版　会計学辞典』同文舘 1987年．
小島男佐夫 著
　『複式簿記発生史の研究』森山書店 1961年．
　『英国簿記発達史』森山書店 1971年．
小谷義次 著

『現代福祉国家論』（第 2 版）（経済学全集32）筑摩書房 1977年．
小林袈裟治・米川伸一・福慶健 編
　『西洋経営史を学ぶ』（上）・（下）有斐閣選書 1982年．
小林健吾 著
　『原価計算総論』創世社 1966年．
小松聰 著
　『ニューディールの経済体制』雄松堂出版 1986年．
小松芳明 著
　「スウェーデンの租税制度」『各国の租税制度』（5訂版）財経新報社 1983年．
今野登 論稿
　「カルメスの工場経営論について」『武蔵大学論集』第16巻第 1 号 1968年 5 月．
斉藤修 著
　『プロト工業化の時代』日本評論社 1985年．
坂本藤良 著
　『近代経営と原価理論』有斐閣 1957年．
櫻井通晴 著/論稿
　『経営のための原価計算』中央経済社 1996年．
　「原価計算の起源・完成期に関する本質論的考察」『会計』第105巻第 1 号 1974年．
敷田禮二 論稿
　「アメリカ工業会計の萌芽形態と萌芽期」『経理知識』第 5 巻第 3・4 合併号．
　「19世紀末葉におけるアメリカ工業会計制度の発展」『立教経済学研究』第 9 巻第 2 号．
敷田禮二 編
　『新しい原価計算論』中央経済社 1992年．
篠田武司 編著
　『スウェーデンの労働と産業―転換期の模索―』学文社 2001年．
清水望 著
　『北欧デモクラシーの政治機構―議会主義体制の形成と展開―』成文堂 1974年．
社会保障研究所 編
　『スウェーデンの社会保障』（社会保障研究所叢書19）東京大学出版会 1987年．
白井佐敏 著
　『複式簿記の史的考察』森山書店 1961年．
　「簿記論」『近代会計学体系 X』中央経済社 1968年．
　『会計思想史序説』白桃書房 1983年．
スウェーデン社会研究所 編
　『自由と福祉の国　スウェーデン』芸林書林 1971年．
　『スウェーデン社会研究月報』Vol. 21, No. 12及び Vol. 23, No. 9
　『スウェーデンハンドブック』早稲田大学出版部 1987年．
　『スウェーデンハンドブック』早稲田大学出版部 1992年．
　『新版スウェーデンハンドブック』早稲田大学出版部 1992年．

W.A. スタウプ 著/山下勝治 監訳・大矢知浩司 訳
　『会計監査発達史』中央経済社 1966年.
H.T. ダインツァー 著/法政大学会計学研究室 訳
　『会計思想史』法政大学出版局 1973年.
高島昌二 著
　『スウェーデンの家族・福祉・国家』ミネルヴァ書房 1997年.
高寺貞男 著/論稿
　「スウェーデン税務資産会計について」『会計』第77巻第6号 1960年.
　「スウェーデンの投資準備金制度について」『会計』第78巻第1号 1960年.
　「債務者利得と仮装費用の作用」『経済論叢』京都大学経済学会 第98巻第6号 1966年.
　「自由償却と経済不安定効果」『会計政策と簿記の展開』ミネルヴァ書房 1967年 所収.
　「会計的景気変動論の会計学的批判」『会計』第92巻第6号 1967年.
　「債務者利潤論」岡部利良教授還暦記念論文集『企業利潤論』ミネルヴァ書房 1968年所収.
　「利益標準化の構造分析」『会計』第117巻第1号 1980年.
　「後入先出法前史―取替会計から基礎在高法へ―」松尾憲橘 編『会計の社会的機能』ミネルヴァ書房 1975年所収.
高山明子 著
　『現代減価償却論』白桃書房 1986年.
高宮晋 編
　『新版体系経営学辞典』ダイヤモンド社 1970年.
武市春男 著
　『イギリス会社法』国元書房 1961年.
竹内昭夫・松尾浩也・塩野宏（編集代表）
　『新法律額辞典』（第3版）有斐閣 1990年.
竹崎牧 著
　『生活保障の政治学―スウェーデン国民の選択―』青木書店 1991年.
武田龍夫 著
　『物語　北欧の歴史 モデル国家の生成』中央公論社 1993年.
立花得雄 著
　『企業維持計算論―用心の原則に関連して―』中央経済社 1984年.
田中耕太郎 著
　『貸借対照表法の論理』有斐閣 1948年.
田中茂次 著
　『利潤計算論』中央経済社 1970年.
田中藤一郎 著
　『複式簿記発生史論』評論社 1961年.
田中英夫 編集代表
　『英米法辞典』東京大学出版会 1991年.

谷端長 著
　『動的会計論の構造』森山書店 1958年.
　『動的会計論』森山書店 1966年.
田村正勝 著
　『現代の経済体制―両体制の行方と近代の超克―』新評論社 1980年.
近澤弘治 論稿
　「スウェーデンの会計士監査制度の現状」『会計』第80巻第4号, 1961年10月.
千葉準一 著
　『英国近代会計制度―その展開過程の研究』中央経済社 1991年.
マイケル・チャットフィールド 著/津田正晃・加藤順介 訳
　『会計思想史』文眞堂 1978年.
中央大学企業研究所 著
　『会計の社会的役割』中央大学出版部 1982年.
辻厚生 著
　『改訂増補 管理会計発達史論』有斐閣 1988年.
津曲直躬・宮本匡章 編著
　『原価計算の基礎知識』(会計学基礎講座 5) 中央経済社 1982年.
鶴田満彦 著
　『独占資本主義分析論』有斐閣 1973年.
東京大学社会科学研究所 編
　『福祉国家1　福祉国家の形成』東京大学出版会 1984年.
東洋経済新報社
　『経済学大辞典』(III) 1966年.
富山康吉著
　『現代資本主義と法の理論』法律文化社 1969年.
長岡新吉・石坂昭雄 編著
　『一般経済史』ミネルヴァ書房 1983年.
長岡新吉・太田和弘・宮本謙介 編著
　『世界経済史入門』ミネルヴァ書房 1992年.
長島誠一 著
　『現代資本主義の循環と恐慌』(現代資本主義分析 6) 岩波書店 1981年.
中津孝司 編
　『北ヨーロッパ現代史』晃洋書房 1989年.
中西寅雄 著
　『経営費用論』千倉書房 1936年.
中野勲 著
　『会計利益測定論』中央経済社 1971年.
中野常男 著
　『会計理論生成史』中央経済社 1992年.

中村萬次 著/論稿
　『原価計算発歴史論』（編著）国元書房 1978年．
　「工業簿記の生成と発展」『神戸商科大学紀要』第 1 号．1953年．
　「減価償却概念の萌芽的形成」『会計』第75巻第 2 号 1959年．
中村萬次・早川豊 著
　『工業会計の構造』ミネルヴァ書房 1970年．
中村端穂 著
　『管理組織論の生成―組織理論の基礎―』東京教学社 1976年．
中村瑞穂・丸山恵也・権泰吉 編
　『新版 現代の企業経営理論と実態』ミネルヴァ書房 1996年．
中元文徳 編
　『世界100ヶ国の法人税』中央経済社 1992年．
成田修身 著
　『減価償却の史的展開』白桃書房 1985年．
新山雄三 著
　『ドイツ監査役会制度の生成と意義―ドイツ近代株式会社法の構造と機能―』東京商事
　　法務研究会 1999年．
日本興業銀行・興銀調査/192
　『スウェーデン経済と企業税制』1977年 No.6．
根箭重雄 著
　『会計理論の展開』有斐閣 1956年．
　『保守主義会計の発現形態』ミネルヴァ書房 1961年．
O. テン・ハーヴェ 著/三代川正英 訳
　『会計史』税務経理協会 1987年．
畠中福一 著
　『勘定学説研究』森山書店 1954年．
塙浩 著
　『ヨーロッパ商法史』大学図書 1992．
馬場克三 著
　『減価償却論』千倉書房 1968年．
　『経営学概論』有斐閣 1969年．
　『株式会社金融論』（改訂増補版）森山書店 1978年．
　『経営経済学』（改訂増補版）税務経理協会 1982年．
早川豊 著
　『工業会計発達史』（上巻）・（下巻）森山書店 1974年．
林良治 著
　『ドイツ簿記・会計学史』税務経理協会 1982年．
　『ドイツ会計思想史研究―ドイツ企業会計と会計学者―』同文舘 1997年．
原輝史・工藤章 編

『現代ヨーロッパ経済史』有斐閣 1996年.
原田聖二 著
　『両大戦間イギリス経済史の研究』関西大学出版部 1995年.
番場嘉一郎 著
　『棚卸資産会計』(第5版) 国元書房 1975年.
秀村欣二 編
　『ヨーロッパの成立』(東大教養西洋史2) 東京創元社 1981年.
廣本敏郎 著
　『米国管理会計発達史論』森山書店 1993年.
藤岡純一 著
　『現代の税制改革―世界的展開とスウェーデン・アメリカ―』法律文化社 1992年.
藤田正一 著
　『現代の日本企業』(第2版) 白桃書房 1988年.
古川哲 著
　『危機における資本主義の構造と産業循環』有斐閣 1972年.
不破貞春 著
　『新訂・会計理論の基礎』中央経済社 1964年.
W.A.ペイトン 著/片野一郎 訳
　『リトルトン会計発達史』同文舘 1960年.
　『時価評価論』同文舘 1979年.
堀江義廣 著
　『会計学総論―会計学の史的展開―』雄渾社 1965年.
本位田祥男 著
　『経営史―企業発展の方向―』日本評論社 1978年.
本田耕一 著
　『パチョリ簿記論』現代書館 1975年.
正村公宏 著
　『経済体制論』(第2版)(経済学全集29) 筑摩書房 1978年.
　『計画と参加の経済学』日本経済新聞社 1975年
増地庸次郎 著
　『企業形態論』(商学全集 第6巻) 千倉書房 1930年.
増谷裕久 著
　『減価償却会計』中央経済社 1967年.
松尾憲橘 編著
　『会計の社会的機能』ミネルヴァ書房 1975年.
丸尾直美 著
　『福祉国家の経済政策―混合経済の政策原理―』中央経済社 1965年.
　『スウェーデンの経済と福祉―現状と福祉国家の将来―』中央経済社 1992年.
溝口一雄 著

『費用管理論』中央経済社 1967年.
宮上一男 著
　『工業会計制度の研究』山川出版社 1952年.
宮上一男 編
　『会計学講座2　近代会計学の発展』世界書院 1974年.
　『会計学講座6　シュマーレンバッハ研究』世界書院 1978年.
宮崎義一 著
　『現代資本主義と多国籍企業』（現代資本主義分析 10）岩波書店 1982年.
宮沢健一 著
　『現代経済の制度的機構』岩波書店 1978年.
宮本寛爾 著
　『原価計算の基礎』（現代会計学の基礎　4）税務経理協会 1996年.
宮本憲一 著
　『現代資本主義と国家』（現代資本主義分析　4）岩波書店 1981年.
武藤光朗 編
　『福祉国家論〈北欧三国を巡って〉』社会思想社 1974年.
村松勝弘 編
　『アメリカ・ドイツ企業会計史研究』ミネルヴァ書房 1986年.
プレヴィッツ・メリノ 著/大野功一・岡村勝義・新谷典彦・中瀬忠和 訳
　『アメリカ会計史―会計の文化的意義に関する史的解釈―』同文舘 1983年.
茂木虎雄 著
　『近代会計成立史論』未来社 1969年.
百瀬宏 著
　『北欧現代史』山川出版社 1980年.
森下二次世 編
　『商業経済論体系』文二書房 1964年.
森田哲爾 著
　『価格変動会計論』国元書房 1979年.
森田哲爾・岡本清・中村忠 監修
　『会計学大辞典』（第4版）中央経済社 1997年.
諸井勝之助 論稿
　「ダビッド・ソロモンズ―原価計算の史的展開―」東京大学経済学会『経済学論集』第23巻　第1号-第4号 1954-1955年.
安平昭二 著
　『コンテンラーメンの理論』千倉書房 1971年
　『標準勘定組織の展開』千倉書房 1977年.
山浦久司 著
　『英国株式会社制度論』白桃書房 1993年.
山下勝治 著

『企業会計原則の理論』森山書店 1963年.
  『原価計算』千倉書房 1951年.
  『損益計算論』(復刻版) 泉文堂 1974年.
山下勝治 編
  『工業会計』国元書房 1961年.
山下幸夫 編
  『経営史 欧米』(経営会計全書2) 日本評論社 1977年.
山桝忠恕 著
  『監査制度の展開』有斐閣 1967年.
吉田和夫 著
  『ドイツ企業経済学』ミネルヴァ書房 1971年.
  『ドイツ経営経済学』森山書店 1982年.
吉田良三 著
  『間接費の研究』大東書館 1940年.
米川伸一 編
  『経営史』有斐閣 1978年.
ロビン・ロスレンダー 著/加藤吉則・杉原周樹 訳
  『会計と社会』同友館 1995年.
早稲田大学社会科学研究所北欧部会 編
  『北欧デモクラシー――その成立と展開―』早稲田大学出版部 1982年.
渡辺泉 著
  『損益計算史論』森山書店 1983年.
渡辺博明 著
  『スウェーデンの福祉制度改革と政治戦略―付加年金論争における社民党の選択―』法律文化社 2002年.

人名索引

A

Ahlberg, A. 98
Albinsson, G. 428
Aszély, S. 129
Åke W: son Munthe 81

B

Barnard, C. 98
Battersby, T. 306
Bentham, J. 10
Berglund, V. 243
Blackstone, G. 359
Bondeson, G. 146, 148
Branting, H. 9, 10, 41, 45, 77
Browaldh, E. 198, 361

C

Carlander, A. 81, 104
Carlson, S. 91, 93-94, 98, 128
Cassel, G. 122-123, 594
Chamberlin, E.H. 126-127
Childs, M. 8-9
Church, H 307
Clark, J.M. 125
Coase, R. 127
Cournot, A.A. 126

D

Dahmén, E. 33
Danielsson, A. 76, 109, 130
Davidson, D. 123
Dean, J. 126
De Geer, L. 40-41, 236
Dickson, W.J. 97, 121

E

Edenkammar, H. 458
Edén, N. 45
Eichenseer, C. 107
Ekman, C.G. 52, 328, 364
Ekman, J. 105
Erikson, A. 149, 369, 595

F

Faggot, J. 15
Fayol, H. 98
Fehr, M. 361
Fisher, I. 122, 125
Flower, J. 370
Forsberg, E.A. 47, 88, 93, 116-117, 226
Forsberg, U.A. 241-243, 284
Fredriksson, N. 238, 241, 252
Frenckner, T.P. 94-95, 99, 128
Frik, C. 596

G

Gabrielsson, A. 148, 248-249, 363
Gillberg, E. 243, 253
Goldberg, W. 110
Grandell, A. 608

H

Hallendorf, C. 84
Hall, R.L. 127
Hammarskjöld, J. 35
Hanner, V.A. 417-418
Hansson, P.A. 10, 52-53, 57-58, 328, 410, 446
Hasselrot, B. 345
Heckscher, Eli. F. 84, 112, 201
Hemberg, W. 613
Higginson, L. 359
Hitch, C.J. 127

J

Jacobsson, E. 243, 253
Johansson, S.-E. 94, 99, 122, 129, 458,

Jönsson, S. 370, 418-419, 622

K

Karleby, N. 10
Key, H. 80
Keynes, J.M. 52-53, 78, 96
Knight, F.H. 122, 128
Kreuger, I. 44, 49, 52, 148, 208, 325-327, 329-343, 345-346, 351, 353-365, 368, 371, 385, 503, 510, 572, 593-595, 628
Kristensson, F. 94, 98-99, 128
Kristensson, R.E. 89-90, 117, 238
Kärnekull, O. 93, 253, 264

L

Liljeblad, R. 197, 238, 241, 249, 253
Lindahl, O. 594
Lindahl, E.R. 123
Lindbeck, A. 99
Ljunberg, F. 363
Lundberg, E.F. 123, 451
Luthman, G. 90
Löfgren, S. 137-138
Löwenadler, F. 331

M

Mahlberg, W. 106-108, 113-115, 120, 162, 173
Marshall, A. 125-126
Marshall, M. 122
Mayo, E. 97, 120
Metcalf, H. 307
Morgenstern, O. 127
Myrdal, A. 10, 56, 60
Myrdal, G. 10, 53, 56, 60-61, 78, 118, 122-124, 410, 437, 446, 507
Möller, G. 10, 53

N

Nanneson, L. 42, 89, 118, 128
Neumann, J. von 127
Nilsson, E. 90
Nordenskjöld, O. 106
Nordfeldt, A. 81
Northin, T. 361

O

Okorny, C.R. 147
Olsson, N. 149, 369, 595

P

Paton, W.A. 146, 165
Pritz, B. 361, 363

R

Robinson, J. 126-127
Roethlisberger, F.I. 97, 121
Röhss, A. 104

S

Schartaus, F. 74-75
Schmalenbach, E. 82, 102, 107-108, 113-114, 120, 125, 142, 144-146, 156-158, 162, 173, 177, 196, 199, 214, 226, 228, 231, 244
Schmidt, F. 106, 114, 120, 145-146, 154, 165, 178, 184, 214, 229
Schneider, E. 125
Schultz, H.R. 220, 222, 223, 227, 229, 235-236, 238, 240-241, 253, 265, 272, 284, 295-296, 299, 308, 321
Sillén, O. 72, 82, 86-87, 93-95, 97, 107-108, 113, 115, 120-121, 127-130, 135-138, 140, 142-146, 148-149, 153-154, 156-159, 161-169, 177-180, 182-187, 189-190, 196-198, 202-208, 213-216, 219, 225-231, 233-235, 237-238, 242, 252, 265, 280, 301, 308, 369, 436, 462, 496, 549, 579, 592-596, 614, 621-622, 624, 628
Simonsson, N. 346
Solomons, D. 233
Sombart, W. 15
Sommerfeld, H. 107
Stackelberg, H. von 125
Stenbeck, H. 361
Stryeffert, T. 118, 128
Svensson, S. 389-391
Sydow, O. von 40-41, 236
Sällfors, C.T. 88, 116, 226, 253, 264

T

Taylor, F.W. 47, 87-89, 92, 97, 120-121

ter Vehn, A. ·····72-73, 97, 108-109, 114-115, 117, 120, 127, 129-130, 137, 166, 219, 286, 291, 436, 462, 509
Thorburn, T. ·····94, 99
Tjus, F. ·····149, 369, 595
Toll, P. ·····329
Trolle, U. af ·····110
Törnqvist, G. ·····85, 89, 94-95, 97, 109, 117, 128, 228, 301

V

Vasa, G. ·····690
Västhagen, N. ·····93-94, 110, 129, 137, 414, 426, 461, 508, 549

W

Walb, E. ·····82, 84, 87-88, 107-108, 120
Wallenberg, J. ·····361
Wallenberg, W.M. ·····80, 82
Wallenberg, K.A. ·····81
Wallenberg, O. ·····178, 197
Wallenstedt, E. ·····135
Wendler, A. ·····148, 369, 594
Westerlund, G. ·····94-95, 99
Wetter, S. ·····363
Wiksell, K. ·····123-124
Wiedenfeld, K. ·····106
Wigforss, E. ·····10, 52-53, 56, 61, 437
Wärneryd, K.E. ·····94-95, 99

事項索引

〈和　文〉

ア行

アメリカの教育・研究成果の摂取 ……85
アルナープ農業研究所 ……………118
イゥルトゥナ研究所 ………………118
イェーテボリー高等学校 …………104
イェーテボリー商科大学 ………71-72
イェーテボリー商科大学1929-1930年の商業技術論/企業経済学の教育・研究科目　107
イェーテボリー商科大学の教育・研究の展開 …………………………………108
イェーテボリー商科大学の教育・研究の動向 ……………………………………104
イェーテボリー商科大学の設立 …………104
イェーテボリー商業アカデミー …………75
意見書（1928年会社租税準備委員会による） ……………………………395, 397
ヴァルムランド林業作業研究協会 ………90
営業上の決算 ……143, 145-146, 149, 198
営業上の決算における損益概念 ……154
営業上の決算に対する景気変動の影響排除 …………………………………146

カ行

会計開示制度の形成・発展 …………368
会計基準設定問題の本格的な取組みの開始 …………………………………630
会計士の会計 ……………………242
外部監査 …………………………136
乖離（公表損益計算上の純利益と現実の純利益） ……………………346, 353
架空損失 …………………………189
架空利益 ……………………174-175
過剰生産能力の淘汰 ………………43
加速度償却 ………………………145
株式会社産業情報サーヴィス …………83
株式会社のVDに関する指示書（1924年9月12日） ……………………………577
貨幣価値の変動と評価問題 …………187
監査報告書 ……………………136, 591
企業経済学 ………71, 121, 124, 126, 225
技術者の会計 ……………………242
基準有高準備金 …………………174
基準有高評価の原則の損益中和化 …173
基準有高法 ………………………144
規則的な減価償却（Garpenbergs bruk 社） …………………………………380
機能的社会主義 …………………8, 57
逆算 …………146, 156-157, 204, 214
教育・研究者たちの専門的な知識と思考形成に対する刺激 ………………119
許可主義の形骸化 ………………528
認可状なき株式会社の濫立 ……514, 521
金本位制の放棄 …………………49
クローネの価値の過小評価 ………50-51
クローネの価値の過大評価 …37-38, 40-41, 44
経営分析 …………………………136
経営簿記 …………………………146
景気調整の原則 ……………186, 198
景気調整の原則論―スウェーデンの貸借対照表評価実務擁護論 ………196
決算政策（または会計政策） ………158
決算戦略的な考慮 ………………479
原価計算と複式簿記機構との結合 …234
原価計算の標準化運動 …………222, 322
減価償却概念の萌芽 ………………379
減価償却の資金効果 ……………178-182
減価償却の抽象的な費用としての性格　382
減価償却法の先駆形態 ……………380
減価償却問題に関する実務的な経験 ……390
原価の固変分解 …………………302
公開制 ………………………144-145
後継者の育成（戦後世代の育成） ……127
公示積立金 ………………………292

682

工的企業の賃金・減価償却・利潤及び配当
　　　　　　　　　　　　　　　　　442
公認会計士一般の独立性と社会的な責任
　　　　　　　　　　　　　　　　　148
公認会計士監査制度 ……………………591
公認会計士協会 …………………………592
公表決算 …………………………………143
公表貸借対照表 …………………………143
国際競争力の強化 ………………………43
国民主義的な介入主義経済政策 ………28
国民の家 ………………………………57-59
国立銀行 …………………………358, 360
固定資産評価原則論 …………………175

サ 行

再建委員会の設立（STAB）……………364
再建金本位制 ……………………………40
財産貸借対照表 …………………………142
最低価額の原則 …………………………200
財務諸表の公開制（度）…………146, 148
財務流動性と収益性 ……………………136
サルトシェーバーデン協定 …11, 28, 55, 57, 78
産業合理化運動への学界の対応 ………87
産業資本の集中化 ………………………22
産業の合理化運動 ………………………42
暫定的な決算 ……………………………143
事業税委員会 ……………………………417
私経済学論争 …………………………112-113
自生的な農村工業の発展 ……………14, 19
自然科学系の単科大学 …………………116
事前的/事後的 …………………………122, 124
実業界における有限責任思考の普及 …514
失業調査委員会 ………………………78, 96
失業問題の深刻化 ………………………34
私法上の減価償却規定の沿革（1900-1945
　年）……………………………………381
資本維持概念 ……………………………163
資本主義経済（の計画・組織化）………56
資本主義的工業化過程の促進要因 ……16
資本蓄積効果 ……………………448, 490
社会福祉委員会の設置 …………………56
シャルメーシュ工科大学 ………………238
自由償却制度
　大蔵省原案 …………………………420
　概念 …………………………………397
　基本原則としての30%-規則 ………421
　基本的な仕組み ……………………408

計画償却制度 ……………………409, 420, 424
権利（自由償却の）………399, 411-412, 414
拘束償却制度 ……………………………408-409
3年設備 …………………………………421, 423
自由償却制度／帳簿償却制度と投資準備
　金制度の適用事例の一端 …………425
新制度（1955年）………………420, 422-424
制限措置 …………………………………416
制度 ………………412-418, 421, 436-437
帳簿償却制度 …………………………420-425
導入 ………………………………………408
補足規則としての20%-規則 …………421
目的 ………………………………420, 423
重商主義的な産業政策による特権的な工業
　活動 …………………………………21
商科大学協会 ……………………………81
商業技術論 ………………………69, 121, 127, 275
商業技術論より企業経済学へ …………71, 91
消費者協同組合（KF）…………………8, 19
将来事象の不確実性と危険 ……………145, 202
諸外国の影響 ……………………………119
初期高等商業教育・研究の台頭 ………72, 74
新会社委員会 ……………………………550-553
人口問題（の危機への提言）…………56, 60
慎重の原則 ………………………………626
慎重な評価の原則の名を借りた多様な評価
　実務 …………………………………149
信用分析 …………………………………136
スウェーデン型混合経済 ………………9, 77
スウェーデン型混合経済の台頭・形成の過
　程 ……………………………………32
スウェーデン型混合経済の特徴 ………8
スウェーデン型混合経済の福祉国家 …73
スウェーデン機械工業連合 ……………115, 238
スウェーデン技術協会（略称.STF）
　　　　　　　　　　115, 237, 252, 264
スウェーデン技術協会総原価計算委員会
　　　　　　　　　　　　　　236-237
スウェーデン経営者連盟（略称.SAF）
　　　　　　　　　　　　　28, 46, 77
スウェーデン経済学士協会 ……………248
スウェーデン産業標準化委員会（略称.
　SIS，後にスウェーデン標準化委員会略
　称.SSK に改名）………………236-237
スウェーデン産業連盟 ………83, 237, 449
スウェーデン社会民主労働党 …9, 45, 53, 77
スウェーデン農業連合組織 ……………90, 118

スウェーデン・モデル ……………………56
スウェーデン輸出協会 ……………………75
スウェーデン輸出協会サーヴィス ………83
スウェーデン労働組合総連盟（略称.LO）
　　………………………………10, 28, 77
スカンディナヴィア協議会 ………………35
ストックホルム王立工科大学（略称.
　KTH）………………………76, 88, 116-117
ストックホルム学派 ……………………122
ストックホルム商科大学 ……………71-72
ストックホルム商科大学企業経済学研究所
　（略称.AEI）………………………………89
ストックホルム商科大学経済研究所（略称.
　EFI）…………………………………89, 98
ストックホルム商科大学1944年制度改革 94
ストックホルム商科大学年次報告書
　1938-1939年 ……………………………92
ストックホルム商科大学の教育・研究の展
　開 …………………………………………85
ストックホルム商科大学の教育・研究の動
　向 …………………………………………80
ストックホルム商科大学の設立 …………80
ストックホルム証券市場の組織（化）…332
ストックホルム証券取引所 ………………75
政府保証のマッチ専売権 …………………335
税務上の償却控除と私法上の減価償却諸規
　定に依拠した減価償却との抗争 ………409
世界恐慌の到来 …………………………354
設備資産 …………………………………140
戦間期における経済の趨勢 ………………32
1909年 E. Walb 提唱の教育・研究科目 …84
1905年新会社委員会 ……………………550-553
1936年租税委員会 …………398-399, 412-413
1910年株式会社法
　§56 ………………380-383, 387, 391, 408
　会社の機関 ……………………………569
　株式会社法の近代化 …………………332, 554
　構成 ……………………………………554
　資本（株式）の制度 …………………556
　年次会計 ………………………………580
　法解釈論 ………………………………387, 391
1910年国庫歳入法令 ……………………396
1910年所得─及び財産税法令 …392, 396, 409
1975年新株式会社法 ……………………614
1976年会計法 ……………………………614
1929年会計法
　§3（良き商人の慣習の遵守）…………620

§9（資産評価規定）383-384, 387, 408, 626
　概要 ……………………………………616
　制定の経緯 ……………………………612
　制度 ……………………………………511
　前史 ……………………………………607
　理念 ……………………………………383
1929年世界恐慌の波及とその調整 ………47
1923年所得税専門家の答申書 …………393
1927年覚書（1924年租税準備委員会による）
　…………………………………394-395, 397
1920年代の経済の構造転換 ………………25
1920年代の減価償却実務：1クローネ勘
　定・秘密積立金の形成 ……383, 388, 391
1928年会社租税準備委員会 ……………395
1928年地方所得税法
　§29 ……………………………395-397, 409
　確定決算主義 …………………………385
1924年租税準備委員会 ……………393-394
1944年株式会社法§100…………………385-387
戦後恐慌と不況の長期化 …………………38
戦後不況と脱出過程 ………………………35
戦時経済体制 ………………………………37
1734年普通法における商法15章の商業帳簿
　作成の規定 ……………………………608
1895年株式会社法
　改正要求 ………………………………550
　会社機関の整備 ………………………542
　資本（株式）の制度 …………………531
　準則主義（の導入）………22, 381, 528, 530
　登記・公示制度の整備 ………………540
1809年統治章典 …………………………508
1855年商業帳簿及び商業計算書類に関する
　法令 ……………………………381, 611, 619
1885年会社委員会 …515, 528-532, 535-536
1887年商業登記などに関する法律 ……520
1848年株式会社法
　実際的な適用状況と政府の対応 ……519
　有限責任制の導入
　　……381, 514, 516-519, 521, 523, 530-531
1846年法律委員会 ………………514-517, 519
1861年税制改革 …………………………508
総原価概念 ………………………………250
総原価計算 ……………256, 269-270, 293-296
総原価計算と複式簿記機構との結合論 306
総合大学 …………………………………129
損益概念論 ………………………………153
損益計算書 ………………………………583

事項索引 | 685

損益貸借対照表 …………………………142
損益調整的な諸手続 …………………………482

タ行

第三回スカンディナヴィスカ監査会議 136
貸借対照表 …………………………………580
貸借対照表評価諸原則 ……………………161
貸借対照表評価諸原則の計上損益に対する
　規定的な関係論 ………………………161-162
貸借対照表評価の伝統的な原則とより新し
　い諸原則 ……………………………145, 161
貸借対照表目的（論） ……………139-140, 144
棚卸資産 ……………………………………140
棚卸資産評価原則論 ………………………164
棚卸資産簿価引下げの骨子 ………………496
中央行政組織委員会 ………………………117
中道 ……………………………………………57
直接原価計算 …………………………279, 321-322
低価主義の原則 …………………………165, 178
逓減残高償却法 ……………………………177
テイラー主義（の適用） ……………………47, 88
転換期（1930年代） …………………………328
伝統的な商人の慎重性の原則 ………167, 170
ドイツ経営経済学の影響 ……………………85
登記・公示制度の整備 ……………………540
投資準備金制度
　§9.1（取崩しの一般規定）…………473, 474
　§9.2（取崩しの特別規定）………………475
　　大蔵省（提案） …………………………450
　概念（投資準備金）
　　…………………445-446, 449, 451, 470, 472
　企業経済学的な効果 ……………………476
　基本的・原則的な三つの選択肢（設定と
　　取崩し） …………………………………477
　基本的な仕組み …………………………470-481
　恒久的な制度（化） ………………………460
　国立銀行における無利子の凍結預金勘定
　　（国立銀行への預金義務）………………463
　事業活動投資勘定 ………………………463
　事業活動投資準備金 ……………………463-464
　自由部門 …………………………………464, 479
　制度 ……451-452, 454-456, 458, 488-490
　1938年法令 …………………………449-450, 452
　1942年法令 ………………………………451
　1947年法令 ………………………………459
　1955年法令 ………………………………462
　導入 ………………………………………449

特別税額控除（10％特別特資控除）
　………………………………464-465, 473, 475
　目的 …………………………………442, 450
　林業経営投資勘定 ………………………463
　林業経営投資準備金 ……………………463-464
投資税の骨子 ………………………………292
特殊貸借対照表 ……………………………141
取替法 ………………………………………380
取締役会報告書 136, 146, 148, 547, 561-590

ナ行

内部的な決算 ………………………………143
2月借款 ………………………………358-360, 364
年次決算 ……………………………140, 142-143
年次公表会計 ………………………………143
年次貸借対照表 ……………………140, 143
農業改革の終了と全国的・統一的な市場圏
　の形成 ………………………………………13
農業大学 ……………………………………116, 118
農業の合理化運動 …………………………42
農業簿記教育 ………………………………90
農業簿記協会 ………………………………118
納税申告制の導入 …………………………408

ハ行

配当調整の原則 ……………………………204
配当平準化の原則 …………………146, 186, 198
秘密積立金 ……………………………207, 219, 292
秘密積立金或いは公示積立金の原則 ……186
評価諸原則の上位概念としての景気調整の
　原則 ………………………………………146
標準原価計算 ………………231-233, 279, 321-322
標準原価簿記 ………………………………241
費用の操作の可能性 ………………………158
普選運動 ……………………………………45
フランス・シャルタウ実業商業学校
　………………………………………72, 74-77, 81
粉飾・逆粉飾 …………………………136, 209
粉飾経理の発覚 ……………………………351
法制一般の基本的な特徴 ………………511-512
法制審議会 …………………………………613

マ行

マッチ・コンソーシアム ……………336-340, 345
マッチ融資 …………………………………335

ヤ行

有形固定資産 …………………………… 140
有形固定資産の減価償却論 …………… 292
良き商人の慣行 ………………… 204-205
予算統制問題 …………………………… 320

ラ行

利益償却 ………………………………… 145
流通経済及び経営経済研究所（略称.
　　IDAF) ……………………………… 110
流動資産 ………………………………… 140
流動性の危機と公表損益の実態からの乖離
　　………………………………………… 351
林業大学 ………………………… 116-117
ルンド大学 ……………………………… 76
労使間の対立 …………………………… 45
労働組合運動 ……………………… 45, 59-60
労働市場庁 ……………………… 453-454
労働争議 …………………… 18, 27, 55

〈殴文〉

A
AB Förenade ………………… 329, 331
AB Förenade の株式のストックホルム証
　　券取引所への上場 ………………… 331
ASEA 社（及び M.L. Ericsson 社）と SKF
　　社（及び Volvo 社）の原価計算法の対立
　　………………………………………… 272
ASEA 社の原価計算実務
　　……………… 242, 247-248, 272-273, 285
AWF-プラーネン ……………… 239-240

C
C.G. Ekman の収賄事件 ………………… 52
CVP 分析 ………………………… 279, 322

E
E. Dahmén の産業の構造転換の概念 … 33

G
G. Myrdal 委員会と労働運動の戦後綱領 61
G. Myrdal の意見書（1933年政府予算案）
　　…………………………… 53, 410, 446
G. Rehn-R. Meidner モデル …………… 58

H
H.R. Schultz の1923年提案
　　…………………… 222, 253, 265, 272

I
I. Kreuger 事件 ………………………… 147
I. Kreuger 事件に関する特別調査委員会
　　………………………………… 360-363
I. Kreuger による自国の工的会社の株式の
　　購入 ………………………… 343, 356-357
I. Kreuger による大規模な国際的な資本移
　　転 ……………………………………… 355
I. Kreuger による自国の商業銀行の株式の
　　購買 ………………………… 356-357
I. Kreuger の拡張政策 … 326-327, 335-336
IMCO/Continental の形成（1923年. 資本輸
　　入と B-株の導入 ………… 339, 342, 354

J
J.M. Clark 流の相対性の原理原価計算目的
　　……………………………… 244, 250, 266
Jönköping & Vulcan AB（マッチ産業界
　　の老舗）………………… 329, 331-334

K
Kreuger 時代後期 ……………………… 342
Kreuger 時代前期 ……………………… 335
Kreuger 時代前史 ……………………… 331
Kreuger Group ………………… 330, 374-376
Kreuger Group の崩壊 ……… 358, 360, 365
Kreuger Group への一時支払猶予法 … 361

L
LO ……………………………… 10, 28, 75

M
M-プラーネン ……………………… 72, 220

O
O. Sillén の会計士としての足跡 ……… 601
O. Sillén の教育・研究者としての足跡 … 85
O. Sillén の講義要綱 ………… 228, 231, 233
O. Sillén の「工業総原価計算要綱」（1913

P

Price Waterhouse & Co.
　　……………337, 339, 345, 361-362, 364

S

SAF ………………………………28, 46, 78
S.-E. Johansson の試算 ……………480
SIS …………………………………236-237
SKF 社の原価計算実務
　　………………242, 247, 248, 272-273, 285
SLS の諸基準
　　工業総原価計算の統一的用語に関する諸
　　基準 ……………………………………220
　　1928年提案 …………236, 238, 243, 246
　　1929年提案 ……………243, 247-248, 250
　　1931年諸基準（「暫定的基準」）
　　………………221, 249-252, 266, 298, 300-301
STAB の新株発行 ………………………340
STAB の持株会社 Kreuger & Toll AB
　　……………………………………………329
STAB の輪郭 ……………………………328
STEO ………………………………97, 149, 595
STF ………………………………………264
STF の1934年基礎プラーネン
　　形成 ……………………………252-254
　　原価計算上の基礎概念論 …………265
　　原価計算に対する価格変動の影響排除論
　　………………………………………284
　　原価計算に対する操業度の影響排除論
　　………………………………296-306
　　原価計算目的 ………………………321
　　減価償却費問題 ……………………292
　　資本利子原価算入論 ………………274
　　1933年委員会提案 …………………265
　　総原価計算の統一的な手続に関する提案
　　………………………………………221
　　棚卸資産の庫出価額の決定論 ………286

V

VD …………………………518, 520, 576-577

■著者略歴

大野　文子［おおの　ふみこ］

明治大学商学部商学科卒業
明治大学商学研究科修士課程修了
明治大学商学研究科博士課程退学（単位修得）
明治大学短期大学専任助手，明治大学短期大学専任教授を経て，現在，明治大学情報コミュニケーション学部教授
専攻　会計学
1977年4月-1979年3月　学校法人明治大学による在外研究期間中ストックホルム大学企業経済学部の客員研究員としてスウェーデン会計の歴史を研究
商博（明治大学）
スウェーデン会計に関する諸論文（1985年1月-2003年3月）

明治大学社会科学研究所叢書

■スウェーデン近代会計の動向
　　スウェーデン型混合経済の台頭・形成期におけるその役割　　〈検印省略〉

The Trend in Modern Swedish Accounting during the Interwar Period
　—The Role of Modern Swedish Accounting in the Era of the Rise and the Formation of the Mixed Swedish Economy

■発行日──2004年8月16日　初版第1刷発行

■著　者──大野文子
■発行者──大矢栄一郎
■発行所──株式会社　白桃書房
　　〒101-0021　東京都千代田区外神田5-1-15
　　☎03-3836-4781　℻03-3836-9370　振替00100-4-20192
　　http://www.hakutou.co.jp/

■印刷・製本──藤原印刷

© Fumiko Ohno 2004　Printed in Japan　ISBN4-561-36140-5　C3034
Ⓡ〈日本複写権センター委託出版物〉
本書の全部または一部を無断で複写複製（コピー）することは，著作権法上での例外を除き，禁じられています。本書からの複写を希望される場合は，日本複写権センター(03-3401-2382)にご連絡ください。
落丁本・乱丁本はおとりかえいたします。

好評書

向山敦夫著
社会環境会計論
社会と地球環境への会計アプローチ

21世紀は環境の世紀だといわれる。企業の環境に対する取組が問われる時代である。本書は，1970年代の社会関連会計から1990年代の環境会計へと続く流れの中で，企業と社会との関係を会計という視点から捉える。

本2800円

石津寿恵著
持続可能な発展のための環境会計

環境会計は，環境保全的側面と経済的側面とを調和させて持続可能な発展を実現するためのツールである。本書では，目的適合性の視点から環境会計の枠組みや情報要素等を考察し，地方自治体の環境会計についても実態調査を踏まえ検討。

本体3000円

白桃書房
本広告の価格は本体価格です。別途消費税が加算されます。

好 評 書

中村　忠著
新版財務会計論

著者がこれまでに発表した論文の中から32編を選んでまとめたもので，財務会計の基本問題，通説への疑問，制度会計などについて著者の考え方が明快に述べられている。中村会計学は本書に集約されているといってよい。

本体3200円

須田一幸著
財務会計の機能
理論と実証

情報の非対称性に依拠して財務会計の機能を理論的に分析し，意思決定支援機能と契約支援機能を実証。これらの機能を与件とした経営者の裁量行動が示されている。文献サーベイも豊富で大学院のテキストに好適。

本体6000円

白桃書房

本広告の価格は本体価格です。別途消費税が加算されます。

好評書

亀井孝文著
公会計改革論
ドイツ公会計研究と資金理論的公会計の構築
本体11000円

中央青山監査法人研究センター編
収益の認識
グローバル時代の理論と実務
本体3500円

野口晃弘著
条件付新株発行と包括利益
本体2800円

佐藤信彦編著
業績報告と包括利益
本体3300円

佐藤信彦編著
国際会計基準の制度化論
本体3400円

白桃書房
本広告の価格は本体価格です。別途消費税が加算されます。